Autobiografia Del General José Antonio Páez, Volume 1

José Antonio Páez

AUTOBIOGRAFIA
DEL GENERAL JOSE ANTONIO PAEZ

AUTOBIOGRAFIA

DEL

GENERAL JOSÉ ANTONIO PÁEZ

VALOR DE LA ENTREGA, MEDIO REAL

ENTREGA NÚMERO 1

CARACAS

TIPOGRAFIA DE ESPINAL É HIJOS

1888

INTRODUCCION

Va siendo costumbre y es deber de todo hombre que
ha figurado en la escena política de su patria, el escribir
la relación de los succsos que ha presenciado y de los he
chos en que ha tenido parte, á fin de que la juiciosa posteridad pueda con copia de datos y abundancia de documentos desentrañar la verdad histórica que oscurecen
las relaciones apasionadas y poco concordes entre sí de
los escritores contemporáneos. He aqui por qué después
de los afanes de una vida agitadísima, acometo hoy la
empresa de abrir el archivo de mis recuerdos, de registrar los documentos que he logrado salvar de los estra
gos del tiempo y de las tempestades revolucionarias,
y de ocuparme en fin en la penosa tarea de redactar lo
que me dicta la memoria y me recuerdan dichos documentos.

La revolución hispano americana, último episodio
de la gran epopeya que comenzó en la América del Norte
y tuvo su período más interesante en Francia, no ha sido
todavía apreciada en todo su valer, ya como espléndido
triunfo de las ideas de la civilización moderna, ya como
amaestramiento para los pueblos que de súbito cambian

el sayo del esclavo por la túnica del hombre libre. Las opiniones de los historiadores que han escrito sobre los sucesos de tan importante época no están de acuerdo en muchos puntos capitales, quizá porque no tuvieron á la vista documentos inéditos, que también á veces no se producen al público, ya por interés que en ello tiene el escritor apasionado ó ya por consideraciones con que tropieza todo el que se ocupa de hechos contemporáneos.

El patriotismo de algunos hombres ilustrados reunió en veinte y dos volúmenes los documentos oficiales de Colombia que existían en los archivos públicos y privados, y allí se hallan los datos más fehacientes de los sucesos de aquel tiempo.

Don Feliciano Montenegro, venezolano de bastante instrucción, dió también á su patria un libro dedicado á la juventud, libro que en pocas páginas recorre todos los principales sucesos de la historia de la independencia, y de gran precio, pues el autor presenció los hechos que refiere, y como estuvo en las filas de los realistas con alta graduación militar, da valiosas informaciones que hoy sólo pudieran hallarse en los impenetrables archivos españoles.

Después de él, el señor Restrepo, secretario de Relaciones Extranjeras de Colombia, publicó su obra, de la que hizo más adelante una nueva edición arreglada y aumentada.

El señor Baralt vistió con las brillantes galas de un estilo castizo y puro las relaciones de los que le precedieron en la empresa.

En la parte en que se refieren á los sucesos de mi vida, he advertido en los dos últimos graves errores, sobre todo en Restrepo, quien dejándose arrastrar en más de un capítulo por el espíritu de provincialismo, se muestra sobradamente injusto y demasiado parcial en sus juicios y apreciaciones.

Si el deseo de dar á mi patria un documento más para su historia no fuera suficiente estímulo para hacerme emprender el trabajo que me he tomado de escribir mis Memorias, moveríame á éllo la necesidad en que me han puesto mis adversarios políticos de contestar á algunos cargos que me hacen, con agravio de la verdad y desdoro tal vez de las glorias de la patria. Gracias sean dadas á la Providencia que me ha prolongado la vida suficientemente para haber oído lo que todos han hablado y poder hablar cuando todavía algunos no han callado. Es pues mi ánimo é intención decir todo lo que sé y tengo por cierto y averiguado; corregir algunos errores históricos en que han incurrido los escritores, y sin dejar de confesar las faltas que haya cometido por error de entendimiento y no de corazón, defenderme de los ataques que contra mí ha fulminado la mala fe ó el espíritu de partido, que pocas veces hace justicia al adversario.

Cuál sea la causa que me haya atraído esa animadversión de algunos escritores, lo comprenderá fácilmente quien no conozca los odios que dividen nuestra sociedad política; y como los principios que en élla se disputan el predominio no son de todos conocidos, paréceme oportuno dar aquí una idea de éllos para instrucción de quien lo ignore.

Al declarar nuestra emancipación política del gobierno español, se presentó á las colonias el grandioso ejemplo de pueblos que con el nombre de Estados Unidos se habían confederado en obsequio de la común seguridad sin perder cada sección su soberanía y fueros particulares. El espectáculo de la prosperidad que gozaban estos países hizo creer á algunos hombres que eran aplicables á los nuestros los mismos principios que veían desenvolverse allí con el mejor éxito. Creyeron que los españoles con el sistema de reunir las diferentes colonias fundadas por diversos conquistadores, bajo la soberanía de vireyes ó capitanes generales, habían dejado un grave mal en el país, y que todo lo que fuera centralizar el poder, aun bajo la forma más democrática, eran rezagos de la dominación española que debían destruirse como indignos de un pueblo que había alcanzado la libertad á costa de tantos sacrificios. Así, pues, se creyó por algunos que centralización y despotismo eran sinónimos, y que con dicho sistema de gobierno se humillaba la dignidad de los pueblos, y se les ponía de nuevo bajo el régimen monárquico. Semejantes doctrinas, tan bellas como seductoras, comenzaron á difundirse por todos los pueblos de la emancipada América, y cada ciudad que había sufrido algo con la guerra, ó que podía presentar algún título histórico, aspiró á ser capital de un Estado soberano é independiente, así como cada individuo se creyó también en el deber de combatir las doctrinas opuestas con los mismos medios con que se alcanzó la independencia.

Hombres respetables que conocían el estado de la sociedad, si bien admiraban los generosos impulsos de la generación naciente, se oponían á adoptar en el gobierno de su patria principios que pudieron producir excelentes resultados en la América del Norte, pero que en un país donde había imperado mucho tiempo el despotismo y donde habían quedado todos los vicios de la dominación colonial, era imposible establecerlos si no se daba al pueblo una nueva educación. Oigase, pues, lo que escribe el señor Restrepo, que fue secretario del Eslado de Colombia y primer historiador de la república:

"El autor de esta historia concurrió á formar el acta "de federación y fue entusiasta por aquel sistema. Se "ducido por el rápido engrandecimiento de las repúblicas "de los Estados Unidos y por la completa libertad que "gozan sus moradores, tenía la mayor veneración por sus "instituciones políticas. Entonces juzgaba con los pri "meros hombres de Nueva Granada, que nuestras pro "vincias se hallaban en el mismo estado que las del Nor "te América en 1776, cuando formaron su confederación. "Empero las lecciones del tiempo y de los sucesos "que ha presenciado, junto con sus reflexiones, le per "suadieron bien pronto de lo contrario. Había y aún hay "una gran diferencia entre los Estados Unidos, que se "fundaron y crecieron á la sombra de instituciones repu "blicanas, y provincias que siempre habían dependido "de un gobierno monárquico y despótico; en éstas eran "absolutamente nuevas las formas democráticas, muchas "de las cuales se oponían á costumbres, hábitos y preo "cupaciones envejecidas. En aquellos Estados, por lo "general, sólo hubo que variar la elección de los gober "nadores que hacía antes el rey de Inglaterra. Las car "tasconstitucionales y las leyes de las antiguas provin "cias del Norte América sirvieron para las mismas des "pués que se transformaron en repúblicas. En la Nueva "Granada, por el contrario, fue preciso para establecer el "sistema federativo, variar casi todo lo que existía. No "es admirable, pues, la poca subsistencia de nuestros "Estados nacientes; sus leyes no convenían á los pue "blos y contrariaban sus antiguos habitadores." (Historia de Colombia, tomo I., pág. 147, nota 9.)

El mismo Libertador decía en su mensaje al congreso de Angostura:

«Cuando más admiro la excelencia de la constitución federativa de Venezuela, tanto más veo la imposibilidad de aplicarla á nuestra situación, y según mi modo de pensar, es un milagro que su modelo en el Norte de América haya existido con tanta prosperidad y que no haya caído en la confusión á la primera apariencia de peligro ó de dificultad. A pesar de esto, aquel pueblo es un ejemplo de virtud política y de rectitud moral: la libertad ha sido su cuna, ha crecido en la libertad y se mantiene en pura libertad. Añadiré que aquel pueblo es el único en la historia de la raza humana; y repito que es un prodigio, que un sistema tan débil y complicado como el federativo, haya podido existir bajo circunstancias tan difíciles y delicadas como las que han ocurrido. Sin embargo: cualquiera que sea el caso respecto al gobierno, debo decir del pueblo americano que la idea nunca entró en mi espíritu de asimilar la situación y la naturaleza de des naciones tan distintas como la anglo é hispano americanas. ¿No sería muy difícil aplicar á España el código político civil y religioso de Inglaterra? Pues aun más difícil sería adoptar en Venezuela las leyes del Norte de América. ¿No dice el espíritu de las leyes que las leyes deben ser conformes al pueblo que las hace, y que es por una gran casualidad, que las de una nación convengan á otra?—que las leyes deben tener relación al estado físico del país, á su clima, á la calidad de su suelo, á su situación, á su extensión y al método de vida de sus habitantes, refiriéndose al grado de libertad que puede soportar la constitución, á la religión del pueblo, á sus inclinaciones, á sus riquezas, á su número, á su comercio, á sus costumbres y á su moralidad?»

Además de los inconvenientes de adoptar principios exagerados en pueblos que empezaban á comprender las ventajas de la libertad, muchos patriotas sabiendo que

España no desistía de sus pretensiones de reconquista, creyeron que sólo podían ser respetados los nuevos países por medio de una fuerza central que en caso de peligro pudiese obrar sin estorbo alguno en el interior contra las agresiones exteriores. Nada de odioso ni despótico podía tener esta centralización del poder, puesto que el jefe del gobierno ejercía la autoridad que en él depositaba el pueblo por un limitado espacio de tiempo. Confieso que semejantes doctrinas no suenan tan bien como las que predican sus contrarios; pero en tratándose de intereses sagrados y vitales no hay que dejarse halagar por teorías que suenan gratas al oído, sino poner en práctica verdades que produzcan resultados positivos.

A los defensores de estos últimos principios he pertenecido. Por ellos he tenido que sufrir persecuciones, destierro, pérdida de bienes, miseria, y todo esto habría tenido en poco si no hubiese llegado el caso de que mis contrarios me atribuyan, para satisfacer su encono, faltas que no he cometido y errores en que no he incurrido. No negaré que haya cometido algunos; pero ¿quién no ha sido engañado, si ha tenido por algún tiempo que habérselas con multitud de hombres sin que Dios le haya concedido la maravillosa gracia de conocer la verdad bajo la máscara con que se cubre la ambición y el deseo de medrar á costa ajena?

¡Cuántas veces me he ocupado de la suerte futura de América! Cuestiones de importancia se han de agitar todavía, y lo que actualmente está sucediendo era de preverse, atendido el estado de debilidad á que ha conducido la anarquía que ha desolado nuestros países. Ella ha provocado esas injustas agresiones que hoy dia enardecen odios que ya el tiempo empezaba á extinguir, y que como era de esperar, no han producido más resultados que convencer á la América española de que sólo la unión y la fuerza material hacen fuertes y respetados á los pueblos que tienen intereses comunes.

No creo que España vuelva á conquistar ni un palmo del terreno que antes poseyó, mientras haya *llanos*, *pampas* y *sabanas* que conviden al hombre al goce de la libertad: pero que la América del Sur llegue á ser lo que parece estar llamada á ser, obra será de muchos años. Las discordias intestinas continuarán mientras estén vigentes las causas de la anarquía, y más tarde ó más temprano la cuestión de límites, el derecho de navegación por sus grandes ríos harán surgir nuevas dificultades. ¿Todas estas cuestiones llegarán á hacer que en la América del Sur se establezcan esas nacionalidades, celosas las unas de las otras, como acontece con los diversos Estados que contituyen la Europa?

Yo tengo fe en el porvenir, pero no veo otro medio para que el pueblo pueda entrar sin peligro alguno en las vías de las reformas que exija el progreso de las ideas modernas, *sino la educación propagada liberalmente en todas las clases de la sociedad.*

No dejaré de consignar en este prólogo un deseo que he acariciado por mucho tiempo, pero que parece irrealizable mientras España tenga colonias en América. Yo hubiera deseado ver siempre no sólo la unión fraternal de los países suramericanos, sino de todos éstos con su antigua metrópoli, y aun alimentaría tan halagüeñas esperanzas si los hechos que están actualmente verificándose no hubieran venido á destruirlas. Reconocida por España la independencia de sus antiguas colonias, éstas y aquélla, depuestos los odios que la guerra había encendido, debieron de existir unidas por los poderosos lazos del común origen. Así nos hubiéramos conocido más los unos y los otros y presentaríamos al mundo el grandioso espectáculo de más de cuarenta millones de hombres que reconociendo el mismo origen, hablando la misma lengua, y teniendo los mismos vicios y virtudes, se unían siempre para estimularse en toda idea civilizadora. La generación actual habría olvidado los agravios de sus padres, y los hermanos de uno y otro hemisferio hubieran mantenido siempre un comercio fraternal, cambiando generosamente sus producciones territoriales y compitiendo noblemente en sus triunfos literarios.

A mí me consta que algunos hombres liberales de uno y otro hemisferio estaban animados de estos mismos deseos, y fuerza es confesar que sólo á los gobiernos que ha tenido la desgraciada España, se debe que hoy no exista esa fraternidad que debiera haber entre pueblos, los cuales, si bien ocupan puntos opuestos en la superficie de la tierra, conservan aún las virtudes y vicios de sus padres y habitan países cuya naturaleza física es casi idéntica.

En cambio, la enemistad de España, que no nos ha causado ni puede causarnos mal alguno, ha servido para mantener unidos á los americanos en un interés común.

Hay hombres que predican todavía la doctrina de razas en América, y que quieren levantar una cruzada de los pueblos que llaman latinos contra lo que dicen pretensiones ambiciosas de la raza anglo-sajona. Esta doctrina, que no es más que un plan de agresión europea contra los Estados Unidos, que representan en el mundo el poder de la democracia, sólo podrá hallar adeptos entre quienes desconozcan el estado de la república de Washington y el de los países hispano-americanos. Además, es hecho desmentido por la más leve observación que en toda América existan intereses de raza alguna. En este continente se está verificando continuamente la fusión de todas éllas, que es resultado del progreso moderno y del principio de la fraternidad universal.

Terminaré esta introducción recomendando á mis compatriotas encarecidamente que tengan valor y armas *sólo* para una guerra extranjera y que trabajen con fe y devoción por el porvenir de nuestra patria, que sólo necesita paz, y más que nada orden, para el desarrollo de todos los variados elementos de prosperidad, á los cuales no se ha atendido por las disensiones y anarquía que han asolado siempre países tan favorecidos por la mano del Hacedor Supremo.

JOSÉ ANTONIO PÁEZ.

Nueva York, abril 19 de 1867.

A VENEZUELA

CON EL CARIÑO ENTRAÑABLE DEL MAS AMANTE DE SUS HIJOS,

JOSÉ ANTONIO PÁEZ.

AUTOBIOGRAFIA

—◇◇◇—

CAPITULO I

—

MI NACIMIENTO.—PRIMEROS AÑOS DE MI JUVENTUD.—ENCUENTRO CON SALTEADORES.—MUERTE DE UNO DE ELLOS.—MI HUIDA AL HATO DE LA CALZADA.—QUE SON LOS HATOS.—EL NEGRO MANUELOTE.— EN LOS NEGOCIOS.

1790—1809

El 13 de junio de 1790 nací en una muy modesta casita, á orillas del riachuelo Curpa, cerca del pueblo de Acarigua, Cantón de Araure, provincia de Barinas, Venezuela. En la iglesia parroquial de aquel pueblo recibí las aguas del bautismo. Juan Victorio Páez y María Violante Herrera fueron mis padres, habiéndome tocado ser el penúltimo de sus hijos y el solo que sobrevive de los ocho hermanos que éramos. Nuestra fortuna era escasísima. Mi padre servía de empleado al gobierno colonial, en el ramo del estanco de tabaco, y establecido entonces en la ciudad de Guanare, de la misma provincia, residía allí para el desempeño de sus deberes, lejos con frecuencia de mi excelente madre, que por diversos motivos jamás tuvo con sus hijos residencia fija.

Tenía ya ocho años de edad cuando élla me mandó á la escuela de la señora Gregoria Díaz, en el pueblo de Guama, y allí aprendí los primeros rudimentos de una enseñanza demasiado circunscrita. Por lo general, en Venezuela no había escuelas bajo el gobierno de España, sino en las poblaciones principales, porque siempre se tuvo interés en que la ilustración no se difundiera en las colonias. ¿Cómo sería la escuela de Guama, donde una reducida población, apartada de los centros principales, apenas podía aten-der á las necesidades materiales de la vida? Una maestra, como la señora Gregoria, abría escuela como industria para ganar la vida, y enseñaba á leer mal, la doctrina cristiana, que á fuerza de azotes se les hacía aprender de memoria á los muchachos, y cuando más á formar palotes según el método del profesor Palomares. Mi cuñado Bernardo Fernández me sacó de la escuela para llevarme á su tienda de mercería ó bodega, en donde me enseñó á detallar víveres, ocupando las horas de la mañana y de la tarde en sembrar cacao.

Con mi cuñado pasé algún tiempo, hasta que un pa-riente nuestro, Domingo Páez, natural de Canarias, me llevó, en compañía de mi hermano José de los Santos, á la ciudad de San Felipe, para darnos ocupación en sus negocios, que eran bastante considerables.

Mi madre, que vivía en el pueblo de Guama, me llamó á su lado el año de 1807, y, por el mes de junio, me dió co-misión de llevar cierto expediente sobre asuntos de familia á un abogado que residía en Patio Grande, cerca de Cabudare, pueblo de la actual provincia de Barquisimeto. Debía ade-más conducir una regular suma de dinero. Tenía yo en-tonces diez y siete años, y me enorgullecí mucho con el encargo, tanto más, cuanto que para el viaje se me proveyó con una buena mula, una espada vieja, un par de pistolas de bronce, y doscientos pesos destinados á mis gastos personales. Acompañábame un peón, que á su regreso debía llevar varias cosas para la familia.

Ninguna novedad me ocurrió á la ida ; mas, al volver á casa, sumamente satisfecho con la idea de que yo era hombre de confianza, joven, y como tal imprudente, enorgullecido además con la cantidad de dinero que llevaba conmigo, y deseoso de lucirme, aproveché la primera oportunidad de hacerlo, la cual no tardó en presentarse, pues, al pasar por el pueblo de Yaritagua, entré en una tienda de ropa á pretexto de comprar algo, y al pagar saqué sobre el mostrador cuanto dinero llevaba, sin reparar en las personas que había presentes, más que para envanecerme de que todos hubiesen visto que yo era hombre de espada y de dinero.

Los espectadores debieron conocer desde luego al mozo inconsiderado, y acaso formaron inmediatamente el plan de robarme. No pensé yo más en éllos y seguí viaje, entrando por el camino estrecho que atraviesa, bajo alto y espeso arbolado, la montaña de Mayurupí. Ufano con llevar armas, pensé en usarlas, y saqué del arzón una de las pistolas, la única que estaba cargada, para matar un loro que estaba parado en una rama. Pero al punto se me ocurrió que era ya tarde, que tenía que viajar toda la noche para poder llegar á mi casa, y que en la pistola cargada consistía mi principal defensa. No bien seguí avanzando cuando la ocasión vino á demostrar la certeza de mi raciocinio, pues á pocos pasos me salió de la izquierda del camino un hombre alto, á quien siguieron otros tres que se abalanzaron á cojerme la mula por la brida. Apenas lo habían hecho cuando salté yo al suelo por el lado derecho, pistola en mano. Joven, sin experiencia alguna de peligros, mi apuro en aquel lance no podía ser mayor; sin embargo, me sentí animado de extraordinario

arrojo viendo la alevosía de mis agresores, y en propia
defensa resolví venderles cára la vida. El que parecía jefe
de los salteadores se adelantaba hacia mí con la vista fija en
la pistola con que le apuntaba, mientras iba yo retrocediendo conforme él avanzaba. El tenía en una mano un machete,
y en la otra el garrote. Tal vez creía que no me atrevería
yo á dispararle, porque cuando le decía que se detuviera,
no hacía caso de mis palabras, pensando quizá que como
ya se había apoderado de mi cabalgadura, le sería no menos
fácil intimidarme ó rendirme. Avanzaba, pues, siempre sobre
mí en ademán resuelto, y yo continuaba retrocediendo,
hasta que, cuando estábamos cosa de veinte varas distantes de sus compañeros, se me arrojó encima, tirándome
una furiosa estocada con el machete. Sin titubear dispa-
ré el tiro, todavía sin intención de matarlo, pues hasta
entonces me contentaba con herirlo en una pierna; pero él,
por evitar la bala, se hizo atrás con violencia, y la recibió
en la ingle. Mudo é inmóvil permanecí por un instante.
Creyendo haber errado el tiro, y que el mal hombre
se me vendría luego á las manos, desenvainé la espada y me
arrojé sobre él para ponerle fuéra de combate; mas al ir á
atravesarlo me detuve, porque le vi caer en tierra sin movimiento. Ciego de cólera y no pensando sino en mi propia
salvación, corrí entonces con espada desnuda sobre los demás ladrones; mas estos no aguardaron, y echaron á huir
cuando se vieron sin jefe, y perseguidos por quien, de joven
desprevenido y fácil de amedrentar, se había convertido en
resuelto perseguidor de sus agresores. Fortuna grande fué
para mí, que allí tal vez habría pagado con la vida la temeridad de sostener un ataque tan desigual. Comprendiéndolo
así, sin pérdida de tiempo salté con preteza sobre mi mula,
abandonada en la montaña; y al pasar por junto al cadáver

del salteador, arrojé sobre él, lleno de rabia, la pistola que se había reventado en mis manos al dispararla, y proseguí bien á prisa mi viaje. Sólo entonces eché de ver que la pistola, al salir el tiro, me había lastimado la mano.

Una hora después de este acontecimiento sobrevino la noche, acompañada de truenos y de una copiosa lluvia, y tan oscura y tenebrosa, que muchas veces me veía obligado á detenerme para buscar á la luz de los relámpagos el sendero que debía seguir. Era mi posición sumamente embarazosa; rodeado por todas partes de torrentes que estrepitosamente bajaban por las quebradas, parecía que todo conspiraba á aumentar mis zozobras y temores, á pesar de que se me ocurría que lo que había hecho era un acto justificado por las leyes divinas y humanas. A las cuatro de la mañana llegué á casa, sumamente preocupado, y no comuniqué lo ocurrido á otra persona más que á una de mis hermanas. Permanecí allí tranquilo por algunos días, hasta que principiaron á esparcirse rumores de que yo había sido el héroe de la escena del bosque. Entonces, sin consultar á nadie, é inducido solamente por un temor pueril, resolví ocultarme, y tomando el camino de Barinas, me interné hasta las riberas del Apure, donde, deseando ganar la vida honradamente, busqué servicio en clase de peón, ganando tres pesos por mes en el hato de la Calzada, perteneciente á D. Manuel Pulido.

Diré lo que era un hato en aquella época, pues los que se encuentran actualmente en los mismos sitios difieren tanto de los que conocí en mi juventud, cuanto dista la civilización de la barbarie. El progreso ha introducido en éllos mil reformas y mejoras; y si bien ha ejercido gran influencia sobre las costumbres de los habitantes, no ha podido empero cambiar completamente el carácter de éstos, por lo cual no me detendré á copiar lo que, con tanta verdad y exactitud, han descrito el venezolano Baralt y el granadino Samper. Pintaré pues los hatos como los conocí en los primeros años de mi juventud.

En la gran extensión de territorio, que, como la vasta superficie del océano, presenta alrededor un inmenso círculo cuyo centro parece estar en todas partes, se veían de distancia en distancia ora pueblecillos con pocos habitantes, ya rústicas casas con techos de hojas secas de palmeras, que en medio de tan gran soledad parecían ser los oásis de aquél á la vista desierto ilimitado. Constituían estos terrenos las riquezas de muchos individuos, riquezas que no sacaban de las producciones de la tierra, sino de la venta de las innumerables hordas de ganado caballar y vacuno, que pacían en aquellas soledades con tanta libertad como si estuvieran en la patria que el cielo les había señalado desde los primeros tiempos de la creación. Estos animales, descendientes de los que tuvieron en la conquista tanta parte como los mismos aventureros á cuyas órdenes servían, eran muy celosos de su salvaje independencia; y muchas y grandes fatigas se necesitaban para obligarlos á auxiliar al hombre en la obra de la civilización. Tocaba acometer tan atrevida empresa al habitante de los llanos; y cómo podían éstos alcanzar tan difícil y peligroso empeño, se comprenderá recordando el linaje de vida á que estaban sometidos.

La habitación donde residían estos hombres era una especie de cabaña cuyo aspecto exterior nada diferente presentaba de las que hoy se encuentran en los mismos lugares. La yerba crecía en torno á su placer, y sólo podía indicar el acceso á la vivienda la senda tortuosa que se formaba con las pisadas ó rastros del ganado.

Constituían todo el mueblaje de la solitaria habitación cráneos de caballos y cabezas de caimanes, que servían de asiento al llanero cuando tornaba á la casa cansado de oprimir el lomo del fogoso potro durante las horas del sol ; y si quería estender sus miembros para entregarse al sueño, no tenía para hacerlo sino las pieles de las reses ó cueros secos, donde reposaba por la noche de las fatigas y trabajos del día, después de haber hecho una sola comida, á las siete de la tarde. ¡Feliz el que alcanzaba el privilegio de poseer una hamaca sobre cuyos hilos pudiera m s cómodamente restituir al cuerpo su vigor perdido !

En uno ú otro lecho pasaba la noche, arrullado muy frecuentemente por el monótono ruido de la lluvia que caía sobre el techo, ó por el no menos antimusical de las ranas, del grillo y de otros insectos, sin que despertara azorado al horrísono fragor de los truenos, ni al vívido resplandor de los relámpagos. El gallo, que dormía en la misma habitación con toda su alada familia, le servía de reloj, y el perro de centinela. A las tres de la mañana se levantaba, cuando aún no había concluido la tormenta, y salía á ensillar su caballo, que había pasado la noche anterior atado á una *macoya* de yerba en las inmediaciones de la casa. Para ello tenía que atravezar los *escoberos*, tropezando á cada instante con las osamentas de las reses, que entorpecían sus pasos, y que gracias á una acumulación sucesiva de muchos años, habrían bastado para erigir una pirámide bastante elevada. Y téngase presente que el llanero anda siempre descalzo.

Montado al fin, salía para la expedición de *ojear el ganado*, que iba espantando hasta el punto en que debía hacerse la parada. Esta operación se conocía con el nombre de *rodeo* ; pero cuando se hacía solamente con los caballos, se llamaba *junta*. «Juntas» decían los llaneros cuando, más tarde, les hablaron de las que formaron en las ciudades para la defensa de la soberanía de España, «nosotros no sabemos de más juntas que de las de bestias que hacemos aquí.»

Hecha la parada, se apartaban los becerros para la *hierra*, ó sea para ponerles marca, se recogían las vacas paridas, se castraban los toros, y se ponía aparte el ganado que se destinaba á ser vendido.

Si la res ó caballo apartado trataba de escaparse, el llanero la perseguía, la enlazaba; ó si no tenía lazo, la *coleaba* para reducirla á la obediencia.

Cuando comenzaba á oscurecer y antes que les sorprendiera la noche, dirigíanse los llaneros al hato para encerrar el ganado, y concluida esta operación mataban una res, tomando cada uno su pedazo de carne, que asaba en una estaca, y que comía sin que hubiese sal para sazonar el bocado, ni pan que ayudara á su digestión. . El más deleitoso regalo consistía en empinar la *tapara*, especie de calabaza donde se conservaba el agua fresca; y entonces solía decir el llanero con el despecho casi resignado de la impotencia:

«El pobre con agua justa

Y el rico con lo que gusta.»

Para entretener el tiempo después de su parca cena, poníase á entonar esos cantares melancólicos que son proverbiales—las voces plañideras del desierto—algunas veces acompañados con una bandurria traída del pueblo inmediato en un domingo en que logró ir á oír misa. Otras veces también, antes de entregarse al sueño, entreteníase en escarmenar cerdas de caballo para hacer cabestros torcidos.

Tal era la vida de aquellos hombres. Distantes de las ciudades, oían hablar de ellas como lugares de difícil acceso, pues estaban situadas más allá del horizonte que alcanzaban con la vista. Jamás llegaba á sus oídos el tañido de la campana que recuerda los deberes religiosos, y vivían y morían como hombres á quienes no cupo otro destino que luchar con los elementos y las fieras, limitándose su ambición á llegar un día á ser capataz en el mismo punto donde había servido antes en clase de peón.

¡Con qué facilidad se escribe todo esto en una sala amueblada y al lado de un fuego agradable! * Pero cuán distinto era ejecutarlo! La lucha del hombre con las fieras—que no son otra cosa los caballos y los toros salvajes—lucha incesante en que la vida escapa como de milagro, lucha que pone á prueba las fuerzas corporales, y que necesita una resistencia moral ilimitada, mucho estoicismo ó el hábito adquirido desde la niñez; esa lucha, digo, debía ser y era durísima prueba para quien, como yo, no había nacido destinado á sostenerla, y la consideraba además como castigo del destierro que me había impuesto por falta de reflexión y buen criterio.

Imagine el lector cuán duro había de ser el aprendizaje de semejante vida, que sólo podía resistir el hombre de robusta complexión, ó que se había acostumbrado desde muy joven á ejercicios que requerían gran fuerza corporal y una salud privilegiada. Este fué el gimnasio donde adquirí la robustez atlética que tantas veces me fué utilísima después, y que aún hoy me envidian muchos hombres en el vigor y fuerza de sus años. Mi cuerpo, á fuerza de golpes, se volvió de hierro, y mi alma adquirió, con las adversidades en los primeros años, ese temple que la educación más esmerada difícilmente habría podido darle.

----

* El General Páez escribió esto en Nueva York en el período del invierno.

Tocóme de capataz un negro alto, taciturno y de severo aspecto, á quien contribuía á hacer más venerable una híspida y poblada barba. Apenas se había puesto el novicio á sus órdenes, cuando, con voz imperiosa, le ordenaba que montase un caballo sin rienda, caballo que jamás había sentido sobre el lomo ni el peso de la carga ni el del domador. Como ante órdenes sin réplica ni excusa, no había que vacilar, saltaba el pobre peón sobre el potro salvaje, echaba manos á sus ásperas y espesas crines, y no bien se había sentado, cuando la fiera empezaba á dar saltos y corcovos, ó tirando furiosas dentelladas al ginete, cuyas piernas corrían graves peligros, trataba de desembarazarse de la extraña carga, para él insoportable, ó despidiendo fuego por ojos y narices, se lanzaba enfurecida en demanda de sus compañeros en los llanos, como si quisiera impetrar su auxilio contra el enemigo que oprimía sus hijares.

El pobre ginete cree que un huracán, desencadenando toda su furia, le lleva en sus alas y le arrastra casi sobre la superficie de la tierra, que imagina á corta distancia de sus pies, sin que le sea dado alcanzarla, por que ella también huye con la velocidad del relámpago. Zumba el viento en sus oídos cual si penetrase con toda su fuerza en las concavidades de una profunda caverna ; apenas se atreve el cuitado á respirar; y si conserva abiertos los espantados ojos, es solamente para ver si puede hallar auxilio en alguna parte, ó convencerse de que el peligro no es tan grande como pudiera representárselo la imaginación sin el testimonio del sentido de la vista.

El terreno, que al tranquilo espectador no presenta ni la más leve desigualdad, para el aterrado ginete, se abre á cada paso en simas espantosas, donde él y la fiera van sin remedio á despeñarse. No hay que esperar más amparo que el que quiera dar el cielo, y encomiéndase con todo fervor á la Virgen del Carmen, cuyo escapulario lleva colgado al cuello, aguardando por momentos su último instante. Al fin cesa la angustia, pues el caballo se rinde de puro cansado, y abandona poco á poco el impetuoso escape que agota sus fuerzas.

Cuando repite la operación, ya el novicio llanero tiene menos susto, hasta que al fin no hay placer para él más grande que domar la alimaña que antes le había hecho experimentar terrores inexplicables.

El hato de la calzada se hallaba á cargo, como he dicho de un negro llamado Manuel, ó, según le decíamos todos, Manuelote, el cual era esclavo de Pulido y ejercía el cargo de mayordomo. El propietario no visitaba en aquella época su finca, por haberse quemado la casa de habitación, y todo cuanto existía en el hato se hallaba á disposición del ceñudo mayordomo. Las sospechas que algunos peones habían hecho concebir á Manuelote, de que bajo el pretexto de buscar servicio, había ido yo á expiar su conducta, hicieron que me tratase con mucha dureza, dedicándome siempre á los trabajos más penosos, como domar caballos salvajes, sin permitirme montar sino los de esta clase; pastorear los ganados durante el día, bajo un sol abrasador, operación que por esta causa y la vigilancia que exigía, era la que yo más odiaba; velar por las noches las madrinas de los caballos, para que no se ahuyentasen; cortar con hacha maderos para las cercas, y finalmente, arrojarme con el caballo á los ríos, cuando aún no sabía nadar, para pasar como guía los ganados de una ribera á otra. Recuerdo que un día, al llegar á un río me gritó : «Tírese al agua y guíe el ganado» como yo titubease, manifestándole que no sabía nadar, me contestó en tono de cólera : «Yo no le pregunto á U. si sabe nadar ó no; lo mando que se tire al río y guíe el ganado.»

Mucho, mucho sufrí con aquel trato: las manos se me rajaron, á consecuencia de los grandes esfuerzos que hacía para sujetar los caballos por el cabestro de cerda que se usa para domarlos, amarrado al pescuezo de la bestia, y asegurado al bozal en forma de rienda. Obligado á bregar con aquellos indómitos animales, en pelo ó montado en una silla de madera con correas de cuero sin adobar, mis muslos sufrían tanto, que muchas veces se cubrían de rosaduras que brotaban sangre. Hasta gusanos me salieron en las heridas, cosa no rara en aquellos desiertos y en aquella vida salvaje; semejantes engendros produce la multitud de moscas que abundan allí en la estación de las lluvias.

Acabado el trabajo del día, Manuelote, echado en la hamaca, solía decirme: «*Catire* Páez, traiga un camazo con agua, y láveme los pies;» y después me mandaba que le meciese hasta que se quedaba dormido. Me distinguía con el nombre de *Catire* (rubio), y con la preferencia sobre todos los demás peones, para desempeñar cuanto había más difícil y peligroso que hacer en el hato.

Cuando, algunos años después, le tomé prisionero en la Mata de la Miel, le traté con la mayor bondad, hasta hacerle sentar á mi propia mesa; y un día que le manifesté el deseo de serle útil en alguna cosa, me suplicó como único favor que le diera un salvo-conducto para retirarse á su casa. Al momento le complací, por lo que, agradecido al buen tratamiento que había recibido, se incorporó más tarde en mis filas. Entonces, los demás llaneros en su presencia solían decirse unos á otros con cierta malicia: «Catire Páez, traiga un camazo de agua y láveme los pies.» Picado Manuelote con aquellas alusiones de otros tiempos, les contestaba: «Ya sé que ustedes dicen eso por mí; pero á mí me deben el tener á la cabeza un hombre tan fuerte, y la patria una de las mejores lanzas, porque fuí yo quien lo hice hombre.»

Después de vivir dos años en el hato de la Calzada pasé con Manuelote al de l'agüey, propiedad también de Pulido, con el objeto de ayudar á la hierra y á la cogida de algún ganado para vender. Allí tuve la buena suerte de conocer á Pulido, quien me sacó del estado de peón, empleándome en la venta de sus ganados, y como mi familia me había recomendado á él, me ofreció su protección conservándome á su lado. Cerca de un año desempeñé la comisión de que me encargó: bajo su patrocinio aprendí el negocio y más tarde me retiré para ocuparme en él por mi propia cuenta. Andando el tiempo tuvo Pulido necesidad de reunir cierta suma de dinero por medio de la venta de ganado. Me encargó de élla; con gusto y agradecimiento desempeñé su encargo, y cuando concluí, volví de nuevo á atender á mis propios negocios.

Hay épocas en la vida, que aunque insignificantes en apariencia, dejan recuerdos indelebles. Parece que la Providencia se complace en darle cierto descanso al hombre antes de hacerle partícipe de grandes acontecimientos. Ella me había escogido como uno de sus instrumentos para contribuir á libertar á mi patria de la tiranía española, y antes de lanzarme en el torbellino de los combates, quiso hacerme olvidar la vida que había pasado de peón y saborear las dulzuras de una época sosegada y ennoblecida por el placer de ganar holgadamente el pan con el sudor de mi frente. Adquirí en aquel tiempo algunos bienes de fortuna: mi trabajo me proporcionaba los medios suficientes para vivir con independencia, me sentía satisfecho y feliz, y para mí mismo nada más deseaba. Sin embargo, acercábase la hora de la redención, y Venezuela se disponía á conquistar su libertad!

2

CAPITULO II

—

La República de Venezuela, antes Capitanía General del mismo nombre, abraza un vasto territorio comprendido entre la Nueva Granada, con la que parte límites al Oeste; el Atlántico que la baña por el Norte; la Guayana inglesa que le demora al Este, y las montañas Tapirapecú y Pacaraima que la separan del imperio del Brasil. Tiene excelentes puertos por donde extraer las riquezas que se encuentran en el interior del territorio, y sobre todo el hermoso golfo de Maracaibo, que los primeros visitadores tuvieron por un mar. La topografía del terreno presenta grandes dificultades de comunicación entre el interior y las costas; pero en las llanuras, para vencerlas, la Providencia nos ha dado majestuosos ríos, como el Orinoco que corre entre praderas sembradas de riquezas tropicales, siendo navegable en buques de gran porte hasta la ciudad de Angostura, y en pequeñas embarcaciones hasta mucho más arriba de dicho punto. Este río y los otros fertilizan los territorios de sus orillas en que pueden producirse en abundancia los frutos que crecen bajo el cielo ardiente de los trópicos. En aquellas llanuras pace la inmensa cantidad de ganados que fueron y son todavía uno de los principales ramos de riqueza del país.

Antes de la Independencia la Capitanía General de Venezuela tenía 800,000 almas de población, según cálculos de Humboldt. Mucha parte de esa población desapareció, pues Venezuela sufrió más durante la guerra que sostuvo durante trece años que los demás países que se levantaron contra el Gobierno español. Los temores de que éste hiciera nuevos esfuerzos para conquistar el territorio, impidieron que la corriente de la emigración europea se dirigiera á las nuevas repúblicas, y así en el año de 1822, en que Colombia estaba dividida en siete departamentos y treintidos provincias, la población total era de 2.644,600 habitantes.

En la nueva forma de gobierno, Caracas, donde había residido el Capitán General, fué escogida para ser capital del departamento de Venezuela, y á élla acudieron muchos extranjeros, sobre todo ingleses y franceses, quienes enamorados de las riquezas del país, fijaron en él su residencia y dieron á conocer á sus compatriotas los recursos que allí encontraban. Entre las personas eminentes que tuvimos entre nosotros debe mencionarse el célebre señor José Lancaster, que fué á difundir los beneficios de su sistema de educación.

A causa de las montañas, el acceso á la capital no ha sido siempre fácil á pesar de hallarse á pocas millas de distancia del puerto de La Guaira; pero hoy existe regular camino de ruedas hecho durante mi gobernación.

Puerto Cabello, que es el puerto de Valencia, está llamado á ser una de las primeras plazas del país, y su excelente bahía da abrigo á toda clase de buques.

Angostura, la heroica Angostura, desde sus ochenta y tres leguas de mar, puede mandar por el Orinoco todas las riquezas que encierra la provincia de Guayana de que fué y es hoy capital bajo el nombre de Ciudad Bolívar. En el Orinoco viene á desaguar el Apure engrosado por las aguas de otros ríos, que siendo navegables, conducen las riquezas de los llanos de la provincia de Barinas y cuanto envían las ciudades de Guanare, Araure, San Carlos, San Fernando de Apure y la provincia de Casanare.

Adviértase, pues, la necesidad é importancia de establecer buenas comunicaciones de los puertos con el interior, de abrir caminos de fácil tránsito, donde no los haya, y tratar de que nuestros ríos sean los mejores vehículos de la defensa y socorro de las costas. Pero de nada servirán todas estas ventajas si no tratamos de sacar todo el partido posible de los muchos elementos de riqueza agrícola que encierra el interior de nuestro privilegiado territorio. La industria y el arte pueden ayudarnos mucho, si introducimos en nuestra Patria todas las mejoras que en países menos favorecidos por la naturaleza, están produciendo tan buenos resultados.

EDUCACION

—

En la época que precedió á la Revolución, estaba circunscrita á los colegios y universidades bajo un plan de estudios formado por el gobieno de la Metrópoli, y éste y sus representantes tenían buen cuidado de que no llegasen á las colonias más libros que los que tuviesen por objeto inspirar á la juventud el respeto á toda autoridad venerada por los tiempos, y ante la cual debía doblarse la cerviz, sin examinar ni discutir nada que los hombres hubiesen elevado á la autoridad de dogma. Sinembargo, Don Antonio Nariño tradujo el Contrato social de Rousseau, por cuyo crimen fué encerrado en los calabozos de Cartagena y trasladado después á España. A pesar de todas las medidas de rigor, empezó á generalizarse la ilustración, y cuantos progresos se hicieron aun en los ramos más difíciles de administración y diplomacia, puede verse en todos los documentos de esta clase publicados después de la Independencia. Introdújose en las escuelas el sistema de Lancaster, y fundáronse nuevas universidades y colegios para cuyo sostenimiento se consagró una parte de los bienes eclesiásticos. Introdujéronse mapas, grabados, aparatos científicos y al fin pudieron contarse en Colombia muchas escuelas bajo el plan de Bell y Lancaster, varios colegios y algunas universidades.

Aún viven muchos de los que conocieron el establecimiento de educación fundado en Venezuela por el señor Feliciano Montenegro, quien además regaló á la Patria un precioso tratado de Geografía, que aún consultamos para adquirir valiosos datos. Durante mi presidencia procuré siempre dar apoyo y atención al progreso intelectual de la juventud y para ello establecí clases de matemáticas de donde salieron hombres que honran á la patria. Animé á Baralt para que diese al mundo su excelente Historia, obra clásica que España no desdeña colocar entre los mejores trabajos escritos en su idioma.

Por los años de 1825, se fundaron escuelas navales para la instrucción práctica y científica en Cartagena y Guayaquil, que eran las principales estaciones navales de Colombia; pues entonces contaba la República con una respetable armada que podía ir á hostilizar á los españoles aún en las aguas de sus posesiones en las Antillas.

Los países como Venezuela que tienen inmensas costas, de seguro acceso aun para buques de mucho calado y en las cuales desembocan grandes ríos navegables, estarán siempre expuestas á una fácil invasión de cualquiera potencia naval, á menos que no se empleen cuantiosas sumas para poner las costas en estado de completa defensa. Pero no es posible que el tesoro de Venezuela pueda nunca, para protejer el extenso litoral de sus costas, sufragar los enormes gastos que demanda la artillería moderna: ninguna nación ni de Europa ni de América, es bastante rica para mantener bien guarnecida y montada una línea de fortificaciones á lo largo de costas de tanta extensión, y solo una potente escuadra podría impedir los desembarques de la potencia agresora.

Otros son los medios de defender nuestro territorio de una invasión enemiga. Es coincidencia muy singular que así como los pueblos de raza española viven todos en climas ardientes, así también la Providencia los ha puesto en territorios cuyos accidentes topográficos ayudan poderosísimamente á la defensa de sus nacionalidades. En el tiempo de la dominación española se construyeron castillos en algunos puertos para rechazar los ataques de los filibusteros ó bucaneros que solían aventurarse á penetrar con sus buques hasta el centro de las bahías de ciudades populosas. Cuando cesaron estos temores, se conservaron en pie aquellos fuertes para hacer respetar las ordenanzas de marina y también para amenazar á las poblaciones en caso de insurrección á mano armada, pues mal podían dichos castillos protejer todo el litoral estando situados á gran distancia los unos de los otros. Todas estas fortalezas fueron cayendo sucesivamente en manos de los patriotas, y con éllas todos los elementos de guerra que allí guardaban los españoles como el lugar más seguro para conservarlos.

Después de asegurada nuestra independencia, fuí siempre de opinión que esos puertos fortificados sólo ocasionaban gastos inútiles por la necesidad de mantener en éllos fuertes guarniciones y sobre todo las consideraba perjudiciales en casos de insurrección contra el gobierno establecido, pues de no tener éste en éllos un fuerte presidio, se corría riesgo de que en un momento de sorpresa, armándose sólo de palos y de piedras, una turba de sediciosos se apoderaría de éllos fácilmente y se haría fuerte detrás de sus muros, contando con los elementos que el gobierno tenía allí depositados.

Tres son nuestras líneas de defensa contra el invasor, después de oponer la resistencia que se pueda en la orilla del mar. Si nos vemos obligados á abandonar esta posición, retirémonos á los desfiladeros de las montañas donde el europeo no puede dar un paso sin luchar con grandes obstáculos, ó á la selva donde cada hombre práctico vale por muchos de sus adversarios extranjeros. Sería conveniente llévar á estos puntos obuses de calibre de doce y de nueve arrobas de peso para trasportarlos en mulas. Si es posible que nos veamos obligados á abandonar esta primera línea, descendamos á nuestras llanuras atravesadas por caudalosos ríos y caños de dificultosísimo vado, poblados de animales dañinos que aterran al extranjero que no está acostumbrado como el llanero á verlos y luchar con éllos en medio de las corrientes. Esta segunda línea es el teatro donde la caballería desempeñará su importante papel. De nada valdrá contra éllos los caballos que el enemigo haya trasportado de su patria, si no han quedado inutilizados completamente al pasar por los terrenos quebrados que forman nuestra primera línea. La tercera está en el inmenso territorio despoblado que forma una gran parte de la República atravesado por grandes ríos y cubierto de selvas impenetrables. Si todo se hubiere perdido, de allí saldrá el venezolano con nuevos recursos á arrollar al enemigo que ya debe haber perdido gran parte de sus fuerzas al llegar á los límites de la tercera línea. Es casi imposible que el enemigo pueda llegar hasta este punto ; y si lo lograse, necesitaría un cordón extensísimo de tropas para cubrir sus comunicaciones é impedir ver cortada su retirada y ser batido en detal por fuerzas inferiores en número.

Uno de los elementos con que contamos en caso de invasión extranjera, es el clima, patriota americano que siempre ayudará á sus hijos contra el agresor europeo. Unase á esto los inconvenientes de nuestros caminos, intransitables en la estación de las lluvias, los insectos y hasta las frutas que son sabroso regalo para el indígena, pero tósigo para el extranjero que busca en ellas refrigerio y alimento.

Confiado en todo esto no hay que aventurar nunca batalla campal, sino obligar al enemigo á hacer marchas y contramarchas para disminuir su número, cansarlo, cojerles rezagados y no darle nunca punto de descanso.

Nuestro país, por lo tanto, es inconquistable; pero no se crea por eso que yo no apruebe que en la paz esté apercibido para las contingencias de la guerra. Por eso creo que deben formarse buenos parques, no en los castillos que están en la orilla del mar, sino en los puntos en que puedan estar más seguros los elementos de guerra, sin que se tengan todos en un solo lugar. Hay en la laguna de Valencia, una isleta llamada «El Burro,» con frondoso arbolado y buenos pastos, que fué en otro tiempo propiedad del marqués del Toro: ningún punto más apropósito para establecer un buen parque y una Escuela militar donde los jóvenes cadetes podrían encontrar además de instrucción, práctica, recreo y diversión.

Después de escritos estos renglones, la experiencia de lo que actualmente está sucediendo en el Pacífico, debe servir de lección á las Repúblicas que baña el Atlántico, y hacerles comprender la necesidad de fortificar sus puertos más cocomerciales, si no quieren verse en gran aprieto con la sola aparición de un buque enemigo delante de sus costas. También deben tratar de formar buenos marinos, aunque sea en las escuelas extranjeras, para no tener que acudir á los extraños el día que la necesidad de defensa los obligue á formar una escuadra para combatir á sus enemigos. He querido entrar aquí en todas estas consideraciones, para dar una idea del estado del país y de los bienes que produjo la Independencia, y me ha parecido también oportuno indicar cuanto pudiera aún canseguir mi patria, si depuestos los odios y rencillas que dividen las opiniones, sus hijos se propusiesen sacár partido de todos los dones con que el cielo ha favorecido tan interesante sección del Continente americano.

Nadie ignora que los primeros movimientos políticos de los americanos del Sur sólo fueron al principio expresión de lealtad y simpatía hacia la madre patria, cuando su Rey se encontraba preso en territorio extranjero y su trono ocupado por un intruso que sostenían las bayonetas francesas. Mientras en España varones eminentes y genérales distinguidos, victoreaban la caida de los Borbones y el advenimiento de una nueva dinastía, mientras los lugartenientes españoles en América aceptaban gustosos y sumisos el nuevo orden de cosas, el pueblo americano lleno de indignación se negó á abandonar la causa de los que reputaba sus legítimos soberanos. Las juntas que se formaron en varias provincias de la Península enviaron sus representantes á las colonias para que las reconociesen como la suprema autoridad que regía la nación durante la ausencia de sus Reyes, y aquellos pueblos no sabiendo á cuál de éllas reconocer por legítima, y para no caer en el desgobierno y anarquía que reinaba en la Metrópoli, se creyeron también con derecho á constituirse en otras juntas y asambleas, hasta que los reyes volvieron á ocupar el trono de que con tanta violencia habían sido arrebatados. El intruso rey á quien su hermano había sentado en el trono de San Fernando, envió también á América sus emisarios para exigir la sumisión de las colonias á la autoridad que él ejercía en la Metrópoli.

Prisionero el Rey legítimo, encendida la guerra civil y desacordes las mismas provincias fieles al monarca, no podía haberse presentado á los americanos ocasión más oportuna para sacudir el yugo de la Madre pátria, si el sentimiento de la lealtad á sus reyes no hubiese sido para éllos uno de los deberes más sagrados. En julio de 1808 arribó á las costas de Venezuela un buque francés que conducía despachos del Rey José, y tal fué la indignación del pueblo de Caracas cuando supo el hecho, que el capitán del buque, temiendo ser hostilizado, creyó prudente levar anclas y alejarse de las costas.

Véase cómo describe este hecho el capitán Beaver, oficial de la marina inglesa, que vino á anunciar en Venezuela los acontecimientos de Bayona. « Al entrar en la ciudad observé gran excitación en el pueblo, como suele preceder ó seguir á los motines populares; y cuando entré en la gran posada me ví rodeado por habitantes pertenecientes á todas clases. Supe que el capitán francés que llegó ayer trajo noticias de cuanto en España había pasado favorable á los franceses; que él había anunciado la subida de José Bonaparte al trono español y que también había traído al gobierno órdenes del Emperador francés.

«La ciudad se puso inmediatamente sobre las armas; 10.000 hombres de sus habitantes rodearon el palacio del Capitán General y pidieron que se proclamase Rey á Fernando VII, lo que aquél prometió hacer al día siguiente. Pero no dándose aún por satisfechos, éllos por medio de heraldos le proclamaron aquella misma tarde por toda la ciudad con las debidas ceremonias y colocaron el retrato del Rey entre luces en la galería del Ayuntamiento.

«Insultóse públicamente á los franceses en un café público, obligándoles á retirarse de él; y el capitán francés tuvo que salir ocultamente de Caracas aquella misma noche á las 8, escoltado por un destacamento de tropa: así escapó con la vida, pues á eso de las diez el populacho pidió al gobernador que le entregasen el francés, y cuando supo que éste se había retirado, trescientos hombres salieron en busca suya para matarle.

«A pesar de que el gobernador me recibió con frialdad, los habitantes más respetables de la ciudad me rodearon y aclamaron su libertador. Leyeron las noticias que yo había traído de Cádiz con gran avidez y prorrumpieron en gritos de gratitud á Inglaterra.

«A las 5 de la tarde cuando regresé al palacio del Gobernador le pedí que me entregase la goleta francesa ó que cuando menos me permitiera apresarla en la bahía. Negóse á una y otra exigencia, y me informó que había dado órdenes para que se hiciera á la vela inmediatamente. Le dije que yo había tomado disposiciones para que la apresaran si salía del puerto, y que si no se encontraba en poder de los españoles á mi regreso á La Guaira, yo la apresaría. Me contestó que daría órdenes al comandante de la plaza que hiciera fuego sobre mi buque si yo intentaba tal cosa, a lo que yo le contesté, que él sería responsable de las consecuencias, añadiéndole que la acogida que me había hecho más era de enemigo que de amigo, cuando yo le traía informes de que habían cesado las hostilidades entre la Gran Bretaña y España; que en su conducta él se había mostrado muy amigo de los franceses siendo así que le constaba que España estaba en guerra con Francia. Contestóme que nada sabía; yo se lo repetí otra vez y añadí, que si la prisión de los reyes y la ocupación de Madrid no eran actos de hostilidad ¿qué entendía él por guerra? Replicóme que nada le había comunicado su Gobierno sobre esa guerra y que no consideraba oficiales los despachos que yo había traído.

Cuando se supo que aún continuaban los desórdenes en España, personas respetables de Caracas se presentaron al Capitán General Don J. N. Casas, pidiéndole formase una junta á imitación de las que se habían formado en España; pero aquel funcionario mandó arrestar á los proponentes, si bien tuvo después que ponerlos en libertad obligado por la fuerza de la opinión pública.

En 1809 formóse una junta en Quito bajo la presidencia del marqués de Selva-Alegre. Quiso el virrey de Santa Fe oponérsele, y con objeto de conocer la opinión consultó á las personas influyentes de Bogotá sobre la conducta que debía seguir: todos unánimemente opinaron que esta ciudad debía imitar el ejemplo de Quito si no se restablecía pronto en España la autoridad de los legítimos soberanos. El virrey Amar, que no estaba por semejantes medidas, quiso que cada uno diese su opinión por escrito, y para más intimidar á los que no fuesen de su mismo parecer, puso sobre las armas las tropas que guarnecían la ciudad. Como ni de este modo lograse imponer miedo á los fieles mantenedores de la autoridad real, entre los que se contaban los ciudadanos más eminentes, se propuso el virrey castigar lo que consideraba como una insubordinación. Unióse al virrey del Perú y con fuerza armada marcharon á disolver la junta de Quito, muchos de cuyos miembros fueron bárbaramente asesinados en la prisión el 2 de agosto de aquel año; y para castigar la ciudad se la entregó al saqueo de la soldadesca.

Semejantes atrocidades eran suficientes para enfriar la lealtad de los americanos; pero estaba este sentimiento tan arraigado en sus corazones, que la victoria de Talavera fue recibida en las colonias con no menos regocijo del que había producido en la Península. El marqués de la Romana declaró ilegítima la existencia de la Junta central, y los miembros de ésta tuvieron que refugiarse á la isla de León, uno de los pocos puntos que no ocupaban las tropas francesas, y allí formaron una Regencia compuesta de cinco miembros.

Parecia, pues, que no les quedaba á las colonias otra alternativa que reconocer la soberanía del francés ó declararse del todo independientes mientras durase la prisión del Rey en Bayona. Cuando vacilaban entre estos dos extremos, la Regencia mandó sus representantes á las colonias excitándolas á mirar por sus intereses y recordándoles las vejaciones á que habían estado sometidas por la ambición y capricho de los gobernantes, á cuyos males pensaba el gobierno poner bien pronto término.

En 1810 se recibieron en Caracas nuevas del mal estado de la causa nacional en España y como no se ocultaba al pueblo que sus gobernantes estaban decididos á reconocer cualquier gobierno de la Metrópoli para quitar á los americanos el derecho de adoptar medidas que aquellos consideraban revolucionarias, el 19 de abril depusieron al Capitán

General, en nombre del católico Monarca, y organizaron una junta que debía gobernar el pais, hasta que el trono de España volviese á ser ocupado por sus legítimos soberanos.

Semejantes medidas alarmaron á los peninsulares residentes en América, quienes empezaron á manifestar una abierta oposición contra los criollos, cuya lealtad les era sospechosa. En Santa Fe un español insultó á un americano con palabras que ofendían á los compatriotas de éste, y de aquí nacieron disturbios entre unos y otros, formándose bandos de una y otra parte.

Estos hechos fueron comunicados al gobierno de la Metrópoli de una manera exajerada por los gobernadores de la colonia, y sin duda por tal motivo, á los despachos oficiales de la Junta de Caracas, contestó la Regencia declarando la ciudad en estado de sitio por decreto publicado el 31 de agosto de 1810. Acusábasele de quererse declarar independiente del gobierno de la Metrópolis, bajo el especioso pretexto de formar juntas en representación del Soberano, y encomiábase la lealtad de las provincias de Maracaibo y Coro que no habían seguido el pernicioso ejemplo de la insurgente capital. La Regencia se proponía poner término á esos males, castigando con todo rigor de las leyes á los culpados, á menos que no se acogiesen á la amnistía que les brindaba la clemencia del Gobierno.

Semejante lenguaje equivalía á una declaración de guerra, por venir de una asamblea de individuos, y no del Soberano, cuya autoridad y decretos estaban los pueblos acostumbrados á respetar sin ninguna apelación. No pudo aplacar la susceptibilidad de la Regencia el manifiesto en que Caracas exponía las razones que le habían movido á tomar las medidas que se decían revolucionarias, no siendo más que una leal expresión de los sentimientos que unían á las colonias con la madre patria.

Las Córtes españolas se indignaron contra el atrevimiento de los americanos. Uno de los diputados decía: «Si los americanos se quejan de haber sido oprimidos por espacio de trescientos años, experimentarán el mismo tratamiento por otros tres mil más.» «Me alegro, decía otro después de la victoria de Albufera, me alegro de este triunfo: porque así podrémos mandar tropas para someter á los insurgentes.» Y el diputado Alvarez de Toledo exclamaba: «No sé á qué raza de hombres pertenecen esos americanos.»

Así se recompensaba la lealtad; de este modo se apreciaba á un pueblo generoso que estaba pronto á sacrificar á élla sus más caros intereses! Fue preciso contestar al insulto con la amenaza, á ésta con la lucha á sangre y fuego, hasta que las armas, y sólo las armas, decidieran de qué parte estaban el derecho y la razón.

"Las medidas de rigor que se tomaron para intimidar á los patriotas sólo sirvieron para exasperar más los ánimos y separarlos de la madre patria, rompiendo todo vínculo de fraternidad. Cuando se formaron las primeras juntas, á nadie se le ocurrió la idea de independizarse de España; pero la conducta de los ministros en ésta y la de sus representantes en América, dieron á los colonos el derecho de proclamar á la faz del mundo, que querían y debían ser libres aun á costa de sus vidas y haciendas.

El movimiento revolucionario se inició en Caracas, y el 5 de Julio de 1811 los representantes de varias provincias de Venezuela redactaron su Declaración de independencia dando un ejemplo que bien pronto siguieron las provincias del virreinato de Santa Fe, Méjico y más adelante las provincias del Río de la Plata.

Alarmáronse entonces las Córtes españolas, y creyeron deber acudir á medidas conciliadoras; pero ya era tarde. Pedían los americanos que se les diese, según el decreto de 15 de octubre de 1809, iguales derechos que á los españoles nacidos en la Península, y entre otros el de tener representantes en el Congreso de la Nación : que se abrieran puertas á las naciones aliadas y neutrales, para que introdujesen sus frutos; que pudieran mantener comercio libre con España y las colonias de Asia; que se aboliesen los estancos ó monopolios que enriquecían el erario público y las arcas del rey, aunque para indemnizar á uno y otro se creasen nuevos impuestos sobre los mismos artículos; que los americanos pudiesen obtener todos los destinos civiles, militares y eclesiásticos y que la mitad de los empleos públicos fuesen ejercidos indistintamente por españoles y criollos.

Los ingleses, que en 1797 habían animado á los revolucionarios de Venezuela, en esta ocasión se declararon sus contrarios; en 1810 Lord Liverpool ordenaba al gobernador de Curazao interpusiera sus buenos oficios para ajustar las disensiones entre los descontentos y sus gobernantes y aun el gobierno de la Gran Bretaña ofreció su mediación excitando á los americanos á reconciliarse con la Metrópoli. Los términos que proponían eran los siguientes :

Cesación de hostilidades entre España y las colonias. Amnistía general para todos los comprometidos en el movimiento. Que concediese á los americanos representación en las Córtes y libertad de comercio, dando la preferencia á España. Que los nombramientos de virreyes y gobernadores se hiciesen indistintamente en peninsulares y criollos. Que se concediese el gobierno interior á los cabildos ó municipalidades, cuyos miembros debían ser españoles é hispano-americanos. Que los colonos reconociesen la soberanía de las Córtes, como representantes de Fernando VII.

Estas y otras proposiciones fueron rechazadas por las Córtes que no veían en éllas sino el deseo de la Gran Bretaña de aprovecharse del comercio de las colonias. El 24 de julio, la Junta de Comercio de Cádiz dió un manifiesto en que decía :«que la libertad de comercio con las provincias americanas, sería la mayor calamidad que pudiera caber á España; que los que deseaban establecerla eran impostores acreedores á un castigo ejemplar y á destierro por toda la vida; que la suerte de España y su existencia política dependía de la solución de esta cuestión; que los nombres de los que proponían tan desastroso tráfico debían trasmitirse á la posteridad para que ésta los viese con la indignación que merecen; que los americanos no habían pretendido el establecimiento de este comercio libre, antes bien lo detestaban por perjudicial á sus intereses; que España se arruinaría y vendría á ser juguete de los extranjeros; que se arruinarían su comercio y manufacturas, perdiendo por lo tanto toda libertad, y en fin, que el tal comercio atentaba contra todos los derechos de religión, moralidad y orden.»

Fuesen ó no de gran interés para la Gran Bretaña aquellas proposiciones, el hecho es que la nación que antes había dado apoyo á Miranda, en estas circunstancias no sólo se mostró indiferente á la causa americana, sino hasta cierto punto hostil; pues así convenía entonces á sus intereses en el Continente europeo revuelto por Bonaparte. Sin embargo, la junta de Caracas comisionó á Don Luis López

Méndez y á Don Simón Bolívar para solicitar su apoyo, así como á Don Telésforo Orrea para impetrar el de la República de los Estados Unidos.

Siendo vanos todos los esfuerzos por atraerse el auxilio de alguna potencia extranjera, los patriotas contaron sólo con la justicia de su causa que se propusieron defender á toda costa. La junta de Caracas depuso á las autoridades españolas y se constituyó en cuerpo legislativo dando decretos que revelaban el progreso de las nuevas ideas. A su imitación formáronse otras en las demás provincias á excepción de Maracaibo, cuyo gobernador Miyares, apoderándose de los diputados que le envió la junta de Caracas, los remitió presos á Puerto Rico. En premio de estos servicios la Regencia le nombró Capitán General de Venezuela, con orden de adoptar severas medidas para ahogar la insurrección.

A fin de oponérsele y proteger las provincias patriotas, la junta de Caracas mandó tropas á las órdenes del Marqués del Toro, y como fuesen vanas las negociaciones pacíficas que propuso á Miyares, se rompieron hostilidades entrando el Marqués en la provincia de Coro, por el mes de noviembre; mas al fin se vió obligado á evacuarla por temor de perder sus comunicaciones con los puntos de donde podía recibir auxilios.

CAPÍTULO III

ME ALISTO EN EL EJERCITO PATRIOTA.—ME RETIRO DEL SERVICIO.—
EL GENERAL ESPAÑOL TISCAR ME NOMBRA CAPITAN DE CABALLERIA.—
HUYO, Y ACEPTO EL MISMO NOMBRAMIENTO EN EL EJÉRCITO PATRIOTA.
—COMBATE DE SURIPÁ.—ABANDONO DE LA TROPA.—ENTRADA EN
CANAGUÁ.—VIAJE A BARINAS.—SOY PUESTO EN CAPILLA.—SALGO DE

LA PRISION.—SE ME PRENDE DE NUEVO Y SE ME PONE EN CAPILLA
POR SEGUNDA VEZ.—« EL EJÉRCITO DE LAS ÁNIMAS. »

1810—1813

Iniciada la lucha que los americanos se proponían sos·
tener contra la Madre patria, comenzaron á levantarse por
todas partes fuerzas para resistir á los españoles. En 1810,
fuí llamado por primera vez al servicio en el ejército patriota, y me alisté en el escuadrón de caballería que mandaba en
Barinas Don Manuel Pulido. Serví durante algún tiempo, y
tres meses antes de la ocupación del país por el jefe español
Don Domingo Monteverde, me retiré del ejército con licencia
indefinida, después de haber ascendido al grado de sargento
primero en 1813.) Cuando Bolívar ocupó á Cúcuta, el teniente justicia mayor del pueblo de Canaguá, me entregó
una orden del general español Don Antonio Tíscar, en la
cual me prevenía que fuese con treinta hombres al hato de
Carrao, distante cincuenta leguas de Barinas á recoger todos
los caballos mansos y el ganado mayor de dicho hato, para
llevarlos á su cuartel general en la misma ciudad de Barinas. Aunque yo no era militar del ejército español, pues
como he dicho, había servido en las filas patriotas de donde
me había retirado con licencia, tuve que obedecer aquella
orden, porque en el estado de opresión militar en que se
hallaba el país, toda resistencia á semejantes mandatos que
se dirigían tanto á militares como paisanos se consideraba
como un crimen, y así no podía excusar el cumplimiento
de la comisión que se me confería. Con la repugnancia que
es de suponerse, fuí á cumplirla, y poniéndome de acuerdo
con el mayordomo del hato para no extraer más que doscientos caballos y mil reses de las quince que allí hab'a,

volví al cuartel general conduciendo dicho número de animales.

En esa ocasión me conoció Tíscar, manifestándome mucha preferencia é invitándome á comer á su casa, donde encontré reunidos algunos oficiales que también habían sido convidados. Tíscar había impuesto poco tiempo antes una contribución forzosa á los habitantes de Barinas, y obligaba á tomar las armas á los que no querían ó no podían pagarla. De tal modo reunía recursos y aumentaba las filas de su ejército para hacer frente á Bolívar, que se acercaba con fuerzas de la Nueva Granada. Deseando saber del mismo Tíscar, por quien continuamente era obsequiado, con qué cantidad debía yo contribuir, me contestó que con ninguna, porque pensaba destinarme al servicio del ejército con el grado de capitán de caballería.

Efectivamente un mes después me mandó orden de presentarme á su cuartel general, remitiéndome el despacho de dicha graduación, por conducto del teniente Montero, á quien previno pusiese á mi disposición una compañía de hombres montados, y los recursos que pudiera necesitar para dirigirme al punto á que me destinaba. Quería Tíscar salir al encuentro de Bolívar, y me ordenaba que sin pérdida de tiempo me incorporase á su cuartel general. Montero me presentó el despacho de capitán diciéndome, que en el término de tres días estaría todo arreglado para que marchase á incorporarme con Tíscar. Sin recibir el despacho, le manifesté que antes debía pasar á mi hato, para dar mis disposiciones: que estaría de vuelta en el término señalado y que lo guardase hasta mi regreso ; pero como yo había resuelto decididamente no servir en el ejército español, determiné ir á buscar á los patriotas y reunirme con éllos. Guiado por un práctico contrabandista llamado Acevedo, crucé las montañas de Pedraza en compañía de Don Antonio María Fernández, propietario de Barinas, y al salir al pueblo de Santa Bárbara encontré al comandante patriota Manuel Pulido, que había llegado de Mérida con un corto número de tropas. Inmediatamente me incorporé con él y marchamos hacia Barinas, por la misma vía que yo había traído. Al llegar á aquella ciudad supimos que había sido evacuada por las fuerzas españolas después que el general José Félix Rivas batió en Niquitao una división de Tíscar. Este con el resto del ejército español se retiró hacia Nutrias y San Fernando de Apure, y el comandante español Yáñez se dirigió de Guasdualito sobre los mismos puntos.

El gobierno establecido en Barinas por los patriotas comenzó á organizar tropas para obrar sobre aquellos puntos, porque Bolívar había seguido hacia Caracas con todas sus fuerzas. Entonces el gobierno de Barinas me confirió el grado de capitán en el ejército patriota, como recompensa por haberme negado á aceptar el mismo nombramiento en el ejército español.

Nunca serví en las tropas del Rey, y es muy probable que la errónea suposición de algunos historiadores que dicen lo contrario, haya tenido origen en la mencionada entrevista con Tíscar, la remisión del despacho de que he hablado antes y el desempeño de la comisión que se me dió para recoger ganado, y como he dicho tuve que cumplir contra mi voluntad.

Los patriotas de Barinas ocuparon la ciudad de Nutrias y la de Achaguas, y los españoles establecieron su cuartel general en San Fernando de Apure. En el mes de octubre del mismo año de 1813, el general Yáñez se movió con una fuerte división de caballería é infantería sobre Achaguas;

atacó la isla é incendió parte de la población. Los patriotas hicieron todo lo posible para sostenerse; pero al fin tuvieron que retirarse hacia Barinas, y Yáñez se apoderó de Nutrias. Estando allí dicho general, recibí orden de ir á atacar con un escuadrón de caballería al comandante Miguel Marcelino, que ocupaba la parroquia de Canaguá, con una fuerza de cuatrocientos caballos, y logré encontrarle en la Sabana de Suripá á donde se había retirado. Al amanecer le sorprendí en el sitio llamado «Las Matas Guerrereñas,» y le puse en derrota, persiguiéndole hasta la ribera izquierda del río Apure, de donde regresé para Barinas con los prisioneros que fueron tomados.

A corta distancia de Suripá encontré un soldado perteneciente á mi escuadrón, llamado Pedro Andueza á quien había dejado en Barinas por enfermo, el cual me trajo una carta de un amigo en la que me participaba que Yáñez había ocupado á Barinas, y que los patriotas se habían retirado hacia San Carlos. En vista de la desagradable noticia, resolví irme á Guasdualito y en caso de no poder sostenerme allí pasar á la provincia de Casanare en territorio granadino. El escuadrón que me acompañaba se componía de vecinos de Canaguá y otros puntos inmediatos.

No tenía mucha fe en el patriotismo de aquellos hombres que sólo me acompañaban y habían tomado servicio por simpatías hacia mí. Aunque recomendé muy encarecidamente al soldado que me trajo la carta, que no revelara su contenido, no obedeció mi encargo, y por tal circunstancia y por el movimiento de flanco que emprendí, abandonando la dirección de Barinas, mis tropas entraron desde luego en sospechas.

Habiendo pasado la noche en el hato de la Calzada, antes de amanecer emprendí marcha, y como á una legua

tuve que hacer alto, pues no se me había ocultado la repugnancia de la tropa en continuar en aquella dirección. Apenas hubo amanecido, cuando comuniqué á mis compañeros los sucesos que habían ocurrido en Barinas, y les hice presente, que no habiendo medio de reunirnos con las fuerzas que se habían retirado de dicho punto, había resuelto atravesar el Apure por el paso de Palmarito, en dirección á la provincia de Casanare. Les invité para que me dijeran con franqueza, si estaban decididos á acompañarme y á vencer los obstáculos que pudiéramos encontrar en el tránsito. Algunos contestaron que les parecía imposible atravesar el Apure por el punto que yo indicaba, por encontrarse allí una fuerza enemiga que se había apoderado de las embarcaciones: que éllos se retirarían á sus casas y escondidos en los bosques esperarían á que las tropas patriotas regresasen para volver á entrar en servicio. Con objeto de saber con quiénes podía contar, mandé salir al frente los que quisieran quedarse: casi todos lo hicieron y sólo veinte entre oficiales y soldados hallé dispuesto á seguirme.

Mortificado pero no desalentado con tal contratiempo, hice recoger las armas de los que se negaron á acompañarme; continué mi marcha hasta la ribera del río Cajaro, y allí las oculté. Seguimos adelante haciendo alto en el hato del Cerrito, para que mis compañeros comiesen; pero allí tomaron éstos la misma resolución de los que poco antes me habían abandonado, manifestando que deseaban regresar á sus casas. El único que me acompañó fue un joven de diez y seis años llamado José Fernández, hermano del compañero que tuve en la travesía de las montañas de Pedraza: después de cuatro días el joven se afligió mucho, y no pudiendo resistir el hambre, los mosquitos y las lluvias, fue á presentarse á un jefe español, quien á los pocos días lo pasó por las armas.

Quedé pues, solo, vagando por aquellas llanuras, sufriendo privaciones de todo género, y lo que era peor, sin tener con quién comunicarme, pues todos los habitantes de la provincia de Barinas eran furiosos realistas, y se hallaban sobre las armas, persiguiendo y matando á los patriotas, ó á los que eran sospechados de tales.

Era entonces comandante militar de Canaguá Don Manuel Pacheco, amigo mío, y con quien me unían además lazos de parentesco, lo cual no impedía que me persiguiese como enemigo. Un día que nos avistamos á una legua del pueblo de Canaguá, Pacheco mandó á llamarme con un soldado, y contestándole que si quería hablar conmigo viniera solo; convino, y se presentó inmediatamente á la entrevista. Manifestóme lo mucho que le pesaba verme en aquella situación, y la necesidad que tenía de perseguirme en cumplimiento de su deber: me aseguró que las autoridades españolas sentían que hubiese tomado las armas contra el Rey, y que estaba seguro de que si me presentaba, recibiría de éllas buen tratamiento sin que se metiese en cuenta de mi conducta anterior, y terminó diciéndome que el gobernador de Barinas, era Don José María Luzardo, vecino de Maracaibo, amigo mío, y que esta circunstancia era una garantía más con que debía contar.

Entonces concebí el plan de reunirme con los patriotas que se hallaban en San Carlos para lo cual tomaría un pasaporte de Pacheco para Barinas y allí otro de Luzardo á pretexto de irme á presentar á Yáñez que estaba en Guanare: de este modo lograba hacer mi marcha por el camino real, pues por otra vía y sin pasaporte era muy peligrosa la realización de mi proyecto.   Manifesté á Pacheco que convenía en su propuesta y que me iría desde luego al pueblo en su compañía; pero él me contestó que era mejor que fuése al día siguiente.   Así lo hice, y al presentarme en la población observé que en la cuadra en que estaban situadas la casa de Pacheco y la mía se hallaba un piquete como de treinta hombres de caballería con el mismo Pacheco á la cabeza.   Entré en mi casa, me apeé del Caballo, guardé el trabuco cargado que llevaba, y saliendo á la calle me dirigí á los del piquete diciéndoles: «señores, aquí estoy: soy el mismo á quien ustedes han estado persiguiendo; si tienen alguna venganza que ejercer sobre mí, la ocasión no puede ser mejor; obren como les convenga.» «Ninguna tenemos, contestaron, viva el voluntario José Antonio Páez.»

El comandante Pacheco se acercó y me pidió la espada, que le entregué sin la menor objeción contando con la buena fe que me había prometido; mas estando ausente entró Pacheco en mi casa y se llevó el trabuco. Tan cuidadoso estaba con esta arma, que lo primero que noté al volver, fué que había desaparecido, sabiendo al punto por mi hermana Luisa que el Comandante Pacheco se lo había llevado. Dirigíme á casa de éste y le pedí pasaporte para ir á presentarme al gobernador de Barinas: me contestó que creía innecesario tal documento, pues teniendo él que ir á aquella ciudad para conducir la gente que formaba el piquete, él mismo me acompañaría en el viaje. Convinimos en salir á las doce del día, y ya preparados para marchar le pedí mis armas; mas como manifestase duda en entregármelas, le dije: "usted no puede privarme de mis armas y conducirme prisionero en medio de una fuerza de tropa."—

"Consultaré con esta gente, me replicó, para ver si conviene devolver á usted las armas.» Indignado con semejante procedimiento y desconfiando de Pacheco, le repliqué que estaba resuelto á recuperar mis armas, y sin más preámbulo entré inmediatamente en su casa y me apoderé de éllas. Salí á la calle, y por media hora estuve provocándoles hasta que al fin les dije: "si quieren llevarme como prisionero y sín armas, vengan á tomarlas.» Durante ese tiempo Pacheco me suplicaba que no me expresara de aquel modo, pues semejantes palabras nos comprometían á ambos, sin lograr más fruto que agravar mi situación. Por último logró calmarme; hízome entrar en su propia casa, y me aseguró que no sería molestado y que podía ir con mis armas á Barinas; pero al salir dijo á la gente que componía el piquete, que ya éllos habían presenciado cómo había yo tomado mis armas, y que era de opinión que debían quitármelas. A esto contestó un sargento, que era un deber, y que podía contar con éllos como leales servidores del Rey.—Entonces les dijo que estando yo resuelto á defenderme hasta el último instante opinaba que no debía usarse de la fuerza, pues aunque podría conseguirse el objeto, sería con pérdida de algunas vidas, y que así era mejor valerse de maña. Convinieron en ello, y á poco vino Pacheco á avisarme que estaba pronto para marchar á Barinas. Pusímonos en camino acompañados del piquete.

En el paso del río del Pagüey distante seis ú ocho leguas de Barinas, encontré á Fray Simón Archila, cura de Canaguá, y muy amigo mio, quien me habló en secreto manifestándome lo mucho que sentía el paso que yo había dado; pues los españoles se alegrarían mucho

de apoderarse de mi persona; que los individuos del
piquete le eran bastante conocidos y serían los primeros
en acusarme al llegar á Barinas: le dije que me había
presentado solamente con el objeto de unirme más fácilmente á los patriotas; pero que en vista de lo que me
decía, iba á exigir del comandante Pacheco que hiciese
retirar el piquete ó que de lo contrario no seguiría yo
adelante. El padre Archila me suplicó no hiciese tal cosa,
pues habiéndonos visto hablar en secreto, muy natural
era que aquél atribuyese mi resolución á efecto de sus
informes ó consejos.

Convine en no dar el paso sino después de haber avanzado más en el camino. Continuamos pues nuestra marcha,
y después de haber andado como dos leguas, detenidos en
el hato de la Espada para descansar, me acerqué al comandante y llevándole aparte le dije que me hiciera el favor de
mandar regresar el piquete, pues no quería llegar con él á
Barinas como prisionero; que si verdaderamente se interesaba
por mí, debía hacerme aquel servicio. Aunque al principio
se negó alegando que llevaba tropa con el objeto de presentarla al gobernador militar, observando mi resolución de no
seguir con élla accedió á mis deseos, diciéndome que él mismo
tendría el gusto de acompañarme porque descaba serme útil
en Barinas. Despedido el piquete continuamos los dos solos
nuestra marcha hasta las cercanías de la ciudad. «Amigo,
le dije entonces, ha llegado el caso de que usted me preste
sus buenos oficios: quiero que usted éntre en la ciudad y
diga al gobernador Luzardo que estoy aquí y que necesito de
su señoría un pasaporte para seguir al cuartel general de
Yáñez: cuento con que usted se esforzará en conseguirlo y
me lo traerá en persona.» Me ofreció hacerlo así y se dirigió
á la ciudad.

Después de haber hablado con el gobernador, regresó
con una carta de éste en que me decía que pasara á hablar
con él, que nada temiera, que tendría todas las garantías
apetecibles y que no dudara de su palabra y amistad.
Resolví presentarme ante Luzardo quien me recibió con muchas atenciones y cariño; diciéndome que no le parecía
acertado mi viaje al cuartel general de Yáñez: que era
mejor que permaneciese en su propia casa hasta que algún
encuentro entre los dos ejércitos indicara más claramente la
medida que debiera adoptarse. Confiado inocentemente en
su amistad seguí el consejo; pero no bien eran pasadas dos
horas cuando me dijo que para evitar la censura de los
españoles que se hallaban allí y salvar todas las apariencias,
convenía que yo pasase como arrestado por unos tres días.

También me sometí al fingido arresto y al tercer día en
que esperaba ser puesto en libertad, llegó el comandante
español Antoñio Pérez con un escuadrón de caballería, y al
instante fue proclamado gobernador y comandante de armas
de la provincia. Concluido el acto, pasó á la cárcel el capitán Juan Rafarte con una guardia de lanceros y veintiseis
pares de grillos para ponerlos á los prisioneros que allí nos
encontrábamos.

Hizo comparecer á todos en el corredor alto de la
cárcel, y como el teniente Pedro García, preso también,
le suplicara que le pusiese los grillos más ligeros, Rafarte,
encolerizado, tomando de manos de su asistente un trabuco
que habían quitado á García, le dijo: «este trabuco que
cargabas para hacer volar la tapa de los sesos á un español,
servirá para hacértela volar á tí. Grillos ligeros, grillos
ligeros, ya nos compondremos!»

No pudiendo presenciar sin indignación aquel rasgo de
debilidad de mi compañero García, y deseando animar á

los otros dije en alta voz: «en cuanto á mí, no importa que me pongan los grillos más pesados, y hasta dos pares, si quieren, pues soy hombre que puedo llevarlos.» Al oír esto Rafarte y los demás oficiales españoles, se miraron unos á otros; pero yo sereno é impertérrito me acerqué al montón de grillos y tomando los más grandes y más pesados, dije á Rafarte: «señor Don Juan, hágame usted el favor de hacerme poner estos á mí.»

¿Quién no hubiera creído que tal rasgo de altanería debía atraer la cólera del capitán ó de sus compañeros? Pues todo lo contrario sucedió; porque con razón ó sin élla, me gané las simpatías de los oficiales, y principalmente la de Rafarte. Después que me pusieron los grillos, me separé del grupo de prisioneros; entré en la sala capitular donde me habían alojado y sentándome en mi hamaca comencé á cantar en voz baja. Uno de los oficiales que había presenciado el suceso de los grillos é informádose con mucho interés de quién era aquel joven tan exaltado, se acercó y me dijo que no cantara.—¿Por qué, le respondí, quieren también atarme la lengua? No están satisfechos con los grillos que me han puesto? El oficial me dijo entonces, que me hacia aquella advertencia, porque las autoridades podrían creer que me burlaba de la prisión. Conociendo la justicia de semejante observación, dejé de cantar.

Pocos minutos después entró Rafarte y me mandó volver al lugar donde estaban poniendo todavía grillos, para cambiar los que yo tenía por otros más ligeros, pues los míos debían servir para un tal Juancho Silva, mulato barinés de tan extraordinarias fuerzas que solía tomar un toro bravo por el cuerno para matarlo de una estocada: era también propietario muy honrado y decidido por la causa de la independencia. Me quitaron pues los grillos y se los pusieron á Silva, dándome á mí otros más lijeros. Desde aquel momento me manifestó Rafarte bastante interés, ofreciéndome interponer sus buenos oficios con Puy, para que me perdonase la vida, porque ha de saberse que estar preso valía tanto como estar condenado á muerte.

Dos horas después de haber estado Rafarte poniendo grillos á todos los presos que más interesaba asegurar, se presentó Puy con su secretario, el gobernador que acababa de terminar sus funciones, y Don Francisco Celis, amigo mío y socio de Luzardo. Hizo Puy colocar una mesa en medio de la sala capitular y mandó comparecer allí á todos los presos á quienes interrogó sucesivamente sobre su vecindario, causa de su prisión y grado que había ocupado en el ejército insurgente. Llegado mi turno me preguntó:

—¿Usted se llama Don José Antonio Páez?
—Sí señor, le contesté.
Entonces se dirigió á su secretario y le dijo:
—Ponga usted á Don José Antonio Páez por capitán.

El ex-gobernador Luzardo y Don Francisco Celis hicieron presente á Puy que yo era muy honrado. «Sí, y muy patriota, contestó éste, y según dicen, muy valiente. Mire usted que los grillos de este señor capitán no están bien remachados, y si se escapa, con este sable (tocando el que llevaba al lado) le cortaré á usted la cabeza,» dijo luego al carcelero.

Pasada una hora se presentó el comandante Ignacio Correa con una partida de lanceros, sacó la lista de los prisioneros, mandó al carcelero que los hiciera comparecer á su presencia, y entonces comenzó á llamar por sus nombres á los que llevaba orden de poner en capilla, siendo yo el

cuarto de los destinados á morir. Como á las tres de la
tarde nos encerraron en una pieza en donde permanecimos
hasta las doce de la noche, á cuya hora volvió Correa acompañado de unos cuantos lanceros á pie, para conducirnos al
punto donde debíamos ser sacrificados á lanzazos. Y como
algunos no tenían grillos, Correa ordenó que saliesen fuéra
los que estaban asegurados con este instrumento é hizo entrar
á algunos soldados con cabestros para amarrar á los demás.
Era yo de los que tenían grillos, y como al salir echase
de menos mi sombrero, supliqué al comandante que me
permitiera tomarlo; pero me contestó con un tono burles-
co: «*No es necesario.*

Marchábamos hacia la orilla derecha del río Santo Domingo que pasa muy cerca de la ciudad, y cuando nos hallábamos
como á una cuadra de la plaza, nos alcanzó un ayudante de
Puy, quien comunicó á Correa una orden secreta de aquél.
Entonces Correa contramarchó con sus víctimas hacia la
casa del gobernador, en donde nos encerró en un cuarto
tan reducido, que apenas cabíamos en él, y allí pasamos el
resto de la noche sin poder acostarnos ni aun sentarnos por
falta de espacio. Al día siguiente nadie sabía de los presos,
y todo el mundo creyó que habían sido ejecutados.

Como á las once de la mañana se presentó en casa
de Puy mi esposa la señora Dominga Ortiz que acababa
de llegar de Canaguá, con objeto de informarse de mi
persona, llevándome al mismo tiempo una carta del cura
de aquella parroquia Fray Simón Archila. En élla me
decía que había llegado á su noticia mi penosa situación:
que esperaba que los españoles no ejercerían acto alguno
de crueldad contra mí en consideración á mi honradez
y que mis compromisos tampoco eran de tal gravedad
que pudieran hacerme merecedor de la pena capital.

Cuando el R. P. Archila escribía aquella carta, ignoraba cuál era mi verdadera posición. Mi esposa se había dirigido antes á la cárcel y no teniendo allí noticias de mi persona, creyó más oportuno pasar á casa de Puy, en donde fue informada por el cabo de la guardia que nos custodiaba, de que yo me hallaba en dicha casa. El mismo cabo le manifestó que aunque todos los presos estaban incomunicados, él abriría la puerta del cuarto donde nos hallábamos para que me viese por un momento.

Cumplió su palabra aquel buen hombre; pero quiso la desgracia que saliera el mismo Puy á tiempo que mi esposa se acercaba á la puerta del cuarto y con ese motivo no tuvo tiempo sino para entregarme la carta. Al ver á mi esposa cerca del cuarto la llenó de injurias é improperios, la mandó que se retirara inmediatamete y amenazó al cabo con hacerle dar cuatro balazos. Este acto tan doloroso para mí acabó de gravar mi situación. Un momento después abrí la carta, teniendo cuidado de no romperla al desplegar la oblea, porque me proponía remitirla á Puy si su contenido era favorable, fingiendo no haberla leído. Como dije antes, la carta hablaba bien de mí, por lo que resolví mandarla á Puy por medio del cabo para que la enviase á su dirección. Cumplió el cabo el encargo, é inmediatamente se presentó Puy con su secretario, y llamándome me entregó la carta cerrada, para que la leyera en voz alta. Abríla, y fingiendo no poder comprender fácilmente la letra, le supliqué que la leyera él mismo ó la mandara leer, y así lo previno al secretario. Terminada la lectura tomó la carta y se retiró diciendo: «Este pícaro fraile debe ser muy patriota.»

Como una hora después me asomé á la puerta para recibir un poco de agua y tuve la fortuna de ser visto por el señor D. N. Escutasol, comerciante muy amigo mío y hombre de gran influencia entre los españoles. Se acercó á saludarme y me manifestó cuánto sentía verme en aquella situación. Le hice presente que si él ponía en juego su influjo y ofrecía á los españoles algún dinero, podría tal vez obtenerme un perdón. Así lo efectuó y por medio de sus empeños y apoyado de Rafarte y otras personas, logró el objeto deseado: una hora después volvió trayéndome la noticia de haber sido perdonado, mediante el pago de trescientos pesos. Después de manifestar al señor Escutasol mi agradecimiento por el importante servicio que acababa de prestarme, le supliqué me sirviera de fiador para obtener el dinero que necesitaba y aunque se excusó de hacerlo personalmente, ofreció conseguirme otro fiador. En efecto, trajo á Don Cristóbal Orzúa que se comprometió á responder por aquella suma.

Fui entonces trasladado á la cárcel en donde me quitaron los grillos. La casualidad quiso que al subir las gradas que conducen á los altos de la misma cárcel, encontrase á un señor Marcos León, individuo de edad avanzada y de hermosa presencia: me hizo varias preguntas acerca de mi situación, refiriéndome que el gobernador le había llamado. Así que se presentó á Puy le mandó encerrar en el cuarto donde yo había estado, y en el que permanecían aún mis compañeros. Aquella misma noche fueron bárbaramente muertos á lanzazos, incluso el mismo León, que según parece había ido á sustituirme.

Cuando me presenté á Puy para arreglar el pago del precio de mi perdón, me dijo que no éran trescientos

4

pesos, sino seiscientos, y aunque éste era el doble de la suma que anteriormente se había dispuesto que pagase, no tenía más recurso que entregarla, como lo hice para quedar libre.

Quince días después de estos sucesos, y estando en Barinas, el 5 de diciembre, se me presentó un ayudante de Puy y me condujo á presencia de éste. Sin dirigirme siquiera una mirada, preguntó á un soldado que había servido bajo mis órdenes, con qué número de gente había yo atacado al comandante Marcelino en la Sabana de Suripá; el soldado respondió, que con ciento cincuenta hombres. Volviéndose hacia mí me preguntó Puy, en dónde estaban las armas de aquella columna; pero al mismo pronunciar la palabra «señor», para darle mi respuesta, me interrumpió bruscamente llamando al comandante Correa, á quien siempre tenía á su lado, y le dijo: "Lleve usted el señor á la cárcel, remáchele un par de grillos y póngale en capilla.»

A las cinco de la tarde me hallaba en la misma posición de que la Providencia me había libertado quince días antes.

Sin duda el soldado había revelado á Puy, que la columna había sido desarmada por mí, y esto exasperó al monstruo. Convencíme de que mi última hora había llegado: las autoridades españolas habían adoptado el sistema de ejecutar á los prisioneros á lanzazos en la oscuridad de la noche, y desde que fueron muertos mis anteriores compañeros de prisión, noche tras noche habían sido sacrificadas varias partidas de prisioneros. Persuadido pues de que aquella misma noche sería inmolado, y no contando ya con auxilio alguno posible, me entregué al sueño de que gocé profundamente y sin interrupción hasta la hora de las once, en que los gritos de «Viva el Rey,» y el ruido de tropas en la plaza me despertaron. Un rayo de esperanza penetró mi mente: acaricié de nuevo la idea de vivir: una reacción violenta se efectuó en mí: parecíame pasar de la muerte á la vida: multitud de pensamientos contradictorios se aglomeraban en mi cabeza: creía oír los gritos y algazara del ejército patriota y sentía en mi corazón el vehemente deseo de volar á sus filas. Repentinamente se presentó á mi memoria el recuerdo de que el mismo comandante Puy, al acercarse las fuerzas patriotas que se retiraban de Barinas, había hecho asesinar en la cárcel de Guanare á todos los prisioneros que allí tenía, escapando sólo de la saña de aquel bárbaro el señor Pedro Parra, que tuvo la feliz idea de esconderse detrás de la puerta de la cárcel á tiempo que la partida de lanceros entraba á ejecutar la sanguinaria orden. La incertidumbre entre la vida y la muerte, entre la esperanza y el temor, hacía mi situación muy penosa.

Fue la causa de aquel movimiento el haberse oído un tiro de fusil hacia la parte del río, y el haber informado Correa, mandado con un piquete á reconocer el paso, de que al otro lado se hallaba un cuerpo de infantería. Alarmado Puy, reunió las tropas en la plaza y ordenó un nuevo reconocimiento. Al practicarlo y dar Correa la voz de «quién vive» se le contestó, según dijo después, «la América libre, soldados de la muerte.» Entonces resolvió Puy marchar á San Fernando de Apure por la vía de Canaguá. Su primera idea fue hacer matar los prisioneros como lo había verificado antes en Guanare; pero fue tal el terror que se apoderó de él, que temiendo ser atacado por fuerzas superiores si se detenía más tiempo, marchó sin disponer la matanza de los presos, procurando únicamente escapar de los «soldados de la muerte,» que según aseguró Correa, eran muy numerosos, habiéndole permitido la claridad de la luna hacer un reconocimiento detenido.

Este soñado ejército fue llamado después por los mismos españoles, «ejército de las ánimas,» y dió lugar á que posteriormente los habitantes de Barinas me dijesen en tono de burla: «usted es hombre tan afortunado que hasta las ánimas benditas le favorecen.»

Puy continuó su retirada hasta Achaguas, y la ciudad de Nutrias fue también abandonada. Quedó Barinas sin tropas pero al retirarse los españoles, se acercó un oficial al carcelero y le recomendó el cuidado de los presos, amenazándole con la pérdida de la vida si abría un solo calabozo, y diciéndole que las fuerzas salían á hacer un reconocimiento cerca de la ciudad, y pronto volverían.

CAPITULO IV

CONDICIÓN DE LOS PRISIONEROS PATRIOTAS.—MI SALIDA DE LA PRISIÓN. —LIBERTO A LOS DEMAS PRESOS.— MARCHO EN BUSCA DE PUY. — LLEGADA Á CANAGUÁ. — SUCESOS OCURRIDOS EN AQUEL PUEBLO.— CAPTURA DE VARIOS INDIOS. — MARCHA Á BARINAS.—SOY NOMBRADO GOBERNADOR Y COMANDANTE DE LA PROVINCIA.—NO ACEPTO.— ME RETIRO AL HATO DE LA CALZADA. — PERSECUCIÓN DEL COMANDANTE MARCELINO.—FUGA.

1815

La prisión de Barinas contenía ciento quince individuos destinados á morir en el silencio de la noche, á manos de los verdugos españoles. Arrestados sin otra prueba que la suministrada por delatores mercenarios, y sin más delito que sus simpatías por la causa de la independencia, permanecían en la cárcel el tiempo que el bárbaro comandante señalaba, y no salían de allí sino para ser conducidos al lugar del suplicio. Tal era el medio que se había adoptado para aterrorizar á los patriotas, y para ahogar el sentimiento de libertad é independencia, que semejantes atrocidades estaban muy lejos de extinguir.

Observando que la plaza había quedado abandonada y que se había retirado el centinela de vista, salí de la capilla en busca del carcelero, para suplicarle que me quitase los grillos; pero aun cuando le ofrecí acompañarle en su fuga, no accedió á mis ruegos, por temor á las amenazas que se le habían hecho. Por fortuna se presentó en aquel momento mi fiador el señor Orzúa, quien le sup'icó también me puusiese en libertad, bajo la promesa de presentarme luego que se supiese la llegada del ejército español. Entonces condescendió el carcelero; y caro hubo de costarle aquel acto de generosidad, pues según supe después, fué condenado á ser pasado por las armas.

Una vez fuéra de la cárcel me dirigí á mi casa en busca de mi espada y mi caballo para volver á libertar á los otros prisioneros. Al regresar á la plaza, lo primero que se presentó á mi vista fue la guardia de la casa de Puy, que me daba el "quién vive». — España, contesté.

— Quién es usted?

—Y ustedes, quienes son? repliqué yo.

—La guardia del gobernador.

—Pues yo soy el demonio que pronto vendrá á cargar con todos ustedes. Y volviendo riendas como si fuese á reunirme con otros, dí la voz de "Adelante."

Apenas la hubieron oído, cuando abandonaron el puésto y huyeron precipitadamente: éllos suponían que ya los españoles se habían marchado. Dirigíme entonces á la puerta de la cárcel: eché pie á tierra, y sin decir una palabra á la guardia, que tomándome tal vez por nn oficial español no me opuso resistencia, comencé á repartir sendos sablazos con tal furia, que todavía se conserva la señal de uno de tantos en una hoja de la puerta. La mayor parte de los soldados, sorprendidos y aterrados, se echaban por tierra, y al fin huyeron todos, quedando sólo el carcelero, á quien mandé que abriese inmediatamente los calabozos donde estaban las ciento quince víctimas preparadas para el sacrificio, amenazándole con pasarlo de parte á parte con la espada, si no cumplía inmediatamente la orden. El carcelero se negaba tenazmente, hasta que me arrojé sobre él dándole un fuerte planazo con la espada. A semejante argumento se decidió á abrir las puertas, y tal fue el terror que se apoderó de él, que no acertaba á meter la llave en la cerradura, lo cual producía una demora que me llenaba de angustias, pues ansiaba salir cuanto antes de aquel lance, para ir á tomar el caballo que había dejado en la calle. Por fin se abrieron todas las puertas, y los presos que tenían grillos, sin esperar á que se los quitasen, salían precipitadamente á esconderse cada cual en el lugar que creía más seguro.

La empresa de libertar los presos fue arriesgada en extremo, y temeraria por haberme introducido en la cárcel, expuesto á que llegara una partida enemiga, que fácilmente se habría apoderado de mí en aquel lugar tan peligroso y de tan fatales recuerdos. Puestos en libertad los presos, marché á la casa en que estaban también detenidas algunas señoras é hice que se les abrieran las puertas.

Concluida esta operación, salí por los alrededores de la ciudad á indagar el paradero de las fuerzas enemigas, y como á las dos de la mañana, supe por una mujer, que habían tomado el camino que conduce de Barinas á Canaguá. Entonces resolví partir disfrazado á incorporarme á éllos, con idea de matar á Puy antes de amanecer, como lo hubiera conseguido á haber podido alcanzarle. A eso de las ocho de la mañana antecogí cerca del río Pagüey á un teniente del ejército español, llamado Don Diego Ramírez, y tanta ira sentía en el pecho, que me propuse vengar en su persona cuantos ultrajes había recibido. Mientras iba conversando con él, me asaltaron varias veces ímpetus de llevar á cabo mi proyecto; pero el recuerdo de que pocas horas antes, cuando estaba en capilla, había ardientemente deseado la vida, y que tal vez la Providencia me la había conservado como una especie de recompensa por no haber cometido jamás actos de crueldad, fue parte para hacerme desistir del acto de venganza que había meditado. Traté pues, de remover de mi mente semejante idea, y le hice varias preguntas acerca del motivo que había inducido á Puy á abandonar á Barinas; pero no pude satisfacerme por estar, según decía, enteramente desorientado en el asunto.

Continuamos juntos nuestra marcha hasta las tres de la tarde que llegamos á Canaguá, donde Puy se había embarcado pocas horas antes con la infantería en dirección á Nutrias ó San Fernando, habiendo mandado que la caballería cruzase el Apure por el Paso de Quintero.

Antes de su embarque había hecho salir del pueblo á todas las familias, con excepción de la del señor Marcelino Carrizales, y mi hermana Luisa que cuidaba la casa. Mientras descansaba el oficial, y mi hermana preparaba la comida para los dos, se presentaron los señores Escutasol, comandante Loyola y otro caballero europeo, los cuales se sorprendieron al verme, pues creían que se había cumplido la orden de asesinar á los presos, entre los cuales yo me hallaba. No podían imaginar cómo había escapado á las garras de Puy, llegando primero que éllos á Canaguá y cómo, después de haber sufrido tánto de sus manos, me ponía en peligro de caer nuevamente en éllas.

—Todas sus dudas, les contesté, quedarán desvanecidas cuando ustedes sepan que mi objeto en haber venido en seguimiento de Puy, ha sido incorporarme en sus filas y darle muerte, protegido por la oscuridad de la noche : bastante afortunado ha sido en que la claridad del día, haya hecho frustrar mi proyecto. Autorizo á ustedes para que le comuniquen todo esto, añadiéndole que estoy resuelto á batirme y perecer en el campo de batalla, antes que caer vivo en sus manos, y ser de nuevo juguete de sus diabólicos placeres; y que me encuentro más animado ahora que nunca, para defender la independencia y libertad de mi Patria.

Aquellos caballeros iban en retirada de Barinas, siguiendo al ejército de Puy. Después de haber comido conmigo se prepararon para marchar, pidiéndome el señor Escutasol que le proporcionase el dinero que pudiera, pues la precipitación con que había salido de Barinas, no le había permitido tomar consigo suma alguna. Cuanto yo poseía eran sesenta pesos; reservé uno y le dí el resto. Al mismo tiempo se me acercó el oficial Ramírez, y me dijo que no llevaba ni con qué comprar pan, que le auxiliase con cualquiera cosa; saqué el peso que había reservado y se lo dí, asegurándole que era todo lo que tenía, que sentía no tener más que ofrecerle.

Después de esta escena se despidieron de mí, no sin haberme aconsejado antes, que desistiera de mi resolución, pues tenían por seguro que las tropas realistas volvieran muy pronto á Barinas. Quedé en aquellas llanuras, sin contar con un solo individuo que me acompañase, pues todos se habían pronunciado por el Rey de España y se encontraban con las armas en la mano, defendiéndole con un ardor digno de mejor causa. Al día siguiente me dirigí al lugar donde tenía mis bienes, no muy distante de Canaguá; cambié el caballo que montaba, me volví al pueblo, y al entrar en mi casa encontré dentro de élla á cinco soldados del ejército de Yáñez, quienes inmediatamente echaron mano á las riendas de mi caballo, preguntándome quién era y á dónde iba. Díles un nombre fingido, y les aseguré que me encaminaba á San Fernando de Apure para unirme con el ejército de Puy. Seguramente dudaban de la veracidad de mi respuesta, pues me preguntaron por qué había esperado hasta aquel momento para marchar; y exigiéndome la espada, me previnieron que debía quedarme con éllos en calidad de preso.

—Estoy, les contesté, resuelto á morir, primero que entregar mi espada; lo que haré será seguir á ustedes, pues yo me encuentro aquí, por no ser conocedor del camino.

—No sólo es conocedor del camino, dijo el que parecía jefe, sino que apostaría cualquiera cosa, que es vecino de este pueblo.

Eso no obstante, accedieron al fin, preguntándome con mucho interés dónde podían encontrar algo que comer. Les contesté con mucha afabilidad, que los llevaría á una casa donde había gente, pues toda la demás de aquel pueblo se había ido con el ejército español.

Acosados por el hambre, los pobres soldados aceptaron la oferta, y pasamos á la casa del señor Carrizales, donde les obsequié con algunas frioleras y aguardiente. Viéndolos ya muy animados por el licor, traté de hacerlos prisioneros por medio de un engaño, que no dejó de dar el resultado que me proponía de procurarme algunos compañeros, aunque no fuesen de toda mi confianza. Iba entre éllos un tal Rafael Toro, joven de bastante viveza y arrogancia militar, el cual capitaneaba á los otros.

Llamándole aparte le dije, "Me es usted muy simpático y pudiendo hacerles mal tanto á usted como á sus compañeros, deseo evitarlo si corresponde usted con lealtad á la confianza que me ha inspirado."

Respondióme que habiendo él también sentido mucha simpatía por mí, estaba dispuesto á ofrecerme sus servicios en lo que creyera útil.

—Pues bien, le dije, entienda usted que soy capitán de los patriotas; y tengo á la salida de este pueblo y á muy corta distancia una compañía de hombres montados si usted quiere quedarse conmigo, tendrá todas las garantías que desee, además de mi aprecio.

—Viva la República, contestó Toro, y queriendo continuar sus víctores le contuve y dije que era necesario consultase la opinión de los otros compañeros.

—Ellos harán lo que yo quiera, me replicó; viva la Patria, y cuente usted con nosotros.

Efectivamente manifestaron estar todos conformes en acompañar á Toro y seguir bajo mis órdenes, ofreciendo fidelidad á la causa de los patriotas. Aquella noche dormimos todos juntos; pero al siguiente día principiaban ya á desconfiar de mi posición, pues no aparecía ni un solo hombre de la imaginaria compañía, siendo muy natural que alguno se presentase á dar parte ó á recibir órdenes. Trataba yo de convencerlos, manifestándoles que como mis soldados eran nuevos en el servicio, cometían muchas faltas, que era preciso disimularles: que además les gustaba ir á cojer bestias de refresco para la remonta, y que estaba casi seguro de que andarían en aquella operación por los hatos comarcanos.

No sabiendo qué partido tomar en tan difícil posición, me fuí á la orilla del río cerca del pueblo, y un momento después divisé á ocho indios en la orilla opuesta, que venían del pueblo de la Palma, armados con flechas; cuando estuvieron al alcance de la voz les dí el quién vive. "España," contestaron. Mandéles entonces que pasasen el río, y lo hicieron, valiéndose para ello de una canoa; mas cuando hubieron saltado á tierra les ordené, blandiendo la espada, que arrojasen inmediatamente las armas, si no querían ser acuchillados. Aquellos pobres indios que no contaban con semejante recibimiento, arrojaron al suelo las armas, llenos de terror y espanto. Hice un haz con todas las flechas y arcos, me lo puse al hombro, y llevándome á los indios hasta el pueblo, como si fuesen una manada de ovejas, los acuartelé en una casa inmediata á la mía. Como viesen más tarde que nadie los custodiaba, se escaparon aquella misma noche.

El día siguiente á las seis de la mañana me dijo Toro: "Capitán, yo creo que usted no tiene tal gente; pero como le he empeñado mi palabra de acompañarle fielmente en servicio de la Patria, estoy pronto á cumplirla, con tal que ahora mismo nos pongamos en marcha hacia la capital de Barinas, para ver si encontramos allí algunos patriotas con quienes reunirnos; pero si usted no está dispuesto á verificarlo, quiero retirarme con mis compañeros en este momento.»

Precisamente lo que yo deseaba era una oportunidad cualquiera para desembarazarme de la difícil posición en que me encontraba, pues inoficioso es decir que no sólo no tenía tal compañía, sino que el único que me acompañaba era un jovencito de quince á diez y seis años, de nombre José Fernández. Sin embargo, le sostuve con impavidez que la compañía no se presentaba por las razones que antes había expuesto, y que la idea de ir á Barinas, merecía mi aprobación.

Resuelta la marcha, y diciéndoles que dejaría órdenes á mi compañía de que nos siguiera, nos dirigimos á aquel punto, incorporándosenos en el Totumal, pueblo del tránsito, tres caballeros cuyos nombres recuerdo, Juan José Osorio, Manuel Ocáriz y Julián Santamaría. Al dia siguiente llegamos á Barinas, donde el pueblo me recibió con tanto alborozo como si condujera una columna de tropa. Inmediatamente se reunieron en el cabildo un gran número de ciudadanos, para nombrarme gobernador y comandante de armas de la provincia; pero antes de que se me comunicase oficialmente el nombramiento, me presenté ante aquella asamblea y dije: que acababa de saber que me habían nombrado gobernador y comandante de armas, y que después de darles las gracias por tan honroso encargo, era de mi deber manifestarles el estado de las cosas de la provincia, y la indispensable condición bajo la cual aceptaría el nombramiento.

"No hay, les dije, elementos de guerra para defender la población y sostener la autoridad que se me confiere: ninguna noticia se tiene del ejército patriota, aunque corren rumores de que ha quedado vencedor en Araure; sin embargo, si permanecemos en la plaza hasta que venga dicho ejercito, ó resistimos á los españoles si se presentan, ustedes pueden contar con mis servicios."

Viendo luego que no había la decisión necesaria para llevar á cabo lo que proponía, les dije que era mejor que todos permaneciesen quietos, hasta que llegase auxilio de tropa: que yo entre tanto me movería sobre el interior del llano, con el objeto de reunir algunos hombres más, y volver para darles auxilio y protección. La asamblea ó junta de ciudadanos tuvo á bien seguir mi consejo, sin embargo del temor que abrigaban por las consecuencias á que pudiera exponerles el paso imprudente que acababan de dar.

Fue verdaderamente feliz la resolución de Toro y nuestra marcha á Barinas, porque la misma noche del día que salimos de Canaguá, primer punto donde llegamos, se presentó el comandante Miguel Marcelino con cuarenta hombres de caballería y la resolución de matarme, dándome varios vecinos también el informe de que no estaba muy distante y que muy pronto lo tendría encima. Con siete hombres que me acompañaban me dirigí al hato de la Ca'zada con el objeto de tomar algunos caballos para remontar mi gente; pero por recelos no quise quedarme á dormir allí prefiriendo hacerlo en la sabana, á media legua de distancia.

Si no hubiera usado de esta precaución, aquella misma noche habría sido víctima de Marcelino y sus compañeros, pues á las tres de la mañana cercaron la casa del hato, teniendo por seguro que me encontrarían en élla: hicieron mil preguntas á la mujer que la cuidaba, y ésta les informó de que yo había salido á dormir en la sabana, sin poder decir á qué punto, pero que era muy probable volviese aquel mismo día, pues según me había oído decir, sólo había ido á recoger algunas bestias: que además mis compañeros habían dejado varias piezas de ropa para lavar. Resolvió entonces Marcelino emboscarse con su gente en la "Mata de León," distante del hato poco más de una milla, y punto por donde precisamente pasa el camino que debíamos tomar á nuestro regreso.

Sus planes habrían tenido fatal resultado para mí, si no hubiese dado fe á un presentimiento que me asaltó una milla antes de llegar á la "Mata de León," de que iba á ser sorprendido. Llevábamos como quinientas bestias para los corrales del mismo hato en donde debíamos amansarlas; pero obedeciendo á un instinto secreto, dije á mis compañeros que estaba seguro de que si íbamos al hato seríamos asesinados, probablemente sin defensa, pues los enemigos podían llegar en momentos en que estuviésemos desmontados cogiendo los caballos: que por tanto variaba de plan é iríamos á enlazar las bestias que se necesitaban bajo un árbol, distante sólo una milla de la citada "Mata de León." Empeñáronse mucho en persuadirme de que era mejor ir al hato para atar las bestias, pues no estando encorraladas, decían éllos, era imposible hacerlo, especialmente dos hermosos caballos muy cimarrones que por su belleza excitaban la codicia de todos. Por fortuna mía los dos animales se escaparon justamente en los momentos en que estábamos conferenciando, y mis compañeros al fin se decidieron á que marchásemos al punto que yo había indicado, y en donde subiéndome á un árbol me puse á enlazar las bestias.

A pesar de que nuestros enemigos debieron ver que habíamos cambiado de dirección, no quisieron salir de su emboscada, considerando que al fin tendríamos que ir á parar al hato en busca de los efectos que allí habíamos dejado. Desde el árbol inspeccionaba yo el campo que podía alcanzar con la vista hasta una gran distancia, porque el terreno era llano y muy limpio. Concluida la operación de coger las bestias, descubrí como á una legua, en dirección distinta á la que debíamos llevar hacia el hato, unos bultos que por causa de la distancia no podía reconocer bien; y sin esperar á que algunos de mis compañeros acabasen de ensillar, monté á caballo, y dándoles orden de que me fuesen siguiendo á medida que estuviesen listos, partí á galope, y al aproximarme hallé que eran unos pocos hombres sin armas que conducían una punta de ganado. Mientras les hacía algunas preguntas sobre Marcelino y su partida, mi teniente Vicente Gallardo me hizo observar que del centro de la "Mata de León» estaba saliendo tropa de caballería que formaba á la orilla.

Volví la vista hacia el lugar indicado y pregunté á mis compañeros que ya se me habían incorporado: ¿Están ustedes resueltos á seguirme y á luchar hasta vencer ó morir?

"Cuente con nosotros» fue la contestación que me dieron las tres veces que les hice la misma pregunta; pero no teniendo sino un fusil y tres lanzas, y siendo cuarenta el número de los enemigos, manifesté á los míos que confiaba en éllos, pero que no pareciéndome el lugar á propósito para la resistencia por ser muy descubierto, y pudiendo ser rodeados fácilmente, creía prudente que nos retirásemos hasta la ribera del río Cajaro, distante una legua, para buscar apoyo en élla.

Fácilmente convencidos de la prudencia de mis indicaciones convinieron en éllas, con lo cual dispuse la retirada, pero el enemigo estaba ya muy cerca y al vernos volver la espalda creyó el momento oportuno para cargarnos. Colocado yo á retaguardia de mis compañeros, de cuándo en cuándo volvía cara para imponer respeto á los que avanzaban, y sea por esta circunstancia, ó porque viesen que aunque íbamos en retirada lo hacíamos en orden, no se atrevieron á acometernos. Llegados á la orilla del río se arrojaron mis compañeros á él, aun cuando era muy profundo, y yo que venía á retaguardia me ví obligado á hacer lo mismo en medio de los disparos de las carabinas de nuestros perseguidores. No se atrevieron éstos á arrojarse al río, que aunque no era muy ancho, estaba lleno de animales feroces como caimanes, caribes, tembladores, etc. Además, como nos hicimos firmes en la orilla opuesta, éllos comprendieron la gran ventaja que nos daba semejante posición. Allí se quedaron y yo me encaminé por otra vía en dirección á la capital de Barinas con esperanzas de hallar en élla algunas tropas patriotas.

Un incidente gracioso, por algunas circunstancias, ocurrió entónces, que poco antes habría sido de fatales consecuencias. Mi caballo, que tan útil me había sido hasta aquel momento, comenzó á temblar y se detuvo sin poder continuar la marcha más que paso á paso. Si nuestros perseguidores hubiesen atravesado el río, indudablemente habría caído en sus manos; el temor de que lo verificasen no dejaba de causarme bastante inquietud. Por fortuna en aquellos momentos divisé á alguna distancia un negro que parecía tener buena cabalgadura: al instante concebí la idea de quitársela y ordenando á mis compañeros que continuasen la marcha para desvanecer todo temor, me dirigí solo por el camino que traía: al principio trató aquel pobre diablo de cambiar de dirección; mas al fin hubimos de encontrarnos, y entonces me acerqué á hablar con él. Le hice varias preguntas sobre cosas de poco interés, y cuando menos él lo esperaba, salté á tierra con espada en mano y le gané las riendas del caballo. El negro entonces se echó á tierra, y sin la menor oposición me dejó dueño del animal, que pude continuar mi camino para reunirme con mis compañeros.—Pocos momentos después ví á cierta distancia un ginete que galopaba en la misma dirección que seguíamos, y uno de los que me acompañaban reconoció mi caballo, el cual habiendo recobrado las fuerzas, conducía al mismo negro á quien yo acababa de quitar el suyo. No muy lejos descubrimos un grupo de ginetes, y temiendo que fuesen enemigos, me adelanté á reconocerlos; pero resultó que eran los hacendados Tapia, quienes alarmados por el negro y la noticia que les había dado de lo ocurrido, salieron á oponerse con los demás vecinos al paso de los que suponían ser una partida de bandidos. Al reconocernos depusieron todo temor y siguieron con nosotros á sus casas donde nos obsequiaron á todos con la mayor liberalidad.

CAPITULO V

GARCÍA DE SENA ME PONE Á LA CABEZA DE LA CABALLERIA DE SU MANDO.—PERFIDIA DE ESTE JEFE.—MI MARCHA HACIA MÉRIDA.—AMENAZAS DEL REALISTA LIZON.—PIDO SERVICIO A PAREDES.—ENCUENTRO CON LOS REALISTAS EN ESTANQUES.—MI TEMERARIO ARROJO EN LA CORDILLERA QUE SE HALLA EN EL CAMINO DE ESTANQUES Á BAILADORES.—MI RETIRO EN LA CIUDAD DE MÉRIDA.—ME INCORPORO Á LAS TROPAS DEL GENERAL URDANETA.—MI DISGUSTO POR UNA INJUSTICIA QUE QUISO HACERME EL COMANDANTE CHAVEZ.—MI PLAN DE APODERARME DE LOS TERRITORIOS DEL APURE Y ATRAERME LOS LLANEROS.—PASO Á CASANARE Y ME UNO Á OLMEDILLA.—ENCUENTRO CON LOS REALISTAS.—DERROTA DE ESTOS.—CRUELDAD DEL COMANDANTE FIGUEREDO.—MI PROTESTA É INDIGNACIÓN.

1814.

Libre ya de perseguidores, continué marcha hasta Barinas á donde llegué después de cuarenta y ocho horas de camino. Hallábase en aquella población, con quinientos infantes y doscientos caballos, el comandante patriota Ramón García de Sena, quien me puso á la cabeza de la caballería ordenándome hacer una excursión hasta Guasdualito por la vía de los pueblos de Canaguá y Quinteré. Ejecuté sus ordenes con la rapidez que las circunstancias demandaban, pues el ejército enemigo al mando de Yáñez se encontraba desde la orilla de San Fernando hasta la ciudad de Nutrias, distante sólo tres jornadas de Barinas. Permítaseme aquí copiar la relación de los sucesos posteriores que he visto referidos con bastante exactitud en un artículo del *Nacional* de Caracas, del 12 de agosto de 1838, número 124.

"A las órdenes del indicado jefe (García de Sena) se encontraron reunidos en Barinas en principios de 1814 cerca de novecientos hombres, entre los cuales había como cuatrocientos escogidos de caballería bien montados. El día 12 fue sitiada la ciudad por mil hombres de caballería, mandados por Remigio Ramos y el catalán Puy. En el ejército que mandaba Sena estaban entre otros oficiales los señores Florencio Palacios, Diego Ibarra, León Ferrer, Rafael Rosales, Francisco Conde, José Antonio Páez, Francisco Olmedilla y Juan José Conde. Mucho deseaba la oficialidad patriota salir á batir á los sitiadores que les incendiaron la ciudad hasta una cuadra de distancia de la plaza; pero no lo permitía el jefe, y habiéndose corrido en el ejército y entre los paisanos el rumor de que García de Sena trataba de abandonar la plaza, se vió éste precisado, para desvanecerle, á presentarse en medio de éllos y jurar repetidas veces hasta por la cruz de su espada que no había tal cosa: que saldría á batir al enemigo, y que cualquiera que fuese el éxito, volvería á la plaza. Fue confiados en este solemne juramento que consintieron en encargarse de la guarda de la ciudad cerca de trescientos ciudadanos casi desarmados, aunque de lo más distinguido de Barinas, y fue en la tarde de este día 19 de enero, que salió García de Sena con su división por el camino de Mérida, y derrotó en el primer encuentro al enemigo que huyó buscando la dirección de Nutrias. No se permitió á nuestro ejército la persecución de los derrotados, sino que se le mandó hacer alto á la vista de la ciudad, hasta que entrada la noche se le mandó desfilar hacia Mérida por el camino de Barinas, sin dar el menor aviso á los que quebaban en la plaza, y no obstante que los enemigos iban tan despavoridos, que no se pararon en dos jornadas. El 22 de enero se creía aún en Barinas que nuestro ejército iba en pos del enemigo, y sólo por el hecho de verse otra vez sitiada la ciudad, al día siguiente fue que pudo conocerse la perfidia de García de Sena.

"Quería éste á toda costa reunirse con la división del General Urdaneta que se hallaba en Barquisimeto y para colorir su negra acción, trató de atribuir á su caballería designios de traicionarle, pretendiendo hacerle fuego en la primera noche de marcha, después de haberla dejado á la retaguardia. Una caballería que acababa de derrotar al enemigo y marchaba hacia Mérida ¿en qué podía haber dado muestras de traición sino tal vez en una que otra palabra de reprobación por una conducta manifiestamente pérfida, deshonrosa y perjudicial? El hecho fué que élla obedeció cuantas ordenes se le dieron, y habiéndola obligado á seguir por los Callejones, perecieron en éllos casi todos los caballos, habiendo llegado muy pocos al pueblo de las Piedras donde García de Sena dijo á todos los que habían sido de caballería, que tomaran el rumbo que quisiesen. De allí siguió Páez á pie hacia Mérida, acompañado de Luciano Blasco, José María Olivera y Andrés Elorza que después fue Coronel. También fue allí que recibió García de Sena un oficio del Gobernador y Comandante de Armas de Mérida, Juan Antonio Paredes, pidiéndole auxilio, y le envió como cien hombres de infantería mandados por el Comandante Francisco Conde, siguiendo él á Barquisimeto, por la vía de Trujillo. Los godos tomaron á Barinas y asesinaron á sus inermes defensores.

"Se hallaba el gobernador Paredes en Lagunilla, de marcha hacia Bailadores, donde los godos habían hecho un alzamiento que amenazaba la capital. Allí se le presentó un posta enviado por el comandante Lizón que se había reunido á los de Bailadores con quinientos hombres de infantería, *intimando la rendición de Mérida, anunciando que vendría con un cuchillo en una mano y una rama de olivo en la otra, y amenazando con degollar toda la población y reducir á cenizas la ciudad si fuese herido el más ruin de sus soldados.* Por dicho posta se supo que Lizón había quedado con trescientos fusileros en Bailadores y que había avanzado hasta Estanques con doscientos cazadores y dos piezas de artillería, al mando del comandante Matute, y Paredes resolvió atacar á éstos antes que Lizón se le reuniese. Páez había pedido servicio á Paredes y aunque éste quiso encargarle una compañía de caballería, no siendo la gente que la componía, según el concepto de Páez, muy á propósito para servir en aquella arma, no quiso aceptar su mando, sino que prefirió servir como agregado al pequeño escuadrón que mandaba el capitán Antonio Rangel. Páez se había montado en un excelente caballo de su propiedad que había encontrado en Egido.

"Marcharon pues las fuerzas patriotas de Lagunilla hacia Estanques. Llámase así un sitio donde está fundada una famosa hacienda de cacao, en cuya casa se encontraban los godos cuando llegaron los patriotas. Hubo un pequeño tiroteo que no tuvo más resultado que la retirada de los godos hacia Bailadores, y la posesión que tomaron los patriotas de la casa. Los godos en su marcha atravesaron la hacienda y se formaron después en una pequeña colina. Allí los encontró Rangel con quince carabineros y Páez, que fueron los únicos que los siguieron. Se cambiaron algunos tiros, y luego Ranjel con los suyos retrocedió, no obstante las instancias de Páez, para que no lo hiciese, quedándose en consecuencia solo éste en observación de los godos. Luego que se retiró Rangel desfiló la columna de Matute camino de Bailadores, por una cuesta que en su mayor parte apenas permitía que marchasen los soldados sino de uno en uno. Siguió Páez al enemigo, y observando que no podía formarse para resistir un ataque, gritando "¡Viva la patria!" y fingiendo diferentes voces, le cargó repentinamente, matando al sargento que iba el último de la retaguardia. Asustados los enemigos no supieron cómo defenderse, alcanzando Páez una victoria fácil, aunque muy importante. Unos se apartaban del camino y encontraban la muerte en los precipicios, otros atropellaban á sus compañeros y presentaban al atrevido campeón mejor y mayor blanco para sus tiros, ctros se arrojaban al suelo y pedían á gritos clemencia, y todos tiraban las armas y municiones, abandonando hasta las dos piezas de artillería. El único que disputó la victoria y la vida, fue un tal José María Sánchez, hombre en extremo temido de los meridanos que obligó á Páez á echar pie á tierra y á lidiar cuerpo á cuerpo con él, por la posesión de la lanza exterminadora, hasta que habiéndosela arrancado, dejó de tener enemigos que se opusiesen á su triunfo. (2) Páez los persiguió hasta terminar la

(2) Era en efecto dicho Sánchez, hombre de gran fama entre los realistas por su valor y arrojo y también muy temido de los patriotas de Mérida. Se contaba de él que en un encuentro en el pueblo de Lagunillas, había desmontado un violento ó cañón de montaña y llevádoselo á cuesta como si fuese la más ligera carabina de estos tiempos. Cuando yo perseguía á los aterrados realistas, volvió Sánchez cara repentinamente y con una tercerola que llevaba logró quitarse los botes de lanza que yo le dirigía. Viendo que no podía hacer libre uso del arma de fuego, la arrojó al suelo y echó mano á mi lanza con intención de disputármela. Sin soltar yo esta defensa, arrojéme de mi caballo, y por medio de un gran esfuerzo logré arrancársela, y entonces le di con élla una herida mortal. Viéndole tendi-

bajada de la cuesta por donde corre un pequeño río que llaman San Pablo, llegando solo Matute á Bailadores con doce hombres. El resultado de tan heroica acción, además de la destrucción de una fuerte columna enemiga que dejó en nuestro poder todo su armamento, bandera, bagaje, municiones y artillería, fue que Lizón huyó vergonzosamente hacia el Zulia, oficiando al comandante Briceño (álias Pacheco el Cotudo), residente en Guasdualito, que se retiraba porque una columna de caballería le había destruido doscientos hombres.

«Cuando Páez retrocedió, encontró nuestro ejército en el mismo sitio donde estaba muerto Sánchez, y á los vecinos de Mérida que no hallaban palabras con qué encomiarle por su triunfo, y aún más por haber hecho desaparecer el monstruo de Sánchez. Nuestras tropas entraron al otro día en Bailadores, y poco después llegó la división de Mac-Gregor

———

do en tierra; traté de quitarle una hermosa canana ó garniel que llevaba al cinto, y como prorrumpiese en palabras descompuestas é impropias del momento en que se hallaba, me puse á exhortarle á bien morir y yo rezaba el credo en voz alta para estimularle á repetirlo. Afortunadamente para mí volví la vista por casualidad, y ví que en lugar de acompañarme en mis plegarias, tenía ya casi fuera de la vaina el puñal que llevaba al cinto. Confieso que mi caridad se amortiguó completamente, y no permitiéndome mi indignación ocuparme por más tiempo del destino futuro de mi adversario, le libré con un lanzazo de la ira que le ahogaba aun más que la sangre que vertía.

Después del encuentro con Sánchez continué la persecución, cogí prisioneros á ocho artilleros realistas, me apoderé de su bandera y de dos cañones, uno de éllos regalado por una señora de Mérida, cuyo nombre tenía inscrito encima de la boca, que, según decían, era el mismo que Sánchez se había llevado de Lagunillas. Después perdimos tres veces esta pieza de artillería, y otras tantas volvimos á recobrarla.

de la Nueva Granada, en la que venían los señores Concha, Serrano y Santander que después figuraron como jefes en Casanare y Guasdualito, y fue entonces que Páez los conoció.»

Después de la acción de Bailadores permanecí en la ciudad de Mérida hasta mediados del año de 1814 en que llegó Urdaneta de retirada de Venezuela. Me incorporó á sus tropas dándome el mando de una compañía de caballería que yo mismo organicé en Mérida, compuesta de todos aquellos llaneros á quienes García de Sena había despreciado. Fuí á tomar parte en la batalla de Mucuch'es, pero no entré en acción porque una milla antes de llegar al campo de batalla habiendo encontrado Urdaneta que el batallón de Barlovento que, según sus órdenes, debía permanecer allí hasta su llegada con el resto de las tropas, compuestas de los batallones de Valencia, Guaira y setenta hombres de caballería bajo mis órdenes, había sido derrotado, tuvo que protegerlo del enemigo que venía persiguiéndole á vista de él y no quiso entrar en acción, sino que al momento contramarchó á Mérida para emprender de allí su retirada para la Nueva Granada.

En Bailadores me separé de él, porque el comandante general de caballería, que era un tal Chávez, dispuso quitarme el caballo que yo montaba para dárselo á otro oficial, injusticia que resistí no obstante que al fin hube de ceder por pura obediencia militar. Disgustado, sin embargo, resolví separarme y poner en práctica la resolución que había tomado en Mérida de irme á los llanos de Casanare, para ver si desde allí podía emprender operaciones contra Venezuela, apoderándome del territorio del Apure y de los mismos hombres que habían destruido á los patriotas bajo las órdenes de Boves, Ceballos y Yáñez. Todos aquéllos á quienes comuniqué mi proyecto, creían que era poco menos que delirio, pues no veían posibilidad ninguna de que los llaneros, que tan entusiastas se habían mostrado por la causa del Rey de España y que tanto se habían comprometido en la lucha contra los patriotas, cambiasen de opinión y se decidiesen á defender la causa de éstos, siendo al mismo tiempo muy difícil vencerlos en los encuentros que necesariamente había de tener con éllos, superiores como eran en número y caballos.

Sin embargo de lo razonable de estas objeciones, salí de Bailadores para los llanos de Casanare sin pasaporte de Urdaneta y con la firme resolución de poner en práctica mi plan, tan firme, que al pasar por la Nueva Granada rehusé el mando de un regimiento de caballería que me ofreció el general García Rubira.

Arrostrando mil dificultades y viajando á pie la mayor parte del camino, pude hacer la travesía de los Andes y llegar á los llanos de Casanare con mi familia y algunos venezolanos que me acompañaban, habiendo tenido que ocurrir á la venta de varios objetos de uso personal para pro- porcionarnos una escasa subsistencia. Cuando llegué á Pore, capital de Casanare, encontré al comandante venezola- no Francisco Olmedilla, á quien el gobierno de Casanare había nombrado comandante en jefe. Tanto Olmedilla como el gobierno me recibieron con las mayores muestras de sa- tisfacción, proporcionándome recursos y manifestándose tan dispuestos á auxiliar mis proyectos, que á los tres días me encontraba ya en el pueblo de Betoye á la cabeza de un re- gimiento de caballería. Uniéronseme varios oficiales vene- zolanos que se hallaban allí sin servicio, y muy pronto se formó un cuerpo de caballería de más de mil hombres, con el cual emprendimos marcha á Venezuela el 10 de octubre de 1814.

Esa división, al mando de Olmedilla, se dirigió por los desiertos de las sabanas Lareñas á fin de no ser descubierta por el enemigo: se marchaba sólo durante la noche y se hacía alto durante el día. Atravesamos á nado el río de Arauca, llevando las armas y las monturas en la cabeza; las de aquéllos que no sabían ejecutar aquella curiosa operación las pasábamos en botes hechos de cuero de vaca. Merced á estas precauciones, logramos llegar á las cuatro de la mañana á la villa de Guasdualito, el 29 de enero, sin haber sido descubiertos. Había allí como ochocientos hombres de guarnición realista entre caballería y dragones desmontados, á las órdenes de aquel comandante Pacheco Briceño, á quien habían dado el sobrenombre de el Cotudo. Nuestra división iba organizada en tres columnas: la primera mandada por mí fue colocada á la salida de Guasdualito, camino para el interior de Venezuela y San Camilo; la segunda en un flanco de la población, y la tercera en la parte opuesta al punto que yo ocupaba.

Antes de amanecer cometió Olmedilla la imprudencia de mandar disparar un cañonazo y tocar diana. Con lo que sabedor entonces el enemigo de que se le rodeaba en el pueblo, formó en columna, dentro de la plaza, toda su fuerza y marchando en dirección al punto donde yo me hallaba, me atacó repentinamente. La oscuridad de la noche era tan grande que no pudimos ver al enemigo sino cuando rompió el fuego, á quema-ropa, sobre uno de los escuadrones que estaba formado frente á la calle por donde aquél se dirigía; así fue que logró romperle, mas no reparó, incauto, que por su flanco izquierdo le quedaba otro escuadrón; pues yo había establecido la formación figurando un martillo, por ser la única que el terreno permitía. Repentinamente fue atacado por la espalda por dicho escuadrón á la cabeza del cual me encontraba, y en una sola carga fue derrotado completamente á pesar de todos los muchos esfuerzos del comandante español. Muy pocos escaparon de la muerte ó de caer prisioneros; más de doscientos muertos y heridos quedaron en el campo y veintiocho cayeron prisioneros. El enemigo trató de tomar el camino que llaman de la «Manga,» el cual sale á los valles de Cúcuta, tratando de buscar abrigo en el general Calzada que, el día anterior, había marchado con mil quinientos hombres de Guasdualito para invadir aquellos valles. Efectivamente en el espacio que media entre el pueblo y el río de Apure, distante una legua, corrían los derrotados, entre los cuales iban el comandante Manuel María Marchán, los capitanes Francisco Guerrero y José Ricaurte y otros oficiales que, bien montados, habían logrado apartarse del campo de batalla, y á quienes yo perseguí muy de cerca.

Al llegar á la orilla del río Apure, tres de aquellos oficiales se internaron en el bosque, dos se detuvieron y arrojaron las espadas, el comandante Marchán y los capitanes Guerrero y Ricaurte se lanzaron al río con sus caballos. Yo que iba persiguiéndolos de cerca, me arrojé también al río : Guerrero y Ricaurte salieron á la ribera opuesta dejando por detrás á su comandante, á quien corté la retirada porque llegué á tierra antes que él, y le esperé en la orilla, suspendiendo la persecución de los otros dos. Tan luego como el caballo de Marchán hizo pie, le intimé que se rindiese, lo cual ejecutó sin oposición alguna, suplicándome que le perdonase la vida : así se lo ofrecí mandándole salir del río, y casi admirado yo de que un hombre que montaba un caballo tan famoso no hubiese tenido la resolución de escapar, ya que le había

faltado el valor de atacarme cuando no podía recibir auxilio
de los mios.   Marchán convino en repasar el río conmigo.
En la otra orilla, donde mis tropas habían destrozado las
tripulaciones de dos lanchas realistas, organicé mi gente y me
presenté á Olmedilla con doscientos veintiocho prisioneros,
en un lugar inmediato á la población donde aquél se hallaba.
Al concluir la relación de la lucha felizmente terminada, le
manifesté que había ofrecido perdonar la vida á aquel
comandante.

—¿Cómo tiene usted valor, me respondió, de presentarme este hombre vivo? ¿Por qué no le ha matado usted?

—Porque jamás he empleado mis armas contra el
rendido.   Mátele usted si quiere, ahí le tiene.

En el acto ordenó al capitán Rafael Maldonado que le
cortase la cabeza, y éste ejecutó inmediatamente tan bárbaro
mandato.

En seguida ordenó Olmedilla que todas las tropas entrasen en la plaza y condujeran allí á los prisioneros, y cuando
aquéllas estuvieron formadas en los cuatro ángulos del
cuadrado con los prisioneros en el centro, dispuso Olmedilla
que su segundo, Fernando Figueredo, hiciese cortar la cabeza
á todos éllos.   Figueredo, rivalizando con Olmedilla en salvaje crueldad y sed de sangre, voló á presenciar la ejecución,
nombrando á los capitanes Juan Santiago Torres y Rafael
Maldonado para que con sus espadas la llevasen á cabo como
estaba mandado.

Nadie sabía hasta entonces lo que significaban todos
aquellos preparativos, hasta que se observó que el capellán
A. Pardo se presentó con un Santo Cristo en la mano izquierda, bendiciendo con la derecha á los prisioneros
que cayeron de rodillas al ver el movimiento del sacerdote.

En seguida principiaron los dos capitanes á cortar cabezas; mas al caer la quinta no pude contener ya la indignación que me rebosaba en el pecho, y dirigiendo mi caballo sobre los dos verdugos, prevíneles que si mataban un individuo más, les costaría á éllos mismos la vida. Los capitanes atemorizados y sorprendidos suspendieron la ejecución, mientras que Figueredo me reconvenía, airado por mi oposición al cumplimiento de las órdenes del jefe principal.

Contestéle con desenfado que estaba resuelto á morir por defender la vida de aquellos desgraciados á quienes estaba asesinando ruinmente, empeñando á gritos una discusión acalorada sobre que, á pesar mío, los prisioneros debían morir. Los capitanes dejaron de obedecer las órdenes de Figueredo, quien entonces ocurrió á Olmedilla para que dispusiese manera de hacer cumplir sus disposiciones. Antes que Figueredo le encontrase, ya me había presentado yo á él, refiriéndole lo que pasaba y haciéndole ver la inhumanidad y estupenda barbarie de aquella matanza, y lo impolítico de semejante paso en los momentos en que, con el título de libertadores y amigos de la humanidad, penetrábamos en el territorio de Venezuela. Olmedilla, sin entrar en razones, me contestó con mucha frialdad que la vida ó la muerte de los prisioneros quedaba á disposición de Figueredo.

—Pues si es así, replicó éste, deberán morir todos.

Principiamos de nuevo la polémica en presencia de las tropas y de los prisioneros, hasta que por último logré triunfar, porque Figueredo ni pudo hacer matar un hombre más, ni tampoco hacerme castigar, como lo pretendía,

porque conociendo la buena voluntad que por mí tenía la
tropa y lo inicuo del acto que trataba de consumar,
fácilmente comprendió que toda se pondría de mi parte
y no permitiría ninguna violencia que se quisiese ejecutar
en mi persona. Así se salvaron aquellos infelices, condenados al suplicio por el mal corazón de un vándalo, y
así consiguió el buen trato hacer amigos á otros tantos
enemigos, pues todos éllos se alistaron más tarde en nuestras banderas, siendo después compañeros fieles é insepa-
rables en tantos hechos de armas, que si no hubiese
todavía de éllos muchos testigos presenciales, correrían
riesgo de pasar ante los ojos de la posteridad como
fábulas inventadas para su solaz y entretenimiento. Este
es—lo digo con intención—uno de los actos de desobediencia é insubordinación de que algunos malquerientes
míos han solido acusarme. ¡Insubordinación con Olmedilla
y Figueredo! No; la obediencia, ni aun en su sentido
más extrictamente militar, llega á cambiar la espada del
soldado en la cuchilla del verdugo, ni la guerra en matanza de prisioneros. Infinitas gracias doy al Todopoderoso, porque me ha dejado tiempo, razón y excelente
memoria para contar estas cosas como pasaron, á fin
de que los hombres justos formen de éllas el concepto que
merecen.

CAPÍTULO VI

Olmedilla hace matar en mi ausencia á setenta y seis de
los prisioneros. — Figueredo se encarga del mando y trata
de prenderme. — Desastroso fin de Olmedilla. — Acción de
Chire. —Dolencia inevitable en los combates.—Aventuras de
una noche en el campo de batalla.—Traje de un militar
en campaña.—Sorpresa de Palmarito.—El valiente Peña·-·

CÓMO LO SALVÉ. - BATALLA DE LA MATA DE LA MIEL. MI ASCENSO
Á TENIENTE CORONEL— MOTÍN MILITAR EN FAVOR MÍO - LO DESBARATO.

1815

Una orden de Olmedilla para contramarchar á
Casanare dió fin á nuestra disputa sobre los prisioneros,
y bien asegurados éstos se puso en movimiento el ejército,
por el temor de que Calzada volviese sobre Guasdualito
al recibir el parte que debían darle Guerrero y Ricaurte
de la destrucción de las tropas que había dejado en
aquel punto. Ese mismo día, por la tarde, llegó el ejército á la orilla del río Arauca, distante sólo cinco leguas
de Guasdualito. Olmedilla puso á mi cuidado hacer pasar
el ejército, mandándome que ante todo enviase á los
prisioneros, en cuya operación se empleó toda la noche,
pues sólo disponíamos de una canoa. El día siguiente,
como á las nueve de la mañana, pasé al otro lado,
y en el campamento supe que estaban en aquel momento asesinando, en un sitio llamado "Las Cuatro
Matas," á setenta y seis de los prisioneros. Muchos
oficiales acudieron á suplicarme fuera á salvarlos. Pregunté cuánto tiempo hacía que habían salido para aquel
lugar, y de la contestación deduje que ya era tarde para
conseguirlo.

Olmedilla continuó su marcha hasta el pueblo de
Cuiloto, y dejó allí las tropas al mando de Figueredo,
dirigiéndose él á Pore, capital de Casanare. Antes de
marchar manifestó que estaba muy disgustado del gobierno
de Casanare, y protestó que no volvería á ponerse á la
cabeza de las tropas, diciendo á éstas que podían hacer
lo que mejor les pareciese. Figueredo dispuso que toda

la gente quedase á pie, apostada en la crilla de Cuiloto, y colocó las manadas de caballos en una sabana en dirección del campo enemigo. Esta disposición alarmó mucho la tropa, porque aún no había desaparecido el recelo de que Calzada viniera contra élla, y con tal motivo se formó una junta de oficiales que resolvió comisionar cuatro de su seno para manifestar á Figueredo que los caballos estaban mal situados, y que si el enemigo venía repentinamente, podía apoderarse de éllos; haciéndole también presente que había otras vías por donde el enemigo pudiera introducirse, por no estar cubiertas con avanzadas. Componíase la comisión del mayor Rosario Obregón, capitanes Genaro Vázquez y Juan Pablo Burgos, y del que esto escribe, que mandaba dos escuadrones y á quien tocó llevar la palabra en aquel acto. ¡De antemano temíamos todos que Figueredo, hombre caprichoso y altanero, recibiese mal la comisión, y efectivamente el resultado de élla nos hizo ver que no habíamos andado equivocados.

Introducidos á presencia de dicho comandante, manifestéle que deseábamos hablarle privadamente sobre asuntos del servicio; y habiéndonos hecho pasar á un cuarto, cerró la puerta, y después de colocadas nuestras espadas sobre la mesa, en cumplimiento de mi encargo le impuse del objeto que allí me llevaba, haciéndole presente la necesidad de poner las manadas de caballos á retaguardia del ejército y de cubrir los puntos descubiertos. Figueredo manifestó mucho disgusto al oír aquellas observaciones, y contestó que el ejército nada tenía que ver con las medidas que él tomaba para su seguridad: que su opinión era que tanto el campamento como los caballos estaban en lugar seguro, y que últimamente él era de todo único responsable, por lo que debíamos abstenernos en lo adelante de hacerle observaciones que él no había solicitado.

—Comandante, le contesté, permítame el decirle que no es usted el único responsable, pues cada cual tiene aquí su parte de responsabilidad, y por lo que á mí hace, no me conformo con la responsabilidad de otro con peligro de mi vida y de mi honor.—Figueredo no pudo contener más la ira que le dominaba, y pronunciando cierta palabra enérgicamente militar, dió una una patada en el suelo y nos gritó: Repito á ustedes que yo soy el responsable, y que nada tiene que hacer el ejército con mis medidas. No me fue posible dejar sin respuesta aquella exclamación, y le contesté con no menos brío y entereza. Entonces Figueredo, que tan prevenido estaba contra mí por el asunto de los prisioneros en Guasduaito, abrió la puerta del cuarto, y llamando al teniente Juan Antonio Mirabal, le dijo:

—Lleve usted preso al comandante Páez y remáchele un par de grillos.

Ya sabía yo con qué clase de hombres estaba tratando; por lo cual acto continuo tomé mi espada y saliéndome del cuarto, dije en alta voz:

—Vengan á cogerme; pero sepan que estoy resuelto á morir matando, antes que dejarme arrastrar como un criminal. Soy un militar de honor, y si se me quiere juzgar, una orden de arresto sería suficiente; jamás la fuerza, que nunca podrá rendirme. Y me dirigí hacia donde estaban las tropas.

6

Figueredo suspendió inmediatamente la orden de llevarme preso y habló con los otros tres que habían permanecido en el cuarto, pidiéndoles que fuesen á calmarme, pues imaginaba que yo habría ido á levantar la tropa para atacarle. Cuando se persuadió de que no había yo pensado con tal cosa, volvió á tomar su acostumbrado tono de altanería, diciendo que yo era un insubordinado, y que si le pedía pasaporte, me lo daría con mucho gusto.

El día siguiente hice lo que él manifestaba desear tanto; concedióseme el pasaporte para la capital, y no habían trascurrido veinte y cuatro horas después de mi separación, cuando ya se había desertado la mayor parte del ejército.

Figueredo informó al gobierno de le ocurrido, y yo lo hice también, refiriendo el hecho con bastante claridad y justificando mi resistencia á la injusta orden de prisión dada contra mí por aquél. El gobierno aprobó mi conducta y depuso á Figueredo.

Calzada avanzó sobre el campamento de Cuiloto, donde apenas quedaban reunidos unos ciento ochenta hombres de los mil trescientos de que constaba aquella división. Dichos ciento ochenta hombres se retiraron, bajo las órdenes del ciudadano Miguel Guerrero, á un pueblo llamado El Puerto, que demora en la orilla izquierda del río Casanare. Guerrero reemplazó á Figueredo en el mando de las tropas, y allí empezó su carrera militar.

Calzada llegó hasta Cuiloto, se apoderó de gran parte de los caballos, sillas y lanzas de la tropa que se había desertado y de la que siguió con Guerrero; pues en la prisa con que ejecutaron el movimiento, algunos de éllos

no pudieron coger caballos para la retirada. Cayó también
en su poder un cargamento de sal que acababa de llegar
de Chitagá, artículo escasísimo y de primera necesidad
para las tropas. Pudo Calzada haberse apoderado entonces, con la mayor facilidad, de toda la provincia de Casanare si hubiera seguido adelante; pero no sé por qué
contramarchó á Guasdualito, y los patriotas de aquella
provincia tuvieron tiempo para organizar un nuevo cuerpo
de tropas.

A mi llegada á Pore, Olmedilla se encontraba en
aquella ciudad; y sabiendo el motivo que me había impelido á separarme del ejército, me mandó llamar á su casa,
á donde fuí sin demora. El estaba algo indispuesto,
ó al menos lo aparentaba.— "Muy sensible me ha sido
saber, me dijo, que usted se ha separado del ejército, pues
conozco el gran partido que tiene en él; mas por otra
parte me alegro, ya que esto me ofrece la oportunidad
de manifestarle mi modo de pensar, con respecto á la
desigual lucha que ha emprendido la América contra el
poder de España. Creo, continuó, que es imposible vencer, y todos pereceremos en esta contienda sin sacar por
fruto de nuestros trabajos y desvelos, ni aun siquiera la
gratitud del pueblo ó de los que mandan. Por mi parte
estoy resuelto á separarme del ejército é internarme en
Vichava, lugar habitado solamente por indios salvajes,
pero enteramente inaccesible para las tropas españolas.
Cuento con algunos compañeros que me seguirán, convencidos de lo crítico de las circunstancias, y espero que usted,
comandante Páez, me seguirá también. Yo le daré una orden
para que vuelva al ejército sin pérdida de tiempo: escogerá
usted en él de **200** á **300** hombres de toda su confianza y
otros tantos caballos, y entre tanto yo me volveré con mi fami-

lia y con la de usted sobre el Meta, para tener listas allí las embarcaciones que pueda reunir, así como también la sal que es indispensable llevar á Vichava y un sacerdote para que nos sirva allá de Pastor. De regreso de Cuiloto, tomará usted en Pore las alhajas de oro y plata de la iglesia, quitando igualmente á los ciudadanos, por la fuerza, todo el dinero que tengan, pues estoy persuadido de que todo caerá más tarde en poder de los españoles. Anímese usted, amigo Páez, á ejecutar ese plan, que nadie mejor que usted puede llevar á cabo, pues conozco el amor que le profesa el ejército.»

Semejante discurso, en boca de Olmedilla, me dejó asombrado; no supe qué contestarle; conociendo su carácter, me pareció mejor no contrariarle de repente, ni convenir con él tampoco. Así que, sin manifestar mi opinión sobre el particular, le dije que me permitiese ir á mi casa para reflexionar detenidamente sobre sus proposiciones. Una hora después, volví, y á su pregunta de si estaba decidido á ejecutar su plan, hícele presente la necesidad y conveniencia de que él continuase al frente del ejército, exhortándolo para que no abandonase en los momentos del peligro la causa que había abrazado, y para que desistiese de un proyecto que, por muchas consideraciones, me parecía desacertado. Aunque no me respondió ni una palabra, comprendí por supuesto que mi lenguaje le había desagradado sobremanera, y con tal pensamiento me retiré lamentando en mi interior la conducta de aquel jefe. Unas dos horas después, recibí un despacho de Olmedilla en que me ordenaba que inmediatamente me pusiera en marcha para el ejército, á hacerme cargo del mando de mi regimiento. Así lo ejecuté; y al mismo tiempo que yo dejaba la población, Olmedilla se ponía en marcha con su familia para San Juan de los Llanos.

En el tránsito encontré, en el pueblo del Puerto, aquel resto de ejército que, en número de 180 hombres al mando de Guerrero, se retiraba huyendo de Calzada. Allí permaneció este pequeño grupo, aumentándose con el nuevo reclutamiento que hacía por toda la provincia.

Entre tanto, y sin que nadie lo esperase, repentinamente se presentó el gobernador N. Solano, dando la noticia de que Olmedilla se había desertado y que él estaba resuelto á mandarle prender, para lo cual disponía que inmediatamente yo saliera en comisión. Disgustábame semejante encargo, para mí harto penoso, no sólo por las consideraciones personales que debía á Olmedilla, sino mucho más porque habiéndome él revelado sus proyectos, iba á creer que yo le había denunciado. A pesar de mis excusas, finalmente me fue indispensable obedecer; con lo que, acompañado de cuatro oficiales y sus asistentes, salí á marchas forzadas en alcance de aquel jefe y sus compañeros.

A los cinco días de no interrumpido viaje, al amanecer alcanzamos á Olmedilla en la provincia de San Martín. Estaba alojado en una choza del tránsito, y luego que nos descubrió él y sus compañeros se pusieron en armas. Después se presentó armado de un trabuco y su espada en la puerta de la cerca, y preguntó:

—Quién vive?

—La América libre, le respondí.

—¿Qué vienen ustedes á hacer aquí?

—A intimarle á usted que se entregue prisionero con todos sus compañeros, le contesté.

Entonces prorrumpió en improperios contra el gobierno, diciendo que estaba resuelto á morir antes que volver preso á Casanare, y que por último yo no tenía autoridad para prenderle, hallándose él fuéra de la jurisdicción del gobierno. Contestéle que mis instrucciones me ordenaban capturarlo en cualquier punto donde le encontrase.

—Muy bien, replicó. Desearía ver la orden que usted tiene para prenderme.

Luego que hubo leído dicha orden, en la que se me autorizaba para cogerle vivo ó muerto, manifestó deseo de hablarme á solas, y con tal objeto fuimos al lugar que indicó, permaneciendo él siempre dentro de la cerca y yo fuéra de élla.

—Vamos á ver cómo arreglamos este negocio, Páez, me dijo.

—Eso se arreglará en Casanare, le respondí; no haga usted resistencia y cuente con mi influjo y el de mis amigos, que nada le sucederá.

—Prométame llevarme preso á Bogotá, y entonces iré con usted.

—No puedo llevarle á aquella ciudad, le contesté, porque su gobierno no me ha comisionado, sino el de Casanare.

—Los pedazos de Olmedilla, me replicó furioso, y arrojándome el papel que contenía mis instrucciones, los pedazos de Olmedilla llevará usted, pero á él vivo, jamás.

—Sentiré llevar sus pedazos, mi comandante, pero si usted se empeña en ello, tendré que hacerlo.

—Cuando usted tenga á bien, replicó, y dirigiéndose

á la choza donde se hallaba su mujer é hijos: Hija, le dijo, voy á morir; Olmedilla no se deja coger vivo.

Con una resolución sorprendente élla le observó: "Haces muy bien, pues prefiero verte revolcar en tu sangre y ser testigo de tu agonía, antes que humillado y prisionero."

Olmedilla se dirigió á la puerta de la cerca y me dijo:

—Por fin, ¿qué determina usted, Páez?

—Voy en este momento á determinar, mi comandante, y me desmonté de mi caballo; ordenando á mis compañeros que ninguno se moviera, empecé á quitar las trancas de la puerta.

Al entrar yo, Olmedilla montó su trabuco y se puso en guardia; pero con mucha serenidad y en tono de paz le dije:

—¿Es posible, mi comandante, que después de haber estado juntos en tantos campos de batalla, despedazando á los enemigos de la Patria y compartiendo todos los peligros y azares en la guerra, nos vayamos á destruir, cuando tenemos en perspectiva un vasto campo donde coger laureles y ofrecer á la libertad é independencia de nuestro país el holocausto de nuestra vida?

—Yo no soy esclavo, contestó, para que me obliguen á servir por la fuerza; no quiero servir más.

Tanto yo como mis compañeros comprendíamos el deseo que tenía Olmedilla de quitarme la vida; pues muy probablemente estaba creyendo que yo había revelado á las autoridades de Casanare su plan de desertar;

sin embargo, me le acerqué, manifestando la mayor confianza, mientras le entretenía con la discusión, á fin de arrebatarle el trabuco que tenía en las manos. Su señora estaba á algunos pasos de nosotros en compañía de dos de sus hijos, armados de fusiles; y creyendo que pudiera reducirlo á entregarse sin resistencia, la dije:

—Señora, haga usted uso de su influjo y ayúdeme á convencer á su marido para que vuelva conmigo á Casanare, ofreciendo á usted, bajo mi palabra de honor, que nada malo le sucederá.

— Ya he dicho á mi marido, respondió, que me sería menos sensible verle morir que humillado y prisionero.

Aquella respuesta me hizo perder el aplomo y la paciencia que hasta entonces había manifestado, y le contesté algo molesto:

—Pues, si usted cree que eso es muy difícil, quiero probar á usted que la empresa es fácil. Y sacando la espada me volví hacia Olmedilla, que continuaba quejándose con mis compañeros sobre el modo con que se le trataba, y le dije con entereza:

—¿Se rinde usted ó no?

—Ya veo, contestó, que lo que ustedes quieren es humillarme y que me sacrifiquen en Pore; pues voy á complacerles.

Entregóme la espada y el trabuco. Al oír aquellas palabras, sus hijos y los otros que le acompañaban arrojaron con despecho las armas contra el suelo, derramando los primeros lágrimas de cólera.

Aquel mismo día contramarché con Olmedilla, dejando á las demás personas que allí se encontraban para que

protegiesen á su señora. En el tránsito, Olmedilla detenía su caballo repetidas veces, y lleno de desesperación,
exclamaba :

—¿Qué he hecho?—¿Es posible que haya tenido la
cobardía de rendirme y verme así humillado?

Siempre trataba yo de calmarle é inspirarle confianza
hasta que llegamos á Pore, donde le entregué al gobernador
Solano. Este le trató con la mayor dureza, haciéndole poner acto continuo dos pares de grillos. El mismo día Olmedilla me mandó llamar, y después de mucho trabajo conseguí que Solano me diese una orden para entrar á verle.
Olmedilla sufría mucho, porque los dos pares de grillos no
le permitían moverse, y con tal motivo le ofrecí hablar con
el gobernador á fin de aliviar su suerte. Encontré á dicho
funcionario tan inflexible, que á pesar de la deferencia que
tenía por mí, no pude conseguir sino que le quitasen al prisionero uno de los dos pares de grillos. Muchos y grandes fueron los empeños de todos sus amigos para salvarle, entre
éllos los del señor Méndez, que después fue Arzobispo de
Caracas, y al fin consiguieron que le indultase el gobierno
de Bogotá. Perdida la capital de Nueva Granada por la derrota del general Rovira en Cachirí, los españoles invadie-
ron la provincia de Casanare donde Olmedilla se encontraba, y en vez de irse á reunir en Guasdualito, como lo hicieron los demás patriotas, se internó siguiendo su idea favorita, en los desiertos de aquella provincia, donde, según re-
firieron algunos amigos suyos, se vió sujeto á las mayores
miserias, encontrándose obligado á alimentarse con el cadáver de un hijo suyo pequeñuelo, para satisfacer la horrible hambre que le apremiaba. Así concluyó aquel jefe que,
á haber tenido más perseverancia, habría podido hacer
grandes servicios á su Patria y legar á la posteridad un nom-

bre lleno de gloria.   Olmedilla fue reemplazado en el ejército patriota por el general Ricaurte.

A fines de 1815 fué invadida la provincia de Casanare por el general Calzada, que con un ejército de tres mil infantes, quinientos ginetes y dos piezas de artillería, penetró hasta el cantón de Chire, en cuyas inmediaciones le esperaban nuestras tropas, al mando de Ricaurte, en una gran sabana y sitio llamado el Banco de Chire.   Ricaurte formó el ejército y tuvo luego la peregrina idea de retirarse á retaguardia, cosa de tres millas de distancia, con su Jefe de Estado Mayor Valdez, antes que el enemigo se acercase á tiro de cañón.   Allí ordenó á su ayudante Antonio Rangel, que desde un árbol observase el éxito del combate, y lo peor de todo fue que se llevó, en clase de custodia de su persona, ochenta dragones armados de carabina, únicas armas de fuego que había en el ejército.

Era el día 31 de diciembre de 1815.   Yo mandaba el escuadrón número 2, compuesto de doscientos hombres, y Ramón Nonato Pérez el número 1º, formando estas fuerzas la primera línea.   El comandante general de caballería Miguel Guerrero, á los pocos disparos de la artillería enemiga, dió orden para que nuestros ginetes desfilasen sobre la derecha, cuyo movimiento empezaban ya á ejecutar. Mas, antes de continuar, creo á propósito hacer aquí mención de un hecho singular, y que ha ejercido influencia en varios actos de la historia de mi vida.   Al principio de todo combate, cuando sonaban los primeros tiros, apoderábase de mí una violenta excitación nerviosa que me impelía á lanzarme contra el enemigo para recibir los primeros golpes, lo que habría hecho siempre si mis compañeros, con grandes esfuerzos, no me hubiesen contenido.   Pues dicho ataque me acometió antes de entrar en el combate de Chire, cuando ya me había adelantado y tenido un encuentro con la descubierta. Mis compañeros, que forcejaban por sujetarme á la espalda del ejército, tuvieron que dejarme para ir á ocupar sus puestos en las filas, cuando oyeron las primeras descargas de los realistas, y yo, entonces repuesto de la dolencia, monté á caballo, y advirtiendo el movimiento de flanco de nuestros ginetes que supuse trataban de huir, corrí hacia éllos, y poniéndome á la cabeza de mi escuadrón grite sin consultar á nadie.—« Frente y carguen »: movimiento que fue inmediatamente ejecutado. La caballería enemiga, observando el movimiento de flanco de la nuestra, creyó sin duda que huía y cargó; pero inopinadamente le salimos al encuentro y la pusimos en completa fuga, arrollando también el ala izquierda de la infantería, que á cuatro en fondo se encontraba formada en una sola línea.

Tal era el aturdimiento de la infantería enemiga, que sin inconveniente pude recorrer por su espalda casi toda su línea en busca de Calzada ó de algún otro jefe; pues deseaba distinguirme aquel día, montando, si era posible, á alguno de éllos. Nuestras fuerzas continuaron la persecución del enemigo; pero habiendo encontrado la comisaría y todos sus equipajes, que los españoles dejaron del otro lado de una quebrada que quedaba á la espalda de su ejército, nuestros ginetes se detuvieron para apoderarse de los despojos, desatendiendo completamente la persecución. Así se salvó, tomando el camino de la Saliña de Chita, aquella infantería, que de otro modo habría caído en nuestro poder, ahorrándose muchas desgracias, y entre otras la derrota del general Urdaneta en Chitagá, á quien Calzada en su fuga encontró y batió completamente. Los fugitivos se aprovecharon del desorden de nuestros soldados y tomaron las alturas de la cordillera que quedaba á su derecha, siguiendo el camino de Chita é internándose por el centro de Nueva Granada hasta Ocaña.

Yo perseguí con tenacidad al enemigo en compañía de un muchacho carabinero hasta el otro lado del río Casanare. Recuerdo que en medio de la persecución encontré á un soldado, asistente del comandante Delgado, á quien intimé su rendición, quitándole al mismo tiempo un famoso sable perteneciente á su jefe, el cual regalé después al capitán Miguel Vásquez. El asistente me suplicaba que no le matase. Bien, le dije, te perdono la vida; pero toma mi sombrero que es bien conocido de mis compañeros, póntelo, y dí á mis soldados que el dueño de él te ha perdonado. Así lo hizo, y aquel acto de generosidad de mi parte estuvo á punto de ser funesto al pobre mozo; pues mis compañeros que no me veían regresar, suponiendo que me había asesinado y por eso llevaba mi sombrero, varias veces quisieron quitarle la vida. Al otro lado del río Casanare se dispersaron por el bosque como veinte y cinco hombres que iban delante de mí, entre éllos el joven Juan José Flores, general después y presidente del Ecuador, quien hallándose con los patriotas en el sitio de Valencia, donde fue hecho prisionero por los españoles, fue agregado al cuerpo de sanidad militar. A los cuatro ó cinco días de estar huyendo por los bosques de las orillas del río se nos presentó voluntariamente, militando desde entonces en las filas de la Patria, bajo mis immediatas órdenes hasta principios del año de 1821 que fué á incorporarse al ejército formado en Nueva Granada para cbrar sobre Venezuela.

Cuando pasé el río Casanare y me ví enteramente solo, comprendí la imprudencia que había cometido en adelantarme tanto, y resolví retroceder, no ya por el camino que había traído, sino por otro diferente; pues recelaba caer en

manos de alguna de las partidas enemigas que había dejado
á mi espalda.   Para mayor apuro en mi aventurada posición,
mi caballo apenas podía andar; afortunadamente encontré
en las vegas del río otro de que logré apoderarme con no
poco trabajo.   Continué mi marcha por la falda más baja de
la montaña, que estaba cubierta de paja, sin saber á punto
fijo dónde estaba y guiado solamente por una fogata que
veía en lontananza, y en donde me suponía que se encontraba
nuestro campo, siendo aquel fuego causado por el incendio
que en la sabana prendieran los tacos de fusil en el combate
de aquel día.   Cual si anduviese á tientas en medio de tamaña incertidumbre y venciendo mil dificultades, á eso de
media nocha bajé en dirección del fuego, y me encontré en
el campo, cubierto todo de los despojos del enemigo, que
los nuestros habían dejado allí abandonados como inútiles.
Sin saber la suerte que había cabido á los nuestros y temeroso de que hubiesen sido derrotados, resolví dirigirme á
un punto donde habíamos convenido reunirnos en caso de
un desastre, y pocos momentos después de haberme puesto
en marcha oí la voz de « quién vive ».   En lugar de contestar
hice la misma pregunta.   « La América libre, » rospondió
una voz en cuyo timbre conocí la del bravo Aramendi.   Díme entonces á reconocer, y fuí recibido por mis compañeros
con bastante alegría, pues no contaban con que hubiese
escapado de la muerte.

El día siguiente de la batalla de Chire, el general Ricaurte ordenó que todos los que hubiesen tomado botín á los
españoles lo pusieran á disposición del Jefe de Estado Mayor, alegando que aquella medida tenía por único objeto
mantener al soldado más expedito para atender al enemigo
que aún estaba á la vista, ofreciendo después repartir el
botín entre los cuerpos vencedores.   Todos entregaron reli-

giosamente los despojos recogidos, y Ricaurte se marchó al pueblo de Mortote, llevando consigo el valioso cargamento que repartió exclusivamente entre los individuos de su estado mayor y su escolta.

Las tropas quedaron al mando del comandante Guerrero con orden de marchar hacia Guasdualito. Es el caso que pasados algunos días fuí á la ciudad de Pore donde se encontraba Ricaurte, á quien tuve que presentarme en cumplimiento de los deberes militares. Yo estaba descalzo y maltratado de vestido, con unos calzones de bayeta verde, roídos hasta la mitad de la pierna, presentando de pies á cabeza el exterior de miseria, harto común en aquella época de combates y aventuras de guerra, aun entre los militares de más alta graduación.

—Felicito á usted, comandante Páez, me dijo, por su bravura y heróico comportamiento en el combate de Chire; pero cómo es posible que usted se me presente en este traje de mendigo?

—Mi general, le respondí, es el único que tengo. Creí de mi obligación, como militar, venir á presentarme á mi superior, y lo he hecho sin ocuparme del vestido y creyendo que nadie está obligado á más de lo que puede.

Cualquiera diría que el heredero de los vencedores en Chire, á vista de la necesidad casi lastimosa en que me encontraba de ropa, me ofreciese un vestido siquiera. El hombre cambió de conversación y no volvió á darse por entendido sobre la etiqueta del traje.

En las llanuras de la villa de Arauca, ya promediado el mes de enero, tuvimos noticia de que el enemigo estaba recogiendo ganado, y en el acto dispusimos ponerle una emboscada en una sabana limpia, á la luz del día, lo cual, aunque á primera vista parezca difícil, logramos llevar á cabo felizmente. Dentro de la cuenca de una cañada seca metimos seiscientos hombres de caballería tan bien cubiertos que sólo podían ser vistos como á cien varas de distancia. Tendidos sobre el cuello de los caballos aguardaban nuestros ginetes al enemigo, que en número de quinientos hombres á las órdenes del comandante Vicente Peña, venía conduciendo ganado y caballos, recogidos en los hatos Lareños, con dirección á Guasdualito. Como estábamos bien ocultos y callados, caminaban los de España desapercibidos sin sospechar nuestra proximidad, por manera que cuando se acercaron como á trescientos pies, los sorprendimos sin remedio, cargando repentinamente sobre éllos de frente y de flanco y sin dejarles más recurso sino la fuga que no tardaron en emprender más que á galope. Los perseguimos hasta el río Arauca en cuyas aguas se arrojaron, ahogándose muchos y perdiendo todos sus caballos. El resultado de aquella sorpresa fue muy ventajoso para nosotros, pues sin ir á buscarlas conseguimos más de dos mil reses, novecientos caballos y ochenta prisioneros, habiendo perecido la mayor parte del cuerpo enemigo, pues sólo veinticinco hombres y Peña se reunieron después con Arce en Guasdualito para contar la historia de lo ocurrido. Distinguiéronse con especialidad en el encuentro los capitanes Nonato Pérez, Rafael Ortega, Genaro Vásquez, Basilio y Gregorio Brito.

Al tercer día de esta jornada ocupamos á Guasdualito, abandonado por Arce, coronel español y gobernador de la provincia de Barinas, quien se encaminó á la capital de este nombre para organizar nuevas fuerzas, con una actividad extraordinaria, en el pueblo de Quintero, á las órdenes del coronel Francisco López.

Sabiendo nosotros que Quintero dista sólo sesenta millas de Guasdualito, además que López se proponía marchar contra nosotros, y teniendo noticia de que en el paso de Palmarito, en el río de Apure, tenía apostado un destacamento de quinientos hombres de caballería, marché con trescientos de los nuestros á sorprenderlo. Hice preparar carne asada para tres días á fin de no tener que matar reses y ser descubieto por los zamuros (buitres) que en las llanuras son muy numerosos, y cuya presencia en el aire por lo regular anuncia dónde hay gente reunida. A las tres jornadas amanecimos sobre el campamento español, y á las seis de la mañana del 2 de febrero, cuando no podíamos ser esperados, lo atacamos y destruimos completamente, cayendo casi todos los realistas prisioneros entre élios el jefe Vicente Peña, quien fue detenido por un soldado, mientras á nado iba atravesando el río.

Conducido Peña á mi presencia me dijo:

—Comandante, no pido á usted que me conceda la vida, porque ni debo ni quiero hacerlo; el único favor que solicito, es que se me deje decir adiós á mi señora

—Nosotros no somos asesinos, le contesté, y si tratamos de destruir al enemigo en el campo de batalla, somos generosos con el vencido.

La arrogancia y serenidad del hombre que bien debía conocer la suerte que le esperaba en aquella época de implacable guerra á muerte, me llamaron extraordinariamente la atención. Traté de ganarle á nuestra causa hablándole del mal partido que había abrazado siendo americano, manifestándole con mucho interés cuán inútiles serían para el sostén de los principios y para la santa causa de la Patria su valor y entereza; pero siempre me contestaba sin titubear, que él veía la vida con el mayor desprecio y que tendría á mucha gloria morir por la causa de su Rey que creía muy justa. Imposible me fue dejar sacrificar á tan valiente militar, y contra los usos de entonces le envié á Pore con los demás prisioneros, recomendándolo á él muy especialmente. Había allí reunidos muchos y eminentes patriotas entre los cuales se contaban el señor Méndez y el Doctor Yánez, los cuales, aunque inútilmente al principio, hicieron siempre los mayores esfuerzos para convertir á Peña á nuestra causa; al fin no pudiendo resistir al ascendiente de aquellos elocuentes varones, que todo lo estaban sacrificando por su Patria, se decidió á militar bajo las banderas de la independencia.

El gobierno de Pore le envió á nuestro campamento donde le recibí yo con el mayor gozo; mas el presidente Serrano que estaba en Guasdualito no creía que Peña nos acompañase de buena fe y temiendo que se escapase para informar á los españoles de la crítica situación en que nos encontrábamos, me ordenó terminantemente que le hiciese quitar la vida. Inútiles fueron todos mis esfuerzos para persuadir á Serrano de la sinceridad de Peña; por último tuve que obedecer, y dí las disposiciones necesarias para su ejecución; pero cuando le conducían al sitio fatal, imposible fue de resistir el deseo que tenía de salvarle, y asumiendo todas las reponsabilidades en que pudiera incurrir, mandé que suspendiesen la orden.

Peña permanecía impasible.

Volví á la casa de Serrano, le rogué, le supliqué y le pedí con nuevas instancias la vida de aquel valiente: Serrano se mostraba inflexible; mas después de grandes esfuerzos y

7

de comprometerme personalmente á responder del buen comportamiento de mi protegido, conseguí finalmente salvarle en el último instante. Los acontecimientos posteriores probaron cuán acertado anduve en la opinión que por su solo valor formé de Peña, según lo haré notar más adelante en el curso de esta narración.

Hallábame con Peña descansando en un *caney* cuando se le presentó un soldado de caballería dándole parte de que «en la Mata del Cardoñal no había novedad.» El pobre hombre no cayó en que Peña estaba prisionero; pero en cambio á mí me llamó mucho la atención aquel parte oficial, y llamando al que lo traía, le induje á que nos llevase al punto de donde venía, previniéndole que cualquier engaño le costaría la vida. El buen indio nos condujo efectivamente por el lecho de una cañada que guiaba al lugar indicado, tan segura y secretamente, que sorprendimos la guardia á que se refería el parte, sin darle tiempo ni á pensar en la defensa. La guardia constaba de una compañía completa, pero sin capitán, y estaba alojada en una mata limpia en donde por debajo de los árboles todo se veía. ¿En dónde estaba pues el capitán?

Inútilmente lo buscamos y preguntamos por él; ni le encontramos, ni sus fieles soldados daban razón de su paradero.

Resolvímos en consecuencia retirarnos, y lo verificábamos en compañía de los prisioneros, habiendo ganado ya algún trecho, cuando un soldado de los nuestros llamado Romualdo Salas, dando voces nos decía que allí estaba el capitán.

Así era cierto. Nuestro hombre se había encaramado en una palma, y como se había cubierto con su cogollo, no

podía vérsele desde abajo sino por casualidad. Intimado á
que bajase, lo hizo al punto, diciendo al llegar á tierra, con
tanta serenidad como gracia : «hombre! en Guasdualito me
escapé en alas del conejo; pero aquí no me ha podido sa'var
ni nuestra Señora del Cogollo.» Prendado con la conducta
de aquel valiente lo mandé á Bogotá, y no sé qué suerte
corrió después.

A poco tiempo de estar en Guasdualito, llegó el general
Joaquín Ricaurte y se puso al frente de nuestras fuerzas,
estableciendo allí su cuartel general.

A media noche del 15 de febrero, llegó al campamento
situado fuéra del pueblo, un criado del comandante Miguel
Guerrero, enviado por un hermano de éste (entre sus
hermanos apellidado el Chato) que servía con grado de
capitán en el ejército español, para avisar á Guerrero
que procurara no encontrarse en la acción que iban
á darnos, porque probablemente la perderíamos, contando con fuerzas superiores en número á las nuestras, y
de las más disciplinadas y escogidas ; informábale al
mismo tiempo de la proximidad del enemigo y que
debíamos ser atacados el día siguiente. Guerrero previno
al criado que guardase sigilo, y á las seis de la mañana
se dirigió á casa del General Ricaurte para darle parte
de lo que ocurría, conduciendo al mismo criado para
que diese todos los informes que se le exigiesen. Ricaurte
ordenó á Guerrero y al emisario de su hermano que no
dijesen ni una palabra sobre el particular. Hizo reunir
á todos los oficiales del ejército, manifestándoles que
deseaba saber su opinión sobre el proyecto que le animaba de retirarse con las tropas al otro lado del río
Arauca, provincia de Casanare. Como pasasen algunos
momentos sin que nadie le respondiera, se dirigió á mí

preguntándome mi modo de pensar sobre el proyecto. Yo le contesté que había ofrecido al pueblo de Guasdualito defenderle del enemigo hasta el último trance, y que en tal concepto sin dejar de estar dispuesto á obedecer sus órdenes superiores, le suplicaba que en caso de retirarse él, me permitiera quedarme con mi escuadrón, pues deseaba cumplir mi oferta. Sin decirme ni una palabra, hizo á los demás oficiales igual pregunta, y habiéndole respondido que todos eran de mi mismo parecer, "Pues entonces, dijo con ira, que los mande el comandante Páez; yo no quiero mandarlos más. Continúen bajo sus órdenes los que no quieran seguirme á Casanare.»

Efectivamente se retiró para aquel punto sin habernos dicho absolutamente nada acerca de la proximidad del enemigo.

Siguiéronle el comandante de caballería Miguel Guerrero, el Jefe del Estado Mayor Miguel Valdez, la plana mayor, una compañía de infantería, otra de dragones y unos cuantos jefes y oficiales más. Quedé pues, hecho jefe y con una fuerza reducida á quinientos hombres de caballería.

Ignorando lo que los demás sabían, los que no quisimos marchar á Casanare nos pusimos inmediatamente en busca del ejército español para batirlo donde quiera que lo encontráramos. A distancia de una legua, nuestra descubierta dió con otra del enemigo á la cual cargó y puso en fuga. La persiguió con ahínco y brío, pero no pudo coger ni un solo prisionero, porque los realistas montaban muy buenos caballos.

Así que no hubo noticia alguna. Yo me había quedado recorriendo el pueblo para que no se me quedase ningún hombre rezagado, y cuando salía á alcanzar las fuerzas, me encontré con un soldado que á toda brida corría para avisarme el encuentro que había tenido nuestra avanzada. Alarmado con la noticia apuré el andar, y luego que me incorporé á mi gente, di orden de redoblar la marcha, y me adelanté hasta encontrar la descubierta que estaba detenida observando una gran nube de polvo que se alzaba en el sitio llamado la "Mata de la Miel." Tal era la primera noticia que tenía de los españoles.

Muy en breve me persuadí de que aquél era un ejército que se dirigía sobre nosotros y resolví acercármele á pesar de la gran distancia á que le teníamos, para imponerme de su calidad y número. Un poco más adelante de la descubierta se hallaba el comandante Nonato Pérez con 16 dragones, que había también salido á reconocer. Preguntóme á dónde iba; yo no me detuve á contestarle y continué á galope. Por fortuna él me siguió con sus dragones. A vista del enemigo hice alto para observarlo mejor. Como á seiscientas varas del ejército, estaba formada la descubierta enemiga compuesta de 50 hombres. El oficial que la mandaba y yo, principiamos desaforadamente á decirnos baladronadas, desafiándole yo á un combate singular, eso con tal ardor, que sin advertirlo me fuí acercando más de lo que convenía á mi seguridad personal; él mandó hacer fuego, y una bala acertó á herir mi caballo mortalmente, entrándole por un ojo. Cayó el hermoso animal cogiéndome una pierna debajo de su cuerpo; y con gran dificultad pude desembarazarme. Sobrado tiempo tuvieron los españoles para acuchillarme en el suelo; pero se contentaron con sólo dispararme algunos tiros. Permaneciendo Nonato Pérez tranquilo é inmóvil con su gente como á una cuadra de distancia, ya puesto en pie, le grité que avanzara y así lo hizo, cargando la avanzada enemiga á la que le mató cinco hombres.

Volvió á donde estaba yo, y tomando entonces el caballo de uno de los dragones, me reuní con mis tropas, á quienes (lo recuerdo como si hoy fuese) les dirigí la más estupenda proclama que jamás ocurrió á general alguno. Lleno de pesar por la pérdida de mi caballo, —Compañeros, les dije, me han matado mi buen caballo, y si ustedes no están resueltos á vengar ahora mismo su muerte, yo me lanzaré solo á perecer entre las filas enemigas. Todos contestaron : "Sí, la vengaremos.»

Hice apretar el paso porque la tarde estaba tan avanzada que muchos de los jefes opinaban que debíamos suspender el ataque para el día siguiente, porque cuando llegáramos á tiro de fusil ya sería de noche. Yo les contesté que la oscuridad de ésta sería tan grande inconveniente para éllos como para nosotros, y á una regular distancia del enemigo mandé formar dos líneas, la primera al mando del valiente Nonato Pérez y la segunda al del caballero y esforzado comandante Genaro Vásquez. En aquella formación marchamos lentamente, acercándonos al ejército español hasta hacerle romper el fuego.

Su jefe, el coronel Francisco López, nos dejó acercar á menos de medio tiro de fusil, y entonces rompió sobre nosotros con artillería y fusilería. Cargó la primera línea con Nonato á la cabeza, tan impetuosa y ordenadamente, que puede decirse arrancó de la formación á más de las dos terceras partes de la caballería enemiga, poniéndola en completa derrota.

Había yo prevenido á Vásquez que no avanzase hasta no recibir mis órdenes; pero colocado yo entre su columna y la de Nonato, al observar que el enemigo apuntaba, grité á la primera línea que avanzara; creyó Vásquez que la orden le comprendía también, y se movió avanzando. Tuve que correr hacia él para contenerle. En aquel acto fue herido de un balazo mi caballo, y comenzó á dar corcobos, arrojándome á alguna distancia con la silla entre las piernas, y huyendo en dirección al enemigo. Yo quedé cubierto por una espesa nube de polvo levantado por la caballería, y sin saber además dónde me hallaba por causa de la oscuridad de la noche que rápidamente se aproximaba. Por fortuna salí de aquellas tinieblas y me encontré con el ciudadano Esteban Quero á quien pedí su caballo que me cedió generosamente al conocerme. Apenas á caballo observé que la segunda fila venía rechazada.

Me dirigí á contenerla y después de algunos momentos de buena brega logré que los ginetes volvieran caras. Reanimados con mi presencia y eficazmente ayudados por Vásquez y los oficiales, nos lanzamos á revienta-cinchas sobre el resto de la caballería enemiga que había quedado á su derecha y se componía como de 400 hombres. Estos no pudieron resistir la impetuosa acometida, remolinearon y se pusieron inmediatamente en fuga; pero perseguidos por nosotros fueron recibidos por nuestra primera línea que había roto al enemigo y se hallaba más adelante. Allí le tocó la peor parte al enemigo, pues lo lanceamos sin misericordia, si bien tuvimos la desgracia de contar entre nuestros heridos á los valientes capitanes Rafael Ortega y Gregorio Brito, el cual murió al siguiente día lamentando el egoísmo de Ricaurte y Guerrero que nos habían ocultado la proximidad del enemigo.

Concluida la lucha con la caballería, lucha que á la verdad fue muy sangrienta, y siendo ya como las ocho de la noche, volvimos sobre la infantería; pero ya ésta había desocupado el puésto que tenía, emprendiendo su retirada hacia los bosques del río Apure, y aunque dimos con élla como á las nueve, apenas se le hicieron algunos prisioneros.

"Nada hay, dice Baralt, sobre aquella jornada, nada hay más triste que un combate dado en la oscuridad de la noche, porque en él las hazañas pasan sin testigo y sin gloria, muere sin excitar compasión el que sucumbe, no hay amigos que favorezcan, ni valen contra golpe enemigo el valor y la destreza." Tal fue la batalla de la "Mata de la Miel" en que el enemigo tuvo la pérdida de 500 prisioneros, 400 muertos, 3.345 caballos y gran número de lanzas y fusiles que tomamos.

Se distinguieron como de costumbre los capitanes Genaro Vásquez, Nonato Pérez, Miguel Antonio Figueredo, Antolín Mugica, Francisco Hurtado, Hermenegildo Mugica, Gregorio Brito y Juan Antonio Romero.

El gobierno de la Nueva Granada del que eran dependientes en Casanare las tropas de mi mando, me envió el despacho de teniente coronel.

A consecuencia del buen tratamiento que dí á los prisioneros dejándoles la libertad necesaria para desertarse, si querían, y regresar á sus casas, los que no mandé á la Nueva Granada, tuve la satisfacción de que antes de un mes volvieran á mis filas muchos de éllos, pues casi todos eran venezolanos, y en aquella época no cabía término medio entre ser amigo ó enemigo. La noticia de mi generoisdad para con los prisioneros y el auge que da la victoria se difundieron por todos los pueblos de Barinas y de Apure, y sus habitantes, que antes nos tenían en mala opinión á los patriotas por la conducta cruel de algunos de sus jefes, se persuadieron de la justicia de nuestra causa, y halagados por la lenidad de nuestra conducta con los vencidos, principiaron, aunque lentamente, á reunirse á mis filas para llegar á ser más tarde el sostén de la independencia de Colombia.

Mientras estábamos persiguiendo todavía los restos del ejército de López en dirección á Barinas, presentóse en Guasdualito el comandante Guerrero, con orden de Ricaurte, para asumir el mando de las fuerzas que estaban bajo mis órdenes : necedad de hombre después que nos había entregado al enemigo, emprendiendo una retirada que más llevaba trazas de fuga y cuando las tropas, á esfuerzo suyo y guiadas por otros jefes, acababan de triunfar contra los que hicieron huir á Ricaurte y á Guerrero. Sin embargo de que no había vuelto aún el grueso de éllas, fue inmediatamente desconocida su autoridad por los que llegaron al pueblo con los prisioneros y heridos, y proclamado yo jefe del ejército como lo había sido del combate. No obstante las razones dichas, apenas tuve noticia del acontecimiento, cuando contramarché aceleradamente hacia Guasdualito, y ejerciendo allí mi influjo con los jefes de aquel levantamiento, que otra cosa no era, logré la reposición de Guerrero, quien continuó en el mando con gran satisfacción mía, porque, á despecho de todos sus inconvenientes, mejor me parecía tenerlo que deshacerse de él en són de motín ó por congresos de cuartel, que suelen ser de los peor aconsejados y menos provechosos.

CAPITULO VII

1816

Pero al fin Guerrero fue llamado á la provincia de Casanare, y yo quedé encargado del mando del ejército en Guasdualito. Dispuse que el comandante Miguel Antonio Vásquez marchase á ocupar el pueblo del Mantecal con quinientos hombres de caballería; así lo verificó desbaratando un piquete de cuarenta carabineros enemigos, que encontró en aquel punto. Mas, pronto fue desalojado y perseguido hasta la Trinidad de Arichuna por una columna de ochocientos hombres de caballería que, al mando del presbítero coronel Andrés Torrellas, se situó en el mismo pueblo del Mantecal. Vásquez continuó retirándose sobre Guasdualito, á cuyas nuevas, y antes de que llegase á dicho pueblo, salí á encontrarle y me puse á la cabeza de la columna, volviendo en el acto con élla sobre el Mantecal. Temeroso ó precavido, Torrellas no quiso esperarme y se retiró á Mata de Totumo: contiuué sobre él aunque sin fruto, porque siguió siempre en retirada hasta ponerse del otro lado del río Apure, que atravesó por el Paso del Frío.   Yo me quedé en el pueblo del Mantecal donde, como á mediados de junio, resolvió López atacarme.

   'Sin embargo de haber sufrido nuestro ejército muchas bajas, salimos á esperar el enemigo en la sabana limpia, donde formé mi pequeña columna de trescientos hombres, pues había mandado cincuenta al mando del capitán Basilio Brito al pueblo de Rincón Hondo ; hizo López otro tanto á la derecha del caño de Caicara con una fuerza de mil doscientos ginetes, seis piezas de artillería y cuatrocientos infantes. Nada se adelantó durante el día, pues sólo hubo algunas escaramuzas sostenidas por doscientos carabineros realistas contra cincuenta de los patriotas al mando del capitán Antolín Mugica, oficial de mucha bravura, que los rechazó en varios ataques matándoles mucha gente, sin más desgracia por nuestra parte que la baja de tres heridos, y á Mugica le mataron el caballo que montaba.   Recelando de ser sorprendido en la noche, me retiré á un *médano*, rodeado de agua un tanto profunda, que me quedaba á la espalda y donde tampoco se atrevieron los españoles á atacarme el día siguiente, permaneciendo á la vista hasta que por la noche se retiraron al camino de Nutrias en busca del Paso del Frío.   No entraba ni en mi carácter ni en mis planes permanecer ocioso por más tiempo, y así no bien descubrí la retirada, cuando dí la orden de marcha.   Fueron alcanzados los españoles dos días después, y lo que fue para éllos peor, sorprendidos á las cuatro de la mañana en el mismo Paso.   Desastrosa les resultó aquella función de armas en la que perdieron más de trescientos hombres entre muertos, dispersos y heridos, y quinientos caballos, no habiendo sido posible hacerles mayores daños por causa de lo pantanoso del terreno, cubierto de agua en mucha parte por los derrames del río y muy lleno de bosques, á cuyo abrigo podía defenderse ventajosamente la infantería española. A las infinitas contrariedades de la campaña de Apure, hubo entonces de agregarse la no pequeña de que para llegar al paso del río, antes mencionado, hubimos de atravesar un estero como de una legua, tan lleno de agua que apenas podían los caballos hacer pie, y poblado de caimanes tan densamente como suelen los más de nuestros llanos. Imposible parecía aquel viaje por entre el agua desbordada del río y en la oscuridad de la noche. Los españoles no contaron seguramente con que nosotros realizaríamos semejante empresa, al parecer punto menos que imposible.

Después de la sorpresa del Frío, regresé al Mantecal, y allí, á instancias del capitán Antonio Rangel y de otros oficiales para que los mandase á tomar la ciudad de Achaguas, distante veinte leguas del Mantecal, que se encontraba sin guarnición y podía ser tomada por sorpresa, resolví destacar ciento cincuenta hombres, al mando de Rangel, con orden de ocultar, en cuanto fuera posible, el movimiento que debía verificar por el rincón del Zancudo, pasando el río de Apure Seco por el lado abajo de la boca del río de Payara, para poder atacar la ciudad por la espalda cuando nadie lo esperase. Inconcebibles son las dificultades que tuvo que vencer Rangel para llevar á cabo este plan, porque todo el terreno por donde había de atravesar estaba inundado por los derrames de aquellos ríos y los *gamelotales* que crecen á la vera del agua; pero al fin llegó á los alrededores de Achaguas sin que nadie notara movimiento, y allí supo que había en la ciudad cien granaderos en un cuartel situado en la plaza. Estas fuerzas habían bajado del Frío, embarcadas, con el objeto de reunir los dispersos y aumentar las filas con nuevas reclutas. Desgraciadamente no le informaron también de que había otro cuartel en la orilla del río, como á dos cuadras de la plaza, con doscientos lanceros á pié. Al amanecer, atacó Rangel el cuartel de infantería y logró introducirse en él, llevándose de encuentro á lanza y sable, á cuantos le resistían; pero en aquel momento los doscientos lanceros cargaron sobre él y le obligaron á apelar á los caballos y retirarse fuéra de la población, abandonando los prisioneros y armas que habían tomado. En aquel conflicto, Rangel propuso retirarse por la misma vía que habían llevado; pero el fogoso capitán Antolín Mugica dijo que él no lo haría, y que antes prefería morir, continuando la pelea, que ser portador de la infausta noticicia de aquel desgraciado lance; invitó pues á todos para que les acompañasen en la continuación del ataque. Por su mal algunos le siguieron, y en las cargas y rechazos que sucedieron, cayó su caballo en un *jagüey*, formado para tomar agua en el verano: allí fue hecho prisionero y fusilado por el presbítero coronel Andrés Torrellas: su cabeza, separada del tronco, fue frita en aceite y remitida á la ciudad de Calabozo, donde se colocó en escarpia y permaneció en excecrable exhibición hasta que la encontramos el año de 1818. Por orden del general Bolívar se la bajó y se le dió sepultura con la pompa de ordenanza.

Después de aquel desgraciado suceso, resolví cambiar mi posición á la parroquia de Arichuna para tener más expeditas mis comunicaciones con Guasdualito. Entre tanto las tropas de Morillo, que habían ocupado la Nueva Granada. y destruido su gobierno, habían también perseguido con una fuerte columna, al mando de Latorre, los restos de las tropas republicanas hasta Casanare. El general Servier, jefe de los patriotas en la desgraciada retirada de Bogotá á Casanare, sólo pudo salvar cosa de doscientos hombres de la dispersión que le había causado en Cáqueta, el 11 del mismo mes, el teniente coronel Antonio Gómez. El 13 de junio le alcanzó Latorre, pero no pudo impedir la retirada que logró verificar si bien con algunas pérdidas, por haberla cubierto con el río Ocoa. El 22 le volvió alcanzar en Upía y acabó de dispersarle, siendo muy insignificante el número con que llegó el 23 á Pore, en donde se hallaba el general Urdaneta y se reunió á la emigración. Por el mismo tiempo fue éste destituido del mando, de orden del coronel Miguel Valdez, que había reemplazado en Guasdualito al general Ricaurte, en virtud de su renuncia y desconocido á Urdaneta, so pretexto de que el gobierno se hallaba disuelto y no había podido nombrarle en lugar de aquel jefe. En Pore quedó mandando el coronel Juan Nepomuceno Moreno con el título de gobernador, pero sin fuerzas ni recursos suficientes para sostenerse.

Otras dos columnas habían atravesado además la cordillera en dirección á Casanare, y deseoso Latorre de que se aproximaran, detuvo su marcha con el objeto de rodear á los de Pore y terminar la campaña de aquella provincia. La columna, al mando del teniente coronel Escuté, siguió de Tunja por vía de Sogamoso y Tasco á las salinas de Chita, y ocupó el sitio de la Sacama como posición inespugnable. El coronel Juan Villavicencio bajó de San Gil con doscientos sesenta caballos, y el 29 de junio tuvo un encuentro en las llanuras de Guachiria con ochenta hombres de la misma arma y sesenta y cinco infantes al mando de Moreno, quien le diputó bizarramente el campo, abandonado por ambos en la oscuridad de la noche á causa del mutuo recelo de ser cargados por fuerzas mayores. Villavicencio volvió hacia la cordillera con bastantes pérdidas, y los patriotas hacia Pore, quedando así dueños otra vez de la llanura hasta que evacuaron la ciudad y se dirigieron con una gran parte de la emigración á la villa de Arauca.

Latorre ocupó á Pore el 10 de julio y los persiguió hasta Bocoyes; pero no pudo alcanzarles y regresó á aquella ciudad, tomando allí cuarteles de invierno mientras duraba lo recio de las lluvias y bajaban los ríos recrecidos entonces.

La marcha de Latorre desde Bogotá, en el espacio de cuarenta y cuatro días, se consideró por Morillo como una hazaña inaudita, mediante á que no dormía en poblado y sólo se alimentaba con carne, sufriendo lluvias continuas y atravesando pantanos y los ríos caudalosos de Negro, Upía y otros tantos, siendo el más pequeño, según él mismo decía, más ancho que el Ebro en su embocadura. Para un hijo del país, esa admiración de los trabajos y dificultades vencidas es hasta ridícula, pues éllos no necesitan de tantas comodidades en campaña y se alimentan sólo de carne, sin pan, ni sal, ni otro condimento alguno. Así es que cuando consiguen cualquiera de dichos artículos se dan completamente por satisfechos. No necesitan de calzado y viven siempre á la interperie: duermen en la sabana ó en el bosque lo mismo que si estuvieran bajo el más cómodo techado: son sobrios, y jamás se afligen ni desesperan, aunque se vean rodeados de dificultades y peligros. Para un europeo, fue ciertamente extraordinaria la marcha de Latorre; pero muy poca obra si se compara con lo practicado por los colombianos que recorrieron el inmenso territorio de cinco Repúblicas, escasos de todo; y los pocos que aún sobreviven hoy, refieren sus peligrosas marchas hacia el Cuzco como si hubieran sido no más que romería de mucha diversión.

En la Trinidad de Arichuna, recibí una comunicación del coronel Valdez, comandante general de las tropas de Casanare, para asistir en Arauca á una junta de jefes y oficiales granadinos y venezolanos, que se reuniría con el objeto de establecer un gobierno provisorio y elegir un jefe que lo reemplazara. El teniente coronel Fernando Serrano, gobernador que había sido de Pamplona, sugeto de relevantes cualidades, fue nombrado unánimente presidente del Estado; para ministro secretario, el Doctor Don Francisco Javier Yánez; para consejeros de Estado, los generales Servier y Urdaneta; y para general en jefe del ejército, el entonces coronel Francisco de Paula Santander. Este gobierno se instaló luego en Guasdualito, y *sus miembros juraron sostenerle y no capitular jamás*.

Después de aquel suceso, me dirigí con Santander al pueblo de Trinidad, en donde se encontraba la columna de mi mando, única que existía entonces. Los caballos estaban inhabilitados para emprender operaciones activas, y encontrándose Ramón Nonato Pérez en las sabanas de Cuiloto con doscientos hombres y mil caballos, sin querer reconocer autoridad alguna, nos comisionó Santander, á mí y al padre Trinidad Travieso, para persuadirle á que se reuniese con su gente al ejército. Ofreciólo, mas no cumplió.

En vista de la necesidad que teníamos de caballos, me comisionó el mismo Santander para ir al hato Lareño á coger potros para remonta de la caballería, lo que verifiqué llevando quinientos al cuartel general. Una legua antes de llegar á la presencia de Santander supe por varios jefes y oficiales que salieron á encontrarme, que la tropa me había nombrado jefe supremo y estaba formada en su campamento, aguardándome para obtener mi consentimiento. Dichos jefes y oficiales me rogaban, cuando llegamos á la parroquia, que no fuese á dar cuenta á Santander del resultado de mi comisión, pues ya él había dejado de ser jefe.

Este es uno de los más notables acontecimientos de mi vida, y quizá el principio de esa continuada serie de caprichos con que la fortuna quiso elevarme y darme un lugar en la historia de Colombia. Oigamos á Baralt en su Historia de Venezuela (tomo 1º, pág. 289.)

" Valga la verdad, dice hablando del gobierno de Serrano y Santander, este aparato de gobierno regular en aquellos desiertos, trazado por unos cuantos fugitivos sin súbditos ni tierra que mandar, era altamente ridículo, ilegal, y lo que es más, embarazoso. Serrano era un hombre excelente; pero siendo granadino y hallándose en territorio venezolano, ¿cuál era la República que iba á dirigir? Y el ejército de Santander, granadino también y desconocido en Venezuela, á la que jamás había hecho el más pequeño servicio, ¿dónde estaba? Servier, francés de nacimiento y oficial granadino, no podía inspirar ninguna confianza, y los nombres de Urdaneta y Yánez, tan respetados en Venezuela y Nueva Granada, poco valían para dar autoridad y peso á aquel cuitado gobierno, en medio de hombres semibárbaros para quienes las virtudes civiles, y aun las militares de cierto orden elevado, eran cosa extraña y peregrina. Aquel tren duró pues, como era natural, muy poco tiempo, porque apenas llegó á la Trinidad de Arichuna, cuando varios jefes venezolanos pensaron en destruirlo para poner en su lugar lo que convenía entonces, es á saber, un jefe único y absoluto que tuviese la confianza de los llaneros y los condujese á la guerra. Intentóse un motín de tres escuadrones en tanto que una junta de oficiales se reunía para fingirse intimada, buscar medios de apaciguar la

8

tropa, y encontrarlos en la deposición de Santander. Este cortó con tiempo el alboroto, presentándose en la junta y seguidamente á dichos escuadrones; pero conociendo que él no era el hombre de aquellas circunstancias, renunció inmediatamente el mando ante el presidente Serrano. La junta, compuesta de los coroneles Juan Antonio Paredes y Fernando Figueredo, de los tenientes coroneles José María Carreño, Miguel Antonio Vásquez, Domingo Mesa, José Antonio Páez y del sargento mayor Francisco Conde, pasó luego á elegir una persona que ocupase á un tiempo el lugar de Santander y el de Serrano, ó mejor dicho, que fuese jefe absoluto en las llanuras. La elección recayó en Páez, caudillo de la única fuerza que allí había, y eso la explica. Por lo demás, este hecho curioso que, mirado á la luz de las reglas militares, aparece como una verdadera anomalía, era muy natural en aquellas circunstancias. La falta desde luego no consistía en la destrucción de aquella especie de gobierno, porque habiendo sido obra de una junta sin autorización, debía durar lo que durase la voluntaria sumisión de los jefes, de los oficiales y de la tropa, á quienes estaba reducida la República. Fácil era prever que esa obediencia no iría lejos; el mismo Santander lo ha dicho: "Demasiado preveía yo, escribía en 1827, que todo lo que se estaba haciendo se desbarataría el día que lo quisiese alguno de aquellos jefes, que por la analogía de costumbres debía tener influencia sobre los llaneros; además ya para entonces se me había tachado de enemigo de los venezolanos con motivo de las diferencias suscitadas en Cúcuta entre Bolívar y Castillo." Y más lejos:—"Reprimida esta tentativa, yo no podía continuar mandando unos hombres pro-

pensos á la rebelión, y en país donde se creía deshonroso
que un granadino mandase á venezolanos.»

"La verdad del caso es que Santander tenía contra sí
fuertes antipatías, que no era hombre para tanto, y por fin,
que aunque dotado de una capacidad distinguida, no poseía
instrucción en su ramo ni disposición natural para la guerra;
él entraba en el número de aquellos oficiales que los llaneros
llaman de pluma por mal nombre. Pero Serrano, se dirá,
que ejercía una autoridad puramente civil, y que además
era un hombre bueno y respetado, ¿á quién estorbaba?
A todos por desgracia; pues no habiendo allí más república que un campamento de soldados semibárbaros, su autoridad suprema embarazaba las operaciones de la guerra, mayormente cuando él ignorante é ignorado del país no podía
dirigirla. No; el mal estaba en que salvando la gerarquía
militar, fundamento indispensable de la disciplina, fuése
Páez á mandar oficiales de superior graduación, entre los
cuales se hallaba un general venezolano, hábil, valiente y
conocido por muchos y eminentes servicios. A esto responde la historia que la elección de Santander estaba en el
mismo caso; que Urdaneta, aspirando sólo á reunirse con
Bolívar donde quiera que apareciese, no quiso tomar parte
en aquellos negocios, y que por conocer demasiado á los
llaneros, vió no ser él á propósito para mandar un
cuerpo de éllos, solos, sin sujeción á régimen ninguno de
ordenanza. En cuanto á Servier, extranjero y desconocido
en el país, contribuyó por celos con Urdaneta á que no se
pensase en él. Los otros jefes, aunque muy dignos por su
mérito de estima y consideración, no podían entrar en competencia con Páez, idolatrado de su tropa, caudillo de la
única que existía, y renombrado por su valor y constante
felicidad que le había acompañado en todas sus empresas.

El éxito justificó el acierto de esa elección, en que bien pudo haber intriga; pero donde no se vió violencia alguna. Por el contrario, nos consta que varios sugetos valiosos (Servier fue de este número) anduvieron muy solícitos en promover expontáneamente el cambiamiento. Y sucedió que los tales llegaron á lisonjearse de dirigir con sus consejos á Páez; pero éste se esquivó de éllos luego al punto, dejándoles un tanto cuanto chasqueados y mohínos.»

He citado á Baralt como la autoridad de más peso entre nosotros; mas no por eso dejaré de corregir los errores que contiene su narración, refiriendo los hechos de la manera que pasaron. El día 16 de setiembre de 1816 llegué al cuartel general de Santander, y después de lo que he referido anteriormente, los jefes y oficiales que habían quedado en el campamento, y una gran parte de los paisanos salieron á recibirme proclamándome su jefe supremo. Sorprendido por aquel suceso les reconvine diciéndoles que cómo desconocían á Santander y demás autoridades que los mandaban. Contestaron que no descubriendo en Santander la capacidad y buen tino para salvarlos en aquellas circunstancias tan peligrosas, habían acordado dar aquel paso "á fin de que yo les libertara de la capilla en que ya se consideraban, « y que no debía negarme á su proclamación una vez que todos estaban de acuerdo en el cuartel general. Les reconvine de nuevo manifestándoles que no estaba dispuesto á apoyarlos, y respondieron que no había otra soberanía que la que éllos representaban con la emigración de Nueva Granada y Venezuela, únicas reliquias de ambas Repúblicas, y que por tanto estaban en aptitud de resolver y ejecutar lo que más les conviniese en tal coyuntura.

Hiciéronme otras muchas observaciones á que no atendí, y traté de separarme de éllos para ir á la casa de Santander y darle cuenta de la comisión que me había encargado. Quisieron impedírmelo, haciéndome ver que yo era su jefe que no tenía que dar cuenta á nadie, y me suplicaron que marchase con éllos á presencia de las tropas para hacerme reconocer como jefe supremo. Me resistí, separándome de éllos, y fui á la casa de Santander, á quien.di cuenta de mi comisión sin decirle nada de lo que acababa de pasar. Luego que me retiré al rancho que me servía de habitación, se presentaron los mismos jefes y oficiales con muchos más paisanos á instarme de nuevo para que fuése con éllos á presencia de las tropas que estaban formadas para reconocerme; por la centésima vez volví á negarme.

Mas, en esto se presentó Santander en medio de aquella reunión preguntando qué ocurría, pues observaba que la tropa se hallaba formada. Contestáronle que considerándose en inminente peligro por las circunstancias críticas que los rodeaban, habían resuelto conferirme el mando supremo y obedecer ciegamente mi voluntad, seguros como estaban de que yo era el único que podía salvarlos del peligro que por todas partes les amenazaba. (Respondió Santander que él tenía la misma convicción y que además se sometería con gusto á mis órdenes siempre que le admitiesen la renuncia que formularía en aquel momento.) Observáronle la inutilidad de tal renuncia porque ya habían desconocido su autoridad; que éllos, con el pueblo que se había salvado de lós españoles, representaban la soberanía; que en ningún punto de la Nueva Granada ni de Venezuela había quedado gobierno alguno. Insistía sin embargo el jefe en que se le admitiese la renuncia. Resistía la asamblea

sus súplicas con todas veras hasta que clavando Santander
su espada en tierra dijo con mucha energía, que prefería le
quitasen con élla la vida antes que consentir en el ultraje
que se tenía en mientes. (Tomé entonces por primera vez
la palabra y manifestando la justicia de la exigencia de
Santander, dije que no aceptaría el mando si no se le admi-
tía á él la renuncia como lo deseaba. Accedieron por fin,
y entonces acepté el mando supremo y fuí reconocido
como jefe)

En la cita anterior de Baralt, fácilmente se advierte
otra equivocación cuando asegura que yo concurrí á la
junta que, según dice, se formó para acordar la deposición de Santander y mi elevación al mando; ya he dicho
que en aquel momento me hallaba evacuando la comisión
que aquel jefe me encomendara de recoger caballos para las
tropas y de convencer á Nonato Pérez para que se reuniese
á nuestro ejército.

"Era tal la confianza, dice Restrepo, pág. 526, tomo
27, que todos tenían en el valor de Páez, en su actividad,
en su influjo sobre los llaneros y en otras dotes que le ador-
naban, que los generales Urdaneta y Servier, lo mismo que
algunos coroneles se sometieron á su autoridad de buena
gana, mirando este paso como la única tabla de salvación
en aquel naufragio espantoso. Páez decretó en seguida la
cesación en sus funciones del presidente Serrano, declarando
en presencia de las tropas que él exclusivamente se hallaba
en ejercicio de la autoridad suprema. En aquella difícil y
triste coyuntura no podía ser de otro modo. La autoridad
civil y la división de mando hubieran causado embarazos
para adoptar y llevar á efecto las activas y enérgicas medi-
didas que eran necesarias: sin éstas no podía salvarse la
existencia de las reliquias desgraciadas de los patriotas que

se habían acogido á las llanuras situadas entre el Arauca y el Apure.»

Después de haber arengado á las tropas y al pueblo dándoles las gracias por la confianza que depositaban en mi persona, les aconsejé que la pusiesen ante todo en la Divina Providencia para que no me negara su protección en la ardua empresa que iba á acometer, pues pensaba salir aquel mismo día al encuentro del enemigo, después de dejar á los no combatientes en el punto en que se creyera más seguro.

Ya en posesión del mando supremo de aquellos restos de las Repúblicas de Nueva Granada y Venezuela, formé una junta para conocer la opinión de los principales oficiales sobre las operaciones que debían emprenderse para salvar las últimas esperanzas que teníamos y convenir en el plan de operaciones contra los enemigos de nuestra independencia.

A punto viene aquí dar al lector una idea del estado en que se encontraban las tropas y de los recursos con que contaba para salvar el país. Los caballos del servicio, indómitos y nuevos, estaban estenuados, porque en la parte de los llanos que ocupábamos, el pasto escasea y es de mala calidad. La mayor parte de los soldados no tenían más arma que la lanza y palos de *albarico*, aguzados á manera de chuzos, por una de sus puntas : muy pocos llevaban armas de fuego. Cubríanse las carnes con *guayucos;* los sombreros se habían podrido con los rigores de la estación lluviosa y ni aun la falta de silla para montar podía suplirse con la frazada ó cualquier otro asiento blando. Cuando se mataba alguna res, los soldados se disputaban la posesión del cuero que podía servirles de abrigo contra la lluvia durante la noche en la sabana limpia, donde

teniamos que permanecer á fin de no ser cogidos de sorpresa, pues á excepción del terreno que pisábamos, todo el
territorio estaba ocupado por los enemigos, y más de una
vez fueron perseguidos y muertos los que cometían la imprudencia de separarse del centro de las fuerzas.

"Es imposible imaginarse, dice con mucha exactitud el
historiador Baralt, hasta qué punto llegaban las escaseses de
los hombres que en aquel tiempo y en los posteriores hicieron la guerra en las llanuras. Los soldados estaban tan
desnudos que se veían en la necesidad de usar, para cubrirse,
de los cueros frescos de las reses que mataban; pocos tenían
sombreros, ninguno zapatos. El alimento ordinario y único
era la carne sin sal ni pan. A todo esto, las lluvias eran
frecuentísimas, y los ríos y caños crecidos habían inundado
el territorio. Faltaban caballos, y como éstos son un elemento indispensable del soldado llanero, era preciso ante
todo buscarlos; así, los primeros movimientos tuvieron por
objeto esta adquisición. Los que generalmente se conse-
guían eran cerriles y se amansaban por escuadrones á usanza
llanera, es á saber, á esfuerzo de los ginetes, siendo curioso
el espectáculo que ofrecían quinientos ó seiscientos de estos
á la vez, bregando con aquellos bravíos animales. En derre-
dor del campo de ejercicio se colocaban algunos oficiales,
montados en caballos mansos, no con objeto de socorrer á
los domadores que caían, sino con el de correr tras de los
caballos que los habían derribado, á fin de que no se fuesen
con la silla, si bien ésta era por todo un fuste de palo con
correas de cuero sin adobar.—Deseábamos los riesgos, escribía mucho tiempo después un testigo presencial, por
acabar con gloria una vida tan amarga.....

"Uníanse á todo esto los embarazos de una numerosa
emigración y la necesidad de procurarse á cada paso mante-

nimientos por la carencia absoluta de acopios. Aquel grupo de hombres, mujeres y niños, sin hogar ni patria, representaba á lo vivo la imágen de un pueblo nómade que, después de haber consumido los recursos del país que ocupaba, levanta sus tiendas para conquistar otro por la fuerza."

Yo añadiría que aquella emigración recordaba la salida de los israelitas de la cautividad de Egipto, con la sola diferencia de que para los nuestros no había nube de fuego que los guiara en su camino, ni el pobre Moisés que los conducia tenía el maravilloso poder de hacer llover el maná del cielo ni brotar agua de la tierra con la extraordinaria virtud que tenia la vara del caudillo hebreo. Y para que todo contribuyera á hacer la comparación más exacta, nos llegaron noticias de que el general Morillo, cual otro Faraón, venía en nuestra busca para reducirnos de nuevo á la antigua esclavitud. ¡Oh! tiempos aquéllos! Sabe Dios lo que sufrimos, y si era preciso más que la estoicidad y el heroísmo para no irse á las poblaciones, arriesgando más bien la vida en brazos de una tiranía despiadada y vengativa, que no arrostrar una existencia llena de peligros y necesidades mayores que los que á la humana condición parece dado resistir. Jamás podrán nuestros hijos ni aun imaginar tan sólo á qué precio se compró la independencia. Pero aquellos tiempos trajeron aquellos hombres, que si tenían cuerpo de hierro, no llevaban el alma menos templada. Nada nos quedaba entonces, sino la esperanza y una resolución indomable, superior á todas las calamidades y desgracias reunidas. La esperanza nos alimentaba; nuestra resolución sirvió de base para levantar de nuevo el altar santo de la Patria.

CAPÍTULO VIII

Expedición de Morillo.—Estado de Venezuela y Nueva Granada a
su llegada.—Sitio y ocupacion de Cartagena.—Crueldades de
Morillo.—Sistema de guerra adoptado por los patriotas.—
Organizacion del ejército.—Emigracion.—Encuentro en "los
cocos."—Accion del Yagual.—Entrevista con el realista López.
Toma de Nutrias.—Suceso en la boca de Masparro.—Sorpresa a
unas lanchas nuestras en la boca de la Portuguesa.—Acciones en
el Palital y Rabanal.—Marcha a Achaguas.—Terror de algunos
patriotas al saber los movimientos de Morillo.—Defensa del
ejército de Apure.—Correccion de algunos errores de Baralt.

1815—1816

No desistía España del propósito de someter los países
contra su dominación levantados, y apenas se vió libre de la
invasión francesa cuando, sin detenerse en gastos, aprestó
una expedición, creyendo encontrar sobrada compensación
en la reconquista de los territorios sublevados. Púsose al
frente de élla el general Don Pablo Morillo, á quien lord
Wellington recomendaba como el más apto para la empresa,
por sus grandes prendas militares y la entereza de carácter
que había mostrado en la Península. Háse comparado á Morillo, y no sin razón, con el célebre duque de Alba, á quien
el Rey Felipe II consideró como el más apto de sus generales para someter y castigar á los rebeldes flamencos. Acom-
pañábale, en calidad de segundo jefe, Don Pascual Enrile,
natural de la Habana y deshonra del nombre americano.
Componíase la expedición de diez mil seiscientos cuarenta y
dos hombres, escogidos en las mejores tropas españolas, los
cuales se embarcaron en sesenta buques mercantes, escol-

tados por tres fragatas de guerra, treinta menores y el navío *San Pedro Alcántara*.

¿En qué estado se hallaba la causa de los patriotas de Nueva Granada y Venezuela, cuando la metrópoli enviaba contra éllas tan formidables fuerzas?

En el primero de aquellos países había prendido el fuego de la discordia civil, y Bolívar tenía que suspender sus operaciones contra los realistas para hacer entrar en razón á los pueblos que no querían reconocer el gobierno de la Unión, sobre todo Cartagena, á la que tuvo que poner sitio al ver que se resistía á entrar en transacciones pacíficas. Bolívar al fin se vió obligado á dejar el mando y embarcarse para Jamaica, porque con pretextos especiosos se le negaban los recursos para continuar la guerra. Ni valió su ausencia para que terminasen las discordias intestinas ; pues crecieron tanto las disensiones, que habrían llegado á ser muy funestas á la causa americana, si la necesidad de la común defensa no hubiera venido á conciliar los ánimos.

Entre tanto los patriotas de Venezuela habían sido sometidos por los llaneros de Boves : no tenían ejército con qué sostener á Caracas : viéronse obligados á levantar el sitio de Puerto Cabello, y La Guaira fue ocupada por aquel caudillo. Valencia, después de resistir con sin par denuedo hasta la desesperación, se vió forzada á capitular, bien á su costa; pues el bárbaro y feroz Boves, faltando á solemnes juramentos, sacrificó á los mejores ciudadanos después de haberse apoderado insidiosamente de todas sus riquezas.

Tal era el estado de ambos países cuando el 3 de abril de 1815, se presentó la expedición delante de Carúpano. Desde allí se dirigió muy pronto á la isla de Margarita, punto donde se hallaban algunos patriotas de Venezuela, y entre éllos los nunca bien ponderados Gómez, Arismendi y Bermúdez. Vana hubiera sido toda resistencia al desembarco de las tropas expedicionarias; los margariteños se sometieron por entonces al enemigo. Una gran parte de los que se hallaban en la isla, y con éllos Bermúdez, se escaparon por entre las naves enemigas y fueron á refugiarse en Cartagena y en las Antillas.

Morillo pasó á Caracas donde se le unieron algunos cuerpos realistas, y en el mes de agosto salió de Puerto Cabello con el objeto de sitiar á Cartagena, donde se habían los patriotas hecho fuertes.

En Turbaco formó su línea para cortar las comunicaciones de la plaza por tierra, y después ocupando la «Boca grande» cortó tambien las que podían mantener por mar. Con no menos heroicidad que Sagunto, Numancia y Zaragoza, se defendió la plaza contra los repetidos ataques de las tropas españolas, y á pesar de verse reducida al extremo de alimentarse con los más inmundos animales, no por ello se rendía, hasta que viendo los sitiados que la mortandad diaria ascendía á cien personas, determinaron al fin evacuar la plaza, abriéndose paso con sus buques por medio de los del enemigo.

Entraron los españoles en la ciudad y, según informes dado por el capitán general Montalvo, sólo hallaron en élla cadáveres y moribundos, una atmósfera pestilencial que estorbaba la libre respiración, gemidos y lamentos por todas partes. La historia hará justicia á tan heróica defensa, cuando los grandes hechos de la revolución sudamericana, que en nada ceden á los que registra la historia de otros países, sean encomiados con la justicia que merecen.

Ocupada Cartagena y perdida la acción de Cachirí, la Nueva Granada quedaba á merced del vencedor, y Morillo bien pronto se apoderó de Santa Fe, donde cubrió su nombre de merecida infamia por la muerte que hizo dar á sus más ilustres ciudadanos, entre éllos el eminente sabio Don Francisco José de Caldas, cuya pérdida llorarán siempre las letras granadinas. El jefe expedicionario decía al Ministro de la Guerra, en carta que se halló á bordo de un buque apresado por un corsario de Buenos Aires, que los sabios de Nueva Granada eran los que habían dirigido la revolución, y que las patriotas de Venezuela los ayudaban en la empresa con la espada. "Todo se debe á los rebeldes de Venezuela, decia; son éstos como fieras cuando pelean en su territorio, y si llegan á tener jefes hábiles, será menester el trascurso de muchos años para subyugarlos, y aún así no podrá lograrse el objeto sino á costa de mucha sangre y de considerables sumas de dinero.»

El sistema de guerra que debían adoptar los patriotas contra esas tropas veteranas, acostumbradas á luchar en territorios análogos á los nuestros, bien disciplinadas, valientes y sobre todo leales á su causa, no debía ser otro que el que los mismos españoles adoptaron en la Península para destruir á sus invasores. En Colombia, como en España, el territorio presenta en todas partes defensas naturales, y con sobrada razón el Libertador decía más tarde al Congreso de Bolivia «que la naturaleza salvaje de este continente (la América) expele por sí sola el orden monárquico: los desiertos convidan á la independencia.»

El sistema de guerrillas es y será siempre el que debe adoptarse contra un ejército invasor en países como los nuestros donde sobra terreno y falta población. Sus bosques, montañas y llanos convidan al hombre á la libertad, y le acogen en sus senos, alturas y planicies para protegerle contra la superioridad numérica de los enemigos. En las montañas y bosques no debe jamás el patriota tomar la ofensiva; pero en las llanuras jamás despreciará la ocasión que se le presente de tomar la iniciativa contra el enemigo y acosarle allí con tesón y brío. A este género de táctica debímos, los americanos, las ventajas que alcanzamos cuando no teníamos aún ejército numeroso y bien organizado. A la disciplinas de las tropas españolas, opusimos el patriotismo y el valor de cada combatiente; á la bayoneta, potente arma de la infantería española, la formidable lanza manejada por el brazo más formidable del llanero, que con élla, á caballo y á pie, rompía sus cuadros y barría sus batallones; á la superioridad de su artillería, la velocidad de nuestros movimientos, para los que nos ayudaba el noble animal criado en nuestras llanuras. Los llanos se oponían á nuestros invasores con todos los inconvenientes de un desierto, y si entraban en éllos, nosotros conocíamos el secreto de no dejarle ninguna de las ventajas que tenían para nosotros. Los ríos estorbaban la marcha de aquéllos, mientras para nosotros eran pequeño obstáculo que sabíamos salvar, cruzando sus corrientes con tanta facilidad como si estuviéramos en el elemento en que nacimos. Todo esto y la esperanza de que los pueblos adquirirían al fin conciencia de la santidad y justicia de la causa que defendiamos, nos hacían tener en poco las formidables fuerzas que pretendían someternos de nuevo al yugo de la dominación española.

No estaban de acuerdo los jefes respecto al partido que debía tomarse: unos eran de opinión que fuésemos á Barinas, otros que pasáramos el Orinoco para reunirnos á la partida de Cedeño en Caicara; mas al fin prevaleció mi opinión que fue salir al encuentro del enemigo, que se hallaba en Achaguas, para destruirlo y apoderarnos del bajo Apure, donde se hallarían recursos con qué hacer frente á Morillo, á más de obtenr la ventaja de ponernos en comunicación con Cedeño y no permanecer entre dos enemigos, ambos más fuertes que nosotros.

A fines de setiembre nos dirigimos al bajo Apure, por el camino que de la Trinidad conduce al Rincón Hondo, y de allí á Achaguas. Sabiendo el coronel realistas, Don Francisco López, que yo iba en busca suya, me salió al encuentro de luego á luego. Hallábase en las Queseras Blanqueras á poca distancia de nosotros, cuando se le presentó uno de los nuestros, llamado Ramón La Riva, quien se había separado de la emigración, y ente otras cosas le dijo: «que no aguardara á los patriotas en campo raso, porque si bien sabían que eran inferiores en número y armas, confiaban mucho en su destreza para manejar la lanza, con cuya arma no temían á los enemigos en un combate de sabana limpia: que tuviera presente que aquellos hombres estaban resueltos á vender cára la vida, y hasta á matarse unos á otros en caso de un revés.»

No despreció López los informes de aquel inteligente tránsfuga, y contramarchó algunas leguas en demanda de la ribera izquierda del Arauca para tomar fuertes posiciones en el hato del Yagual, propiedad de un vizcaíno de nombre Elizalde. Al recibir yo noticia del movimiento, marché con mis tropas y la emigración hasta los médanos de Araguayuna, distantes diez y seis ó diez y ocho leguas de Achaguas. Allí dejé las mujeres, niños y los hombres inútiles para la campaña, bajo la custodia de una compañía de caballería, toda élla de hombres escogidos, al mando del capitán Pablo Aponte; é incorporando al ejército todos los que podían tomar las armas, formé un cuerpo de reserva con los clérigos, hombres de letras é inhábiles para el servicio **militar,** los cuales puse á las órdenes del capitán Juan Antonio **Mi-rabal.**

Las fuerzas venían organizadas desde la Trinidad **de** Arichuna en tres escuadrones: el primero al mando **del** general Urdaneta, el segundo á las órdenes del **general** Servier, y el tercero á las del entonces coronel Santan**der.** Todas estas tropas, incluyendo la reserva, formaban **un** número de setecientos combatientes. (3)

---

(3) LISTA de los gnerales, jefes y personas notables que recuerdo me acompañaron y estuvieron bajo mis órdenes en la Trinidad de Arichuna, batalla del Yagual y toma de Achaguas :

General	Rafael Urdaneta.
»	Manuel Roerga Servier.
Coronel	Francisco de Paula Santander.
»	Míguel Valdez, muy enfermo.
»	Juan Antonio Paredes.
»	Miguel Guerrero.
»	N. Vergara.
»	Miguel Castejón.
»	Manuel Maurique, Jefe de E. M.
»	N. Concha.
»	Presbítero José Félix Blanco.
Teniente	Coronel Tomás Montilla.
»	» Antonio Morales.
»	» José María Carreño.
Comandante	N. Carrillo.
»	Rafael Ortega.
»	Hermenegildo Mujica.
Capitán	José María Monzón.
»	José María Pulido.
»	Juan A. Romero.
»	Juan Antonio Echazú.
»	Antonio Romero.

Capitán	Francisco A. Salazar.
»	Pedro Gavidia.
»	José Francisco Hurtado.
»	Carmelo Polanco.
»	Esteban Quero.
»	Vicente Gallardo.
»	Manuel Arráiz.
»	Pablo Aponte.
»	José María Angulo.
»	León Ferrer.
»	Miguel Lara.
»	Juan J. Méndez.
»	N. Manzaneda.
»	José Andrés Elorza.
»	Francisco Farfán.
»	Juan P. Farfán.
»	Guillermo Iribarren.
»	José Alejo Acosta.
»	N. Pérez.
Teniente	Antonio Mugica.
»	José María Córdova, después célebre general.

Organizado este pequeño ejército, no pude ponerme en marcha sin consolar por vía de adiós con algunas palabras á aquellas infelices familias, que allí dejaba con muy dudosas esperanzas de volvernos á ver en este mundo, pues la campaña ofrecía grandes obstáculos, no sólo por la superioridad del enemigo, sino porque las inundaciones de los ríos del bajo Apure en aquella estación, y las embarcaciones enemigas que defendían sus vados, iban á presentarnos mil dificultades. Con tal perspec-

---

HOMBRES DE LETRAS Y PAISANOS

Doctor	Nicolás Pumar, venezolano.	Señor	Indalecio Briceño,	Trujillano
»	Fernando Serrano, gobernador de Pamplona.	»	Ignacio Briceño,	»
»	Juan Briceño, venezolano.	»	Pablo Pulido,	»
«	Francisco Javier Yánez, cubano.	»	Pedro Chávez,	venezolano.
»	Miguel Palacios, venezolano.	»	Luís Delgado,	»
»	José María Salazar, auditor de guerra, granadino.	»	Juan Palacios,	»
»	Pablo Pachero, trujillano.	»	Rafael Gallardo,	»
Señor	Pedro Arrublas, granadino.	»	Francisco de P. Navas,	»
»	Antonio Uzcátegui, trujillano.	»	José Manuel Méndez, trujillano.	
»	Lorenzo Uzcátegui, »	»	Cristóbal Orzúa,	»
»	Alonzo Uzcátegui, »	Mr.	Carlos Castelli,	francés.
		»	Senevier,	»
	N. Girardot,			»

SACERDOTES

Doctor	Ramón Ignacio Méndez, arzobispo después de Caracas.	Presbítero	N. Mansaneda.
»	Antonio María Briceño.	»	Félix Sosa.
Presbítero	N. Santander.	»	Miguel Palacios.
»	N. Becerra.	»	Trinidad Travieso.
»	N. Pardo.	»	N. Ovalles.
»		»	N. Castelos.
	Domingo Antonio Vargas.		

tiva en la memoria, aquellas familias escuchaban mi despedida en medio de las mayores muestras de dolor, y más de una lágrima brilló también en los ojos de aquellos bravos que iban animosos á salir al encuentro del enemigo.

Después de tan conmovedora escena : nos pusimos en marcha : apenas podían nuestros demagrados caballos hacer al día una jornada de tres leguas para ir á encontrar un enemigo que con anticipación se había provisto de buenos animales en que había montado su caballería y formado su reserva. Al día siguiente de la salida de Araguayuna, ya en marcha la división, me adelanté como de costumbre cosa de una legua, acompañado de nueve personas, entre edecanes, oficiales y ordenanzas. No esperaba yo encontrar tropa enemiga por aquellos contornos; mas habiendo llegado á una casita, y preguntado á una mujer, única persona que encontré en élla, si podía darme noticia del paradero de los realistas, élla me contestó que el día anterior un batallón de sus fuerzas había estado en el hato de "Los Cocos» (distante de allí una milla). Dirigiendo la vista hacia el punto aludido, distinguí una nube de polvo, señal cierta de que por allá había tropas. Inmediatamente montamos todos para ir á atacarlas, porque en nuestra posición no nos quedaba otro partido que combatir sin tregua y buscar al contrario en todas partes. Efectivamente levantaban aquella polvareda cincuenta y cinco ginetes realistas, que salían á hacer un reconocimiento bajo las órdenes del capitán Facundo Mirabal, treinta armados de carabina y lanza, y el resto sólo con esta última arma.

Cuando el jefe de la partida enemiga vió que, nos acercábamos, salió del hato arreando apresuradamente unos cien caballos para ponerlos fuéra de nuestro alcance. ¡Caballos! ¡y nosotros que no teníamos! En el acto me propuse hacerme de este elemento que tanta falta nos hacía. Marchamos al trote contra el enemigo que hizo alto y nos presentó frente: nosotros sin vacilar nos lanzamos impetuosamente sobre éllos, cargándoles con tal coraje y brío, que pronto cedieron el terreno y emprendieron fuga al ver que no habían logrado hacernos retroceder ni los disparos de sus treinta bocas de fuego, ni las puntas de sus veinte y cinco lanzas. Hubo entre los realistas muchos muertos y prisioneros, escapando sólo ocho, y entre éllos el capitán Mirabal, quien, abandonando el caballo que montaba, se refugió en el bosque de la "Mata de la Madera," para librarse de la lanza de Aramendi y de la mía que ya de cerca le acosaban.

Este inesperado golpe de fortuna equivalió á una gran victoria, no sólo por haber conseguido los caballos que tanta falta nos hacían, cuanto por la fuerza moral que daba á nuestras tropas el demostrar que para éllas el número de las del enemigo era cosa despreciable cuando se trataba de salir triunfante, por más desesperada que fuese nuestra posición. En este encuentro fue herido el sargento Pedro Chirinos, y compitieron en bravura todos los que me acompañaban, y eran: el bravo teniente Francisco Aramendi, el entonces sin graduación Vicente Peña (aquél á quien salvé la vida en Guasdualito), el ya citado Chirinos, el sargento Ramon Valero, el cabo primero Cornelio Muñoz, despúes general de brigada, y los soldados Paulino Blanco, Francisco Ortiz, Francisco Villamediana y José María Olivera.

El día siguiente la división continuó su marcha y acampamos en las Aguaditas. El enemigo ya nos quedaba á la derecha y como á distancia de una legua; pues de propósito lo iba yo dejando á un lado para orillar un gran estero que rodea casi completamente al hato del Yagual. Allí permanecimos, sin hacer movimiento alguno, para dar descanso á los caballos, y por la noche emprendimos marcha, describiendo un semicírculo á fin de ponernos á la espalda del enemigo. Después de sufrir mil penalidades, pues la oscuridad de la noche, lo pantanoso del camino donde se atascaban á cada paso los caballos, y las cañadas con que tropezábamos frecuentemente, embarazaban nuestra marcha, marcha que por fuerza debía ser muy sigilosa para evitar que el enemigo viniese á recibirnos á la salida del estero, salimos con el alba á terreno seco y avistamos el enemigo, que en número de mil setecientos ginetes y seiscientos infantes estaba como á una milla de distancia de nosotros. Tenía López formada la caballería á la espalda de la casa y del corral del hato, y la infantería dentro de la misma majada, cuya puerta se hallaba defendida por cuatro piezas de artillería. En el río Arauca, que dista casi un tiro de fusil del hato, tenían los realistas cuatro lanchas armadas con cañones.

Dos objetos me propuse con este movimiento: primero, obligar á mis tropas á pelear con desesperación, viendo que estaba cortado por su enemigo el terreno que les quedaba á la espalda; y segundo, que quedasen á nuestra disposición los caballos que los realistas guardaban en aquel punto. El éxito correspondió á mis deseos y esperanzas. Acercámonos al enemigo y formamos en tres líneas : el escuadrón de Urdaneta á la vanguardia, el de Servier en el centro, y el de Santander á la izquierda. La reserva compuesta de los esclarecidos patriotas, cuyos nombres ya conoce el lector, se formó á retaguardia fuéra del alcance de los tiros de fusil, pues me interesaba mucho la conservación de la vida de aquellos eminentes varones. Sin embargo, los clérigos Ramón Ignacio Méndez, Becerra, Trinidad Travieso y el coronel presbítero José Félix Blanco vinieron á participar de la lucha y diéron con su ejemplo y sus palabras gran ánimo á los combatientes. Mientras el capitán José María Angulo, con un piquete de carabineros, hacía un reconocimiento del terreno á la derecha del enemigo, fue acometido por fuerzas superiores de la misma arma, y como yo lo reforzase con el resto de la compañía, conoció López que el ataque general podía empeñarse por aquel flanco : dispuso en consecuencia que un escuadrón de carabineros saliese por su izquierda á flanquear mi derecha. Acercáronse éstos á ménos de medio tiro de carabina, favorecidos por una cañada llena de agua que se hallaba entre ambos cuerpos, y que formando varias sinuosidades, nos hubiera sido necesario pasar muchas veces para ir á atacarles. Rompieron el fuego con gran ventaja de su parte, no sólo por lo corto de la distancia que nos separaba, sino porque no teníamos bastantes armas de fuego con que contestar á sus disparos. Destaqué entónces la mitad del escuadrón de Santander, al mando del intrépido Genaro Vásquez, para que atravesando la cañada desalojase al enemigo de aquella favorable posición. Así lo ejecutó Vásquez, y ya los realistas empezaban á huir cuando les vino el auxilio de un escuadrón de lanceros, con lo que Vásquez se vió obligado á combatir, perdiendo el terreno que había ganado.   Envié entónces el coronel Santander con la otra mitad, y pudo ésta rechazar de nuevo al enemigo.

Resuelto el jefe realista á no ceder el terreno, envió nuevo refuerzo de dos escuadrones, y yo dispuse entónces que el general Servier avanzara con el segundo escuadrón en auxilio de Santander, y que procurase al mismo tiempo flanquear y envolver al enemigo por su costado derecho. Cuando Santander y Servier se hallaban más empeñados en un rigorosísimo combate á lanza, salió por la derecha el coronel Torrellas, segundo de López, con un escuadrón de doscientos hombres al mando del comandante Morón, jefe de la mayor confianza de López, con el propósito de destruir por retaguardia las fuerzas de aquellos jefes; para lograr dicho objeto mandó López al mismo tiempo cargarles con todo el resto de su caballería.   Al ver el movimiento ordené al general Urdaneta que le saliese al encuentro, y acompañándolo yo en persona, nos les fuimos encima con tal denuedo que ni aún tiempo tuvo el realista para ejecutar su maniobra, pues al dar frente á Urdaneta, éste le estrelló contra las orillas de una laguna que le quedaba á un costado.   El combate fue desesperado y sangriento, viéndose al fin algunos obligados á arrojarse á la laguna y pasarla á nado.   Este triunfo salvó las brigadas de Santander y Servier que se encontraban en grande aprieto.

Perseguimos vigorosamente á los realistas y les cargamos hasta la misma puerta del corral del hato, donde muri ó el valiente capitán Vicente Braca, atravesado por una lanz que le arrojó á manera de flecha un zambo llamado Ledesma. Mucha parte de la caballería enemiga se fue del campo en derrota, y sólo quedaron á López unos mil ginetes que se habían refugiado á la espalda de la infantería en las afuera del corral.   Reorganicé con prontitud mis fuerzas y perma necí todo el resto del día á medio tiro de fusil del enemigo, el cual escarmentado no se atrevió á empeñar de nuevo el combate.   Por nuestra parte mal pudiéramos haberlo hecho, cuando López se mantenía en tan fuerte posición, resguardada la infantería dentro de las cercas del corral y defendido éste por su artillería, cuando nuestros caballos de puro cansados se echaban hijadeando en el suelo.   Vino la noche, y para evitar que nos sorprendieran durante la oscuridad, nos metimos dentro de un estero lleno de agua que nos quedaba á la derecha.   A no haber ejecutado aquella operación, nos habrían caído encima los mil hombres de á caballo que al mando de Torrellas anduvieron buscándonos toda la noche. ¿Quién había de pensar que estábamos metidos en el agua?

El día siguiente nosotros, dueños del territorio que nos quedaba á la espalda y en donde el enemigo tenía numerosos caballos, remontamos nuestra gente, comimos (porque el día anterior no habíamos tenido tiempo para hacerlo) y por la tarde provocamos á los españoles á nuevo combate: escusáronlo y á favor de la noche se retiraron á Acháguas, mandando sus heridos y la artillería en las lanchas, las cuales bajaron por el Arauca hasta su confluencia con el Apure Seco, y luego remontaron este río hasta la ciudad por cuya orilla pasa.   Seguimos nosotros en su persecución, y el día siguiente llegamos á la ribera derecha del Apure Seco, frente á Acháguas, donde por una mujer, que atravesó el río en una pequeña canoa, supimos que los realistas se habían retirado también de aquel punto.

Entonces pasamos Urdaneta, Santander, Servier, Vergara, Montilla, yo y algunos otros, de dos en dos en la canoa, y entramos en una casa de la plaza de aquella ciudad con el objeto de buscar algún papel ó aviso que nos informase de lo que pasaba por el mundo.   No hacía mucho tiempo que estábamos en el edificio cuando oyendo una descarga, le abandonamos precipitadamente; en esto llegó de la orilla de la ciudad, opuesta al río, un dragón que nos dijo venía herido por una descarga del enemigo que estaba emboscado en aquel punto. Apresurámonos entonces á repasar el río después de haber yo dado órdenes al capitán Genaro Vásquez, que lo había ya cruzado con una compañía de carabineros para que se defendiera en un manglar de sus orillas. Las cuatro cañoneras del enemigo aparecieron navegando á la sazón río arriba, con el claro designio de cortarnos la retirada, y su infantería que estaba en la emboscada corrió á paso de trote hasta la orilla del río, donde ocupó una trinchera que tenía hecha de antemano. Desde allí nos hacían fuego á los que estábamos de la otra parte del río, y á la compañía de Vásquez que estaba á la derecha. Las lanchas nos hacían también disparos de cañón, y se acercaban con objeto de cortar á Vásquez; pero nosotros con los carabineros las rechazamos río abajo cinco ó seis veces. Mientras tanto Vásquez hacía pasar sus soldados á nado por pequeñas porciones, valiéndose de la canoa para conducir las armas y la ropa, y al fin logró reunírsenos con pérdida de sólo doce hombres entre heridos y dispersos. Vino la noche á poner término al combate, y durante élla el enemigo salió de Achaguas hacia la plaza de San Fernando.

López se había ido de antemano con la caballería y algunos infantes al pueblo de Apurito, dejando el resto de la infantería, que encontramos en Achaguas, al mando de Reyes Vargas, mientras que él pasando el río Apure se situó en su orilla izquierda entre los pueblos de San Antonio y Apurito. Nombró entonces de jefe al comandante Loyola, y él con algunos oficiales se embarcó para la ciudad de Nutrias, que estaba fortificada. Mandé yo al coronel Miguel Guerrero sobre San Fernando con una parte de mis fuerzas, y con el remanente de ellas me dirigí al pueblo de Apurito donde no hallé enemigos, pues ya López había pasado el río de Apure, como va dicho, y tomado posiciones en su orilla izquierda para disputarnos el paso con cuatro cañoneras.

En tal posición permanecimos algunos días por la falta absoluta de medios con que pasar el rio. Entre tanto volvió López de Nutrias, y sabedor de que yo me encontraba allí, me invitó á una entrevista. Accediendo á sus deseos fui, acompañado de algunos oficiales, á encontrarle en una canoa hasta la mitad del río. López se embarcó en una lancha cañonera, y me acogió con gran cortesanía. Despues de cambiar los primeros cumplimientos, comenzó á elogiar mi actividad y á encomiar mis hechos militares, lamentándose de que no consagrara mis esfuerzos á la defenza de «los sagrados derechos del rey,» cuyo servicio creía que yo había abandonado por la injusticia que me hiciera un jefe español. Contestéle que le habían informado mal con respecto á haber servido yo en ejército del rey; pues había empezado mi carrera en las filas patriotas, las cuales no había abandonado jamás ni abandonaría nunca, por grandes que fuesen nuestras adversidades, y mucho menos á favor de palabras de seducción. Interrumpióme diciéndome que su ánimo al provocar la entrevista no había sido para seducirme, sino para satisfacer el deseo que tenía de conocerme personalmente, y darme las gracias por la generosidad con que siempre había tratado á los prisioneros y especialmente á «los pobres europeos.» Nos despedimos cordialmente, y yo volví á mi campamento. ¿Quién hubiera hecho creer entonces á aquel hombre que sus días estaban ya contados, y que no pasarían muchos sin que terminara la carrera de su vida?

De regreso, como he dicho, al otro la lo del río, dispuse que se embarcasen, en la única canoa que teníamos, los dragones que cupieran, á las órdenes del capitán, por mí ascendido, Vicente Peña, para hacer una demostración sobre el campo enemigo á fin de que él rompiese el fuego, terminando la tregua ocasionada por la entrevista,

Habiendo tripulado Peña la canoa con ocho hombres, vino á preguntarme lo que debía hacer; y yo enfadado con semejante pregunta, ya que de antemano le había dado órdenes, le dije que pasara el río y atacara el campo enemigo. Los jefes allí presentes no pudieron menos de hacerme la observación de que semejante órden equivalía al seguro cuanto inútil sacrificio de la vida de aquellos pocos hombres; pero yo permanecí sordo á sus indicaciones y no revoqué la orden, confiando en la buena suerte que siempre había protegido mis más temerarias empresas, y en verdad que aquella lo era hasta no poder más.

Perfectamente ejecutó Peña lo que se le mandara, pasando el río sin ser visto por ninguno de los centinelas del enemigo. Hallábase éste á la sombra de un bosque de mangles tomando su rancho como á las doce del día, cuando nuestros dragones rompieron el fuego y le cargaron de firme. No habían disparado cien tiros cuando los realistas despavoridos echaron á correr, creyendo que eran atacados por fuerzas superiores á las suyas. El jefe López se embarcó y se retiró sin examinar siquiera el número de los que le atacaban. Hice pasar en auxilio de Peña una compañía de lanceros y ochenta carabineros desmontados. Antes de anochecher mandé que repasaran el río los lanceros, para que López, que estaba en observación, creyese que no quedaba enemigo de la otra parte; y si por acaso venía él aguas arriba para dirigirse á la plaza de Nutrias, como era probable, ordené á los carabineros que se dividiesen en dos trozos, uno emboscado en el manglar y otro al abrigo de una zapa volante que se formó en un islote de arena, situado en medio de la corriente.

Sucedió como yo lo había sospechado: á las ocho de la noche empezó la escuadrilla de López á subir el río, y las emboscadas le abrieron los fuegos; dos de las flecheras retrocedieron, una atracó á tierra echando á huir su tripulación, de la que hicimos un prisionero, y López logró pasar el punto donde estaban las emboscadas. Por el prisionero supe que era la flechera del gobernador la que había pasado, y al instante resolví apresarla. Es este el caso que antes había mandado una partida de caballería para coger otra flechera apostada en el paso del pueblo de Banco Largo, distante diez leguas del pueblo de Apurito. Ya sabía que la operación había tenido éxito feliz, y para aprovechar todos sus frutos mandé inmediatamente orden para que la misma partida viniese en la flechera apresada á encontrar á López y darle un asalto al abordaje. Nuestra flechera obedeció con puntualidad, y navegando río abajo encontró al amanecer del día siguiente la de López. Esta conoció que no venía de amiga, y viró de bordo para ganarle ventaja, ayudada por la corriente. Bajaban, pues, las dos embarcaciones una á caza de la otra. Desde nuestro campamento conocimos que la primera barca era la de López, y para cortarle la retirada equipamos la canoa con ocho hombres, y la flechera cogida la noche antes con toda la gente que cupo en élla; salimos al encuentro de la que evidentemente huía. López mandó á sus bogas que hicieran fuerza de remos, y sin que pudiéramos impedirlo, pasó por delante de nuestras embarcaciones. Continuamos dándole caza, y una bala acertó á matar al patrón de la lancha realista; quedó éste sin gobierno, y en momento de dar una vuelta á la ventura, la abordó nuestra canoa, cayendo en nuestro poder López, dos oficiales y toda la tripulación.

Teniendo ya tres lanchas armadas hice que se procediera inmediatamente á ponerlas en estado de servicio para ir á atacar otras cuatro del enemigo que estaban apostadas frente al pueblo de Santa Lucía, distante una seis ú ocho leguas de Apurito. Al capitán Vicente Peña dí aquel encargo y el mando de dichas flecheras, y con la mira de engañar al jefe que mandaba el convoy realista, hice que Peña se pusiese el sombrero tricornio del gobernador López, y que en la misma lancha que había sido de éste, se colocara á la proa para que contestase el quien vive de los enemigos fingiendo ser el gobernador, á fin de que pudiera acercárseles lo suficiente para entrarles al abordaje sin disparar un tiro. Inútil estratagema, porque al acercarse Peña á los españoles y no obstante el título que asumió, le mandaron hacer alto. Sin hacer caso de esta prevención Peña mandó bogar avante, y cuando estaba á menos de medio tiro de cañón recibió los primeros fuegos. Cargó entonces al abordaje con tal brío y buena fortuna que cayeron en su poder las cuatro flecheras. Con éllas se dirigió á Apurito para remontar el Apure y batir otra escuadrilla que, al mando de Don Juan Comós, estaba en el Puerto de Nutrias. Pasé yo entonces el Apure con todas las fuerzas que allí tenía y seguí para la ciudad de Nutrias.

A los dos días de marcha pernocté en el pueblo de Santa Catalina, situado á la orilla izquierda del río Apure; al amanecer del día siguiente se me participó que un poco más abajo del pueblo había cinco lanchas enemigas. Eran las de Comós. Careciendo de medios para atacarlas, me propuse cuando menos detenerlas hasta que llegasen las nues-

tras, y para ello me metí en el río en compañía de Aramendi
y de veinte y cinco lanceros, colocándonos todos con el
agua al pecho en un banco de arena, situado en la mitad del
río, y á cuyos costados corren profundas las aguas del
Apure. Ejecutamos la operación á vista del enemigo, que
vino inmediatamente sobre nosotros, y estuvo haciéndonos
fuego de metralla con sus cañones por más de una hora sin
causarnos daño porque nosotros zabullíamos en el agua al
brillar de la llama de la ceba. Por fin viendo que ningún mal
nos causaban, remontaron las lanchas enemigas por el cana-
lizo de la derecha. Nosotros salimos del agua, montamos
en pelo nuestros caballos, y corriendo un poco más arriba
nos lanzamos de nuevo en el río con la resolución de abor-
dar aunque fuese una de las lanchas. Pero no logramos
nuestro objeto porque la configuración de la barranca del
río y su impetuosa corriente nos dispersaron, de suerte que
no pudo haber unidad de acción. Fortuna fue que no
tuviésemos que lamentar ninguna desgracia personal en
aquella empresa de locos.

A poco llegaron nuestras cañoneras, atraídas por el
cañón enemigo, cuando éste había ganado mucha ventaja con
la distancia. Continué yo mi marcha sobre Nutrias y dormí
aquella noche en el pueblo de Santo Domingo, de donde á
la mañana siguiente salí hacia el río, que no estaba muy
distante, para tratar de entorpecer cuanto pudiera el viaje
de Comós, y entrando en una canoa bien tripulada logré
contenerlo por más de tres horas, atacando siempre la última de las embarcaciones que iban remontando, á fin de que
las demás desandasen el camino con el fin de defenderla.
Divisando el jefe español las velas de nuestra escuadrilla,
continuó su remontada á favor de una brisa favorable y á
pesar de los disparos que le hacíamos de ambas riberas.

Seguí yo mi marcha sobre Nutrias por tierra, pero cuando llegué á dicha ciudad, ya el enemigo la había abandonado. Comós siguió navegando río arriba, llevándose todas las embarcaciones que había en el puerto de Nutrias, y con éllas muchos individuos que pertenecían al partido realista. Alcanzóle Peña en la boca del río Masparro, y allí le batió, apoderándose de todas las embarcaciones armadas y sin armas, que ascendían á veinte y cuatro. En premio de este glorioso hecho ascendí al intrépido Peña al grado de teniente coronel de marina, poniendo á sus órdenes todas nuestras fuerzas navales. Todo esto parecerá ahora poco; pero en verdad que el lograrlo entonces fue empresa de romanos.

En Nutrias destiné al general Urdaneta con todas las fuerzas para ocupar la capital de Barinas y formar allí un ejército con el que obrase según lo demandaran las circunstancias; y yo en mi escuadrilla de doce lanchas bajé el Apure para ir á apoderarme de la plaza de San Fernando. Dí á Peña la orden de continuar bajando el río hasta la boca del caño de Biruaca, donde debía aguardar mis instrucciones, y desembarqué en el pueblo de Apurito; de allí me fuí á la ciudad de Achaguas para después reunirme con mi segundo, el comandante Miguel Guerrero, que se hallaba en el sitio del Rabanal. Con la pequeña guarnición que encontré en Achaguas continué mi marcha para San Fernando, y tomando de paso la fuerza de Guerrero, extreché aquella plaza por tierra. Saqué de la caballería doscientos hombres que mandé á la boca del caño de Biruaca para que se embarcaran en las doce lanchas y asaltaran la plaza durante la noche por la parte del río, mientras yo hacía un ataque por tierra, con doscientos lanceros más que preparé alefecto.

Este plan no pudo tener el éxito que esperaba, por la mala obra de los informes que dió al enemigo un realista llamado Herrera, á quien algunos días antes habíamos hecho prisionero y perdonado. Herrera se había impuesto de todo por haberse hallado siempre al lado de Guerrero, y siendo apureño, conocia muy bien el obstáculo que presentaba, á poco más de una milla de la plaza, un bajo que se forma en la confluencia de los ríos Apure y Portuguesa, en donde era necesario que se desembarcase la gente para que las lanchas pudieran pasar aquel obstáculo. Apercibido con tan útiles informes, mandó el General Correa, jefe de la plaza, que una fuerte columna de infantería se emboscase á la orilla del río en el mismo lugar que le indicó Herrera, la cual, cuando desembarcaron los nuestros, rompió el fuego sobre éllos y los dispersó, apoderándose de ocho lanchas de las doce en que iba la expedición. Afortunadamente yo había ordenado á los docientos hombres que debían atacar la plaza por tierra, y que ya estaban á menos de tiro de pistola de élla, que si oian fuego no dirigido contra la ciudad, regresaran en busca de sus caballos, é inmediatamente se reunieran á la ínea de sitio.

Continué extrechando la plaza por el lado del Sur, y con el objeto de cortar sus comunicaciones con la capital y los llanos de Calabozo, dispuse que el comandante Rangel atravesara el río por la boca del Coplé con ochenta hombres de la Guardia, y sorprendiera el pueblo del Guayabal, situándose luego en el camino que conduce á Calabozo y Caracas. Allí interceptó una comunicación que Correa dirigía al teniente coronel Don Salvador Gorrín, contestándole un oficio fechado en Camaguán, que dista siete leguas de San Fernando, en el cual le participaba que venía con fuerzas suficientes para darle auxilio. Impuesto yo de que Gorrín había salido de Calabozo con quinientos hombres de infantería, trescientos de caballería y qui- nientos caballos para remontar los ginetes que tenía á pie en la plaza, me propuse salir á batir aquella fuerza, pues si entraba en élla daría á los sitiados grandes ventajas sobre mí. A la cabeza de dos escuadrones marché hacia la hacienda del Diamante, y después de caminar toda la noche, llegué á dicho punto al amanecer y por allí crucé el río. Dos ó tres horas después pasamos también á nado el Apurito, y por el camino del Guayabal fuí á reunirme con Rangel que me esperaba en la laguna del Palital. En aquel momento estaba empeñada la descubierta de carabineros de éste con la de Gorrín; apresuré la marcha para llegar á tiempo de auxiliar á los míos.

Apenas había formado mi fuerza, aumentada con los ochenta hombres de Rangel, cuando Gorrín rompió el fuego.

Carguéle yo por el frente y el flanco, y logré poner en fuga su caballería y apoderarme de los caballos de re- monta que traía. Después de la primera carga formó Gorrín con su infantería un arco, cuya cuerda era un piquete como de cincuenta lanceros, resto de la caballería que había traído.

Dividí yo mis fuerzas en cuatro trozos, los que lancé á la vez sobre el frente, flancos y retaguardia del enemigo. A pesar de los esfuerzos que hicimos para romper aquella formación, fuimos rechazados por los fuegos de la infantería y por la caballería que, pie á tierra y con lanza calada, nos hizo la más tenaz resistencia, lanceándonos los caballos y matándonos algunos hombres.

No por eso desistí de mi empeño de romper el enemigo, y formando á los rechazados de la misma manera que la vez anterior, volví á la carga, siendo de nuevo rechazado. Allí perdí algunos de mis mejores y más bravos oficiales, como los valientes capitanes Pedro León Gómez, Remigio Caridad, José de la Paz Rojas, y fué herido entre otros valientes el bizarro comandante Francisco Hurtado. No quise empeñarme otra vez en una tentativa que hubiera sido imprudente, porque recordaba que al emprender mi marcha contra Gorrín había recibido un oficio del pueblo del Mantecal en que se me participaba la ocupación de Guasdualito por el general Morillo; suspendí el ataque, y Gorrín entró en San Fernando, auxiliado por una columna que salió de la plaza. En tal estado dispuse mi retirada por el mismo camino por donde había venido, y después de repasar el río me reuní con Guerrero en el sitio del Rabanal, á donde se había retirado por no tener fuerzas suficientes para contener las salidas que le hicieran de la plaza.

En el pueblo del Guayabal había yo dejado al comandante Freites con una compañía para que reclutase gente con qué aumentar la fuerza que debía hostilizar al enemigo en aquellos llanos. El siguiente día de haberme reunido con Guerrero, salió el enemigo por los bosques de la orilla del río y apoyado en éstos se presentó en el Rabanal habiendo hecho avanzar una compañía de cazadores sobre mis guerrillas. Cargué aquella con un escuadrón de la Guardia y la destrocé completamente. Entonces el enemigo contramarchó á la plaza por el mismo camino que había traído.

Con el objeto de ir á Achaguas y otras poblaciones para reunir fuerzas con qué resistir á Morillo, marché con mi Guardia, dejando á Guerrero en el Rabanal al frente de ochocientos hombres de caballería. Pocos días después volvió el enemigo á este punto, atacó á Guerrero y lo puso en completa dispersión, obligándolo á cruzar al otro lado del Arauca por los pasos de Caujaral y Marrereño, desde donde me dió parte de lo sucedido, manifestándome que sólo había logrado reunir doscientos hombres, con los cuales esperaba allí mis órdenes. Yo le previne que se mantuviese en aquel punto, y continué mi marcha sobre el Mantecal por los pueblos de Apurito y Banco Largo. En este último lugar recibí aviso de que el coronel Nonato Pérez y el gobernador de Casanare, Moreno, se encontraban en el hato de Los Cocos con alguna parte de la fuerza que habían sacado de Cuiloto. Fuí inmediatamente á verme con éllos, dejando en las sabanas de Mucuritas las fuerzas que ya tenía reunidas, y habiéndose puesto aquellos jefes bajo mis órdenes, regresé con éllos y su gente á Mucuritas donde los incorporé al ejército. Organicé allí una división de mil doscientos hombres y dí el mando de élla á Nonato Pérez, ordenándole que marchase sobre Guasdualito á batir á Morillo si no se le había reunido la fuerza de Arce, jefe español, que bajaba de Cúcuta por la montaña de San Camilo en busca del general en jefe de los españoles; y que en caso de que Arce se hubiese ya reunido, y marchasen contra él, se viniera en retirada siempre á vista del enemigo, para reunirse conmigo en el hato del Frío ó en el de Mucuritas.

Habiendo marchado Pérez regresé á Achaguas para reunir más gente y volver á Mucuritas á esperarle; pues ese era el punto donde yo deseaba presentar acción al enemigo. Hallándome ya en Achaguas con algunas fuerzas reunidas, recibí fatales é inesperadas noticias, tales como la derrota y muerte de Freites, que había ya reunido trescientos hombres en el Guayabal, la destrucción y muerte del comandante Roso Hurtado, que se hallaba con seiscientos en el pueblo de San Jaime, provincia de Barinas, y la dispersión de la división del General Urdaneta, el cual encontrándose en la capital de Barinas se retiró sobre Apure, camino de Nutrias, perseguido hasta el pueblo de Santa Catalina por el general Calzada, que vino de la Nueva Granada por el camino de los callejones de Mérida.

Esta serie de sucesos adversos junto con la noticia de que ya se acercaba Morillo con fuerzas triples á las nuestras, hizo creer á muchos jefes y oficiales que yo no podia resistir con mis pocas tropas á las numerosas y aguerridas que conducía el general expedicionario. Unos me pidieron pasaporte para retirarse á la provincia de Guayana: muchos se marcharon sin él y siguiendo tan pernicioso ejemplo algunos oficiales de carabineros se desertaron con ochenta de sus hombres, llevándose dos cargas de pertrecho que constituían todo nuestro parque. Entre los que con pasaporte me abandonaron en aquella peligrosa posición fueron Santander, Conde, Blanco, Carreño, Manrique, Valdez, el Doctor José María Salazar, y algunos de los emigrados como el Doctor Yánez y los presbíteros Méndez y Becerra. Tan grandes contratiempos no bastaron para hacerme perder el ánimo, ni para decidirme á dejar sólo empezado lo que pudiera llevarse á término si no vacilaba la fe ó faltaba al denuedo la confianza. Cuando en cualquiera empresa siente el hombre esa fuerza extraordinaria que se llama fe, debe siempre seguir su impulso recordando que un oráculo sagrado nos ha dicho que élla hace prodigios y milagros. Además, estaba yo en la firme persuasión de que aquellos llanos de Apure podían ser para nosotros, aun en el caso de ser sometido todo el territorio venezolano, lo que fueron las montañas de Asturias para los patriotas españoles después del desastre que sufrieron sus armas en las orillas del Guadalete.

Felizmente para nuestra causa, no desmintieron los hijos de Apure en aquella ocasión el heróico patriotismo de que ya habían dado muchos ejemplos, y teniendo en poco las aguerridas fuerzas que venían á atacarles, y los copiosos laureles que éstas habían alcanzado en otros campos, se prepararon á resistirlas con la furia de leones acosados en sus selvas nativas. Los apureños mostraron siempre en los campos de batalla todo el denuedo del cosaco, la intrepidez del árabe del desierto, y en sus virtudes cívicas el desprendimiento de los espartanos. Ellos habían puesto á disposición de la causa patriota sus haciendas, y consagrado á su triunfo su valor indomable, pues en los teritorios que baña el Apure, el número de los héroes se contaba por el de sus habitantes. ¡Qué buenos, qué bravos eran!

Para impedir cuanto me fuera posible la deserción, mandé una partida de caballería á alcanzar á los que no llevaban pasaporte, y sólo trajeron al teniente José María Córdoba (después renombrado general de Colombia) y al capitán Ramón Durán. Un consejo de guerra los condenó á muerte, pero al fin se les perdonó la vida por haber intercedido en favor de éllos el gobernador de Casanare, el padre Trinidad Travieso, y el benemérito teniente Pedro Camejo, alias El Primero.

No cometo exageración en decir que si las tropas de Morillo hubiesen batido á las fuerzas de Apure, habría sido un golpe mortal para la causa patriota en Venezuela, pues el enemigo dueño de aquel territorio se hubiera hecho de todos sus inmensos recursos, y marchando contra Piar que se hallaba en Guayana, le hubiera destruido infaliblemente, así como á los otros jefes que tenían partidas en las provincias de Barcelona y Cumaná.

Era por tanto indispensable no dejarle apoderar de los llanos en Apure, pues si lo lograba, de allí hubiera podido sacar todos los recursos á que no hubieran podido resistir las fuerzas patriotas que operaban en los demás territorios. La suerte de la República se jugó en los llanos del Apure en las acciones de la Mata de la Miel, Yagual, Mucuritas, y la campaña de 1819 contra Morillo; y doloroso es ver que así no lo hayan entendido los que han escrito la historia de nuestra Independencia. Bien lo comprendió el general Morillo, pues fue á las llanuras de Apure donde se dirigió por tres veces, cuando creyó pacificada la Nueva Granada y vino á someter á Venezuela. Más adelante diré cuál fué el plan de este general en su campaña contra nosotros el año de 1819; pues ahora quiero hacer aquí breve pausa para refutar varios errores que han ido copiando de uno en otro los historiadores de Colombia. Representan al ejército de Apure en aquella época como soldadesca desalmada, avezada al robo, sin respeto ni obediencia á autoridad alguna. Ruego á los futuros historiadores que se ocupen de estos hechos, tengan muy presentes los informes que voy á apuntar para que hagan así más justicia al heróico ejército á quien Colombia debió tantos triunfos.

Para mantener el orden y la disciplina en dicho ejército, había yo tomado las más severas disposiciones desde que me hice cargo del mando, como fue el decreto castigando con pena capital á los que fuesen aprehendidos cometiendo cualquier acto de violencia. El comandante Ramón Zapata fue asesinado en aquella época por el alférez Lorenzo Serrano, europeo, y el sargento Rafael Toro, quienes, sabiendo la suerte que les iba á tocar si caían en mi poder, se pasaron al enemigo. Logré yo hacerlos prisioneros é inmediamente fueron condenados á muerte. No negaré que se cometieron algunos crímenes; pero sus perpetradores eran malvados que habían servido en otros ejércitos, y no en el que yo entonces mandaba. Copiaré ahora sobre lo que acerca de dichos crímenes dice Baralt, pág. 295, tomo primero de su Historia de Venezuela: "Poco tiempo después de la acción "del Yagual fue Servier asesinado en el cuartel general de "Achaguas por hombres que no tuvieron rubor de ostentar "impunemente sus despojos; siendo lo más singular del "caso, que aquel infame crimen se rugió de antemano en el "campo, y que casi todos lo esperaban sin hallar medios "de impedirlo. Más adelante el anciano Giraldot, padre "del célebre Atanasio, y el teniente coronel Miguel Valdez "tuvieron la misma suerte."

Cuando regresó de París á Caracas el señor Baralt, impresa su obra, le llamé la atención sobre algunos errores que había notado en élla, lamentándome de que á las bellezas del estilo no hubiese reunido el respeto á la justicia y á la verdad histórica. Contestóme que muchos de los apuntes que le habían servido para su historia le habían sido entregados ya al hacerse á la vela para Europa, y como estaba ausente de las personas que pudieran suministrarle datos, y yo me había negado á darle ninguno sobre los sucesos en que había tomado parte, tuvo que escribir con presencia sólo de los documentos é informes que tenía en su poder. Por lo tanto, debo yo ahora corregir lo que él ha consignado como cierto por sobrada confianza en las personas mal intencionadas que le engañaron.

El general Servier se separó con mi permiso del cuartel general de Achaguas para ir á descansar al campo, por algunos dias, de las fatigas de la guerra que habían quebrantado su salud, y se dirigió al "Chorrerón," lugar distante una legua de Achaguas, á la casa de una mujer llamada Presentación. Estando allí, cuatro hombres á caballo, según declaró esta mujer, se presentaron en las altas horas de la noche, y llamando á la puerta dijeron que llevaban una orden mía para el general. Contestó éste que se la mandasen; pero los hombres replicaron que era verbal y querían comunicársela á él en persona. Salió Servier á la puerta, y cayendo sobre él los bandidos, que deberían ser algunos de los dispersos del Yagual, le llevaron al bosque inmediato y allí le asesinaron. Exquisitas diligencias se hicieron para averiguar el paradero de los autores del asesinato. La única testigo que había no los conoció, y ningún dato posterior se presentó nunca para saberlo ni sospecharlo. En aquellos tiempos en que había tanto hombre suelto por los campos, no perteneciente al ejército, era una imprudencia del general haberse ido lejos de él, y mucho mayor cuando á él le sobraban enemigos que le habían seguido de la Nueva Granada. Entre nosotros ninguno tenía, pues acababa, como quien dice, de llegar á nuestro suelo, y se había portado muy bien en la acción del Yagual.

Giraldot que había tomado pasaporte para ir á la provincia de Guayana, fue alcanzado en su marcha y asesinado cerca de las riberas del Orinoco por dos hombres. Inmediatamente los hice perseguir, y habiendo aprehendido á uno de éllos, él teniente Juan Ignacio García, le hice juzgar, y fué pasado por las armas en el Yagual, habiendo su cómplice, un tal Santamaría, escapado á la isla de Trinidad.

Comete Baralt otro error en colocar en el número de las víctimas de aquel tiempo al teniente coronel Miguel Valdez; pues éste murió en las riberas del Orinoco de un cáncer en la cara, según aparece de carta que tengo en mi poder, escrita por su médico, el Doctor Miguel Palacios, que aún vive en Calabozo. Nada recuerdo del teniente coronel Miguel Santana, á quien Montenegro coloca entre las víctimas de aquel tiempo, y no tengo presente haber oído hablar de este hecho que Baralt no cita.

CAPITULO IX

ME REUNO CON NONATO PÉREZ.—ACCIÓN DE MUCURITAS.—DERROTA DEL GENERAL LATORRE.—OPERACIONES SOBRE BARINAS Y CASANARE.—SORPRESA DADA Á LOS REALISTAS EN CHIRE.—DISENSIONES EN CASANARE.—CONTINÚO MIS OPERACIONES SOBRE BARINAS.—"ARROJO ASOMBROSO," DE IRIBARREN EN BANCO LARGO.—BATALLÓN "BRAVOS DE PÁEZ."—DERROTA DEL COMANDANTE REALISTA PEREZA.—MI CAMPAMENTO EN EL YAGUAL.—HERÓICOS HECHOS DE VICENTE PEÑA Y DE ARAMENDI.—NOS HACEMOS EN BARINAS DE LOS ELEMENTOS QUE NECESITÁBAMOS.—VUELTA AL YAGUAL.—ARRIBO DE LOS COMISIONADOS MANDADOS POR EL LIBERTADOR.—MI RECONOCIMIENTO DE SU AUTORIDAD COMO JEFE SUPREMO.—APRESAMIENTO DE LAS LANCHAS ENEMIGAS EN LA BOCA DEL COPLÉ POR NUESTRA CABALLERÍA.

1817—1818

Mandé el hospital y los emigrados al hato del Yagual y salí con quinientos hombres en demanda de Nonato Pérez, que ya estaba en el Mantecal y debía reunirse conmigo en Mucuritas ó en el hato del Frío. Después de cuatro días de marcha llegué á este punto; mas no encontré á Pérez, á quien la falta de agua para su gente y caballos había obligado á retirarse una legua distante de aquel punto; yo mismo me ví también forzado á trasladarme por la misma causa al lugar donde suponía que él se hallaba. A tal extremo se habían disminuido sus fuerzas, que entónces sólo contaba con seiscientos hombres; el resto se le había separado á causa del mal tratamiento, pues dicho jefe, si bien muy valiente, era sobrado altanero y déspota con sus subordinados.

Mientras el General español Calzada, que había salido de Nutrias con una división, unía sus fuerzas con las de Morillo en el cantón del Mantecal, el General Latorre continuó su marcha en busca nuestra con tres mil infantes y mil setecientos ginetes mandados por el Coronel Remigio Rámos, jefe de caballería que se había distinguido mucho desde los tiempos de Bóves y Yáñez.

El 27 de enero pernoctó Latorre en el hato del Frío, como una legua distante del lugar que yo había elegido para el combate, y á la mañana siguiente cuando marchábamos á ocuparlo observamos que ya iba pasando por él. Entonces tuve que hacer una marcha oblícua, redoblando el paso hasta tomar el barlovento, porque en los llanos, y principalmente en el de Apure, es peligroso el sotavento, sobre todo para la infantería, por causa del polvo, el humo de la pólvora, el viento, y más que todo el fuego de la paja que muchas veces se inflama con los tacos. Conseguido, pues, el barlovento en la sabana, formé mis mil cien hombres en tres líneas, mandada la primera por los esforzados Comandantes Ramón Nonato Pérez y Antonio Ranjel: la segunda por los intrépidos Comandantes Rafael Rosales y Doroteo Hurtado:

la tercera quedó de reserva á las órdenes del bravo Comandante Cruz Carrillo.

Confrontados así ambos ejércitos, salió Latorre con veinticinco húsares á reconocer mi flanco derecho, y colocándose en un punto donde podía descubrirlo, hizo alto. En el acto, destaqué al sargento Ramón Valero con ocho soldados escogidos por su valor personal y montados en ágiles caballos, para que fuesen á atacar aquel grupo, conminando á todos ellos con la pena de ser pasados por las armas si no volvían á la formación con las lanzas teñidas en sangre enemiga. Marcharon, pues, y al verlos acercar á tiro de pistola dispararon los húsares enemigos sus carabinas; sobre el humo de la descarga, mis valientes ginetes se lanzaron sobre ellos, lanceándolos con tal furor que sólo quedaron con vida cuatro ó cinco que huyeron despavoridos á reunirse al ejército. Latorre de antemano había juzgado prudente retirarse cuando vió á los nuestros salir de las filas para ir á atacarles.

No es decible el entusiasmo y víctores con que el ejército recibió á aquel puñado de valientes que volvían cubiertos de gloria y mostrando orgullosos las lanzas teñidas en la sangre de los enemigos de la Patria. Aproveché entónces la oportunidad—que otro objeto no había tenido mi orden—de hacer ver á mis tropas que debían sólo contar el número de los enemigos por el de los prisioneros que hicieran ó por el de los muertos que sus lanzas dejáran tendidos en el campo de batalla.

Latorre sin perder tiempo avanzó sobre nosotros hasta ponerse á tiro de fusil; al romper el fuego, nuestra primera línea le cargó vigorosamente, y á la mitad de la distancia se dividió, como yo le había prevenido, á derecha é izquierda, en dos mitades para cargar de flanco á la caballería que formaba las alas de la infantería enemiga. Había yo prevenido á los mios que en caso de ser rechazados, se retirasen sobre su altura aparentando derrota para engañar así al enemigo, y que volvieran cara cuando viesen que nuestra segunda línea atacaba á la caballería realista por la espalda. La operación tuvo el deseado éxito, y pronto quedó el enemigo sin más caballería que unos doscientos húsares europeos; pues la demás fue completamente derrotada y dispersa. Entonces cincuenta hombres, que yo tenía de antemano preparados con combustibles prendieron fuego á la sabana por distintas direcciones, y bien pronto un mar inflamado lanzó oleadas de llamas sobre el frente, costado derecho y retaguardia de la infantería de Latorre que se había formado en cuadro. A no haber sido por la casualidad de haberse quemado pocos días ántes la sabana del otro lado de una cañada, que aún tenía agua y estaba situada á la izquierda del enemigo, única via por donde podía hacer su retirada, hubiera perecido el ejército español en situación más terrible que la de Cambises en los desiertos de la Libia. En su retirada hubo de sufrir repetidas cargas de nuestra caballería, que saltaba por sobre las llamas y los persiguió hasta el Paso del Frío, distante una legua del campo de batalla. Allí cesó la persecución porque los realistas se refugiaron en un bosque sobre la margen derecha del río, donde no nos era posible penetrar con nuestra caballería.

Hablando de esta acción, escribía despues Morillo en un manifiesto: "Catorce cargas consecutivas sobre mis cansa-"dos batallones me hicieron ver que aquellos hombres no "eran una gavilla de cobardes poco numerosa, como me "habían informado, sino tropas organizadas que podían "competir con las mejores de S. M. el Rey."

Este combate costó á los realistas la pérdida de **una** gran parte de sus pertrechos, de muchas de sus **acémilas,** de gran número de armas que arrojaban los soldados **por** escapar del fuego. Nosotros no tuvimos más pérdida **que** la del valiente comandante Segarra y la de pocos oficiales **y** soldados. En cambio, el triunfo dió gran fuerza moral á nuestra causa, pues era el primer revés que sufría el ejército de Morillo después de su llegada á Costafirme.

Cuando Morillo, que se hallaba en San Vicente, supo el desastre sucedido á su teniente, vino la misma noche al Paso del Frío á incorporarse al ejército. De allí tomaron los realistas el camino de Banco Largo, con dirección á Achaguas, marchando siempre por los bosques. Como yo no podía seguirlos por este punto con mi caballería, continué marcha por la sabana limpia en línea paralela á ellos. Cuando llegaron á Achaguas, yo me hallaba á su frente; pero rehusaron nuevo combate, se dirigieron á San Fernando, y yo continué por la sabana hasta San Juan de Payara.

De San Fernando envió Morillo al General Latorre á operar contra Piar en Guayana; mandó también fuerzas á Nutrias, y dejado una para defender las nuevas fortificaciones que construyó en la plaza de San Fernando, marchó con el resto de las tropas á la provincia de Barcelona para de allí dirigirse contra los patriotas que se hallaban en la isla de Margarita.

Por mi parte, dividí también mis fuerzas para que fuesen á operar sobre la provincia de Barinas en distintas direcciones (*): á Casanare envié al capitán Juan Galea, con su

———   •

(4) De las fuerzas que destiné á operar por diversos puntos fue una guerrilla al mando del Capitán Correa y después al del Comandante Hipólito

compañía, para que hiciera discrecionalmente la guerra en la provincia, y reclutando toda la gente que pudiera, formase con otras guerrillas allí existentes un cuerpo respetable.— Galea en su marcha se encontró con una columna de caballería enemiga, que al mando de Don Antonio Plá se dirigía á Guasdualito; y á pesar de no tener aquel más que cuarenta hombres, batió las tropas realistas y se abrió paso por entre ellas. Al jefe español Bayer, que estaba en Casanare, le llegaron confusas noticias del encuentro, y deseando averiguar lo que había de cierto, salió de Pore con seis húsares y cuatro dragones, llegando á Cuiloto cuando Galea ya había reunido sus fuerzas á las del capitán Francisco Rodríguez. Salió éste á sorprender á aquellos, y tuvo tal fortuna que hizo prisionero al teniente Coronel Bayer y á todos los que le acompañaban.

Unidos los dos jefes, marcharon á Chire con el objeto de sorprender un escuadrón de caballería, compuesto de ciento veinte hombres, que allí mandaba el capitán Don Manuel Giménez. Sin noticia éste del desastre de Bayer, se hallaba tan desapercibido, que las guerrillas patriotas

———

Cuevas, para que se apoderaran del Distrito de Río Negro, en Guayana, lo cual se consiguió con ochenta hombres que hicieron prisioneros á los realistas que guarnecían aquellos puntos. Recibí entónces una comunicación del Comandante Orozco, á quien tenía prisionero el gobierno del Brasil, no recuerdo por qué causa, en la que me pedía reclamase su persona como venezolano.

Aunque dicho comandante había servido en las filas realistas, no le desairé en su pretensión, y logré que el año siguiente me enviase una satisfactoria respuesta el gobierno del Brasil cuando yo me hallaba con Bolívar en los Potreritos Marrereños.—Orozco se reunió á mis tropas en el invierno de 1818.

encontraron aún en la cama á una gran parte de los soldados. Fueron, pues, destrozados, dispersos y prisioneros, apoderándose los vencedores de las armas y vestuarios de aquel escuadrón. Disfrazados con los uniformes realistas que habían tomado, marcharon á Pore, entraron en la ciudad á toque de clarín é hicieron prisionera la guarnición que la defendía. Así, pues, quedó libre de enemigos la provincia de Casanare.

Galea al darme parte de sus triunfos me pedía que nombrase jefe para aquel territorio, y envié á Ramón N. Pérez, acompañado del gobernador Moreno y los demás casanareños que había aún en Apure ; remitile también mil caballos. Bien pronto comenzaron á surjir dificultades entre la autoridad civil y la militar por causa de las tropelías de Pérez, hasta el punto de verme en el caso de mandar al comandante Miguel Antonio Vásquez para que se encargara del mando y me enviase arrestado al turbulento Pérez.

Parece oportuno rectificar aquí el error en que incurre estrepo en su Historia de Colombia, cuando dice que los patriotas estaban divididos entre Juan Galea, á quien yo había nombrado comandante general, y el antiguo gobernador de la provincia, Juan Nepomuceno Moreno, y que para sostener á mi favorecido estuve á punto de trasladarme con mi guardia de honor á Casanare. El historiador colombiano fue en esta parte mal informado, pues acabo de decir cómo concilié los ánimos divididos, sin hallar oposición y sin apelar al descabellado plan de interrumpir mis operaciones por dirimir una cuestión local que merecía á lo sumo una orden, pues bien sabía que nadie dejaría de reconocer mi autoridad y someterse á los jefes que yo les nombrara.

Pero volvamos á nuestras operaciones sobre Barinas.— Las partidas sueltas que envié á operar en aquella provincia

obtuvieron los resultados que nos proponíamos, de reclutar
gente y hacernos de todos los caballos, aún los entonces inútiles, para que el enemigo no se aprovechara luego de ellos.
A fines de marzo recogí en el cuartel general las partidas
sueltas y las que obraban en la provincia de Barinas. El enemigo pasó el Apure, y como tenía interés en ocupar las dos
orillas de este rio, se atrincheró con una compañía de infantería en el pueblo de Banco Largo. Sabedor de esto, envié
al capitán Guillermo Iribarren para que con su compañía
atacara las trincheras del enemigo. Ocultando su marcha
por los matorrales se presentó Iribarren inesperadamente delante del enemigo, y asaltaron sus tropas las trincheras sin
haberse disparado más que un solo tiro que hirió mortalmente al valiente sargento Roso González. En premio de
su conducta en aquella ocasión, di á Iribarren un escudo de
oro con el lema '' Arrojo asombroso.'' Sus prisioneros me
sirvieron para organizar mi primer batallón de infantería al
que bauticé, á petición de sus jefes, con el nombre del
'' Bravo de Páez,'' base del famoso cuerpo que siempre distinguido en muchas ocasiones de guerra, mereció más tarde
que se le cambiara su nombre en el de Vencedor de Boyacá
por su heróica conducta en la batalla de este nombre.

Después del hecho de Banco Largo vino de Nútrias,
donde el enemigo tenía el centro de sus operaciones, una
columna de doscientos infantes al mando del comandante
Jacinto Perera y se atrincheró en el pueblo de San Antonio,
distante una legua del río Apure. Yo entonces, por un
camino extraviado y dando un rodeo, después de cuatro
días de marcha salí frente al pueblo por el mismo punto
donde habían entrado los enemigos. Organicé inmediatamente el ataque, y á escape nos lanzamos sobre la trinchera que teníamos al frente, echando pie á tierra en

el momento de llegar á ella. Destrozamos una guerrilla de cazadores que se hallaba fuéra, y logramos entrar por uno de los portillos ; los enemigos se refugiaron á una segunda trinchera que tenían á retaguardia : allí les siguieron algunos de los nuestros, entre ellos un soldado llamado José Camacho, quien, machete en mano, penetró hiriendo y matando hasta la sala de la casa, donde cayó acribillado á estocadas.

Organizámonos de nuevo y volvimos á la carga pie á tierra y con la lanza en mano. Estimulados los nuestros por las recompensas que yo había ofrecido á los que arrebatasen los fusiles á los realistas, protegidos por las trincheras, arrancaban á estos las armas cuando para hacer puntería los ponían al alcance de sus brazos. Finalmente amparado de la noche abandonó el enemigo aquella posición ; protegido por los bosques inmediatos se retiró á Nutrias, y nosotros con nuestros heridos nos fuimos al Yagual donde estaba nuestro campamento.

Allí nos hallamos en la mayor miseria : para acampar toda aquella gente que se había puesto bajo mi protección, tuvimos que constituir ranchos, pues la estación de las lluvias se aproximaba, y como los emigrados eran personas acostumbradas á las comodidades de la vida ciudadana, era preciso proporcionarles algún albergue. Además había entre ellos muchos inválidos por la edad y las enfermedades, sin contar las mujeres y los niños. Dí entonces un decreto mandando que se me entregase toda la plata que tuvieran los emigrados para devolvérsela acuñada y sellada, y allí mismo un platero de Barinas, llamado Anzola, hizo un cuño y convirtió en moneda todo el metal que aquellos ciudadanos habían traído consigo cuando se vieron obligados á abandonar sus casas.

Entre las propiedades que los habitantes de Apure pusieron á mi disposición entraron sus esclavos, á quienes declaré libres cuando liberté el territorio : providencia que confirmaron después los congresos de Guayana y Cúcuta en sus leyes de manumisión.

En medio de aquellos sucesos y á pesar de mi absoluta consagración á la guerra, nunca perdí de vista como punto de interés vital para el país, la conservación de las crías de ganados: contrage todo mi celo y dicté además órdenes eficaces para que no se extinguieran, y me lisonjeo de creer que á tales medidas se debe la existencia de un semillero de riqueza, que á pesar de la larga duración de la guerra y del consumo de los ejércitos beligerantes, germinó después por toda la República.—De Apure ha salido el principio de todos los hatos que hoy existen.

El General Santander, en sus Apuntamientos Históricos, hablando de nuestra situación entonces, dice : «Durante la «campaña de los Llanos de 1816 á 1818, se hacía la guerra «á los españoles con caballería y muy poca infantería. La «movilidad del arma de caballería, la facilidad de atravesar «á nado los ríos y caños crecidos, y el conocimiento prác- «tico del territorio, la abundancia de ganados que era el «único alimento de las tropas, la carencia de hospitales, de «parques y provisiones, daban á las tropas independientes «ventajas muy considerables sobre los españoles. Los «caballos y el ganado se tomaban donde estaban, sin cuenta «alguna y como bienes comunes; el que tenía vestido lo «usaba; el que no, montaba desnudo su caballo con la «esperanza de adquirir un vestido en el primer encuentro «con el enemigo. Habituados los llaneros á vivir con carne

«sola, y robustecerse sufriendo la lluvia, no temían la falta
«de otros alimentos ni el crudo invierno de aquel territorio.
«Nadadores por hábito, ningún río los detenía en sus
«marchas: valerosos por complexión, ningún riesgo les
«intimaba. De aquí puede inferirse que los oficiales, sol-
«dados emigrados que no eran llaneros pasaron trabajos y
«privaciones apenas concebibles. El reclutamiento se hacía
«siempre general de toda persona capaz de tomar un arma;
«nadie estaba exceptuado. Así fue que en los combates de
«Yagual y de Mucuritas tenían su lanza los abogados, los
«eclesiásticos y toda persona que podía usarla. Hasta el
«año de 1818 todos estaban forzados á vivir y marchar
«reunidos: militares y emigrados, hombres, mujeres, viejos
«y niños, todos se alimentaban de una misma manera, con
«carne asada y sin sal, y todos iban descalzos.»

En el mes de junio de 1817 remontaban el río Apure,
de Guayana hacia Barinas, ocho lanchas convoyadas por
una cañonera enemiga, protegida por cien granaderos;
y sabiendo que conducían ropa, me propuse apoderarme
de este artículo que necesitaban mucho mis tropas. Con
tal objeto embarqué gente en cinco *bongos* que tenía en
el Yagual, armados con pequeños cañones. No pudieron llegar á tiempo, pues á favor del viento habían
pasado el punto, Apurito, donde nosotros creíamos llegar
antes que ellos.

Mis *bongos*, al mando del esforzadísimo Vicente Peña
y tripulados por hombres de mi Guardia, á las órdenes de los capitanes Aramendi y Laurencio Silva, siguieron navegando y encontraron las lanchas y las
cañoneras ancladas un poco más arriba del Paso del Frío.

Apenas el enemigo avistó nuestra improvisada y frágil
escuadrilla, cuando se vino sobre ella haciéndole fuego;

al contestarle uno de nuestros cañones cayó al agua, y otra embarcación sobrecargada de gente zozobró al hacer el primer disparo. Los hombres que la tripulaban ganaron á nado la orilla, á pesar del nutrido fuego de las lanchas enemigas que también perseguían á nuestros *bongos*; éstos á fuerza de remos llegaron también á la ribera. Nuestra gente saltó en tierra casi al mismo tiempo que los granaderos que iban en su persecución: volvió cara entonces Aramendi, y dando una estocada al que lo acosaba más de cerca, se puso á dar voces llamando á la caballería; amedrentados los granaderos creyeron prudente abandonar la persecución y embarcarse de nuevo en sus lanchas, llevándose solamente uno de nuestros *bongos*. En el encuentro fue herido aquel valiente oficial. Frustrada esta tentativa, me volví al Yagual resuelto á organizar una expedición para marchar sobre Barinas y coger las mercancías destinadas á los almacenes de esta plaza que llevaban las lanchas: érame insoportable la idea de que se me escapasen, cuanto más que la ropa nos era indispensable.

La necesidad nos obligaba no sólo á luchar con los hombres, sino también á desafiar los obstáculos que nos oponía la naturaleza: contando con éllos, nos propusimos convertir en ventaja nuestra los inconvenientes que daban al enemigo seguridad y confianza en su posición, pues á nadie se le podía ocurrir que en aquella estación pudiesen salir del bajo Apure tropas de caballería para atravesar tanto terreno inundado, y sobre todo varios caños y cinco ríos, todos á la sazón fuera de madre. Llevé, pues, mil lanceros, montados en caballos *rucios* con otros mil caballos de reserva, todos del mismo color, porque los llaneros creen, y yo con éllos, que el caballo rucio es más nadador que cualquiera de otro pelo.

Llegamos al paso de Quintero en el río Apure, donde afortunadamente no encontramos las lanchas enemigas; hallábanse en el puerto de Nutrias. Mandé que setenta hombres de la Guardia pasaran el río y se dirigieran á asaltar el pueblo de Pedraza, en cuyos almacenes había alguna ropa, y que después con su botín contramarcharan para unirse conmigo en el pueblo de Canaguá. Proponíame sobre todo no alarmar al enemigo de Barinas, quien si llegaba á saber que algunas fuerzas pasaban el río Apure, creería que era solamente una partida sin más objeto que saquear los almacenes de Pedraza. Entretanto yo continué pasando el río á nado con el resto de las tropas, conduciendo las armas en una canoa.

Al regresar de Pedraza los hombres de mi Guardia, después de conseguido el objeto de la expedición, fueron atacados en el hato del Mamón por una fuerte guerrilla al mando del capitán Teodoro Garrido; pero lograron derrotarla sin más desgracia que haber sido herido un oficial de los nuestros. Continuaron su marcha, y al fin se nos unieron en Canaguá. Garrido al verlos contramarchar hacia el Apure, dió parte á Barinas de este movimiento, sin comprender que yo me había valido de tal ardid para engañar al enemigo que estaba en aquel punto. Reunidas todas mis fuerzas me dirigí hacia Barinas y atravesando á nado los ríos Canaguá y el Pagüey, pasando nuestras monturas en la cabeza, me presenté tan inesperadamente delante de la plaza, que por rara coincidencia en aquellos momentos Remigio Ramos aseguraba en un bando á sus habitantes "que la partida de ladrones de Apure que había saqueado á Pedraza había vuelto á refugiarse en el territorio de donde había salido." Llegué hasta las bocacalles de la ciudad y dispuse allí que tres columnas de caballería, por tres calles diferentes, cargasen á los quinientos infantes y cien ginetes europeos que acababan de llegar en aquel instante de Caracas y con cuya fuerza se nos opuso Ramos. Vana fue la resistencia del enemigo, pues nos llevamos en la punta de las lanzas y con el ímpetu de nuestros caballos, á cuantos nos hicieron frente. Ramos escapó con algunos oficiales y fue perseguido hasta Boconó; el resto de la fuerza quedó en mi poder.

El resultado de la sorpresa fue el habernos hecho de los recursos que buscábamos y de que estaban bien provistos los almacenes de Barinas, principalmente con lo que habían traído las ocho lanchas, origen de la persecución, y dos mil mulas aperadas que nos sirvieron para trasportar todos los elementos que cogimos — ropa, municiones, fusiles, etc.

Habiendo dejado por detrás las plazas fortificadas de San Fernando y Nutrias, y sobre todo las lanchas armadas que estaban en el último punto, era de temer que las guarniciones de aquellas dos plazas invadiesen el Yagual; apresuré por lo tanto mi regreso al Apure, y de paso en el pueblo de Canaguá me proveí de muchos cueros secos, que afortunadamente encontré en un almacén, para hacer botes y pasar el río Apure con el cargamento. (5)

———

(5) El procedimiento para hacer los botes es el siguiente Se toma un cuero, y pasando una soga por los agujeros que se hacen en sus extremos, se meten dentro los efectos, y recogiendo la soga hasta cerrar y asegurar lo que queda dentro, se hace un nudo y se echa al agua el bulto, el cual va tirado por un cordel que lleva el hombre en los dientes.

Suponiendo que las lanchas cañoneras se colocarían en Quintero para impe lirnos el paso, busqué como dos leguas más arriba un punto accesible que yo conocía, poco más abajo del río Suripá. El comandante Don Juan Comós, jefe de aquella escuadrilla, en su flechera remontó el río temiendo que nosotros lo atravesáramos por otro lugar, y con tal objeto entró en el de Suripá, tributario del Apure. Por unos soldados que iban por las orillas de este río, supe que en sus aguas navegaba una flechera que suponían ser la del capitán Comós. Para impedir su salida al río Apure y que yendo á reunirse con las demás lanchas nos disputara el paso, dispuse que una compañía de caballería, armada de fusiles, se parapetase en la boca del Suripá. En vano trató Comós de forzar el paso, pues siempre fue rechazado; entretanto yo atravesaba el río Apure, conduciendo mi cargamento en los botes de cuero.

Según lo recelaba, el general Calzada salió de San Fernando con quinientos hombres en dirección al Yagual, pero al llegar á Achaguas, ya me encontraba yo en aquel punto. Remontó entonces hasta el pueblo de Apurito y sorprendiendo la pequeña guarnición que yo tenía al mando del comandante Rebolledo, que murió allí, volvió Calzada á la plaza de San Fernando por el río Apure.

Así terminó aquella tan arriesgada empresa, en que una imperiosa necesidad me obligó á debilitar las fuerzas del Apure para ir á obrar sobre un punto tan distante de mi base de operaciones. Después de mi llegada al Yagual no hubo otro acontecimiento notable que el arribo de los comisionados que el Libertador me envió para proponerme le reconociera como jefe supremo.

El autor de un pomposo panegírico de Bolívar, que acaba de publicarse en Nueva York (VIDA DE BOLIVAR, por el

Doctor Felipe de Larrazábal, 1866) el escritor que ha causado al Libertador la incomparable desgracia entre sus muchas y grandes desgracias, de constituirse en su Homero; el enemigo encarnizado que no encontró en Colombia más culpable que yo, ni mérito en mis servicios, ni en los de ningún otro jefe americano sino Sucre; el periodista que por ingratitud juró venganza contra mí y los míos, no desperdicia ocasión de pintarme como un salvaje, incapaz de razón y siempre dispuesto al alzamiento. Calamidad ha sido sin medida que el hombre más grande de la América, el Genio de la Libertad de un continente sufra el martirio póstumo de un panegírico de autor menguado; pero no es menor infortunio que al cabo tenga un hombre de bien que defenderse contra los ataques de la malquerencia.

El "historiador" me acusa de haber estado siempre haciendo oposición al Libertador; pero el hecho que voy á referir ahora y los demás que irán apareciendo, bastan para convencer á los que no conozcan la historia de nuestra revolución, de la falsedad de semejante cargo.

Después de haber con tropas colecticias derrotado á los españoles en todos los encuentros que tuve con éllos, organicé en Apure un ejército de caballería y el famoso batallón Páez, vencedor más tarde en Boyacá. Bolívar se admiraba no tanto de que hubiera formado ese ejército, sino de que hubiese logrado conservarlo en buen estado y disciplina; pues en su mayor parte se componía de los mismos individuos que, á las órdenes de Yáñez y Boves, habían sido el azote de los patriotas. En efecto, ¿quién creyó jamás que aquellos hombres, por algunos escritores calificados de salvajes, acostumbrados á venerar el nombre del Rey como el de una divinidad, pudieran jamás decidirse á abandonar la causa que llamaban santa para seguir la de la Patria, nombre que para éllos no tenía significación alguna. ¿Quién creyó, entonces, que fuera posible hacer comprender á hombres que despreciaban á los que no podían competir con éllos en la fuerza bruta, que había otra superior á ésta, á la cual era preciso someterse? Sin embargo, por encima de todos estos inconvenientes, yo logré atraérmelos; conseguí que sufrieran, contentos y sumisos, todas las miserias, molestias y escaseses de la guerra, inspirándoles al mismo tiempo amor á la gloria, respeto á las vidas y propiedades, y veneración al nombre de la Patria.

Allí en Apure llegué también á tener los bienes de esta provincia, que sus habitantes pusieron generosamente á mi disposición. Calculábase entonces que las propiedades del Apure ascendían á un millón de reses y quinientas mil bestias caballares, de las cuales tenía yo cuarenta mil caballos empotrerados y listos para la campaña. Tenía á mis órdenes militares de reconocido mérito, y ejercía la autoridad de jefe supremo que me había sido conferida en la Trinidad de Arichuna por las reliquias de las Repúblicas de Nueva Granada y Venezuela.

Cuando disponía de todos los recursos antedichos, teniendo á mis órdenes aquel ejército de hombres invencibles que me obedecían gustosos y me querían como á padre, y cuando me hallaba investido de una autoridad omnímoda, Bolívar á quien yo no conocía aún personalmente, me envió desde Guayana á los coroneles Manuel Manrique y Vicente Parejo á proponerme que le reconociese como jefe supremo de la República.

Si yo hubiese abrigado miras ambiciosas, no podía presentárseme ocasión más oportuna de manifestarlo; pero sin vacilar un momento recibí respetuosamente á los comi-

sionados en el hato del Yagual, y declaré al ejército mi resolución de reconocer á Bolívar como jefe supremo de la
República.

Mostraron gran contento al saber que éste se hallaba en
Guayana; pero al hablarles de que iba á reconocerle como
jefe, la mayor parte del ejército y de los emigrados me hizo
la observación de que como al conferirme en la Trinidad de
Arichuna el mando supremo, no se me facultó para delegar-
lo en otra persona, no me creían autorizado para dar
aquel paso. Consultando sólo el bien de la Patria, teniendo en cuenta las dotes militares de Bolívar, el prestigio de su nombre ya conocido hasta en el extranjero, y
comprendiendo sobre todo la ventaja de que hubiera una
autoridad suprema y un centro que dirigiera á los diferentes caudillos que obraban por diversos puntos, me
decidí á someter mi autoridad á la del general Bolívar.
Formé las tropas que tenía en el Yagual, hice venir al
padre Ramón Ignacio Méndez, Arzobispo después de Caracas, para que á presencia de aquéllos me recibiese juramento de reconocer como jefe supremo al general Bolívar, y
mandé después que las tropas siguieran mi ejemplo,
ordenando hiciesen lo mismo los cuerpos que se hallaban
en otros puntos.

Pocos días antes de la llegada de los comisionados
había yo recibido una comunicación que el "Congreso»
de Cariaco me mandó con el comandante Rebolledo, en
la que se me participaba la reunión de aquel cuerpo y
se me exigía que reconociese y sostuviera sus resoluciones.
neguéme abiertamente á semejante exigencia, contestán-
do que aunque yo no estaba á las órdenes de Bolívar,
creía necesario que todos le reconociésemos por jefe
supremo para dirigir la guerra, y allanar las dificulta-

des que pudieran entorpecer la reunión de un verdadero Congreso Nacional.

Aunque Larrazábal en este hecho que acabo de referir, no me acusa, he querido relatarlo con todos sus pormenores para probar cuán lejos estuve de hacer á Bolívar oposición alguna, aun en los tiempos en que yo ejercía una autoridad sin límites, con unánime aprobación de los que me la habían conferido. Más adelante se verá esto mismo confirmado en más de un hecho de mi vida militar.

Las fiebres que se desarrollaron en aquel entonces por las bajadas de los ríos, me obligaron á trasladarme á Achaguas, ciudad que había algún tiempo estaba abandonada. Hallándome en dicho punto, el jefe español Aldama me hizo desde Nutrias la intimación de que si no me sometía á la autoridad del Rey, él (Aldama) vendría á buscarme para reducirme á la obediencia ; que tuviese en cuenta que él era el vencedor de Barcelona y *que traía la victoria en la faltriquera*. A semejante baladronada contesté diciéndole que yo le ahorraría la molestia de atravesar el Apure y venir á buscarme, pues era mi ánimo adelantarme el primero á medir mis fuerzas con las suyas. Efectivamente destaqué al comandante Rangel con una columna de cuatrocientos hombres, que se apoderó del pueblo de Santo Domingo, distante cuatro leguas de Nutrias, después de haber destruído la pequeña guarnición que allí encontró. Rangel continuó su marcha hacia aquel punto, y por algunos días tuvo á Aldama reducido á los límites de la ciudad, hasta que sabiendo yo que Morillo y Calzada iban á reunírsele, mandé que Rangel volviese a mi cuartel general.

Aldama marchó á incorporarse con Morillo, reuniéndose con éste en la sabana del hato de Camoruco, de donde marcharon ambos á ocupar el pueblo de Apurito. Pasaron el Apure, y habiendo sabido allí que yo estaba enfermo en Achaguas, destinaron trescientos hombres de caballería, al mando del comandante A. Ramos, para que fuera á sorprenderme ; mas, afortunadamente un soldado, José María Ariza, que se les desertó en la marcha, voló á avisarme del riesgo que corría. Apresuréme á sacar á los enfermos y emigrados, mandando á unos por tierra y á otros en las embarcaciones que había en aquel puerto, á las costas de Arauca, quedando yo con cincuenta hombres del otro lado del río para atacar al enemigo cuando entrara en la ciudad y reunir entretanto más fuerzas. Encontrábame como á una legua de distancia, por buscar mejores pastos para los caballos, cuando á eso de las ocho del día se me dió parte de que el enemigo había ocupado la población. En el acto me puse en marcha sobre él ; pero no se detuvo, retirándose luego que vió que no había nadie dentro de la población. Le fuí persiguiendo como una legua sin poderle dar alcance y contramarché al Chorrerón, donde se me reunieron algunas fuerzas ; allí supe que ya todo el ejército enemigo había pasado el río y estaba atrincherando la iglesia del pueblo, mientras que la caballería se mantenía apostada á una legua de distancia. Mandé entonces al coronel Aramendi, con un escuadrón de lanceros, á sorprender dicha caballería, lo que logró cumplidamente, ocultando su marcha hasta arrojarse de repente sobre el campo, matando y dispersando mucha gente. Entretanto yo me dirigí á San Fernando con el batallón Páez y alguna caballería : (6) por la noche llegué á

———

(6) Llevaba yo además trescientos indios de Cunabiche, al mando de uno de éllos, llamado Linache, á quien dí el grado de general de sus compañeros.— Antes de dar el simulado ataque á la plaza, y conociendo lo

aquella plaza y la ataqué vigorosamente dando vivas á Bolívar y á las tropas de Guayana, con el objeto de llamar la atención de Morillo sobre Calabozo, y hacerle abandonar la campaña de Apure.

Creo que más bien por este falso ataque que por la pérdida que había sufrido su caballería en la sorpresa dada por Aramendi, repasaron las fuerzas de Morillo el río por el mismo Apurito y camino á San Jaime, pasaron el río de la Portuguesa y se fueron hasta Calabozo, habiendo mandado antes el general español que la quinta división se situara en el pueblo de la Guadarrama y que los escuadrones fueran á rehacerse á los pueblos á que pertenecían. Estos movimientos proporcionaron la ventaja de que Morillo no se hubiera ocupado de impedir la marcha de Bolívar que ya venía á reunirse conmigo en San Juan de Payara, donde yo le estaba esperando.

A principios de 1818, sabiendo que ya Bolívar se hallaba en el hato de Cañafístola, como á cuatro leguas de Payara, me adelanté á su encuentro, acompañado de los principales jefes de mi ejército. Apenas me vió á lo lejos, montó inmediatamente á caballo para salir á recibirme, y al encontrarnos echamos pie á tierra, y con muestras de mayor contento nos dimos un estrecho abrazo. Manifestéle yo que tenía por felicísimo presagio para la causa de la

---

que se acobardan los indios al oir silbar las balas, repartí entre éllos sendas raciones de aguardiente, y tal ánimo les hizo cobrar esta bebida que sangrándose la lengua con las puntas de sus flechas se bañaban el rostro con la sangre que salía de la herida: se lanzaron llenos del mayor denuedo contra las trincheras enemigas.—Uno de los capitanes de mis indios, llamado Dos Reales, se lanzó al frente de los suyos contra la trinchera, y sobre élla fue muerto á machetazos.

Patria el verle en los llanos, y esperaba que su privilegiada inteligencia, encontrando nuevos medios y utilizando los recursos que poníamos á su disposición, lanzaría rayos de destrucción contra el enemigo que estábamos tratando de vencer. Con la generosidad que le caracterizaba, me contestó en frases lisonjeras, ponderando mi constancia en resistir los peligros y necesidades de todo género con que había tenido que luchar en defensa de la Patria, y asegurando que con nuestros mutuos esfuerzos acabaríamos de destruir al enemigo que la oprimía.

Hallábase entonces Bolívar en lo más florido de sus años y en la fuerza de la escasa robustez que suele dar la vida ciudadana. Su estatura, sin ser procerosa, era no obtante suficientemente elevada para que no la desdeñase el escultor que quisiera representar á un héroe; sus dos principales distintivos consistían en la excesiva movilidad del cuerpo y el brillo de los ojos, que eran negros, vivos, penetrantes é inquietos con mirar de águila,—circunstancias que suplían con ventaja lo que á la estatura faltaba para sobresalir entre sus acompañantes. La tez tostada por el sol de los trópicos, conservaba no obstante la limpidez y lustre que no habían podido arrebatarle los rigores de la intemperie y los contínuos y violentos cambios de latitudes por las cuales había pasado en sus marchas. Para los que creen hallar las señales del hombre de armas en la robustez atlética, Bolívar hubiera perdido en ser conocido lo que había ganado con ser imaginado; pero el artista, con una sola ojeada y cualquier observador que en él se fijase, no podría menos de descubrir en Bolívar los signos externos que caracterizan al hombre tenaz en su propósito y apto para llevar á cabo empresa que requiera gran inteligencia y la mayor constancia de ánimo.

A pesar de la agitada vida que hasta entonces había llevado, capaz de desmedrar la más robusta constitución, se mantenía sano y lleno de vigor; el humor alegre y jovial, el carácter apacible en el trato familiar; impetuoso y dominador cuando se trataba de acometer empresa de importante resultado; hermanando así lo afable del cortesano con lo fogoso del guerrero.

Era amigo de bailar, galante y sumamente adicto á las damas, y diestro en el manejo del caballo: gustábale correr á todo escape por las llanuras del Apure, persiguiendo á los venados que allí abundan. En el campamento mantenía el buen humor con oportunos chistes; pero en las marchas se le veía siempre algo inquieto y procuraba distraer su impaciencia entonando canciones patrióticas. Amigo del combate, acaso lo prodigaba demasiado, y miéntras duraba, tenía la mayor serénidad. Para contener á los derrotados, no escaseaba ni el ejemplo, ni la voz, ni la espada.

Formaba contraste, repito, la apariencia exterior de Bolívar, débil de complexión, y acostumbrado desde sus primeros años á los regalos del hogar doméstico, con la de aquellos habitantes de los llanos, robustos atletas que no habían conocido jamás otro linaje de vida que la lucha continua con los elementos y las fieras. Puede decirse que allí se vieron entonces reunidos los dos indispensables elementos para hacer la guerra: la fuerza intelectual que dirige y organiza los planes, y la material que los lleva á cumplido efecto, elementos ambos que se ayudan mutuamente y que nada pueden el uno sin el otro. Bolívar traía consigo la táctica que se aprende en los libros y que ya había puesto en práctica en los campos de batalla: nosotros por nuestra parte íbamos á prestarle la experiencia adquirida en lugares donde se hace necesario á cada paso variar los planes concebidos de antemano y obrar según las modificaciones del terreno en que se opera.

Impaciente Bolívar por comenzar la campaña, estuvo tres ó cuatro días en San Juan de Payara, meditando de qué manera pasaría el río de Apúre con el ejército, no teniendo embarcaciones en que hacerlo, y estando las del enemigo guardando el único lugar por donde podíamos pasarlo sin riesgo del cañón de la plaza. En gran incertidumbre se hallaba, por no encontrar el medio de allanar aquel obstáculo mientras yo le animaba á que se pusiera en marcha, asegurándole que le daría las embarcaciones necesarias. El me preguntaba: pero hombre, ¿dónde las tiene usted?

Yo le contesté que las que había en el paso del río para oponérsenos.

—¿Y de qué manera podemos apoderarnos de éllas?

—Con caballería.

—¿Dónde está esa caballería de agua? me preguntó él, porque con la de tierra no se puede hacer tal milagro.

Al fin resolvió marchar y acercarse al río, no con la esperanza de que la operación prometida se efectuase, sino para resolver qué partido tomaría. Una milla antes de llegar al río se le suplicó que hiciera alto con el ejército para sacar de él la gente con que íbamos á tomar las lanchas enemigas, y todavía le parecía que todo aquello era un sueño ó una broma; sin embargo, accedió á mis deseos. Solo cincuenta hombres se tomaron de la Guardia de caballería, y con éllos llegamos á la orilla del río con las cinchas sueltas y las grupéras quitadas para rodar las sillas al suelo sin necesidad de apearnos del caballo. Así se efectuó, cayendo todos juntos al agua, y fue tal el pasmo que causó al enemigo aquella operación inesperada, que no hizo más que algunos disparos de cañón, y en seguida la mayor parte de su gente se arrojó al agua. La misma partida de caballería corrió á ponerse al frente de la plaza para impedir que se diera parte al general Morillo, el cual se hallaba en Calabozo. Catorce embarcaciones apresamos entre armadas y desarmadas. Asombrado Bolívar, dijo que si él no hubiera presenciado aquel hecho, nadie habría podido hacérselo creer.

Séame lícito copiar aquí el testimonio de un escritor inglés, cuyo nombre ignoro, aun cuando dice que sirvió á mis órdenes. La cita será larga, y por más que la narración pudiera sufrir enmiendas, es bella y verídica; vale la pena de ser leída. El libro titulado: *Recollections of a service of three years during the war-of-extermination in the Republics of Venezuela and Colombia-London*, 1828, dice:

«Cuando me encaminaba hacia Barinas, algunos de los naturales me informaron de que Bolívar tenía su campo á pocas millas de esta ciudad, en la dirección de la villa de Arauca, y entonces me dirigí á este punto para reunirme con él. El bravo General Páez, aunque no me conocía, me recibió con la mayor cordialidad, y viéndome débil, á consecuencia de una herida que había recibido en el encuentro con los españoles, me ofreció generosamente cederme las pocas comodidades de que podía disponer hasta el completo restablecimiento de mi herida.

«Sólo á la naturaleza debe este hombre heroico y noble todas sus ideas y virtudes. Criado en un territorio completamente salvaje, sin que le favorezcan las ventajas del nacimiento ni de la fortuna, y sólo por su mérito persona.,

sus proezas é indomable valor manifestado en los incidentes que se le han presentado durante la contienda revolucionaria, le han elevado hasta llegar á ser caudillo de las
fuerzas nacionales que prestan más eficaz auxilio en todo el
territorio. Es natural de los llanos de Capac (sic) y descendiente de la horda de llaneros que siempre han vivido en
ellos del modo más bárbaro y salvaje. Cuando comenzaron
los primeros movimientos revolucionarios, era joven y servía
en clase de soldado en una de las partidas que se levantaron
en los llanos; pero en tan humilde posición halló bien
pronto medios de distinguirse entre sus compañeros.

«Su fuerza y valor extraordinarios le dieron siempre la
victoria sobre sus rivales en los ejercicios gimnásticos á que
se dedican diariamente los llaneros, y por la destreza que
había adquirido con la práctica en el manejo de la lanza,
arma favorita de aquéllos, podía fácilmente someterlos
cuando se suscitaban disputas entre éllos: tanto por ésto
como por ser muchos los enemigos que ponía fuéra de
combate en las numerosas escaramuzas que se le ofrecían,
alcanzó el respeto de todos sus compañeros, mientras que
su carácter afable y nada pretensioso le valieron la amistad
de éstos.»

«Ni en el actual período, ni en ninguno de los anteriores, ha manifestado deseos de engrandecerse, pues en
todos los hechos de su vida se ha portado siempre con el
mayor desinterés y la más grande indiferencia por cuanto
pudiera proporcionarle utilidad privada.»

«El fin que por lo regular toca á los caudillos de estas
partidas y el general aprecio en que todos tenían á Páez, le

colocaron bien pronto en el rango de jefe. Muerto en una acción el que mandaba la partida á la cual él pertenecía, toda la tropa inmediatamente y por unanimidad le eligió su jefe, y como tal ejecutó tantos actos de bravura y de tan completos resultados que continuamente se le unían voluntarios, y bien pronto vió aumentarse el número de su gente hasta dos mil hombres, de sólo trescientos que eran al principio. Con éstos emprendió operaciones en mayor escala, y pronto llegó á ser el enemigo más formidable que tenían los españoles en Venezuela, pudiendo decirse con toda justicia y verdad que á él se debió en mucho la independencia de esta parte de Colombia, mientras sus esfuerzos en la causa de Nueva Granada no fueron de menor utilidad para la misma.

«Cuando yo servía con él, Páez no sabía leer ni escribir, y hasta que los ingleses llegaron á los llanos no conocía el uso del cuchillo y del tenedor: tan tosca y falta de cultura había sido su vida anterior; pero cuando comenzó á rozarse con los oficiales de la Legión Británica, imitó sus modales, costumbres y traje, y en todo se conducía como éllos hasta donde se lo permitían los hábitos de su primera educación. Mide cinco pies y nueve pulgadas, tiene buena musculación, buenas formas, y posée admirable fuerza y agilidad. Es de rostro hermoso y varonil, con cabellos espesos, negros y crespos: sanguíneo de temperamento, ardiente, generoso y afable de caracter, y su inteligencia, aunque sin cultivo, posée todas las virtudes que más resaltan á la naturaleza humana. Sincero, franco, sencillo, es el mejor de los amigos, y como no conoce pasiones mezquinas, es el más generoso de los enemigos. Gusta muy especialmente de los ingleses, á quienes llama hermanos, y ha abogado siempre con el mayor entusiasmo por los títulos que tienen á la gratitud del país. Su intrepidez lo hace á su vez acreedor al amor de ellos, y exceptuando solamente á Mariño, es Páez el jefe de Colombia que goza de más popularidad entre los ingleses.

«Varias veces, cuando los celos de los oficiales del país los ha arrastrado á cometer la injusticia de hacer duras observaciones sobre los servicios de la Legión Británica, Páez reprendiéndolos oportunamente, los ha contenido, y fue el único que, salvo pocas excepciones, reconoció ingenuamente el beneficio que los ingleses habían hecho á la causa de la libertad, siendo el único también que solicitó un testimonio público de agradecimiento por parte del Congreso.»

«Tan numerosos y romanescos son los hechos de este hombre extraordinario, que escribiríamos más de un volumen si quisiéramos enumerar cada uno de los episodios de su vida. Referiré, sin embargo, uno que caracteriza su bravura y resolución en las circunstancias apremiantes, al par que explica la reputación militar que ha alcanzado.»

«Hallábase Bolívar en los llanos de Apure con sus tropas desfallecidas de hambre y sin medios de proporcionarse víveres para el ejército, á menos que no hiciera una marcha tortuosa de muchas leguas, lo cual no le permitía la debilidad de las tropas si no llegaba al punto donde deseaba, atravesando el río Apure, en cuya orilla opuesta pacía una multitud de ganado á vista de las hambrientas tropas. Esto último no podía llevarse á efecto, porque no tenía Bolívar embarcaciones de ninguna clase, ni madera para construir balsas, y también porque el enemigo tenía en medio del río siete flecheras bien armadas y tripuladas. Bolívar, desde la orilla lo observaba todo, lleno de desesperación, y se paseaba á lo largo de aquélla cuando Páez, que le había estado contemplando, se le acercó á caballo y le preguntó la causa de su inquietud. S. E. le dijo : «daría el mundo entero por apoderarme de la escuadrilla española, porque sin ella no puedo cruzar el río y las tropas no pueden marchar.» «Dentro de una hora será de usted, replicó Páez. «Imposible! dijo Bolívar, y la gente debe perecer.»—«De mi cuenta corre,» dijo Páez, y se alejó á galope. A los pocos minutos volvió trayendo su guardia de honor, compuesta de trescientos lanceros, escogidos entre los principales por su ya experimentado valor y fuerza, llevándolos á la orilla del río les dijo estas breves palabras: «Debemos apoderarnos de esas flecheras ó morir. Sigan á su tío (7) los que quieran. Al mismo tiempo, picando espuelas á su caballo, se lanzó con él al río y le hizo nadar en direccion á la escuadrilla. Siguióle la Guardia con las lanzas en la boca, nadando con un brazo y acariciando con la otra mano los cuellos de los caballos, animándolos á nadar contra la corriente y dando voces para ahuyentar la multitud de caimanes que había en el río. Llegaron así á los botes, y montando los caballos se lanzaron de sus lomos á bordo de aquellos, guiados por su jefe y con gran admiración de los que los observaban desde la orilla del río, se apoderaron de todas las flecheras. A oficiales ingleses parecerá inconcebible que un cuerpo de caballería, sin mas armas que las lanzas, ni otro medio de trasporte que el caballo en la rápida corriente de un río, ataque y tome una escuadrilla de cañoneras, en medio de una multitud de caimanes; pero por extraño que parezca el hecho, es cierto, y existen hoy muchos oficiales en Inglaterra que pueden dar testimonio de él.

_____

(7) Este nombre daban los llanéros generalmente á Páez, sobre todo su Guardia de Honor, que gozaba de más privilegios que los demás.

«Es sorprendente la fuerza que la naturaleza ha concedido al General Páez. En cualquiera ocasión y por mero pasatiempo, mientras sus tropas están cogiendo ganado salvaje con el lazo, él señala un toro entre toda la manada, y persiguiéndole en su caballo á carrera tendida, le coge por el rabo, y dando á este una vuelta repentina, derriba al animal sobre uno de sus costados. Si en sus excursiones tropieza con un tigre ó puerco montés, inmediatamente le atraviesa con la lanza.

« Se sabe que ha hecho morder el polvo con su brazo á treinta ó cuarenta hombres en un solo encuentro, y el es sin disputa la primera lanza del mundo.

« Desde que llegó á darse á conocer ha tenido á sus ordenes de 3,000 á 4,000 hombres, todos de la tribu llanera, que constituyen el cuerpo de indígenas más formidable del país: con cuya ayuda, de estos á más de su incansable actividad, ha sujetado y entretenido al general Morillo. Siempre se ha mostrado Páez el más encarnizado enemigo de la tiránica dominación española, así como terrible vengador de las injurias hechas á su Patria. Por semanas y meses consecutivos·no ha perdido la pista á Morillo, siguiéndole por todas partes como si fuera su sombra, y aprovechándose de la primera oportunidad para lanzarse en su campamento durante la noche, acompañado solo de 150 ó 200 hombres, y haciendo gran carnicería en todos los que encontraba en su camino, se retiraban siempre con insignificante pérdida. Otras veces, cuando el ejército realista pasaba por el territorio, escogía el momento favorable en que estaban sus tropas rendidas por las fatigas de un dia de marcha, y quitándoles todo el ganado y acémilas, las dejaba sin provisiones. El mismo Morillo confesó que, marchando de Caracas á Santa Fé de Bogotá, sufrió la perdida de más de 3,000 hombres y

la de todos sus pertrechos, á consecuencia de los incesantes
ataques que le dió Páez, y viéndose obligado á abandonar el
objeto de su expedición hasta que no vinieran nuevas fuerzas
en su auxilio.

« Los llaneros son naturales de las llanuras de Capac y
del Apure. Se enrolan como si fueran milicianos, pero no
reciben mas paga que la parte de botín que les toca en las
batallas. Montan caballos que acostumbrados á sufrir el
hambre y la fatiga, son los animales mas útiles y resistentes
del mundo. Aprenden á ejecutar cuanto á sus dueños se
les antoja.

« En el campo ó en la caza, caballo y ginete parece
que obran por un solo impulso, pues la sagacidad del primero le hace comprender el más leve movimiento del segundo. Los llaneros tienen malos vestidos y equipos:
ambos son de la misma clase que los usados por las guerrillas que manda el coronel Montes; pero son mucho más
valientes que estos y más á propósito para las operaciones
militares: son diestros y activos y ejecutan cualquier movimiento que se les manda, con asombrosa celeridad. Su
única arma es la lanza, cuya asta hecha de madera ligera y
elástica, pero fuerte y duradera, mide de nueve á doce piés
de longitud. El hierro de la lanza no es como el de la caballería europea, sino que tiene la figura de una gran cuchilla,
cuyos cortes son tan afilados como el de una navaja de
buena calidad, metal y temple. Aseguran el hierro con
correas de cuero que se ciñe fuertemente al asta desde el
punto de encaje hasta ocho pulgadas más abajo. El llanero
dá á sus hijos, cuando son todavía muy pequeños, una
lanza corta para acostumbrarlos á manejarla, y antes de ser
admitidos en las filas es preciso que estén bien instruidos
en el uso de esta arma y que sepan coger un caballo

salvaje que no haya sido nunca montado, y después de
ponerle el grande y duro bocado que ellos usan, salir al
campo inmediatamente. Por lo tanto, comienzan á hacerse ginetes desde el momento en que pueden tenerse sobre el caballo de sus padres, y la práctica constante
les dá tan grande seguridad que irán impávidos en su caballo
por el borde de un precipicio ó sobre rocas que á cualquiera
ginete menos hábil harían temblar de horror. No tienen
ningún respeto por sus oficiales superiores; para éllos todos son iguales; pero no por eso dejan de obedecer sus
órdenes en el campo de batalla cuando saben que puede
costarles la vida el mirarlas con indiferencia. En esto consiste, á mi ver, toda su disciplina; pues fuéra del campo
son sucios, desordenados, ladrones, y tratan á los oficiales,
que en verdad no son mejores que éllos, con la misma libertad con que se tratan los unos á los otros.

« Era muy común ver á uno de estos bribones acercarse al General Páez, llamarle tío ó compadre y pedirle lo que
necesitaba, seguro de que el buen corazón de éste no se
negaría á concederle lo que le pedía. Si estaba ausente
cuando ellos querían verle, iban por todo el campo ó el pueblo en busca suya, pronunciando aquellos nombres con voz
estentórea, hasta que él los oía y accedía á la petición que
les hacían. Otras veces, encontrándose de servicio, y cuando él estaba comiendo (lo que hacía regularmente en el
campo) se le antojaba á uno de ellos un pedazo de tasajo ú
otra cosa cualquiera que él iba á comer, con la destreza
que les es peculiar, el antojadizo iba por detrás y se lo arre-
bataba de la mano. Entonces él *riéndose les decía*:
« BIEN HECHO! »

«Cuando hay algo que les interesa muy particularmente
y sobre todo cuanpo están enamorados, los llaneros se ex-

presan en coplas improvisadas ; sus versos son regularmente
muy oportunos y de significación muy adecuada á las cir-
custancias. Saben puntear también una guitarra de construcción algo tosca, con la cual acompañan sus improvisa-
ciones para dar serenatas á sus queridas.

«Como resultado de su educación, contraen el hábito de
apropiarse lo ageno y tan enviciados están en ello que no
hay temor de castigo que les sirva de escarmiento. Los llaneros son hombres de elevada talla y buena musculación,
capaces de sufrir grandes fatigas y por lo general muy só-
brios, pero falaces, astutos y propensos á la venganza.
Para satisfacer esta pasión no se detienen en medios,
poniendo en práctica las acciones más crueles y sanguina-
rias. Derraman la sangre de sus más queridos deudos por
el motivo mas trivial, y con la mayor indiferencia y á no
haberlos contenido en alto grado la actividad y energía de
su caudillo, éllos se hubieran apoderado de todas las riquezas
del país. El General Páez posee todos los requisitos necesarios para mandar á esa gente y tenerla sometida ; es tal
vez el único hombre en Colombia que puede contener eficazmente su rapacidad y la pasión que tienen por el asesinato.
No los gobierna por medio de leyes, sino que confía en sus
propias fuerzas para aplacar los disturbios y castigar las
faltas. Cuando alguno comete acción que merece castigo,
ó manifiesta disgusto por las providencias que él ha tomado,
lo amenaza con un combate cuerpo á cuerpo, que él se vé
obligado á aceptar, conforme á la costumbre, ó exponerse á
que sus compañeros lo arrojen de las filas. Así reciben el
castigo de su falta por manos de su mismo jefe, cuyo valor
siempre le saca vencedor ; y esta circunstancia, más que
ningún otro medio, aumenta el respeto que le tienen semejantes soldados.

« El general **Páez** padece de ataques epilépticos cuando se excita su sistema nervioso, y entonces sus soldados le sujetan durante el combate ó inmediatamente después de él.

« El modo de batirse los llaneros consiste en dar repetidas cargas con la mayor furia á lo más denso de las filas enemigas, hasta que logran poner en desorden la formación y entonces destrozan cuanto ven en torno suyo. Al principio de estos ataques son tan violentos los esfuerzos de Páez, que le acomete un vértigo y cae del caballo, el cual está tan bien enseñado que se detiene en el momento que siente que el ginete se ha desprendido de su lomo; el hombre queda en tierra hasta que algunos de sus compañeros vienen á levantarlo. Llévanle entonces á retaguardia, y el único medio de hacerle recobrar el sentido es echarle encima agua fría, ó si se puede, sumergirlo prontamente en élla, sacudiéndole al mismo tiempo. Estos ataques lo han puesto en grandísimos peligros, pues el enemigo ha pasado varias veces sobre él antes que su gente se acercara á ponerlo en salvo. Después de estos accidentes queda muy débil por algunos días, si bien invariablemente vuelve á presentarse en el campo cuando se ha restablecido lo suficiente para tenerse á caballo antes que termine el combate. No ha dejado de hacerlo á pesar de hallarse privado del uso de la palabra después de un grave accidente. En una palabra, es por todo un hombre maravilloso, y si se tratara de referir todos los incidentes de su vida, habría materia más para escribir un romance que una biografía creíble. Es especialmente sincero, patriota y ciertamente un brillante ornamento de su patria, la que sin duda le debe los principales medios de continuar siendo república· »

Repito que á esta narración pudiera hacerse algunas enmiendas y ahora añado que no pocas serian requeridas por la modestia. Mas ya que tanto y tanto se ha escrito contra mí, ?por qué tambien no publicar lo que en mi favor se ha dicho?

Continuemos la interrumpida narración.

CAPITULO X

MARCHA SOBRE CALABOZO.—ME APODERO DEL GANADO QUE EL ENEMIGO TENÍA EN LA ORILLA DE ESTA CIUDAD.—MORILLO SALE CON SU ESTA-DO MAYOR Á CERCIORARSE DE LA PROXIMIDAD DE NUESTRO EJÉRCITO. —CARGA QUE LE DIMOS Y PELIGRO QUE CORRIÓ EL GENERAL EXPE-DICIONARIO.—DERROTA DE TRESCIENTOS HÚSARES EUROPEOS.— PLAN DE BOLÍVAR.—MI OPINIÓN SOBRE DICHO PLAN.—RESPUESTA Á LOS CARGOS DE INSUBORDINACIÓN QUE ME HA HECHO RESTREPO.— EL PLAN DE CAMPAÑA QUE PROPUSE AL LIBERTADOR.—VOY Á TOMAR LA PLAZA DE SAN FERNANDO.—ENCUENTROS EN EL CAÑO DE BIRUACA, EN EL NEGRO Y EN LA ENEA—REUNIÓN DE LAS FUERZAS DEL CORONEL LÓPEZ CON LAS DEL GENERAL LATORRE.—BOLIVAR SE REUNE DE NUEVO CONMIGO.—PERSECUCIÓN DE LATORRE.—COMBATE EN ORTIZ. —MUERTE DE GENARO VÁSQUEZ.—MI MARCHA CONTRA LÓPEZ. —EL LIBERTADOR SE SALVA MILAGROSAMENTE EN EL RINCÓN DE LOS TOROS.—MOVIMIENTO DE LATORRE.—ACCIÓN DE COJEDES.—MARCHO Á SAN FERNANDO.—VUELTA Á ACHAGUAS.—LAS TROPAS DE SAN FERNANDO ME NOMBRAN GENERAL EN JEFE.—DEFENSA DEL EJÉRCITO DE APURE.

1818

El hecho que acabo de referir ocurrido en la boca del Coplé, á menos de una milla de San Fernando, prueba que no hay peligro por grande que sea que á los hombres desapercibidos no les parezca incomparablemente mayor.

Pasó pues, el ejército con la mayor rapidez, y Bolívar sin perder tiempo se puso en marcha sobre Calabozo, no por el camino real sino por otra vía extraviada á fin de evitar el ser visto por alguna patrulla enemiga que fuera á dar aviso de su marcha á Morillo. Antes de su aproximación, dejó al coronel Miguel Guerrero con un escuadrón al frente de San Fernando para que impidiese á los de la plaza salir á buscar víveres y con objeto también de tener expeditas nuestras comunicaciones, y conservar nuestra línea de operaciones con Apure y Guayana. Logramos hacer la marcha sin ser descubiertos, y atravesamos el Guárico por el hato de Altagracia : cruzamos el río Orituco por el paso de los Tres Moriches y pasamos la noche en su ribera derecha á tres leguas de Calabozo. A las cuatro se movió el campo y yo me adelanté con una partida de caballería y el ánimo de ir á apoderarme del ganado que tenía la guarnición para racionar sus tropas en un corral á la orilla de la ciudad. Logróse la operación al ser de día y retirando el ganado á nuestra espalda me quedé á orillas de la ciudad, en la sabana limpia que demora al Suroeste.

Cuando se le participó á Morillo que la partida de caballería que se había llevado el ganado permanecía á orillas de la ciudad, lo que hacía creer que un ejército enemigo venía hacia élla, saltó de la cama exclamando: "¿Qué ejército puede venir aquí? Solo que lo haya hecho por el aire.»

Para cerciorarse mejor, montó á caballo y salió hasta los arrabales de la ciudad con su Estado Mayor y doscientos infantes que dejó emboscados á su espalda. Al ver el equipo de ginetes que le acompañaban, juzgué sin tardanza que debía ser Morillo con su Estado Mayor: con mis compañeros fuí poco á poco acercándomele hasta que volvieran caras

para retornar á la ciudad, y entonces cargarles á todo escape á fin de lancearlos antes de que entraran en la plaza.
El nos esperó hasta que no creyó prudente dejárnos acercar
más, y al volver riendas, los cargamos nosotros con tal tesón
y tan de cerca, que ya el bizarro Aramendi iba á atravesarle
con su lanza cuando un capitán de Estado Mayor, de nombre
Carlos, se interpuso entre los dos y murió del golpe recibido
por salvar la vida á su jefe.

Entretanto nos hizo fuego la emboscada que había
quedado á nuestra espalda, y á semejante precaución
debió Morillo su salvación y la de su Estado Mayor,
pues á no haberlo hecho, ni un solo hombre hubiera escapado en la carga que les dimos hasta las bocacalles
de la ciudad. Tuvimos al fin que volver á la sabana
rompiendo la emboscada que nos había quedado á la
espalda.

Lamentábamos que se nos hubiese escapado tan importante presa, cuando el capitán (después general) Francisco
Guerrero dijo: "Allí viene una columna de infantería y caballería, y no es de nuestro ejército, pues trae otra dirección."
Salimos á reconocerlos y encontramos que era un cuerpo
de trescientos infantes y trescientos húsares, todos europeos,
que estaban apostados en la Misión de Abajo para marchar
al Apure, adonde pensaba dirigirse Morillo cuando se le
incorporara la caballería. Cargámosles y fuimos rechazados: los húsares nos persiguieron y cuando los vimos
separados de la infantería, volvimos cara y los pusimos
en completa derrota, no habiendo podido entrar en la plaza sino unos sesenta. El Libertador que venía ya cerca con el
ejército, oyó el fuego y mandó que la Guardia de Ape
á todo galope acudiera á reforzarnos, y después envió
además la compañía de cazadores del batallón Barcelona al

mando del capitán José María Arguíndiguez. Con este auxilio continuamos más vigorosamente el ataque contra el enemigo que había sido reforzado por los doscientos hombres que sacó Morillo cuando salió á las orillas de la ciudad. Seis ú ocho cargas dió la Guardia sin poder romper el cuadro de la infantería realista, hasta que echando pie á tierra y con lanza en mano avanzó con los cazadores, y destruyó toda aquella fuerza que se defendía con sin igual denuedo. (8)

Nuestro ejército constante de dos mil infantes y más de dos mil caballos, con cuatro piezas de artillería, llegó y formó frente á la ciudad en la llanura limpia.

El batallón realista Castilla, que estaba en la Misión de Arriba, logró entrar en la plaza sin más pérdida que sus equipajes y algunos prisioneros.

Morillo no teniendo víveres ni para ocho días se creía ya perdido, y en efecto hubiéramos podido acabar con él si Bolívar hubiese abandonado la idea de dejarle en los llanos para ir á apoderarse de Caracas. Tan gran importancia daba á la ocupación de la capital, que no le detuvo la idea de dejar al jefe español en un territorio donde muy en breve reuniría sus fuerza y marcharía después en busca nuestra.

Emprendimos pues la marcha y el ejército recruzó el Guárico por el paso de San Marcos, y de allí siguió al pueblo

---

(8) Los soldados españoles se batieron con tal desesperación que nuestros llaneros, comentando por la noche los sucesos del día, decían (me permitiré repetirlo en sus mismas palabras) que " cuando quedaban cuatro, se defendían c.... con c....» Es decir, que hasta sólo cuatro formaban cuadro. Certísimo ; no se rendían y, era menester matarlos.

del Rastro, dejando frente á Calabozo al comandante Guillermo Iribarren con su escuadrón para observar los movimientos del enemigo.

En el pueblo del Rastro á tres leguas de Calabozo, camino de Caracas, me llamó Bolívar á una conferencia fuéra de la casa con objeto de saber mi opinión sobre su plan de dejar á Morillo en Calabozo para ir sobre la capital. Dijome que su objeto era apoderarse de élla, no sólo por la fuerza moral que daría á la causa semejante adquisición, sino por la seguridad que tenia de reunir cuatro mil paisanos en los valles de Aragua y Caracas con que reforzaría al ejército. Yo le manifesté que siempre dispuesto á obedecer sus órdenes, no estaba, sin embargo, de acuerdo con su opinión, porque ninguno de sus argumentos me parecía bastante fuerte para exponernos al riesgo de dejar por retaguardia á Morillo, quien muy pronto podría reunir las fuerzas que tenía repartidas en varios puntos poco distantes de Calabozo, las cuales en su totalidad eran más numerosas que las nuestras: que nuestra superioridad sobre el enemigo consistía en la caballería; pero que ésta quedaba anulada desde el momento que entrásemos en terrenos quebrados y cubiertos de bosques, á la vez que por ser pedregosos veríamos en éllos inutilizados nuestros caballos.

Manifestéle además que no era prudente dejar en Apure la plaza fortificada de San Fernando, y que aunque lograse el reclutamiento de toda la gente que él esperaba reunir, no tendríamos elementos para equiparla. La conferencia fue tan larga y acalorada que llamó la atención á los que observaban de lejos, quienes tal vez se figuraron que estabamos empeñados en una reñida disputa.

Al amanecer del día siguiente, sin que Bolívar hubiese resuelto nada definitivamente, vino un parte de Iribarren, que según va dicho, había quedado en observación del enemigo cerca de Calabozo, en el cual participaba que Morillo á media noche había evacuado la ciudad y que hasta aquella hora no sabía la dirección que había tomado. Inmediatamente ordenó Bolívar que el ejercito contramarchase á Calabozo, y aunque los prácticos de aquellos lugares le dijeron que continuando la marcha hacia Caracas podríamos repasar el río Guárico por el vado de las Palomas y salir al enemigo inopinadamente por delante, él insistió en su resolución diciendo que al enemigo era siempre conveniente perseguirle por la huella que dejaba en su marcha, y que era por lo tanto indispensable ir á Calabozo para informarse con exactitud de la vía que había tomado.

Llamamos aquí vivamente la atención del lector para que compare esta relación con la que Larrazábal copia de Restrepo, y no podrá menos de sorprenderse al ver cómo se desfiguran los hechos cuando los refieren quienes han tenido noticias de ellos por conductos mal intencionados ó cuando relatan lo que no vieron.

Marchamos pues á Calabozo, ya ocupado por Iribarren : allí un tal Pernalete me dijo que álguien había manifestado á Bolívar que yo había adelantado mis fuerzas con el objeto de saquear la ciudad. Lleno de indignación me presenté inmediatamente á Bolívar, que estaba en la plaza, y le dije que si se le había dicho semejante cosa, estaba resuelto á castigar con la espada que ceñía en defensa de la Patria, al que hubiese tenido la vileza de inventar la pérfida calumnia. Bolívar irritado sobre manera al ver tal falsedad, me contestó : falta á la verdad quien tal haya dicho; déme usted el nombre de ese infame y mordaz calumniador para hacerle fusilar inmediatamente.

Díme por satisfecho con estas palabras, mas no quise exponer á Pernalete á sufrir las consecuencias de la cólera de Bolívar.

Es muy probable que algunos de los que presenciaron aquella escena la tradugeran como una falta de respeto al jefe supremo y seguramente por tal motivo comenzó á rugir- se que nuestros ánimos estaban mutuamente mal dispuestos y que tal iba á ser la causa de que suspendiéramos la per- secución de Morillo.

Se equivocaron los que tal cosa creyeron, pues luego de almorzar juntos aquel mismo día, salimos en persecución de Morillo á eso de las doce.   A pesar del tiempo perdido en Calabozo, le habríamos alcanzado con todo el ejército, si por una equivocación, nuestra infantería no hubiese tomado el camino del Calvario en vez del de el Sombrero, de suerte que cuando se le avisó que iba mal, tuvo que desandar más de una legua para tomar el camino que debía,   En nuestra marcha íbamos cogiendo prisioneros á los rezagados, y cuando salí al lugar de la Uriosa, llano espacioso y limpio, y llevando conmigo sólo quince hombre de caballería, entre éllos los valientes jefes general Manuel Cedeño y coronel Ra- fael Ortega, alcancé la misma retaguardia del enemigo, ha- ciendo prisioneros á los que encontré bebiendo agua en un *jagüey* y sucesivamente á todos los que iban llegando á este punto.   Hice por todo cuatrocientos prisioneros á la vista del jefe enemigo.

Eran las cinco de la tarde : á las seis, cuando el sol se ponía, como se me hubiesen incorporado unos ciento cincuen- ta hombres de la caballería, dí una carga al enemigo que permanecía separado de nosotros por la quebrada de la Uriosa, con objeto de batir á setenta húsares, avanzados como á tiro de fusil del ejército, que era la única caballería que tenía.

Los húsares, aunque buenos soldados de á caballo, no resistieron nuestra carga y cuando en su fuga llegaron al punto donde estaba la infantería, ésta rompió el fuego contra éllos y nosotros, muriendo siete húsares y tres caballos por las balas de sus mismos compañeros. Nosotros fuimos rechazados sin ninguna pérdida.

Nuestro ejército á las nueve de la noche estaba ya reunido en la Uriosa, y á esa hora continuamos la persecución; el día siguiente por la mañana estábamos como á una milla del pueblo del Sombrero donde nos esperaba el enemigo, que había tomado sus medidas de resistencia en el paso del vecino río.

Allí aguardamos al Libertador para que oyese la declaración de un desertor de los húsares realistas que se nos presentó montado en el caballo del jefe español Don Juan Juez, el cual nos aconsejaba no fuéramos por el paso real del río, porque en la barranca opuesta tenía Morillo emboscados de setecientos á ochocientos hombres entre granaderos y cazadores, y como la subida de la barranca era muy estrecha, sería mejor que tomásemos un sendero inmediato por donde podíamos pasar el río sin oposición y salir al pueblo por sabana limpia.

Llegó Bolívar, é impuesto de todo esto, oyó mas bien los consejos de su carácter impetuoso que todas las observaciones del húsar. Al incorporársenos la infantería dijo: «Soldados, el enemigo está allí mismo en el río—A romperlo para beber agua! Viva la patria!—A paso de trote!»

Llegó nuestra infantería hasta la playa del río y en menos de un cuarto de hora de un vivo fuego fue rechazada, con pérdida considerable, sobre todo de oficiales. Afortunadamente teníamos la caballería en el paradero del Samán, y cuando el enemigo la observó, abandonó la persecución y retrocedió á ocupar sus primitivas posiciones en la margen opuesta del río. Esto nos dió la ventaja de tener tiempo suficiente para llamar y reunir nuestros dispersos.

Por la tarde atravesamos el río en el punto indicado por el húsar, pero sin lograr nuestro objeto, porque Morillo había continuado su retirada aquella misma noche tomando el camino de Barbacoas y entrando en terrenos quebrados donde no fué posible continuar la persecución, porque todos los caballos estaban sumamente despeados, y entre muertos, enfermos y desertores había hasta cuatrocientas bajas en la infantería.

Del Sombrero regresamos á Calabozo, y en en esta ciudad conferenció Bolívar conmigo sobre cuál sería el mejor plan que debíamos adoptar en tales circunstancias.

Repetíle entonces que creía de la mayor importancia no dar un paso adelante sin dejar asegurada nuestra base de operaciones, que debía ser la plaza de San Fernando, que era necesario arrancarla al enemigo, porque en su poder era una amenaza contra Guayana en el caso de que sufriéramos un revés. Dije también que debíamos además ocupar todos los pueblos situados en los llanos de Calabozo: que tratáramos de atraer á nuestra devoción á sus habitantes, siempre hasta entonces enemigos de los patriotas, aumentando así nuestra caballería con mil ó dos mil hombres que servían á los realistas, y continuarían engrosando sus filas, si no usábamos de un medio para atraerlos á las nuestras.

En mi opinión contribuiría mucho á este objeto la toma de San Fernando. Recordé á Bolívar que de aquellos llanos había salido el azote de los patriotas en los años de 1813 y 1814, y en fin que me parecía sumamente arriesgado dejarlos á nuestra espalda cuando fuésemos á internarnos en los valles de Aragua, para dar batalla á un enemigo fuerte en número, valiente y bien disciplinado. Advertíle además que la mitad de nuestra caballería no llegaría á dichos valles, por ser quebrados y pedregosos los terrenos que teníamos que atravesar, en donde nuestros caballos quedarían inutilizados. Si la fortuna no nos daba una victoria en los valles de Aragua ó en su tránsito, era más que probable nuestra completa ruina, porque los llaneros de Calabozo acabarían con nosotros antes de llegar al Apure y el ejército enemigo nos seguiría hasta su plaza fortificada de San Fernando, y embarcando allí con la mayor facilidad mil ó dos mil hombres en cinco ó seis días, iría á Guayana, río abajo, la cual ocuparía sin oposición porque nosotros no teníamos allí fuerzas ningunas. Ocupada Angostura por los realistas, se nos cerraba el canal del Orinoco por donde recibíamos elementos de guerra del extranjero.

Vana era la esperanza de que Miguel Guerrero tomase á San Fernando, pues el enemigo despreciaba tanto á este jefe que con toda impunidad hacía frecuentes salidas de la plaza para ir á forrajear por la ribera derecha del Apure y en las orillas del caño de Biruaca, volviendo después á la ciudad cargado de víveres sin que el sitiador le pusiese el menor obstáculo.

Por todas estas razones convino Bolívar en que yo fuese á tomar á San Fernando

A mi llegada á la plaza encontré á Guerrero reforzado por doscientos hombres llegados de Guayana.

Antes de estrechar el sitio envié por tres veces un parlamento al jefe de la guarnición, ofreciendo perdón para él y todos los que le acompañaban; pero se negó á recibirlo, y el día 6 de marzo, á las tres de la mañana, salió de la plaza con toda su guarnición por el camino que conduce á Acháguas con el objeto de dirigirse á la provincia de Barinas. Se les persiguió con calor, y á las siete de la mañana fueron alcanzados en el caño de Birnaca donde resistieron con bastante tenacidad al ataque que se les dió. Los bosques del caño le facilitaron la retirada al del Negro, que no estaba muy distante, y allí hubo un segun lo combate en el que mi vanguardia de doscientos cazadores fue rechazada á la bayoneta.

Un poco más adelante del Negro tuvimos otro encuentro y les hicimos retirar hasta el sitio de la Enea, donde á la orilla de un espeso bosque se hicieron fuertes y resistieron con valor admirable. Oscureció, y ellos y nosotros permanecimos en nuestras respectivas posiciones; la noche hizo callar el estruendo de las armas. Al amanecer del día siguiente volvimos á romper el fuego, y á los pocos minutos se rindieron los realistas. A nuestros gritos de victoria, varios de sus jefes y oficiales emprendieron la fuga; pero como en el Apure los realistas no encontraban amparo, fueron todos aprehendidos, con excepción de cuatro ó seis que pudieron salvarse. Mandaba aquellas tropas del rey el comandante José M. Quero, caraqueño, hombre de un valor á toda prueba, que á pesar de haber recibido en los primeros ataques dos heridas, una de ellas mortal, siguió impertérrito mandando á su gente siempre que fue atacada. Nosotros por nuestra parte perdimos siete oficiales de caballería, entre ellos el capitán Echeverría y tres más de este mismo grado.

También fue herido el esforzado comandante Hermenegildo Mugica; las demás desgracias fueron veinte muertos y treinta heridos. (9)

La relación sencilla de lo ocurrido basta para desmentir el error de la obra del Sr. Restrepo cuando dice que contra la opinión y voluntad de Bolívar marché á apoderarme de San Fernando. Tal conducta habría sido una deserción por mi parte, y no hubiera yo vuelto á reunirme con él como lo hice tan luego como me participó desde la ciudad de la Victoria que necesitaba de pronto auxilio porque se creía en situación muy comprometida. Esta comunicación fue la primera noticia que tuve de su marcha hácia Caracas.

El coronel Don Rafael López, después de la derrota que sufrió Bolívar en Semen, salió de los Tiznados con cerca de mil hombres de caballería para cortar á los que huían, y en la sabana de San Pablo y sitio llamado Mangas Largas sorprendió al comandante Blanca que llevaba alguna gente de los derrotados, y pasó á cuchillo á todos los que cayeron en su poder. Por fortuna, ya el Libertador había pasado de aquel sitio y se hallaba en la ciudad de Calabozo, y muchos de los derotados habían tomado otras direcciones desde el pueblo de Ortíz, á seis leguas de Mangas Largas.

Latorre vino á la cabeza del ejército vencedor en Semen y López se unió á él en el paso del caño del Caimán, donde

---

(9) En la plaza principal encontramos la cabeza del honrado, del valiente, del finísimo caballero comandante Pedro Aldao, puesta por escarnio en una pica, de órden de Bóves, que la remitió desde Calabozo como trofeo. Al apearla para hacerle honores y darle sepultura cristiana, encontramos dentro de ella un pajarillo que había hecho en la cavidad su nido y tenía dos hijuelos. El pájaro era amarillo—color distintivo de los patriotas.

ejecutó su última matanza ; de allí marcharon juntos hasta el Banco del Rastro, una legua distante del pueblo de este nombre. El mismo día llegué yo á aquel punto con dos mil y cien hombres, entre infantería y caballería, por el camino de Guardatinajas é inmediatamente dí parte al jefe supremo de mi llegada y de que teniendo el enemigo á una legua distante de mí, estaba yo resuelto á darle batalla. Lievó el parte un oficial que le encontró en la laguna Chinea, á dos leguas de Calabozo. Contestóme Bolívar que lo esperara en el punto donde entónces me encontraba, y el día siguiente se me unió con unos trescientos hombres entre soldados y emigrados de los valles de Aragua.

El día antes de esta reunión, el general Cedeño me pidió veinticinco hombres de mi Guardia para ir á provocar la caballería enemiga ; pero esta no se movió de su campamento, aunque los nuestros se le acercaron á tiro de fusil.

El general Latorre que mandaba todo el ejército, por hallarse herido Morillo, (10) al saber mi llegada al Rastro se retiró hacia el pueblo de Ortiz; pero tan pronto como me reuní con Bolívar emprendimos la marcha sobre él á paso redoblado. No fue posible darle alcance en la llanura, porque él también redobló la marcha hasta llegar á los terrenos quebrados y á los desfiladeros.

El general realista, de paso por la sabana de San Pablo, mandó á López que se colocase en los Tiznados para cortar nuestra línea de comunicaciones con Calabozo y el Apure, y él nos esperó en el pueblo de Ortiz ocu-

---

(10) En la batalla de Semen lo hirió con lanza el entonces capitán Juan Pablo Farfán.

pando un punto bastante militar en las alturas que dominan el desfiladero de una cuesta antes de llegar á la población.

Allí empeñó Bolívar un combate de seis horas más que temerario, pues nuestra caballería no podía tomar parte en él por no permitirlo el terreno. Varias veces subía nuestra infantería y tenía que volver á bajar rechazada, y todo esto á pesar de repetírsele á Bolívar que por nuestra derecha había un punto por donde descabezar aquel cerro. Fue, pues, imposible forzar el paso, y allí tuvimos que lamentar entre otras la irreparable pérdida del coronel Genaro Vásquez, que fue herido de muerte cuando con un cuerpo de doscientos carabineros que mandaba, echó pie á tierra y logró llegar hasta la cima de la cuesta. Cuando fue herido Vásquez, una columna de infantería enemiga bajó por otro lado y llegó hasta el lugar donde estaba formado el resto de nuestra infantería, rechazándola unas doscientas varas; pero con el pronto y eficaz auxilio que le dí, mandando á Iribarren cargar vigorosamente con una columna de caballería, volvió el enemigo á su altura, y pudo Vásquez y su columna incorporársenos y no quedar cortada. Vásquez venía herido y en brazos de sus soldados. Aquella misma noche murió.

Ya el sol estaba al ponerse, y como teníamos una sed irresistible y no había allí agua para apagarla, dispuso Bolívar que nos retiráramos al punto donde la había, que estaba á nuestra espalda cosa de seis leguas de distancia. El enemigo se aprovechó del movimiento y se puso en retirada hasta los valles de Aragua, como á diez y ocho leguas de Ortiz. (11)

Bolívar marchó con el resto del ejército á San José de los Tiznados con el ánimo de obrar contra el enemigo por el occidente de Caracas, cambiando de este modo su línea de operaciones, pues el camino de la Puerta le había sido hasta entonces funesto. Llegamos al pueblo de San José de los Tiznados, y allí resolvió irse á Calabozo con parte de las tropas para organizar fuerzas con una columna que vino de Guayana. Yo recibí orden de marchar hacia San Carlos para que se me uniera allí el coronel Rangel, á quien, con un cuerpo de caballería se le había mandado obrar sobre el Occidente, atravesando la provincia de Barinas, y al mismo tiempo ver si podía yo batir á López que se encontraba en el Pao de San Juan Bautista. Excusó éste el combate que le ofrecí, y se retiró á las Cañadas por el camino de Valencia; pero cuando vió que yo pasé el Pao, se retiró á los Tiznados por la cordillera, camino de las Cocuizas, con la idea de batir á Bolívar que sabía venía á reunírseme con setecientos hombres de caballería y cuatrocientos infantes.

Estando López en el pueblo de San José esperando al Libertador, acampó éste con su fuerza en el Rincón de los Toros á una legua de San José. Al llegar á dicho pueblo supo que López estaba muy cerca y me envió al general Cedeño con veinte y cinco ginetes para decirme que me detuviera, pues ya él venía marchando á unirse conmigo. En la noche de aquel mismo día, un sargento de los nuestros se

_____

(11) La pérdida de Genaro Vásquez me fue muy dolorosa, pues era uno de los campeones de Apure con quienes contaba yo siempre que había que acometer todo género de empresas, por arriesgada que fuese. La patria

pasó al enemigo y reveló el santo y seña de la división, la fuerza de que constaba y el lugar donde descansaba el jefe supremo. Concibió entonces López la idea de sorprender al Libertador, y confió la operación al capitán Don Mariano Renovales, haciéndole acompañar de ocho hombres escogidos por su valor.

Entretanto Bolívar descansaba en su hamaca, colgada de unos árboles á corta distancia del campamento. Como á las cuatro de la mañana cuando el coronel Santander, jefe de Estado Mayor, iba á comunicar al Libertador que ya todo estaba preparado para la marcha, tropezó con la gente de Renovales, y después de exigir el santo y seña le preguntó qué patrulla era aquélla. Respondióle Renovales que venía de hacer un reconocimiento sobre el campo enemigo, según órdenes que había recibido del jefe supremo, que iba á darle cuenta del resultado de su comisión; pero que no daba con el lugar donde se hallaba. Santander le dijo que viniera con él, pues él también iba á darle parte de que todo estaba listo para marchar.

Habiendo llegado á la orilla del grupo de árboles donde Bolívar y su séquito tenían colgadas sus hamacas, le señaló una blanca que era la de aquél; apenas lo hubo hecho

---

agradecida no debe olvidar el nombre de este valiente, ya que no hay monumento que recuerde el de los que murieron por ella en los campos de batalla. Catorce años después de su muerte, recogi los huesos de tan gallardo compañero de armas y los llevé á Valencia : en memoria suya di su nombre á una laguna que se halla en el patio de mi hato de San Pablo donde estuvo enterrado primero.

cuando los realistas descargaron sus armas sobre la indicada hamaca. [12]

Afortunadamente hacía pocos momentos que éste la había abandonado para ir á montar su mula, y ya tenía el pie en el estribo cuando ésta espantada por los tiros, echó á correr dejando á su dueño en tierra.

Bolívar sorprendido con descarga tan inmediata trató de ponerse á salvo, y en la oscuridad de la noche no pudo atinar con el lugar del campamento.

Este hecho ha sido referido con bastante inexactitud por algunos historiadores de Colombia, y no ha faltado quien lo haya referido de una manera ridícula y poco honrosa para el Libertador. No debe sorprender que él no atinase con el campamento, pues el mejor llanero que se extravía en la oscuridad en aquellos puntos, se halla en el mismo caso que el navegante que, en medio del Océano, pierde su brújula en noche tenebrosa. A mí me ha sucedido creerme desorientado en los llanos durante toda una noche, y sin embargo al amanecer he descubierto que había estado muchas veces al pie de una misma *mata*.

Grande fue la confusión del campamento cuando vieron que Bolívar no aparecía; todos se figuraban que había muerto si no era prisionero de los enemigos. Al amanecer atacaron los realistas el campo de los nuestros, y hallaron muy poca resistencia porque aún duraba el pánico que la sorpresa había causado.

---

[12] La historia de lo acontecido me la refirió el mismo Bolívar. La descarga mató á algunos de los que acompañaban al Libertador.

En el ataque murieron algunos bizarros jefes, y cayeron prisioneros otros que después fueron fusilados por orden de Morillo.

Como compensación allí fue muerto Rafael López, el mejor jefe de caballería que llegaron á tener los realistas, tanto por su valor como por su sagacidad. Era natural de Pedraza, provincia de Barinas, y pertenecía á una de sus familias más conocidas.

El general Cedeño, aunque dormía á mucha distancia del campamento, oyó el fuego del combate y contramarchó para averiguar lo sucedido. Llegó al campo y no encontró amigos ni enemigos; pero comprendiendo que los patriotas habían sufrido un desastre, se fue á Calabozo en busca de Bolívar.

Los dispersos del Rincón de los Toros encontraron al Libertador y le dieron el caballo de López, que el comandante Rondón había cogido después de muerto su ginete.

Recibí noticia del desastre; pero como Bolívar no me envió ninguna contraorden, seguí mi marcha sobre San Carlos donde estaba Latorre con tres mil hombres.

Al llegar á la ciudad encontramos una partida de húsares que salía de élla y la arrollamos con nuestras lanzas, penetrando hasta la misma plaza dónde estaban acuarteladas las tropas en las casas de alto. De allí nos hicieron fuego, y tuvimos que retirarnos fuéra de la ciudad.

El general Latorre salió de la población y tomó posiciones en unos cerritos llamados de San Juan. Yo permanecí cinco días en la llanura frente á él, y sospechando que estaría esperando refuerzos, me pareció prudente retirarme al pueblo de Cojedes para mandar á llamar á Rangel que se encontraba en Cabudare, casi un arrabal de Barquisimeto. Rangel vino, pero con sólo doscientos hombres de caballería, diciendo que el resto de la columna se le había desertado Sin embargo de tener yo muy poca fuerza, resolví volver sobre San Carlos con la resolución de batirme contra cualquier número que se presentase. El mismo día que salí de Cojedes, en el sitio de Camoruco, me encontré inesperadamente con el enemigo que venía en mi busca después de haber sido reforzado con mil quinientos hombres, la mayor parte de caballería.

Tuve que contramarchar por no tener ni campo donde formar mi gente, pues el terreno es en aquellos puntos quebrado y muy poblado de árboles. El enemigo trató de atropellarme en la retirada con uno de sus batallones; pero en una vuelta del camino le cayó encima mi Guardia de Honor que yo había dejado allí apostada, y matándoles algunos hombres les hizo abandonar el camino, abriéndose á un lado y otro de él. Continué, pues, mi retirada en orden hasta la sabana de Cojedes, donde resolví esperar á los realistas, formando mis tropas al fin de la sabana, dando espaldas al pueblo que quedaba como á media milla.

Aunque ví que el enemigo era muy superior en fuerzas, pues tenía cerca de mil hombres, no perdí la esperanza de obtener un triunfo aquel día: tal era mi confianza en el valor y arrojo de mis tropas. Formé mis trescientos infantes en batalla en dos filas: coloqué la guardia de caballería al mando de Cornelio Muñoz á la derecha, y á la izquierda Iribarren con su escuadrón. El resto de la caballería al mando de Rangel, formaba la segunda línea.

Tanto al general Anzoategui, que mandaba la infantería, como á los demás jefes y al de mi estado mayor, comuniqué mi plan de ataque que consistía en esperar al enemigo, sin disparar un tiro, hasta que lo tuviésemos muy cerca, y entonces romper nosotros el fuego, cargar á la vez la Guardia y el escuadrón de Iribarren sobre la caballería enemiga, y luego que ésta fuera derrotada, lo cual tenía yo por casi seguro, hacer un movimiento de flanco sin perder la formación que teníamos, y colocarnos al flanco izquierdo del enemigo á tiro de fusil, con la mira de evitar que éste, obligado á hacer un esfuerzo, nos arollara para ir á ampararse en el bosque y en el pueblo, que nos quedaban á la espalda, cuando se viera sin caballería.

Excelente le pareció á todos el plan; pero Anzoategui por tres veces me suplicó que no avanzara yo con la caballería, pues para ejecutar el movimiento se necesitaba de mi presencia.

Confirmé yo entonces el dicho vulgar de que no hay hombre cuerdo á caballo; pues, olvidando mi promesa, avancé con la Guardia y arrollé casi toda la caballería enemiga, rompiendo además un batallón de infantería que estaba de reserva. Horrible fue el estrago que causaron en el enemigo mis trescientos infantes; pues los mismos realistas, en cartas que se interceptaron después en la Nueva Granada, hablando de aquel suceso, decían que hubo bala que atravesó tres hombres, y es de creerse, porque venían éllos en columna cerrada, y nosotros rompimos el fuego cuando los teníamos á tiro de pistola.

En el momento del fuego y la carga, bamboleó aquel cuerpo compacto de hombres como árbol que va inclinándose á caer bajo el hacha del leñador.

En el impulso de la carrera, me acordé de lo que había prometido á Anzoategui, pero ya no había remedio: contuve mi caballo y por sobre el enemigo ví que los míos huían dispersos, sin saberse por qué.

Inmediatamente ordené á mi caballería que abandonase el rico botín que estaba recogiendo, y con los primeros venticinco hombres que reuní, volví sobre el enemigo para ver si podía salvar mi infantería. Ya era tarde, pues, huían dispersos.

El enemigo también abandonó el campo, dejando en él sus heridos y el armamento de éstos, y fué á apoyarse al pueblo que está rodeado de bosques. Quedé, yo pues, dueño del terreno con mi Guardia, cuyos soldados fueron reuniéndoseme poco á poco, pues se habían alejado mucho en persecución del enemigo.

Esa noche permanecí en el mismo campo del combate hasta el otro día á las ocho de la mañana. Conté los muertos nuestros que ascendían á treinta y seis, cogí todos los fusiles de los míos y los del enemigo que estaban desparramados por el campo, repartí doscientos entre los soldados de mi Guardia, y formando haces con el resto que dejamos abandonados, emprendí mi retirada por el mismo camino que había tomado mi dispersada gente.

En la villa de Araure supe que por allí habían pasado todos reunidos: despaché un piquete para que fuera á alcanzarlos, y dió con ellos en el sitio de Guamito. Allí me esperaron, y cuando me reuní con ellos puse en arresto á los jefes y oficiales, con excepción de Anzoategui y los oficiales de infantería. Confié la custodia de los prisioneros á un escuadrón y continué mi marcha para el Apure con ánimo de hacerlos juzgar allí; pero á ruegos del General Anzoategui, á quien ellos manifestaron lo vergonzoso que les era llegar á Apure en aquella situación, los puse en libertad.

Durante nuestra marcha me pidió Rangel permiso para ir á ocupar la ciudad de Nutrias que nos quedaba á un lado y á pocas leguas de distancia, y se lo dí entregándole doscientos hombres. Ocupóla en efecto, pero el indio Reyes Vargas, que andaba por aquellos contornos, llegó con una columna de cuatrocientos infantes, y después de un reñido encuentro fue derrotado Rangel con muy costosa pérdida, pues entre jefes y oficiales murieron trece, todos valentísimos, siendo uno de ellos el bizarro coronel Cuesta.

Rangel logró reunir cincuenta hombres de su caballería en el sitio del Caimán, y á media noche volvió sobre el enemigo que había acampado fuéra de la ciudad. Hízole gran matanza de gente, pero al fin fue rechazado; y pasando el día siguiente el río Apure, desde el pueblo de Setenta me mandó un parte comunicándome aquel desastre. Le ordené permaneciese allí, reuniendo los dispersos que habían salido de Nutrias, y que aumentara sus fuerzas de los pueblos de Mantecal y Rincón Hondo.

Yo llegué á Achaguas, y acompañado de mi Guardia me fuí á San Fernando donde se encontraba el Jefe Supremo.

A los dos ó tres días de mi arribo á dicho punto, llegó el General Cedeño que había sido derrotado por Morales en la laguna de Los Patos, con pérdida de toda su infantería. Cedeño, sumamente mortificado con este desastre, lo atribuía á la poca cooperación de los jefes de caballería, y sobre todo al coronel Aramendi. Habiéndose encontrado ambos en la calle cambiaron palabras ofensivas, y Cedeño tiró de la espada para herir á Aramendi que estaba desarmado.

Este, á usanza llanera lo derribó en tierra ; pero á las voces de Cedeño que mandaba á los suyos que matasen á Aramendi, éste echó á correr perseguido por el coronel Fajardo con veinticinco lanceros á pié y vino á ampararse en mi casa. Informado del caso, le tomé bajo mi protección por aquel momento, y yo mismo le conduje al Principal en clase de arrestado. Informado el Libertador de aquel desagradable acontecimiento, nombró un consejo de guerra para juzgar á Aramendi ; mas, cediendo á mis instancias, resolvió llevárselo á Angostura, para donde Bolívar partía aquel día (24 de mayo), á fin de que fuese juzgado allá. Cuando iban á embarcarlo, Aramendi se escapó y estuvo algún tiempo oculto hasta que yo le recogí ofreciéndole mi garantía.

He referido este hecho para que se vea cuánta importancia se daba en el ejército de Apure á la subordinación, puesto que para mantenerla no se tenían consideraciones ni con oficiales tan beneméritos como era el coronel Aramendi.

Después de la derrota de Cedeño en la laguna de Los Patos, mandó Morales una columna de sus tropas al Guayabal, pueblo distante tres leguas de San Fernando. Inmediatamente dispuse que la Guardia de caballería pasara el río y fuera á sorprenderlos, lo cual ejecutó en la noche del 28 de mayo, destrozándolos y apoderándose del pueblo nuevamente.

Este golpe inesperado hizo que Morales, que se hallaba en Calabozo, se retirara hacia el Sombrero, creyendo que volvíamos sobre él. Yo mandé abandonar el Guayabal para reconcentrar mis fuerzas, organizar el ejército de Apure y recoger y empotrerar caballos, elementos que nos daban superioridad contra el enemigo.

Muy justa me parece la observación del historiador Restrepo de que debimos, Cedeño y yo, reconcentrar nuestras fuerzas en Apure, supuesto que la campaña no presentaba ventajas para aquellos restos del ejército. Así hubiera convenido que se hiciese, pero semejante orden debió partir del jefe supremo y no de ninguno de nosotros dos que, por orden suya, estábamos obrando en combinación.

Cuando conseguí el objeto de que he hablado arriba, destiné partidas de caballería para que por diversas vías acosasen á los realistas en los llanos de Calabozo, San Carlos y Barinas. Grandes fueron las ventajas que se consiguieron con estas partidas que, á despecho de las crecientes de los ríos y sus derrames por las sabanas, se internaron hasta el centro del territorio enemigo. Algunas de estas partidas, abusando de la libertad que se les había dado de obrar á discreción contra el enemigo, y sobre todo las que recorrían la provincia de Barinas y llanos de San Carlos, cometieron demasías contra los ciudadanos pacíficos, y por tanto me ví obligado á mandar que se retirasen al Apure. Algunos que habían sacado buen fruto de las vandálicas correrías, las repitieron sin mi conocimiento, y me ví en el caso de publicar una orden general que amenazaba, con pena de la vida, á los que, sin mi permiso, pasaran al territorio enemigo. En cumplimiento de ella, tuve que fusilar á cuatro: el famoso comandante Villasana, un valentísimo capitán de la Guardia llamado Garrido, un alferez y un sargento. Así logré poner término á las hostilidades contra los pacíficos ciudadanos que moraban en el territorio enemigo.

14

En el mes de agosto del mismo año de **1818**, las tropas que guarnecían á San Fernando, por medio de una acta, me nombraron General en jefe, y lograron que los demás cuerpos del ejército que había en otros puntos siguieran su ejemplo. Hallábame entonces en mi cuartel general de Achaguas, bien ageno de lo que estaba pasando, cuando llegó á mis manos dicha acta, firmada por todos los cuerpos del ejército, excepto la guarnición de Achaguas y mi Guardia de honor. Sorprendióme mucho, y temiendo que fuese el primer paso para algún fin descabellado, sin perder tiempo me embarqué para San Fernando, de donde había salido la idea, según constaba de las actas. Llegado á este punto, reuní á todos los jefes y oficiales y les pregunté qué había dado origen á una resolución que yo no aprobaba, y para la cual ellos no estaban autorizados. Me contestaron que lo habían hecho, creyéndose con autoridad para ello; pero que si habían cometido error, que yo se los disimulase en gracia de la buena intención que habían tenido, la cual no había sido la de trastornar el orden ni desconocer la autoridad del Libertador. Con semejantes razones se disculparon también los jefes y oficiales de las otras divisiones, y así no se alteró el orden en lo mas mínimo, como era de temerse.

Impuesto yo de que el coronel inglés Wilson había tomado parte muy activa en la formación del acta, dispuse que saliera para Angostura á presentarse al General Bolívar á fin de que lo destinase á otro punto.

El Libertador que desde el **24** de mayo se embarcó en San Fernando para Guayana, se encontraba en Angostura, y no volvió á Apure hasta principios del año de **1819**.

Si en Apure hubiese habido tal revolución para desconocer su autoridad ¿cómo Bolívar desde que llegó á
Guayana no cesó de mandarme recursos de todo linaje
para las tropas que estaban á mi mando? Sólo esta circunstancia es más que suficiente para confundir la falsedad
con que se produce Larrazábal en su obra al ocuparse de
este hecho.

No menos injusto, Baralt dirige sus ataques al ejército de Apure, suponiéndole revuelto contra la autoridad
de Bolívar: para probarlo dice que los disidentes apureños quisieron detener la marcha del General Santander
en Caribén, y que este pudo llegar felizmente al punto
de su destino porque sus enemigos llegaron tarde al lugar de
la celada.

Voy á referir el hecho á que alude el señor Baralt, tal
como sucedió, para que cada cual le dé la importancia que
merezca.

Preparado el general Santander para salir á ejercer el
destino que Bolívar le había señalado, escribió una carta al
coronel Pedro Fortoul, que se hallaba en Guásdualito, co-
municándole el empleo que se le había conferido y los recursos que llevaba para organizar un ejército en Casanare. Le
invitaba á él y á los demás granadinos, que se hallaban en
Apure, á venir á reunírsele, y entre otras cosas decía la carta: «Es preciso que nos reunamos en Casanare todos los
granadinos para libertar nuestra Patria, y para abatir el orgullo de esos malandrines follones venezolanos.»

No recuerdo de qué modo llegó esta carta á manos del
coronel Miguel Antonio Vásquez, quien la puso en las mías
inmediatamente. Alarmáronme mucho las palabras que he
citado, y mandé la carta á Bolívar, ordenando al mismo

tiempo al entonces capitán Laurencio Silva que, con una partida de caballería, fuese á la boca del Meta á detener á Santander á quien escribí diciéndole que algunas noticias desfavorables que había recibido de Casanare exijían que él se detuviera hasta que se aclarara el asunto. Llegó Silva al lugar donde estaba Santander y le entregó la carta. Santander se detuvo, pero me escribió, diciendo que le dejara pasar porque si bien los realistas habian hecho incursiones en Casanare, no había sido más que como una simple amenaza, pues se habían retirado inmediatamente.

Escribióme también el Libertador, diciéndome que informado del contenido de la carta, me autorizaba para obrar como yo creyese más prudente. Entonces resolví dejar pasar á Santander.

Por lo dicho se comprenderá que nunca desconocí la autoridad del jefe supremo, puesto que le informaba de cuanto llegaba á mi noticia y esperaba siempre su decisión; y también se verá que el paso que dí no fue una celada tendida á Santander, sino una medida de precaución que me ví obligado á adoptar entretanto Bolívar resolviera sobre tan grave asunto.

Nadie me llevará á mal que insista cuantas veces lo crea necesario en defender al ejército que tuve la honra de mandar, y que me empeñe en probar que á él debió en gran parte Colombia el triunfo de su independencia. Efectivamente, las tropas de Casanare, compuestas de granadinos y venezolanos, venciendo la obstinación de los apureños en Palmarito, Mata de la Miel, Mantecal y Yagual, y unidas después á éstos en la acción de Mucuritas, salvaron sin duda alguna la causa de los patriotas. ¿Qué hubiera sido de éstos si el enemigo se hubiese apoderado de los valiosos recursos del Apure para marchar contra las fuerzas que ocupaban algunos puntos de la provincia de Guayana y obraban en otros lugares? ¿Tenían sus jefes suficientes elementos para resistir á las aguerridas tropas expedicionarias, si éllas hubieran tenido á su devoción á los habitantes de los llanos y hubiesen sido dueños de todos los recursos que ofrecen éstos á un ejército en campaña? ¿Por qué el empeño de Morillo de concentrar toda su atención y por tres veces venir con todas sus fuerzas contra los defensores de Apure?

Si en 1819 yo no me hubiese esforzado tanto en no comprometer al ejército que mandaba en una batalla campal para no perder la infantería, muy inferior en número y en disciplina á la del enemigo, ¿ con qué ejército hubieran contado los patriotas para ir á libertar á la Nueva Granada ?

No hay, pues, exageración al aseverar que en Apure se estuvo jugando la suerte de Colombia, porque perdida cualquiera de las batallas ya citadas, era en extremo dudoso el triunfo de la causa independiente.

El señor Restrepo, hablando de los jefes de guerrillas que operaban en los diversos puntos de Venezuela, dice que obraban como los grandes señores de los tiempos feudales, con absoluta independencia, y que lentamente y con fuerte repugnancia, sobre todo el que esto escribe, se sometieron á la autoridad del jefe supremo. Olvida dicho historiador que en la época á que se refiere no existía ningún gobierno central, y que la necesidad obligaba á los jefes militares á ejercer esa autoridad independiente, como la ejercieron hasta que volvió Bolívar del extranjero y se nos pidió el reconocimiento de su autoridad como jefe supremo.

Finalmente, para probar que el orden y la subordinación fueron mis principios, ya obrase independiente ó bajo las ór-

denes de un jefe, copiaré á continuación lo que dijo el Libertador en el Congreso de Angostura y puede verse en el tomo
1º. pag. 195 de los Documentos de la Vida Pública del
Libertador :

«El general Páez que ha salvado las reliquias de la
Nueva Granada, tiene bajo la protección de las armas de la
república las provincias de Barinas y Casanare. Ambas
tienen sus gobernadores políticos y civiles, y sus organiza-
ciones cual las circunstancias han permitido ; pero el orden,
la subordinación y buena disciplina reinan allí por todas
partes, y no parece que la guerra agita aquellas bellas provincias. Ellas han reconocido y prestado juramento á la
autoridad suprema, y sus magistrados merecen la confianza
del gobierno.»

CAPITULO XI

REGRESO DE BOLIVAR A ANGOSTURA. — MORILLO SE PRESENTA DE-,
LANTE DE SAN FERNANDO.—HEROICO PATRIOTISMO DE LOS HA-
BITANTES DE ESTA CIUDAD.—INCIDENTE CURIOSO DE MI CAMPAÑA
CONTRA MORILLO. — VARIOS ENCUENTROS DE LAS FUERZAS DE
MI MANDO CON LAS DE LOS REALISTAS.—MI OPINIÓN SOBRE EL
PLAN DE OPERACIONES QUE DEBÍAMOS ADOPTAR CONTRA MORILLO.
—GLORIOSA VICTORIA EN LAS QUESERAS DEL MEDIO.—FUGA DE
LOS REALISTAS. — PROCLAMA DE BOLIVAR A LOS BRAVOS DE
APURE.— LISTA DE LOS HEROES DE LAS QUESERAS DEL MEDIO.

1819

A principios de enero de este año volvió el Libertador
á San Juan de Payara; (13) pero inmediatamente regresó á

_____

(13) Entonces me preguntó si no temía yo que el hecho de las actas
de que ya hice mención, tuviera malas consecuencias ; le contesté que no,

Angostura para asistir á la apertura del Congreso que debía reunirse allí, dejándome el mando del ejército y facultades para obrar á discreción en defensa del territorio de Apure, amenazado por Morillo de invasión con un fuerte ejército que había estado organizando hacía más de dos meses en el lugar del Chorrerón, á dos jornadas de tropa de San Fernando.

Tenía yo mi cuartel general en este punto, á poco del regreso de Bolívar, cuando se presentó Morillo delante de aquella plaza con cinco mil infantes y dos mil caballos. Yo no disponía entonces sino de cuatro mil hombres, entre infantes [reclutas] y caballería.

Era el ejército de Apure el más fuerte con que contaban los patriotas en Venezuela, y no me pareció prudente exponerlo contra fuerzas superiores, no sólo en número sino en calidad. Por lo mismo, resolví adoptar otro género de guerra, guerra de movimiento, de marchas y contramarchas, y tratar de llevar el enemigo á los desiertos de Caribén.

Esto resuelto, convoqué á todos los vecinos de la ciudad de San Fernando á una reunión, en la cual les participé la resolución que tenía de abandonar todos los pueblos y dejar al enemigo pasar los ríos Apure y Arauca sin oposición, para atraerlo á los desiertos ya citados. Aquellos impertérritos ciudadanos acogieron mi idea con unanimidad y me propusieron reducir la ciudad á cenizas para impedir que sirviese al enemigo de base de operaciones militares muy importantes, manifestándome además que todos éllos estaban dispuestos á dar fuego á sus casas con sus propias

---

puesto que los autores del plan se habían retractado, y convencidos de que no estaba en sus atribuciones el dar aquel paso, me habían suplicado olvidara lo pasado. Entonces se tranquilizó Bolívar.

manos cuando llegara el caso y tomar las armas para incorporarse al ejército libertador. Ejecutóse así aquella sublime resolución al presentarse el ejército realista en la ribera izquierda del río. ¡Oh! tiempos aquellos de verdadero amor á la libertad!

Morillo al divisar el incendio no pudo menos de confesar la imposibilidad de someter á gente de tal calibre. El hecho prueba otra vez que «el ciudadano que se interesa en el triunfo de la causa por la cual se bate el soldado, no se detiene en sacrificios de ningún linaje, cuando éstos ayudan al buen éxito de la causa.»

De paso me ocurre aquí referir un incidente curioso de aquella campaña.

Atravesó el ejército realista el río Apure sin oposición, y nosotros nos retiramos al otro lado del Arauca. Cuando ya tenía Morillo su ejército preparado para el día siguiente marchar en nuestra busca, hice traer cuatro caballos salvajes á la orilla de su campamento, y como á tiro de fusil. Siendo las diez de la noche mandé que les ataran cueros secos al rabo y que los soltaran en dirección al campamento haciendo al mismo tiempo algunos tiros. Los caballos partieron furiosamente disparados por entre el campamento, y los españoles creyeron que les venía encima una tremenda carga de caballería; varios cuerpos rompieron el fuego, cundió el desorden por todas partes, y nuestros caballos hicieron más estrago en su impetuosa carrera que los dos mil bueyes que Aníbal lanzó sobre el campamento romano. Al día siguiente no pudieron los españoles ponerse en marcha, y dos ó tres días perdieron en organizarse.

Salió entonces Morillo en busca nuestra y habiéndonos encontrado en el paso del Caujaral, río de Arauca, donde

habíamos resuelto resistirle atrincherados con algunas piezas
de artillería, estuvimos cambiando tiros sin interrupción por
dos días. Conociendo que no podía forzar la posición, el
jefe español se dirigió al paso Marrereño á donde llegó al
amanecer del 4 de febrero.

Allí tenía yo situado al comandante Fernando Figueredo
con un escuadrón de carabineros á distancia de tres ó cuatro
leguas de mi cuartel general. Aquel jefe fue atacado vigorosamente con artillería é infantería y resistió con admirable
denuedo, pero sin poder impedir que los realistas pasaran
el río por otro punto á media milla más abajo del paso
Marrereño en seis canoas que habían sido traídas desde San
Fernando. Sabiendo yo por Figueredo que se hallaba atacado por todo el ejército enemigo, me puse en marcha con seiscientos lanceros para reforzarle, pero cuando llegué al punto,
ya más de mil infantes habían pasado el río.

Desde que tuvimos al enemigo con el río á retaguardia,
principié á ejecutar mi plan. Coloqué mi infantería en la
isla de la Urbana, situada en el Orinoco, y el resto de la caballería, la remonta y la emigración de los pueblos comarcanos en lugares seguros. Tomando todas estas disposiciones,
salí con ochocientos hombres á buscar al enemigo y en el
hato de Cañafístola encontré al general Morales que con
tres mil hombres venía hacia este punto. Habiendo
comprendido que no era aquél todo el ejército, lo ataqué;
mas Morales, favorecido del bosque en la orilla del Arauca,
se puso en retirada sobre el Caujaral, como á media legua
de distancia de donde había quedado Morillo con el resto
del ejército. Este ataque les costó muy caro, porque
Morales perdió allí un escuadrón que había destinado á
coger ganado.

Entonces mandó cuatro hombres para dar parte á Morillo del aprieto en que se hallaba : acudió éste con el resto del ejército y yo entonces organicé mis ochocientos hombres en cuatro columnas paralelas formando un cuadrado, y me puse en retirada con orden de que si la caballería enemiga nos cargaba, como era de esperar lo hiciera confiada en su número, más que doble del nuestro, las dos columnas de retaguardia se pusieran al trote y pasaran por entre las dos de delante : que entonces éstas volvieran cara una á la derecha y otra á la izquierda y luego que las dos de atrás ejecutaran la misma evolución para cargar de frente al enemigo que no debía esperar tan repentina vuelta á la ofensiva.

Morillo nos fué persiguiendo desde las ocho de la mañana hasta las seis de la tarde, casi siempre á distancia de tiro de fusil ; pero nunca quiso comprometer su caballería, aunque era ésta numéricamente superior á la nuestra. Sólo tuvimos una ligera escaramuza provocada por el comandante Narciso López que con un escuadrón de carabineros se acercó á hacernos fuego por la espalda. Yo dispuse que veinte y cinco hombres lo cargaran repentinamente, y tal sorpresa causó á López aquel ataque, que mandó á sus carabineros echar pié á tierra, y sin embargo de que tal medida lo ponía en peor situación porque mal podía contener el ímpetu de nuestos caballos no teniendo bayonetas sus carabinas, se salvó por no haber cargado los nuestros en pelotón, como yo se los había ordenado.

Pernoctó aquella noche Morillo en el Congrial de Cunabiche muy cerca de la entrada al desierto de Caribén, y anduvo acertado en no pasar adelante, pues allí no habría encontrado recursos de ningún género, y en el caso forzoso de retirada hubiera tenido que luchar con las emboscadas que yo me proponía tenderle por la espalda.

Morillo, harto perito y avisado, no quiso internarse más y en la noche siguiente contramarchó, repasó el Arauca y se fué á la ciudad de Achaguas donde estableció su cuartel general

En la retirada le seguia yo con mis ochocientos hombres, molestándolo sin cesar con guerrillas por el frente, los flancos y la retaguardia. Diariamente le hacíamos prisioneros, y sobre todo se le impedía recoger con facilidad ganados para racionarse. Una de las guerrillas compuesta de treinta hombres de la Guardia, al mando del infatigable Aramendi, atacó vigorosamente á la caballería enemiga cuando cruzaba el río Arauca por el paso del Caujaral y á pesar de los prodigios que hizo Aramendi en las sucesivas cargas que dió á aquélla, fue puesto en fuga con pérdida de doce hombres entre muertos y prisioneros. Nuestros enemigos también perdieron alguna gente, y entre éllos fue herido el comandante Antonio Ramos por un joven soldado de la Guardia llamado Juan Torralba, que perseguido por èl se tiró á tierra, le atravesó con su lanza y se apoderó del caballo que montaba el jefe español.

El comandante Juan Gómez, destinado á obrar entre los pueblos San Fernando y Guasimal, logró destruir, en las inmediaciones de este último, el escuadrón mandado por el comandante realista Palomo, que recogía víveres para abastecer la plaza de San Fernando.

En tal estado se hallaba la campaña cuando Bolívar llegó á mi cuartel general en el Caujaral de Cunahiche, á fines de marzo, con la resolución de buscar y atacar á los realistas.

Habiendo de paso tomado el mando de la infantería que estaba en la Urbana y el resto de la caballería, me pidió informes sobre el número del ejército enemigo : yo le aseguré que ascendía á seis mil hombres, (14) y que por eso no había creído prudente empeñar todas mis fuerza en un combate general, sino entretenerlo á larga distancia de Caracas á fin también de dar tiempo á Urdaneta para que ocupase dicha ciudad con mil quinientos hombres que se pusieron á su disposición en la isla de Margarita, según había dispuesto Bolívar. Si Morillo marchaba contra éste, era mi intención seguirlo con todo el ejército.

Bolívar aprobó el plan, pero observó que estábamos muy distantes de Morillo para darle alcance cuando se pusiera en marcha sobre Urdaneta. Se le hizo la observación de que si nos acercábamos más con todo el ejército, podía el general español comprometernos á dar una batalla. Estuvo de acuerdo con mis observaciones; pero dijo que era preciso, para quedar más expeditos en la persecución de Morillo, que el ejército pasara el Arauca. Así lo hizo, y después de cruzado el río en San Juan de Payara, resolvió ponerse en marcha para Achaguas con objeto de atacar á Morillo.

A cinco leguas de esta ciudad nos encontramos con el segundo batallón de Valencey, á las órdenes de Pereira, y doscientos hombres de caballería, al mando de Narciso López, en un trapiche, llamado de la Gamarra, rodeado de bosques por todas partes. Bolívar lo mandó atacar con

---

(14) El Libertador no quiso creer que el enemigo tuviese tanta fuerza ; pero los prisioneros europeos que hizo llamar le dijeron que constaba del mismo número que yo había dicho. Todavía se negó á creerlo, y pregun-

cuatro batallones que fueron dispersados en menos de un cuarto de hora ; mas sabedor el enemigo por algunos prisioneros de que aún quedaba un batallón que no entró en acción y dos mil hombres de caballería á quienes el terreno impedía maniobrar, se puso en retirada sobre Achaguas, Bolívar se ocupó en reunir los dispersos y luego contramarchó sobre la ribera del Arauca.

El día siguiente, cuando supo que Morillo venía sobre nosotros con su ejército, me llamó á una conferencia para saber mi opinión sobre el plan que debíamos adoptar ; yo estaba resentido porque no había atendido á mis observaciones anteriores, y le manifesté simplemente que me sentía dispuesto á secundarle en cualquier plan que él adoptase, aunque no mereciese mi aprobación. No satisfecho con esto, y como para obligarme á emitir mi opinión, convocó á los jefes á una junta de guerra. El general Soublette dijo en élla que no con otro objeto que el de oir mi parecer había Bolívar convocado aquella reunión, y ya me pareció sobrada terquedad resistirme por más tiempo. A más de las razones que yo había comunicado anteriormente á Bolívar y que repetí entonces, añadí que debíamos hacer todo lo posible por no exponer á Guayana, único punto por donde estábamos recibiendo recursos del extranjero : conservar la infantería, porque si era destruida, Morillo verificaría impunemente su marcha sobre

---

tándoles el número de batallones hizo una cuenta con las plazas de que se componían, y aseguró que el enemigo no podía tener más de tres mil hombres. Más tarde, cuando Bolívar tuvo la entrevista con Morillo, éste le confesó que en la época en que estamos ahora de nuestra narración tenia siete mil hombres.

aquel punto, lo cual tenía yo por cierto era su intención ; y sobre todo que debíamos tratar de conservar siquiera por un año un ejército para inspirar confianza á los patriotas.

Después de la conferencia, Bolívar, siguiendo la opinión de la junta, dispuso que pasáramos el río Arauca para evitar el compromiso de un encuentro con el enemigo. El día después llegó Morillo á la ribera izquierda de este río y se acampó en la Mata del Herradero, una milla más abajo del punto en que nos hallábamos.

Aquel mismo día, á las tres de la tarde, se pasó á nosotros un oficial de caballería, llamado Vicente Camero, y antes de presentarse al jefe supremo me informó de que Morillo había organizado un plan para hacerme prisionero. Consistía en que si yo volvía á provocar al ejército del modo que lo había hecho el día anterior, atacándolo y fingiendo retirada para volver inmediatamente á la carga, Morillo se movería contra mí con todo el ejército para obligarme á huir sin poder volver cara, y ya en fuga me perseguirían doscientos hombres escogidos de la caballería, montados en caballos de buena carrera y resistencia, para acosarme y hacerme prisionero.

En descargo de este encono que contra mí tenía el jefe español, tengo que referir un hecho ocurrido cuando el ejército comenzó á pasar el Arauca. Aquella mañana muy temprano salí yo con unos diez nueve compañeros al encuentro de Morillo, y apenas nos divisaron cuando éste lanzó sobre mí toda su caballería ; yo dividí mi gente en dos pequeñas secciones, é hice que Aramendi, encargado de una de éllas, diera frente, avanzara, se retirara,

y sin cesar le hostigase, apoyándolo yo al mismo tiempo
con el resto de la gente. En uno de los choques y retiradas, se vieron Aramendi y el comandante Mina en grave
conflicto, pues se internaron tanto en las filas enemigas
que si yo no hubiera corrido á darles personalmente
auxilio, habrían sido completamente rodeados. Entonces
suspendieron los realistas el ataque, con pérdida de algunos ginetes, no habiendo nosotros tenido más desgracia
que un caballo herido.

Bien se comprenderá ahora que el general español
no me perdonara aquella mala pasada que yo le había
jugado en sus mismas barbas, y que estuviera deseoso
de hacérmela pagar con usura. No era yo mala presa
para él.

Después de oir la relación del oficial corrí á ver á Bolivar,
y habiéndole referido el plan de Morillo, le dige que si él me
permitía pasar el río con un corto número de los míos, y yo
con mi táctica habitual atraería á los realistas hasta frente al
lugar en donde estábamos, y si él emboscaba en las orillas del
río las compañías de granaderos y cazadores con toda su
artillería, podríamos dar un buen golpe á los españoles ; pues,
cuando les tuviéramos en el punto citado, yo cargaría de
frente al mismo tiempo que las fuerzas emboscadas atacasen
de flanco.

Accedió Bolívar á mis deseos, é inmediatamente con
ciento cincuenta hombres crucé el río, y á galope nos
dirigimos al campamento de Morillo. Movióse este para
poner en práctica su plan, y nosotros le fuimos entre-
teniendo con frecuentes cargas y retiradas hasta llevarlo
frente al punto que habíamos señalado para la emboscada.
Al llegar á él rompió fuego contra los realistas una com-

pañia de cazadores que estaba allí apostada, pero no toda
la fuerza que yo suponía emboscada, según había convenido
con Bolívar antes de separarnos. Muy apurada era entonces nuestra situación, pues el enemigo nos venía acorralando
por ambos costados con su caballería, y nos acosaba con
el fuego de sus fusiles y cañones, cuando afortunadamente
el valeroso comandante realista don Narciso López me
brindó la oportunidad de pasar con alguna ventaja á la
ofensiva. Fue el caso que López se adelantó á la infantería con el escuadrón de carabineros que mandaba : en
el acto dispuse que el comandante Rondón, uno de aquellos
jefes en quienes el valor era costumbre, con veinte hombres
lo cargase á viva lanza y se retirasen sin pérdida de tiempo
antes que lo cercasen los dos trozos de la caballería enemiga, que yo deseaba formasen una sola masa para
entonces revolver nosotros y atacarlos de firme. Cargó
Rondón con la rapidez del rayo, y Lopez imprudentemente
echó pié á tierra con sus carabineros : Rondón le mató
alguna gente y pudo efectuar su retirada sin que lograsen
cercarlo. Al ver que las dos secciones de caballería no
formaban más que una sola masa, para cuyo objeto había
ordenado el movimiento á Rondón, mandé á mi gente
volver riendas y acometer con el brío y coraje con que
sabían hacerlo en los momentos más desesperados. Entonces, la lanza, arma de los heroes de la antigüedad,
en manos de mis ciento cincuenta hombres, hizo no menos
estragos de los que produjera en aquellos tiempos que
cantó Homero.—Es tradición que trescientos espartanos, á
la boca de un desfiladero, sostuvieron hasta morir, con
las armas en la mano, el choque de las numerosas huestes
del rey de Persia, cuyos dardos nublaban el sol : cuéntase
que un romano solo disputó el paso de una puente á todo

un ejército enemigo. ¿No será con eso comparable el hecho de los ciento cincuenta patriotas del Apure? Los heroes de Homero y los compañeros de Leonidas sólo tenían que habérselas con el valor personal de sus contrarios, mientras que los apureños, armados únicamente con armas blancas, tenían también que luchar con ese elemento enemigo que Cervantes llama «diabólica invención, con la cual un infame y cobarde brazo, que tal vez tembló al disparar la máquina, corta y acaba en un momento los pensamientos y vida de quien la merecía gozar luengos años».

Cuando vi á Rondón recoger tantos laureles en el campo de batalla, no pude menos de exclamar: bravo, bravísimo, comandante.—General, me contestó él, aludiendo á una reprensión que yo le había dado después de la carga que dieron á López, pocos días antes, general, así se baten los hijos del Alto Llano.

Todo contribuía á dar á aquel combate un carácter de horrible sublimidad: la noche que se acercaba con sus tinieblas, el polvo que levantaban los caballos de los combatientes, de una y otra parte confundiéndose con el humo de la pólvora, hacían recordar el sublime apóstrofe del impetuoso Ayax cuando pedía á los Dioses que disipasen las nubes para pelear con los griegos á la clara luz del sol.

La caballería enemiga se puso en fuga; la infantería se salvó echándose sobre el bosque y la artillería dejó sus piezas en el campo, lo cual no pudimos ver por la oscuridad de la noche. Finalmente, mucho antes de amanecer se puso Morillo en retirada para Achaguas.

15

Bolívar con los demás jefes del ejército desde la otra parte del río, habia presenciado la refriega, y después me confesó que aquella noche no había podido dormir, preocupado con la idea de que yo pudiera haber muerto en la contienda.

La mañana del mismo 3 de abril, pocas horas antes de presentárseme Camero, Bolívar, con su característica fogosidad, se manifestaba impaciente por la inacción en que estaba el ejército, y deseaba vivamente entrar en acción.

—Paciencia, general, le decía yo, que tras un cerro está un llano. El que sabe esperar el bién que desea, no toma el camino de perder la paciencia si aquél no llega.

—!Paciencia! paciencia! me contestó, muchas veces hay tanta pereza como debilidad en dejarse dirigir por la paciencia. Cuánta suma de esta virtud puede ser bastante para resistir las amargas privaciones que sufrimos: sol abrasador como el mismo fuego, viento, polvo, carbón, carne de toro flaco, sin pan ni sal, y por complemento agua sucia. Si no me deserto es porque no sé para dónde ir.

Estas rabietas de Bolívar no provenían de que su ánimo desmayase en la adversidad; sólo eran efecto de la natural impaciencia de los caracteres impetuosos que desean recoger cuanto antes el fruto de sus desvelos y fatigas.

Después de la acción, cuando nos reunimos á él, dió la Cruz de Libertadores á los ciento y cincuenta guerreros y la siguiente proclama:

A los bravos del ejército de Apure

«Soldados! acabáis de ejecutar la proeza más extraordinaria que puede celebrar la historia militar de las naciones.

Ciento y cincuenta hombres, mejor diré ciento y cincuenta héroes, guiados por el impertérrito general Páez, de propósito deliberado han atacado de frente á todo el ejército español de Morillo. Artillería, infantería, caballería, nada ha bastado al enemigo para defenderse de los ciento y cincuenta compañeros del intrepidísimo Páez. Las columnas de caballería han sucumbido al golpe de nuestras lanzas; la infantería ha buscado un asilo en el bosque; los fuegos de sus cañones han cesado delante de los pechos de nuestros caballos. Sólo las tinieblas habrían preservado á ese ejército de viles tiranos de una completa y absoluta destrucción.

«Soldados! lo que se ha hecho no es más que un preludio de lo que podéis hacer. Preparaos al combate, y contad con la victoria que lleváis en las puntas de vuestras lanzas y de vuestras bayonetas.

«Cuartel General en los Potreritos Marrereños, á 5 de abril de 1819.

BOLIVAR.»

———

El hecho sucedió en el lugar llamado las Queseras del Medio. Morillo lo llama en su parte el Herradero; y el historiador realista Torrente, para hacer aparecer menos vergonzosa la derrota, dice que los nuestros eran quinientos llaneros de figura gigantesca y de hercúlea musculatura. Bolívar hizo contar los muertos que había tenido el enemigo, y ascendieron á cerca de quinientos; de los nuestros salieron heridos del combate, entre otros el teniente coronel Manuel Arraiz, y los capitanes Francisco Antonio Salazar y Juan Santiago Torres; muertos solamente dos, Isidoro Mugica y el cabo 1º Manuel Martínez; pero la anchura de sus heridas y el tenerlas en la espalda nos demostraban que habían sido abiertas por lanzas de los nuestros, que en la confusión y oscuridad habían tomado por enemigos á aquellos compañeros suyos.

Copio á continuación los nombres de los ciento cincuenta que compusieron aquella falange de defensores de la Patria, confesando que esta acción de armas es una de las que más me envanecen, y creo que no sin razón:

ACCION DE LAS QUESERAS DEL MEDIO

5 de abril de 1819

—

GENERAL DE DIVISION

José Antonio Páez.

CORONELES

Francisco Carmona,   Francisco Aramendi,
          Cornelio Muñoz.

TENIENTES CORONELES

Juan Antonio Mina,   Juan José Rondón,
José María Angulo,   José Jiménez,
Juan Gómez,   Fernando Figueredo,
Juan José González,   Leonardo Infante,
Francisco Farfán,   Francisco Olmedilla, hijo,
Hermenejildo Mugica,   Manuel Arraiz.

CAPITANES

Francisco Abreu,
Ramón García,
Leonardo Parra,
Juan Santiago Torres,
Juan Crusate,
José María Pulido,
Mariano González,
Francisco Antonio Salazar,
Juan José Mérida,

Ramón Valero,
Antolín Torralba,
Juan Martínez,
Alejo Acosta,
Juan Mellados,
Celedonio Sánchez,
José María Monzón,
Juan Rusate,
Juan Martínez.

TENIENTES

Pedro Camejo (a) el «Negro Primero,»
Juan Rafael Sanoja,
Romualdo Meza,
Víctor González,
Francisco Pérez,
José María Oliveras,
Marcelo Gómez,
Nicolás Arias,
Domingo Mirabal,
Mateo Villasana,
Manuel Figueredo,

Luciano Hurtado,
Gregorio Acosta,
Francisco Bracho,
Pedro Juan Olivares,
Miguel Lara,
Raimundo Contreras,
Serafín Bela,
Juan Carvajal,
Juan José Bravo,
Vicente Vargas,
Vicente Gómez,
Alberto Pérez,

Diego Parpasén.

SUBTENIENTES

Rafael Aragona,
Manuel Fajardo,
Pastor Martínez,

Bautista Crusate,
Joaquín Espinal,
Alejandro Salazar,

Roso Sánchez,
Juan José Perdono,
Juan Torralba,
Bartolo Urbina,
Pedro Gámez,
Juan Palacio,
Eusebio Ledesma,

Vicente Castillo,
Pedro Escobar,
Cruz Paredes,
Domingo López,
Pedro Cortés,
Romualdo Salas,
Romualdo Contreras.

SARGENTOS

Isidoro Mugica,
José María Camacaro,
Luciano Delgado,
Simón Meza,
Encarnación Castillo,

Francisco Villegas,
Juan José Moreno,
Gaspar Torres,
Francisco González,
José María Paiba.

CABOS Y SOLDADOS

Encarnación Rangel,
Juan Sánchez,
Basilio Nieves,
José María Quero,
Mauricio Rodríguez
Ramón Figueredo,
Francisco Mibel,
Antonio León,
Inocente Chinea,
Francisco Medina,
Antonio Pulido,
Francisco Lozada,
Santos Palacio,
Antonio Manrique,

Remigio Lozada,
Félix Blanco,
José Arévalo,
Nicolás Hernández,
Manuel García,
Pablo Lovera,
Juan Sánchez,
Simón Gudiño,
Domingo Riera,
Agustín Romero,
Francisco Nieves,
Domingo Navarro,
José Milano,
José Fuentes,

Nolasco Medina,
Luis Alvarez,
Diego Martínez,
Jacinto Hernández,
Ramón Flores,
José Antonio Cisneros,
José Tomás Nieves,
Manuel Martínez,
Jacinto Arana,
José Antonio Hurtado,
Francisco Sanoja,
Isidoro Gamarra,
Anselmo Ascanio,
Paulino Flores,
Eusebio Hernández,
Domingo García,

Roso Canelón,
Pedro Burrueta,
Pedro Fernández,
José Bravo,
Roso Urbano,
Ascensión Rodríguez,
Manuel Camacho,
Romualdo Blanco,
Juan Rivero,
Juan González,
Francisco Escalona,
Ramón García,
José Girón,
José Hernández,
Juan Ojeda,
Alejandro Flores,

Fernando Guedes.

CAPITULO XII

PERSECUCIÓN Á MORILLO.—ENCUENTRO EN LA «SACRA FAMILIA».—
MARCHO CONTRA MORALES.—LA EMBOSCADA EN CARAMACATE.—
BOLÍVAR SE REUNE CONMIGO EN ACHAGUAS.—MARCHA Á BARINAS.—
BOLÍVAR ME ORDENA MARCHAR Á GUASDUALITO PARA PRENDER Á NONA-
TO PÉREZ.—MI OPINIÓN DE MARCHAR Á LA NUEVA GRANADA EN VEZ
DE IR SOBRE BARINAS.—EL LIBERTADOR ME ESCRIBE Á GUASDUALITO.
SE REUNE CONMIGO EN ESTE PUNTO.—MARCHA A LA NUEVA GRANA-
DA Y YO QUEDO OBRANDO EN EL APURE.—ACCIÓN DE LA CRUZ.—HE-
ROICA DEFENSA DE LOS ESPAÑOLES.—PENALIDADES SUFRIDAS EN LA
MARCHA Á ACHAGUAS.—APRESAMIENTO DE ONCE EMBARCACIONES
REALISTAS.—OCUPACIÓN DE LAS FUERZAS DE MI MANDO EN EL APURE
EL AÑO 20.—MORILLO ENVÍA COMISIONADOS Á LOS GENERALES PA-

TRIOTAS.—ENTREVISTA DE MORILLO Y BOLÍVAR EN SANTA ANA.—AR-
MISTICIO.—MI OPINIÓN SOBRE LA SUSPENSIÓN DE LAS HOSTILIDADES.
—MORILLO SE EMBARCA PARA ESPAÑA.—JUICIO SOBRE LAS CAMPA-
ÑAS DE MORILLO.

1819.—1820

Ya puesto Morillo en marcha para Achaguas, Bolívar
sin pérdida de tiempo repasó el Arauca, y mientras eje-
cutaba la operación mandó que el coronel Muñoz, con la
Guardia, siguiese la pista al enemigo. El día siguiente de
haber pasado el río y cuando marchábamos por su ribera
izquierda, camino de Occidente, divisamos á alguna distancia de nosotros, é inmediato al hato de Trujillo, un grupo
que por la neblina de aquella mañana no podíamos decir
si era de gente ó de animales en la sabana. Mandó Bolívar
hacer alto, y adelantándome yo por orden suya á practicar
un reconocimiento, encontré que era un escuadrón que
había salido á recoger ganado para racionar el ejército
enemigo que se hallaba en el precitado hato. Al acer-
carnos nosotros, el escuadrón se puso en retirada sobre
el punto donde estaba el cuerpo del ejército, al cual
descubrí yo entonces y me apresuré á comunicárselo á
Bolívar. Resolvió este replegarse á la orilla del río y
repasarle de nuevo para evitar un encuentro, que él
creía muy arriesgado, pues estando ausente la Guardia,
que según hemos dicho, se había separado del ejército
en persecución de Morillo, y el resto de la caballería,
que, al mando de Rangel y otros jefes, había ido á tomar á
Nutrias y obrar por la espalda de Morillo, no teníamos fuerzas suficientes de aquella arma que oponer á las del enemigo.

Al mismo tiempo Morillo levantó su campo y continuó
en retirada hacia Achaguas, librándose así de una sorpresa
que la Guardia, emboscada la noche anterior en una *mata* (15) inmediata al campo, le preparaba en los momentos en
que los realistas estuvieran tomando su rancho.

Muñoz, el jefe de la Guardia, dió parte del movimiento
de Morillo, diciendo que continuaba en persecución de este;
pero el parte llegó cuando habíamos repasado el río, y así
perdimos la favorable oportunidad de haber concluido con el
ejército español, que ya desmoralizado por la última derrota
en las Queseras del Medio, no hubiera podido resistirnos si
nosotros, con la cooperación de la Guardia, le hubiéramos
atacado.

Continuamos pues nuestra marcha con rumbo á Occidente por la ribera derecha del Arauca hasta el hato «Caraba-
llero» por donde volvimos á esguazar el río. De allí Bolívar se
fue á Rincón Hondo.

Yo con la Guardia seguí marchando sobre Achaguas,
y habiendo sabido por mis avanzadas que Morillo ha a
destinado una sección de caballería y alguna infantería á coger
ganado, mandé inmediatamente una parte de la Guardia á
atacarlo.

Encontróse con los realistas en un lugar llamado «Sacra
Familia» y atacados estos hubieron de abandonar los
animales que ya habían recogido y con pérdida de alguna
gente regresar á Achaguas, favorecidos por los matorrales de
que estaba cubierto aquel lugar.

─────────

(15)   Llámase *mata* u la porción de terreno poblada de árboles de una
misma especie.

Incorporada la Guardia seguimos la marcha sobre Achaguas; pero tuve que variarla cuando supe que Morillo abandonando dicha ciudad se dirigía con el cuartel general y parte del ejército hacia la provincia de Barinas y que el resto de las fuerzas al mando de Morales se encaminaba para San Fernando. Resolví entonces dar alcance á Morales; pero por más que redoblé la marcha no pude lograrlo. Como á las siete de la noche de ese día cogimos un isleño canario que se había quedado atrás con unas cargas, el cual me informó de que el ejército realista estaba acampado en aquellas inmediaciones. Como el terreno que ocupaba era demasiado tupido de bosque, no quise atacarle allí, y dejándolo á un lado, resolví emboscarme en el paso del caño de Caramacate para el día siguiente caer de improviso sobre él cuando pasara por el punto.

Despúes de marchar toda la noche llegamos á dicho lugar y al romper el día comencé á poner en práctica mi plan.

Embosqué mi gente, y poco más adelante del caño hice colocar una compañía de carabineros con orden de hacer fuego, como si quisiera disputar el paso al enemigo, para que en el momento salieran repentinamente los emboscados y trataran de cortarle por su centro.

Con este ardid esperaba yo destrozar una parte del ejército realista, ya que por falta de infantería y ser el terreno muy arbolado no podía destruirlo completamente.

Acercábase el enemigo y hubiera caído seguramente en la celada si cuando se hallaba á una milla de nosotros, uno de esos errores tan fatales en las guerras, no hubiera frustrado nuestras acertadas disposiciones. La guardia de prevención que conducía nuestras municiones, se había quedado un poco atrás y fue atacada por un escuadrón de nuestra caballería al mando [del capitán N. Sandoval que recorría las inmediaciones de la plaza de San Fernando, y creyó haber tropezado con parte del ejército enemigo: error que también padeció nuestra guardia de prevención. Ambas fuerzas se hicieron fuego á la vista del enemigo, que hizo alto para! averiguar lo que pasaba.

Habiendo yo oído el tiroteo y diciéndoseme que la guardia de prevención había caido prisionera, no me pareció prudente permanecer] más tiempo en la emboscada. Cuando salí de élla y teniendo á la vista el enemigo, supe la fatal equivocación de que hab'an sido víctimas.

El ejército realista continuó impunemente su marcha pero orillando siempre el bosque hasta hacer su entrada en la plaza que se encontraba á una legua de distancia.

Entretanto yo marché para Achaguas á donde llegó Bolívar después de mandar su infantería al Mantecal. De Achaguas salimos juntos con dirección á Barinas, y estando el ejército reunido en el hato de Cañafístola, inmediato al paso de Setenta, por donde ibamos á cruzar el río Apure, mandó Bolívar hacer alto y me ordenó que fuese á Guasdualito á prender al coronel Nonato Pérez y haciéndome cargo de las fuerzas que éste allí tenía, trajese al ejército más de quinientos caballos?que conservaba en dehesa.

La noche antes de mi salida, tuve una conferencia con el coronel Rangel en la que le dije no aprobaba la marcha de Bolívar á Barinas porque en esta ciudad no encontraríamos recursos para el ejército que ya sufría escasez de todo género, y que en lugar de ir á dicha ciudad, donde decía Bolívar que á lo menos cogeríamos tabaco para venderlo en Guayana, proporcionándonos de este modo algunos auxilios pecuniarios, me parecía á mí que mayores ventajas podían alcanzarse si Bolívar dirigía su marcha á la Nueva Granada por Casanare.

Parecióle á Rangel muy acertado el plan y me suplicó no me marchara sin comunicárselo al jefe supremo; pero yo aunque se lo ofrecí, no lo hice, porque me mantenía aún renuente en dar á Bolívar mi opinión sobre planes y operaciones.

Estando ya en marcha para Guasdualito, llegó el coronel Jacinto Lara, enviado por el general Santander, para que comunicase al Libertador los favorables resultados de sus operaciones en Casanare y la buena disposición de los granadinos en favor de la causa independiente. Convocóse entonces una junta presidida [por Bolívar, y los vocales de élla Anzoategui, Pedro [León Torres, Soublette, Rangel, Iribarren, Pedro Briceño Mendez, Ambrosio Plaza y Manrique aprobaron unánimemente el plan de trasladar la campaña á la Nueva Granada.

El día siguiente de hallarme yo en Guasdualito se me presentó Rangel acompañado del entonces teniente Juan José Flores, después general y Presidente del Ecuador, con una esquela de Bolívar, escrita de su puño y letra, en la que me decía que Rangel le había informado de mi opinión sobre las ventajas de ir á la Nueva Granada en vez de dirigirnos á Barinas, idea que él aprobaba y que por consiguiente le esperase en Guasdualito para que yo entonces decidiera cuál de nosotros dos sería el jefe que debía ir á la Nueva Granada: que si yo iba, él se iría al Oriente para formar un ejército contra Caracas, y si él era el escogido, entonces yo me quedaría en el Apure que era necesario conservar á toda costa, aun cuando se perdiesen todos los demás territorios.

Cuando Bolívar se reunió conmigo en Guasdualito, le dí las gracias por la deferencia que me había mostrado en su carta y le dije que entonces como siempre estaba pronto á aprobar y ejecutar lo que él decidiese. Díjome que le parecia mejor que él fuése á la Nueva Granada, porque era allí más conocido y que yo me quedase en el Apure, territorio que como ya me había dicho en la carta, era necesario conservar á toda costa.

El 4 de junio estaba ya Bolívar en el pueblo de Arauca y el 11 del mismo mes se reunió con la división de Santander.

Según lo convenido, yo me quedé conservando el Apure con el encargo de llamar la atención del enemigo por el camino de San Camilo á Cúcuta, é internarme, si me era posible hasta los valles de este nombre. Para esto era preciso destruir unas fuertes guerrillas que al mando del comandante Silva tenían sus guaridas en Guaca, y á este punto dirigí inmediatamente mi atención, porque bien se comprende que era imprudente dejarlas á mi espalda. Logré dispersar dichas guerrillas; pero no pude destruirlas completamente, porque me era imposible perseguirlas en aquellos terrenos cubiertos de bosques que no daban fácil acceso á nuestra caballería

Estando en Guaca supe que el enemigo tenía un punto fortificado y guarnecido, llamado San Josesito, antes de llegar al pueblo de San Cristóbal, en el tránsito á Cúcuta, punto que era imposible tomar, y mucho menos con caballería. Además, para llegar á él, había que atravesar veinte leguas de monte y barrizales donde no encontraríamos pasto para los caballos: en vista de tan insuperables obstáculos, (16) resolví regresar á Achaguas para organizar una fuerza de infantería y caballería con la que, internándome hasta Guanare, provincia de Barinas, me proponía impedir que el general Latorre pasara á dar auxilio á los realistas de la Nueva Granada.

Después de organizar mis fuerzas me puse en marcha, pero en el paso del Frío viendo los obstáculos que nos oponía la inundación de las sabanas por las crecientes de los ríos, mandé que la infantería compuesta de criollos é ingleses, regresase á Achaguas, y con sólo la caballería me dirigí á Guanare, dejando á un lado la ciudad de Nutrias, cuya plaza no podía atacar sin fuerzas suficientes de infantería.

Antes de moverme di órdenes al coronel Aramendi para hacer un ataque sobre la capital de Barinas con el regimiento de «La Muerte,» para dispersar ó distraer las fuerzas que había batido pocos días antes, y que después se reuniese conmigo en Guanare.

El 17 continué mi marcha por el camino que conduce al pueblo de la Cruz, que según mis guías era el mejor, para

---

(16) Dice Baralt que yo no quise pasar á Cúcuta, según las instrucciones que me había dado el Libertador, y ya habrá visto el lector los inconvenientes que tuvimos para no hacerlo. Además, recuérdese que nada me había recomendado tanto Bolívar como la conservación del Apure, que hubiera sido abandonado si yo me empeñaba en acometer la temeraria empresa de penetrar en los valles de Cúcuta.

reunir las guerrillas que obraban en aquellos contornos. Después de una marcha de tres días consecutivos, sin hallar en ningún paraje provisiones para nuestras tropas y ni aun sitio seco donde descansar, acampamos el 19 por la noche á una legua de dicho lugar, y allí me informaron mis espías de que una columna de trescientos cincuenta infantes y algunos carabineros, al mando del teniente coronel Durán, acababa de tomar posesión del pueblo con el doble objeto de batir las guerrillas, continuar operando en aquellos contornos, quemar el pueblo, destruir las plantaciones, y llevar prisioneros á los habitantes á Nutrias.

Me preparé inmediatamente para atacar dicha columna, y al amanecer del día 22 ya nos hallábamos á la orilla del pueblo sin que el enemigo hubiera tenido noticia de nuestros movimientos. Mientras tomaba disposiciones para organizar el ataque, se escapó un tiro á uno de mis carabineros, y con objeto de quitar á los realistas tiempo para apercibirse á la defensa, dí orden á la Guardia que avanzara al trote sobre la plaza. El movimiento no pudo hacerse sin alarmar al enemigo, que ya se había hecho fuerte en la iglesia cuando llegó la Guardia, y pudo fácilmente rechazar los ataques de ésta. Entonces yo con el resto de las fuerzas avancé hasta las esquinas de la plaza en que se hallaba la iglesia: trabaron mis húsares el combate, y cuando ya habían penetrado hasta el centro de la plaza, mandé á la Guardia que entrara de nuevo al ataque. Cien cazadores realistas, del regimiento Barinas, cargaban á la bayoneta á mis húsares, y los habían obligado á replegarse á una esquina de la plaza, cuando la Guardia penetró en élla para atacar á los realistas por la espalda; pero por malhadada coincidencia, los cazadores de Barinas vestían un uniforme igual al de mis húsares, con lo que engañada la Guardia, tanto más que el denso humo de la pólvora no permitía distinguir claramente los objetos, suspendió inmediatamente el ataque. Rompieron los realistas un fuego horroroso, y la Guardia se vió obligada á retirarse. En la carga habían sido muertos entre otros el coronel Urquiola y el capitán Prado, y heridos también varios oficiales y soldados.

Viendo el enemigo que la iglesia no les ofrecía lugar muy ventajoso de defensa, la abandonaron y fueron á parapetarse en una casa de tejas, cercada de tapias, que estaba como á una cuadra de distancia de la iglesia. Allí recházaron nuestros repetidos ataques, pues nosotros volvíamos con tal coraje á la carga que los oficiales cortaban con sus sables los balaustres de las ventanas, y los soldados á trancazos se esforzaban en derribar el portón de la casa'; mas viéndonos expuestos al mortífero fuego que hacían los realistas desde su ventajosa posición, tuvimos en más de una ocasión que suspender el ataque. En uno de éstos fue muerto el capitán Pedro Juan Gamarra al penetrar por un portillo formado entre la cerca y las paredes de la casa. Muertos ó heridos la mayor parte de los oficiales, mandaba aquellos valientes un cabo, venezolano, quien exhortaba á sus compañeros á dejarse matar antes que rendirse á los enemigos del Rey. Viendo yo que era imposible penetrar allí sin las herramientas necesarias para abrir brecha, dí orden de suspender el ataque, asegurando á los míos que aquella misma noche seríamos dueños de la casa. Puse cuatro guerrillas de húsares desmontados en las más inmediatas, con orden de hacer fuego á las ventanas de la que ocupaban los realistas. Gran destrozo hicieron los míos en los defensores, apiñados en aquel estrecho recinto, obstruido por una multitud de cadáveres.

Al caer la noche formé mis fuerzas para el ataque, pues yo había descubierto, ya tarde, un sendero que había escapado á mi observación durante los ataques de la mañana. Atacamos, pues, la casa por dicho punto y la ocupamos con poca resistencia. El comandante, treinta soldados y el heróico cabo se escaparon en el momento de la entrada de los nuestros, guiados por el ingrato capitán americano Yarza, de modo que sólo hallamos dentro de la casa una multitud de cadáveres y heridos. Con razón decían los españoles, en el parte que dieron de este encuentro, que «aquella casa no estaba defendida por tropas del Rey, sino por un triste hospital anegado en sangre.»

El resultado de este suceso nos fue muy favorable, pues nos hicimos de muchas municiones y de doscientos fusiles almacenados.

Nuestra pérdida consistió en cinco oficiales, cuatro sargentos y veinte soldados muertos; y heridos once oficiales y ochenta y cinco soldados. Entre los primeros, el ya citado coronel Urquiola, el teniente coronel Navarro, el capitán Pedro Juan Gamarra y el teniente Pedro Gómez. Entre los heridos, el coronel Juan Gómez, el teniente coronel Manuel Arraiz, el capitán Ramón Esteves, el teniente Fructuoso Esteves y los subtenientes Romualdo Salas, Encarnación Castillo, Eusebio Ledesma; Julián Peña, León Esteves, Pedro Oliva y Juan Aspré.

Distinguiéronse por su bizarría y valor, el general Torres, el coronel Rangel, el coronel Muñoz y el teniente coronel Laurencio Silva, que fueron los primeros que asaltaron las ventanas con sus sables; el coronel Carmona, el teniente

16

coronel José María Angulo, el teniente coronel Jacinto Mirabal y el teniente Tomás Castejón.

El hecho que acabamos de referir, prueba que el soldado realista no cejaba ante el peligro cuando tenía á su frente jefes como el que nos resistió á nosotros en el pueblo de la Cruz.

Debilitadas las fuerzas de mi mando después de esta reñida contienda, no me era posible seguir marcha á Guanare, y determiné entonces retirarme hacia Achaguas, escoltando mis heridos para impedir que al pasar cerca de Nutrias fuesen hechos prisioneros por las tropas que guarnecían la plaza.

Grandes penalidades tuvimos que sufrir en esta marcha, pues íbamos alimentándonos solamente con frutas silvestres, cruzando siempre esteros anegados de agua y atravesando á nado algunos caños hondos, hasta que llegamos al pueblo de Santa Catalina, donde embarqué los heridos para Achaguas, y atravesando el río Apure por el paso del Frío, volví á establecer mi cuartel general en aquella ciudad. El 3 de setiembre se me incorporó en este punto el comandante Antonio Díaz, con una escuadrilla de lanchas cañoneras, y sabiendo yo que el enemigo tenía en el puerto de Nutrias otra de once lanchas armadas y aparejadas para bajar á reunirse con las que estaban en San Fernando, dispuse que Díaz se situara con sus embarcaciones en la boca del Apure Seco, y que allí permaneciese oculto para atacar de improviso la escuadrilla enemiga cuando viniera bajando el río. Ejecutólo así Díaz el día 30 de setiembre frente al pueblo de Apurito, habiendo alcanzado un completo triunfo, pues se apoderó de todas las once embarcaciones enemigas. Por orden mía Díaz bajó con su escuadrilla á situarse en la boca del río de la Portuguesa, para impedir que por sus aguas y las del Apure recibiera socorros la plaza de San Fernando. Estando allí, fue atacado por la escuadrilla enemiga que salió con tal objeto de este último punto; pero Díaz logró arrollarla hasta el extremo de tener el enemigo que echar sus lanchas sobre la ribera izquierda de la Portuguesa y defender desde tierra las embarcaciones con la infantería que llevaba á bordo.

Díaz regresó á Achaguas con sus heridos, habiendo perdido en este combate á su segundo el comandante M. Muñoz.

A principios de octubre estando yo en mi hato de la Yagua, el general Soublette en su paso para Angostura, se me presentó para comunicarme que en Guasdualito habían quedado mil quinientos reclutas al mando del coronel Justo Briceño, los cuales había ordenado el Libertador que se pusieran á mis órdenes. Dispuse que bajasen de Achaguas, y con éllos y con los demás que fueron llegando sucesivamente de la Nueva Granada, se formaron, después de disciplinados en Apure, varios batallones que más adelante, cuando abrí la campaña del año de 1820, fueron á reforzar al ejército Libertador que debía obrar por el occidente de Caracas.

Casi todo el año 20 se pasó en reunir y disciplinar reclutas, empotrerar caballos, coger y castrar toros, y ponerlos en dehesa para tener reses cuando el ejército abriera la campaña, y en enviar armas para la Nueva Granada. Sin embargo de nuestra inacción en aquella época, el ejército de Apure era una amenaza permanente contra las fuerzas realistas de Venezuela, para impedir su unión con las que existían en la Nueva Granada.

El único movimiento en aquella época fue una marcha á Barinas en el mes de enero, encontrándome en el tránsito con Bolívar, que venía de la Nueva Granada con dirección á Guayana. Pasó una noche conmigo y le informé de que el objeto de mi marcha era solamente una diversión, para proteger las guerrillas que tenía obrando por los llanos de Calabozo y San Carlos y en aquella misma provincia, y al mismo tiempo tener mis tropas en movimiento y actividad. Aprobó Bolívar estas disposiciones y continuando su marcha hacia Guayana, seguí yo hacia Barinas, cuya ciudad ocupé; mas, después de permanecer en élla algunos días, regresé sin encontrar tropiezo en el tránsito, á Apure, por la vía de Nutrias.

Estando en San Juan de Payara en el mes de agosto, se me presentó el teniente coronel Jalón, que venía comisionado por Morillo á proponerme una suspensión de hostilidades. Yo le contesté que mis operaciones dependían del gobierno, y que yo no estaba autorizado para entrar en ninguna clase de inteligencia con el enemigo.

Morillo envió al Congreso de Guayana dos comisionados, Don Juan Cires y Don José Domingo Duarte, para proponer á aquel cuerpo entrar en negociaciones. El Congreso le contestó, el 11 de julio, "que estaba deseoso de establecer la paz y oiría con gusto todas las proposiciones que se hicieran de parte del gobierno español, siempre que tuviesen por base el reconocimiento de la soberanía é independencia de Colombia.»

Enviáronse también comisionados á Bolívar, y estando ausente dió poder para contestar en su nombre á Pedro Briceño Méndez y á Urdaneta. Estos se negaron abiertamente á aceptar las proposiciones que se les hicieron de

volver á la obediencia del Rey, á pesar de todas las garantías que se ofrecían á Colombia y contestaron que se hacía
grave injuria á los jefes patriotas en invitarlos con la promesa de conservar los grados que entonces tenían, si ayudaban á llevar á efecto aquel plan de reconciliación con la antigua metrópoli.

Por lo pronto las negociaciones no tuvieron ningún
resultado; pero poco tiempo después Bolívar escribió á
Morillo desde San Cristóbal en 21 de setiembre, diciéndole que no obstante los perjuicios que se seguirían á
las armas republicanas de suspender las hostilidades,
había resuelto entrar en negociaciones para tratar del
armisticio que él le había propuesto, siempre que se dieran á Colombia las garantías y seguridades que tenía
derecho á exigir. Morillo, en carta fechada en San
Carlos á 20 de octubre, contestó invitando á Bolívar
á entrar en las negociaciones preliminares para firmar un
armisticio.

Después de haber tenido la imaginación del lector
ocupada con las escenas terríficas de la guerra, nos complace sobremanera traerle á uno de los más notables
episodios de aquellos tiempos, cuando ya la voz de las
pasiones iba á ceder su lugar á la razón, poniendo término
á los horrores que habían cometido tanto los que defendían
los derechos santos de la Patria como los sostenedores del
despotismo.

El 26 de noviembre, 1820, los jefes de las fuerzas beligerantes, deseando poner término á la guerra de exterminio
conque horrorizaban al mundo, concluyeron un tratado
en Trujillo para regularizar la guerra conforme á la
práctica de los países civilizados. Acordóse tratar gene-

rosamente á los prisioneros de guerra, cangeándolos **por** otros de su mismo rango y clase; respetar á los habitantes de los pueblos que ocuparan las fuerzas militares, y en fin todo lo que en la guerra suelen hacer **los** países civilizados. Entre los artículos merece llamar la atención al 7º, concebido en estos términos: "Originándose esta guerra de la diferencia de opiniones, hallándose ligados con vínculos y relaciones muy extrechas los individuos que han combatido encarnizadamente por las dos causas, y deseando economizar la sangre cuanto sea posible, se establece que los militares ó empleados que, habiendo antes servido á cualquiera de los dos gobiernos hayan desertado de sus banderas y se aprehendan alistados bajo las del otro, no puedan ser castigados con pena capital.—Lo mismo se entenderá con respecto á los conspiradores de una y otra causa.»

Concluidos los tratados el 25 y 26 del mismo mes, invitó el general Morillo al Libertador á una entrevista en el pueblo de Santa Ana. Bolívar, acompañado de su Estado Mayor, llegó á este lugar, donde fue recibido por el jefe español con altas consideraciones de respeto, pasando bien pronto á tributarse espresiones de amistad y admiración mutua. Después de diez años de horrores y odio á muerte, España y Colombia parecían haber llegado á una reconciliación que nadie hubiera creído posible. El carácter español, noble y generoso siempre, no se desmintió en aquella entrevista entre hombres que habían luchado como fieras en cien campos de batalla. Unos y otros, depuestos los inveterados odios, se tributaban elogios y citaban con admiración los hechos más gloriosos del enemigo mientras partían en amistoso banquete el pan de la fraternidad. El general Morillo propuso que se erigiera en aquel punto un monumento que recordase aquel día memorable, y el Libertador acogió la idea con el entusiasmo con que siempre miraba toda empresa generosa. Colocóse la primera piedra, y ambos caudillos se abrazaron, siguiendo su ejemplo los jefes que les acompañaban.

En el banquete brindó el Libertador, «á la heroica firmeza de los combatientes de uno y otro ejército: á su constancia, sufrimiento y valor sin ejemplo; á los hombres dignos que al través de males horrorosos sostienen y defienden su libertad. A los heridos de ambos ejércitos que han manifestado su intrepidez, su dignidad y su carácter.—Odio eterno á los que deseen sangre y la derramen injustamente».

El general Morillo contestó diciendo «castigue Dios á los que no estén animados de los mismos sentimientos de paz y amistad que nosotros». El general español Latorre dijo á Bolívar, lleno de entusiasmo: «Descenderemos juntos á los infiernos en persecución de los tiranos».

La historia no presenta nada mas bello y grandioso, semejante espectáculo prueba que el corazón humano, por más que le endurezcan las pasiones, siempre conserva un resto de sensibilidad que sólo necesita talvez un simple hecho para mostrarse en toda su grandeza.

Dice el historiador Baralt que algunos jefes patriotas desaprobaron este armisticio, y como mi silencio ahora pudiera hacer caer sobre mí semejante inculpación, quiero referir algo para que nadie me comprenda en ese número.

Cuando Bolívar pasó por el Apure para ir á celebrar la conferencia con Morillo, le presenté un plan escrito en el que manifestaba que prolongando lo más que pudiera la duración del armisticio, tendríamos tiempo para disciplinar bien nuestras tropas, recibir armamento para organizar un ejército de reserva en la Nueva Granada y conservar así este territorio, cuya posesión parecía depender del éxito de una sola batalla, pues los patriotas lo perdieron sólo con la derrota de sus tropas en Cachirí, y los españoles en la que sufrieron las suyas en la acción de Boyacá.

Al poco tiempo después de celebrado el armisticio, Morillo, á pesar de las instancias de los más prominentes realistas por que no dejase el país, partió para España el 17 de diciembre, dejando las tropas expedicionarias al mando del general Latorre. El caudillo español había llegado á convencerse de la imposibilidad de someter á los llamados insurgentes, y quiso retirarse de la escena antes que los acontecimientos le obligaran á abandonarla—medida prudente de quien no había previsto semejante fin!

Graves errores cometió Morillo en su misión de *pacificador*, adoptando para someter el país medidas de severidad que le enagenaron los ánimos más indiferentes, y mirando con desprecio á aquellos soldados mal aconsejados que, bajo las órdenes de Boves y Monteverde, habían sido el azote de sus compatriotas.

Injusticia sería negarle un valor y denuedo á toda prueba, una gran constancia, talento militar y todas aquellas cualidades que necesita un jefe para inspirar fe y confianza á sus subordinados; Morillo no por eso dejó de cometer errores militares en sus campañas de Venezuela.

El primero de estos fue haber dividido su ejército en San Fernando, después de la acción de Mucuritas, man-

dando á Latorre con una parte á Guayana, y dirigiéndose
él con la otra á la isla de Margarita. En este plan parece
haber tenido más parte la excesiva confianza en sus tropas
y el desprecio por las del enemigo, que la idea de atacar
á la vez los dos focos en que los patriotas habían concentrado sus fuerzas. En vez de dividir así las suyas,
debió dirigirse él en persona con todo el ejército á
Guayana para arrojar de esta provincia á los republicanos
y cerrarles el canal por donde podían introducir elementos de guerra del extranjero hasta el interior de la Nueva
Granada. Embarcándose en San Fernando, podía llegar
en cinco ó seis días á Angostura, y si no le bastaban para
conducir su ejército las embarcaciones que tenía en el
primero de estos puntos, pudo hacer bajar con tal objeto
las que se encontraban en el Baúl y Nutrias.

A la conclusión de la campaña del año 18, en vez de
tomar cuarteles de invierno, debió ir inmediatamente sobre
Guayana, y pudo hacerlo con gran facilidad, pues los
patriotas en aquella época no tenían infantería que oponer
á su marcha. Así hubiera impedido la reunión del Congreso de Angostura, que daba á la causa independiente el
prestigio de un gobierno ya establecido, cuyos miembros
se reunían para deliberar libremente y sin ninguna oposición.

El tercero de los errores cometidos por el jefe expedicionario fue la vana esperanza de destrozar el ejército de
mi mando en el Apure con la idea de acorralar á los
insurgentes en Guayana; y digo vana, porque debió tener
muy en cuenta los inconvenientes con que tendría que
luchar en un punto donde de nada le valdría la superioridad numérica de sus tropas contra el conocimiento que
nosotros teníamos del terreno y los recursos con que nos

brindaba para hacer la guerra de movimiento de que ya he hablado. (17)

CAPITULO XIII

FIN DEL ARMISTICIO.—MI PENOSA MARCHA A GUANARE PARA UNIRME AL LIBERTADOR.—EL GENERAL LATORRE ENVIA A ÉSTE UN PARLAMENTO.—LATORRE DESEOSO DE SABER SI YO ME HABIA REUNIDO CON BOLIVAR.—CONTRAMARCHA A CARABOBO.—GLORIOSA JORNADA EN EL LLANO DE ESTE NOMBRE.—DOCUMENTOS OFICIALES.

1821

La ocupación de Maracaibo por las tropas de Urdaneta, al mando del teniente coronel José Rafael Heras, que entró en dicha plaza de acuerdo con su gobernador, el venezolano Francisco Delgado, dió origen á una protesta por parte del jefe de los realistas; y como no le contestase Bolivar de una manera satisfactoria, se señaló el **28** de abril para abrir de nuevo la campaña y comenzar las hostilidades, que se habían suspendido por el armisticio celebrado el año anterior.

Preparáronse todos los jefes para las nuevas operaciones, y yo recibí orden de Bolívar de marchar con el ejército de mi mando á reunirme á su cuartel general en Guanare.

---

(17) He omitido la relación de una multitud de reñidos encuentros con los realistas, que antes de celebrarse el armisticio tuvieron guerrillas al mando de los valientes jefes Rafael Rosales, Fernando Figueredo, Doroteo Hurtado, Cornelio Muñoz, Juan Gómez, Valentín Cortés y José López, en los llanos de Calabozo, San Carlos y Barinas.

El 10 de mayo salí de Achaguas con mil infantes, mil quinientos ginetes, dos mil caballos de reserva y cuatro mil novillos, y crucé el Apure por el paso Enriquero.

No son de contar las molestias y trabajos que nos hizo pasar, durante nuestra marcha, la conducción de tan crecido número de animales. Todas las noches los caballos se escapaban en tropel, sin que bastaran los hombres que los custodiaban para detenerlos en la fuga. Por fortuna, como habían estado siempre reunidos por manadas en los potreros, corrían juntos y era fácil seguirlos por las huellas que dejaban en la tierra, muy blanda entonces, pues para mayor aprieto estábamos en la estación de las lluvias. Estas deserciones se repetían todas las noches á las ocho, pues por el instinto maravilloso de esos animales, una vez que han encontrado la posibilidad de escapar á sus dehesas, redoblan siempre sus conatos á la misma hora del día siguiente.

Al fin mis llaneros los cogían, y al otro día me alcanzaban con ellos en la marcha, que yo aceleraba todo lo posible para reunirme cuanto antes con Bolívar.

En el pueblo de Tucupido supe que éste se había movido hacia Araure, cuya villa había abandonado Latorre para replegarse á San Carlos, punto que también abandonó cuando supo que Bolívar había ocupado á Araure, retirándose finalmente á Carabobo donde se proponía presentar batalla á las tropas republicanas.

Sabiendo yo que el Libertador llevaba muy poca caballería dejé la infantería al mando del coronel Miguel Antonio Vásquez, y con la caballería me adelanté hasta San Carlos donde alcancé al general en jefe.

Incorporada la infantería y listos para marchar, se anunció al Libertador el arribo de un parlamento que le enviaba el general Latorre. Conducía dicho parlamento el coronel español Churruca, á quien Bo'ívar, invitándome para que le acompañase, salió á recibir en el pueblo de Tinaco, que dista cuatro leguas de San Carlos.

El objeto aparente de la llegada de Churruca, era proponer un nuevo armisticio; pero el real y verdadero, averiguar si aún no me había reunido yo con Bolívar, para atacarle inmediatamente.

Habiendo llegado Churruca á la hora de la comida, antes de ocuparse del asunto que le había traído al campamento republicano, Bolívar le invitó á su mesa; y como en élla el comisionado español le preguntase por mí, Bolívar inmediatamente me presentó á él. Después de la comida pasaron á la conferencia, y Churruca, dijo que el objeto de su comisión era proponerle de parte de Latorre un nuevo armisticio, durante el cual las tropas republicanas se retirarían á la margen derecha de la Portuguesa, cuyo río sería la línea divisoria de los dos ejércitos enemigos mientras durase la suspensión de hostilidades. Como semejante proposición equivalía á exigirnos que perdiésemos todo el terreno que habíamos ganado, no la admitió Bolívar, y Churruca se volvió al campamento de Latorre para comunicarle el resultado de la entrevista y la noticia de que ya había yo reunido mis fuerzas á las del Libertador.

Como ya he dicho, después de su expulsión de San Carlos y desde principios de junio, había el enemigo concentrado sus fuerzas en Carabobo, y desde allí destacaba sus avanzadas en descubierta hasta el Tinaquillo. Envióse contra éllas al teniente coronel José Laurencio Silva, quien logró hacerlas prisioneras después de un encuentro en que murió el comandante español. Entonces, el enemigo juzgó prudente

retirar un destacamento que tenía en las alturas de Buena-
vista; y ocupado desde luego por el ejército patriota, desde
allí observamos que el enemigo se estaba preparando para
impedir el descenso á la llanura. Nosotros continuamos
nuestra marcha. La primera división, á mi mando, se componía del batallón Británico, del Bravo de Apure y mil quinientos caballos. La segunda, de una brigada de la Guardia,
los batallones tiradores, el escuadrón Sagrado al mando del
impertérrito coronel Aramendi, y los batallones Boyacá y
Vargas, nombres que recordaban hechos heróicos. El general Cedeño, á quien Bolívar llamó el bravo de los bravos,
era el jefe de esta segunda división. La tercera á las órdenes del intépido coronel Plaza, se componía de la primera
brigada de la Guardia, con los batallones Rifles, Granaderos,
Vencedor en Boyacá, Anzoategui y un regimiento de caballería al mando del valiente coronel Rondón.

Jefes, oficiales y soldados comprendieron toda la importancia que á nuestra causa iba á dar una victoria que todos
reputaban decisiva. Algunos de los más valientes decían á
sus compañeros que no se empeñasen con sobrada temeridad
y, según tenían por costumbre, en lances extremos si querían
alcanzar la gloria de sobrevivir al triunfo y ver al fin colma-
dos sus patrióticos deseos.

El ejército español que les aguardaba se componía de la
flor de las tropas expedicionarias, y sus jefes habían venido
á América después de haber recogido muchos laureles en
los campos de la Península, luchando heróicamente contra
las huestes de Napoleón.

Seguimos, pues, la marcha llenos de entusiasmo, teniendo en poco todas las fatigas pasadas y presentes, con ánimo
de salir á la llanura por la boca del desfiladero en que terminaba la senda que seguimos; pero como viésenos ocupadas

sus alturas por los regimientos Valencey y Barbastro, giramos hacia el flanco izquierdo con objeto de doblar la derecha del enemigo: movimiento que ejecutamos á pesar del nutrido fuego de su artillería.

Dejando el general español los dos regimientos, antes citados, á la boca del desfiladero, salió á disputarnos con el ejército el descenso al valle, para lo cual ocupó una pequeña eminencia que se elevaba á poca distancia del punto por donde nos proponíamos entrar en el llano, que era la Pica de la Mona, conducidos por un práctico que Bolívar había tomado en Tinaquillo. El batallón de Apure resistiendo vigorosamente los fuegos de la infantería enemiga, al bajar al monte, atravesó un riachuelo y mantuvo el fuego hasta que llegó la Legión Británica al mando de su bizarro coronel Farriar. Estos valientes, dignos compatriotas de los que pocos años antes se habían batido con tanta serenidad en Waterloo, estuvieron sin cejar un punto sufriendo las descargas enemigas hasta formarse en línea de batalla. Continuóse la pelea, y viendo que ya estaban escasos de cartuchos, les mandé cargar á la bayoneta. Entonces éllos, el batallón de Apure y dos compañías de tiradores, mandados por el heróico comandante Heras, obligaron al fin al enemigo á abandonar la eminencia y tomar nuevas posiciones en otra inmediata que se hallaba á la espalda. De allí envió contra nuestra izquierda su caballería y el batallón de la Reina, á cuyo recibo mandé yo al coronel Vásquez con el estado mayor (*) y una compañía de la Guardia de Honor,

_____

(*) Componíase éste de treinta y cuatro individuos, entre jefes y oficiales agregados á él.

mandada por el capitán Juan Angel Bravo, quienes lograron rechazarlos y continuó batiéndose con la caballería enemiga por su espalda. Este oficial, Bravo, luchó con tal bravura que se veían después en su uniforme las señales de catorce lanzazos que había recibido en el encuentro, sin que fuese herido, lo que hizo decir al Libertador que merecía un uniforme de oro.

Los batallones realistas Valencey y Barbastro, viendo que el resto del ejército iba perdiendo terreno, tuvieron que abandonar su posición para reunirse al grueso del ejército. Corrí yo á intimarles rendición acompañado del coronel Plaza que, dejando su división, se había reunido conmigo, deseoso de tomar parte personalmente en la refriega. Durante la carga una bala hirió mortalmente á tan valiente oficial que allí terminó sus servicios á la Patria.

Reforzado yo con trescientos hombres de caballería, que salieron por el camino real, cargué con éllos á Barbastro y tuvo que rendir armas: en seguida fuimos sobre Valencey que iba poco distante de aquel otro regimiento y que, apoyándose en la quebrada de Carabobo, resistió la carga que le dimos. En esta ocasión estuve yo á pique de no sobrevivir á la victoria, pues habiendo sido acometido repentinamente de aquel terrible ataque que me privaba del sentido, me quedé en el ardor de la carga entre un tropel de enemigos, y tal vez hubiera sido muerto, si el comandante Antonio Martínez, de la caballería de Morales, no me hubiera sacado de aquel lugar. —Tomó él las riendas de mi caballo, y montando en las ancas de éste á un teniente de los patriotas llamado Alejandro Salazar, *alias* Guadalupe, para sostenerme sobre la silla, ambos me pusieron en salvo entre los míos. (*)

Al mismo tiempo el valiente general Cedeño, inconsolable por no haber podido entrar en acción con las tropas de su mando, avanzó con un piquete de caballería, hasta un cuarto de milla más allá de la quebrada, alcanzó al enemigo, y al cargarle cayó muerto de un balazo.

A tiempo que yo recobraba el sentido se me reunió Bolívar y en medio de víctores me ofreció en nombre del Congreso el grado de general en jefe.

Tal fue la gloriosa jornada de Carabobo, que en sus importantes resultados para la independencia de Colombia, puede muy bien compararse con la de Yorktown para los Estados Unidos en la América del Norte. Bolívar en su proclama dijo que élla había confirmado el nacimiento político de la república de Colombia. "Solamente la división de Páez, compuesta de dos batallones de infantería y 1,500 ginetes, de los cuales pudieron combatir muy pocos, bastaron para derrotar al ejército español en tres cuartos de hora. Si todo el ejército independiente hubiera podido obrar en aquella célebre jornada, apenas habrían escapado algunos enemigos. Sellóse en

(*) Todavía estoy por saber el motivo que moviera á Martínez para ejecutar aquel acto inesperado y para mi providencial. El era llanero de Calabozo, y siempre sirvió á los españoles desde los tiempos de Boves, con justa fama de ser una de sus más terribles lanzas. Estuvo con nosotros la noche después de la acción de Carabobo, pero no amaneció en el campamento. Más adelante, le volveremos á encontrar.

ara bobo la independencia de Colombia. El valor indomable, la actividad é intrepidez del general Páez, contribuyeron sobremanera á la consumación de triunfo tan espléndido.» (Tomo 3, pág. 135.)

Apenas repuesto del ataque de que ya he hablado, animé á mi infantería á continuar la persecución; pero Bolívar sabiendo que aquella arma había agotado en el combate todas sus municiones, mandó que hicieran alto hasta que los batallones Rifles y Granaderos se colocaran por delante para perseguir al enemigo. En estos momentos comenzó á caer una copiosa lluvia, la cual puso las barrancas de las quebradas que íbamos cruzando, tan sumamente resbaladizas que no podíamos perseguir al enemigo con la celeridad que deseábamos, y sólo así pudo librarse Valencey y los restos del ejército español de ser hechos prisioneros.

Acosaban de cerca al enemigo sólo cincuenta hombres de caballería y unos cuantos jefes y oficiales que habían dejado sus cuerpos para de alguna manera tener parte en la victoria.

Varios fueron heridos, entre éllos el comandante José de Lima, portugués. El coronel Mellado cayó muerto en la quebrada de Barrera, así como el teniente Olivera en Tocuyito.

Nuestra caballería no pudo antecoger los cuerpos de infantería enemiga, á causa del obstáculo que les presentaban los pasos de las quebradas, y viendo Bolívar que ya el enemigo se acercaba á la ciudad de Valencia, dispuso que doscientos granaderos montasen á la grupa de los ginetes para ir al trote á alcanzar al enemigo que encon-

17

traron desfilando por la orilla de la ciudad, camino **de** Puerto Cabello.

Cambiamos algunos tiros con él en los corrales **que** están á la entrada de las calles de Valencia, y yo creyendo que iba á hacerse fuerte en el centro de ella, me **metí** hasta la plaza que hallé enteramente desierta. Todas **las** puertas y ventanas de las casas estaban cerradas y no **se** veía ni una sola persona á quien preguntar la dirección **que** había tomado el enemigo.

Cuando yo iba por la calle que suponía ser la que conducía á Puerto Cabello, ví asomado al postigo de una ventana **al** ciudadano Doctor Pedro Guillén, quien me informó de que **la** otra calle paralela á aquella donde estábamos, era la que salía al camino que conduce á aquella plaza. Seguí pues esta dirección, pero poco después vino el coronel Diego Ibarra, edecán de Bolívar, á decirme que el enemigo estaba en el puente que de Valencia conduce al camino de Caracas. Volví atrás, y en efecto descubrí en dicho punto una columna de húsares, dos de los cuales se adelantaron á darnos el quien vive, y como contestásemos «La Patria», descargaron sus carabinas contra mí y el pelotón de oficiales que me acompañaba. Cargamos entonces á los que estaban en el puente, matamos á los dos húsares que nos habían hecho fuego poco antes, y pusimos en desordenada fuga á todos sus compañeros que á escape huyeron por el camino de Vigirima en dirección á Puerto Cabello. En aquel momento llegó la noche y el Libertador mandó suspender la persecución del enemigo.

El ejército realista, fatigado de la marcha precipitada que había hecho desde Carabobo, pasó la noche al pié del cerro, á tres leguas de Valencia, y la mañana del día siguiente empezó á subirlo y logró entrar en la plaza de Puerto Cabello.

El 25 de junio Bolívar, dejando á Mariño, jefe del Estado mayor, al frente de las tropas en Valencia, marchó conmigo y un batallón hacia Caracas, á cuya ciudad,—evacuada por Pereira así que supo la derrota de los realistas en Carabobo y la proximidad del Libertador,—llegamos el 29 por la noche.

Pereira no teniendo buques para embarcarse, pretendió salir por la costa de Sotavento hasta el pueblo de Carayaca con el objeto de ver si allí tocaba la escuadra española para tomarlo á su bordo; pero no habiendo aparecido esta, regresó á La Guaira para hacerse allí fuerte, siempre con la esperanza de que le auxiliarían los buques de Puerto Cabello. Al fin tuvo que capitular con el Libertador el día 4 de julio cuando vió que no se presentaba en el puerto ningún buque español. (*)—Véanse los artículos de esta capitulación en el tomo 2º de los Documentos de la Vida Pública del Libertador.

(*) Dice Torrente: «habiéndose el almirante francés Jurien rehusado á admitir las tropas á su bordo, alegando la estricta neutralidad que se veia precisado á observar, interpuso, sin embargo, su mediación para que entre dicho Pereira y Bolívar se estipulase un convenio, por el cual se concedia á aquellos soldados la libertad de quedarse al servicio de la República ó de embarcarse para Puerto Cabello. De los setecientos negros, mulatos y zambos de que se componia la infantería, *tan sólo seis abrazaron el primer partido, formando un extraño contraste con la caballería que se componía en su mayor parte de europeos, y de la que se vieron más individuos abandonar las banderas del Rey, aunque su fuerza total no llegaba á setenta».*

Entre aquellos seis que dice Torrente se quedaron, estaba aquel cabo que nos hizo la heroica resistencia en el pueblo de la Cruz.

DECRETO

del Congreso constituyente de Colombia, concediendo gracias y honores

á los vencedores en la batalla de Carabobo (*)

EL CONGRESO DE LA REPUBLICA DE COLOMBIA:

Instruido por el Libertador Presidente de la inmortal victoria que en el día 24 de junio próximo pasado obtuvo el ejército bajo su mando, sobre las fuerzas reunidas del enemigo en los campos de Carabobo, y teniendo en consideración :

1° Que por esta batalla ha dejado de existir el único ejército en que el enemigo tenía fincadas todas sus esperanzas en Venezuela ;

2° Que la por siempre memorable jornada de Carabobo, restituyendo al seno de la patria una de sus más preciosas porciones, ha consolidado igualmente la existencia de esta nueva República ;

3° Que tan glorioso combate es merecedor de agradecido recuerdo y eterna alabanza, tanto por la pericia y acierto del general en jefe que lo dirigió, como por las heroicas proezas y rasgos de valor personal con que en él se distinguieron los bravos de Colombia ;

4° En fin, que es un deber de justicia presentar á sus ilustres defensores los sentimientos de gratitud nacional, así como también pagar el tributo de dolor á los que con su muerte dieron honor y vida á la patria ;

HA VENIDO EN DECRETAR Y DECRETA:

1º Los honores del triunfo al general Simón Bolívar, y al ejército vencedor bajo sus órdenes.

2º No pudiendo verificarse en la capital de la República, tendrán lugar en la ciudad de Caracas; quedando á cargo de sus autoridades, y particularmente de su ilustre ayuntamiento, acordar las disposiciones necesarias á fin de que haga esta manifestación personal con la pompa y dignidad posibles.

3º En todos los pueblos de Colombia y divisiones de los ejércitos, se consagrará un día de regocijos públicos en honor de la victoria de Carabobo.

4º El día siguiente á esta solemnidad, se celebrarán funerales en los mismos pueblos y divisiones, en memoria de los valientes que fenecieron combatiendo.

5º Para recordar á la posteridad la gloria de este día se levantará una columna ática en el campo de Carabobo. El primer frente llevará esta inscripción:

DIA XXIV DE JUNIO DEL AÑO XI.

—

SIMON BOLIVAR, VENCEDOR,

aseguró la existencia de la República de Colombia.

—

Se hará después mención del estado mayor general. En los otros tres frentes se inscribirán por su orden los nombres de los generales de las tres divisiones de que se componía el ejército, y los nombres de los regimientos y batallones de cada una, con los de sus respectivos comandantes.

6º En el lado de la base que corresponde al frente de la 2ª división, se verá grabado:

EL GENERAL MANUEL CEDEÑO,

honor de los bravos de Colombia, murió
venciendo en Carabobo. Ninguno más valiente
que él, ninguno más obediente al gobierno.

—

En el lado de la base que corresponde al frente de la 3ª división se leerá:

EL INTREPIDO JOVEN
GENERAL AMBROSIO PLAZA,
animado de un heroísmo eminente,
se precipitó sobre un batallón enemigo.

Colombia llora su muerte·

—

7º Se colocará en un lugar distinguido de los salones del Senado y Cámara de Representantes el retrato del genera Simón Bolívar, con la siguiente inscripción:

SIMON BOLIVAR,

LIBERTADOR DE COLOMBIA.

—

8º Se concede al bizarro general José Antonio Páez e empleo de general en jefe, que por su extraordinario valor y virtudes militares le ofreció el Libertador, á nombre del Congreso, en el mismo campo de batalla.

9º Todos los individuos del ejército vencedor en aquella jornada llevarán en el brazo izquierdo un escudo amarillo, orlado con una corona de laurel, con este mote:

VENCEDOR EN CARABOBO, AÑO XI.

10 El Libertador, además, presentará muy especialmente, á nombre del Congreso, el testimonio de agradecimiento nacional al esforzado batallón británico, que pudo aun distinguirse entre tantos valientes, y sufrió la pérdida lamentable de muchos de sus dignos oficiales, contribuyendo de esta suerte á la gloria y existencia de su patria adoptiva.

Comuníquese al poder ejecutivo para su ejecución y cumplimiento en todas sus partes.

Dado en el palacio del Congreso general de Colombia, en la villa del Rosario de Cúcuta, á 20 de julio de 1821—11º.

El Presidente del Congreso, JOSE MANUEL RESTREPO.—El Diputado Secretario, FRANCISCO SOTO.—El Diputado Secretario, MIGUEL SANTAMARIA.

Palacio del Gobierno de Colombia, en el Rosario de Cúcuta, á 25 de julio de 1821—11º.

Ejecútese, publíquese y comuníquese á quienes corresponda.—CASTILLO.—Por S. E. el Vice-Presidente de la República: el Ministro del Interior, DIEGO B. URBANEJA.

———

Los oficiales de mi estado mayor que murieron en esta memorable acción fueron: coronel Ignacio Melean, Manuel

Arraiz, herido mortelmente, capitán Juan Bruno, teniente Pedro Camejo (a) el Negro Primero, teniente José María Olivera, y teniente Nicolás Arias.

Entre todos con más cariño recuerdo á Camejo, generalmente conocido entonces con el sobrenombre de «El Negro Primero,» esclavo un tiempo, que tuvo mucha parte en algunos de los hechos que he referido en el trascurso de esta narración.

Cuando yo bajé á Achaguas después de la acción del Yagual, se me presentó este negro, que mis soldados de Apure me aconsejaron incorporase al ejército, pues les constaba á ellos que era hombre de gran valor y sobre todo muy buena lanza. Su robusta constitución me lo recomendaba mucho, y á poco de hablar con él, advertí que poseía la candidez del hombre en su estado primitivo y uno de esos caracteres simpáticos que se atraen bien pronto el afecto de los que los tratan. Llamábase Pedro Camejo y había sido esclavo del propietario vecino de Apure, Don Vicente Alfonso, quien le había puesto al servicio del rey porque el carácter del negro, sobrado celoso de su dignidad, le inspiraba algunos temores.

Después de la acción de Araure quedó tan disgustado del servicio militar que se fué al Apure, y allí permaneció oculto algún tiempo hasta que vino á presentárseme, como he dicho, después de la función del Yagual.

Admitíle en mis filas y siempre á mi lado fue para mí preciosa adquisición. Tales pruebas de valor dió en todos los reñidos encuentros que tuvimos con el enemigo, que sus mismos compañeros le dieron el título de el Negro Primero. Estos se divertían mucho con él, y sus chistes naturales y observaciones sobre todos los hechos que veía ó había pre-

senciado, mantenían la alegría de sus compañeros que siempre le buscaban para darle materia de conversación.

Sabiendo que Bolívar debía venir á reunirse conmigo en
el Apure, recomendó á todos muy vivamente que no fueran
á decirle al Libertador que él había servido en el ejército
realista. Semejante recomendación bastó para que á su llegada le hablaran á Bolívar del negro, con gran entusiasmo,
refiriéndole el empeño que tenía en que no supiera que él
había estado al servicio del rey.

Así, pues, cuando Bolívar le vió por primera vez se le
acercó con mucho afecto, y después de congratularse con él
por su valor le dijo:

—¿Pero que le movió á usted á servir en las filas de
nuestros enemigos?

Miró el negro á los circunstantes como si quisiera en-
rostrarles la indiscreción que habían cometido, y dijo después:

— Señor, la codicia.

—¿Cómo asi? preguntó Bolívar.

—Yo había notado, continuó el negro, que todo el mundo iba á la guerra sin camisa y sin una peseta y volvía despu és
vestido con un uniforme muy bonito y con dinero en el bolsillo. Entonces yo quise ir también á buscar fortuna y más
que nada á conseguir tres aperos de plata, uno para el negro
Mindola, otro para Juan Rafael y otro para mí. La primera
batalla que tuvimos con los patriotas fue la de Araure: éllos
tenían más de mil hombres, como yo se lo decía á mi compadre José Félix: nosotros teníamos mucha más gente y yo
gritaba que me diesen cualquier arma con que pelear, porque
yo estaba seguro de que nosotros íbamos á vencer. Cuando
creí que se había acabado la pelea, me apeé de mi caballo y

fuí á quitarle una casaca muy bonita á un blanco que estaba tendido y muerto en el suelo.　En ese momento vino el comandante gritando: «á caballo.»　¿Cómo es eso, dije yo, pues no se acabó esta guerra?—Acabarse, nada de eso; venía tanta gente que parecía una zamurada.

—¿Qué decía usted entonces? dijo Bolívar.

—Deseaba que fuéramos á tomar paces.　No hubo más remedio que huir, y yo eché á correr en mi mula, pero el maldito animal se me cansó y tuve que coger monte á pie.　El día siguiente yo y José Félix fuímos á un hato á ver si nos daban qué comer; pero su dueño cuando supo que yo era de las tropas de Ñaña (Yáñez) me miró con tan malos ojos, que me pareció mejor huir é irme al Apure.

—Dicen, le interrumpió Bolívar, que allí mataba usted las vacas que no le pertenecían.

—Por supuesto y si no qué comía?　En fin vino el mayordomo (así me llamaba á mí) al Apure, y nos enseñó lo que era la patria y que la *diablocracia* no era ninguna cosa mala, y desde entonces yo estoy sirviendo á los patriotas.

Conversaciones por este estilo, sostenidas en un lenguaje *sui generis*, divertían mucho á Bolívar, y en nuestras marchas el Negro Primero nos servía de gran distracción y entretenimiento.

Continuó á mi servicio, distinguiéndose siempre en todas las acciones más notables, y el lector habrá visto su nombre entre los héroes de las Queseras del Medio.

El día antes de la batalla de Carabobo, que él decía que iba á ser la *cisiva*, arengó á sus compañeros imitando el lenguaje que me había oido usar en casos semejantes, y para infundirles valor y confianza les decía con el fervor de un musulmán, que las puertas del cielo se abrían á los patriotas que morían en el campo, pero se cerraban á los que dejaban de vivir huyendo delante del enemigo.

El día de la batalla, á los primeros tiros, cayó herido mortalmente, y tal noticia produjo después un profundo dolor en todo el ejército. Bolívar cuando lo supo, la consideró como una desgracia y se lamentaba de que no le hubiese sido dado presentar en Caracas aquel hombre que llamaba sin igual en la sencillez, y sobre todo, admirable en el estilo peculiar en que expresaba sus ideas.

CAPITULO XIV

Mi REGRESO A VALENCIA.—EL LIBERTADOR MARCHA PARA LA NUEVA GRANADA.—SOI NOMBRADO COMANDANTE DE UNO DE LOS DISTRITOS MILITARES EN QUE DEJÓ DIVIDIDA A VENEZUELA.—OPERACIONES DE MIS FUERZAS CONTRA ALGUNOS JEFES REALISTAS.—MORALES SALE DE PUERTO CABELLO, DESEMBARCA EN ALGUNOS PUNTOS DE LA COSTA Y AL FIN SE VE OBLIGADO A VOLVER A AQUEL PUERTO.—LOS REALISTAS SALEN DE PUERTO CABELLO SOBRE VALENCIA. — DESTRUCCIÓN DE UN DESTACAMENTO REALISTA EN PATANEMO.—PONGO SITIO A PUERTO CABELLO.—LAS ENFERMEDADES ME OBLIGAN A LEVANTARLO. — EL GENERAL CALZADA TOMA EL MANDO DE LA PLAZA.

1821 — 1822

A poco de haber llegado á Caracas, me ordenó Bolívar regresar á Valencia para ponerme á la cabeza del ejército, y él se quedó en la capital conferenciando con el vicepresidente, general Soublette, acerca de varios puntos de gobierno y administración.

Después se reunió conmigo en Valencia, y á principios de agosto marchó para la Nueva Granada con algunos cuerpos del ejército, dejando dividida provisionalmente á Venezuela en tres Distritos militares, siendo yo nombrado comandante general del que se formó con las provincias de Caracas, Carabobo, Barquisimeto, Barinas y Apure.

De los realistas derrotados en Carabobo, habían entrado en Puerto Cabello más de doscientos ginetes de la caballería criolla, y á la sazón había llegado á aquella plaza, de regreso de la península, el famoso jefe de la caballería de Boves, coronel José Alejo Mirabal. A este dió Latorre el mando de los ginetes criollos que tenía en la plaza, nombrándole además comandante general de los llanos de Calabozo para que saliera á obrar por nuestra espalda, aumentando sus fuerzas no sólo con los soldados que hubieran escapado de Carabobo y se encontrasen dispersos por aquellos territorios, sino también con los partidarios del Rey que hallase en éllos.

Alejo hizo su salida de Puerto Cabello por Morón, y en Canoabo sorprendió un destacamento que teníamos allí, guiando después su marcha al Pao de San Juan Bautista sin encontrar ninguna oposición, pues las fuerzas que mandamos á su encuentro, no llegaron oportunamente al punto que yo les había designado. Alejo salió al Llano donde, obrando con la actividad que le era característica, logró aumentar sus fuerzas hasta el número de quinientos ginetes, con los cuales sitió al coronel Judas Tadeo Piñango que mandaba en Calabozo; mas, noticioso de que yo había salido de Valencia con la Guardia de Apure y me acercaba á Calabozo, levantó el sitio y se fué al pueblo de Guardatinajas. Mandé á la Guardia en su persecución, y Mirabal

fue sorprendido y desbaratada su gente en las inmediaciones de aquel pueblo. Después de andar errante algunos días, se presentó al jefe militar de la villa del Pao de San Juan Bautista. [*]

Estando yo de regreso para Valencia y ya cerca de dicha ciudad, ví pasar un hombre á pie, y pareciéndome sospechoso le hice registrar, encontrando en su persona una comunicación de Mirabal á Morales, dándole cuenta de los sucesos que le habían obligado á presentarse á las autoridades republicanas, con cuyo ardid se había propuesto acercarse á Puerto Cabello para refugiarse con facilidad en esta plaza en caso de no recibir auxilios.

Inmediatamente que leí la comunicación, ordené que lo mandasen bajo segura escolta á mi cuartel general; mas habiendo querido escaparse en el camino, según me participó después el comandante de la escolta Guillermo Iribarren, fue muerto en el acto por el centinela que le vigilaba

El 1º de noviembre de este año, 1821, salió Morales de Puerto Cabello hacia Barlovento con ochocientos hombres que embarcó en la fragata *Ligera*, y llevándose además un bergantín y ocho goletas se aproximó á Chichirivichi, no sin haber perdido una de las goletas que apresó el bergantín colombiano *Vencedor*. El 14

(*) Yo mandé entonces un indulto para el comandante Antonio Martinez que me había salvado en Carabobo, el cual había salido con Mirabal de Puerto Cabello. Un oficial de éste, de apodo el Zainito, encontró en el paso del río de Guardatinajas al teniente Vicente Campero, que conducía el indulto, y apoderándose del papel lo rompió, dando además muerte á Campero.

á las diez de la mañana apareció dicho convoy frente á Macuto, y el 15 en la tarde se aproximaron algunos de sus botes á la costa de Naiguatá; pero sin atreverse á desembarcar en élla. El 16 se observó que hacían rumbo á sotavento de La Guaira, y el 18 recala- ron á Catia, saltando á tierra seiscientos hombres que se dirigieron á Ocumare mientras los buques seguían la misma dirección conduciendo el resto de las fuerzas. El 19 se aproximó á reconocerlos, con una pequeña co- lumna de milicianos, el comandante de los Valles de Ara- gua, pero tuvo que retroceder por haber sido atacado por fuerzas superiores en el Trapiche. Morales no atreviéndose á penetrar en el interior, se reembarcó y vol- vió á Puerto Cabello.

Yo atendía á los avisos que constantemente recibía de que la escuadra española iba remontando hacia barlovento, y para ir en auxilio de Caracas salí de Valencia con un batallón. Estando en aquella ciudad supe que la escua- dra bajaba hacia Puerto Cabello, y sin perder tiempo contramarché sobre Valencia. En Maracay recibí un parte del coronel Manrique, á quien había dejado mandando en Valencia; informábame de que una columna de qui- nientos hombres, al mando del coronel García, había salido de Puerto Cabello sobre Valencia, encontrándose ya en el pueblo de Naguanagua.

Ordené á Manrique que evacuara la ciudad y se fuéra á Guacara, donde yo me le incorporaría inmediatamente. Mi plan era marchar de Guacara por el camino de San Diego que conduce al pie del cerro para cortar la reti- rada á los realistas si avanzaban hasta Valencia, y des- truirlos con fuerzas muy superiores á las suyas. Pero

García no juzgó prudente adelantarse hasta Valencia, y contramarchó precipitadamente á Puerto Cabello.

Así quedaron las cosas hasta que en el mes de Abril de 1822 me dirijí con un batallón al pueblo de Patanemo á sorprender un destacamento que los realistas tenían allí, y para ponerme en inteligencia con el comandante Renato Beluche que cruzaba á barlovento de Puerto Cabello con dos goletas armadas, pués ya me preparaba á establecer el sitio de la plaza. Logré desbaratar el citado destacamento, y continué mi exploración hasta el pueblo de Borburata, de donde, sin poder hablar con Beluche, contramarché á Valencia por la misma vía que había traido, y sin pérdida de tiempo seguí por el camino de la Cumbre para ir á establecer el sitio de Puerto Cabello. Apoderéme de Pueblo Afuera y en seguida ocupé también á Borburata. Puse sitio al Mirador de Solano (La Vigía), obligando á capitular al capitán Montero que lo guarnecía con una compañia (*) y que desde allí comunicaba á la plaza todos mis movimientos por medio de un telégrafo de señales. (**)

A principios de Mayo hizo una salida de la plaza el batallón 1º de Valencey, pero tuvo que retirarse después de haber perdido mucha gente.

____

(*) Los españoles fusilaron en Puerto Rico á este oficial por haber capitulado.

(**) Durante el sitio me vi obligado á ausentarme personalmente de mis tropas, para impedir que estallase una insurrección en el Apure, cuyos habitantes estaban indignados con la conducta tiránica del gobernador Miguel Guerrero, que había hecho asesinar alevosamente al bizarro Aramendi, según declaración de Cabaneiro, uno de los cómplices, fusilado á tres oficiales porque censuraban este acto, y finalmente maltratado á unos beneméritos oficiales de la guardia que con grillos me remitieron á mi cuartel general. Mi presencia calmó todos los ánimos, y quedó tranquila aquella provincia.

Por este tiempo Latorre estaba tan escaso de provisiones de boca que lanzó de la plaza á más de doscientas personas entre mujeres, niños y hombres inútiles; pero el 2 de junio recibió los auxilios de víveres que le trajo el jefe de la escuadra española, Don Angel Laborde, en la fragata *Ligera*, que logró entrar en el puerto, á pesar de la oposición que le hizo nuestra pequeña escuadra.

En tales circunstancias el general Soublette, director de la guerra, fué á la provincia de Coro para inspeccionar las operaciones de las fuerzas que mandaba Piñango. Después del suceso de Dabajuro, que le obligó á retirarse á Carora, volvió sobre Coro; pero Morales no le esperó, sino que embarcándose en la Vela el 16 de junio vino á Puerto Cabello con la mayor parte de sus tropas á suceder en el mando del ejército á Latorre, nombrado capitán general de Puerto Rico.

Yo á mediados de junio había suspendido el sitio de Puerto Cabello, y retirádome á Valencia, porque las fiebres malignas diezmaron mis tropas á tal punto que de tres mil doscientos setenta y nueve hombres con que había principiado á sitiar la plaza, sólo quedaron poco más de mil. (*)

_____

(*) El general Hilario López, ex-presidente de la Nueva Granada, que mandaba mil hombres de milicias de los valles de Aragua en el penúltimo sitio de Puerto Cabello, y que se distinguió en muchas de sus más arriesgadas operaciones, escribe en sus memorias, tomo I, pagina 227: «los inauditos esfuerzos del general Páez eran insuficientes para estrechar la plaza ó asaltarla. Muchas veces este jefe se precipitaba como despechado á los más inminentes peligros, ya vistiéndose de soldado raso y obrando á las órdenes de un cabo sobre las fortificaciones, ya poniéndose su gran uniforme y plantándose cerca de la casa fuerte, sirviendo de blanco por largo

Dejóse ver Morales en la cumbre del cerro que baja á la sabana de Naguanagua el día 10 de agosto, cuando yo me hallaba en el sitio del Palito con el batallón Anzoategui y poco más de doscientos hombres de caballería, esperando la columna de quinientos hombres que, al mando del comandante realista don Simón Sicilia, había mandado Morales por la costa hacia Puerto Cabello. A mi espalda, como á tres ó cuatro leguas, había yo dejado en el lugar llamado Agua Caliente, un batallón de milicias por si Sicilia tomaba este camino. El día siguiente de la llegada de Morales al cerro, Sicilia derrotó á los mi-licianos, y para excusar un encuentro con las tropas que venían del Palito por la pica llamada Miquija, penetró en Puerto Cabello.

El mismo día 10, por la tarde había yo recibido el parte de la llegada de Morales al cerro, é inmediatamente

---

tiempo y con la mayor sangre fria á los buenos fusileros que la defen dian, ya embarcándose en una pequeña barca y colocándose en los puntos más peligrosos. Nuestra marina, compuesta de pequeños buques, hizo la prueba de resistir la entrada de tres buques españoles que habían salido de Curazao á traer víveres, y no pudo embarazarlo en las circunstancias en que la plaza estaba al rendirse por falta de municiones de boca».

«Vuelvo á encargar á usted, me decia Santander en carta fechada en Bogotá á 15 de junio de 1822, que no ande exponiéndose innecesariamente á que le den un balazo sin fruto. Su vida es preciosa, y por su honor mismo debe evitar exponerla sin una grande y urgente necesidad.... No sea usted loco cuando no hay necesidad ; dígolo, porque lo que usted ha hecho en Puerto Cabello son locuras hijas de la temeridad. Sin marina no hacemos nada ; esto lo sé hace mucho tiempo, y no todos saben que no he tenido ni medios ni modos de adquirirla».

me había puesto en marcha con mis fuerzas, adelantándome en persona con cincuenta hombres de caballería. Al mismo tiempo envié un posta á Valencia para que me mandasen inmediatamente quinientos reclutas, que tenía allí en un depósito, y trescientos granaderos veteranos, única fuerza que había en Valencia. Mis órdenes fueron ejecutadas con la rapidez que deseaba, y á las seis de la mañana del día 11 tenía yo, además de mis cincuenta hombres de caballería, ochocientos infantes procedentes de Valencia. A esa misma hora Morales ya venía bajando á la llanura, y cuando lo hubo logrado, dispuso atacarme, dividiendo sus fuerzas en tres columnas. Una compuesta del batallón Leales Corianos marchaba sobre mi flanco izquierdo, y otra de cuatrocientos cazadores europeos, al mando del coronel Lorenzo, hacía el mismo movimiento sobre mi flanco derecho, mientras Morales con el resto de las fuerzas, que en su totalidad ascendían á dos mil hombres, se me acercaba de frente, á paso regular. Vista la operación, destaqué cien veteranos y cien milicianos, los cuales con veinticinco hombres de caballería puse á las órdenes del bizarro coronel Rondón, ordenándole atacar á los Leales Corianos. Con igual número de fuerzas al mando del esforzado coronel Mina, mandé atacar á los que amenazaban mi derecha, y con las que me quedaban hice frente á Morales.

Poco tardaron aquellas dos columnas del enemigo en ser derrotadas, siendo innumerables las cargas que les dió mi caballería, sobre todo á la columna da Lorenzo: Este se vió obligado á formar en cuadro; pero la infantería, dispersa en guerrillas, hizo tal estrago en sus filas que les obligó á tomar los cerros por dirección opuesta del punto que ocupaba Morales. La columna que 'atacó Rondón fue'desbaratada, porque no pudo formarse en cuadro; pero los dispersos lograron reunirse al centro que ya iba replegándose, arrollado también por la fuerza que yo en persona dirigía contra él. Subimos en persecución del enemigo hasta las dos primeras vueltas del cerro, pero fue prudencia volver atrás, porque el desfiladero presentaba fuertes posiciones al enemigo.

Allí recibió una herida en un pie el comandante Rondón, y atacándole algunos días después el tétano, terminó su gloriosa carrera tan bizarro como simpático jefe de nuestra caballería. También perdimos en la acción al capitán de caballería Santos Garrido y al teniente de la misma arma, Alvarez.

Todos los oficiales veteranos de granaderos fueron heridos, pero en la clase de tropa no hubo pérdidas de consideración.

Una hora después del combate llegó el batallón Anzoategui y la caballería que yo había dejado aquella misma noche en el camino del Palito, porque la fragosidad del terreno y la oscuridad de la noche les habían impedido hacer una marcha tan precipitada como demandaba la urgencia. Tres ó cuatro días después, llegó el director de la guerra, general Soublette, con algunos de los cuerpos que tenía en Coro y con los cuales fui yo reforzado.

Morales permaneció diez ó doce días en el cerro sin atreverse á bajar: esperaba sin duda el resultado de una revolución que debía hacer en los llanos de Calabozo en favor del Rey, el comandante Antonio Martínez, mi salvador en Carabobo. Estalló dicha revolución en el pueblo de Guardatinajas, pero fue inmediatamente sofocacada. Probablemente esto fue lo que al fin decidió á Morales á retirarse á **Puerto Cabello**, donde se embarcó el día 24 para Maracaibo, dejando la plaza al mando del general Don Sebastián de la Calzada.

La pérdida de los realistas en el encuentro que he referido fue de quinientos hombres entre muertos, heridos, prisioneros y pasados á nosotros.

Morales desembarcó en Cojoro y marchó, engrosado su ejército con algunos indios, al puerto de Sinamaica: obligó á desalojarlo al oficial que lo mandaba y después de la acción de Salina Rica ocupó á Maracaibo.

"Apenas se vió Morales dueño de Maracaibo, dice Baralt, expidió un decreto imponiendo pena de muerte y confiscación á los extranjeros que encontrase con las armas en la mano, y no contento con esta escandalosa infracción del tratado de Trujillo, declaró más tarde insubsistente muchos de sus artículos. Después de varias reclamaciones por parte del gobierno de la república y del comandante de las fuerzas navales angloamericanas, situadas en las Antillas, Páez dió orden á las tropas colombianas de su mando para cumplir extrictamente aquel convenio, á pesar del mal ejemplo de los enemigos: ¡noble y digna represalia acreedora al más alto, elogio!»

El general Clemente, que mandaba en Maracaibo, al embarcarse para Betijoque, provincia de Trujillo, había encargado muy especialmente al gobernador del castillo de San Carlos, coronel Natividad Villasmil, mantenerse en él sin entrar en negociaciones de ningún género con el enemigo; pero este cobarde jefe, á la primera ame-

naza que le hicieron, capituló sin hacer la más leve
resistencia. Yo, contando con que el castillo de San
Carlos estaba ocupado por fuerzas patriotas, marché con
dos mil hombres á la provincia de Trujillo, esperanzado
con que no pudiendo entrar en el lago la escuadra enemiga, me sería fácil atravesarlo en la multitud de embarcaciones menores que había en su seno. No podían escaparse Morales y su ejército de caer hechos prisioneros;
pero al llegar á Trujillo recibí la noticia de la capitulación
del castillo y de que la escuadra española había entrado en
Maracaibo.

Contramarché entonces á Valencia llevando conmigo
un práctico de la barra, llamado Iribarren, el cual mandé
al general Soublette, indicándole que dicho práctico
podría introducir sin riesgo nuestra escuadra en el
lago.

Enviólo Soublette á la escuadra ordenando al jefe
de élla, general Padilla, ejecutase dicha operación, la
cual se llevó á efecto sin más pérdida que la de un
bergantín.

La escuadra combinando sus movimientos con las fuerzas que en tierra mandaba el coronel Manrique en los puertos de Altagracia, atacó á la española que mandaba Don
Angel Laborde, decidiendo la derrota de éste la campaña de
Maracaibo.

Como el señor Restrepo habla de desavenencias entre
Soublette y yo en esta época, acusándome de aspirar al
puésto que este general desempeñaba con aprobación de
todos, copiaré á continuación la carta que escribí
al vicepresidente Santander contestando á tan injusto
cargo.

Señor Brigadier General Francisco de P. Santander.

Valencia, 28 de mayo de **1822.**

Apreciado compañero y amigo:

La confianza con que usted me distingue en su estimada de 15 de febrero último, contestando á la mía de 15 de enero, también último, es el mismo título con que voy á descubrirle ingenuamente todos mis sentimientos: deseo en este instante, más que en ninguno otro, que el corazón humano fuese ingenuo por necesidad, no porque yo deje de serlo, sino para que usted y todo el mundo creyese sin temor que mis expre- nes son sinceras.

Me dice usted que *«cuando rehusaba tenazmente admitir la vicepresidencia y se quejaba de su suerte, era porque se le presentaba en Venezuela un país asolado por la guerra, escaso de recursos, habitado por gente de un carácter raro, con altos representantes acostumbrados á obrar por sí, con llaneros des- contentos, y que desesperaba que pudiese remediar tantos males.»* Si yo hubiese estado en ese tiempo cerca de usted, me hubiera tomado la libertad de asegurarle que el raro carácter de los venezolanos iba á ser la fuente fecunda de que brotarían muchos bienes: ei genio inquieto y resuelto de los venezolanos está, á mi parecer, acompañado de mu- cho buen juicio: esto me obliga á creerlo el progreso que he observado en la revolución: los venezolanos han conocido su interés más que ningún otro pueblo, creyeron que debían separarse de España, y han sacrificado para este objeto, parte por su voluntad y parte por la fuerza, su comodidad, sus propiedades y aun el amor á sus familias. El pueblo de Venezuela como todo otro pueblo es incapaz de discernir la justicia ó injusticia que sirvió de fundamento á la ley, porque eso está reservado á los filósofos; pero ha sabido obedecerlas, y esta moral pública es un gran consuelo para mí, como lo debe ser para usted, pues me persuado que Venezuela sufrirá escaseses; pero que será la última en invadir la tranquilidad nacional.

Me dice usted también en la suya que por no ofender mi delicadeza y generosidad no quisiera hablarme de la situación en que me encuentro, siguiendo el rumbo que me señala el piloto. Mi querido amigo, le hablo á usted con toda ingenuidad: nada me ofende de cuanto usted me dice, ni los consejos que me da, que me son muy apreciables, sino el motivo con que lo hace. Usted ha entendido mal mis expresiones. *El señor Soublette, digno y muy digno intendente de Venezuela, es por sus prendas, por sus luces y conocimientos políticos y militares, el mejor hombre y tal vez el único que ustedes pudieron escoger para el elevado y penoso destino que le han dado; estoy muy lejos de haberme disgustado una vez siquiera de servir bajo sus órdenes, antes por el contrario un jefe amable como él, sin orgullo, sin resentimientos conmigo, me ayuda á llevar el peso enorme que ustedes han puesto sobre mis hombros.* Yo quisiera que usted entrase en mi corazón, y que registrando mis más secretos sentimientos, quedase convencido y satisfecho *de que yo no he aspirado á la intendencia de estas provincias, antes bien estoy íntimamente persuadido que ni por mí ni por medio de mis amigos era capaz de desempeñarla con la prudencia, tesón, madurez y acierto con que lo está haciendo el señor Soublette para beneficio general de estos pueblos. No piense usted ni por un instante, se lo suplico, que la envidia ó ambición en esa parte hayan tenido entrada en mi pecho.* Yo no sacrifico nada en obedecer las órdenes del señor Soublette, porque lo hago con mucho gusto; y cuando dije á usted que no hacía otra cosa que seguir el rumbo que me señalaba el piloto, fue sólo para manifestarle que, en mi carácter de comandante general de las armas, no tenía la responsabilidad de dirigir la guerra, sino de marchar y ordenar las operaciones del ejército á donde se me mandase.

Yo doy mil gracias al cielo porque el gobierno de la República no haya puesto los ojos en mí para este encargo, y en prueba de mi ingenuidad debo añadirle que en tiempo de paz y de tranquilidad, cuando las leyes hayan establecido el orden, acaso me hubiera lisonjeado el título de intendente; pero en el día no lo hubiera aceptado, porque no hubiera podido desempeñar ni vencer tantos obstáculos como presentan la política y la fuerza para establecer el orden y las leyes. *Soublette era el hombre calculado en Venezuela para este objeto, y le repito y repetiré mil veces que ustedes acertaron en la elección. Si algo he dicho acerca de él, es lo que le digo á él mismo tratándolo amigablemente;* y es efecto de mi carácter fogoso que no me permite detener algunos pensamientos, particularmente cuando creo que de comunicarlos puede resultar alguna utilidad.

Yo sé bien cuán grandes y pesadas son las obligaciones en que estoy como comandante general de las armas : procuro desempeñarlas del modo posible, y haré cuanto esté de mi parte para que ni por falta de actividad, ni de interés dejen de quedar triunfantes las armas de Colombia; los demás generales habrán mandado y estarán mandando ejércitos desprovistos, yo también los he mandado desnudos; y creo que ningunos soldados han padecido tanto como los de Venezuela, porque habiendo estado constantemente en guerra, el país está destruido y no hay ningunos recursos. Si yo he expuesto á usted esto con algún calor, ha sido solo con el deseo de que se alivien sus privaciones, sin que por

esto deje de hacer, como lo continuaré haciendo cuanto
esté de mi parte tanto para contentarlos extraordinariamente, como para consolarlos y aliviarles sus fatigas.

Me encarga U. mucho que haga por la patria el sacrificio de mi persona, de mis bienes, de mis derechos, y de
mis sentimientos; y yo no sé si es efecto *del carácter raro de
los Venezolanos* ó de la ingenuidad que me es peculiar, cuanto voy á decirle. Yo no he hecho ningún sacrificio por mi
patria, y la patria ha hecho mil sacrificios por mí; *yo he
sido uno de los altos representantes acostumbrados á obrar por
sí:* yo fuí colocado en este alto puesto por las circunstancias,
y dejé de estarlo por mi propia voluntad: el último día
de mi mando absoluto fue el primero de mi verdadero
contento: desde entonces yo he sido lo que han querido
los jefes que han mandado, y la conciencia no me re-
muerde que haya faltado jamás á la obediencia: yo me
contemplo uno de los séres más felices en la revolución:
si alguno llegó á creer que era insubordinado, mis obras
lo desmienten: á pocos hombres se les presentó ocasión
más brillante de testificar al mundo lo que éllos son:
en todo el tiempo de mi mando no hice una sola cosa
que dé muestras ni aparentes de ambición: yo mandé un
cuerpo considerable de hombres sin más leyes que mi
voluntad, yo grabé moneda é hice todo aquello que un
señor absoluto puede hacer en sus Estados, y no se encontrarán marcas de que hubiese deseado ni aun perpetuar
mi nombre. En vano, pues, sería que yo gastase el tiempo
en repetirle mis deseos por el orden y la tranquilidad:
yo he llegado al grado de general en jefe y miro este
título como una esposa mira las galas y joyas que se pone
el día de su matrimonio; ocupada en negocios de mayor
importancia apenas se acuerda de ellas sino para complacer

á su marido; así yo apenas me acuerlo del grado de general sino para ser más útil á mi patria; porque mi cabeza está llena del deseo de destruir á mis enemigos: si mañana fuesen expulsados del territorio, mi sola ambición sería gobernar y aumentar las propiedades que la patria me ha dado: entraría muy gustoso en el rango de un ciudadano, aun cuando esta no fuese la suerte de los gobiernos representativos: descender del mando porque la ley lo obliga, es para quien manda con amor, pero yo lo dejaría por carácter y por mi tranquilidad: la patria me ha llenado de honores; ha recompensado superabundantemente los esfuerzos que hice por mi propia defensa y por la independencia: yo dejo á talentos superiores que establezcan la libertad civil y el orden: yo estoy pronto á obrar siempre como un soldado donde quiera que me manden: miéntras ménos independencia tenga en el mando, tanto mas contento vivo: miéntras fuí absoluto, triunfé de los enemigos: he concluido esta carrera con gloria, y si ahora pudiera retirarme con la reputación y concepto que tengo, sería un mortal dichoso: yo no puedo ganar más en el concepto de mis conciudadanos, y temo mucho perder lo que he adquirido: el honor y el deseo de pagar á mi patria lo que le debo, me mantienen en el mando: haré todo lo posible por no desmerecer su confianza y por acreditar á todos mi constancia, mi obediencia y mi gratitud.

Dispense usted, mi querido amigo, esta larga carta que es efecto del deseo que tengo de borrar cualquier impresión poco favorable que haya hecho en usted la mía del 15 de enero á que me refiero: recíbala como una prueba del aprecio que le tengo, porque no quiero que los amigos que estimo piensen mal de mí con injusticia: escríbame usted siempre con franqueza, yo se lo agradezco mucho : si soy culpable, creo que tengo docilidad bastante para corregirme, y si no lo soy, tendré ocasión de quitar las impresiones que acaso la ligereza de la pluma pueda infundirle : yo he sido muy largo para con un hombre que tiene tanto que hacer como usted ; arréglenos usted el país, y es tiempo ya que deje usted este papel para entregarse al despacho de los grandes negocios de la República.— Créame sinceramente su amigo, y no tenga tan ocioso á quien desea acreditarle que tiene el honor de ser su atento seguro servidor y amigo,

JOSÉ A. PÁEZ.

CAPITULO XV

SITIO DE PUERTO CABELLO. —INTIMACIÓN Á CALZADA.—SU RESPUESTA. —ME RESUELVO Á TOMAR LA PLAZA POR ASALTO. —PELIGROSA OPERACIÓN. —RENDICIÓN DE LA PLAZA Y EL CASTILLO.—PÉRDIDAS DE LOS REALISTAS Y PATRIOTAS.—ARTÍCULOS DE LA CAPITULACIÓN.

1823

Estando en La Guaira reuniendo aprestos y materiales para el sitio que iba á poner á Puerto Cabello, escribí el 17 de setiembre muy secretamente al jefe de la plaza, Don Sebastián de la Calzada, escitándole á deponer las armas para evitar una inútil efusión de sangre, y ofreciéndole veinte y cinco mil pesos para los gastos que pudiera ocasionar su salida de la plaza. También escribí al español Don Jacinto Iztueta, sugeto que yo sabía no se hallaba muy á gusto entre los realistas. Escogiendo para llevar estas cartas dos presidiarios, sin quitarles los grillos los embarqué conmigo en la corbeta *Urica*, y desde Ocumare los despaché en un cayuco para Puerto Cabello, encargándoles se presentasen al jefe español como escapados de las prisiones de La Guaira. No tardó mucho Calzada en enviarme la respuesta, también secretamente, manifestándome que su honor y responsabilidad militar no le permitían dar el paso que yo le proponía, y terminaba diciendo que tenía la resolución de defender la plaza cuya guarnición mandaba, hasta el último extremo.

Pasé entonces á establecer el sitio, viendo que era imposible vencer de otro modo la denodada obstinación del enemigo. (*)

La plaza de Puerto Cabello está dividida en dos partes: la una llamada Pueblo Interior, forma una península que por medio de un istmo se junta á la población llamada Pueblo Afuera, que comienza en dicho istmo y se extiende hasta el continente. El pueblo interior estaba separado del exterior por un canal que corría del mar al seno de la bahía, bañando sus aguas el pie de la batería llamada la Estacada, que con un baluarte al Naciente, nombrado el Príncipe, y otro al Poniente, de nombre la Princesa, defendían la plaza por el Sur.

Por el Este tenía el enemigo una batería llamada Picayo ó Constitución, establecida en la orilla del pueblo, opuesta por esta parte al extenso manglar que forma por aquel lado la bahía. Por el Norte, no tenía la plaza más defensa

---

(*) Tuve en una ocasión que ausentarme temporalmente para ir á Valencia á pedir provisiones de boca, de cuyo elemento estábamos bastante escasos. Los habitantes de la ciudad, entonces como siempre tan generosos con la Patria y conmigo, me dieron no sólo las provisiones necesarias, sino todo cuanto pudiera servir para regalo de las tropas durante las fatigas del sitio.

que la batería del Corito y el castillo de San Felipe, cons-
truido enfrente sobre una isleta situada en la boca del canal
que forma la entrada del puerto, cuya boca cerraba una
cadena tendida entre las precitadas fortificaciones. Todos
estos puntos estaban perfectamente artillados y servidos.
Del Corito corría una cortina hacia el Sur hasta unirse al
Príncipe, pero sin artillar. Delante de la Estacada y después de un espacio despejado como de unas doscientas cincuenta varas quedaba el pueblo exterior. Al principio de
éste, saliendo de adentro, establecióse una línea fortificada,
defendida al Oeste por una casa fuerte, situada en la desem-
bocadura del río San Esteban, y también por un reducto
frente á la calle Real del pueblo. De allí al Naciente
formaba la línea una curva para dejar libres los fuegos
de la Princesa.

Comencé yo mis operaciones para montar artillería
en la batería del Trincherón, trabajando bajo los certeros
fuegos del enemigo que contaba con excelentes artilleros. El 7 de octubre nos apoderamos de dicha batería,
situada á orillas del manglar, y allí colocamos una con
piezas de á 24. El teniente realista Don Pedro Calderón
que con una flechera armada en el extrecho que forma
el manglar y la batería del Trincherón, al pie del cerro,
nos impedía traer del puerto de Borburata nuestros elementos de guerra, tuvo que retirarse de aquel punto con
gran pérdida, y ya desde entonces tuvimos el camino franco
para fijar las otras baterías contra la plaza. El 8 se
montó la batería San Luis al Oeste del Trincherón, que
nos ofrecía la ventaja de dar más protección á los elementos que venían de Borburata. Logramos el 12 construir en los Cocos una batería que dominaba la boca
del río para impedir que los sitiados salieran á sacar

agua de él, y para ofender á la casa fuerte. Aprovechándose el enemigo del incendio de esta batería, producido por la explosión de una granada, hizo una salida;
pero fue rechazado y obligado á volver á la plaza por
el capitán Laureano López. Al Oeste de los Cocos colocamos un mortero, y establecimos las baterías de la calle
Real contra el reducto de la línea exterior, y la del Rebote
para ofender á la Princesa y á unas lanchas que tenían los
realistas apostadas en el manglar. Nos habíamos ya
aproximado tanto á los muros, que abrimos brecha en
la casa fuerte y en el tamborete; pero el enemigo que tenía
buenos obreros reparaba por la noche los daños recibidos
durante el día.

Para esta fecha ya había capitulado la fuerza que
ocupaba el Mirador de Solano, punto que servía de
vigía al enemigo, y que desde entonces nos proporcionó á nosotros igual ventaja para observar el interior
de la plaza sitiada.

El hecho que voy á referir me hizo concebir esperanzas de tomar la plaza por asalto. Fue, pues, el caso
que dándoseme cuenta de que se veían todas las mañanas
huellas humanas en la playa, camino de Borburata, aposté
gente y logré que sorprendiesen á un negro que á favor
de la noche vadeaba aquel terreno cubierto por las aguas.
Informóme dicho negro de que se llamaba Julián, que era
esclavo de Don Jacinto Iztueta, y que solía salir de la
plaza á observar nuestros puestos por orden de los sitiados. Dile libertad para volver á la plaza, le hice algunos
regalos encargándole nada dijese de lo que le había ocurrido
aquella noche, y que no se le impediría nunca la salida
de la plaza con tal de que prometiera que siempre vendría
á presentárseme. Después de ir y volver muchas veces á la

plaza, logré al fin atraerme el negro á mi devoción, que
se quedara entre nosotros, y al fin se comprometiera á
enseñarme los puntos vadeables del manglar, por los cuales solía hacer sus excursiones nocturnas. Mandé á tres
oficiales—el capitán Marcelo Gómez y los tenientes de
Anzoategui, Juan Albornoz y José Hernández—que le acompañasen una noche, y éstos volvieron á las dos horas dándome cuenta de que se habían acercado hasta tierra sin
haber nunca perdido pie en el agua.

Después de haber propuesto á Calzada por dos veces
entrar en un convenio para evitar más derramamiento
de sangre, le envié al fin intimación de rendir la plaza,
dándole el término de veinte y cuatro horas para decidirse, y amenazándole en caso de negativa con tomarla
á viva fuerza y pasar la guarnición á cuchillo.

A las veinte y cuatro horas me contestó que aquel
punto estaba defendido por soldados viejos que sabían
cumplir con su deber, y que en el último caso estaban
resueltos á seguir los gloriosos ejemplos de Sagunto y
Numancia; mas que si la fortuna me hacía penetrar en
aquellos muros, se sujetarían á mi decreto, aunque esperaba que yo no querría manchar el brillo de mi espada
con un hecho digno de los tiempos de barbarie. Cuando
el parlamento salió de la plaza, la tropa formada en los
muros nos desafiaba con gran algazara á que fuésemos á
pasarla á cuchillo.

Me resolví, pues, á entrar en la plaza por la parte
del manglar, y para que el enemigo no creyera que
íbamos á llevar muy pronto á efecto la amenaza que
habíamos hecho á Calzada, puse quinientos hombres durante la noche á construir zanjas, y torcí el curso del

río para que creyesen los sitiados que yo pensaba únicamente en estrechar más el sitio y no en asaltar por entonces los muros de la plaza.

En esta ocasión escapé milagrosamente con la vida, pues estando aquella mañana muy temprano inspeccionando la obra, una bala de cañón dió con tal fuerza en el montón de arena sobre el cual estaba de pié, que me lanzó al foso con gran violencia, pero sin la menor lesión corporal.

Finalmente, casi seguro de que el enemigo no sospechaba que me disponía al asalto, por el día dispuse que todas nuestras piezas desde las cinco de la mañana rompieran el fuego y no cesaran hasta que yo no les enviase contraorden. Era mi ánimo llamar la atención del enemigo al frente y fatigarlo para que aquella noche lo encontrásemos desapercibido y rendido de cansancio. Reuní, pues, mis tropas y ordené que se desnudasen quedando sólo con sus armas.

A las diez de dicha noche, 7 de noviembre, se movieron de la Alcabala cuatrocientos hombres del batallón Anzoategui y cien lanceros, á las órdenes del mayor Manuel Cala y del teniente coronel José Andrés Elorza, para darel asalto en el siguiente orden : —

El teniente coronel Francisco Farfán debía apoderarse de las baterías Princesa y Príncipe con dos compañías á las órdenes del capitán Francisco Domínguez y cincuenta lanceros que, con el capitán Pedro Rojas á la cabeza, debían al oir el primer fuego cargar precipitadamente sobre las cortinas y baluarte, sin dar tiempo al enemigo á sacar piezas de batería para rechazar con ellas el asalto.

Una compañía al mando del capitán Laureano López
y veinte y cinco lanceros, á las órdenes del capitán Juan José Mérida, debían ocupar el muelle, y el
capitán Joaquín Pérez con su compañía debía apoderarse
de la batería del Corito. El capitán Gabriel Guevara con
otra compañía atacaría la batería Constitución. El teniente
coronel José de Lima con veinte y cinco lanceros ocuparía
la puerta de la Estacada, que era el punto por donde
podía entrar en la plaza la fuerza que cubría la línea
exterior. Formaba la reserva con el mayor Cala la compañía de cazadores del capitán Valentín Reyes. Las lanchas
que yo tenía apostadas en Borburata debían aparentar un
ataque al muelle de la plaza.

No faltará quien considere esta arriesgada operación
como una temeridad; pero debe tenerse en cuenta que en
la guerra la temeridad deja de ser imprudente cuando la
certeza de que el enemigo está desapercibido para un golpe
inesperado, nos asegura el buen éxito de una operación por
arriesgada que sea.

Cuatro horas estuvimos cruzando el manglar con el
agua hasta el pecho, y caminando sobre un terreno muy
fangoso, sin ser vistos á favor de la noche, y pasamos tan
cerca de la batería de la Princesa que oíamos á los centinelas admirarse de la gran acumulación y movimiento de
«peces» que aquella noche mantenían las aguas tan agi-
tadas. Pasamos también muy cerca de la proa de la corbeta de guerra *Bailen,* y logramos no ser vistos por las lanchas
españolas destinadas á rondar la bahía.

Dióse pues el asalto, y como era de esperar, tuvo el
mejor éxito: defendióse el enemigo con desesperación hasta

19

que vió era inútil toda resistencia, pues tenian que luchar cuerpo á cuerpo, y las medidas que yo había tomado, les quitaban toda esperanza de retirada al castillo.

Ocupáda la plaza, la línea exterior que había sido atacada por una compañía del batallón de granaderos que dejé allí para engañar al enemigo, tuvo que rendirse á discreción.

Al amanecer se me presentaron dos sacerdotes diciéndome que el general Calzada, refujiado en una iglesia, quería rendirse personalmente á mí, y yo inmediatamente pasé á verlo. Felicitóme por haber puesto sello á mis glorias (tales fueron sus palabras) con tan arriesgada operación, y terminó entregándome su espada. Díle las gracias y tomándole familiarmente del brazo, fuimos juntos á tomar café á la casa que él había ocupado durante el sitio.

Estando yo en la parte de la plaza que mira al castillo, y mientras un trompeta tocaba parlamento, disparó aquél cuatro cañonazos con metralla, matándome un sargento: pero luego que distinguieron el toque que anunciaba parlamento, izaron bandera blanca y suspendieron el fuego. A poco oí una espantosa detonación, y volviendo la vista á donde se alzaba la espesa humareda, comprendí que habían volado la corbeta de guerra *Bailén*, surta en la bahía. Manifesté mi indignación á Calzada por aquel acto, y éste atribuyéndolo á la temeridad del comandante del castillo, coronel Don Manuel Carrera y Colina, se ofreció á escribirle para que cesara las hostilidades, puesto que la guarnición de la plaza y su jefe estaban á merced del vencedor. Contestó aquel comandante que estando prisionero el general Calzada, dejaba de reconocer su autoridad como jefe superior. Entonces, devolviendo yo su espada á Calzada, le envié al castillo, desde donde me escribió poco después diciéndome que Carrera había reconocido su autoridad al verle libre, y que en su nombre me invitaba á almorzar con él en el Castillo. Fiado como siempre en la hidalguía castellana, me dirigí á aquella fortaleza donde fui recibido con honores militares y con toda la gallarda cortesía que debía esperar de tan valientes adversarios.

Mientras almorzábamos, los soldados que habían capitulado en el Mirador de Solano se me presentaron manifestándome que aún se les seguía causa por aquel acto. Yo intercedí por éllos, y como se me arguyese siempre con la severidad de la disciplina militar, pedí el expediente de la causa, y con una llaneza que los jefes españoles me perdonaron, en gracia de mis buenas intenciones, me lo guardé en el bolsillo.

Vuelto á la plaza, entramos en negociaciones que terminaron con la generosísima capitulación que copio más abajo.

El historiador Baralt, después de referir muy someramente los anteriores hechos, termina con estas palabras: «así sucumbió Puerto Cabello, último recinto que abrigaba todavía las armas españolas en el vasto territorio comprendido entre el río de Guayaquil y el magnífico delta del Orinoco. AQUI CONCLUYE LA GUERRA DE LA INDEPENDENCIA. En adelante, no se emplearán las armas de la República, sino contra guerrillas de foragidos que la tenacidad peninsular armó y alimentó por algún tiempo, ó en auxiliar más allá de sus confines á pueblos hermanos en la conquista de sus derechos.»

La pérdida de los realistas en esta ocasión fue de ciento cincuenta y seis muertos: tuvieron cincuenta y seis heridos, y cincuenta y seis oficiales y quinientos treinta y nueve soldados prisioneros, contando en este número la guarnición del castillo. Por nuestra parte, sólo hubo diez muertos y treinta y cinco heridos. Distinguiéronse, además de los ya citados, los capitanes Sebastián Taborda y Marcelo Gómez. Cayeron en poder de los patriotas sesenta piezas de artillería de todos calibres, sin contar con las desmontadas, seiscientos veinte fusiles, tres mil quintales de pólvora, seis lanchas cañoneras y multitud de utensilios militares y de marina.

Los artículos de la capitulación, tomados de una publicación de aquellos tiempos, fueron los siguientes:

"En la plaza de Puerto Cabello, á los diez días del mes de noviembre del año de 1823, los señores capitán comandante del castillo de San Felipe, Don José María Isla, el comisario de guerra Don Miguel Rodríguez, y el síndico procurador de este puerto Don Martín Arámburu, comisionados en virtud de poderes del señor comandante general del expresado Castillo y tropa que lo guarnece, Don Manuel Carrera y Colina, para tratar acerca de la capitulación del mismo, á invitación del Excmo. señor general en jefe sitiador Don José Antonio Páez, con arreglo á las instrucciones que aquél nos ha comunicado en fuerza de las imperiosas circunstancias, y deseosas ambas partes contratantes de evitar la efusión de sangre y poner término de un modo honroso á las aflicciones y padecimientos de los beneméritos jefes, oficiales, tropa y vecindario que se hallan prisioneros en poder de la República de Colombia, tanto á los que por el acontecimiento de la noche del siete al ocho les cupo la suerte fatal de tales, como respecto á los demás que se hallan en otros puntos, igualmente que á los desastres de una lucha asoladora, en beneficio de la humanidad, y en virtud de una comunicación suplicatoria del señor coronel Don Manuel de Carrera y Colina á S. E. el general en jefe sitiador para que en persona se sirviera oírnos, hemos propuesto los artículos siguientes :

Art. 1. Llegado el caso de que la guarnición de esta fortaleza deba salir de élla, que será según adelante se expresará, lo verificará con bandera desplegada, tambor batiente, dos piezas de campaña con veinte y cinco disparos cada una y mechas encendidas, llevando los señores jefes y oficiales sus armas y equipajes, y la tropa con su fusil, mochilas, correajes, sesenta cartuchos y dos piedras de chispa por plaza, debiendo á este acto corresponder las tropas de Colombia con los honores acostumbrados de la guerra.

Contestación.— *Concedido.—*Páez.

Art. 2. Que los empleados y comisionados en todos ramos saldrán asimismo con sus familias, armas, equipo, sirvientes y criados.

Contestación.— *Concedido.—*Páez.

Art. 3. Que los señores brigadier, comandante general, jefe superior político é intendente, todos los demás jefes, oficiales, tropa y empleados que han sido prisioneros la noche del siete al ocho actual, sean comprendidos en los dos artículos anteriores.

Contestación.—*Concedido ; llevando los jefes y oficiales sus espadas, pero sin sacar sus armas y municiones.—*Paez

Art. 4. Que ningún militar ni empleado de los que hablan los artículos anteriores sean considerados como prisioneros de guerra.

Contestación.—*Concedido.—*Paez.

Art. 5. Que unos y otros deban ser conducidos en buques de Colombia con desahogo á la isla de Cuba precisamente, á excepción de aquellos de la milicia nacional local que porque les convenga quieran trasladarse á colonias extranjeras, debiendo todos ser asistidos por cuenta del gobierno de la república en cuanto necesiten para su viaje.

Contestación.—*Concedido ; pero los que se queden cuando se les presenten los buques de trasporte, si no se embarcan, harán después el viaje de su cuenta.*—PAEZ.

Art. 6.—Que las oficinas y archivos de todos los ramos sean igualmente trasportados en los mismos buques al cargo de los individuos á quienes corresponda.

Contestación.— *Concedido.*—PAEZ.

Art. 7. Que los comprendidos en los artículos 1 y 2 no saldrán de esta fortaleza hasta el momento de dar la vela los buques destinados á la conducción.

Contestación.—*Concedido.*—PAEZ.

Art. 8. Que hasta que no tenga cumplimiento el artículo anterior no se arriará el pabellón español en esta fortaleza, en cuyo acto será saludado por élla, y correspondido por las baterías de Colombia.

Contestación.—*Concedido, haciendo el castillo solo los honores á su pabellón.*—PAEZ.

Art. 9. Que ningún buque armado de Colombia podrá entrar en el puerto hasta dos horas después de haber dado la vela los buques que hayan de trasportar á la guarnición, y hasta este mismo tiempo no podrá ser ocupado el castillo por las tropas de la misma.

Contestación. — *Concedido. Los buques de guerra de Colombia podrán entrar al puerto dos horas después de haber desocupado el castillo las tropas que lo guarnecen, ó antes si á la vista se presenta alguna escuadra de quien tengan que recelar, en cuyo caso el que mande el castillo echará una bandera blanca para evitar la violación del contenido de estos tratados: en lo demás, concedido.*— PAEZ.

Art. 10. Que con anterioridad se hará entrega formal á los comisionados por S. E. de todo lo que exista en el castillo en el estado en que se encuentre, y no esté comprendido en los precedentes artículos.

Contestación. —*Concedido.*—PAEZ.

Art. 11. Que los enfermos y heridos, precisados por la gravedad de sus males á permanecer en la plaza, sean también trasportados á dominio español con todo lo que les pertenece, luego que puedan verificarlo; y en el interin serán asistidos y socorridos por cuenta de Colombia y tratados con el esmero y eficacia que tan acreditados tiene.

Contestación.— *Concedido.*—PAEZ.

Art. 12. Que de la misma manera y en la propia forma serán conducidos por el gobierno de Colombia á posesiones españolas todos cuantos prisioneros pertenecientes ó hechos al gobierno español existan en La Guaira, Cartagena ó demás puntos de Colombia.

Contestación.—*Negado, por no estar en la esfera de mis facultades; pero se recomendarán al gobierno.*—PAEZ.

Art. 13. Que si alguno ó algunos de los comprendidos en los artículos anteriores quisiesen permanecer en

Colombia, no se les inquietará ni molestará, y antes bien se le guardarán los fueros, prerrogativas y consideraciones que á los demás ciudadanos, ya conservándolos en sus empleos ú otros equivalentes, ó dándoles sus pasaportes para que se domicilien en los puntos que les acomode.

Contestación.—*Los individuos que voluntariamente quieran permanecer en el territorio de la república, podrán quedarse gozando en sus personas y propiedades de la misma seguridad que los colombianos, siempre que respeten las leyes de la república, y debe entenderse con respecto á los empleos con sólo los militares.—*Paez.

Art. 14. Que el número de buques menores, por no haber de otra clase, inclusa la flechera *Puerteña* pertenecientes á particulares, aunque se hallan fletados por la nación, serán desarmados y devueltos á sus dueños.

Contestación.—*Concedido.—*Paez.

Art. 15. Toda viuda ó huérfanos que disfruten del montepío militar, inválidos ó que por cualquiera otra causa tengan pensión sobre el erario español en esta plaza, se les asistirá por el de Colombia en el interin no sean trasportados á dominio de su nación á costa de la República.

Contestación.—*El gobierno no puede obligarse á otra cosa que á proporcionar los trasportes y víveres necesarios para el viaje, y las raciones para mientras se embarcan.—*Paez.

Art. 16. Todo buque, tanto de guerra como mercante, que entrase en este puerto ó se dirija á él creyéndolo aún (por falta de noticias) de la nación española,

no será molestado ni incomodado, y antes bien se le
protegerá, si lo necesitare, mientras no pasen noventa
días contados desde el en que sean ratificados estos
tratados.

Contestación. — *Quince días después que haya salido
la guarnición española del castillo, todo buque que entre al puerto ó se dirija á él, será buena presa: en lo
demás concedido.*—Páez.

Art. 17. Que á los vecinos y demás habitantes de
esta plaza se les respete su persona y bienes, sean
cuales hayan sido sus opiniones, sin impedir su salida
ahora ó cuando gusten para donde quieran, bien sea
llevando sus bienes, vendiéndolos ó dejándolos en administración en persona de su confianza, según mejor les
convenga.

Contestación.— *Concedido: contrayéndose solamente á
los bienes de los vecinos y habitantes que en el día existan
en la plaza y castillo de Puerto Cabello, siempre que el
gobierno no haya dispuesto de alguna propiedad de las á
que se refiere este artículo: en lo demás concedido.—
Páez.*

Art. 18. Que se consideren en el mismo caso y con
iguales privilegios á los del artículo anterior los que se hallen
ausentes y quieran venir á la plaza á disponer de sus bienes
raíces, como también los emigrados en ella, sea por razón de
sus empleos ó cualquiera otra causa que les haya obligado á
su permanencia en este punto, y tengan bienes fuéra de su
jurisdicción.

Contestación.—*Concedido en cuanto las leyes vigentes de
la república lo permitan, reservándome recomendar la solicitud
de los interesados.—Páez.*

Art. **19.** Serán atendidos todos los reclamos de los emigrados de Colombia en países españoles ó extranjeros, y se consideran con derecho á los bienes raíces que hayan dejado y quieran venir personalmente ó por medio de sus poderes á gestionar sobre el asunto.

Contestación.—*Los individuos á que se contrae este artículo harán sus reclamos al gobierno de la república, á quien recomendaré sus solicitudes.*—Paez.

Art. **20.** Los comerciantes, tanto europeos como americanos que estén emigrados y quieran regresar á Colombia á arreglar sus intereses, lo podrán hacer libremente y serán protegidos por el gobierno.

Contestación.—*Concedido en los mismos términos que en el artículo anterior.*—Paez.

Art. **21.** Que todos los individuos existentes en este castillo que quieran pasar al pueblo á recoger sus equipajes, intereses y papeles de todas clases, no se les estorbará el que lo verifiquen y conduzcan á esta fortaleza.

Contestación.—*Concedido.*—Paez.

Art. **22.** Si por razón de demora llegasen á acabarse los víveres que hay en el castillo, será su guarnición mantenida á costa de Colombia, desde el momento que aquella lo solicite.

Contestación.—*Concedido.*—Paez.

Art. **23.** Que á todos los vecinos de los valles de Borburata, Patanemo y Morón se tengan los mismos derechos y consideraciones que á los de esta plaza.

Contestación.—*Concedido en los términos que para la plaza en el artículo 17.*—Paez.

Art. **24.** Que los capitulados en el fuerte Mirador de Solano quedan exentos del juramento que hicieron en su capitulación de no tomar las armas en la presente guerra contra Colombia, igualmente que el teniente coronel Don Francisco Urribarry.·

Contestación.—*Concedido.*—Paez.

Art. 25. Que cualquiera duda que pudiera ocurrir con respecto al contenido de los anteriores artículos, se decidirá en favor de los comprendidos en esta capitulación.

Contestación.—*Concedido.*—Paez.

Art. 26. Mientras no tengan cumplimiento estos tratados en todas sus partes, habrá de uno á otro gobierno los rehenes correspondientes.

Contestación.— *Concedido.*—Paez.

Jose María Isla.—Miguel Rodríguez.—Martín de Aramburu.

«Habiendo discutido y conferenciado con la madurez que demanda tan interesante negocio con el S. E. general en jefe sitiador Don José Antonio Páez los artículos precedentes, nos hemos conformado con las negativas y afirmativas estampadas al margen de nuestras proposiciones; y para el extricto y exacto cumplimiento de dichos tratados quedan en rehenes, por parte del gobierno español, los señores de la comisión, capitán y comandante del castillo de San Felipe Don José María Isla, y el comisionado de guerra Don José María Rodríguez; y por la del de Colombia, los señores capitanes Rafael Romero y Ramón Pérez: en prueba de lo cual firmamos dos de un mismo tenor junto con el S. E. general en jefe que ya queda citado. El general en jefe sitiador, José Antonio Paez.—José María Isla.—Miguel Rodriguez.—Martín de Aramburu.—El Secretario de S. E., Antonio Carmona.

«Castillo de San Felipe de la plaza de Puerto Cabello, 10 de noviembre de 1823.—Ratifico los presentes tratados y me conformo con ellos.—El coronel comandante general, MANUEL DE CARRERA Y COLINA.

«S. E. el comandante general al propio tiempo que remite estos interesantísimos documentos, participa que el 15 de los corrientes se embarcó la guarnición española que había capitulado, y que nuestras armas guarnecían el castillo.

«Congratuláos, compatriotas, por el término feliz de la guerra en este departamento, y tributemos eterna gratitud á los defensores de la Patria, que han sellado su gloria en esta memorable jornada.

«*Viva la República de Colombia, viva el general en jefe del departamento, vivan sus compañeros de armas.*

Caracas, noviembre 17 de 1823—13.

«FRANCISCO RODRÍGUEZ DE TORO.»

———

CAPÍTULO XVI

ESFUERZOS DE LOS PATRIOTAS POR CONSEGUIR AUXILIOS DE LAS PO-
TENCIAS EUROPEAS Y DE LOS ESTADOS UNIDOS. — SIMPATIAS DEL
PUEBLO INGLES Y DEL AMERICANO POR LA CAUSA DE LA INDEPEN-
DENCIA SURAMERICANA. — RECONOCIMIENTO DE COLOMBIA — BREVES
CONSIDERACIONES SOBRE LA DOCTRINA DE MONROE. — CONGRESO
DE PANAMÁ.

1822

Cuando, con la toma de Puerto Cabello, terminó el drama de la revolución de Colombia, se creyó con derecho la nueva república de pretender su reconocimiento como nación independiente por las potencias de Europa y los Estados Unidos.

En nuestra lucha con España, los amigos de la libertad de uno y otro hemisferio se habían contentado con dar estériles muestras de simpatía á los patriotas sur-americanos; pero por más esfuerzos que hicieron éstos, no lograron el auxilio de ninguna potencia extranjera. En 1804, el coronel W. Smith y Mr. Ogden, de New York, pusieron á disposición de Miranda las dos corbetas Leandro y Emperador con fusiles, municiones y doscientos jóvenes voluntarios, primer auxilio que nos vino del extranjero.

En 1810, la junta de Caracas comisionó á los señores Luis López Méndez y Simón Bolívar para impetrar el auxilio de la Gran Bretaña, que no pudieron conseguir porque los intereses de esta nación estaban en aquellos tiempos identificados con los de España en la lucha que sostenía contra Bonaparte. En el mismo año dicha junta envió también á Telésforo Orea y Vicente Bolívar á los Estados Unidos para interesarlos en la lucha que sostenía Colombia por su independencia, y si bien el pueblo norteamericano dió entonces, como siempre, señales de simpatía por la causa, no pudo obtener del gobierno federal que saliese de la neutralidad que se proponía mantener en las cuestiones extranjeras. A pesar de esto, en 1812, se envió á Manuel Palacio á Washington para comunicar al Presidente que los pueblos de la Nueva Granada ya no podían sostenerse por más tiempo solos en la desigual lucha que habían emprendido contra el despotismo. El gobierno dió á aquel enviado esta respuesta:

«Que si bien los Estados Unidos no tenían alianza, estaban en paz con España, y por consiguiente no podían

ayudar á los patriotas; sin embargo como habitantes del
mismo continente deseaban el buen éxito de sus esfuerzos.»

Desesperanzado el emisario de obtener ayuda del gabinete de Washington, se dirigió al ministro francés, residente en aquella ciudad, Mr. Serrurier, quien le aconsejó fuese
á ver á Napoleón; pero cuando éste más dispuesto parecía
á secundar los esfuerzos de los patriotas sur-americanos,
ocurrió la batalla de Leipsic que le obligó á pensar únicamente en defender su territorio de la invasión de los
aliados.

En 1815 el senado de la Nueva Granada envió á Washington á Pedro Gual, y el año siguiente Bolívar al general
Lino Clemente, en la creencia de que el gobierno de los
Estados Unidos estaría más dispuesto á prestar su eficaz
auxilio á la independencia de Colombia, puesto que en Lui-
siana se armaba una expedición en favor de los patriotas
de Méjico. El Presidente Madison, fiel á la política tradicional de sus predecesores, de mantener la más estricta
neutralidad en las cuestiones de otros países y de no formar
alianzas engorrosas (*entangling alliances*) mandó en una proclama, fechada en diciembre de aquel año, disolver aquella
expedición, y autorizado por el Congreso, prohibió á los
ciudadanos americanos la venta de buques de guerra á
súbditos de toda potencia extranjera beligerante.

Sin embargo, el pueblo de los Estados Unidos no dejó
de manifestar sus simpatías por los patriotas sur-americanos
y en 1818 la legislatura de Kentucky, bajo la inspiración
del eminente orador H. Clay, (*) invitó al gobierno nacional

___

(*) Este es el mismo que después dió como Ministro de Estado las
instrucciones que luego copiaré, á los comisionados para concurrir al Congreso de Panamá.

á reconocer la independencia de los países hispano-americanos, y se les enviaron clandestinamente de los Estados Unidos armas y municiones.

Es un deber recordar aquí los nombres del coronel
Duane, lord Holland y sir Robert Wilson que merecieron
más adelante un tributo de gracias del Congreso colombiano
por el interés que habían manifestado á favor de la causa de
la independencia.

En su mensaje al Congreso de la Unión (diciembre, 1819)
decía el Presidente Monroe, el reputado autor de la doctrina de su nombre, que la contienda sur-americana era de
gran interés para los Estados Unidos; pero que consideraba
ser de mayor importancia para el carácter nacional y la
moralidad de los ciudadanos impedir toda violación de las
leyes de neutralidad.

Al pueblo inglés debimos nosotros alguna ayuda en la
lucha desigual que sosteníamos contra la metrópoli. Durante el año de 1817, zarparon de los puertos de Inglaterra seis
buques que condujeron setecientos veinte hombres recluta-
dos por los coroneles S. Keene, Wilson, Hippisley, Campbell, Guillmore y Mac Donald. A pesar de haber sucumbido á la inclemencia del clima parte de las tropas llegadas en
1818, el año siguiente formó una legión de 1729 irlandeses
para el servicio de Colombia el general D' Evereux á quien
con justa razón se ha llamado el Lafayette de la América del
Sur. Antes de embarcarse con sus tropas aceptó un convite
que le dieron sus amigos en Dublín y en él dijo que creía
servir á su patria combatiendo en las provincias de la América del Sur, *tierra bendita de Dios y maldecida por los
hombres, pródiga en cuanto la naturaleza puede conceder;
pero gastada durante siglos por la más espantosa tiranía que
jamás violentó ó humilló á la humanidad.*

Los coroneles Elson y English en este mismo año engancharon en Europa dos mil setenta y dos individuos, entre los cuales se contaban trescientos alemanes.

A la Nueva Granada en la misma época llevó el general escocés Mac Gregor seiscientos hombres, y el coronel Meceroni otros trescientos.

Es de suponer que no fue un espíritu de mezquina ambición el que movió á los jefes británicos á abandonar su patria para luchar en favor de un pueblo oprimido en el continente americano, sino más bien la ambición de la gloria militar, la afición á nuevas y peligrosas aventuras y esa pasión del *excitement* que hace que el inglés aparezca unas veces como loco y otras como héroe.

Algunos años después de la independencia de Colombia, lord Byron dejaba la paz de las ciudades por ir á combatir en las montañas de Grecia en favor de un pueblo que, como nosotros los sur-americanos, quería conquistar su independencia. Que el polaco que vive, como dice un lírico italiano hablando de sus compatriotas *servi si ma ognor frementi*, luche donde quiera que un pueblo oprimido levante el estandarte de la libertad, es cosa que se comprende fácilmente; pero que el inglés que halla en su país toda la felicidad que un ciudadano puede ambicionar, lo abandone para ir á auxiliar á pueblos oprimidos, sólo se explica teniendo en consideración el carácter noble, decidido y aventurero de los descendientes de aquel rey á quien apellidaron Corazón de León. Me complazco en la oportunidad que hoy se me presenta de tributar en nombre de mi patria un recuerdo á los valientes campeones de la Legión Británica y Batallón de Caraboho, al mismo tiempo que un homenaje de admiración al pueblo

inglés á quien el mundo debe el creer que es posible
que los pueblos dirijan por sí mismos sus destinos y á
quien además la humanidad es deudora de muchas instituciones filantrópicas que la honran en el más alto grado.

Finalmente en 9 de diciembre de 1823, después de
de la toma de Puerto Cabello, llegó á Bogotá Mr. Anderson, el primer ministro que los Estados Unidos enviaban á Colombia, y el 3 de octubre de 1824 se firmó
el primer tratado entre ambos países. Francia é Inglaterra
se habían anticipado á enviar sus representantes.

Muy poco presentes debieron tener los hechos que
he referido los pueblos de la América del Sur que han
contado con la intervención de los Estados Unidos ó cuando
menos con que ellos estaban obligados á facilitarles abiertamente medios de resistir á sus enemigos europeos, en
virtud de esa doctrina que dicen proclamó el presidente Monroe en uno de sus mensajes.

Sobrado injusto y fuéra de razón parecería exigir
de un pueblo el sacrificio semi-quijotesco de la paz y
una conducta que le expusiese á los azares de la guerra,
por defender á otra nación amenazada por una potencia
extranjera, si no viésemos invocada esa doctrina por los
mismos norte-americanos en la actual cuestión del imperio
mejicano.

La tal doctrina de Monroe parece haber sido interpretada de dos modos muy diversos: para unos es un supuesto derecho que tiene una nación de no dejar apoderarse á otra de un territorio que en caso de cambiar
de dueño, á nadie sino á ella debe pertenecer: para
otros, indudablemente más generosos, es la santa alianza

20

de los pueblos americanos contra las injustas pretensiones de una liga de gobiernos europeos ; pero la historia no presenta un sólo ejemplo de haberse puesto en práctica semejante principio desde los tiempos de Monroe hasta los del presidente Johnson.

La idea sería grande, sublime, si se hubiera dado á esa doctrina una acepción menos lata que la que se le ha concedido hasta ahora y si se hubiera formulado de esta manera, por ejemplo : liga de todas las repúblicas hispano-americanas para oponerse á todo conato extranjero de restablecer el orden monárquico en los países en donde fue derrocado : sagrado respeto á las divisiones territoriales de la América, de modo que ninguno de esos países extienda sus límites á espensas de otro, excepto por enagenación hecha en un congreso nacional. Así se mantendría un equilibrio americano y nadie hubiera jamás acusado con tanta injusticia á la noble águila del Norte de ser la más voraz de las aves de rapiña.

Sin que á ello les obligue doctrina alguna, los pueblos de la América del Sur que tienen territorios colindantes ó intereses comunes, en caso de peligro es de esperar que formen alianzas, pues esta ha sido y será siempre la política de los gobiernos sabios ; así como nada impide que pueblos distantes manifiesten sus simpatías por cualquiera causa en que no tengan mas interés que el que despierta la comunidad de origen ó la paridad de instituciones políticas.

Así se comprende que los Estados Unidos no puedan mirar con indiferencia la consolidación de un gobierno imperial en los confines de su territorio, por la misma razón que España no vería con indiferencia el establecimiento de una república allende los Pirineos, ni otra la Francia al otro lado del canal de la Mancha, ni Inglaterra otra de fenianos en Irlanda.

Ha llegado acaso el primer momento de que los Estados Unidos pongan en práctica la llamada doctrina de Monroe, no por respeto á la idea republicana que éllos representan en América, sino en consideración. á los inconvenientes que trae á su existencia política la vecindad de un gobierno cuyos principios no son análogos á los suyos.

Pero no cuente ninguna república suramericana, en caso de peligro, más que con sus propias fuerzas y cuando mucho con los auxilios de la vecina si á los intereses de ésta conviene prestárselo. Todas ó casi todas éllas tienen muchas leguas de costa, y si quieren estar preparadas para resistir á una agresión extranjera, fortifiquen bien sus puertos y procuren formar escuadras que ayuden á defenderlos.

Cuando en Europa se formó, para afirmar los tronos y defender los principios religiosos que éllos sostenían, la llamada Santa Alianza, creyeron los emancipados pueblos de América que se veía amenazada su independencia, pues era natural que España buscase aliados para restablecer su dominio en América, aun cuando tuviera que dividir con éllos sus territorios. De aquí surgió la gran idea de Bolívar de formar una confederación americana para oponer la santa alianza de las repúblicas á la de los reyes de Europa.

Considerando como una amenaza á la vida de las nuevas repúblicas el dominio español sobre las islas de Cuba y Puerto Rico, entraba en los planes de la confederación libertarlas del yugo hispano, mediante los esfuerzos combinados de las mismas repúblicas.

Ya por los años de 1825 hubo en Méjico el proyecto de formar en la Florida, si lo permitían los Estados Unidos, una expedición destinada á libertar á Cuba, para la cual contribuirían con buques y hombres los Estados Unidos, Méjico, Colombia, Buenos Aires, Perú, Chile y Santo Domingo; pero tan atrevida como arriesgada empresa, no pasó de ser una amenaza contra España. Tuvo mejor fortuna la proposición de Bolívar de reunir los diputados de todas las naciones americanas en el istmo de Panamá "centro del globo que mira al Asia por una parte y por otra al Africa y á la Europa."

Invitóse á los Estados Unidos á enviar diputados á aquella reunión, y el gobierno de Washington aceptó la invitación nombrando comisionados á los señores Ricardo C. Anderson y Juan Sergeant, á quienes dió instrucciones que revelan la gran prudencia con que esta gran nación ha obrado siempre en los negocios graves, no menos que su buena fe y respeto á las naciones con que vive en paz.

Los consejos que los Estados Unidos daban á todos los comisionados y las instrucciones que recibieron los suyos, fueron las siguientes:

"Las relaciones de amistad que mantienen los Estados Unidos con las demás potencias americanas, y los deberes, intereses y afectos que las abrazan, han determinado al Presidente á aceptar la invitación que nos han hecho las repúblicas de Colombia, Méjico y América Central para enviar representantes al Congreso de Panamá. Ciertamente él no podía rehusar una invitación que dimana de tan res-

petables autoridades y que se ha comunicado con la mayor
delicadeza y atención, sin exponer los Estados Unidos á la
tacha de insensibilidad á los más preciosos intereses del
hemisferio americano, y quizás de falta de sinceridad en
declaratorias muy importantes, solemnemente hechas por
su predecesor, á la paz del antiguo y del nuevo Mundo.
Cediendo, pues, á los amistosos deseos de estas tres repúblicas, consignados en las notas oficiales de sus respectivos ministros en Wáshington, cuyas copias acompaño,
los Estados Unidos obran en un todo conformes con su
anterior conducta y pronunciamiento respecto de los nuevos estados americanos. La reunión de un Congreso en
Panamá, compuesto de representantes diplomáticos de las
naciones independientes de América, formará una nueva
época en los acontecimientos humanos: El hecho por sí
sólo, cualquiera que sea el éxito de las conferencias del
Congreso, no puede menos de excitar la atención de la
actual generación del mundo civilizado, y captar la de
la posteridad.

"Pero nos lisonjeamos con la esperanza de que tendrá
otros títulos más sólidos á la consideración del mundo
que los que provienen de la mera circunstancia de su
novedad; y de que merecerá el amor y perpetua gratitud de toda la América por la sabiduría y liberalidad
de sus principios, y por las nuevas garantías que creará en
favor de los grandes intereses que han de comprender sus
deliberaciones.

"En ocasión tan importante y grave el Presidente
ha deseado que la representación de los Estados Unidos se
componga de ciudadanos distinguidos, y confiando en
vuestro celo, talentos y patriotismo, os ha elegido para este
interesante servicio, por parecer y asenso del Senado,

estando su voluntad en que con la posible brevedad marchéis
á Panamá. . . . .
. . . .

"Estáis, Señores, autorizados para tratar con los ministros de todos y cada uno de los Estados americanos,
de paz, amistad, comercio, navegación, código marítimo,
derechos de neutrales y beligerantes, ú otros objetos interesantes al continente americano. Cangeados los poderes,
es preciso determinar la forma de deliberar y el modo
de proceder del Congreso. El Presidente está persuadido
que dicho Congreso es puramente diplomático, sin que
pueda revestirse del carácter de legislativo; es decir, que
ninguno de los Estados representados en él debe quedar
sujeto á un tratado, convención, pacto ó acto al que no haya
consentido su representante : y que además para su vali-
dez, es indispensable la ratificación de los Estados interesados con arreglo á su constitución. No puede, por consiguiente, quedar sometida la minoría á las resoluciones que
se hayan adoptado contra su voluntad, bajo el pretexto de
haber convenido en éllas la mayoría, pues que cada uno
de los Estados debe gobernarse libremente y según convenga á sus particulares intereses. Se rechaza, por tanto,
toda pretensión de establecer un consejo anfictiónico,
que tratase de abrogarse facultades para decidir contro-
versias entre los diversos Estados americanos ó arreglar su
conducta ; pues que semejante establecimiento, si en otro
tiempo pudo convenir á unos Estados, que reunidos todos,
no ocupaban tanto territorio como la menor de las naciones
americanas, no podría en el día encargarse de conducir con
suceso los diversos y complicados intereses de tan vasto
continente. Pero aun cuando fuese de desear la creación de semejante tribunal, los Estados Unidos no podrían

asentir á su establecimiento sin alterar su actual constitución; y aunque en los periódicos se ha sugerido esta idea, asociándola con el Congreso que va á tenerse, no es de esperarse que ninguno de los Estados la proponga y sostenga. . . . .

«Después de haber fijado este punto preliminar, las instrucciones del Presidente llaman toda vuestra atención á que observéis que los Estados Unidos, al aceptar la invitación que se les ha hecho, no tratan de separarse de su sistema de paz y neutralidad. Por el contrario, las tres repúblicas que los han convidado, han convenido, y por nuestra parte hemos manifestado en las comunicaciones, que sobre esta materia hemos tenido con éllas, que los Estados Unidos seguirían extrictamente esta política, y llenarían fielmente los deberes de neutral. Tan inútil como imprudente sería, que limitándose la guerra á las actuales partes interesadas, los Estados Unidos tomasen una parte activa en élla; pues que ni siquiera puede imaginarse que favorezcan á España, y sería infructuosa su decisión á favor de las repúblicas, *que por sí solas han defendido su causa,* y vencido las fuerzas de España, aunque todavía no hàn conquistado su obstinación. *Manteniendo* la posición neutral que han elegido, los Estados Unidos han hablado á la Europa en un lenguaje firme y capaz de contenerla en cualquiera disposición que hubieran podido tener de ayudar á España á reconquistar las Colonias. Si separándose de su neutralidad, se hubieran precipitado en una guerra, es muy probable que su cooperación hubiera sido neutralizada y aun excedida por aquellas potencias, que siguiendo un ejemplo tan imprudente se hubiesen declarado á favor de España. Teniendo por lo tanto siempre á la vista la política pacífica de los Estados Unidos, y los deberes que emanan de su neutralidad, procedo á particularizar los asuntos que probablemente llamarán la consideracion del Congreso de Panamá.

«Pueden clasificarse estos asuntos en dos capítulos : el primero se refiere á la continuación de la guerra entre España y las potencias combinadas ó separadas de la America, y el segundo á aquellos en que todas las naciones americanas, ya neutrales ó beligerantes, pueden tener un interés común.

«En orden al primero, nosotros no tomamos la menor parte por las razones que ya se han alegado, y toda discusión en esta materia debe limitarse á las partes interesadas en la guerra; por cuya razón os abstendréis de comprometeros en élla, ni es de esperarse que se trate de ello. Pero al paso que los Estados Unidos no quieren arriesgar su neutralidad en el Congreso, *pueden ser requeridos* para formar una alianza ofensiva y defensiva para *en caso que la llamada Santa Alianza intente ayudar* á la España á reducir á las nuevas repúblicas á su antiguo estado de Colonias, ó las quiera obligar á adoptar sistemas políticos más conformes á sus miras é intereses. En esta suposición es claro el interés y deber de los Estados Unidos, y su último Presidente declaró el partido que en semejante caso habían de tomar, en cuya declaración están de acuerdo el pueblo y el actual jefe superior del Estado.

«Si las potencias continentales de Europa se hubieran empeñado en la guerra para alguno de los fines indicados, los Estados Unidos apenas hubieran reclamado el mérito de obrar por un impulso de generosa simpatía á favor de los nuevos Estados oprimidos, pues que se hubieran vistos obligados á defender su propia causa. Es indudable que el espíritu de presunción que hubiera impelido á las naciones europeas á hacer la guerra, ora en favor de España, ora sobre las formas de las instituciones políticas de los nuevos Estados, no se hubieran contenido en caso de haber sido victoriosas sus armas en una contienda tan injusta, hasta que hubieran visto desaparecer de este suelo todos los vestigios de la voluntad humana.

«Hubo en verdad un tiempo en el que se revelaron fundadamente estos designios; pero es de creerse que la declaración del último Presidente contribuyó á contener sus progresos junto con la determinación que manifestó la Gran Bretaña.

«En vista de la resolución de las dos grandes potencias marítimas, la Europa continental ha debido desistir de todo proyecto de ayudar á la España, y desde aquel tiempo la alianza europea no ha vuelto á indicar designios contra las nuevas Repúblicas, tragando sin duda en silencio el disgusto y pesar, que la haya causado el suceso de los nuevos Estados ya en el establecimiento de sus sistemas políticos.

«Si hubo pues, semejantes intenciones de parte de la alianza europea, los sucesos posteriores no sólo las han desvanecido, sino que han convertido aquellas naciones á sentimientos pacíficos, cuando no favorables hacia las repúblicas hermanas nuestras. Desde que el actual presidente se hizo cargo de la administración pública, *ha dirigido su atención á establecer la paz entre la España y estas nuevas repúblicas, valiéndose de la misma alianza, con la que contaba aquella para recobrar sus colonias.* Con el mismo emperador de Rusia, que era el alma de dicha alianza, y de cuya amistad y sabiduría los Estados Unidos tienen tantas pruebas, se dió el primer paso, y entre

vuestras instrucciones se halla la copia de la nota que este
ministerio pasó al ministro americano en San Petersburgo
con relación á esta mediación. Iguales copias se mandaron al mismo tiempo á las cortes de París y Londres
á fin de que cooperasen al establecimiento de la paz,
y se esperaba que los esfuerzos de los Estados Unidos, á
una con los de las grandes potencias europeas hubieran
reducido al consejo de España á acceder á una paz, que
si es posible, ha llegado á serle más necesaria que á las
mismas repúblicas. En las copias de las notas, que se
os han entregado, hallaréis la respuesta que últimamente
ha dado la Rusia por medio de Mr. Middleton (*), cuyo
contenido lo ha ratificado el ministro ruso en la entrevista oficial que he tenido con él; y por su tenor vendréis
en conocimiento de que la interposición con la Rusia no
ha sido inútil, y que el último emperador, convencido
de la necesidad de hacer la paz, había principiado antes
de su muerte á emplear sus buenos oficios. Este mismo
camino seguirá su sucesor, y es probable que empeñe
todo su influjo en hacer una paz satisfactoria á ambas
partes.

«Pueden ser ineficaces todos estos esfuerzos, y que
sea inconquistable la obstinación y orgullo de España;
mas no obstante es de esperarse que se avendrá á hacer
la paz bajo la base de la independencia de sus colonias,
ó que en caso de creer demasiado humillante este paso,
acceda á una suspensión de hostilidades (como sucedió
con los Países Bajos) y al fin terminaría en un reconocimiento formal de la independencia de los nuevos Estados.

(*) Más adelante en un capítulo sobre Cuba copio esta nota

Pero sea cual fuere el resultado de esta negociación con respecto á España, la favorable acogida que el emperador ha dado á las proposiciones de los Estados Unidos (sin contar con los conocidos deseos de la Francia y demás potencias del continente europeo de seguir el ejemplo de los Estados Unidos y la Gran Bretaña) autoriza á creer que la Santa Alianza no se empeñará en hacer la guerra por favorecer á España, y que mantendrá su actual neutralidad. Removido, pues, este peligro, no hay necesidad de contraer una alianza ofensiva y defensiva entre los Estados Unidos y demás repúblicas americanas, pues que sería perjudicial, por cuanto podía excitar los sentimientos del Emperador y sus aliados, que no deben provocarse sin causa.

«La república de Colombia ha pedido últimamente la mediación amistosa de este gobierno para con España á fin de conseguir un armisticio bajo las condiciones mencionadas en la nota del señor Salazar, cuya copia, junto con mi favorable respuesta, la hallaréis adjunta; y en esta conformidad se han expedido instrucciones á los ministros de los Estados Unidos en Madrid y San Petersburgo.

«Otros motivos, además disuaden á los Estados Unidos de contraer semejante alianza; desde el establecimiento de su actual constitución, nuestros ilustres estadistas han inculcado como la principal máxima de su política, *abstenerse de entrar en alianzas extranjeras*, si bien es cierto que el objeto de esta precaución se refiere á las potencias europeas, cuyas relaciones é intereses son tan diferentes de las nuestras, y por lo tanto no es tan aplicable á las nuevas repúblicas. Conviniendo, pues, en que pueda ocurrir el caso en que sea útil y conveniente una estrecha alianza entre estos Estados y los nuevos de América, **no** parece haber llegado el de una urgencia para separarnos de esta máxima. El justo é igual arreglo de los contingentes de fuerzas y otros medios para conseguir el objeto común, sería el primer obstáculo para una alianza de esta naturaleza, y el segundo el de determinar de antemano y sin dar margen á contestaciones cuando era llegado el *casus fœderis*. Además de esto, los esfuerzos que todos los Estados se verían obligados á hacer por su propia conservación, en caso de que la Europa tratase de invadir las libertades de América, serían más poderosos que una alianza por solemne que fuese.

«Es, pues, de esperarse que estas consideraciones y las demás que os puedan ocurrir, convencerán á los representantes de los Estados americanos de lo innecesario y aun perjudicial que sería una alianza ofensiva y defensiva. Si, no obstante esto, observáseis que la resolución de abstenerse de esta alianza perjudicaba al buen suceso de otras negociaciones, propondréis que se expresen por escrito los términos de semejante alianza, asegurándoles que los tomáis *ad referendum*. De este modo el gobierno ganará tiempo para volver á considerar la materia, y se aprovechará de los informes que puedan adquirirse en el intervalo; por otra parte, exigiendo bastante tiempo la decisión de semejante alianza (aun cuando sea admisible) es probable que el Congreso de Panamá abandone un proyecto que al fin este gobierno había de rechazar.

«Al tratar esta materia tan interesante á las naciones americanas ya estén en guerra ó ya en paz, no perderéis la menor ocasión de hacer sentir la necesidad de adoptar medios de preservar la paz tanto entre sí como con el extranjero, pues si es ventajosa á todas las naciones, lo es mucho más á los nuevos Estados. *La paz es la gran necesidad de la América.* Mas, á pesar de ser incuestionable su ventaja, nada en el día induce á las repúblicas americanas á sacrificar ni un átomo de independencia y soberanía para lograrla. Deben por consiguiente rechazar toda idea de *conceder privilegios perpetuos de comercio á una nación extranjera, pues esta concesión, incompatible con su actual independencia absoluta, la reduciría de hecho, cuando no en la forma, al estado antiguo de colonias.* Ni el honor ni el orgullo nacional permiten que siquiera se discuta el proyecto de comprar por dinero el reconocimiento de su independencia por España.»

«A la necesidad de poner término á la guerra entre España y las nuevas repúblicas, sigue la de proveer medios para conservar en adelante la paz entre las naciones americanas y con todo el mundo. No puede presentarse á los Estados Unidos de América un tiempo más oportuno para indagar las causas que han contribuido á perturbar el reposo del mundo; y para establecer al mismo tiempo principios justos y sabios por los que puedan gobernarse en paz y en guerra, removiendo todo caso de dudas é interpretaciones. Sin antiguas preocupaciones que combatir, sin usos establecidos que cambiar, sin alianzas que romper, sin códigos de guerra y comercio que alterarse, se hallan en absoluta libertad de consultar á la experiencia del mundo entero, y establecer sin parcialidad principios capaces de promover la paz, seguridad y su felicidad. Distantes de Europa no es probable que se hallen envueltos en las guerras que suelen asolar á aquella parte del globo, y en este caso la política de toda la América debe ser la misma que la que los Estados Unidos han observado siempre, paz y neutralidad.»

. . . . . «En diciembre de 1823 el Presidente de los **Esta-** dos Unidos, á la apertura del Congreso, anunció en su **Men-** saje anual el principio *de que á ninguna nación europea se per- mitiese establecer nuevas colonias en este continente;* mas, **no se** trataba por este principio de perturbar las colonias europeas ya establecidas en América. Varios de los nuevos **Esta-** dos americanos dieron parte de que adoptaban este **princi-** pio, y debe creerse que obtendrá la sanción del **mundo** imparcial. Cuando la América era comparativamente **un** vasto é incircunscrito erial ó un desierto sin población, reclamado y tal vez ocupado por primera vez por los **pue-** blos civilizados de Europa que lo descubrieron, si pudie- ron convenirse en sus respectivos límites, no había enton- ces un Estado americano que se opusiese á ello, ó cuyos derechos se perjudicasen con el establecimiento de nuevas colonias. Pero en el día es bien diferente el caso, pues que desde los límites del Nordeste de los Estados Unidos de la América del Norte hasta el cabo de Hornos en la Améri- ca del Sur en el Pacífico, con sólo una ó dos inconsiderables excepciones, y desde dicho cabo hasta el 51 de latitud norte de Norte América en el Océano Pacífico, sin ninguna excepción, todos los países y costas pertenecen á potencias soberanas residentes en América. *No hay por consiguien- te dentro de los límites descritos un vacío en que pueda esta- blecerse una nueva colonia europea sin violar los derechos territoriales de alguna nación americana. Debe, pues, consi- derarse como una usurpación intolerable el que cualquiera potencia europea intente fundar semejante colonia para con su establecimiento adquirir derechos de soberanía.*»

«Mas, si una parte de la población europea, arrojada de su patria por la opresión ó excitada por el deseo de mejorar su suerte y la de su posteridad, quisiese emi-

grar á América, es sin duda un interés de los nuevos
Estados el concederles un asilo, y dispensar, por la natura-
lización, á los que sean dignos de éllos, los mismos privilegios políticos que gozan los naturales, siguiendo en nuestra constante política. Pero de esta facultad de emigrar,
ningún derecho de soberanía en América puede provenirle
á la potencia europea, donde han nacido tales emigrados.
En el juicio de la conducta y pretensiones para con un
pueblo, es justa aquella regla que invertida la posición,
había de hallarla buena otro pueblo. ¿Qué diría la Europa si la América pretendiese establecer en élla una colonia
americana? Si, pues, su provocado orgullo y poder habían
de castigar tan temeraria empresa, tiempo es ya de
hacer comprender que los americanos, descendientes
de los europeos, sienten como éllos, y conocen sus derechos.»

« Por consiguiente, para cortar de raíz el que cualquiera nación europea pueda tener esta pretensión, el Presidente quiere que propongan ustedes *que ninguno de los Estados
de América* (obrando y obligándose no obstante cada uno
por sí y por sus respectivos territorios) *pueda en adelante
permitir el establecimiento de una colonia europea.* Es de
esperarse que sólo el efecto de una declaración unánime de todas las naciones de América, será suficiente para
desvanecer semejante pretensión; pero, en caso que se
hiciese semejante tentativa, habrá tiempo para tratar entre
éllas el asunto, y siendo necesario coligarse para repeler
semejante agresión. El respeto que se deben á sí mismas
y el que se debe á la Europa, exige que las naciones
americanas confíen en que una tan solemne declaración
será recibida con universal deferencia. Esta declaración
puede firmarse por todos los representantes del Congreso,

y publicarse ante el mundo entero como un testimonio de la unanimidad de sentimientos de todas las naciones americanas.»

Recomendábase á los comisionados que diesen importancia á la cuestión de abolir el corso, y que en ello insistieran á pesar de ser los Estados Unidos el país mejor situado para sacar partido de este sistema de guerra.

Otro de los puntos de las instrucciones que revelan el gran tacto del entonces secretario H. Clay, es el que se refiere á la forma de gobierno que debían adoptar los nuevos pueblos americanos.

« Ni ahora ni nunca, dice, ha animado á los Estados Unidos un espíritu propagandista, y como no permiten que ninguna nación extranjera intervenga en la formación y régimen de su gobierno, se abstendrán igualmente de mezclarse en la constitución de las demás naciones, á pesar de que prefieren su actual federación á las demás formas de gobierno. Seguirían en el caso presente su constante máxima de evitar la discusión de un asunto tan delicado, si no tuvieran fundamentos para creer que, una ó tal vez más potencias europeas han trabajado en subvertir en Colombia y Méjico (y tal vez en otras partes) las formas establecidas de gobierno libre para sustituir á éllas las monárquicas y colocar en los nuevos tronos príncipes europeos. El aliciente ofrecido es el de que la adopción de las formas monárquicas empeñará á las grandes potencias europeas á reconocer la independencia de los nuevos Estados, y á reconciliarse con éllos. Nada sería más deshonroso para las nuevas repúblicas que someterse á comprar una independencia conquistada á fuerza de valor y sacrificios, y después de haber arrostrado todos los temores de un ataque combinado de las potencias europeas, sería vileza que hallándose en tranquila posesión del mayor de los beneficios humanos cediesen á las intrigas secretas ó á las abiertas amenazas de los gabinetes europeos.» Tal es el resumen de las instrucciones dadas por el gobierno de Washington á los comisionados Anderson y Sergeant.

El 22 de junio se reunió al fin el Congreso de Panamá, y cuáles fueron sus resultados puede verse en lo que copio de la obra del historiador Cantú :

«Inexpertos los americanos en los negocios públicos, celosos de una libertad que todavía no sabían lo que era, ignorando cuanta prudencia requiere su uso y no pudiendo sufrir un estado social que enfrenase las sueltas pasiones, á nada pudieron dar cima.

«Los norteamericanos asistieron á este Congreso, pero no tomaron parte en sus deliberaciones. Chile se hallaba agitado por turbulencias interiores : Buenos Aires rechazó la idea de la convocación : Perú, ó sea Bolivia, no estaba aún reconocida como Estado independiente : el Paraguay vivía aislado : el Brasil, habiéndose declarado libre de distinta manera, no fue invitado á intervenir ; y así solamente los diputados de Méjico, de Guatemala, de Colombia y del Perú juraron mantener la federación perpetua, la república popular representativa y federal y una constitución como la de los Estados Unidos, á excepción de la tolerancia religiosa.»

En esta parte de mis Memorias me encontraba cuando se da al público la correspondencia diplomática entre el eminente estadista Mr. Seward y el ministro de Francia Mr. Druyn de Lhuys sobre la intervención francesa en Méjico. No puedo resistir al deseo de hacer aquí un extracto de un documento tan precioso para los intereses americanos. Dice así en la parte que se refiere á la doctrina de Monroe y á las acusaciones que se han dirigido contra Méjico, por la anarquía que ha reinado en el país desde su independencia.

«Donde quiera que el pueblo de un país ha establecido y sometídose voluntariamente á una institución monárquica de su propia elección, libre de toda cohibición ó intervención extranjera, como el Brasil hoy ó Méjico en 1822, los Estados Unidos no se niegan á mantener relaciones con esos gobiernos, ni tratan de derribar tales instituciones por medio de la propaganda, de la fuerza ó de la intriga. Al contrario, si una nación ha establecido instituciones repúblicanas y domésticas, parecidas á las nuestras, los Estados Unidos mantienen en favor de estas, que ninguna nación extranjera puede legalmente intervenir por la fuerza para subvertir instituciones republicanas y establecer las de carácter opuesto....

«Mr. Druyn de Lhuys mantiene que el gobierno de Maximiliano está pasando por la suerte muy común á los nuevos poderes, mientras que tiene sobre todo la desgracia de tener que sufrir las consecuencias de las discordias producidas bajo un gobierno anterior. Mr. Druyn de Lhuys manifiesta que esta desgracia y esta suerte son efecto de la desgracia y suerte de los gobiernos que no han encontrado competidores armados, y que han gozado durante la paz de una autoridad sin óbice alguno. Alega que son las revueltas y guerras civiles la condición de Méjico, é insiste además en que la oposición que algunos caudillos militares hacen al establecimiento de un imperio bajo Maximiliano, es sólo consecuencia natural de la misma falta de disciplina, y la misma continuación de la anarquía de que han sido víctimas los que han precedido á aquel en el gobierno de Méjico.

«No es intención, ni sería consecuente al carácter de los Estados Unidos, el negar que Méjico ha sido por mucho tiempo teatro de facciones y guerras intestinas. Los Estados Unidos confiesan este hecho con pesar, tanto más sincero cuanto que la experiencia de Méjico ha sido no solo penosa para su propio pueblo, sino desgraciadamente de perniciosa influencia en otras naciones. Por otra parte serían injustos los Estados Unidos y no cumpliría á la amistad que profesan á Méjico el enrostrar al pueblo de este país sus calamidades pasadas, ni mucho menos invocar ó aprobar la inflicción de un castigo á sus errores políticos por una nación extranjera. La población de Méjico y su situación tienen peculiaridades que sin duda son bien comprendidas por la Francia. Al principio de este siglo ellos se vieron forzados, por convicciones que el género humano no puede menos de respetar, á derrocar un gobierno monárquico extranjero que juzgaba incompatible con su bienestar y engrandecimiento. Viéronse forzados al mismo tiempo, por convicciones que el mundo debe respetar, á probar el establecimiento de las instituciones republicanas sin la completa experiencia, educación práctica y hábito que desde luego afirmarían satisfactoriamente dichas instituciones é ideas americanas. Tenían la esclavitud africana, las instituciones coloniales y los monopolios eclesiásticos. Participaron con los Estados Unidos de la primera, mientras que estos felizmente estaban exentos de las otras.

«No podemos negar que la anarquía en Méjico, de que se queja Mr. Druyn de Lhuys, fue necesaria y aun sabiamente tolerada en los esfuerzos para establecer una base segura de amplia libertad republicana. No sé si puede esperarse que la Francia concuerde con nosotros en este modo de ver, que mitiga en nuestra opinión los errores, desgracias y calamidades de Méjico. Como quiera que sea, nosotros volvemos de nuevo á la opinión que mantenemos de qué ninguna potencia extranjera puede legalmente intervenir en ensayos como los de Méjico, y que bajo el pretesto de desear corregir esos errores, se prive al pueblo del derecho natural que tiene á la libertad doméstica y republicana. Todos los daños y tuertos que Méjico ha cometido contra cualquier otro Estado, han encontrado severo castigo en las consecuencias que legítimamente siguieron á la comisión de ellos.

«No están autorizadas las naciones para corregir los errores de cada una, excepto en cuanto sea necesario para evitar ó deshacer un agravio que les toque muy de cerca. Si una potencia tiene derecho para intervenir en otra para establecer el orden, constituyéndose por sí en juez de la ocasión, entonces cada Estado tiene el mismo derecho de intervenir en los asuntos de los otros, siendo él el único árbitro del tiempo y la oportunidad. De este modo, llevado á cabo prácticamente el principio de intervención, vendría á resultar incierta y falaz toda soberanía é independencia y toda paz y amistad internacional».

No habrá quien no admire el tacto diplomático y la buena fe y justicia con que en este documento se trata la cuestión que ha puesto á los Estados Unidos en el caso de declarar lo que significa la doctrina de Monroe. ¡Feliz nación la que cuenta con hombres como el que redactó este interesante documento !

Terminaré el capítulo traduciendo lo que últimamente ha publicado el ex-presidente Buchanan sobre los planes de Mr. Canning para oponerse á los proyectos de la Santa Alianza, que dieron por resultado el renombrado mensaje del presidente Monroe.

«Las potencias aliadas de Europa, al triunfar de Napoleón, colocaron de nuevo en el trono de Francia á Luis XVIII, vástago de una de las ramas más antiguas de los Borbones. Envalentonadas con el buen éxito obtenido, Rusia, Austria y Prusia formaron en 1815 la Santa Alianza, de la que poco después formaron también parte Francia y todas las potencias continentales; sólo la Gran Bretaña se negó á entrar en semejante coalición. Proponíanse los aliados abolir los gobiernos liberales en el continente europeo, y mantener el derecho divino que tenían los soberanos de gobernar los pueblos á su albedrío, ó lo que es lo mismo, oponer un muro en que se estrellasen las olas del progreso de las instituciones liberales y entronizar de nuevo el despotismo que existía antes de la revolución francesa. A la Francia se encomendó el destruir á mano armada el gobierno liberal de las Córtes españolas y de establecer el poder absoluto en manos del implacable y mogigato Fernando VII.— En 1825, España fue invadida por un ejército francés, al mando del duque de Angulema, y sólo una batalla bastó para llevar á cabo el citado proyecto.

Un año antes de esta expedición, el gobierno de los Estados Unidos había legalmente reconocido la independencia de todas las repúblicas del Sur, poco antes colonias españolas, y el Congreso, en 4 de mayo de 1822, asignó cien mil pesos con que sufragar los gastos que fueran necesarios para mantener representantes en los Estados independientes del continente americano.»

«Mientras los invasores franceses obtenían victorias, el gobierno británico llegó á comprender que los aliados así que consiguiesen someter á los liberales españoles, auxiliarían á Fernando VII en la empresa de conquistar lo que llamaba colonias insurrectas allende el Atlántico, y entonces no sólo se opuso vigorosamente á la idea, sino que también se manifestó dispuesta á contrarestarla; pues, si los aliados lograban su objeto, el comercio inglés con los países suramericanos recibiría un terrible golpe, y nadie ignora cuán sensible es la Gran Bretaña á todo lo que afecta sus intereses mercantiles.»

«Para alejar este inminente peligro, Mr. Canning, ministro entonces de relaciones extranjeras en Inglaterra, propuso en agosto de 1823 á Mr. Rush, embajador americano en Londres, que ambos gobiernos se pusieran de acuerdo y manifestaran á la Europa que se oponían á la política de la alianza y los planes formados contra los países del continente americano. Así se esperaba que España abandonaría la idea de reconquistar las colonias: que el reconocimiento de éstas como Estados independientes era ya hecho sancionado por el tiempo y las circunstancias: que las dos potencias, sin embargo, no pondrían obstáculos á cualquiera arreglo amistoso entre aquellas colonias y España, y que si bien no pretendían adquirir para sí territorio de dichas colonias, no verían con indiferencia que pasara ninguna de éllas á poder de otra nación. Observaba también Mr. Canning que en su concepto tan unánime declaración por parte de la Gran Bretaña y de los Estados Unidos bastaría por sí sola para evitar la intervención, á mano armada, de los aliados en la suerte de las ex-colonias españolas. Tales causas indujeron á Mr. Canning á invitar á Mr. Rush á que tomase parte en aquella declaración en nombre de su gobierno. Aunque Mr. Rush carecía de instrucciones directas que apoyasen su acción, como lo comunicó á Mr. Canning, convino prudentemente en asumir la responsabilidad, pero con la expresada condición de que el gobierno inglés, ante todo, reconociese la independencia de las nuevas repúblicas americanas, como ya lo habían hecho los Estados Unidos. Mr. Canning, aunque estaba resuelto á destruir los planes de la Alianza contra las repúblicas, no estaba entonces preparado para dar este paso decisivo, y así no se llevó á cabo la unánime declaración.»

«Mr. Rush, en su despacho de 18 de setiembre de 1823 á Mr. John Quincy Adams, á la sazón secretario de Estado del gabinete de Washington, dió á éste luminosa relación de dichas negociaciones con documentos explicativos, y el Presidente Monroe, después de meditarlos, los envió acompañados de su opinión sobre el contenido á la consideración de Mr. Jefferson, pidiéndole su parecer sobre la conducta que el gobierno debía seguir á fin de alejar el peligro que amenazaba.»

«La contestación dada por Mr. Jefferson, y fechada en Monticello el 24 de octubre de 1823, es enérgica, entusiasta y elocuente, mostrando aquel estadista en su vejez la sagacidad y ardiente patriotismo de que ya había dado muestras como autor de la Declaración de Independencia. En dicho documento, se presenta y recomienda la Doctrina de Monroe en el sentido más lato. Por ser tan importante la copio íntegra de la Vida de Jefferson, por Randal.»

«La cuestión que usted presenta en las cartas que me ha escrito es la más importante de cuantas se han presentado á mi contemplación desde la independencia. **A esta debemos** ser una nación ; mas, la que ahora se nos **presenta fija** nuestra brújula y nos marca el rumbo que debemos **tomar** en el océano de tiempo que se descubre á nuestra **vista,** en el que jamás podremos engolfarnos con más favorables circunstancias. Debe ser nuestra máxima fundamental **el evitar** enredarnos en las disensiones europeas. Como **segunda** máxima el no consentir jamás que Europa se mezcle **en los** asuntos cisatlánticos. La América del Norte y **del Sur** tiene cada una un conjunto de intereses distintos de **los de** las naciones europeas ; debe por lo tanto América **tener** un sistema propio y exclusivamente separado del de **Europa.** Mientras que ésta se empeña en domiciliar en su seno el despotismo, nosotros debemos esforzarnos siempre en **hacer** de nuestro hemisferio la mansión de la libertad.»

«Una nación, más que todas, podría ponernos embarazo en este empeño ; mas ahora nos brinda para dar cabo á la idea con guía, ayuda y cooperación. Accediendo nosotros á sus proposiciones, la separaremos de una comparsa de déspotas ; se colocará el peso de su poder en la balanza de los gobiernos libres y se obtendrá así de un solo golpe la emancipación de todo un continente, que de otro modo permanecería por largo tiempo en dudas y dificultades.».

«La Gran Bretaña entre todas, es la nación que puede hacernos más daño : teniéndola pues de nuestra parte no debemos temer al orbe entero. Mantendríamos con élla una amistad cordial, y nada contribuiría más á estrechar nuestras simpatías como el pelear otra vez juntos por la misma causa. No sería yo en verdad quien comprase su amistad al precio de acompañarle en sus guerras ; pero si la actual proposición nos comprometiese en una guerra, sería nuestra causa y no la suya la que estaría defendiendo. Su objeto es introducir y establecer el sistema americano de alejar de nuestro suelo todo poder extranjero : el de jamás consentir que naciones europeas se mezclen en los asuntos de las nuestras ; el de sostener nuestros propios principios y no el de alejarnos de ellos ; y si para facilitar este resultado podemos separar del cuerpo europeo al más poderoso de sus miembros, no veo razón ninguna para que no lo admitamos. Estoy completamente de acuerdo con la opinión de Mr. Canning de que este paso en vez de provocar va á evitar la guerra. Trasladada Inglaterra de la balanza de las naciones europeas á la de nuestros dos continentes, toda la Europa combinada no osaría emprender tal guerra : porque ¿cómo podría intentar medir sus armas con sus enemigos sin contar para ello con escuadras superiores? Tampoco debemos despreciar la oportunidad que esta proposición nos ofrece para hacer nuestra protesta contra las atroces violaciones de los derechos de las naciones referente á la intervención de cualquiera de éllas en los asuntos de la otra, tan perversamente iniciada por Bonaparte y proseguida por la no menos ilegal Alianza sediciente Santa.

«Pero debemos dirigirnos la siguiente pregunta ¿deseamos adquirir para nuestra confederación alguna de las provincias hispano-americanas?»

«*Confieso francamente que he sido siempre de opinión que Cuba sería la adición más interesante que podría hacerse á nuestro sistema de estados. El dominio que esta isla con el promontorio de la Florida nos daría sobre el golfo de Méjico y sobre los estados y el istmo que lo ciñen así como sobre los territorios cuyos rios desaguan en él, colmaría la medida de nuestro bienestar político.* Sin embargo, persuadido de que esto jamás podrá obtenerse, aun contando con el consentimiento de aquélla, sin evitarnos una guerra, y que su independencia que es nuestro inmediato interés (y especialmente su independencia de Inglaterra) puede lograrse pacíficamente, no vacilaré en abandonar mi primer deseo á las vicisitudes futuras y aceptar su independencia manteniendo paz y amistad con Inglaterra con preferencia á su asociación á nosotros á costa de la guerra y de su enemistad.

«Yo no tendría empacho alguno en manifestar también en la propuesta declaración, que aunque no es nuestra intención adquirir territorio alguno de las provincias que mantienen relaciones de amistad con la Madre patria, nos opondremos, sin embargo, con todas nuestras fuerzas á la interposición armada de cualquiera otra potencia, ya sea con el carácter de auxiliar, mercenaria ó bajo otra cualquier forma ó pretexto, y especialmente á que pasara á poder de otra nación por conquista, cesión ó cualquiera otro medio de adquisición. Creo, por consiguiente oportuno que el Poder Ejecutivo debe animar al gobierno inglés á continuar en las buenas disposiciones que expresan esas cartas, asegurándole que obrará de consuno con él hasta donde alcance su autoridad, y que como ello puede provocar una guerra, para cuya declaración es necesario un decreto del congreso, el asunto se presentará á la consideración de los miembros de este Cuerpo en sus próximas sesiones bajo el mismo razonable aspecto en que el Ejecutivo lo considera.

«He estado por tan largo tiempo apartado de asuntos políticos sin tomar en éllos interés alguno, que no me creo apto para manifestar opinión alguna que merezca ser atendida. Pero la cuestión vigente es de tan durables consecuencias y de tanta importancia para nuestra suerte futura,

que ha revivido en mí todo el interés que hasta ahora me
ha animado en circunstancias semejantes, moviéndome á
aventurar opiniones que deben sólo considerarse como muestras del deseo de contribuir con mi óbolo á lo que pueda ser
útil á nuestra patria.

«Deseando que se acepte sólo en lo que valga, quedo
como siempre de usted constante amigo y servidor.»

«El presidente Monroe, fortalecido con el apoyo de
Mr. Jefferson, manifestó en su 7º mensaje al Congreso
(diciembre 12 de 1823) la ahora tan renombrada doctrina
de Monroe.

«Toda ella está comprendida en la aserción «de que
es principio que toca á los derechos é intereses de los
Estados Unidos que los continentes americanos por el
libre é independiente estado que tienen y han hasta
ahora mantenido, no podrán en adelante ser súbditos ni colonos de ninguna potencia europea.»

«Se emplea la frase «en adelante,» porque Francia
é Inglaterra, y nótese que no habla del Brasil, en la época
del mensaje poseían colonias en este continente; así no se
les comprende en los términos de la declaración. Se refiere á lo futuro y no á lo pasado, como más se especifica
cuando declara después «que ni nos mezclamos ni nos
mezclaremos con las colonias existentes que dependen de
algunas de las potencias europeas.»

«El lector ha podido percibir que las recomendaciones
de Mr. Jefferson excedieron á la declaración de los gobiernos propuesta por Mr. Canning. Esta se limitaba á las
colonias hispano-americanas; pero la doctrina de Monroe
extiende la protección de los Estados Unidos á todo el
continente.»

«**Mr.** Monroe prosigue en su mensaje discutiendo y condenando de un modo claro y hábil los proyectos de la Alianza contra las repúblicas del sur poniendo de manifiesto las consecuencias. No obstante, jamás pierde de vista la doctrina más extensa que ha proclamado al principio del mensaje contra la colonización de cualquier territorio americano por una potencia europea empleando las siguientes frases. «Debemos declarar en obsequio de la sinceridad y de las relaciones amistosas que existen entre los Estados Unidos y aquellas potencias (las europeas), que consideramos cualquiera tentativa de éllas por estender su forma de gobierno á algún territorio de esté hemisferio como peligrosa á nuestra paz y seguridad.» Aún más; después de hacer presente 'que nuestra política tradicional era no intervenir en los negocios domésticos de las potencias europeas, considerar como legítimo todo gobierno *de facto* y mantener relaciones amistosas con él, dice: «Pero en cuanto á estos continentes las circunstancias son en todo y por todo enteramente diferentes. Imposible es que las potencias aliadas extiendan su sistema político á *cualquier parte de este continente* sin que corran riesgo nuestra paz y felicidad, ni nadie puede creer que nuestros hermanos de sur, si se les deja deliberar por sí solos, adoptasen expontáneamente aquella forma de gobierno. Es también imposible, por consiguiente, que nosotros veamos con indiferencia tal interposición, cualquiera que, sea su forma.»

«Tal es la doctrina de Monroe. Opónese á la futura colonización de cualquier parte del continente americano; opónese también á la introducción en él de instituciones europeas despóticas ó monárquicas y á toda tentativa con que pretendan los soberanos europeos subyugar la repú-

blica norteamericana de Méjico ó cualquiera de las de la
América del sur. En cuanto á éllas, dice enfáticamente :
« Pero con respecto á los gobiernos que han declarado y sostenido su independencia, la cual nosotros hemos reconocido teniendo en cuenta grandes consideraciones y principios justos, no podríamos mirar la interposición de cualquiera potencia europea cuyo propósito fuese oprimirlas ó ejercer
predominio en manera alguna sobre los destinos de éllas,
sino como una manifestación hostil hacia los Estados
Unidos.»

«Era muy racional que los Estados Unidos, siendo la
más antigua y sin disputa la más poderosa república de
este continente, pusiera el escudo de su protección para defender á sus hermanos más débiles contra los asaltos del
despotismo europeo.

« Cuando se recibió en Londres el mensaje del Presidente Monroe (según nos informa Mr. Rush), el documento
fue leído con la mayor atención. Todos hablaban de él.
Toda la prensa hizo sus comentarios. Los diputados hispa-
noamericanos se manifestaron escesivamente gozosos : su-
bieron de precio en la plaza los bonos de sus gobiernos, y
se tuvo por asegurada la independencia de los nuevos Estados contra toda coacción europea. Los aliados poco después abandonaron sus propósitos hostiles contra las nuevas
repúblicas y su independencia fue asegurada.

« La parte del mensaje que se refiere á la protección de
las nuevas repúblicas, estando de acuerdo con la política
manifestada por la Gran Bretaña, fue acogida favorablemente por el gobierno inglés ; pero no así la que se refiere
á impedir la futura colonización europea, que encontró la
más decidida oposición. La Doctrina de Monroe, no obstante,

vino muy pronto á ser para el pueblo americano un canon de fe política.»

CAPITULO XVII

MARCHA TRIUNFAL DE PUERTO CABELLO Á CARACAS.—EL CONGRESO DE-CRETA UNA LEVA DE CINCUENTA MIL HOMBRES.—MOVIMIENTO REVO-LUCIONARIO EN PETARE.—PRETENSIONES DEL CAPITAN DUPOTET DE LA MARINA FRANCESA.—MI RESPUESTA.—MI PROCLAMA DEROGANDO EL BANDO DE ASAMBLEA.

1824.—1825.

El 1° de diciembre, dejando la plaza de Puerto Cabello al mando del general Escalona, partimos Mariño, (*) Bermúdez y yo de Puerto Cabello con dirección á Caracas y en nuestro paso por todas las poblaciones fuimos recibidos con extraordinarias demostraciones de entusiasmo y júbilo. Tal gozo produjo la toma de una plaza que casi se creía inexpugnable, pues desde el año 12 la habían ocupado los realistas sin que los independientes pudieran arrebatársela. Este punto, decía Santander, parecía encantado y daba á los incautos una idea mezquina del poder de la república.

A fines del año de 1825, como aun se temía que la obstinación española tratará de reconquistar el territorio, contando con la cooperación de los partidarios del antiguo

_____

(*) Este general me había acompañado durante el sitio ; pero cuando vino Bermúdez con el refuerzo de Maracaibo, envié yo á Mariño á Caracas y La Guaira para hacer venir una corbeta que estaba en este último puerto, y pedir al general Soublette recursos con que continuar el sitio. Mariño llegó dos días después de tomada la plaza.

régimen que se habían quedado en el país, hubo el
Congreso de tomar algunas medidas de seguridad, como
fué la de dar facultades extraordinarias á los jefes de los
departamentos, autorizándolos el Ejecutivo para expulsar
á los realistas del territorio de Venezuela en el caso de
una invasión exterior ó una conmoción á mano armada
en cualquiera de las provincias.

El decreto es el siguiente:

Francisco de Paula Santander, etc.

Considerando:

1º. Que revocado el decreto de 9 de octubre de 1821
por el de 28 de junio de este año, deben cesar todas
las facultades que emanaron de aquel; 2º que el estado
de guerra en que se halla la República, hace temer in-
vasiones repentinas en los departamentos de costa atlántica,
que no darían lugar á que se ocurriese á la capital para
ponerlos en aptitud de rechazarlas; y 3 que este temor
está confirmado por las últimas noticias recibidas de Europa, según las cuales el gobierno español persiste en
sus intentos de subyugar á la América, y prepara medios
para llevarlos á efecto; en uso de las facultades que me
atribuye el decreto de 8 de mayo último y el citado de
28 de julio, he venido en decretar y decreto:

Art. 1º. Desde el momento en que una expedición
enemiga invada repentinamente, ó haya datos fundados
de que está próxima á verificarse la invasión en cualquiera
de los departamentos de Orinoco, Venezuela, Zulia, Magdalena ó el Istmo de Panamá, quedan declaradas provincias
de asambleas las del departamento en que se haya verificado la invasión ó esté próxima á verificarse.

Art. 2º. Cuando la invasión se haya verificado en el departamento del Orinoco, quedan desde luego declaradas provincias de asambleas las de dicho departamento y las de Venezuela y Apure. Si es en el de Venezuela la invasión quedan declaradas las de Apure, Orinoco y Zulia: si es en el de Zulia, lo serán entonces las de Apure, Magdalena, Venezuela y Boyacá: si es en el de Magdalena, lo serán las provincias del Istmo, Zulia y Boyacá, y si es en el del Istmo, lo serán las del Magdalena y Cauca. Todo esto sin perjuicio de las demás medidas que el Poder Ejecutivo dictará en el caso de saber la invasión enemiga, su fuerza y los puntos amenazados en virtud de lo que permite el artículo 128 de la constitución.

Art. 3º El comandante general del departamento invadido ó próximo á serlo, conforme á los artículos anteriores, entrará desde luego en ejercicio de las facultades extraordinarias delegadas al gobierno por los artículos 2º, 3º, 6º y 7º del decreto de 28 de julio de este año para ocurrir á su defensa.

Art. 4º Los indultos generales y especiales de que habla el artículo 6º de 28 de julio, se entenderán sólo respecto al departamento invadido, sin que comprenda de ningún modo á individuo que corresponda ó dependa á otro departamento, ni á los reos que hayan sido condenados por los tribunales de justicia, ni á los que estén desterrados ó expulsados de la República por el gobierno ú otra autoridad competente. Lo mismo se entiende respecto á la facultad concedida por el artículo 7º del mismo decreto para admitir al servicio de la República á los oficiales de cualquier grado y cuerpos enteros del enemigo, pues cada comandante general no podrá admitir sino á los oficiales y cuerpos enemigos que obren ó existan dentro del departamento de su mando.

Art. 5º. Las disposiciones de los artículos 1º, 3º y 4º se extienden también á los casos en que la tranquilidad y seguridad de aquellos departamentos sean turbadas por insurrección interior á mano armada ó que haya datos fundados para temer dicha insurrección.

Art. 6º. Mientras no lleguen los casos previstos en los artículos 1º y 3º de este decreto, los comandantes generales no ejercerán facultad ninguna extraordinaria de las que se les conceden por él; y llegado el caso de ejercerlas instruirán detalladamente al gobierno del uso que hagan de ellas, informando, primero, el número de tropas que hayan levantado ó mandado levantar, cuántas de cada arma, y si se las han organizado en nuevos cuerpos, ó en aumento de las que existan en cada departamento: segundo, qué cantidades se han exigido como contribución, en qué provincia, cuáles son los medios de recaudación que se hayan dispuesto, y á qué objetos de gastos se ha aplicado su producto: tercero, cuáles son las personas expulsadas y los motivos que hayan obrado contra ellas, cuáles los indultos concedidos, el objeto que se proponga conseguir por ellos, y qué personas se hayan acogido y entren á gozarlos: y cuarto, el grado, empleo, nombre y apelativo de los jefes y oficiales enemigos que separen con los documentos ó pruebas que hayan producido para comprobarlos, el nombre y fuerza del cuerpo que haya sido admitido, haciendo respecto á los jefes y oficiales de él las expresiones de que he hablado ya.

Art. 7º. Quedan derogadas y sin valor alguno cuantas facultades extraordinarias se habían concedido hasta ahora en virtud de la ley de 9 de octubre de 1821, bien sea que se hubiesen concedido por decreto general ó especial ó de cualquiera otro modo.

Art. 8º. El secretario de Marina y Guerra queda encargado de la ejecución del presente decreto que comunicará á quienes corresponda y que será cometido á la próxima legislatura.

Dado, firmado por mi mano y refrendado por el secretario de Marina y Guerra en el palacio de gobierno en Bogotá á 15 de agosto de 1824—14—Francisco de Paula Santander—Por S. E. el Vicepresidente, Pedro Briceño Méndez.

Lo comunico á V. E. para su inteligencia, gobierno y cumplimiento, advirtiéndole expresamente de orden del Poder Ejecutivo que este decreto no revoca ni invoca en manera alguna las disposiciones que antes he comunicado á V. E. para la seguridad y defensa del departamento de su mando, sino en lo relativo á la concesión de facultades extraordinarias hecha en virtud y conforme al tenor del decreto de 9 de octubre del año undécimo, derogado por el de 28 de julio del presente. Y como aún no he comunicado á V. E. por no hallarse impreso todavía, transcribo ahora los artículos 2º, 3º, 6º, 7º de él, cuyas facultades se delegan á V. E. por el del gobierno para que esté entendido de las que son, si llega el caso de ejercerlas antes de que reciba la ley. Estos artículos son los siguientes. «Art. 2º—podrá exigir contribuciones en la provincia ó provincias que haya declarado provincias en asambleas.» «Art. 3º—podrá en las dichas provincias hacer el alistamiento de tropa que considere necesario.» «Art. 6º—podrá expulsar de dichas provincias á los desafectos al sistema de libertad é independencia, sin las formalidades de la ley, procediendo gobernativamente y conceder indultos generales y especiales en los casos que lo estime prudente y útil á la seguridad de la República.» «Art. 7º—podrá en dichas provincias admitir al servicio de la República oficiales de cualquier graduación y cuerpos enteros del enemigo, pertenecientes á los ejércitos que obran inmediatamente contra Colombia ó sus aliados, poniendo á los oficiales militares desde coronel inclusive arriba desde luego en posesión de los grados con los cuales hayan sido admitidos.» Por conclusión recomiendo á V. E. que consulte inmediatamente al gobierno, por mi conducto, cualquiera duda que le ocurra sobre la inteligencia ó aplicación de algunos de los artículos citados ó de los decretos del Poder Ejecutivo—Dios guarde á V. E.

PEDRO BRICEÑO MÉNDEZ.

Nada notable hubo en la República durante el año 1824 si se exceptúa la persecución de partidas sueltas que en són de realismo, como los bandidos de Calabria, cometían los mayores excesos sin que fuese posible exterminarlas, porque prácticos en los vericuetos y senderos ocultos de las montañas eludían la persecución de las tropas republicanas ó les ofrecían resistencias desde ventajosas posiciones á donde era casi imposible atacarlos.

Fundaban estas partidas sus esperanzas en las promesas que les hacía por la imprenta el furibundo realista é indigno venezolano Don José Domingo Díaz, refugiado en Puerto Rico, de que muy pronto llegaría á las costas de Venezuela una formidable expedición. Eran los jefes principales de estas bandas, José Dionisio Cisneros, Juan Centeno y Doroteo Herrera, todos oficiales que se habían distinguido en las filas realistas y que después de la batalla de Carabobo capitaneaban guerrillas á favor del «Católico Monarca» en los valles del Tuy y distritos de Guarenas, Petare y los Güires. El más notable entre éllos era Cisneros, el Fra-Diávolo de Venezuela, que había sido sargento de las tropas de Morales y que habiendo reunido una muchedumbre de foragidos, decía que un religioso de Caracas le mandaba hacer «la guerra á todo blanco y no reconocer sino en Santander al verdadero defensor del trono español» (Torrente). Más adelante tendremos ocasión de volvernos á ocupar de estos bandoleros.

Terminada la guerra, fue necesario licenciar gran parte de las tropas que habían servido á mis órdenes, y como el tesoro de la república no podía pagarles sus haberes en metálico, se les cedió, según la graduación á que habían llegado, cierto número de bestias caballares y de cabezas de ganados de los hatos confiscados á los realistas. Debían los agraciados apoderarse por sí mismos de los animales que se les habían señalado en pago de sus haberes, y esto dió origen á grandes desórdenes que el señor Restrepo no ha vacilado en calificar de latrocinios á mano armada. Tal matanza se hizo de ganado para quitarles el cuero y aprovechar el sebo, que con los esqueletos de las reses muertas construían los llaneros vallas á las puertas de los corrales; y en efecto hubo ocasiones en que los recogedores acudieron á la violencia para apoderarse de ganados que no estaban herrados, pertenecientes á algunos hacendados. Estos desórdenes, consecuencia de una orden imprudente é inconsiderada del gobierno, me obligaron á tomar medidas, y entre otras, la de formar campos volantes que bajo la comandancia del teniente coronel Facundo Mirabal pusieron bien pronto coto á los desmanes y restablecieron el orden en el territorrio de Apure.

En 6 de mayo de **1824** decretó el Congreso una leva de cincuenta mil hombres, porque corrían rumores de que la Santa Alianza europea amenazaba destruir la independencia de los nuevos estados. También se tenía en mira enviar tropas al Perú donde el Libertador necesitaba con urgencia auxilios para emancipar aquel país ocupado por fuerzas españolas muy respetables.

El **20** de agosto embarqué en Puerto Cabello, con destino al Perú, una división compuesta de dos mil seiscientos noventa y cuatro hombres á las órdenes del coronel José Gregorio Monagas.

La necesidad de mantener tropas fuéra del territorio y los temores de que se llevasen á efecto las amenazas de una nueva expedición española, hicieron necesario un decreto del vicepresidente de la República, general Santander, para que se hiciera un alistamiento general de todos los ciudadanos con el objeto de formar con éllos cuerpos de milicias ó completar los ya establecidos. No fue muy bien acogido semejante decreto, y á mí como comandante general de los departamentos de Caracas y Apure, se me exigió hacerlo cumplir. Por mi mal tuve que hacerlo, á pesar de las observaciones del síndico y de la Municipalidad de Caracas.

El intendente de Venezuela, general Juan Escalona, me ofreció su cooperación para llevar á cabo la medida del gobierno y yo convoqué á los ciudadanos para que concurriesen al alistamiento. Asistieron unos pocos y me ví obligado á convocarlos de nuevo para el 6 de enero, y como ni aún así obedecieran el decreto, tal vez envalentonados por la lenidad con que yo procedía, mandé piquetes de los batallones Anzoategui y Apure para que trajesen al convento de San Francisco los ciudadanos que hallasen por las calles. Escalona me ofreció que él haría que éstos acudiesen al alistamiento, y yo entonces suspendí la orden que había dado anteriormente.

El día después, el intendente fingiéndose celoso defensor de los derechos del pueblo, en una comunicación al Ejecutivo denunció como abusos las disposiciones que yo había tomado para hacer cumplir la orden del gobierno. La Municipalidad de Caracas expresó iguales quejas y de aquí nació la acusación contra mí, de que me ocuparé en uno de los capítulos siguientes.

En 6 de diciembre del año 1825 estalló un movimiento revolucionario de dudoso carácter en la villa de Petare que está á dos leguas de distancie de la capital. La preocupación envejecida en algunos de temer siempre revoluciones de castas encontró en este hecho oportuna ocasión de aumentar quilates, y tal significación fue luego dada al tumulto de Petare. Alarmada la capital y sus tribunales, enviaron á Maracai, donde yo residía, una comisión compuesta de los señores coronel (entonces) Diego Ibarra y Dr. Cristóbal Mendoza, ministro de la Corte Superior, para que me trasladase á Caracas; porque llevados de sus infundados temores, se figuraban que había una conspiración de grandes ramificaciones en el sentido indicado, y querían verse apoyados con mi presencia para los procedimientos y difusas inquisiciones que ya estaban emprendidas. Fuí en efecto: convoqué una junta de doce personas, escogidas por su saber en materias judiciales, para que examinasen el espediente y me diesen su opinión sobre la conducta que debía observar. Los de la junta me dijeron que el caso no se presentaba muy claro, para calificarlo de conspiración, y que por lo tanto era más prudente no darle gran importancia. Reconociendo que verdaderamente el hecho no era de la extensión imaginada y que su carácter de gravedad lo había tomado de injustas prevenciones, me persuadí también de la urgencia de que la sociedad no fuese hondamente perturbada con la indefinida prosecución de un proceso que tomaba naturaleza tan alarmante. Como único medio de lograrlo me avoqué la causa, según podía hacerlo en mi calidad de comandante general del departamento declarado en asamblea, y militarmente terminé el asunto con el castigo de sólo tres de los principales delincuentes: dejando así sin efecto las actuaciones que iban complicando á gran número de personas. Publiqué en seguida una proclama el 21 del mismo mes, en que dí á conocer la manera con que yo había considerado el suceso: dejé traslucir mi convicción de que la maligna índole y magnitud que se le había supuesto, no dimanaban sino de temerarias sospechas: dije que á veces se invocaba tortuosamente el patriotismo, y que la quietud pública, no menos que por los enemigos del sistema, podía ser alterada por la exageración de voluntarios temores, é hice entender que mi autoridad no repararía en la condición de las personas, si se me obligaba á ejercerla. Finalmente sellé el negocio con el indulto general y absoluto, que para todos los que por él pudiesen temer firmé el dia siguiente 22, con lo cual, infundida la confianza, respiró otra vez tranquilamente la capital.

Hállanse estos dos actos insertos en el tomo 6º pág. 107 y 109 de la colección de Documentos relativos á la Vida Pública del Libertador.

De esta manera terminó la alarmante revolución de Petare que en mano de los tribunales habría envuelto en odios y en persecuciones al país y llevado al patíbulo á muchos ciudadanos.

A pesar de la prudencia con que procedí en el asunto, un diputado de Caracas, el Doctor José Antonio Pérez, quiso que se me acusara ante el Senado y con ese motivo dirigí al Poder Ejecutivo de la República la siguiente representación :

«*Excmo. Señor Vicepresidente:*

«Sé por un conducto respetable que el Doctor José Antonio Pérez, diputado por Caracas, ha hecho en la Cámara de Representantes la moción de que *yo debía ser acusado ante el senado por haber declarado provincia en asamblea á Venezuela:* y con motivo de la ocurrencia de Petare *dijo que estaba dominado por una facción de Caracas*, como para probar que yo no tomé todas las medidas que se requerían por miramiento á la enunciada facción. Agravio atroz, imperdonable, que sólo puede ser abortado por las pasiones más vehementes y sobre lo que tengo á menos extenderme á más : sobre todo, cuando existe una causa que se siguió con arreglo á los decretos del gobierno por el comandante militar de Caracas, y en donde aparecen todas las personas que tuvieron parte en aquel suceso : y á la verdad ninguna es de las que yo conozco y de quien se me supone dominado. Esta proposición fue apoyada por los demás diputados de la misma provincia, excepto el Doctor Osío.

«Cuando un señor diputado avanza una proposición tan *osada* en el Congreso, es decir, que he sido acusado ante la nación, muy pocos momentos después que creo haber contribuido junto con mis compañeros de armas del mejor

· modo que he podido á su independencia ; prescindamos de
la parte de ingratitud que envuelve este hecho, y pasemos
á examinar el motivo de la acusación por parte del honorable Doctor Pérez.

« En primer lugar debe repararse que sólo se ha extrañado tanto esta medida, cuando ha sido puesta en práctica
por mí, y nunca se ha impugnado por ningún miembro del
gobierno, cuando en períodos muy recientes han estado en
asamblea estos mismos departamentos, y otros de la república ; y en que generales de un grado superior hemos obede-
cido á un inferior ; más, parece que la suerte de los militares es la de que sólo son apreciados en los momentos de peligros, y vejados cuando ya no se temen.

« Los insultos que se hacen al hombre público resultan-
tes de una administración, no son de la especie de los que
se dirigen al hombre privado. En éstos puede tener lugar
la generosidad ó el desprecio, pero en aquéllos no se puede
prescindir de su vindicación con arreglo á las leyes que nos
rigen.

Yo no puedo menos que tributar mi reconocimiento á
la mayoría del Congreso, que desechó la proposición del
señor Pérez ; mas yo no puedo continuar mereciendo la
confianza del público y del gobierno, si este asunto no se
declara con toda la dignidad que corresponde al mismo
gobierno, y á un general de la república, que no tiene motivo alguno por qué disimular la más leve imputación, mucho
más si se atiende á que los gobiernos deben obrar por hechos calificados, y no por invectivas ó congeturas, porque
entonces ningún ciudadano podrá contar con su seguridad
individual.

« No citaré personas ni hechos singulares, invoco el
testimonio de los departamentos en que fue necesaria la tal

medida, y desafío á cualquiera adversario á que me presente una sola persona vejada por el poder militar en la época de que se habla ; antes al contrario, hay quien se acogió á él, como un refugio de la autoridad civil, y cuánta sangre se hubiera derramado en la capital de Caracas si yo hubiese seguido los consejos de algunos hombres de letras, y de aquellos que poco acostumbrados á lidiar con los enemigos en el campo del honor, los buscan desde sus bufetes, en el seno de la paz, queriendo vengarse de agravios personales, bajo el pretexto sagrado de la causa pública.

« El señor Pérez debe probar las causas que ha tenido para acusarme ante el Congreso, y cuál es la facción de que se trata : si tiene los datos suficientes para hacerlo en tela de juicio, yo estoy sometido á la ley, y de no, quiero un testimonio público que me subsane de la acusación. Mientras no se decida por uno de los dos extremos, pido al gobierno que me exonere, así de la comandancia general del departamento de Venezuela, como de la dirección de la guerra, en donde encuentro con bastante frecuencia obstáculos que se oponen al decoro de esta misma autoridad : bien entendido que no basta el que el Poder Ejecutivo, solamente por su parte, se muestre satisfecho de mis procederes.

« Yo suplico á V. E. que lleve este asunto por todos los trámites de la ley, en atención á que estoy resuelto á no desistir en nada de lo que llevo expuesto.

« Dios guarde á V. E. muchos años.

« PAEZ.

« Achaguas : marzo **28** de **1825**. »

La contestación que recibí á la anterior representación fue la que sigue :

« Secretaría de Marina y Guerra.—Sección Central.—Palacio del Gobierno en Bogotá á 7 de junio de 1825. —15.

« *Al Excmo. Señor general en jefe José A . Páez.*

« He tenido el honor de dar cuenta en el despacho del gobierno de la representación de V. E., datada en Achaguas á **28** de marzo último, en que solicita se le inhiba del destino de comandante general de Venezuela y de la guerra que se le han confiado, fundándose en que la moción hecha por el honorable diputado José Antonio Pérez, en que proponía á la cámara de representantes se acusara á V. E. ante el Senado por haber declarado provincia en asamblea el departamento de su mando, y otras expresiones que se vertieron con motivo de la ocurrencia de Petare, exigen una prueba legal, y de no, un testimonio público que ponga á cubierto la conducta de V. E. sobre aquel acto ; y he recibido orden de contestar á V. E. lo siguiente : « El artículo 66 de la constitución está en oposición con la solicitud del Benemérito general Páez, y así como este jefe debe descansar tranquilo en el concepto que merece al Poder Ejecutivo, también debe servirle de satisfacción en el caso presente que la cámara de representantes rechazó la moción del diputado Pérez, lo cual prueba que no la halló justa, y que por consiguiente cree arreglada á la ley y á las circunstancias la conducta del comandante general de Venezuela.» Inserto á V. E. la anterior re-

solución del Poder Ejecutivo como resu'tado de su solicitud.

"Dios guarde á V. E., etc.

«PEDRO GUAL.»

El 10 de enero del año 1825 se presentó delante de
Puerto Cabello una escuadra francesa, compuesta de una
fragata de sesenta, dos bergantines goletas y una goleta,
á las órdenes del capitán de navío Dupotet, y apenas había
fondeado cuando dirigió comunicación al comandante general de marina de dicho puerto, pidiéndole, en nombre
del almirante Julien, comandante de la estación de las
Antillas francesas, satisfacción por el insulto que decía
haberse inferido frente á Portobelo por el comandante
de la fragata *Venezuela* al de la goleta francesa *Gazelle*,
obligándole á que éste enviase un oficial á su bordo. Además, exigía dicho almirante la devolución de todo el cargamento de la corbeta mercante *Urania*, que había sido apresada con efectos de propiedad española por los capitanes de
los corsarios *Poli-Hampton* y *Centella*.

El tono en que dicho capitan formulaba estos injustos
reclamos, dirigiéndose á los empleados subalternos en vez
de hacerlo al gobierno de la República, y la violación del
territorio de nuestras costas por aquellos extranjeros, aun
después de las satisfactorias contestaciones del comandante
general de marina de Puerto Cabello, me indignaron sobremanera, y como comandante general del departamento
de Venezuela pedí explicaciones al jefe de la escuadra
francesa; con la dignidad que exijía el caso, le recordé
que los venezolanos tenían la constancia necesaria para
defender sus derechos si el extranjero no sabía res-
petarlos.

Dejó libre el francés el litoral de Ocumare, y como dirigiese después sus injustas reclamaciones al gobierno supremo de la república, éste le contestó en casi los mismos términos que yo lo había hecho desde el principio.

Anteriormente á este suceso, se había presentado en La Guaira el capitán español Don José del Cotarro para entregar al gobierno colombiano el bergantín *Roma Libre*, disgustado al ver que en España había sido derrocado el sistema constitucional y repuesto el régimen absoluto. Trajo en su buque un cargamento de negros, á quienes se dió inmediatamente libertad.

«Tanto por el combinado ataque de la Francia y de la España que se había temido en Venezuela—dice Restrepo después de referir los sucesos anteriores—como por algunos movimientos que se dejaron percibir en Baruta y Tucupido, en el Sombrero y en otros puntos de aquella parte de la República, se temió que podía perturbarse la tranquilidad. El comandante general Páez fue autorizado, en consecuencia, con facultades extraordinarias por el Ejecutivo Nacional desde los primeros días de este año : autorización que después se amplió el 17 de marzo con acuerdo y consentimiento del congreso. Creíase, no sin fundamentos sólidos, que una parte considerable del territorio de Colombia, distante del centro, que ocupaba una posición tan avanzada y que contenía tantos elementos de discordia, no podría mantenerse tranquila sin que hubiese un poder fuerte é inmediato que velara en la conservación del orden. Empero, la declaración frecuente de facultades extraordinarias, y el que dichos departamentos se convirtieran en provincias en asamblea, incomodaba á los venezolanos amantes de la libertad, sin embargo del buen uso que hiciera el general Páez del extenso poder que se le confería. El decreto mencionado, del **17 de marzo**, fue un motivo para evitar los clamores de la municipalidad de Caracas, que se dirigió á la cámara de representantes por vía de queja contra el Poder Ejecutivo. Sin embargo de que este paso no produjera consecuencias, *aumentaba el descontento contra el gobierno central* cuando aún no poseía toda la fuerza necesaria por ser nuevo y hallarse apenas reconocido». (Pag. 457, tomo 3, Historia de Colombia).

El 8 del mes de marzo de 1825, en una proclama, di cuenta de todos estos sucesos, del estado interior de la república, y expuse las razones que me habían impelido á declarar en asamblea los departamentos de Venezuela y Apure, pues la república se hallaba entonces amenazada de una invasión de dos mil hombres que la Península pensaba enviar contra Colombia y que ya se estaba reuniendo en las islas Canarias.

La proclama dice así :

«José Antonio Páez, de los libertadores de Colombia, condecorado con la medalla de Puerto Cabello, general en jefe de los ejércitos de la república, comandante general del departamento de Venezuela, y director de la guerra en los de Venezuela y Apure, etc., etc.

«Aunque los habitantes de los departamentos, de que tengo la dirección de la guerra, no deben ignorar los motivos que hubo para declararlos en estado de asamblea, según el bando de 29 de noviembre del año pasado, encuentro muy conforme á los principios que nos rigen, expresar aunque sucintamente, las razones que hubo para tomar estas medidas, así como las que hay ahora para hacerlas cesar.

«Noticias contestes y por diversos conductos sobre una fuerza extranjera en las Antillas eran causa suficiente, si no para suponer del todo miras hostiles por parte de aquel gobierno, á lo menos para llamar la atención de la autoridad militar, encargada de la defensa de los departamentos de la república.

«Las que se tenían de España sobre algunas fuerzas destinadas á la América, y los buques de guerra que se hallaban en la Habana, merecían asimismo algunas medidas precautelativas.

«Un movimiento ocurrido á poco tiempo en las inmediaciones de la capital de Venezuela, confirmó la oportunidad de la medida de asamblea; la necesidad de providencias para atajar los progresos de la facción de los Güires, exigía un gobierno militar por el tiempo necesario para su destrucción. Algunos arreglos domésticos, relativos á la formación de una fuerza armada, hallaban obstáculos en la diversidad de jurisdicciones: por estas razones se creyó oportuno declarar en estado de asamblea los departamentos de Venezuela y Apure. Pero las circunstancias han variado felizmente y permiten el restablecimiento de las cosas al estado en que deben estar, según las leyes de la república.

«Algunas contestaciones con el jefe de una fuerza naval francesa han hecho conocer las miras contraídas hasta ahora á reclamaciones particulares, con respecto á su comercio; á lo que se agregan las seguridades que tiene el gobierno general de la república, según sus últimas comunicaciones.

«Las operaciones de nuestros contrarios por sí solas, no exigen hasta ahora grandes esfuerzos, sin que por esto sean vistas con indiferencia por parte del encargado de la seguridad de este territorio.

«La ocurrencia en las inmediaciones de la capital, de que se ha hecho mención, tuvo el feliz desenlace que todos han visto, como un proyecto absurdo, y en el cual no se encontraron ingeridas personas de ningún estado, capaces de causar recelos al gobierno, y que de cualquier modo hubiera sido obstruida por el buen comportamiento de las autoridades militares entonces.

«En esta virtud, he creído conveniente derogar, como en el presente decreto derogo, la medida que tomé por el mes de noviembre ya citado, de declarar en estado de asamblea los departamentos de Venezuela y Apure, lo cual se verificó entonces conforme á los artículos 1º y 5º del decreto de 15 de agosto del año 1824.

«Las autoridades militares de Venezuela y Apure darán publicidad y el cumplimiento debido á la presente disposición.

«Achaguas: marzo 8 de 1825.—15.

«José Antonio Páez».

«Francisco Carabaño, secretario».

CAPITULO XVIII

Acusacion ante el senado de Colombia.—Aparente duplicidad del general Santander.—La epoca mas funesta de mi vida publica.—Pronunciamiento de las municipalidades de Venezuela.—

LOS PUEBLOS ANSIOSOS DE REFORMAS.—ASAMBLEA EN EL CONVENTO
DE SAN FRANCISCO DE CARACAS.—MI CARTA Y OFICIO AL LIBERTADOR
EXPLICANDOLE MI CONDUCTA.

1826.

Cuando una nación como la nuestra ha conquistado su
independencia, suelen presentarse en la escena política tres
clases de actores. Primera, los que con la espada ó la pluma merecieron bien de la patria en las épocas de la contienda y que aspiran á recoger el premio de sus afanes y
fatigas, pues no todos suelen contentarse, como Cincinato y
Washington, con la gloria póstuma y el aprecio de las generaciones. Es muy común hallar entre los que fueron caudillos de las huestes militares, quienes en la paz conservan la
severidad de carácter que contrajeron mandando los ejércitos
y se enajenan bien pronto la voluntad del pueblo que no
ve en ellos sino tiranuelos que aspiran á dominarle.

La segunda clase de los que vamos enumerando, son
los que no habiendo tomado parte alguna en las cuestiones,
mientras se debatían con las armas, aspiran después á ocupar los altos destinos de la nación, y para alcanzarlos, se
constituyen en censores del gobierno, denunciando las
faltas de los que dirijen la cosa pública, y calumniando
á los que sirvieron á la patria en sus más apuradas circunstancias.

A la tercera pertenecen aquellos adeptos del antiguo
orden de cosas, á quienes puede decirse que á viva fuerza
se les ha hecho aceptar la reforma, y no parece sino que en
venganza se esfuerzan en probar con su conducta lo poco

que ha ganado la sociedad con la nueva organización que se le ha dado.

He aquí los elementos que componían el pueblo colombiano cuando ya los antiguos dominadores habían sido arrojados del país. Con tales elementos tendría que luchar el que tuviese á su cargo dirigir la política interior.

El entusiasmo exagerado de algunos hombres viene también á servir de obstáculo para la marcha tranquila de la sociedad que necesita la unión de todos sus miembros para organizarse de un modo estable y llevar á cabo las reformas necesarias. Estos individuos, con sobrada imprudencia, la dan por proclamar teorías lisonjeras que el pueblo acoge con entusiasmo, porque halagan sus pasiones; y de aquí proviene que la anarquía suele suceder á la conquista de la independencia. Vano es predicar el *modus in rebus*, pues un pueblo nuevo es como el individuo en su juventud: desprecia las lecciones del pasado hasta que, á costa de males sin cuento, adquiere una experiencia que ha pagado bien cara.

Después que en 1814 y 15 se disolvieron los gobiernos republicanos en Venezuela y la Nueva Granada, á causa de los desastres sufridos por los patriotas; se habían levantado en estos dos territorios fuerzas para combatir el enemigo común, y los jefes, obligados por las circunstancias, habían obrado independientemente, pues no existía ningún gobierno central á quien dar cuenta de las operaciones. Cuando los patriotas eran vencidos en una provincia, pasaban á hacer resistencia á los realistas en otra, donde sólo por espíritu de patriotismo y no por disposición de ninguna autoridad, unían sus fuerzas á las que operaban en aquel territorio. Venezuela y Nueva Granada, por interés de una y otra, se prestaron mutuo auxilio; pero en la unión de los dos territorios, bajo una sola autoridad, no se pensó hasta el 17 de diciembre de 1819, en que el Congreso de Venezuela proclamó la república de Colombia, cuya constitución adoptada después por otro Congreso, reunido en Cúcuta el 30 de agosto de 1821, reconocía *un gobierno supremo.*

La vasta extensión del territorio colombiano, las dificilísimas comunicaciones de las provincias con el gobierno central, establecido en Bogotá, los celos y rivalidades entre venezolanos y granadinos, todo indicaba que la república de Colombia tendría una existencia efímera, en la época en que estamos de nuestra narración, se dejaban ya sentir los síntomas de una separación que era inevitable, y que más tarde ó más temprano tendría que llevarse á cabo, sin que á nadie le fuese posible el impedirlo.

Ya he dicho poco antes que, á consecuencia de las medidas que tomé á fin de cumplir las órdenes apremiantes del gobierno para el alistamiento en las milicias, fulminó contra mí la Municipalidad de Caracas la acusación de haberme excedido en el uso de mi autoridad, valiéndome de medios violentos. Enviáronse cartas desde aquella ciudad á sus diputados en Bogotá, y éstos armaron terrible escándalo en la Cámara, figurando entre mis principales enemigos en aquellas circunstancias el clérigo Azuero, y entre mis defensores los doctores Osío y Arvelo. Uno de aquéllos hizo la proposición de que se pidiera informe inmediatamente al Ejecutivo sobre las ocurrencias de Caracas, y sobre las providencias que hubiese dictado en este asunto. Aprobada, el presidente de la Cámara pasó un oficio al general Santander, vicepresidente encargado del Ejecutivo, exigiéndole dicho informe; pero, queriendo meditar bien el asunto, según me decía en una de sus cartas el general

Santander, no lo dió tan pronto como deseaban mis acusadores. Entretanto, recibióse una representación muy fuerte de la Municipalidad de Caracas, dirigida á la Cámara, y con este motivo se volvió á exigir el informe del Ejecutivo. Entonces, éste hubo de manifestar á la cámara el 19 de febrero «que no constaba de una manera evidente que yo hubiese dado orden de allanar las casas y hacer fuego á los que no quisieran concurrir al alistamiento; que no era delito contra las leyes obligar por la fuerza á los vecinos morosos á obedecer una disposición del gobierno, siempre que no se les ultrajara ó sacase á la fuerza de sus hogares, y que no estaba probado por el acusador que yo hubiese dado orden de cometer los excesos en que se fundaba la acusación.»

«El caso, decía el Ejecutivo, requiere hoy más que nunca prudencia á toda prueba : los enemigos comunes pueden invadirnos, porque tienen medios : Venezuela tiene infinitos puntos de fácil acceso; los españoles tiran frecuentemente sus planes sobre ella, contando con que hay bastante opinión que les favorece; los emigrados que han perdido sus propiedades son de aquel territorio; algunas guerrillas enemigas concurren á multiplicar los embarazos y á ocupar la atención de los defensores, en tales circunstancias, si el enemigo tuviera confianza de no encontrar al general Páez al frente del ejército republicano de Venezuela, la invasión podría ser pronta y el éxito menos dudoso. El general Páez goza como soldado de una reputación incuestionable, y el enemigo que tiene una opinión ventajosa de su contrario, le teme y lleva la mitad de la campaña perdida. No quiero decir con esto que sacrifiquemos nuestras leyes y los derechos de los ciudadanos á la conveniencia de conservar en el ejército de Venezuela á un general que, aunque de cré.

dito guerrero, embaraza la marcha del régimen legal. No, señor ; salvemos las leyes y salvemos los derechos del ciudadano ; pero no sacrifiquémos sin la evidencia correspondiente á un ciudadano, y á un ciudadano que merece la estimación pública. Salvarnos todos de la cuchilla española, es nuestra primera obligación, y la honorable cámara sabe cuántos sacrificios se hacen ó deben hacer en las aras de nuestra existencia física. »

A pesar de todo, la cámara admitió la acusación, y entónces el negocio se llevó al senado que vaciló en los primeros dias sobre si debía continuar la causa ó esperar los documentos que el Ejecutivo ofrecía en su informe. Entretanto, recibióse una carta del secretario de la Cámara al senado, pidiendo copias íntegras de los oficios del intendente de Caracas, Escalona, los cuales se le remitieron.

«Mi opinión con cuantos hablé del negocio, me decía Santander en una carta, fechada 10 de mayo de aquel año, «incluso los mismos enemigos de usted, fue que la acusación «era ligera y que se debían esperar nuevas pruebas porque «la seguridad personal y el honor de un ciudadano, cualquie-«ra que fuese, no debían estar á merced de unos avisos tan «descarnados. El presidente del Senado y el coronel Pi-«ñango parece que estaban muy pronunciados contra usted : «y por más, que cuatro senadores trabajaron por diferir el ne-«gocio, la acusación se admitió en los términos que usted «habrá visto. Esto es todo lo que ha pasado, según me han «informado ; yo puedo asegurar á usted que la justicia, «quizá más que la amistad, me hizo tomar el partido pru-«dente que he seguido, y que si como no veía en sus pro-«cedimientos los delitos que proclamaban, los hubiera ha-«llado tales, habría sido el primero en pronunciarme contra «usted por amor á las leyes y por la vindicta pública. Aquí

«he hecho tomar una declaración al viejo Gómez, que está
«buena, y la he remitido á la comisión que conoce de la
«causa. Usted habrá ya tomado su partido de hacerse
«superior á este suceso con la misma serenidad con que ha
«visto venir la muerte en los combates. Yo estoy seguro
«de que usted saldrá victorioso y lo podría asegurar con mi
«cabeza. El Senado se renueva el año entrante en
«mucha parte, y los que quedan, aunque hayan votado por
«la admisión de la acusación, no son hombres malévolos
«que deseen su perdición: éllos en parte han procedido
«instigados por las vivas declamaciones de casi todos los di-
«putados de Caracas, y un hombre de bien es fácil de ser en-
«gañado y prevenido. He dicho á usted que se traiga
«muchos documentos de Caracas para desmentir las imputa-
«ciones de la acusación; no necesita de abogado aquí,
«pues usted encontrará todos los medios de hacer una vic-
«toriosa defensa. Después de obtenida la absolución,
«cabe hacer un enérgico, pero moderado, manifiesto de
«su conducta, bajo el régimen constitucional, el origen de
«esta persecución, la sumisión de usted á las leyes que ha
«defendido con su espada, y todo lo demás que ocurrirá
«entonces. Estos pasos honrarán á usted tanto ó más
«que las glorias que usted ha sabido ganarse contra los ene-
«migos. Nada perdería á usted para siempre como cual-
«quiera acto de inobediencia al Senado. Este sería un
«borrón que mancharía eternamente su reputación. Lejos
«de mí pensar que fuese usted capaz de semejante procedi-
«miento: juzgo á usted como debo, porque conozco su
«carácter y su corazón, y respondo de su sumisión
«á todo lo que emane de las autoridades consti-
«tuidas.»

Casi en los mismos días, el 15 del mes de julio, el general Santander escribía á Bolívar la carta confidencial que puede verse en la página 210, tomo 6 de los Documentos de la Vida Pública del Libertador, carta encaminada toda á hacerme los cargos más injustos ; tal vez creía cumplir con su deber cuando mal informado cometía una injusticia : error por desgracia harto frecuente en los gobernantes sujetos como todos los hombres á la falibilidad en sus juicios.

En mi concepto era entonces un fuerte argumento para acusar á Santander de no proceder con la justicia que protestaba en sus cartas, ver que Soto y otros representantes y senadores, en opinión general considerados como su eco en las cámaras, tomaron decidido interés contra mí. Si Santander les hubiera dicho de buena fe una sola palabra de desagrado por lo que estaban haciendo, no sólo no hubieran tomado partido en mi daño, sino lo hubieran abrazado en favor de sus ideas, mayormente cuando á mi modo de ver Santander estaba en la obligación de hacerlo: la acusación provenía de haber querido yo ejecutar su propio decreto del Reglamento de Milicias que había encontrado oposición en Caracas y que él no había mandado suspender á pesar de que el Congreso había dado una ley organizando la milicia bajo distinta base.

Pues bien, el haberlo querido ejecutar por medio de la fuerza armada con patrullas por las calles para coger la gente rehacia, era ni más ni menos lo que en Bogotá se hacía todos los domingos á presencia del mismo Santander, sin que ni él ni nadie se mostrase escandalizado, y sin que pareciese al congreso una violación de las libertades públicas y de los derechos de los pueblos. El debió, pues, con todo su influjo, proteger las providencias de un jefe que no había hecho más que obecerle. Lejos de tener presentes estas razones, añadió el insulto al agravio nombrando para sucederme á Escalona, mi acusador, á quien no correspondía por ordenanza recibir el mando en competencia con otros generales más antiguos, de mayor graduación y que entonces no teníau destinos.

Profundo sentimiento me causó la imprudente medida, y á pesar del apoyo con que yo contaba en mi Departamento para no someterme á semejante humillación, el 29 de abril dí á reconocer á mi sucesor.

Entro ya en una época dolorosa para mí: época de recuerdos que aún me atormentan y que quisiera borrar del libro de mi vida, sin embargo de haber hecho cuanto puede exigirse á un hombre honrado después de la comisión de la falta, que es sacrificar su orgullo en aras de la justicia y confesar á la faz del mundo, sin disculparse, la falta que cometió en momentos de irreflexión.

Esto mismo dije el año de 1857. Durante la época de Colombia siempre estuve desempeñando elevados y peligrosos destinos, corriendo junto con la nación las incertidumbres y zozobras de los ensayos y de los errores; mas siempre también mi corazón y mi voluntad pertenecieron á mi patria, aunque mi entendimiento estaba sujeto, como el de todos los hombres, á equivocaciones y engaños. El mío con más razón si se considera que de la ocupación y aislamiento de las sabanas salí al teatro de escenas absolutamente desconocidas para mí. ¿Qué tiene de común la teoría de las revoluciones y la complicada ciencia de la política con las sencillas ocupaciones del pastor?

«Yo he cometido, dije á los venezolanos en 1837,
«mil errores cuyas dolorosas sensaciones se han mitigado
«por la indulgencia de mis compatriotas. Los sucesos de
«1826, á los que me condujo una acusación injusta y
«peor interpretada por algunos, hecha contra mí en el
«senado de Colombia, me llenan todavía de amargura y
«arrepentimiento. La opinión por la separación de Ve-
«nezuela de la centralización de Colombia estaba ya muy
«generalizada, y el acontecimiento de Valencia segundado
«por otras ciudades fue el primer paso para el gran cam-
«biamiento que al fin se verificó con posterioridad. Esta
«separación fue indicada por actos emanados de algunas
«corporaciones y por la imprenta que es el vehículo de la
«opinión pública. La protesta de la Ilustre Municipalidad
«de Caracas al jurar la constitución de 1821 y los periódi-
«cos en 1824 y 1825 habían preparado aquellos sucesos
«que me envolvieron como á una débil paja las impetuosas
«ráfagas de un huracán. El horror á la guerra civil, mi
«amor al orden y á la felicidad de mi patria me hicieron
«someter á la consideración del Libertador de Colombia
«aquellos acontecimientos, constituyéndome gustoso á
«ser víctima y á sacrificar mi vida y mi honor antes
«que llegase á derramarse una sola gota de sangre por
«mi causa.

«El Libertador oyó mis ruegos, conoció que su patria
«estaba al borde de un precipicio, y voló á interponer su
«política y su poderoso influjo para salvarla; su presencia
«restableció la confianza pública, y calmó algún tanto aque-
«llos anhelos por la separación.

«No hubo quejas ni persecuciones, y yo me sometí
«gustoso á la obediencia de los decretos que expidió, y
«al sistema que rejía á la República de Colombia que pa-

« recía necesario. Se extendió mi autoridad á otros de-
« partamentos, y todos sus habitantes son irrecusables testigos
« del espíritu de conciliación que guió mi administración,
« y todo el mundo ha visto los principios que profesaba
« consignados en mi Manifiesto de 7 de Febrero de 1829. »

Volvamos ahora á los sucesos deplorables que tanta
amargura me causaron, y que ahora como siempre lamenté
ante mis conciudadanos.

En la misma noche que el general Escalona tomó
posesión del mando, se cometieron en Valencia desórdenes de diversas especies por varias partidas, entre las
cuales aparecieron realistas, que sólo tal vez buscaban un
pretexto para trastornar la tranquilidad pública en favor
de sus ideas.

El 27 de abril de 1826 habían pedido varios ciudadanos á la Municipalidad de Valencia que se suspendiese
el cumplimiento de la orden que me separaba del mando.
Convocó aquel cuerpo á los letrados de la ciudad para con-
sultarles sobre la cuestión propuesta, la cual si se llevaba
á efecto, decían, podía ocasionar disturbios é insurrecciones,
y uno de éllos, el doctor Miguel Peña, con otros dos,
expuso «que no había ninguna medida legal que pudiera
suspender la ejecución de la orden y que ni el mismo Ejecutivo podía hacerlo sin infringir abiertamente la constitución.» La Municipalidad acordó entonces que se me
manifestara «el profundo sentimiento de que hubiera sido
admitida la acusación contra mi persona: la persuasión en
que estaba de que yo me justificaría completamente; que
todo el vecindario se hallaba convencido de la puntualidad
y exactitud con que había desempeñado mis encargos,
ganándome la confianza, respeto y amistad de todos; y
que en la necesidad de salir del Departamento en obede-

cimiento de las leyes, les quedaba el consuelo de volverme á ver indemnizado satisfactoriamente.»

Los que no se dieron por satisfechos con semejante declaratoria apelaron, para que aparecieran fundados los temores que habían manifestado anteriormente, á las vías del asesinato, dando muerte á dos infelices que no habían tenido arte ni parte en los sucesos que se debatían y arrojando sus cadáveres á la puerta del edificio de la Municipalidad. Hallábanse en éste muchos individuos ansiosos de saber el resultado final de la cuestión, cuando el gobernador de la provincia Fernando Peñalver exigió al coronel Francisco Carabaño, comandante de las tropas de la ciudad, que hiciera cumplir sus deberes á los militares que estaban en [el edificio y se mostraban favorables al movimiento. Carabaño los [mandó á sus cuarteles, y entonces todos los allí congregados vinieron á mi casa en tumulto y me condugeron en hombros á presencia de la Municipalidad.

Es necesario haberse visto en circunstancias iguales para comprender la difícil posición del hombre público cuando un pueblo acorre á suplicarle que se ponga al frente de un movimiento que cree justo y razonable. Vacila el entendimiento entre la obediencia que debe á las leyes y á los principios establecidos, y el temor de que puedan resultar grandes males si el pueblo toma sobre sí la responsabilidad del acto. Entretanto no hay tiempo para reflexionar: el pueblo se impacienta, grita, invoca los sentimientos más sagrados, y el hombre sin darse cuenta siquiera de lo que hace, cede y se deja llevar por las oleadas como un cuerpo inerte que sobrenada en la superficie de un océano tempestuoso.

En hora menguada para mí, reasumí el mando de que se me había suspendido tan injustamente, y ya dado el primer paso, era necesario ser consecuente con el error cometido.

La Municipalidad de Valencia invitó á las otras ciudades de Venezuela á que aprobasen el movimiento que élla había iniciado, para que todas reunidas expresasen los grandes motivos que habían hecho necesaria mi reposición en el mando, el cual yo debía conservar para mantener el orden y tranquilidad pública hasta que volviera el Libertador y se reuniera la gran Convención citada para el año de 1831 ; pero que debía anticiparse en vista de las dificultades sobrevenidas á la República.

Hasta la Municipalidad de Caracas, que tan hostil se me había mostrado anteriormente, se adhirió al acta de Valencia, y me encontré investido con la suprema autoridad civil y militar.

Entonces dirigí á las provincias la siguiente proclama:

«El voto libre de los pueblos me ha encargado del mando en jefe de las armas y de la administración civil. Prescindiendo de mi situación particular, llamó únicamente mi atención la suerte del país. Nuestros enemigos se daban la enhorabuena, y ya nos contaban otra vez en su poder. Ellos se han engañado, y nos encontrarán como siempre dispuestos á rechazarlos.

«La propia conservación es la suprema ley. Esta es la que nos ha dictado las medidas que adoptamos, y que están consignadas en las actas municipales. El público se instruirá de todo por la imprenta. Entre tanto basta saber que las leyes rigen, y que todas las garantías serán respetadas : en una palabra, todo cuanto no se oponga al paso que hemos dado, seguirá como hasta aquí.

«Los pueblos estaban afligidos por la mala administración, y anhelaban por el remedio de sus males. Esta causa
misma nos ha presentado la ocasión y nosotros la aprove-
chamos *buscando el remedio en la misma constitución*. Estamos determinados á acelerar la época de la gran convención
que estaba anunciada para el año 31. *El Libertador Presidente será nuestro árbitro y mediador*, y él no será sordo
á los clamores de sus compatriotas.

«Nuestra peculiar situación nos pone en la necesidad
de armarnos. Amenazados exteriormente por nuestros comunes enemigos, al propio tiempo que por las maquinaciones del egoísmo, seríamos unos necios si no tomásemos una
actitud conveniente.

«El poder que me habéis confiado no es para oprimiros, sino para protegeros y asegurar vuestra libertad. Consultaré siempre la opinión de los hombres sensatos y seré
el ejecutor de sus sabias deliberaciones.

«Cuartel general en Caracas, á 19 de mayo de 1826.

J. A. PÁEZ.»

El Ejecutivo en Bogotá declaró «que la ocurrencia so-
brevenida en Valencia, el 30 de abril, era una verdadera
insurrección á mano armada,» y el general Bermúdez, comandante general del departamento del Orinoco, tomó al
principio una actitud hostil al movimiento, si bien se mostró en estas circunstancias con más prudencia y cautela de
lo que debía esperarse de su carácter impetuoso y arrebatado
en demasía.

Sin embargo, no opinaba Bolívar como el Ejecutivo.
Su secretario general, José G. Pérez, decía á la Municipalidad de Guayaquil, acusando recibo del acta de 6 de julio:

—«Aunque S. E. no ha recibido hasta hoy oficialmente la relación de los acontecimientos de Valencia en los últimos días de abril para formar un justo concepto de su carácter y naturaleza, por informes privados de personas respetables está instruido que aquellos no han causado escisión en el pacto colombiano. Aquella parte de la república desea que se haga una reforma en la constitución, y el jefe mismo que manda las armas, el general Páez, ha recibido esta comisión provisoria hasta que S. E vuelva á Colombia, con cuya expresa condición se le ha conferido. Este general ha expresado que el nombre del Libertador está escrito en el fondo de su corazón, y que su aliento le llama en cada suspiro. No es, pues, de esperarse que se hayan dado pasos ulteriores, ni se hayan tomado medidas de alta trascendencia; por el contrario, puede conjeturarse que todo permanecerá en aquel estado hasta la llegada de S. E.

«Guayaquil desea también la reforma del pacto, sin rompimiento de los lazos que lo unen á la sociedad colombiana.

«Graves y poderosas son las razones que expone, y serán consideradas detenidamente por la representación nacional.

«S. E. el Libertador *ha hecho su profesión de fe política* «*en la constitución presentada á Bolivia. Allí están consig-* «*nados todos los principios y todos los derechos generales y* «*particulares de los pueblos; y allí se ha reunido del modo* «*más conveniente la garantía del gobierno con la más ilimi-* «*tada libertad; jamás se logrará mayor suma de seguridad* «*social y de seguridad individual con otro cualquier sistema* «*político.*

«Dios guarde á V. S. I. muchos años.

José G. Pérez.»

Empezóse entonces á hablar de reformas á la constitución, y á pedir que se anticipara la convocatoria de la Gran Convención.

Se recomendaba por muchos el sistema federal como el más conveniente á los pueblos, el y solo capaz de salvar á la república de la anarquía que le amenazaba.

Puerto Cabello proclama la federación el 8 de agosto, y siguen pronto su ejemplo Maracaibo , Aragua, Cumaná, y finalmente Quito y Guayaquil, situadas en el otro extremo de Colombia.

La anarquía amenazaba por todas partes; quienes están por la adopción del código boliviano, aquellos por la descentralización del gobierno sin atentar á la integridad de la república; unos por el establecimiento de una monarquía, y no faltaron tampoco quienes estuviesen dispuestos á ocurrir á las armas para llevar á efecto cualquiera de estos movimientos.

Convocada una junta en Caracas, se acordó el 5 de octubre la adopción del sistema popular representativo federal, y la reunión para el 1° de noviembre de diputados de las municipalidades de la provincia á fin de acordar la representación que debía dirigirse al congreso y al gobierno para que, convocada y reunida la gran convención, se acordasen las reformas que se pidiera.

El día 7 de noviembre hubo otra asamblea en el convento de San Francisco en Caracas, y como vacilasen en su decisión los miembros que la componían, habiendo sido yo llamado á la reunión, propuse que si la resolución del pueblo era constituirse y sostener con su sangre la constitución, lo demostrasen los presentes alzando las manos. Conocida así la opinión de la mayoría, el 13 del mismo mes di un decreto señalando el 10 de diciembre para que se reuniesen los colegios electorales en las capitales de las respectivas provincias, y el 10 de enero del año siguiente para la instalación en Valencia del cuerpo constituyente. Dicho decreto es el siguiente:

"José Antonio Páez, Jefe Civil y Militar del Estado de Venezuela, etc., etc.

«En ejecución y puntual cumplimiento de las deliberaciones tomadas por la gran asamblea popular, tenida en el convento de San Francisco de esta ciudad el 7 del corriente, cuya base fundamental es la de constituirse Venezuela y sostener con su sangre la constitución que se diere por medio de sus legítimos representantes, vengo en decretar y decreto lo siguiente:

Art. 1.º Los colegios electorales, en la actualidad existentes, se reunirán en las capitales de sus respectivas provincias el 10 de diciembre próximo: y por muerte, ausencia ó impedimento físico calificado de algún elector, entrará en su lugar el suplente ó suplentes.

Art. 2.º Reunidos los colegios electorales, procederán á elegir un doble número de diputados del que elegirían para el Congreso de Bogotá, á fin de que el cuerpo constituyente sea lo más numeroso posible. Las elecciones de diputados se arreglarán á lo presente en la constitución de Colombia, pero no se nombrarán senadores.

Art. 3.º Para que la elección de estos diputados sea más libre y en un cargo de tanta importancia se reuna la ilustración á las demás buenas calidades donde quiera que se encuentren dentro del Estado, podrán ser elegidos individuos colombianos, aunque no sean naturales ó vecinos de la provincia que hace la elección, con tal que tengan las demás condiciones que requiere la constitución de Colombia.

Art. 4.º Serán diputados todos los que obtengan la pluralidad absoluta de votos, y á los así nombrados el mismo colegio electoral les despachará la credencial con que deben presentarse en el Congreso constituyente del Estado de Venezuela, debiendo contener cláusula especial de ser elejidos y nombrados para asistir al Congreso constituyente del Estado de Venezuela, y formar su constitución sobre las bases de un gobierno popular representativo federal. El presidente y secretario del referido colegio electoral autorizarán dichas credenciales, y con esta formalidad tendrán la plena fe y crédito que se requieren por derecho para tales actos.

Art. 5.º Todos los diputados elegidos estarán en la ciudad de Valencia para el día 10 de enero inmediato con sus correspondientes credenciales, y el que para el dia señalado no estuviere presente, sin haber calificado en debida forma impedimento fisico, quedará incurso por el mero hecho en la pena irremisible de doscientos pesos con aplicación á los gastos del congreso y sin perjuicio de su concurrencia.

Art. 6.º El colegio electoral de la provincia de Carabobo, antes de disolverse, dejará nombrada una comisión de cinco de sus individuos para calificar las credenciales de los primeros cinco diputados que lleguen, y después estos cinco ya calificados formarán una junta para calificar las credenciales de los demás diputados que vayan llegando.

24

Art. 7.º Ei congreso constituyente del Estado de Venezuela debe quedar instalado el dia 15 de enero del año próximo entrante, con asistencia por lo menos de las cuatro quintas partes de sus miembros. El jefe civil y militar de dicho Estado hará la instalación, y en seguida procederá el congreso á elegir un presidente y vice-presidente de entre sus individuos, y dos secretarios que pueden ser de fuéra.

Art. 8.º Las dietas de estos diputados deben salir de los mismos fondos que provelan á los del congreso de Bogotá, asignándose desde luego por las de viaje de ida y vuelta, á razón de un peso por legua, y por las de su permanencia durante las sesiones tres pesos diarios.

Art. 9.º Toda persona, sin excepción alguna, que directa ó indirectamente se opusiere á los actos previos á las elecciones, á estas mismas, ó al cumplimiento de cualquiera de los artículos del presente decreto, será juzgada y castigada como traidor á la patria.

Art. 10. Comuníquese por secretaría el presente decreto al señor intendente del Estado, para su cumplimiento y circulación á quienes corresponda.

«Dado en la ciudad de Caracas á 13 de noviembre de 1826.—16 de la independencia.

JOSÉ ANTONIO PÁEZ.»

Nuevas dificultades surgieron con esta medida, y me fué preciso hacer respetar el decreto.

Puerto Cabello, que como ya hemos visto antes, se había declarado por la federación, se pronunció el 21 contra dicho sistema, y tuve que mandar tropas para reducir á la obediencia al batallón de granaderos que guarnecía la plaza, insurreccionado por el capitán de navío Sebastián Boguier.

Luchando incesantemente con las facciones, reprimiendo hasta no poder más la exaltación de los pueblos ansiosos de reformas, era mi ánimo mantener el orden y la tranquilidad hasta que el Libertador acudiera con su presencia á poner término á las discordias.—Así se lo manifesté en el siguiente oficio y carta :

« Excmo. Señor :

« Tengo el dolor de participar á V. E. los graves acontecimientos que han sobrevenido en Venezuela, que me serán siempre sensibles, cualquiera que sea su desenlace : la marcha de nuestras instituciones fundamentales se ha alterado notablemente, y !os pueblos se han preparado á solicitar reformas, que conciliando sus intereses hagan más sólida y favorable su condición. El carácter insidioso del general Santander había envenenado la fuente de la administración en su mismo origen, y el cuerpo legislativo, siguiendo ciegamente sus caprichos y dominado á la vez por el influjo de algunos de sus miembros que han querido sacrificar á resentimientos particulares la obra de los patriotas, ha consumado por sus deliberaciones algunos de sus designios oscuros y malignos. Las leyes llegaron á verse en Venezuela como redes tendidas á los hombres de buena fe, y la negra política de la administración había sembrado una desconfianza absoluta de cuanto se hacía en Bogotá. Este estado de cosas había predispuesto los ánimos para recibir con disgusto y examinar con recelo cuantas medidas se dirigiesen á causar novedades en estos departamentos, y bien pudo preverse que los procedimientos intentados contra mí eran capaces de escitar una alarma general, porque estos habitantes iban á encontrar amenazada su seguridad interior y exterior. El mismo general Santander había dicho muchas veces que mi presencia era indispensable para su conservación. Las órdenes que comunicaban las secretarías imponían un grave cargo de responsabilidad que debía determinar á los jefes, encargados de su ejecución, á hacerlas cumplir rigurosamente sin detenerse á consultar su conveniencia ó utilidad, aunque el Ejecutivo ha cuidado siempre de libertarse de élla con informes *secretos* y ocultos para hacer recaer la odiosidad de sus medidas sobre los que han tenido la desgracia de ser *instrumentos involuntarios* de su autoridad. Puedo, sin embargo, gloriarme de haber dulcificado cuanto era posible la suerte de estos pueblos, colocándome muchas veces entre ellos y el gobierno para evitar ó disminuir las vejaciones que les amenazaban, y esta conducta misma hizo que el general Santander me considerase por último como el blanco á donde debían dirigirse los tiros de su poder. Yo marchaba con sinceridad por la senda de las leyes, animado de la consoladora esperanza que había concebido de poder conservar este departamento inmaculado y *presentarlo á V. E.* cuando tuviese la dicha de verlo entre *nosotros*, tranquilo por los esfuerzos del ejército de mi mando, y libre de tantos enemigos interiores y exteriores con que estaba plagado cuando V. E. confió á mi espada y á mis desvelos su seguridad; pero el gobierno de Bogotá, empeñado en sepultarnos en un abismo de males, ha frustrado los deseos de mi corazón y obligado á los pueblos á tomar una resolución que los salve de tantos peligros, depositando en mis manos la administración civil y militar que he aceptado con repugnancia, cediendo únicamente al voto decidido de unos hombres tan generosos como denodados, que al confiarme su suerte han dado una prueba nada equívoca de su patriotismo, de su discernimiento y de su adhesión á mi persona.

«Es imposible ahora, aunque para mí sería muy gustoso, dar á V. E. una cuenta exacta de mi conducta en todo el tiempo que he desempeñado la comandancia general que V. E. puso á mi cuidado: los laureles que recogía en los campos de batalla, los depositaba en mi corazón para ponerlos en manos de V. E. como un tributo debido á su ilimitada confianza: las penalidades y amarguras que me hacía experimentar el ejercicio de la autoridad en momentos peligrosos para mantener el orden, se mitigaban con el recuerdo de la inapreciable amistad de V. E. que causaba mi comprometimiento, y la extrema repugnancia que he tenido á llevar una vida pública, minada por intrigas y rivalidades, no era vencida sino por la ciega obediencia y el amor sin reserva que he profesado á la persona de V. E.: los deseos, en fin, de complacer á V. E. y corresponder dignamente á su confianza eran todo mi objeto y causaban toda mi gloria.

« *Venezuela suspiraba por una reforma en las instituciones*, y si las provocaciones del gobierno no habían hecho la explosión, era debido (permítase á mi moderación decirlo) á la dulzura que empleaba para con unos, y á la energía que manifestaba con otros: los males que podrían resultar de un cambio eran conocidos, y la parte pensadora, aunque agraviada, prefería el sufrimiento á la disolución: la sangre de este cuerpo político hacía una circulación regular por mi contínua asistencia, y *el gobierno de Bogotá no podía ignorarlo por mis comunicaciones.*

«A pesar de la situación siempre alarmante de Venezuela, el Poder Ejecutivo expidió en 31 de agosto de 1821 el decreto para el alistamiento general en las milicias que fue recibido en esta ciudad con *tal repugnancia* que yo, después de haber pulsado la opinión pública y de haber experimentado actos de desobediencia, resolví suspender su ejecución, cargando con la severa responsabilidad que me impone el artículo 13. El general Santander me contestó privadamente que sería aprobado por el congreso, porque estaba fundado en las leyes; con todo yo no lo había ejecutado, sino aparentemente, esperando que el ejemplo de otros departamentos allanase los obstáculos y suavizase los ánimos. Pero en el mes de diciembre del año próximo pasado, se me dió parte por la comandancia de armas en la provincia de una revolución combinada con los pueblos del interior sobre que se estaba tomando procedimiento y se me pedía fuerza para contenerla, como se informará V. E. por las comunicaciones oficiales que en copia le acompaño, bajo el número 1°: yo, después de mucha meditación, consideré que era indispensable ejecutar el decreto y hacer el alistamiento, á cuyo efecto participé mi resolución al señor intendente general Juan Escalona, á fin de cumplir con el contenido del artículo 9 que previene que la *autoridad militar se una con la civil,* y V. E. se informará por las comunicaciones oficiales que en copia le acompaño, bajo el número 2°, del ningún efecto que produjo la intervención de su autoridad.

«*Dos veces fueron citados por bando los paisanos y convocados al cuartel llamado de San Francisco, y otras tantas habían desobedecido abiertamente: todos estaban resueltos á hacer una vigorosa oposición, persuadidos que con el decreto se violaban las garantías;* pero yo estaba persuadido por una parte de la necesidad de ejecutarlo para contar con una fuerza organizada y disponible, y por otra de que la tolerancia de una tal desobediencia podía en aquellas circunstancias ser funesta á la seguridad pública, y me resolví á citarlos por tercera vez para el día 6 de enero del presente año, con ánimo de hacerles sentir todo el peso de la autoridad y de obrar con la energía correspondiente al honor de las armas que eran la fuerza y el apoyo del gobierno. La citación se hizo en efecto, la hora llegó, pasaron algunas otras, *pero los paisanos no fueron en esta vez menos desobedientes que en las anteriores.* Envié entonces un edecán al señor intendente participándole que iba á despachar patrullas por las calles, que recogiesen y condujesen al cuartel destinado, á todos los ciudadanos que encontrasen en éllas las patrullas salieron y obraron en la forma que verá V. E. por el expediente que en copia le acompaño bajo el número 5º. El señor intendente me contestó que suspendiese la medida, y que él se encargaba de hacer efectuar el alistamiento; con lo cual di orden para que se retiraran las patrullas, como en efecto se retiraron *sin haber allanado la casa de ningún ciudadano ni haber causado algún otro mal.*

«Con todo, el señor intendente dió parte el día siguiente al Poder Ejecutivo de esta medida, considerándola arbitraria: la Municipalidad representó también por su parte á la cámara de representantes exagerando los padecimientos de algunos ciudadanos que habían sido conducidos al cuartel, y pidiéndole que se sirviese dar en la legislatura presente la ley para el arreglo de las milicias cívicas, que antes se había sancionado y había sido objecionada por el Poder Ejecutivo, de cuya exposición se impondrá V. E. por la copia que le acompaño, bajo el número 4°.

«Sobre estos documentos fundaron algunos representantes una acusación contra mí, que en mi concepto fue sugerida y atizada por el general Santander: la cámara de representantes abultó los hechos, atribuyéndome que había mandado allanar las casas de los ciudadanos, oprimido las libertades públicas y quebrantado las garantías de la constitución: el general Santander me lo informó en carta particular, invitándome á que hiciese una justificación de mi conducta que se evacuó á mi instancia en esta ciudad, y de su resultado informará á V. E. el expediente que en copia acompaño, marcado con el número 5°. Sin embargo, la acusación fue propuesta ante el senado que la admitió, y en consecuencia quedé suspenso de la comandancia general que el Poder Ejecutivo proveyó interinamente en la persona del general Escalona. Luego que me llegó la comunicación oficial, cumpliendo con mi deber y continuando la subordinación que ha marcado mi carrera militar, le hice reconocer en el ejército, que recibió la noticia y el nombramiento con gran disgusto. El pueblo de Valencia que se acordaba de que el general Escalona se había encontrado en el desgraciado lance de haber entregado aquella plaza al general Boves, que me había visto triunfar muchas veces de los enemigos, conservándole en tranquilidad, y que era testigo de los sacrificios y esfuerzos con que había tomado la plaza de Puerto Cabello, que le proporcionó un comercio ventajoso y seguridad en sus familias, no pudo tolerar ni ver con indiferencia que se colocase en el mando á un hombre de quien no tenía confianza, y se me retirase de su territorio cuando creía que su seguridad interior y exterior dependía exclusivamente de mi persona: toda aquella población se reunió en la sala municipal, pidiendo á grandes voces que se suspendiese el decreto de Bogotá y se me continuara en el mando: una partida de más de trescientos hombres me sacó de mi casa, el pueblo entero me aclamó por su jefe; *yo acepté el encargo porque creí que era el único medio de mantener el orden,* y mi autoridad fue al instante reconocida por todas las tropas.

El nombre de de V. E. no fue olvidado en esta vez; tanto era el gobierno de Bogotá detestado, como V. E. querido: *todos deseaban algunas reformas;* pero éllos quieren que V. E. las indique y que sea el árbitro de su suerte todos le consideran aquí como su padre, y no quieren que un hijo ilustre que ha llenado de gloria la mayor parte de este continente, deje de ser el legislador de su propio suelo, después de haberle puesto en posesión de su independencia. Las actas de la ciudad de Valencia y las de esta ciudad, informarán á V. E. del modo y términos en que se me ha encargado del mando civil y militar de Venezuela *hasta que venga V. E. y serene la tempestad que amenaza sobre nuestras cabezas.* Sin V. E. no hay paz, la guerra civil es inevitable, y si élla comienza, el genio de este país dice á mi corazón que no terminará hasta que no quede reducido todo á pavezas.

«*Venga V. E. á satisfacer los votos de estos pueblos,* á perfeccionar la obra de sus sacrificios y á asegurar la estabilidad de la república.

«Dios guarde á V. E. muchos años. Caracas: mayo 24 de 1826.—16.

«José A. Páez.»

CARTA PARTICULAR DEL GENERAL PAEZ AL GENERAL BOLIVAR. (*)

Caracas, 25 de mayo de 1826.

Mi muy querido general y amigo:

« Por la correspondencia oficial que entregarán á usted los señores diputados coronel Diego Ibarra y licenciado Diego Bautista Urbaneja, se impondrá de las novedades que han alterado la marcha de nuestras instituciones y de mi conducta particular antes y después de ellas. Sentiría en extremo que le fuese desagradable, aunque los acontecimientos toquen en lo más vivo de su corazón; pero al seguirla no me he propuesto mi bien particular, sino el bienestar y la conveniencia de todos en general. Puedo asegurarle que yo marchaba con la más pura y sincera buena fe, ejecutando ciegamente las órdenes del gobierno, y que al practicar el alistamiento general creía que iba á hacer un grande sacrificio de mi tranquilidad y reposo, perdiendo algunas amistades por servir al gobierno en la ejecución de una orden desagradable, que podía en aquellos momentos contribuir á mantener la seguridad pública de que estaba encargado.

« La intriga que ya estaba preparada contra mí para arruinarme, fué la única que pudo dar coloridos criminales á una acción inocente. Cuatro ó cinco representantes, godos ó desconocidos en la revolución, levantaron la voz, sirviendo de necios instrumentos á otros más

_____

(*) Tomo VI, pág. 85, Vida Pública del Libertador.

negros y perversos des"ignios, y consiguieron ganar una votación contra mi que hará la deshonra de ese cuerpo : la cámara del senado, con una injusticia inconcebible, admitió la
acusación *sin comprobantes*, y yo fuí mandado suspender de
mi destino, con tal agravio de los pueblos que no pudieron
tolerar un acto tan remarcable de impudencia. Le aseguro á usted que la noticia fué un puñal que traspasó
mi corazón, y que la rabia y el sentimiento en aquellos
primeros instantes me inspiraron deseos de destruir á todos mis acusadores, y aun á mí mismo, si hubiera sido
necesario : el recuerdo de los servicios que he hecho á la
república, del inmenso trabajo con que he ganado mis
grados y condecoraciones, de los desvelos con que he
mantenido el orden en este departamento; y la ingratitud con que ese congreso los ha recompensado, hicieron
sufrir á mi corazón agitaciones inexplicables; sin embargo, yo estaba tan acostumbrado á la obediencia y tenía
tanto amor á la república, por la cual he trabajado con
tanta constancia, que ningún interés, ningún dolor ni
pasión, fué capaz de inspirarme la resolución de quebrantar la constitución, que miraba como la obra de nuestras tareas y la recompensa de todos nuestros padecimientos; yo creía que mis enemigos conseguirían el
triste placer de marchitar mis laureles y aun de destruir
mi existencia; pero este mal lo consideraba mucho
menor que el de presentarme al mundo como un ciudadano peligroso que había rompido con mis manos el
mismo código que había jurado sostener con mi espada :
y esta lucha del honor y del interés, me resolvió á
obedecer sin reserva las órdenes del senado.—El general
Escalona fué mandado reconocer por mí mismo, y yo
quedé arreglando mi equipaje, y tratando de vender al-

gún ganado para mantenerme durante mi permanencia en Bogotá: no tenía la menor idea de que los pueblos tomasen por mí ningún interés, ni mucho menos pensaba que hubiesen sido capaces de adoptar por mí medidas que comprometiesen sus bienes, su tranquilidad y su sangre: yo supe casi de repente que un número considerable de los valencianos se había presentado á la municipalidad, pidiendo mi reposición al mando: la herida que este acto de agradecimiento abrió de nuevo en mi corazón, fué todavía más grande y más sensible que la que antes tenía por la ingratitud y la torpeza incalculable de ese senado: las reclamaciones del pueblo y los deberes que me imponía la ley, eran contradicciones que sacaban á mi alma de su centro y me hacían perder el juicio, yo no sabía qué hacer, ni usted tampoco lo hubiera sabido. En fin, tal fue mi sensibilidad y mi gratitud á las instancias de un pueblo entero suplicándome que no le dejase en la horfandad, que yo me olvidé de los diez y seis años que había servido á una república gobernada por hombres ingratos, de los grados militares que me preparaban tantos ocultos rivales, y de las glorias que había conseguido con esfuerzos indecibles: yo arrojé sobre el suelo los uniformes que antes formaban mi gloria para comenzar una vida enteramente nueva: muchos dias estuve resistiéndome á volverlos á vestir, á pesar de los ruegos é instancias de algunos amigos y de las solicitudes del pueblo, porque no podía verlos sin que se presentasen á mi corazón agitaciones y sentimientos tan contrarios de dolor, de ternura, de venganza y de cuanto puede maltratar á un hombre honrado, forzado y estrechado por sus enemigos á faltar á sus comprometimientos para entrar en otros nuevos, tan peligrosos y de consecuencias tan inciertas, que ahora mismo no sé si la posteridad respetará mi nombre ó si la infamia se apoderará de mi reputación. Yo pensé quemar en la plaza pública todos mis uniformes, monumentos espléndidos de mi desgracia, y conservar únicamente el busto de usted que me había mandado la república del Perú, como una prueba de la sincera amistad que le profeso, al mismo tiempo que de gratitud á aquél gobierno.

« Tal vez los enemigos comunes pensarán aprovecharse de esta alteración en la política, para invadir el territorio; pero le aseguro á usted que nunca se encontrará en mejor estado de defensa: todos los hombres se han reanimado, y parece que el interés de esta nueva causa ha redoblado su espíritu guerrero. No tenga usted cuidado por los españoles; yo le prometo que sus tentativas serán ilusorias, y que serán vencidos en el primer lugar que los encuentre: yo tendré el gusto de *entregarle el país* sin ningún ejército español; pero no puedo responder de la tranquilidad, si el gobierno de Bogotá por un acto imprudente dispara un tiro de fusil; yo me he encargado de la protección de estos pueblos, he jurado que no se les ofenderá sin que antes pasen por sobre mi cadáver; yo no seré el agresor; pero llevaré la vindicación de sus agravios hasta donde ellos me acompañen: mis bienes, mi conveniencia, y mi vida, son nada, ya no pienso en eso, sino en desempeñar este encargo peligroso.

« *Venga usted á ser* el piloto de esta nave que navega en un mar proceloso, condúzcala á puerto seguro, y permítame que después de tantas fatigas vaya á pasar una vida privada en los llanos del Apure, donde viva entre mis amigos, lejos de rivales envidiosos, y olvidado de una multitud de ingratos que comienzan sus servicios cuando yo concluyo mi carrera.

Reciba usted, mi general, las expresiones sinceras de un corazón que lo aprecia, de un amigo verdadero que lo estima, y de un compañero de armas que reune á la franqueza y á la verdad, la consideración y respeto por la persona de usted, de quien soy su más obediente servidor,

JOSÉ A. PÁEZ.»

Pocos días antes de escribir esta carta había yo recibido la del Libertador que copio á continuación:

Magdalena: 20 de mayo de 1826.

Mi querido general:

«El coronel O'Leary, mi primer edecán, va de órden mía á Bogotá á ver al vicepresidente para que le informe del estado de las cosas del Sur, y deberá pasar á Venezuela, donde usted, con el mismo objeto, y para que vuelva á Bogotá trayéndome noticias de todo. El coronel O'Leary manifestará á usted mis sentimientos con respecto al estado de las cosas en el día. Espero que usted aprovechará esta oportunidad para hacerme saber sus deseos, y cuanto convenga á la patria y á usted mismo.

«Envío á usted con O'Leary muchos ejemplares de mi discurso y de mi constitución para Bolivia; no agradará á usted mucho; pero es imposible darle otra al país que lleva mi nombre. ¡Ojalá pudiéramos adoptarla en Colombia cuando se haga la reforma!

«No dude usted que en todo el año que viene estaré en Venezuela y tendré la satisfacción de abrazar á usted y á los parientes y amigos.

Soy, mi querido general, su afectísimo amigo,

BOLÍVAR.»

En el mes de agosto recibí otra carta del Libertador que verá el lector á continuación:

A S. E. el general José Antonio Páez.

Lima: 8 de agosto de 1826.

Mi querido general:

« Usted me mandó ahora dos meses al señor Guzmán para que me informara del estado de Venezuela, y usted mismo me escribió una hermosa carta en que decía las cosas como eran. Desde esta época todo ha marchado con una celeridad extraordinaria. Los elementos del mal se han desarrollado visiblemente. Diez y seis años de amontonar combustibles van á dar el incendio que quizás devorará nuestras victorias, nuestras glorias, la dicha del pueblo, y la libertad de todos: yo creo que bien pronto no tendremos más que cenizas de lo que hemos hecho.

« Algunos de los del congreso han pagado la libertad con negras ingratitudes, y han pretendido destruir á sus libertadores. El celo indiscreto con que usted cumplía las leyes y sostenía la autoridad pública, debía ser castigado con oprobio y quizás con pena. La imprenta, tribunal expontáneo y órgano de la calumnia, ha desga-

rrado las opiniones y los servicios de los beneméritos.
Además ha introducido el espíritu de aislamiento en cada
individuo, porque predicando el escándalo de todos, ha
destruido la confianza de todos.

« El Ejecutivo, guiado por esta tribuna engañosa y
por la reunión desconcertada de aquellos legisladores, ha
marchado en busca de una perfección prematura, y nos
ha ahogado en un piélago de leyes y de instituciones
buenas, pero superfluas por ahora.   El espíritu militar ha
sufrido más de nuestros civiles que de nuestros enemigos:
se le ha querido destruir hasta el orgullo: ellos deberían ser mansos corderos en presencia de sus cautivos,
y leones sanguinosos delante de los opresores, pretendiendo de este modo una quimera cuya realidad sería
muy infausta.   Las provincias se han desenvuelto en medio
de este cáos.   Cada una tira para sí la autoridad y el
poder: cada una debería ser el centro de la nación.
No hablaremos de los demócratas; y de los fanáticos.
Tampoco diremos nada de los colores, porque al entrar
en el hondo abismo de estas cuestiones, el genio de la
razón iría á sepultarse en él como en la mansión de la
muerte.   ¿Qué no deberemos temer de un choque tan
violento y desordenado de pasiones, de derecho, de necesidades y de principios? El cáos es menos espantoso que
su tremendo cuadro, y aunque apartemos la vista de él
no por eso lo dejaremos, ni dejará de perseguirnos con
toda la saña de su naturaleza.   Crea usted, mi querido
general, que un inmenso volcán está á nuestros piés, cuyos
síntomas no son poéticos, sino físicos y harto verdaderos.
Nada me persuade que podamos franquear la suma prodigiosa de dificultades que se nos ofrecen.   Estábamos
como por milagro sobre un punto de equilibrio casual,

como cuando dos olas enfurecidas se encuentran en un punto dado y se mantienen tranquilas, apoyada una de otra, y en una calma que parece verdadera, aunque instantánea. Los navegantes han visto muchas veces este original. Yo era este punto dado, las olas Venezuela y Cundinamarca, el apoyo se encontraba entre los dos, y el momento acaba de pasarse en el período constitucional de la primera elección. Ya no habrá más calma, ni más olas, ni más punto de reunión que forme esta prodigiosa calma: todo va á sumergirse al seno primitivo de la creación—la materia. Sí, la materia digo, porque todo va á volverse á la nada.

«Considere usted, mi querido general, quién reunirá más los espíritus. Los odios apagados entre las diferentes secciones volverán al galope como todas las cosas violentas y comprimidas. Cada pensamiento querrá ser soberano: cada mano empuñar el bastón: cada toga la vestirá el más turbulento. Los gritos de sedición resonarán por todas partes, y lo que todavía es más horrible que todo esto, es que cuanto digo es verdad. Me preguntará usted: ¿qué partido tomaremos? ¿En qué arca nos salvaremos? Mi respuesta es muy sencilla. «Mirad el mar que váis á surcar con una frágil barca, cuyo piloto es tan inesperto.» No es amor propio, ni una convicción íntima y absoluta la que me dicta este recurso; es sí, falta de otro mejor. Pienso que si la Europa entera se empeñase en calmar nuestras tempestades, no haría quizás más que consumar nuestras calamidades. El congreso de Panamá, institución que debería ser admirable si tuviera más eficacia, no es otra cosa que aquel loco griego que pretendía dirigir desde una roca los buques que navegaban. Su poder será una sombra y sus decretos meros consejos nada más.

«Se me ha escrito que muchos pensadores desean un príncipe con una constitución federal. ¿Pero dónde está el príncipe? ¿y qué división política produciría armonía? Todo es ideal y absurdo. Usted me dirá que de menos utilidad es mi pobre delirio legislativo, que encierra todos los males.

Lo conozco; pero algo he de decir, por no quedarme mudo en medio de este conflicto. La Memoria de Guzmán dice mil bellezas pintorescas de este proyecto. Usted la leerá con admiración, y sería muy útil que usted se persuadiese por la fuerza de la elocuencia y del pensamiento, pues un momento de entusiasmo suele adelantar la vida política. Guzmán extenderá á usted mis ideas sobre este proyecto. Yo deseara que con algunas ligeras modificaciones se acomodara el código boliviano á estados pequeños enclavados en una vasta confederación, aplicando la parte que pertenece al Ejecutivo, al gobierno general, y el poder electoral á los estados particulares. Pudiera ser que se obtuviesen algunas ventajas de más ó menos duración, según el espíritu que nos guiara en tal laberinto.

Desde luego lo que más conviene hacer es mantener el poder público con rigor para emplear la fuerza en calmar las pasiones, y reprimir los abusos, ya con la imprenta, ya con los púlpitos, y ya con las bayonetas. La teoría de los principios es buena en las épocas de calma; pero cuando la agitación es general, teorías sería como pretender regir nuestras pasiones por las ordenanzas del cielo, que aunque perfectas, no tienen conexión algunas veces con las aplicaciones.

«En fin, mi querido general, el señor Guzmán dirá á usted todo lo que omito aquí por no alargarme demasiado en un papel que se queda escrito, aunque varíen mil veces los hechos.

«Hace cien días que ha tenido lugar en Valencia el primer suceso de que ahora nos lamentamos, y todavía no sabemos lo que usted ha hecho y lo que ha ocurrido en este país : parece que está encantado.

«Confieso á usted francamente que tengo muy pocas esperanzas de ver restablecer el orden en Colombia, tanto más que yo me hallo sumamente disgustado de los acontecimientos y de las pasiones de los hombres. Es un verdadero horror al mando y aún al mundo el que se ha apoderado de mí.

«Yo no sé qué remedio pueda tener un mal tan extenso y tan complicado. A mis ojos, la ruina de Colombia está consumada desde el día en que usted fue llamado por el Congreso.

«Adiós, querido general, Dios ilumine á usted para que salga ese pobre país de la muerte que le amenaza.—Soy de usted amigo de corazón,

«BOLÍVAR.

«*P. D.*—Después de cerrada esta carta he tenido que abrirla para participar á usted que en este instante acabo de saber que los señores Urbaneja é Ibarra, comisionados por usted cerca de mí, llegaron á Paita, y se volvieron á Guayaquil creyéndome allí ; éllos me han escrito participándome el objeto de su misión, y élla es de tal naturaleza que ya me preparo á embarcarme para Guayaquil, adonde siempre he pensado encaminarme, aun cuando no hubiera recibido este aviso.»

A continuación se verán los documeutos oficiales más importantes, relativos á la acusación fulminada contra mí este año, y á los hechos posteriores.

———

ACTA DE LA MUNICIPALIDAD DE VALENCIA
en que expresa su dolor por la separación del general Páez de la ' Comandancia General y su salida del departamento. (')

———

En la ciudad de Valencia á 27 dias del mes de abril de 1826, congregados á cabildo extraordinario los señores de la ilustre municipalidad, á saber: el señor jefe político gobernador interino, José Jacinto Mugica; el señor alcalde 1°, Carlos Pérez Calvo; el señor regidor alcalde 2°, Pedro García, y municipales Rafael Vidosa, Pedro Castillo, José Antonio Villanueva, y el síndico procurador José María Sierra; para recibir la contribución voluntaria que quisiesen hacer los comerciantes y propietarios para el mantenimiento de las tropas, á cuyo acto se les había citado por virtud de un oficio que había pasado al señor gobernador de la provincia, Fernando Peñalver, el señor jefe de estado mayor, manifestándole la escasez en la caja militar. Entraron los dichos ciudadanos, y se abrió la suscrición, en que voluntariamente fue poniendo cada uno la cantidad que se obligaba á dar, y no habiendo concurrido todos, se determinó que quedando abierta la suscrición, la siguiesen recogiendo entre la ciudad los dos municipales Pedro García y Rafael Vidosa, y en el campo el otro municipal José Antonio Villanueva. En el mismo acto expusieron algunos que habiendo observado el estado de tristeza y consternación en que se hallaban la ciudad y tropas de la guarnición por el sensible acontecimiento de que la honorable cámara del senado habiendo admitido la acusación contra el benemérito general en jefe José Antonio Páez, se le hubiese suspendido de la comandancia general; que todos los habitantes estaban persuadidos que la seguridad del departamento depende de la

———

Documentos de la Vida Pública del Libertador, t. VI, p. 28.

presencia de S. E., que vale solo por un ejército para la seguridad interior y exterior; que las tropas tienen en él mucha confianza y marchan al peligro sin ningún temor, mientras que los habitantes reposan en la mayor tranquilidad; con la separación de S. E. entraría el desaliento en las tropas, y podrían sobrevenir algunos males y desórdenes; propusieron: que si estaban dentro de la facultad de la municipalidad algunas medidas para que se suspendiese la orden de suspensión de S. E. el general Páez, se sirviese adoptarlas la ilustre municipalidad. Igualmente sensible por este triste acontecimiento, mandó que se citasen á los abogados y demás hombres de luces que hubiera en la ciudad, y habiéndose reunido los señores doctores Miguel Peña, José Antonio Borges y Gerónimo Windivoel, impuestos del motivo, expusieron sus opiniones, de que no hay ninguna medida legal que pudiera suspender la ejecución de la orden; que ni el poder Ejecutivo de la República podía hacerlo sin infringir abiertamente la Constitución. Con cuyo motivo la ilustre municipalidad ha acordado que se manifieste á S. E. el Excmo. señor general en jefe José Antonio Páez, el profundo sentimiento que tiene toda la población de que la acusación contra S. E. haya sido admitida; que están persuadidos que S. E. justificará evidentemente su inocencia ante la honorable cámara del senado, y que en sus sabias determinaciones hallarán la más completa indemnización; que se manifieste á S. E. el convencimiento en que se halla todo este vecindario de la puntualidad y exactitud de S. E. en el cumplimiento de las leyes, de la obediencia, fidelidad y sabiduría con que ha desempeñado las delicadas funciones de su elevado encargo, y de la suavidad, amor y popularidad con que se ha conducido, ganándose la confianza, el respeto, la consideración y la amistad de todos; que sólo la necesidad de obedecer á las leyes y á las instituciones establecidas les haría pasar por el dolor amargo que experimentan al ver á S. E. dejar el mando de la comandancia general y salir de este departamento, al que esperan volverá para su consuelo, y que se le pase copia de esta acta á S. E. como la expresión voluntaria y verdadera de este vecindario, y al señor gobernador para los fines que convengan, con lo cuál se concluyó y firmaron.—*Mújica, Calvo, García, Vidosa, Castillo, Sierra.—Miguel Melián*, secretario.

ACTA DE LA MISMA MUNICIPALIDAD

En que acordó que el general Páez reasumiese el mando y que se informase de este suceso á las autoridades correspondientes, á todas las municipalidades de la provincia de Carabobo, y á todas las autoridades del territorio de la antigua Venezuela. (*)

———

En la ciudad de Valencia á 30 de abril de 1826, los señores municipales Jacinto José Mugica, juez político; alcaldes 1° y 2° Carlos Calvo y Francisco Gadea; y señores regidores Pedro García, Rafael Vidosa, Juan José Barrios, Francisco Sandoval, Ignacio Rodríguez, Pedro Castillo, y síndico procurador José María Sierra, habiéndose reunido extraordinariamente este día con motivo de haber observado la inquietud y movimiento en que se halla el pueblo con motivo de la suspensión de S. E. el general en jefe de la comandancia general, y nombramiento interino del señor general de brigada Juan Escalona para sucederle en el mismo destino; y habiéndose hecho presente, por varios municipales, como es constante á todo el cuerpo, que desde el momento que se supo el decreto de suspensión de S. E., todo este vecindario, hombres y mujeres, paisanos y soldados, han manifestado un disgusto en extremo y un deseo de conseguir por cualesquiera medios la reposición de S. E. al mando: que hasta ahora ha sido fácil disolver dos congregaciones hechas con este objeto, dirigidas á esta municipalidad para que se suplicase al gobierno el decreto de suspensión y no se ejecutase: que en la noche del 26 se han presentado varias partidas por diferentes puntos de esta ciudad, de las cuales una ha hecho dos muertes y herido otro, robando además el estanco de Mucuraparo: que se tiene noticias que por la montaña de Guere se han presentado algunos otros ladrones, y que si no se toman otras providencias pueden continuar los males, aumentarse el desorden y destruirse la tranquilidad pública: acordaron que se cite en persona al señor gobernador para que venga á esta municipalidad informado

———

[*] Documentos de la Vida Pública del Libertador, tomo VI, pág. 31.

menudamente de las circunstancias peligrosas en que se encuentra la seguridad pública, se sirva acordar con este cuerpo las medidas que sean capaces de conservar las instituciones establecidas y de mantener las autoridades, la tranquilidad y el orden público, á cuyo efecto pase inmediatamente una diputación á la casa del señor gobernador, haciéndole presente, que esta municipalidad le hace desde ahora responsable de los males que sobrevengan pues ya élla ha hecho cuanto está de su parte para contenerlo, y firmaron. —*Mugica, Calvo, Gadea, García, Vidosa, Barrios, Sandoval, Rodríguez, Castillo, Sierra.*—Por ausencia del secretario, *Jaime Alcázar*, escribano público.

En el mismo día reunidos los mismos municipales y habiendo concurrido además los señores regidores Francisco Sandoval y Pedro Castillo recibieron al señor gobernador, con quien habiendo conferenciado acerca de las poderosas circunstancias que se hallaba esta ciudad y habiéndosele manifestado que todo el pueblo estaba amotinado aclamando á S. E. el general en jefe José Antonio Páez pidiendo su reposición al mando y al ejercicio de sus funciones, y á las que fuere necesario conferirle, como único remedio para evitar los desastres de este departamento y la ruina cierta y segura en que irá á envolverse: Su Señoria el señor gobernador manifestó extrema obediencia á la ley y expuso no estaba en la esfera de sus facultades tomar ninguna medida de hecho para la reposición de S. E. contra la cual protestaba, en cuyo acto el público reunido en más de dos mil almas aclamó por un acento general á S. E. por jefe del departamento; y por un acto de oficiosidad salió una partida considerable del mismo pueblo, y conduciendo á S. E. lo presentó á esta ilustre corporación continuando las mismas aclamaciones, y colocado en uno de los asientos se le hizo capaz del votó general después de lo cual se sentó y varios de los ciudadanos instaron á S. E. tomase el mando, en cuyo acto esta ilustre municipalidad encontrando inevitable el suceso, y conviniendo con la voluntad general del pueblo determinó que S. E. reasumiese el mando conforme con las dichas aclamaciones. S. E. manifestó en medio de una suma perplejidad que no pudiendo resistir al deseo general y estar dispuesto á usar de todos los esfuerzos, aceptaba el mando que se le confería: determinó entonces la municipalidad que por medio de su presidente el jefe político se pasase oficio al del estado mayor para que hiciese reconocer á S. E. cuyo oficio se pasó y fue ejecutado estando la sesión abierta, y en ella misma se recibió la contestación de habérsele dado cumplimiento, como en efecto se vieron venir las tropas con el mejor orden saludando á S. E. y al pueblo con golpe de artillería reconocerle por su jefe. Acto continuo, y siguiendo el deseo del pueblo de no incurrir en hechos turbulentos ni hacer innovaciones, se exploró del señor gobernador su voluntad en continuar en el mando, pues que el pueblo le amaba y tenía confianza en el acierto, madurez é integridad con que se ha conducido en todo el tiempo de su administración política: manifestándole que no era su deseo separarle de un destino que ha llenado con decoro y en que se ha labrado una pública y universal reputación: y después de una detenida meditación y de algunas reflexiones, admitió espontáneamente el encargo de gobernador, ofreciendo desempeñar sus funciones por corresponder á la predilección de una ciudad que le aclamaba, y le protestaba su confianza. En seguida se retiró S. E. á su casa y quedando en sesión la municipalidad, ha determinado que se pasen oficios á las autoridades correspondientes informándoles de este suceso y á todas las M. M. de la provincia por conducto del señor gobernador, y se comunique á todas las demás autoridades de la provincia y departamentos del territorio que formaba la antigua Venezuela. Con lo cual se concluyó esta acta quedando los municipales citados para el día de mañana para tomar las demás providencias y medidas, que ocurran y sean convenientes.—Firmaron: Mujica, Calvo, Gadea, García, Vidosa, Barrios, Sandoval, Rodríguez, Castillo, Sierra.— Por ausencia del secretario, Jaime Alcazar, escribano público.

PROCLAMA A LOS APUREÑOS,
exhortándoles á la observancia del orden y de la disciplina. (*)

—

JOSÉ ANTONIO PAEZ, JEFE CIVIL Y MILITAR DE VENEZUELA, ETC., ETC.

Compañeros del Apure:

Este lugar fecundo en prodigios ha sido la cuna de mi gloria y el ancho teatro de acciones heróicas que el mun-

---

(*) Documentos de la Vida Pública del Libertador, t. VI, p. 336.

do admira: el recuerdo de los compañeros de mi infancia militar arrebata lós más tiernos sentimientos de mi corazón. La patria confía su seguridad á vuestro imponderable valor; los pueblos vinculan sus derechos en vuestro acendrado patriotismo, y mi alma reposa tranquila y sin cuidado desde que supo las ratificaciones de vuestra amistad. Vuestro carácter me es conocido: los peligros no sirven sino para hacer más grandes vuestras resoluciones, y poner con certeza en vuestras manos los laureles de la victoria. Conservad la unión, y manteneos en disciplina, como los medios de aumentar vuestra fuerza y de ejercitar vuestro valor: guardad el orden como la divisa de vuestra subordinación. La fortuna me acompañó siempre á vuestro lado, y élla no nos abandonará en la noble empresa de libertar á Venezuela del resto de sus tiranos.

Cuartel general de Valencia á 5 de mayo de 1826—16.º

J. A. Páez

ACTA DE LA MUNICIPALIDAD DE MARACAY
Encareciendo á S. E el general Pàez no se separe del departamento (**)

En la villa de Maracay á 4 de mayo de 1826, reunidos los señores que componen esta ilustre municipalidad, á saber: Fermín Perdomo alcalde 1.º, Fernando Crespo alcalde 2.º, regidores Alejandro González, Pedro Pinto, José Antonio Martínez, síndico José María Rico, y padre general de menores José Maria Uriarte, sin la asistencia del señor Toribio Dorta por hallarse ausente, se tomó en consideración la conmoción que ha

---

(**) Documentos de la vida pública del Libertador, tomo VI, pág. 36.

causado en la provincia de Carabobo y todos estos pueblos la separación del mando de S. E. el general en jefe José Antonio Páez; y creida la municipalidad que cualquiera medida que tomase sobre la materia sería arriesgada y acaso produciría consecuencias funestas, determinó convocar, como efectivamente lo hizo, á los padres de familia de esta villa para oir libremente su opinión; y hallándose presente los señores Victorio Amitisarove, colector, Pedro Romero, Anselmo Méndez, Eusebio Delgado, Juan J. Francia, Salvador Michelena, Domingo Pérez, José de la Luz Brea, Ignacio Méndez, Francisco Martinez, Andrés Gedler, José F. Betancourt, José de Jesús Rodríguez, Carmen López, Juan P. Carrión, Antonio Rodríguez, José Antonio Pereira, Francisco Arriza, Manuel Martel, José Arciniega, Pablo Oltos, Vicente Sandoval, Juan Nepomuceno Castro, Manuel Duques, y Manuel Armas, José Manuel García y Luis José Jiménes, y Manuel Gallegos; y habiéndoseles manifestado el objeto de la reunión, unánimemente acordaron: que habiendo llegado á su noticia por repetidos informes de un gran número de personas, la conmoción general que ha causado en toda la provincia de Carabobo, en este cantón y varios otros pueblos de la de Caracas, la separación de S. E. el general en jefe José Antonio Páez de la comandancia general que tan dignamente ha ejercido desde la memorable batalla de Carabobo, en que después de haberse presentado entre nosotros como el héroe de la libertad por que habíamos suspirado once años infructuosamente, se le encargó por S. E. el Libertador de este delicado destino; atendiendo á que á S. E. el general Páez se debía en gran parte el triunfo adquirido; á que mereciendo la confianza de los pueblos, á él tocaba concluir la obra comenzada: á que la fama de su invencible brazo y repetidas hazañas lo hacían respetar como el terror de los tiranos; y á que en fin sus virtudes y su talento militar exigían tomar el mando de este departamento tan expuesto por su situación topográfica, y por estar en él la inexpugnable Puerto Cabello con todo ó la mayor parte del ejército español derrotado en Carabobo, en contacto con Puerto Rico y la Habana, cuyas plazas contaban más de cinco mil hombres para auxiliar y apoderarse nuevamente de Venezuela. Que en esta elección se acabó de conocer el cultivado talento del Libertador para dirigir la guerra, porque habiéndose presentado á este departamento diversos momentos que parecía le señalaban ya el destino fatal de su antigua servidumbre, tal como la ocupación de Maracaibo por Morales, que lo puso en posesión de las provin-

cias de Trujillo, Mérida y Coro, grangeándose con ésto una actitud tan
imponente que pudo apoderarse muy bien de todo el occidente, y batir
las fuerzas que guarnecían á Valencia, como que fue indispensable levantar el sitio de Puerto Cabello, que probablemente desde entonces habría sido ocupado por las tropas sitiadoras : la batalla desgraciada de
Dabajuro en que á ningún cálculo podía esconderse que á Morales y á su
ejército debía haberse estrechado á que implorasen la clemencia del general
que mandaba las tropas republicanas, y vimos que sucedió lo contrario, que
iba ya á sucumbir la República al impulso de un enemigo engreído con una
victoria que no esperaba, si el invencible Páez con un puñado de valientes
no lo hubiese escarmentado en las sabanas de Naguanagua: en las cercanías
de Valencia, y abatido su orgullo de modo que le hizo conocer muy pronto
que era el maestro de la guerra, que Venezuela no sería ya más su patrimonio
y que él sabia bien marchitarle con sangre enemiga los laureles que otro le
hizo ceñirse: que por último para hacer ver al mundo que ninguna empresa
se arriesgaba estando encargada al valiente Páez, para convencer al gobierno
que era la columna formidable que le sostenía, y para que viesen los tiranos que
ningún baluarte por inexpugnable que fuese, les privaba del terrible golpe
de su espada vencedora, enarboló el estandarte de la libertad encima de
los formidables muros de Puerto Cabello, después de haber pasado por
sobre centenares de cadáveres españoles que los defendían. Que á vista
de un arrojo que nunca puede ponderarse bien, porque hace sin duda
enmudecer la lengua más elocuente, y apagar los colores con que debia
pintarse una acción que hasta ahora no hemos visto igual en la historia
de las naciones, no quedaba una duda que los pueblos debían llorar la
ausencia de su Libertador, precipitándose en masa á impedírsela para
que enjugase sus lágrimas ó buscar un asilo en donde no penetrase á
sus oídos el triste eco de su separación. Que habiendo sufrido igualmente este departamento algunas conmociones interiores, tales como la
de Petare á fines del año 1824, por la que todos los talentos elevados de
la capital creyeron íbamos á envolvernos en la más espantosa anarquía,
no tuvieron otro recurso que la presencia del general Páez, y volaron so-
licitándola los miembros de la corte superior, comisionados de la intendencia, de la municipalidad, del clero, de todas las demás corporaciones
y las personas más respetables de la ciudad ; y S. E. penetrado del peligro que le ponían á la vista, voló á consolar á aquel pueblo que á viva
instancia le llamaba para que le diese la paz que había ya perdido. En

efecto su presencia sola fué suficiente para aplacar la esfervecencia de los que se decían conspiradores, y el calor de las pasiones de quienes se creían víctimas los que suspiraban por que se apagase con sangre el fuego que se había prendido; más S. E. acostumbrado á derramarla solamente en las batallas, acreditó muy bien que si en la guerra merecía la primacía, era igualmente un político consumado, que empuñaba tan dignamente el bastón como la espada; y eligiendo medios suaves y persuasivos apagó la tea de la discordia, y disipó en los aromas de la paz la pestilencia de aquella atmósfera corrompida. Que á tan repetidas pruebas no queda duda que S. E. el general Páez es el hombre célebre, el hombre extraordinario; el hombre señalado por la fortuna, conservación y dicha de Venezuela. Que esta ilustre municipalidad y padres de familia referidos no pueden menos de asegurar que el gobierno al oir estos informes, cumpliendo con el primer deber que le impusieron los pueblos al constituirlo, que es el velar sobre su conservación y que faltaría á el persistiendo en que S. E. se separe de este departamento. Que por si acaso algún informe ha motivado esta orden imprevista, fundada en el alistamiento de milicias que hizo en la capital, esa municipalidad y demás vecinos, se atreven á declamar contra los opositores de una medida que no lleva otro norte que oponerse á una tentativa enemiga y asegurar la paz doméstica. Que siendo como son los pueblos de Venezuela un número más que superior á Caracas ¿por qué ha de preferirse á esta única que se señaló á hacer una acusación que no ha convenido con los sentimientos de los demás pueblos? Que finalmente convinieron en que se pase testimonio de esta acta á S. E. el general en jefe José Antonio Paez, encareciéndole, como se le encarece, no se separe de este departamento, á S. E. el Poder Ejecutivo para que se sirva no cubrir de luto á un país que ha sido la causa de la libertad, el semillero de los valientes, el modelo de los hombres heróicos y por fin el que dió la primera luz al inmortal Bolívar, el Padre de la patria: que dé este paso con el que va á engrandecerse más y á inscribir una eterna gratitud en el corazón de Venezuela. Que se ocurra igualmente á S. E. el Libertador por el conducto mismo del comandante geheral, y que del mismo modo se ponga en conocimiento del señor intendente departamental lo ocurrido en este día. Con lo que se concluyó y firmaron conmigo el secretario de que certifico, *Fermín Perdomo, Fernando Crespo, Alejandro González, Pedro Pinto: J. Antonio Martinez, José María Rico, Victorio Amitisa-*

rove, Pedro Romero, Anselmo Méndez, Eusebio Delgado, Juan J. Francia, Salvador Michelena, Domingo Pérez, J. de la Luz Brea, Ignacio Méndez, Francisco Martinez, Andrés Gedler, José de Jesús Rodriguez, Carmen López, Antonio Rodriguez, Juan P. Carrión, José Antonio Pereira, F. Ariza, Manuel Martel, José Arciniega, Pablo Hortos, Vicente Sandoval, Juan Nepomuceno Castro, Manuel Duque, Manuel Armas, José Manuel Garcia, Luis José Giménez, Manuel Gallegos,—Jose María Uriarte, Secretario.

ACTA DE LA MUNICIPALIDAD DE CARACAS
en que reconoció por comandante general del departamento al general
Páez, adhiriéndose á los principios y causas proclamadas
por la de Valencia. (*)

En la ciudad de Caracas, á 5 de mayo de 1826, 16 de la independencia, los señores jefe político municipal Domingo Navas Spínola, alcalde primero y segundo municipales, Francisco Ignacio y Jerónimo Pompa y municipales Lorenzo Emasabel, Antonio Abad Cedillo, Juan José Jiménez, Fernando Acosta, Narciso Ramirez, Manuel Lopez, José Francisco Céspedes, José Dionisio Flores, síndico procurador municipal, José Iribarren, reunidos en sesión extraordinaria á consecuencia de la voluntad bien pronunciada de este pueblo, en obsequio del movimiento sobrevenido en Valencia por la suspensión del Excmo. señor general benemérito José Antonio Páez, en virtud de haber el senado admitido la acusación propuesta por la cámara de representantes contra S. E., se tuvo á bien no sólo convocar en esta sala consistorial á los vecinos, sino igualmente á las autoridades, á cuyo fin se invitó al señor intendente del departamento, á los señores ministros de la corte superior de justicia, al señor comandante de armas y al señor deán del cabildo eclesiástico: concurrió el primero y no los demás, y en este estado manifestó el señor jefe político que tan luego como

---

(*) Documentos de la Vida Pública del Libertador, t. VI, p. 42.

tuvo noticia de lo acaecido en Valencia, pidió explicaciones al señor intendente, quien le contestó, acompañándole copia de un extracto de la acta municipal de aquella ciudad, reponiendo en el mando al repetido general por los gravísimos males y desastres á que se hallaba expuesto el departamento, y habiendo comenzado á experimentarse con algunas muertes violentas; cuya reposición se verificó por el voto unánime de la municipalidad y la aclamación de todo el pueblo, restituyéndole al lleno de la autoridad que ejercía en la comandancia general, en la dirección de la guerra y en las demás atribuciones que fuese necesario conferirle, según las circunstancias. Añadió dicho señor jefe político que el silencio de Caracas, en acontecimiento de tanta entidad, podia interpretarse siniestramente y le parecia necesario entrar en comunicaciones con S. E. y la ilustre municipalidad de Valencia, remitiéndoles una comunicación oficial y también otra al Excmo. señor general en jefe Santiago Mariño, que manda la vanguardia de las tropas en la ciudad de Victoria. Expuso el señor intendente no presentarse cuestión alguna por cuanto á S. E. el general Páez estaba reconocido por S. E. mismo en el ejercicio de sus funciones; á lo cual contestó el señor síndico procurador general haciendo expresa proposición de deberse declarar explícita y categóricamente que el Excmo. señor general Páez quedaba reconocido en los mismos términos que en Valencia por la municipalidad y el pueblo de Caracas, si convenian en ello y era esta su voluntad. El señor intendente repuso que no podía entrar en ninguna determinación que no estuviera en armonía con las leyes, como no creia estarlo la proposición que acababa de hacerse y por lo cual creia ilegítimo aun este mismo acto, y pidió, en consecuencia, se le permitiese separar y retirarse, como lo verificó en efecto. La indicada proposición del síndico se sometió á discusión: hablaron algunas personas notables que pidieron la palabra, y otras que fueron invitadas por el señor presidente; y por aclamación y voto libre y espontáneo del pueblo, y el particular de todos y cada uno de los miembros de la municipalidad, se declaró reconocer, como efectivamente se reconocía y reconoció por comandante general del departamento, al Excmo. señor general en jefe benemérito José Antonio Páez, en todo el lleno de sus facultades, adhiriéndose la municipalidad y pueblo de Caracas á los principios y causas proclamadas por la municipalidad y pueblo de Valencia. A esta declaratoria siguieron repetidos vivas á S. E. el general Páez por toda la gran concurrencia. En este estado propuso el señor síndico y con la

misma unanimidad se determinó por el pueblo y municipalidad, que pase
una comisión, compuesta de dos personas, cerca S. E. el general Páez con
testimonio de esta acta de reconocimiento y plenos poderes, que en virtud
de élla se le confieren para tratar del arreglo y de todo cuanto convenga
al bien y felicidad de la Patria ; y fueron nombrados con el consentimiento
expreso del pueblo los señores José Núñez Cáceres y Pedro Pablo Díaz:
igualmente á proposición del expresado señor síndico y expresa sanción
del pueblo y de la municipalidad, se acordó nombrar otra comision cerca
del E. señor general en jefe B. Santiago Mariño para felicitarle y darle
noticia exacta de estas deliberaciones, y recayó la elección en los señores
Tomás Lander y Francisco Rivas: del mismo modo y con la propia unanimidad se acordó que la comisión confiada á los señores Núñez y Díaz
se entendiese también para que acercándose á la ilustre municipalidad de
Valencia, le manifiesten por parte de ésta su gratitud, armonía é identifica-
ción de principios. Ultimamente fue acordado: que se pase testimonio
de esta acta con el oficio, de atención al señor intendente: que se
comunique su contenido á los señores comisionados: que se circule á las
parroquias del cantón por medio del señor jefe político: que se imprima
inmediatamente un papel suelto á costa de los propios y se fije en los pa-
rajes públicos; con lo cual se concluyó esta sesión que firmaron los señores de la ilustre municipalidad, junto con los señores José María Pelgron,
Josè Cordero y Tomás González Arellana, á quienes toda la concurrencia
unánimemente nombró para que lo hiciesen por élla, en prueba de su
formalidad y expresa voluntad del acto de que certifico. Domingo Navas
Spínola, Francisco Ignacio Serrano, Jerónimo Pompa, Lorenzo Emasabel,
Antonio Abad Cedillo, Juan José Jiménez, Fernando Acosta, Narciso Ramírez, Manuel López, José Francisco Céspedes, José Dionisio Flores, José
Iribarren, José María Pelgrón, J. Cordero, J. Tomás González Arrellana,
Raimundo Rendón Sarmiento, secretario.

OFICIOS DEL INTENDENTE AL SECRETARIO DEL INTERIOR. (*)

—

REPUBLICA DE COLOMBIA.

INTENDENCIA DEL DEPARTAMENTO DE VENEZUELA.

Caracas, 5 de mayo de 1826.

Señor Secretario :

Con fecha 2 del corriente dirigí á V. S. copias de las comunicaciones que habían ocurrido á resultas de la conmoción que rompió en Valencia el 30 de abril, con el objeto de hacer continuar al señor general Páez en el ejercicio de la comandancia general del departamento; sin embargo que se han vulgarizado especies muy desagradables, en cuanto á la marcha y término de aquella desgraciada novedad, en que siempre se mezclan rumores exagerados, puedo asegurar á V. E. que hasta hoy no se ha vertido más sangre que la de tres individuos del campo en las inmediaciones de Valencia, el 29 por la noche, cuyos cuerpos fueron arrojados en la plaza para amanecer el 30, aumentando así el terror. Que todas las apariencias son de que esforzando los recursos de la prudencia podremos evitar una guerra civil, calmando *la efervescencia de las pasiones, la exaltación de los pueblos,* y buscando los remedios pacíficos que concilien la integridad nacional y disminuyan la infinidad de males que nacen de

—

(*) Documentos de la Vida Pública del Libertador, Tomo VI, pág. 52.

un paso errado ó imprevisto. No puedo todavía explicar á V. S. el verdadero estado de este negocio: creo en él intereses opuestos, é ignoro si podrá dirigirse su curso en armonía con nuestras instituciones, objeto único de mi deseo, y por el que trabajo y me desvelo día y noche con la concurrencia de los votos y trabajos de todos los que verdaderamente aman la patria.

Ayer he recibido una carta del mismo general Páez, que no es posible copiar aquí por su extensión, manifestándome la prontitud con que se prestó á la obediencia del gobierno, la violencia de las circunstancias que lo han comprometido, y su anhelo por evitar los estragos de la guerra, buscando á nuestros males un remedio radical; si, continuamos en este sentido, yo creo daremos á la nación y al gobierno un día de la mayor satisfacción, cortando las calamidades que de otro modo nos amenazan; pero temo incurrir la nota de ligero si me extendiese á ofrecer seguridades, en lugar de conjeturas sobre un negocio que no está maduro, contentándome con protestar á V. E. para la inteligencia del Supremo Poder Ejecutivo, que mi sangre es muy pequeño sacrificio si con élla puedo evitar que se vierta una sola gota de la de nuestros ciudadanos, y que por consiguiente no ahorro arbitrio, ni esfuerzo de ninguna clase que sea adaptable á las circunstancias, como ciudadano y como magistrado, como magistrado digo de la República, pues que mis principios me alejan de toda otra denominación: he jurado serle fiel, y lo seré. Dios guarde á V. S.—C. MENDOZA.—Señor Secretario de Estado del despacho del Interior.

26

REPUBLICA DE COLOMBIA.

Intendencia del departamento de Venezuela.

—

Caracas, 7 de mayo de 1826.

Señor Secretario:

El adjunto testimonio manifestará á V. S. lo acordado por la municipalidad de Caracas. Iguales actos se han
repetido en otros varios cantones; pero hasta hoy se han
respetado las personas y propiedades, y evitado toda per-
turbación y proyecto sanguinario. Estoy cierto de que
se solicita una reforma y que para ello no se aspira á otra
cosa que á conservar al señor general Páez en el mando de las armas hasra el arribo de S. E. el Libertador
Presidente, sin que se innove ó altere cosa alguna en cuanto á la integridad nacional, ni en las relaciones exteriores.
Así me lo asegura el señor general Mariño, que acaba de
llegar de Valencia, y me apresuro á comunicarlo á V. S.
para que si es posible, se dé tiempo á la reflexión, no
se adopten medidas violentas, y evitemos los horrores de
una guerra civil, que sería el triunfo mayor para nuestros
verdaderos enemigos. Dios guarde á V. S.—C. MENDOZA.
—Señor Secretario de Estado del despacho del Interior.

ACTA DE LA MUNICIPALIDAD DE VALENCIA

En que acordó que reunidas por diputaciones las municipalidades que hayan manifestado su asentimiento, extiendan una acta expresiva de los motivos que han obligado á reponer al general Páez en el mando de las armas y revestirle de toda la más autoridad necesaria.

—

En la ciudad de Valencia á 11 de mayo de 1826 : congregados los señores de la ilustre municipalidad en cabildo extraordinario, Jacinto Mujica, jefe político municipal, Carlos Pérez Calvo, Francisco Muñoz Gadea alcalde 1° y 2° y municipales Rafael Vidoza, Juan José Barrios, Francisco Sandoval, Pedro Castillo, y síndico municipal, José María Sierra ; habiéndose reunido para ver y considerar los poderes é instrucciones de los señores José Núñez Cáceres y Pedro Pablo Díaz, diputados de la ilustre Municipalidad de Caracas, cerca de ésta, y para tratar del arreglo sobre la marcha del gobierno y administración actual, acordaron : que se cite al señor Doctor Miguel Peña para que ilustre con su opinión á esta municipalidad en los puntos y casos difíciles sobre que fuere consultado, y verificada la concurrencia del dicho letrado, se encontró que los señores diputados están revestidos de las credenciales y poderes necesarios ; y en consecuencia se mandó una diputación que les convidó á concurrir al seno de esta municipalidad donde habiendo llegado y tomado asiento é impuestos del objeto del llamamiento se les presentó el plan que á esta municipalidad le pareció oportuno seguir en el presente estado, y según las circunstancias en que se encuentra el departamento de Venezuela habiendo repuesto en el mando á S. E. el benemérito general Páez, á pesar de la suspensión decretada por el senado, y después de una detenida conferencia se han fijado las siguientes proposiciones :

Primera : Que la muy ilustre municipalidad de Caracas, y la de ésta con las demás que hayan manifestado ya su asentimiento, reunidas por las diputaciones á la mayor brevedad posible en el lugar que S. E. designe, extiendan una acta en que se expresen los graves motivos que han obligado á los pueblos á reponer á S. E. en el mando de las armas, y revestirle de toda la más autoridad necesaria.

Segunda : Que en la acta se exprese la resolución en que están estos dos pueblos, de acelerar la época prevenida por la constitución, que se había mandado guardar por ensayo mientras que la experiencia, y el tiempo hacían evidentes los obstáculos de su ejecución y presentaban las reformas que debieran adoptarse.

Tercera : Que se despache inmediatamente un enviado cerca de S. E. el Libertador Presidente suplicándole que venga á visitar su propio suelo, donde será recibido como un hijo ilustre de él, como el mejor amigo y el más benemérito de los ciudadanos, para que se sirva usar de su influjo con los demás departamentos á fin de convocar en la época presente la Gran Convención que la constitución había señalado para el año de 1831, y se considere allí la conveniencia de verificar esta reforma en paz fraternal, y como interesados mutuamente en nuestra felicidad general, y en evitar los horrores de una guerra civil y también para que con la gran experiencia que ha adquirido en todo el tiempo que ha manejado los destinos de una gran porción del continente de América, nos comunique lecciones de prudencia y sabiduría y sea nuestro maestro en el establecimiento de nuestras instituciones.

Cuarta : Que en el actual estado de cosas es de absoluta necesidad revestir á S. E. el general en jefe José Antonio Páez de toda la autoridad necesaria para mantener el orden y tranquilidad pública, levantar ejércitos que defiendan el territorio de cualquiera invasión enemiga, ú otros actos hostiles, y hacer continuar la marcha de la administración cuyas funciones ejercerá con la denominación de jefe civil y militar de Venezuela.

Quinta : Que la duración de la autoridad de S. E. sea mientras lo exijan las circunstancias, que se espera varíen con la venida de S. E. el Presidente Libertador; y que entonces ó cuando los pueblos de Venezuela puedan verificar con seguridad su asociación, sean convocados según las bases que se establezcan para deliberar acerca de la reforma del gobierno que sea más adaptable á su situación, á sus costumbres y producciones.

Sexta : Que S. E. el general en jefe José Antonio Páez comience desde hoy á ejercer la autoridad de jefe civil y militar de Venezuela, en cuyo ejercicio esperan que conservará, y si es posible aumentará la gloriosa estimación y reputación pública que le ha hecho acreedor á nuestra elección.

Séptima: Que la autoridad de S. E. sea reconocida formalmente por todas las autoridades existentes; y que de este acuerdo se comunique por el señor presidente de esta municipalidad testimonio íntegro á S. E. el señor general en jefe comandante general José Antonio Páez y á los señores comisionados de la muy ilustre municipalidad de Caracas; con lo que se concluyó y firmaron.

En cuyo estado se acordó igualmente que se pase al señor gobernador político el correspondiente oficio con inserción de los artículos 6° y 7° de los contenidos en esta acta para su observancia, cumplimiento y circulación á las demás municipalidades y autoridades de la provincia; á reserva de hacer la comunicación íntegra de toda la acta, cuando los demás artículos hayan recibido la ratificación, que se reservó la M. I. M. de Caracas, y con esta adición firman.—Mujica, Calvo, Gadea, Pedro Pablo Diaz, Barrios, José Núñes de Cáceres, Sandoval, Vidosa, Castillo, Sierra.—El secretario de la municipalidad, M. Melián.

ACTA DE LA MUNICIPALIDAD DE CARACAS
Sancionando y ratificando lo acordado por la de Valencia con otras adiciones (*)

En la ciudad de Caracas, á 16 de mayo de 1826, 16 de la independencia, los señores jefe Político municipal Domingo Navas Spínola, alcaldes primero y segundo municipales Francisco Ignacio Alvarado Serrano y Gerónimo Pompa, y municipales Lorenzo Emazabel, Antonio Abad Cedillo, Juan José Jiménez, Fernando Acosta, Narciso Rámirez, Manuel López, José Francisco Céspedes, José Dionisio Flores y procurador municipal José de Iribarren, reunidos en esta sala consistorial en sesión extraordinaria, trataron y acordaron lo siguiente:

El señor jefe político llamó la atención del cuerpo para manifestarle, como lo hizo, que habiendo recibido una comunicación de S. E. el general benemérito José Antonio Páez y contestación de la ilustre municipalidad de Valencia, relativa á las comisiones conferidas á los señores José Núñez

(*) Documentos de la Vida Pública del Libertador, t. VI, pag. 60.

Cáceres y Pedro Pablo Díaz en la acta celebrada el 5 de este propio mes, creía de necesidad que se fijase la consideración sobre esta grave y urgente materia para deliberar en el dia acerca de lo determinado por aquella corporación en sus sesiones del 27 y 30 de abril y 1° y 11 del actual, y con especialidad en orden á las proposiciones contenidas en esta última.

Se leyó en efecto el oficio de S. E. el general Páez, fecho en el cuartel general de Valencia el 12 del corriente, en que del modo más satisfactorio contesta los conceptos de la acta celebrada por este cuerpo, y manifiesta sus deseos de concurrir personalmente á esta capital para adelantar las disposiciones que exijan las circunstancias en bien de los pueblos.

En seguida se dió lectura igualmente de las citadas actas de la I. M. de Valencia, que los señores comisionados presentes á esta sesión habian puesto en manos del señor presidente, y concluida se indicó por el señor síndico procurador municipal que sin embargo de haber el señor intendente en la sesión del 5 manifestado su opinión sobre la ilegitimidad ó nulidad de aquel acto, le parecía conveniente se le invitase á que concurriese á este, nombrándose al efecto una comisión que también se encargase de explorar la voluntad de S. S. en cuanto á si permanecía bajo el mismo sentir que había expresado en la reunión del día 5. Se discutió suficientemente esta proposición, y recogidos los votos por el señor presidente, resultó aprobada por unanimidad, excepto en la parte de la exploración que no se creyó del momento, con cuyo motivo el señor presidente nombró al mismo señor síndico y municipal Fernando Acosta para que inmediatamente pasasen á evacuarla, y habiendo regresado expusieron que el señor intendente manifestó la mejor disposición en favor de los votos del pueblo y de la municipalidad sobre las resoluciones que se tomasen en obsequio de la felicidad y tranquilidad pública por las circunstancias presentes; pero que S. S. exigía que la invitación se le hiciese por escrito, indicándole el objeto, ó que de no, se le comunicase del mismo modo la determinación ulterior. Se tomó en consideración la respuesta de S. S., y después de una ligera discusión en que varias de las personas más notables concurrentes expresaron sus opiniones, convino la municipalidad en que se le pasase oficio al señor intendente por medio de los mismos señores comisionados, con sólo la indicación de que estos harían á S. S. todas las explicaciones convenientes sobre la causa de su invitación. Contestó por otro oficio que pasaría en el momento á la sala consistorial, y efectivamente lo verificó á pocos instantes, y habiéndose vuelto á leer la comunicación de S. E. el general Páez y la acta última de la ilustre municipalidad de Valencia del 11 del actual, se sometió ésta á discusión, y después de un maduro y detenido examen en que se tuvo presente, entre otras cosas que parecieron del caso, la protesta de esta corporación constante de su acuerdo, celebrado en 29 de diciembre de 1821, sobre el juramento de la constitución, fueron sancionados y ratificados los artículos contenidos en la referida acta de la ilustre municipalidad de Valencia por el orden de su numeración del modo siguiente.

1". Que esta ilustre municipalidad y la de Valencia con las demás que hayan manifestado ya su asentimiento y otras que pueden asentir, reunidas por diputaciones á la mayor brevedad posible en el lugar que S. E. el benemérito general Páez designe, extiendan una acta en que se expresen los graves motivos que han obligado á los pueblos á reponer á S. E. en el mando de las armas y revestirle de toda la más autoridad necesaria.

2°. Que en la acta se exprese la resolución en que están estos pueblos de acelerar la época prevenida por la constitución que se había mandado guardar por ensayo, mientras que la experiencia y el tiempo hacian evidentes los obstáculos de su ejecución y presentaban las reformas que debian adoptarse.

3°. Que se despache inmediatamente un enviado cerca de S. E. el Libertador Presidente, suplicándole que venga á visitar su patrio suelo, donde será recibido como un hijo ilustre de él, como el mejor amigo y más benemérito de los ciudadanos, para que se sirva usar de su influjo con los demás departamentos, á fin de convocar en la época presente la gran convención que la constitución había señalado para el año de 1831, y se considere allí la conveniencia de verificar esta reforma en paz fraternal y como interesados mutuamente en nuestra felicidad general y en evitar los horrores de una guerra civil, y también para que con la gran experiencia que ha adquirido en todo el tiempo que ha manejado los destinos de una gran porción del continente de la América, nos comunique lecciones de prudencia y sabiduría y sea nuestro maestro en el establecimiento de nuestras instituciones.

4°. Que en el actual estado de cosas es de absoluta necesidad investir á S. E. el general en jefe José Antonio Páez de toda la autoridad necesaria para mantener el orden y tranquilidad pública, levantar ejércitos que defiendan el territorio de cualquiera invasión enemiga ú otros actos hostiles, y hacer continuar la marcha de la administración, cuyas funciones ejercerá con la denominación de jefe civil y militar de Venezuela.

5°. Que la duración de la autoridad de S. E. sea mientras lo exijan las circunstancias, que se espera variarán con la venida de S. E. el presidente Libertador, y que entonces ó cuando los pueblos de Venezuela puedan verificar con seguridad su asociación sean convocados, según las bases que se establezcan para deliberar acerca de la forma de gobierno que sea mas adoptable á su situación, á sus costumbres y producciones.

6°. Que S. E. general en jefe José Antonio Páez comience desde hoy á ejercer la autoridad de jefe civil y militar de Venezuela, en cuyo ejercicio espera que conservará y si es posible aumentará la gloriosa estimación y reputación pública que le ha hecho acreedor á nuestra elección.

7°. Que la autoridad de S. E. sea reconocida formalmente por todas las autoridades existentes.

En acto contínuo acordó la municipalidad que se pasen dos testimonios de todo lo sancionado y ratificado por ella y por el numeroso concurso de los vecinos presentes al señor intendente del departamento, el uno para su conocimiento, y el otro con el fin de que se sirva trasmitirlo al señor comandante de las armas: que también se compulse y remita otro testimonio á S. E. el benemérito general José Antonio Páez, otro á S. E. el general en jefe Santiago Mariño, otro á la ilustre municipalidad de Valencia, otro á la del cantón de La Guaira; y que se imprima y circule á quienes corresponda por medio del señor jefe politico.

En este estado manifestaron los señores José Núñez Cáceres y Pedro Pablo Díaz las demostraciones de amistad y buena acogida que habian merecido de la ilustre municipalidad y el pueblo de Valencia, y muy especialmente de S. E. el general Páez y de toda la oficialidad que explicaron todo su aprecio hacia este pueblo y municipalidad de quienes emanaba su misión. El cuerpo no pudo menos que pronunciar por medio de su presidente los sentimientos de su gratitud por la liberalidad y franqueza con que se ha correspondido á los votos francos é ingenuos de estos habitantes, emitidos por el órgano de sus comisionados, y acordó que se dieran las más expresivas gracias á S. E. y á aquel ilustre cuerpo por el rasgo de generosidad y buena armonía con que han marcado los primeros pasos de su comunicación y relaciones con esta municipalidad.

En seguida se leyó la acta celebrada por la del cantón de La Guaira el 8 del corriente, en que adhiriéndose á los mismos principios proclamados por la de Valencia y esta capital, ha sido reconocido el E. S. general benemérito José Antonio Páez por comandante general del departamento en todo el lleno de sus facultades en la dirección de la guerra, y en todas las atribuciones que sean necesarias conferirle, según lo exijan las circunstancias; y se acordó se le conteste manifestándole la satisfacción y júbilo con que esta municipalidad y pueblo han visto los sentimientos que en la referida acta se expresan. Con lo que concluyó y firman de que certifico.

Domingo Navas Spinola, Francisco Ignacio Alvarado Serrano, Gerónimo Pompa, Lorenzo Emazábel, Antonto Abad Cedillo, Juan José Jiménez, Fernando Acosta, Narciso Ramirez, Manuel López, José Francisco Céspedes, José Dionisio Flores, José de Iribarren. — Raimundo Rendón Sarmiento, secretario.

—

OFICIO DEL GENERAL PAEZ AL VICEPRESIDENTE DE LA REPUBLICA (*)

—

JOSÉ ANTONIO PAEZ, JEFE CIVIL Y MILITAR DE VENEZUELA, ETC., ETC.

Cuartel general de Caracas, á 29 de mayo de 1826.

Excmo. Señor :

Admitida por la cámara del senado la acusación que había propuesto contra mí la de representantes, quedó

—

(*) Documentos de la Vida Pública del Libertador, tomo VI, pág. 110.

suspenso de hecho de la comandancia general y demás encargos que estaban á mi cuidado, V. E. cumpliendo con sus deberes proveyó interinamente la plaza en el general de brigada J. de Escalona, que yo mandé reconocer y efectivamente se reconoció por las tropas de mi mando, aunque con disgusto. El pueblo de Valencia que había experimentado todos los horrores de la guerra desde el año de 1811, que nunca había tenido tranquilidad hasta después del año de 1823, en que por el triunfo de las armas de la república sobre la plaza de Puerto Cabello, y mis continuos desvelos en destruir las guerrillas que molestaban los habitantes del interior, había comenzado á gozar de paz, estaba persuadido que se debían sus grandes bienes al influjo de mi autoridad y á mis particulares esfuerzos para hacerla menos sensible y provechosa al orden y prosperidad general. Luego que supieron los hechos antecedentes y que en consecuencia me preparaba yo para marchar á ponerme bajo las órdenes del senado, acudieron á la municipalidad pidiéndola que tomase en consideración la materia, representase al gobierno los graves males que se seguirían de mi separación, y que entretanto se me conservase en el mando. La municipalidad, después de haber consultado el caso, manifestó á aquellos habitantes que estaba fuera de sus facultades suspender la ejecución del decreto del Senado. Desde el día 27 al 30 de abril último no dejaron de observarse algunos desórdenes, como partidas de gente armada que hacían fuego por las calles amenazando un trastorno general, otras que andaban por los campos robando y haciendo algunas muertes, de las cuales se llevaron dos cadáveres á la plaza y un hombre agonizando, y esto les determinó á renovar sus instancias con más vehemencia, convencidos de que la anarquía y la disolución total de la marcha de la sociedad iba á experimentarse luego que yo me ausentara de la ciudad: cada cual vió su cabeza amenazada, sus propiedades sin seguridad, y se resolvieron á reponerme en el mando á todo trance: se agolparon en la municipalidad en número de más de tres mil personas, concurrió el gobernador, y en su presencia me proclamaron comandante general, director de la guerra con las demas atribuciones que fuesen necesarias. Una partida de más de trescientos vecinos me sacó de mi casa, me condujo al lugar de la reunión, donde después de haberme manifestado sus deseos y la necesidad que había de que que yo continuase en el mando para restablecer el orden, la tranquilidad, el respeto á las autoridades y la confianza política, lo acepté por fin y ofrecí defender sus derechos hasta la venida de S. E. el Libertador Presidente, que con sus luces superiores y la experiencia que ha adquirido en el manejo de los negocios en la revolución, indique las reformas que deban hacerse en la constitución, adaptando aquellas que pongan nuestras instituciones en armonía con nuestro carácter, costumbres y producciones.

V. E. sabe por los papeles públicos de Venezuela y por las noticias que yo le había comunicado, que estos departamentos no estaban contentos con la constitución, ni con las leyes, ni con la política de ese gobierno. Mi sola autoridad era la columna que estaba sosteniendo el edificio por este lado: al momento que ella faltó, se desplomó enteramente: el movimiento de Valencia fué adoptado por esta ciudad y por los llanos del Apure: todas las municipalidades han manifestado que sus votos están unidos á los que expresó la de Valencia, la cual con la de Caracas acordaron el plan de gobierno que V. E. verá en la acta del 11 del presente mes, por el cual se me encargó del mando civil y militar hasta la venida de S. E. el Libertador Presidente, ó que los pueblos indiquen por sí mismos las reformas bajo las cuales podrá continuar su vínculo de unión con la república. No es la intención de estos pueblos hacer la guerra á los otros departamentos: éllos aspiran únicamente á buscar su bienestar en algunas reformas: todo lo esperan de las leyes, y si han adoptado vías de hecho, han sido sólo aquellas que bastan para evitar los males que sufrían, no para invadir un territorio ageno: éllos están armados para su propia defensa, pero V. E. no les verá cometer ningún acto hostil. A pueblos que se conducen de esta manera, sería temeridad insultarles antes de haberles oído: éllos quieren únicamente que la convención nacional que probablemente debía reunirse el año 1831 para reveer la constitución, se congregue en esta época, y allí se decida con prudencia lo más conveniente para la felicidad y prosperidad de los diferentes departamentos de que se ha compuesto la república. Con esta medida se altera, sin duda, el tiempo que se había considerado necesario para el ensayo de la constitución, pero la constitución misma puede quedar en toda su fuerza: de otra manera el primer acto hostil será considerado como una declaración de guerra, y estos pueblos no piden la paz sino preparados para élla. Viva V. E. cierto que sin temerla puedo asegurarle que estos países son inconquistables, y que están resueltos á morir antes que sujetarse á las formas y á la política con que eran regidos : no crea V. E. que digo esto con orgullo ni con ánimo de intimidar las resoluciones del Congreso : yo desearía que por el bien de la patria fuera posible que éllos cambiaran de opinión y que me permitiesen con el sacrificio de mi sangre rescatar todos los males que sobrevendrían de un rompimiento : me consideraría dichoso, y entonces una víctima ilustre, si mi memoria quedase consagrada á la posteridad como un hijo de Colombia, que con su sumisión se hizo todavía más célebre que con su conducta en la guerra.

Crea V. E. que esta exposición es efecto de mi franqueza y de los más sinceros sentimientos de mi corazón : yo que estoy colocado en medio de los negocios, veo claramente los males á que está expuesta la república, y los que puede causar una resolución que acaso el Congreso puede abrazar con imprudencia, creyendo que la fuerza está en las leyes : es verdad que una insurrección á mano armada debe castigarse ; pero también es cierto que un pueblo de guerreros no es tan fácil sojuzgarlo, y que la república si lo emprende, debilitaría considerablemente las fuerzas que debe emplear en otros objetos, y haría grandes gastos que arruinarían nuestros créditos y empobrecerían nuestro territorio.

No puedo menos de decir esto porque no me quede el dolor de haber ocultado estos males que conozco, y la responsabilidad para con el mundo que puede atribuir los resultados á otras miras personales.

Después de haberlo hecho, toca á la prudencia de V. E. meditar la marcha más ventajosa que debe seguir, y lo que sea más conveniente para restablecer la concordia y buena inteligencia con estos pueblos. Ojalá que éllos consigan su estabilidad, su dicha y bienestar de las acerta das providencias de V. E. y del Congreso.

Dios guarde á V. E. etc., etc.

José A. Páez.

—

ACTA

Acordada por los diputados de las municipalidades de Valencia y Apure reunidos al intento en la ciudad de Valencia. (*)

—

En la ciudad de Valencia á 29 de junio de 1826.—16 de nuestra independencia,

Nosotros los diputados de las municipalidades de los departamentos de Venezuela y Apure, reunidos para solicitar y obtener las reformas de la actual organización de la República, sin las cuales están estos pueblos privados de los derechos de libertad, seguridad é igualdad que les promete la constitución : conservando un respeto decente á la opinión de los hombres ilustrados é imparciales, y deseando presentar á las naciones con qúienes ha entrado la República en relación de intereses, de comercio, de alianza y amistad, los sólidos fundamentos que les han impelido á alterar los vínculos de la unión que existían entre éstos y los pueblos del virreinato y capitania general del nuevo reino de Granada : sin que se infiera de aquí que intentan eximirse del cumplimiento de aquellas obligaciones á que por pactos expresos y convenios se habian comprometido ántes del dia 30 de abril del presente año, de cuyo arreglo definitivo y pago de su contingente tratarán entre sí luego que se lo permita el desenlace de los acontecimientos : sometemos de buena fe los hechos que prueban los abusos y usurpaciones con que el vicepresidente de la república,

————

* Documentos de la Vida Pública del Libertador, t. VI, pág. 155.

general Francisco de Paula Santander ha tiranizado la felicidad de estos habitantes, los errores de su administración, la facilidad que las leyes fundamentales prestan para colorir las maquinaciones de sus venganzas y la necesidad en que estamos de establecer nuestra seguridad y bienestar sobre bases más firmes que aseguren nuestra tranquilidad interior, la defensa de nuestros enemigos exteriores y la prosperidad general.

Desde que en el departamento de Venezuela se vió la constitución hecha en la villa del Rosario de Cúcuta en el año de 1821, la ilustre municipalidad de Caracas se apresuró á protestarla, publicó su protesta y la municipalidad sucesora entró á ejercer sus destinos bajo la misma garantía. Ella no es la obra de representantes elegidos por la voluntad de estos pueblos, que entonces estaban desgraciadamente en poder de los enemigos, sino el resultado de aquellas circunstancias. El general Francisco de Paula Santander previno al intendente de este departamento que hiciese acusar el impreso que contenía la protesta, bien que la acusación se declaró sin lugar por el jurado. Desde entonces comenzó á violar los derechos de los pueblos quebrantando el principio evidente de que la justicia del poder de los gobernantes resulta del consentimiento de los gobernados; y sofocando la voz de la razón se les hizo callar bajo el pretexto de que el voto de la menor parte debe ceder á los de la mayor, cuando este principio supone establecidas las bases del pacto social y prestado aquel consentimiento.

El general Santander desde que se encargó del P. E. en fuerza de la constitución, formó el designio de impedir y embarazar los progresos de Venezuela. Sin luces, no hay virtudes ni adelantos en lo que constituye la perfección de un gobierno. Hemos visto con placer las disertaciones literarias dedicadas en el colegio de San Bartolomé de Bogotá al mismo vicepresidente : por ellas se conoce que hay allí un plan especial de estudios, exacto y propio para formar en breve tiempo hombres útiles al estado. También se sabe que se han establecido cátedras de derecho público, de idiomas ; que se gastan sumas considerables en bibliotecas, museos, observatorios, establecimientos litográficos, construcción de secretarías en una capital provisional ; y que en todas las provincias y departamentos del nuevo reino de Granada, se fundan colegios y se promueve por todos medios la instrucción pública mientras que Venezuela se encuentra en el mismo estado que el año de 1809, continuando sus estudios de teología y derecho canónico ; se ha negado un corto salario para el catedrátieo de derecho público, Si todo esto no bastara para comprobar el funesto designio del general Santander, sería suficiente el desprecio que le mereció la más justa solicitud de los profesores de medicina. Postergados esos en la universidad por un efecto de sus antiguas instituciones que uo se han querid• reformar, pretendieron ser restituidos en la igualdad con los demás doctorados y con ultraje de la ciencia que más interesa á la vida del hombre, se les deja como estaban antes en la última grada.

Para no dejar á los venezolanos en la facultad de pensar que les estaba concedida por la ley de libertad de imprenta, luego que estos ensaya-ron sus plumas escribiendo sobre mejoras de gobierno y garantías de sus libertades, el gobierno de Bogotá fundado en los números 62 y 63 de un periódjco de Caracas, se reviste de presentimientos tristes, y sobrecogido despacha órdenes al comandante general para reducir la guarnición de aquella ciudad á la muy necesaria para mantener la policía y buen orden, trasladar los trenes de artillería y maestranzas de La Guaira y Caracas á Puert• Cabello, y le previene que acantone las tropas en el punto más cómodo y proporcionado para ocurrir en tiempo á cortar y contener cualquier desórden ó turbación de la tranquilidad pública que puedan causar aquellos escritores á quienes, sinembargo que asegura que no forman la opinión de la parte sana, y les clasifica de apóstoles de la discordia, ene-migos del orden, de la independencia y de la constitución. El gobierno encargado de la observancia y cumplimientos de las leyes, es en este caso el primero que las infringe, haciendo calificaciones desconocidas en las leyes, y usurpando al jurado sus peculiares atribuciones dando además en este y otro decreto facultad al comandante general para proceder contra ellos con arreglo al decreto de conspiradores y autorizándole tan amplia y suficientemente como fuese necesario.

De que se infiere el odio que el general Santander ha profesado siem-pre á los venezolanos, por el cual ha tratado de sembrar la discordia y desconfianza entre ellos haciéndolos odiosos entre sí y los agentes del gobierno, valiéndose para esto de la imprenta, de correspondencias par-ticulares, y de órdenes que si se hubieran ejecutado con el espíritu que se dictaron, hubieran producido la proscripción, la emigración y el aniquila-miento de todos los bienes de la sociedad.

El general Santander ha despreciado á los patriotas virtuosos y de luces bajo el pretexto que no les conoce, para dar destinos y encargos públicos y de lucro á sus adictos y amigos, aunque reprobados por la opinión de la parte sensata é ilustrada : ha dado á la adulación las re-compensas que eran por justicia debidas al mérito y á la virtud ; y ha perseguido y querido envilecer á muchos hombres de este departamento que en los tiempos calamitosos de la república procedieron según sus comprometimientos y circunstancias, pero que ahora no se le humillan ; organizando por otra parte una facción de los neófitos que se le pros-ternan para oscurecer y abatir á los patriotas heróicos y á los hombres que han hecho sacrificios admirables por la independencia y libertad.

Ha removido de sus destinos varios miembros del poder judicial y del legislativo, dándoles empleos de mayor lucro dependientes del Ejecutivo, destruyendo de este modo la independencia de los tres poderes y las garantías de la libertad.

Ha mantenido á la mayor parte de los empleados de la República con el carácter de interinos para que teniendo siempre que esperar y temer de él, fuesen los ejecutivos no de la ley sino de su voluntad : ha conseguido por medio de la mayoría de los votos del congreso vendidos á sus miras par-ticulares, que se declaren en comisión un considerable número de em-pleados : con el mismo designio y por los mismos medios siguiendo su sistema, ha obtenido últimamente que en la ley orgánica militar quedase sometido á sus caprichos todo el virtuoso ejército de la república, auto-rizándolo por el *art. 61 para que todo jefe ú oficial en efectivo servicio agregado ó de cuartel que rehuse marchar á donde fuere destinado por el Poder Ejecutivo, quede borrado de la lista militar, sin que por esto se considere exento de la responsabilidad en que resulte comprendido por la nataraleza de su misión.*

Ha degradado y puesto en ridículo á los legisladores cuando las mo-ciones no han tenido por objeto debilitar el influjo de un poder, ó de cualquiera otro modo no han correspondido á sus miras, logrando de este modo convertirse en legislador y ejecutor de las leyes.

Objecionó la ley que acordó el congreso sobre organización de milicias, arreglada al estado de nuestras instituciones, y no ha mandado suspender la ejecución de su decreto de 31 de agosto de 1824, funda-do sobre principios arbitrarios, contrario á la voluntad general, porque con él se violan los derechos de los ciudadanos, por el abuso que hace de la fuerza pública destinada á combatir los enemigos, empleándola en reducir los ciudadanos á prisión, porque les somete á las leyes militares contra la constitución que cita en su favor, y porque impone penas á los que no se alisten, que no están determinadas por las leyes, lo que también es contrario al artículo 167 de la misma constitución.

La república en sus tiempos calamitosos y desgraciados hizo los gastos de la guerra con los recursos interiores de estos departamentos, y apenas había contraído una deuda extranjera insignificante; mientras que bajo el régimen del general Santander se ha gravado la nación con un empréstito ruinoso, negociado misteriosamente, y distribuido sin sabiduría y con parcialidad. Las rentas de Venezuela se encuentran comprometidas para su pago, á pesar de que no ha entrado en su territorio un equivalente proporcionado al gravamen; con un estado de seis millones de rentas para pagar quince millones de gastos anuales, y los réditos del mismo empréstito, según la exposisión del secretario de hacienda en el presente año.

Agobiados estos departamentos con el peso de una verdadera esclavitud, bajo la forma de una libertad aparente, resentían en el fondo de su corazón la ingratitud de que sus acciones heróicas se recompensasen con vejaciones contínuas; miraban las instituciones como las cadenas de su opresión, y el genio de la administración como la mano del tirano que se complacia en remacharlas: el deber y no el celo público reunía las congregaciones populares, con que se dejaba conocer su indiferencia por los resultados: los destinos constitucionales se daban las más veces á los que querían desempeñarlos: las leyes se consideraban dictadas por condescendencia y el gobierno había perdido la opinión y la confianza: cada cual hallaba su conveniencia en la separación de los negocios públicos, desde que la expresión libre de sus sentimientos aumentaba los riesgos á que estaba expuesta su tranquilidad: la administración parcial del vicepresidente general Santander le había atraído un odio general en estos departamentos que esperaban el remedio de sus males en el trascurso del período constitucional para la elección de otro; más cuando fue reelegido contra sus votos, conocieron que se les abría una nueva carrera de sufrimientos: su triunfo conseguido á despecho de las censuras picantes, pero verdaderas que se publicaron, hubieran hecho sus resentimientos más sensibles. El Libertador Presidente ha dicho muchas veces que el bufete es un suplicio para él, y no habiendo ninguna probabilidad de que se encargue de la administración, era necesario sufrir el duro régimen de aquél que sin duda hubiera aspirado é intrigado el año de 1831 para que se le eligiese presidente, pues él mismo ha dicho que su única ambición es ser el sucesor de S. E. el general Bolívar : los insultos y agravios iban á durar muchos años por un curso regular, al cabo de los cuales hubieran quedado estos departamentos envilecidos y arruinados.

Además se hallaba á la cabeza de este departamento el general en jefe benemérito J. A. Páez, guerrero nunca vencido, y ciudadano infatigable en servicio de su patria : él había libertado de los enemigos este territorio y él mismo estaba encargado de su orden y seguridad: á la gloria de su nombre reunía la que le daba su carácter; jamás se valió ni de la fuerza para doblegar las leyes, ni del temor que inspira su rango para hacer respetar sus caprichos: su autoridad era sólo temida del criminal, y el desvalido siempre encontraba en él su apoyo: generoso con los enemigos y humano con los perseguidos, era amado de los pueblos é idolatrado del ejército: los pueblos sabían por experiencia, que la libertad, el reposo y demás bienes que disfrutaban eran debidos á su valor, actividad y esfuerzos, mientras que el ejército estaba cargado de laureles conseguidos bajo de sus órdenes: las del gobierno le hubieran puesto muchas veces en choque con el pueblo; pero su prudencia suavizaba los resultados; y todos le reputaban como el genio tutelar de estos departamentos.

El general Santander dió su decreto de 31 de agosto de 1824 para el alistamiento general en las milicias, que encontró oposición: el general Páez templó el rigor de la ejecución y dió cuenta al gobierno, de donde se le contestó que el decreto sería aprobado por el congreso, por estar fundado en las leyes: el congreso dió una ley sobre la materia, que el general Santander objecionó, y sinembargo no mandó suspender la ejecución de su decreto.

Para atenciones relativas al orden interior se necesitaron doscientos hombres de milicias por el mes de de octubre del año próximo pasado, los cuales pidió el comandante de las armas de la provincia al intendente del departamento, general de brigada Juan de Escalona, quien con fecha de 20 del mencionado octubre, contestó que era muy difícil la reunión del batallón de milicias por haberse concluido su creación y disciplina desde que se habían puesto á disposición del coronel Francisco Vicente

Parejo: como la necesidad fuese urgente, se repitió la orden, y el in
tendente, con fecha 16 de noviembre, contestó, que cuando se habian
organizado las milicias, se habian pasado los estados de fuerza al comandante general que los habia trasmitido al sargento mayor Juan J. Conde
para que le diera al cuerpo la disciplina necesaria: que desde entonces
en nada se había entendido la intendencia, y que sería muy difícil
conseguir la reunión de los doscientos hombres de milicias, porque no
existían y seria menester formarla de nuevo. Instruido el comandante
general, mandó al comandante de armas de la provincia que procediese
á la reunión por medio del sargento mayor Juan J. Conde, supuesto que
el intendente se eximía de intervenir en la operación; y el intendente
informado por el comandante de armas de la provincia contestó con
fecha 12 de diciembre del año próximo pasado, que no tenía ninguna
dificultad en que se verificase la reunión por medio del expresado sargento mayor.

En el mismo tiempo ocurieron atenciones de mayor gravedad por las
cuales fue necesario ejecutar el decreto del Poder Ejecutivo sobre el alistamiento de milicias con la exactitud posible: en él se previene por el artículo
1° que se alisten en las milicias todos los ciudadanos desde la edad de 16
hasta la de 50 años; por el artículo 9° que el alistamiento se empiece á hacer
el 3° dia después de su publicación en la capital de cada provincia, y que
sea del cargo de las justicias, unidas á la autoridad militar, el verificarlo.
que se repita cada año en enero para alistar á los que han entrado en la
edad de 16 años, y dar de baja á los que hayan pasado de la de 50; por
el artículo 13 que las personas que estando comprendidas en el artículo
1° no estuviesen alistadas en los cuerpos de milicias por su culpa, pasasen
á servir en el ejército permanente, imponiéndose sobre éste las más severas
responsabilidades á las autoridades civiles y militares. Se comunicaron las
órdenes correspondientes al intendente que ofreció su intervención, se citaron dos ocasiones á los ciudadanos y apenas concurieron algunos: S. E. el
comandante general fijó el día 6 de enero del presente año para el alistamiento y el cuartel de San Francisco por punto para la reunión: los ciudadanos que repugnaban el decreto del Ejecutivo no fueron esta vez más obe-
dientes que en las anteriores. El comandante general despachó patrullas
por las calles que cogiesen y llevasen á los que encontraran al cuartel, y
habiendo informado de ello al intendente, éste le pidió que suspendiese la
orden, y ofreció encargarse de la reunión de los ciudadanos: las patrullas se

retiraron y el acto de aquel día se concluyó. El intendente al siguiente día dirigió un informe al Poder Ejecutivo suponiendo que el general Páez había despachado en guerrillas los batallones de Anzoategui y Apure para que salieran por la ciudad recogiendo cuantos hombres encontrasen, con órdenes de hacer fuego á los que huyeran, y registrar las casas que fuera preciso : que estos actos de violencia se habian hecho con ánimo de exasperar los ciudadanos y de turbar la tranquilidad pública ; que el general no contento con estos insultos, había tratado á los ciudadanos con expresiones duras : que era inútil reclamarle el cumplimiento de la constitución y de las leyes ; y después de recriminarle los hechos, atribuyéndolos á su carácter, y no á la necesidad de ejecutar un decreto arbitrario, concluye renunciando la intendencia que antes había renunciado, porque su honor y delicadeza no le permiten continuar en el mando.

La ilustre municipalidad de Caracas dirigió también á la honorable cámara de representantes una representación, con fecha 16 de enero último, en la cual con más exactitud y buen juicio atribuye los hechos no á S. E. el comandante general, sino á la necesidad en que él se vió de ejecutar un decreto que ponia al pueblo de Caracas bajo una especie de milicias á que profesa aversión, y solicitó que se diese la nueva ley que arreglaba la milicia cívica como un remedio que merecía las bendiciones y gratitud de los pueblos.

Con estos documentos procedió la cámara de representantes á acusar á S. E el general Páez ante la del senado que la admitió y por decreto de 27 de marzo mandó que se comunicase al Poder Ejecutivo para los efectos prevenidos en el artículo 100 de la constitución y demás á que hubiese lugar. El Poder Ejecutivo sin dilación ni objeción nombró para comandante general interino de este departamento al general de brigada Juan Escalona, su único acusador, con ultraje del Exmo. señor general en jefe Santiago Mariño y del señor general de división Francisco Rodriguez Toro, llamados por la ordenanza á suceder interinamente al comandante general de este departamento. El general Francisco de Paula Santander encargado de hacer ejecutar y cumplir las leyes, violó de este modo el código militar entrando en predilecciones odiosas.

Es de observarse que la exposición del intendente se hubiese encontrado en la cámara de representantes y servido de fundamento para la acusación cuando había sido dirigida solamente ai Poder Ejecutivo: lo es también que la acusación hubiese sido admitida sin estar comprobados los cargos que se hacían al comandante general, y lo es finalmente que el Poder Ejecutivo no hubiera solicitado la suspensión de un decreto de cuya ejecución podían resultar grandes males á este departamento ; siendo así que él había negado al general Páez la renuncia de su destino, y una licencia temporal de seis meses que había solicitado antes, dándole por razón que su presencia y el ejercicio de su autoridad eran del todo necesarias en este departamento para mantener el orden y conservarle en seguridad.

El comandante general, general en jefe José Antonio Páez, luego que fue informado de que la acusación había sido calificada por la honorable cámara de representantes y estaba pendiente ante la del senado, promovió justificación de su conducta en la ciudad de Caracas acerca de los cargos principales reducidos, el primero, á haber dado órdenes á las patrullas para hacer fuego á los que huyesen, y el segundo, á haber mandado allanar las casas de los ciudadanos.

Los diputados de las municipalidades de estos departamentos han visto el resultado de aquellas justificaciones evacuadas antes del 30 de abril último, de la que aparece que se fijaron carteles en los lugares públicos de la ciudad de Caracas por el término de 12 días, invitando á que cualquier ciudadano cuya casa hubiera sido allanada ó que supiese haberlo sido la de algún otro á que se presentase proponiendo su querella, y que no se presentó ninguno : aparece también que todos los escribanos públicos han certificado que en sus oficios no se encuentra queja promovida por algunos ciudadanos en virtud de habérsele allanado su casa, que los secretarios de la corte superior y sus ministros han certificado en la propia forma : que el discreto provisor vicario capitular del arzobispado certifica igualmente que no ha visto ni sabido que se hubiese allanado la casa de ningún ciudadano, ni que se hubiese atropellado por las tropas : que el comportamiento de S. E. el comandante general ha sido siempre el más honroso, dirigido al interés general : y que en algunos momentos en que la tranquilidad pública ha estado en peligro, su presencia y acertadas providencias han serenado los ánimos y restituido el orden.

Aparece también del expediente instruido por el jefe militar, que han declarado todos los oficiales que salieron de patrulla el 6 de enero del corriente año; que ninguno recibió órdenes para allanar casas, ni saben que se hubiese allanado la de ningún ciudadano : que sólo tuvieron la de conducir al cuartel de San Francisco á los que encontrasen en la calle, haciendo respetar las armas en caso de resistencia. Siendo la consecuencia de todo, que estos departamentos al retener en su seno á S. E. el comandante general benemérito José Antonio Páez, no han abrigado á un criminal para sustraerlo al castigo de la ley, por ser los cargos enteramente falsos: que su inocencia está más que suficientemente comprobada, porque si las providencias del día 6 de enero fueron violentas, deben atribuirse, no al comandante general, sino á la necesidad en que estaba de ejecutar el decreto del poder ejecutivo, al cual profesaba la ciudad de Caracas una justa aversión para el género de milicias á que se la sujetaba.

De todo lo dicho se infiere que la constitución del año de 1821 no fue sancionada por el voto libre de los pueblos deliberando en calma acerca de sus derechos, sino el resultado de aquellas circunstancias. Sin leyes fijas, sin rentas, con ejércitos enemigos poderosos dentro del territorio y con las plazas principales ocupadas por éllos, no era posible establecer con detenida meditación todo lo concerniente al orden y tranquilidad interior: la constitución misma en muchos casos deja la puerta abierta á la arbitrariedad. Por el artículo 55 parágrafo 25 se atribuye al Congreso la facultad de conceder al poder ejecutivo, durante la guerra de independencia, aquellas facultades extraordinarias que se juzguen indispensables, de las cuales el general Santander ha sabido hacer un diestro manejo para sus fines particulares: por el 65 se le permitió destinar á los senadores y representantes, quedando á elección de éllos admitir ó recusar el encargo, arma poderosa de que aquél se ha valido para corromper la integridad de muchos: se dejaron también de establecer algunas bases indispensables para mantener la independencia nacional: la moción para que los representantes y senadores no pudiesen obtener empleos de lucro, honor y confianza del poder ejecutivo durante el tiempo de su representación, fue rechazada en aquella época, porque la república no tenía hombres bastantes que llenasen los destinos, por hallarse muchos emigrados, y otros en países ocupados por los enemigos. Estos mismos fundamentos debieron inducir á aquellos lejisladores á presentar la constitución á los pueblos para su examen, deliberación y libre consentimiento; pero élla fue sancionada por el mismo Congreso constituyente que la ejecutó en parte, y cuando se presentó á los pueblos fue para el solo fin de que prestasen juramento de obedecerla: los pueblos hasta ahora han experimentado más el sistema opresivo del jefe de la administración, que los benéficos efectos de las leyes: éllos han sido gobernados por las facultades extraordinarias concedidas al poder ejecutivo y delegadas por éste á los comandantes generales y otras personas de su confianza.

Por tanto, evacuado ya por los españoies todo el territorio de la república, es un deber de los pueblos constituirse de una manera sólida, sacudiendo el maligno influjo de las leyes de circunstancias, y este deber lo es principalmente de aquellos pueblos que como éste no han concurrido con sus votos para la formación de las leyes á cuya observancia se les ha obligado. Para conseguir este objeto es necesario aproximar la época de la gran convención nacional, que por fruto de su experiencia y sabiduria, les restituya sus garantías imprescriptibles, y los derechos de que han estado privados: de élla esperan la reconciliación con las instituciones, y los sólidos cimientos del edificio social: para solicitarla se han reunido. los pueblos, y para conseguirla están dispuestos á derramar su sangre bajo la dirección del digno jefe que han elegido, cuyo nombramiento ratifican, y de la influencia del Libertador Presidente que con sus talentos y experiencia nos comunicará lecciones de sabiduría que hagan duradera nuestra felicidad. Tal ha sido el voto unánime de los diputados de las municipalidades de estos departamentos que suscriben.

Martín Tovar—Doctor José Antonio Rodríguez Borges—Doctor Miguel Peña, Pedro Machado, José Joaquín de Altuna, Cruz Sequera, José Antonio Solano, Tomás Lander, Marcos Borges, Miguel Antonio Torres, Ramón Palacios, Manuel de Aurrecoechea, José Rafael Mayora, Luis Pérez, Justo de Maya, Francisco Galindes, Ignacio Núñez, Cristóbal Soto, Trinidad Canelo, Miguel Hererra, Pedro Tinoco, Ramón Durán, Carlos Pérez Calvo, Juan José de Liendo, José Rafael de Martín, Francisco Javier de Narvarte. Vicente Michelena.

RESPUESTA DEL LIBERTADOR
á la carta oficial en que el Poder Ejecutivo le participó el movimiento del 30 de abril en Valencia. (*)

—

SIMON BOLIVAR,
Libertador de Colombia y del Perú, etc.
A. S. E. EL VICEPRESIDENTE DE LA REPUBLICA DE COLOMBIA, ENCARGADO DEL PODER EJECUTIVO.

—

Excmo. Señor :

Desde que fuí informado del estado de Venezuela, temí algún trastorno en aquella parte de la república. Las comunicaciones y cartas privadas confirmaban mis temores, y queriendo contener los progresos de un mal que veía desenvolverse rápidamente, destiné á mi edecán el coronel O'Leary á Venezuela, tocando en Bogotá con despachos para el general Páez y para todas las personas de influjo y respetabilidad allí. Desgraciadamente no llegó á tiempo, y el 30 de abril tuvo lugar en Valencia el lamentable suceso que V. E. me comunica en su nota de 9 de junio.

He escrito nuevamente á Venezuela á fin de ver si consigo que las cosas queden como están, sin dar pasos ulteriores que hagan después difíciles, ó quizá infructuosos todos mis esfuerzos para restablecer el orden debido.

—

[*] Documentos de la Vida Pública del Libertador, tomo VII, pág. 178

El general Páez ha destinado cerca de mí al señor Diego Urbaneja y al coronel Ibarra. Estos regresaron á Guayaquil de la altura de Paita, por un falso informe que tuvieron de que yo marcharía de aquí antes de que éllos llegasen. Ignoro, pues, las noticias circunstanciadas que deben darme sobre la naturaleza, progresos y estado de las cosas hasta su salida. *Sin embargo, éllos me han asegurado de parte del general Páez, que no daría un paso adelante y esperaría inalterablemente mi intervención.* A pesar de estas seguridades, mi agitación no ha podido calmarse teniendo siempre presente los efectos que produce el primer paso y las calamidades en que puede envolverse la república.

Dentro de muy pocos días estaré en Colombia, y en el entretanto me parece que el gobierno no debe emplear ninguna medida fuerte ó violenta, ni de una naturaleza capaz de hacer que lo ocurrido hasta aquí tome un carácter peligroso antes de mi llegada.

Dios guarde á V. E., etc.

BOLIVAR.

Lima, 25 de agosto de 1826—26.°

MANIFIESTO DEL GENERAL JOSE ANTONIO PAEZ,

RELATIVO A LA EJECUCION DEL DECRETO DEL PODER EJECUTIVO PARA ALISTAMIENTO DE LAS MILICIAS, QUE MOTIVO SU ACUSACION ANTE EL SENADO. (*)

Un hecho que alarmó á muchos habitantes de la ciudad de Caracas: que motivó el celo de la primera autoridad

---

(*) **Documentos de la Vida Pública del Libertador,** t. VII, p. 50.

civil del departamento al dirigir al poder ejecutivo una
nota oficial caracterizándome de arbitrario: que sirvió de
fundamento para mi acusación ante el Senado: que motivó mi suspensión de la comandancia general de las armas:
del que han resultado consecuencias por las cuales se ha
alterado el orden antes establecido, y se ha trazado el plan
de una nueva marcha política que asegure el reposo y
tranquilidad de estos países: por los cuales se ha censurado
mi conducta en los periódicos de la capital de Bogotá y en
otros de naciones extranjeras, atribuyéndome intenciones
siniestras ó miras ambiciosas; y un hecho, en fin, que puede ser la semilla de grandes bienes ó de grandes males,
no debe quedar expuesto á ser desnaturalizado por el
fermento de pasiones opuestas; y parece justo presentarlo
á la luz pública con toda la extensión, candor y claridad
posible, á fin de que los hombres ilustrados ahora y después teniendo á la vista documentos fehacientes, puedan
combinar sus ideas con fundamentos irrefragables y formar
un juicio exacto. El respeto que debo á la sociedad me
impone este sagrado deber, que desempeñaré con toda
fidelidad.

Encargado de la comandancia general de las armas de
este departamento desde el año de 1821 por disposición de
S. E. el Libertador Presidente, después de la memorable
batalla de Carabobo, en que vimos al ejército español huir
despavorido delante de nuestros guerreros, todos mis desvelos y sacrificios se dirigieron á poner en vigor la
disciplina militar, á sostener con la fuerza las nuevas instituciones que se daban á un pueblo recién salido de la
servidumbre, á contener las convulsiones políticas de algunos espíritus inquietos, á destruir las guerrillas que infes-
taban el territorio, á combatir contra nuestros crueles y

tenaces enemigos, y á restablecer por to.los los **medios que**
estaban á mi alcance la seguridad, la paz y **tranquilidad**
general; mi conducta en la guerra mereció **siempre la**
aprobación del gobierno, y mi política no tuvo **otro fin** que
ganar ciudadanos para la patria, tratando con **generosidad**
á los vencidos, é inspirando á los demás **confianza en el**
cumplimiento de las leyes, proporcionando á **unos y á otros**
el reposo á que les daban derecho las **garantías** constitucionales.

Cinco años de vigilias y continuos esfuerzos, **y** cuida-
dos habían serenado las agitaciones del *departamento de*
mi mando: los españoles vencidos en todos nuestros encuentros, y los ciudadanos ejerciendo libremente sus talentos
ó su industria sólo censuraban los errores de la *adminis-*
tración ó la inconveniencia de las leyes; pero el orden
interior y el respeto de las autoridades se observaba en
cada distrito: los resortes del gobierno parecían *tener la*
energía necesaria para cuando se presentó el genio de la
discordia en este suelo, con el decreto del Poder Ejecutivo
de 31 de agosto de 1824, para el alistamiento general de
los ciudadanos en la milicia, desde la edad de dieciseis años
hasta la de cincuenta, en cuyo artículo 1º se manda que
se alisten todos, exceptuándose únicamente los individuos
del ejército permanente, los milicianos de artillería y de
la marina nacional y los eclesiásticos ordenados *in sacris:*
por el artículo 3º, que en los departamentos y provincias
donde ya están organizados cuerpos de milicias, con aprobación del gobierno, se complete su fuerza al pie de su
creación; que donde no estuvieren organizadas lo verifique
el comandante de armas de la provincia ó el *comandante*
general de milicias, ambos bajo la dirección del comandante general del departamento: por el artículo 7º, que los

comandantes generales de los departamentos llamen al
servicio para aumentar y reforzar el ejército, en los casos
de necesidad, á los cuerpos de milicias que por instrucción y disciplina, merezcan mayor confianza, y desde que
las milicias se pongan al servicio activo, gocen del fuero
militar conforme al artículo 174 de la constitución: por el
artículo 9º, que el alistamiento se empiece á hacer el tercero día de la publicación del decreto en la capital de
cada provincia: que sea de cargo de las justicias unidas
á la autoridad militar el verificarlas: que se repita cada año
en enero para alistar á los que han entrado en la edad de
dieciseis años, y dar de baja á los que hayan pasado de
cincuenta: por el 12, que todos los cuerpos creados con
la denominación de guardia nacional ó cívica quedasen
destruidos, y que su fuerza sirviese para organizar los
cuerpos de milicias de que se ha hecho mención; y por el
artículo 13, que las personas que estando comprendidas
en el artículo 1º no estuviesen alistadas en los cuerpos de
milicias por su culpa, pasasen á servir al ejército permanente, sobre lo cual dice: se impone la más severa responsabilidad á las autoridades civiles y militares.

Estos son los artículos más notables del mencionado
decreto, que se vió con repugnancia en la ciudad de Caracas, y aun se censuró violentamente en algunos periódicos,
por cuya causa consideré que había peligro en su rigurosa
ejecución. Sin embargo, para no cargar enteramente con
la responsabilidad que en él se me impone, dí las órdenes
correspondientes, en virtud de las cuales se organizaron
algunas compañías, é informé al gobierno de los síntomas
desagradables con que se había recibido la disposición.
El vicepresidente de la república, en cartas particulares,
me inspiró la mayor confianza, asegurándome que el Con-

greso aprobaría el decreto porque estaba fundado en las leyes. En las sesiones del año de 1825 se dió ley sobre la materia, arreglando las milicias bajo de distinta base; pero aquélla no se publicó, acaso porque fue objecionada por el Poder Ejecutivo que por otra parte no comunicó orden alguna para suspender su decreto, que se había ejecutado en todas partes, menos en este departamento, porque yo había creído que era prudencia contemporizar con la opinión, sin dejar por eso de cumplir en parte su contenido.

En tales circunstancias se me informó por el comandante de las armas de la provincia de Caracas que se habían descubierto en aquella ciudad algunos fundamentos de una revolución, de tal naturaleza y gravedad que las autoridades habían considerado indispensable averiguar judicialmente la verdad, y se habían preparado cárceles para detener á los culpados de que probablemente resultaría un crecido número, manifestándome al mismo tiempo que la ciudad estaba indefensa, que no tenía tropas de que disponer para auxiliar á los demás pueblos: y me pidió que dispusiese hacer marchar allí la fuerza que creyese correspondiente para ocurrir á los objetos indicados. Yo remití al gobierno supremo esta comunicación original, y después de haber consultado y meditado seriamente los medios suaves de que podría valerme para consultar á la seguridad pública, sin causar inquietud en los ánimos ni alarma en el pueblo, resolví poner en ejecución el decreto sobre alistamiento de las milicias, más bien que aumentar la guarnición con tropas veteranas que las tenía destinadas á otros importantes objetos.

Para llevar á efecto mi resolución, oficié lo conducente al comandante de las armas de la provincia, encargándole que se pusiese de acuerdo con el señor intendente en conformidad del artículo 9º del expresado decreto, y sus comunicaciones fueron las que aparecen en el documento número 1º. Dos veces fueron convocados los ciudadanos al alistamiento y otras tantas desobedecieron: no estaba ni en mi carácter personal, ni en el honor de mi destino, ni en el de las armas de Colombia permitir que se hiciese una burla de la autoridad: la prudencia hermanada á la necesidad me impelieron á hacer ejecutar la orden con la fuerza armada, y por tercera vez señalé el día 6 de enero del presente año para que á las nueve de la mañana se presentasen todos los ciudadanos en el cuartel llamado de San Francisco á alistarse en las milicias: llegada y pasada la hora sin haber concurrido, mandé que salieran patrullas por las calles y llevasen al cuartel los hombres que encontrasen.

Al mismo tiempo envié uno de mis edecanes á participar al señor intendente la medida: éste me contestó que retirase las patrullas y que él quedaba encargado de hacer que los ciudadanos se presentasen al alistamiento. Inmediatamente dí la orden, y las patrullas volvieron al cuartel sin haber ofendido ni causado á las personas que encontraron más molestia que haberles prevenido y hecho que siguiesen con éllos al cuartel.

Debo protestar ante el mundo entero que en esta operación no tuve otras miras que la de ejecutar el decreto referido, sin causar á los ciudadanos el grave mal de destinarlos al ejército permanente, como pudiera haberlo hecho en conformidad del artículo 13: que la ejecución la promoví en obsequio de la seguridad y tranquilidad del departamento de mi mando para contar con una fuerza organizada, en caso que brotase la insurrección, sin causar gastos al Estado ni hacer con anticipación movimientos militares que pusieran en cuidado á la población. A pesar de estos fines laudables en si mismos, el señor intendente, general de brigada, Juan de Escalona, dirigió el día siguiente una exposición al gobierno, suponiendo que los ciudadanos se habían reunido voluntarios por tres ó más ocasiones anteriormente en consecuencia de un bando: que yo había dado órdenes para hacer fuego sobre los ciudadanos que huyeran, y registrar las casas que fuera preciso; y que en fin la medida había sido escandalosa, violenta, dirigida á perturbar la tranquilidad pública, vejatoria al pueblo de Caracas, y de tal naturaleza, que él creía que sería difícil, si no imposible que hubiese un hombre de honor amigo de la patria, que se encargase de la intendencia mientras yo tuviera el mando militar; pidiendo al mismo tiempo que se le admitiese la renuncia que antes tenía hecha, porque su delicadeza no le permitía continuar en ella, viendo la imposibilidad de poder obrar el bién, según más extensamente consta de la copia de la representación marcada con el número 2.

Para refutar de paso la exposición del señor intendente en la parte en que asegura que los ciudadanos se habían reunido voluntariamente en las convocaciones que antes se les habían hecho, podría publicar varios oficios de la comandancia de milicias á la de armas de la provincia, en que manifiesta que aún los ciudadanos alistados resistían concurrir á la instrucción; mas por no aglomerar documentos y cansar á los lectores, haré uso únicamente del que aquel comandante pasó á este en 17 de diciembre del año próximo pasado con motivo de habérsele mandado poner sobre las armas doscientos hombres de los alistados, el mismo que va marcado número 3°; por el cual consta que aún de estos no se presentaron sino como treinta hombres y de ellos la mayor parte oficiales. No es la primera vez que la diferencia entre los hechos y los informes del mismo señor intendente al gobierno, me ha hecho publicar documentos que descubriendo la verdad pongan mi conducta en consonancia con las leyes ó con la política: mientras más estime cada individuo su delicadeza y honor, tanto mas debe guardarse de ofender al ageno, maxime cuando la inexactitud puede dar á la imputación el nombre de una calumnia aventurada, ó cuando se dirige contra otro, que como yo, pueda sin lisonjear su amor propio, ni complacer su vanidad, asegurar por sólo la notoriedad de los hechos, que ha dado pruebas positivas de haber amado á su patria en grado más eminente que los que se titulan sus amigos por escrito.

La ilustre municipalidad de Caracas dirigió también con fecha 16 del mismo mes de enero una representación á la honorable cámara de representantes, en que exageró los hechos del día 6, se quejó de que se hubiese realizado el alistamiento el día 9 conforme al decreto: manifestó que si la población se prestó, fue porque la citación emanó de la autoridad civil y por temor de algún atropellamiento: expone que los actos que llama arbitrarios habían tenido lugar por falta de una ley que demarcase las funciones y dependencia de los ciudadanos en la milicia nacional; confiesa que aquellos habitantes profesaban una aversión conocida á la clase de milicia á que pretendía sujetárseles, y pidió que se determinase por una ley cuál era la clase de milicias en que debían ser alistados los ciudadanos, según aparece del documento número 4.

28

Obsérvese que la ilustre municipalidad de Caracas considera la arbitrariedad de los hechos como emanada, no de mi intención á invadir los derechos de los ciudadanos, sino de la necesidad en que estaba de dar cumplimiento al decreto, con cuya simple ejecución se violaban, según su modo de pensar : que la misma municipalidad confiesa la aversión que tenía á someterse bajo su contenido : que la queja se dirige á la cámara de representantes no sólo por las operaciones del día 6 de enero que han querido llamarse arbitrarias, sino por las del día 9 en que el alistamiento se verificó sometiéndose el pueblo por medio de un bando al cumplimiento del decreto; y obsérvese finalmente, que la municipalidad no propone una acusación contra mi persona, sino que únicamente solicitó la ley que determinase la clase de milicias y el arreglo del alistamiento á que deberían sujetarse los ciudadanos, según lo permitieran nuestras instituciones liberales. Este era el solo documento que debía existir ante la cámara de representantes; que sin piezas justificativas quedaba reducido á un informe desnudo bastante para conseguir el objeto que se propusieron, y de ninguna manera para fundar una acusación. Sin embargo, se tuvo también presente la nota oficial de la intendencia, que por un orden regular debió sólo encontrarse en la secretaría respectiva del Poder Ejecutivo, sin comprobantes tampoco de las infundadas aserciones que contiene.

Con estas simples exposiciones, sin más apoyo que el que pudiera darles la predisposición de los ánimos, se propuso y calificó la acusación ante la honorable cámara de representantes, que la elevó á la del senado, donde fue admitida, y su vicepresidente, con fecha de 27 de marzo último dijo al Poder Ejecutivo lo que sigue: «Pongo en

conocimiento de V. E. para los efectos prevenidos en el
artículo 100 de la Constitución, y demás que haya lugar,
que la cámara del senado ejerciendo las funciones de
Corte natural de Justicia, ha admitido en este día la
acusación propuesta por la cámara de representantes contra
el comandante general del departamento de Venezuela,
general en jefe José Antonio Páez por mal desempeño
de su empleo con motivo del alistamiento de milicias
en la ciudad de Caracas. Dios guarde á V. E.—Estanislao
Vergara.

Del antecedente oficio se convence claramente que el
motivo que hubo para mi acusación fue por haber desempeñado mal las funciones de la comandancia general al ejecutar
el decreto mencionado sobre el alistamiento en las milicias. Desde que tuve noticias que el intendente general
Juan de Escalona, y la ilustre municipalidad de Caracas habían
representado á Bogotá acerca de este suceso, traté de instruir pruebas y tomar comprobantes de mi conducta, de
las cuales sólo presentaré al público las que se habían
evacuado antes del 30 de abril último en cuya fecha fuí proclamado en esta ciudad comandante general del departamento y director de la guerra con las demás atribuciones
necesarias; para que no se crea que el miedo á la fuerza ha
tenido la menor parte en sus resultados.

Desde esta ciudad envié á la de Caracas una persona
encargada de mi poder, que se presentó el día 5 de abril
último ante el alcalde 1º municipal promoviendo justificación sobre la conducta que habían observado las patrullas
para con los ciudadanos, y conforme á mi solicitud se
mandó en 8 del mismo mes, con consulta de asesor que
se fijasen carteles en los lugares públicos y acostumbrados
de aquella ciudad por el término de ocho días, dentro

de los cuales se presentase cualquiera ciudadano cuya casa hubiese sido allanada, ó que supiera que lo había sido la de algún otro por las tropas bajo mis órdenes, el día 6 de enero del presente año, á jurar, declarar y aún comprobar lo que supiese sobre la materia; y en efecto se fijaron los carteles del tenor que aparece, el que se encuentra entre los documentos, marcado con el número 5º.

El escribano Juan Manuel de Bárcenas certifica que aunque permanecieron fijados por doce días no había resultado demanda ó queja, ni de síndico procurador ni de otra persona alguna. También se mandó por el dicho alcalde municipal en la misma fecha, que todos y cada uno de los escribanos públicos certificasen si en sus oficios ó archivos se encuentra alguna queja promovida contra mí, por habérsele allanado su casa en el día mencionado; y los escribanos Juan Manuel de Bárcenas, Juan Nepomuceno Albor, Manuel José Alvarez, Joaquín Antonio Zumeta, Juan Antonio Hernández, Rafael Márquez y Manuel Gómez certifican: que en sus oficios no existe, ni por ante éllos ha pasado queja relativa á lo que se pregunta.

La corte superior de justicia, previos los informes de sus secretarios, certificó en 18 de abril último lo que sigue:—Vista la exposición de los secretarios, y resultando que á este tribunal no ha ocurrido queja ni negocio alguno relativo á allanamiento de casa el día 6 de enero último, entréguese este documento á la parte que lo solicita, advirtiéndose que la Corte no ha tenido otras comunicaciones que aquellas legales relativas al cumplimiento de la ley sobre alistamiento general.—*Martínez.—Yánez.—España.*

La ilustre municipalidad á quien se pidió que certificara lo que le constase, contestó por decreto de 10 de abril último: que en cumplimiento de sus deberes había dirigido el correspondiente informe al supremo gobierno, al cual se remitía, y que no podía tomar la contraria representación de certificante.

El discreto provisor vicario capitular del arzobispado certificó lo que sigue: « Nos José Suárez Aguado, presbítero, doctor en ambos derechos y sagrada teología, deán dignidad de la Santa Iglesia Metropolitana de Caracas y Venezuela, provisor y vicario capitular de este arzobispado, sede vacante, certificamos en debida forma: que no vimos ni supimos, que el Excmo. señor general en jefe José A. Páez, con motivo del alistamiento de milicias que hizo en esta ciudad el 6 de enero último, hubiese allanado ninguna casa ni atropelládose á algún ciudadano por las tropas de su mando, ni cometido acción contraria al buen orden: que su comportamiento ha sido siempre el más honroso con respecto á su deber á la humanidad y al interés general; y especialmente en algunos momentos turbulentos de esta ciudad en que parecía que la tranquilidad pública iba á perderse; en los que dando las mayores pruebas de serenidad, ha conciliado, con sólo su presencia y acertadas providencias, el choque peligroso que se presentaba. Así lo certificamos á solicitud de la parte, y lo firmamos en Caracas, á 8 de abril de 1826: *Doctor José Suárez Aguado.*— Por mandado de Su Señoría, *Doctor José Francisco Diepa,* secretario.»

Por la parte militar se hizo también investigación con la mayor exactitud, y al efecto el jefe de E. M. coronel Francisco Carabaño con fecha 1º de abril último ofició al comandante del batallón Apure lo que sigue : « El señor comandante general del departamento quiere que haga una sumaria averiguación sobre si las patrullas que el día 6 de enero de este año se destinaron á recoger alguna gente para el alistamiento de los cuerpos de milicias, conforme á las órdenes del gobierno supremo, allanaron la casa de algún ciudadano. En esta virtud se servirá usted proceder por sí mismo con el oficial que tenga á bien nombrar á la formación de dicha prueba, examinando á los mismos oficiales que fueron destinados para aquel servicio, y todas las demás personas militares que puedan tener conocimiento de este asunto. Se tendrá especial cuidado en hacer la pregunta de quién recibieron las órdenes y si tuvieron la de allanamiento de las casas.—Dios guarde á usted.—*Francisco Carabaño.*

El señor comandante del batallón Apure, Guillermo Smith, con el ayudante del cuerpo Enrique Mayer, á quien nombró de secretario, examinó al sargento mayor Juan José Conde, comandante accidental de milicias, quien contestó, que hallándose S. E. el comandante general del departamento en la ciudad de Caracas, á fines de diciembre del año próximo pasado, se habían citado por bando á las milicias ya organizadas para que concurriesen al cuartel de San Francisco: que no habiéndose reunido más que doscientos hombres, volvieron á citarse para el día 1° de enero y sucedió lo mismo, y que habiéndoles vuelto á llamar para el día 6 del mismo mes, y concurrido muy poca gente, dispuso que saliesen patrullas del batallón Apure á recoger los hombres por la calle, lo que se verificó: que á poco rato mandó el general que por medio de cornetas se hiciese saber á las patrullas que se retirasen á su cuartel, lo que también se ejecutó, sin que el que declara supiera, que alguno de éllos hubiese allana-

do la casa de algún ciudadano, ni tenido órdenes para
ello. Declaran también todos los oficiales encargados de
patrullas, quienes expusieron lo que sigue: El capitán
Francisco Peruca dijo: que recibió órdenes del señor
coronel Arguíndegui, comandante interino de la provincia, para salir con una patrulla á recoger los hombres
que encontrase en la calle: que habiendo salido y cami-
nado cerca de dos cuadras, oyo tocar retirada por una
corneta, y lo hizo llevando consigo una persona sin recibir mal trato: que no allanó casa alguna ni tuvo semejante orden, y que tampoco sabe que algún otro oficial lo haya
hecho. El capitán Juan de Sola contestó: que recibió
las órdenes del señor coronel Arguíndegui: que no trajo
al cuartel persona alguna, porque apenas anduvo una
cuadra, cuando se le mandó retirar: que ni recibió órdenes
de allanar casas ni menos lo hizo, y que tampoco sabe que
lo hubiesen hecho las demás patrullas. El subteniente José
Alfaro dijo: que recibió las órdenes del señor coronel Arguíndegui, que no condujo á nadie al cuartel porque muy
pocos momentos después se tocó retirada: que no tuvo
orden de allanar casa, ni sabe que algún otro comandante
de patrulla la hubiese tenido. El subteniente Esteban
Rodríguez dice igualmente que recibió órdenes del señor
coronel Arguíndegui: que llevó al cuartel seis hombres
que encontró en cuatro cuadras que anduvo: que se
retiró por haber oído el toque de una corneta: que no
tuvo orden de allanar casas ni sabe que algún otro comandante lo hubiese hecho. El subteniente Juan Odremar dice
que recibió las ordenes del señor coronel Arguíndegui: que
en cumplimiento de éllas llevó al cuartel diez ó doce ciudadanos sin haberse visto obligado á usar de la fuerza contra
éllos: que no allanó ni tuvo órdenes para allanar las

casas, ni sabe que alguna otra de las patrullas lo hubiese ejecutado. El subteniènte José Rivero declara en los mismos términos y expresa que no llevó al cuartel individuo alguno por habérsele mandado retirar muy pronto. El teniente José Salcedo y subteniente Hilario Lara dijeron: que aunque habían sido llamados para salir de patrulla, no lo verificaron porque al llegar al cuartel se habían mandado ya retirar las que habían salido.

Concluidas estas declaraciones mandó el señor co-. mandante Guillermo Smith que se entregasen al señor coronel Francisco Carabaño por no haber más personas que pudiesen informar sobre el asunto, habiendo declarado todos los oficiales encargados de patrullas. En la misma forma se le entregó el expediente obrado ante las autoridades civiles, y entrambos existen en mi poder, como que debían servir de documentos para mi defensa, ante la honorable cámara del senado.

En vista de éllos no es posible que el entendimiento se niegue á la convicción que resulta de la falta de verdad con que informó el intendente general de brigada Juan Escalona al gobierno, tanto en cuanto á las reuniones numerosas y voluntarias de los ciudadanos en los días que precedieron al 6 de enero último, como en cuanto á las órdenes que supuso había dado yo de que las tropas hiciesen fuego sobre los ciudadanos que huyesen y que allanasen las casas que fueran necesarias: si estos imaginarios atentados pudieron influir en los ánimos de los representantes y senadores para promover y admitir mi acusación: si la autoridad del intendente se consideró como un documento irreprochable en la materia, y si él ha venido á ser el origen funesto de las consecuencias que han sobrevenido, ¿cuánta no será su responsabilidad? Para ponerse á cubierto ó más bien, para dar cuerpo á la calumnia, se había encargado al alcalde 2° municipal ciudadano Gerónimo Pompa que instruyese una justificación reservada sobre mi conducta: considerando las escelentes cualidades de este ciudadano, la mortificada situación en que se encontraba teniendo que servir de instrumento al poder arbitrario, y de pábulo á la intriga; y más que todo, deseando dar pruebas de mi moderación no he querido ni aun saber los progresos del justificativo; pero sí llegó á mis manos la carta reservada que me envió el ciudadano José Ignacio Munar, y la protesta que hizo ante el escribano público Manuel José Alvarez en 1° de mayo último, que entrambas se encuentran entre los documentos marcados con los números 6° á 7°, de los cuales resulta que tanto á José Ignacio Munar como á su hijo José Pablo de edad de 15 años se les habían fraguado declaraciones amañadas suponiendo que habían visto y afirmado los que no les constaba, y que descubierto el hecho, el escribano Rafael Márquez se negó á corregirlo, por lo cual se vió aquél en la necesidad de hacer la protesta, para evitar los males que pudieran originárseles de una declaración falsa, y para que ésta, según él se expresa, no pudiera causar ningún perjuicio.

Parecería increíble que á un hombre que ha dado tantas pruebas de su generosa consagración á la causa de la independencia: que se ha batido tantas veces por su libertad y sus derechos: que ha dado á la patria tantos días de gloria, y á quien se le han recompensado sus servicios con todos los honores de la milicia, se le busquen testigos falsos, pobres y desconocidos para labrar su ruina y precipitarle á la desgracia: esta intriga infame, hija de la más negra ingratitud, pasaría al extremo de ridícula y absurda, si estuviese sólo fundada en congeturas; pero los documentos hablan por sí mismos: la carta y la protesta llegaron á mis manos antes que Carácas hubiese hecho su movimiento, y puedo asegurar que todavía no conozco á este hombre honrado que me las envió.

El hecho mismo de haberse promovido una justificación semejante cuando yo estaba todavía con el mando de las armas, es la mejor prueba de la falsedad de la acusación: si yo hubiera sido un arbitrario, un opresor de las libertades públicas, un hombre que no temía violar la constitución ni respetaba los derechos de los ciudadanos, mis enemigos hubieran temido los efectos de mi carácter, y no hubieran emprendido justificar calumnias y falsedades.

Yo pongo á la consideración de mis conciudadanos y del mundo entero de cuántas otras medidas ocultas no se habían valido mis enemigos y contrarios para desfigurar mis acciones, ennegrecer mi conducta y triunfar en la acusación, cuando fueron capaces de buscar testigos falsos en Caracas á cuyas declaraciones se hubiera dado ante el senado todo el peso y consideración que permitiera la exageración misma, aumentando su valor en proporción á la pobreza del testigo, y acaso suponiendo que sólo la fuerza de la verdad y el sentimiento de la justicia pudieran haberle inspirado el valor necesario para declarar una verdad tan temible contra un hombre revestido de poder y tan capaz de abusar de él: cuando los periódicos de Bogotá se habían empeñado en elogiar la firmeza de los representantes y senadores en hacer triunfar las leyes sobre el despotismo, y cuando al mismo tiempo se publicaban con notas y censuras otros hechos míos, como el del teniente coronel Francisco Padrón por haberme negado á entregar su persona á la autoridad civil, con el único designio de poner lunares á mi reputación, de hacer odioso mi nombre, de preparar en su favor las opiniones de mis jueces, y de asegurar el miserable suceso de su mal urdida intriga.

Aunque la debilidad del fundamento que se había buscado para mi acusación, me daba motivo para sospechar de la imparcialidad de mis jueces y aunque el hecho mismo de verla admitida sin documentos daba más fuerza á mi sospecha; con todo yo estaba resuelto á dar la prueba más clara de mi sumisión á las leyes y obediencia á las autoridades constituidas, sacrificando en las aras de la patria mis glorias, mis bienes y mi vida, antes que turbar el reposo y tranquilidad de los ciudadanos: asi fue que luego que recibí la orden del Poder Ejecutivo, conforme con el decreto del senado, mandé reconocer por el conducto legal al señor general de brigada Juan Escalona por mi sucesor interino en la comandancia general, y suspenso ya del mando de las armas, preparaba todos los documentos y demás cosas necesarias, para mi marcha á la capital de Bogotá, que pretendía ejecutar inmediatamente.

Tal ha sido mi conducta personal en los días 6 y 9 de enero con respecto á los habitantes de la ciudad de Caracas para la ejecución del decreto sobre alistamiento en las milicias, y con respecto al gobierno en el desempeño de las facultades que me había confiado, y obediencia á las órdenes que se me comunicaron hasta la de mi suspensión: el público juzgará de la justicia ó injusticia con que se me ha acusado: las patrullas que se repartieron por las calles para reco··· los ciudadanos, no deben haber alarmado á los repres·ntantes y senadores cuando ellos sabían y habían vist· ·ue en la capital de Bogotá ·se repartían todos los domi··os para el mismo objeto.

Los actos posteriores después de mi resignación del mando son de otro género emanados de los pueblos, que no hacen el objeto principal de este papel, y de que ya se ha hablado difusamente en otros muchos. Los periódicos de Bogotá y algunos otros impresos del mismo origen han atribuido el movimiento de esta ciudad el día 30 de abril último, algunas veces á una facción de cuatro individuos, y otras á la fuerza armada apoyada y sostenida con mi influjo, bien para sustraerme del juicio del senado, ó por otras miras ambiciosas que infundadamente me han supuesto, por no confesar que los pueblos estaban y están resueltos á mejorar sus instituciones.

Si pasara en silencio mi conducta en tales acontecimientos, podrían creerse justificadas las ridículas imputaciones que se me han hecho. Voy á hablar, aunque de paso, del movimiento de esta ciudad, en el mismo lugar donde aconteció, á presencia de todos los que lo han visto, y en prueba de la sinceridad de mi exposición, pido á cualquiera que encuentre alguna variedad en los hechos, que los presente al público con franqueza, para que de esa manera la opinión pública se rectifique, los calumniadores callen, las almas pequeñas y los que tratan de sacar ventajas ó promov·r su elevación con chismes por medios ocultos, sean desmentidos y avergonzados; voy á hablar con la única intención de arrancar este acontecimiento de las imposturas de los traidores, de las viles plumas de los escritores que venden sus sentimientos y juicio á la esperanza de mejor fortuna y de los opresores y arbitrarios que forman á su voluntad un crimen de todo lo que no favorece á su situación y conveniencia; y voy en fin á hacerlo con el interés que me inspira la nobleza de los sentimientos que animaron á estos pueblos en aquella ocasión y que fueron causa de que por gratitud y generosidad renunciase á mis glorias, á mi fortuna, y á mi suerte para identificarme con ellos en la heróica causa de afianzar nuestra libertad, y fijar una administración protectora de la felicidad común.

S. E. el Libertador en oficio de 10 de febrero de 1819 al recompensar mis servicios me había dicho que lo hacía en atención á que yo había salvado las reliquias de la Nueva Granada y libertado el bello territorio del Apure creando en él un ejército libertador: no hay quien ignore las privaciones y los prodigios que ese mismo ejército obró en la causa de la independencia: después de haber vencido á los españoles en todos nuestros encuentros, estábamos sirviendo en la paz para mantener el orden y conservar la tranquilidad pública: los habitantes de estos lugares estaban persuadidos que las conveniencias y garantías sociales que disfrutaban, dependían en gran parte de mi permanencia en este departamento, y desde que se recibió la noticia de mi suspensión, y de que el general de brigada Juan de Escalona era mi sucesor, se llenaron de temores, presagiaron la disolución de los vínculos sociales y los efectos de la anarquía.

Muchos días antes del 26 de abril en que llegó aquí la orden del Poder Ejecutivo comunicándome mi suspensión y el nombramiento del sucesor interino, había estado la guarnición sin raciones: el jefe de E. M. coronel Fran-

cisco Carabaño había pasado un oficio al señor gobernador
Fernando Peñalver pidiéndole que le proporcionase recursos por medio de un empréstito voluntario entre estos habitantes: el señor gobernador se hallaba en su
hacienda de los Aguacates, y desde ella coincidiendo con
la idea del coronel Carabaño, mandó al jefe político ciudadano Jacinto Mujica, que convocase á todos los habitantes para que cada uno prestase lo que voluntariamente
quisiera. El jefe político convocó á un cabildo abierto
para el día siguiente 27: desde muy temprano por la
mañana comenzó á correr la voz de que en el cabildo
se suplicaría el decreto de mi suspensión, y se trataría
de mi reposición á la comandancia general y dirección
de la guerra: llegó la hora citada, comenzó la concurrencia, cada uno fue apuntando con la suma que podía
prestar y luego se trató la materia que era en realidad
del deseo común de todos.

La municipalidad mandó á buscar al Doctor Miguel
Peña para que le aconsejase, y este letrado hizo ver que
la solicitud era inconstitucional, que podría seguirse una
guerra de la desobediencia al decreto del senado, y que
con mi reposición se quebrantaba el pacto social. El
pueblo calmó en sus pretensiones; pero como la cantidad del empréstito que se había colectado, no era bastante para satisfacer á las urgencias del ejército, se determinó que quedase el cabildo abierto para reunirse dos
días después; entre tanto los alguaciles citaron á los
habitantes ausentes.

El señor gobernador informado de las ocurrencias
por el jefe político, vino á esta ciudad el día siguiente
28, temió los resultados de la ulterior congregación, y
manifestó que no la permitiría. Sin embargo, las cita-

ciones se habían hecho, y cada cual fue informado de
mi suspensión y de la súplica que se había propuesto
para mi reposición. Todos vinieron á la ciudad, y llegada
la hora asignada concurrieron á la municipalidad, que no
se reunió porque el señor gobernador había manifestado
á los miembros su desaprobación. Los habitantes se encontraron en los balcones, salas y corredores sin ninguna
corporación ni autoridad á quien respetar: siendo el concurso muy numeroso, llamaba la atención y fue atrayendo
gentes de todas calidades y descripciones, paisanos, ofi-
ciáles y soldados clamaban por la municipalidad, y el
señor gobernador que temiendo presentarse al pueblo,
dilató por mucho tiempo su comparecencia: el mismo
señor gobernador pidió al jefe de E. M. que hiciese guardar orden á la tropa: el coronel Francisco Carabaño
pasó al lugar del concurso hizo retirar á todos los soldados á
sus cuarteles y á los oficiales que se alejasen de aquella reunión. Verificado esto, pasó á la casa del señor gobernador y le dijo: que no había allí ningún oficial ni soldado: y que si los necesitaba, le daría el auxilio que le
pidiese para hacer que el pueblo guardase las leyes.
El señor gobernador pensó entonces presentarse al pueblo acompañado conmigo, que me manifesté dispuesto
á éllo: más luego se creyó que mi presencia en aquella
circunstancia en que el pueblo deseaba verme repuesto á
la autoridad, y por quien demostraba una inmensa gratitud, podía excitar á una abierta insurrección; y determinó por último ir acompañado de la municipalidad y
del Doctor Peña en calidad de asesor: en la sala municipal se dirigió el señor gobernador al pueblo con
lenguaje fuerte, haciéndole entender que la reunión era
ilegal, que aquella era una facción y que si no se reti-

raba cada cual á sus casas, se vería en la necesidad de proceder contra éllos, y de aplicarles las penas á que se hubiesen hecho acredores. Algunos habitantes le repusieron que éllos estaban quietos en sus casas, que habían sido citados para aquella reunión y que no merecían ser censurados ni tachados en la forma que lo habían sido. Este pequeño acaloramiento indispuso algo más los ánimos; era casualmente día sábado y todos se quedaron en la ciudad: los peones se apresuraron á venir en esa noche, ya por ser el día siguiente domingo y ya por la novedad que se había corrido en los campos de mi suspensión y reposición con los rumores y adiciones que son inevitables en tales casos.

En esa misma noche acontecieron tres muertes en los campos inmediatos á esta ciudad cuyos cadáveres traídos á la plaza pública el domingo por la mañana, presentaron un espectáculo horroroso, y acabaron de alarmar la población: todos creyeron que la anarquía había comenzado, que era efecto de la resignación que yo había hecho de la comandancia general: temieron todos la misma suerte y nadie se creyó con seguridad: los intereses agitados por la incertidumbre hicieron que cada uno buscase su propia conservación. En vano se les presentaron los vínculos sociales y juramentos dados á la Constitución: ellos aseguraban que ni esta ni aquellos podían librarles de los males que veían delante de sus ojos: que aquellos cadáveres eran el ejemplo de la suerte que les esperaba, y que sin mí la sociedad estaba disuelta y ningún ciudadano tenía seguridad. Pidieron entónces que la municipalidad se reuniese, ocurrió el señor gobernador, comenzó á repetir el mismo lenguaje que el dia anterior: los vivas y aclamaciones de mi nombre sofocaron su voz, un numeroso jentío me sacó de mi casa y yo fui repuesto al mando por el voto general de un pueblo inmenso y por el voto particular de cada uno de los miembros de la municipalidad, comunicando en consecuencia el jefe político, ciudadano Jacinto Mujica, al jefe de E. M. delante del mismo pueblo para que se me reconociese por las tropas, como se verificó en el mismo instante por las de esta ciudad, dando muestras de aplauso y de un contento extraordinario.

Yo hablo en el mismo lugar del acontecimiento, y repito que lo hago delante de todos los que lo han presenciado: contradígase alguna parte, si no es verdad, y digan todos los que me han visto y me trataron en esos momentos, si no he manifestado el más profundo dolor por la agitación popular que había causado mi suspensión y la más grande repugnancia á las consecuencias que pudieran seguirse de un tumulto popular, sin plan, sin orden y sin concierto.

Varios acasos pudieron impedir el acontecimiento del dia 30 de abril. Si el señor gobernador hubiera estado en la ciudad, me atrevo á pensar que en caso de haber creído prudente convocar en aquellos momentos á todos los vecinos para el empréstito, habría dispuesto la citación para su casa de gobierno y no á la municipalidad que parecía dar al acto más publicidad é importancia : caso que hubiera determinado la convocación, luego que hubiera observado que el pueblo tenía pretensiones en su concepto ilegales, habría concluido y cerrado el acto desde el mismo dia 27, sin dejar motivo para citar á los habitantes que faltaron por estar en el campo, ni pretexto para otra reunión.

Además, con motivo de haber quedado suspensa la congregación, se suscitaron varias opiniones sobre si el señor gobernador podía ó no suplicar y suspender el decreto del Senado, fundadas en el artículo 117 de la ley de 11 de marzo del año próximo pasado: si el acto se hubiera concluido, el pueblo no hubiera tenido lugar de extraviarse con opiniones singulares ó la vehemencia de su deseo no habría encontrado ocasión de sobreponerse al orden establecido. Así es que yo considero la nota oficial é inexacta del general de brigada Juan de Escalona como el origen principal de estos acontecimientos; al Congreso y demás personas que tuvieron parte en mi acusación, como sus fomentadores; y que varias casualidades los pusieron en ejecución, porque ya realmente Venezuela deseaba reformar la constitución.

Repuesto el dia 30 de abril á la comandancia general con las demás facultades necesarias, fue entonces y no antes, como se ha querido suponer, que arrojé en el suelo los vestidos y los laureles con que la patria había recompensado mis servicios, no para excitar al pueblo á quien en aquel movimiento era necesario contener; sino lleno de dolor y de sentimiento al ver que las pasiones de mis enemigos, la ingratitud de algunos de mis compatriotas y la imprevisión del gobierno me hubiesen puesto en el duro caso de abrazar un partido que los hombres lejos de los peligros podrían condenar, pero que me aconsejaba la naturaleza y la justicia natural. Desde aquel momento, sólo pensé en conciliar este acto cuanto fuese posible con las leyes y proporcionar el desenlace más análogo á la constitución, adoptando al mismo tiempo las medidas de defensa y seguridad de estos pueblos, de cuya suerte y destino me he encargado para promover las reformas útiles á su felicidad y prosperidad general.

De resto jamás he temido el juicio de la nación ni de los hombres imparciales: por el contrario, si algún dia, libre de los comprometimientos que me ligan con Venezuela, tuviese la gloria de ser juzgado por mis operaciones en la comandancia general, anteriores al 30 de abril último, oiré con resignación la sentencia de los jueces que se nombren, y me someteré gustoso á todos sus resultados: si el juicio del Senado se ha suspendido, no ha sido por mi propio deseo: los pueblos me han encargado de su suerte, han creído que mi persona era necesaria para evitar los horrores de la anarquía, mantener el orden y tranquilidad, y conservarles preciosos objetos por los cuales se reúnen los hombres en sociedad; y yo he creído que no debía preferir una falsa idea de deber á la verdadera felicidad y prosperidad común. Si esto fuese un error, todavía me queda el consuelo de haber errado, no por mi interés particular, sino por el bien de mis compatriotas. *Al encargarme de sus destinos, no he adoptado ningún plan de gobierno:* sin misterios y sin ambición lo he dejado todo á sus propias resoluciones, cuando libres de los peligros que los amenazan puedan consultar su conveniencia y fijar las instituciones que hagan estable su dicha.

Valencia, 21 de setiembre 1826.

JOSÉ ANTONIO PÁEZ.»

ACTA POPULAR
Declarando á Venezuela Estado independiente y federativo. (*)

———

En la ciudad de Caracas, á 7 de noviembre de 1826, 16º de la independencia, se reunió en la iglesia del convento de San Francisco la asamblea popular, convocada el día de ayer por bando y carteles públicos, en virtud de orden de S. E. el jefe civil y militar de Venezuela, benemérito general José Antonio Páez, para tomar en consideración la actual crisis á que ha llegado el gobierno general de la república, según ha manifestado el síndico procurador municipal de este cantón, ciudadano José de Iribarren, en la representación que ha dirigido á S. E. con fecha 5 del corriente. Presidió S. E. el acto, á que concurrieron el señor intendente departamental Don Cristóbal Mendoza, los señores presidente y ministros de la corte superior de justicia, la ilustre municipalidad, varias personas respetables de todos estados, y un copioso número de ciudadanos de diferentes profesiones; y para proceder con el orden y formalidad de costumbre, se nombró de secretario de esta corporación al señor doctor Andrés Narvarte, y de auxiliar al señor Pedro José Estoquera.

Abierta por S. E. la sesión con la lectura de un discurso en que manifestó la situación actual de los departamentos, cuyo mando se le ha confiado, y ratificó las promesas que antes tiene hechas de auxiliar á los pueblos en la causa de las reformas que han proclamado, se instruyó al público de la representación del síndico que había provocado la asamblea, como también del decreto en que se accedió á su solicitud, en la cual se expresa, entre otras cosas, que ha caducado el gobierno de Colombia, porque el de Bogotá no es más que un gobierno de su mismo departamento, y de los de Boyacá y de Cauca, únicos que caminan en una propia línea.

Ocupó en seguida la tribuna el señor José Núñez Cáceres y pronunció un discurso relativo á persuadir que el pacto social de Colombia

———

(*) Documentos de la Vida Pública del Libertador, t. VII, p. 273.

se hallaba disuelto por la separación de nueve departamentos, y que era necesario atarlo con la nueva forma, invitando por conclusión al pueblo á constituirse.

El señor Don Mariano Echezuria pidió la palabra, y desde su asiento expuso: que no habiendo actualmente en la república un gobierno colectivo, ó compuesto de los poderes legislativo, ejecutivo y judicial, puesto que las cámaras estaban en receso y probablemente no se reunirian en el periodo constitucional, y que faltando por consiguiente el cuerpo á quien debía dirigirse la representación acordada en la reunión popular del 5 de octubre anterior, debian constituirse estos pueblos: añadió que en caso que así lo declarase esta asamblea, adoptando el sistema federal por que se ha decidido la opinión pública, creía conveniente que los departamentos 'en que está dividida hoy la antigua Venezuela formasen un solo Estado ó dos cuando más.

El señor Juan Francisco del Castillo dijo: que estando ya pronunciados por el sistema federal representativo, se invitase á las demás provincias á seguir el mismo ejemplo, permaneciendo entretanto el E. S. general en jefe José Antonio Páez en el desempeño de las funciones de jefe civil y militar.

El señor presidente de la corte, Don Juan Martínez, anunció: que no se oponia á la federación, pero que para estab'ecerla en la actualidad tocaba un inconveniente, cual era la necesidad que había de convocar para ello á los demás pueblos: concluyó expresando que su opinión era que continuase en el ejercicio de su autoridad S. E. el jefe civil y militar, y que para constituirse Venezuela debía esperarse á que se reuniese la Gran Convención, con cuyo objeto se dirigiese la petición, de que antes se ha hecho mérito, al Presidente Libertador y no al gobierno residente en Bogotá.

Manifestó el señor Echezuria su oposición al voto del señor Martínez, y ratificó el que antes había emitido.

El señor Núñez Cáceres insistió en que el gobierno de la república estaba disuelto, corroborando su aserto con esta expresión del Presidente Libertador: «La república ha vuelto al estado de creación.»

El señor Martínez sostuvo su anterior opinión en orden á que Caracas sola no podía constituirse, sin convocar á los otros pueblos que han proclamado el sistema federativo.

El señor Pedro Machado, citando por ejemplo á los Estados Unidos de la América del Norte al celebrar su confederación, sentó que debíamos constituirnos, porque no hay convención con arreglo al código constitucional, ni otro medio de subvenir á nuestras actuales necesidades, y que se invitase á los demás departamentos para formar un gobierno análogo á las circunstancias.

El señor alcalde 2º, Gerónimo Pompa, opinó que debíamos proveer á nuestra felicidad, pues habiéndose separado varios departamentos del gobierno de Bogotá, Caracas no podia permanecer tranquila: que era necesario constituir un gobierno en Venezuela, y que después se invitaria á los demás pueblos para que se uniesen: que el mando que tiene S. E. el jefe civil y militar no era un obstáculo para estas medidas que creia debía tomar forzosamente Venezuela en uso de su soberanía.

El señor licenciado Pablo Arroyo Pichardo: que cuando S. E. el jefe civil y militar ofreció estar con los pueblos, Venezuela no había llegado al estado donde hoy se encuentra: que el mismo Libertador había dicho que estamos disueltos, según acaba de oir: que, en el concepto del opinante, no existía ya la constitución, pues la habían roto varios departamentos: que ella era también incompatible con las circunstancias, y por consiguiente era indispensable formar un gobierno y una constitución, y presentarla á los demás pueblos que la adoptasen, si fuese de su agrado, y á la Gran Convención cuando se reuna.

Tomó en este estado la palabra S. E. el jefe civil y militar por encarecer lo árduo y delicado del punto que se trataba, manifestando que al conferírsele el mando el 30 de abril último había jurado mantener la libertad de los pueblos y nunca oprimirlos, y que el dia en que deponga su bastón ante la autoridad que se establezca será el primero de sus glorias.

El señor Lope Buroz: que siendo posible la reunión de la Gran Convención, y estando ella invocada por otros departamentos, no era regular que Caracas sola se separase de esta senda, y que en su concepto debía dirigirse la representación, de que fueron encargados los diputados municipales, al Libertador Presidente para que reuna la Gran Convención.

El señor Machado sostuvo: que no había inconveniente para que constituyéndose el Estado de Venezuela se reuniese la convención, y que aunque el Excmo. señor jefe civil y militar había sido encargado del mando de este departamento y del Apure, S. E. mismo acababa de asegurar que se gloriaba de abdicarlo.

El señor Pompa : que no creía necesaria nueva invitación al Presidente Libertador, puesto que por la acta de 16 de mayo próximo pasado se le suplicó viniese á reunir la Gran Convención.

El señor Machado : que así como los Estados Unidos de la América del Norte formaron sus constituciones particulares y las presentaron después al gobierno de la Unión, así nosotros podemos constituirnos y presentar nuestra constitución al gobierno general de Colombia.

El señor síndico : que la opinión estaba ya pronunciada en favor de los puntos á que se contraía su representación : que en una borrasca cada cual se salvaba como podía sin esperar consejo de otro : que pues no había un gobierno nacional, Caracas debía abrazar las reformas capaces de salvarla, y que lejos de usurpar con esto los derechos de los otros pueblos, los invita por este medio á que se le reúnan.

El señor Mendoza en un largo discurso trajo á la memoria varios sucesos de los ocurridos en los días anteriores, y señaladamente en el 1º del mes que rige, en que manifestó que las circunstancias habían variado con respecto á las del 5 de octubre, motivo porque había invitado á los ocurrentes á pensar con seriedad sobre el asunto, y contrayéndose á la entidad del negocio que se discutía, opinó que no podía decidirse sin ventilarse más detenidamente, precediendo una convocación especial de las municipalidades ó cantones que no se hallaban presentes : que estaba de acuerdo con los preopinantes en cuanto á la sustancia, y sólo discordaba en el modo de llevarla á efecto : que cuando se reúna la Gran Convención, sea cual fuere la autoridad que la convoque, se le presenten los votos de estos pueblos acerca del sistema de federación que se han propuesto abrazar ; y por último, que se invite á los otros que puedan reunirse para que remitan diputados : que, tomando en consideración lo arduo de la materia, decidan sobre sus intereses.

S. E. el jefe civil y militar expuso : que no podía menos que recordar que se prolongaba la época de nuestra felicidad : que desde el 30 de abril había jurado no obedecer al gobierno de Bogotá y estaba resuelto á cumplir su juramento : que si el pueblo de Caracas lo estaba igualmente á tomar medidas para su administración ú organización, la autoridad que se le había confiado no debía presentar el menor obstáculo, pues que sólo

anhelaba por el momento de renunciarla; pero que si no se encontraba
este pueblo con el poder y facultad suficientes para proporcionarse su felicidad, S. E. convocaría las municipalidades para devolverles la autoridad
de que le habían investido, y se iría á buscar la libertad donde quiera que
la encontrase. Propuso luego á la asamblea, que si la resolución de este
pueblo era constituirse y sostener con su sangre su constitución, lo demos-
trase levantando la mano. Todos al momento lo hicieron así entre aplausos y aclamaciones que denotaron una complacencia general. Terminado
de este modo el debate, hizo el síndico procurador las proposiciones siguientes:

Primera: Que se consignen en esta acta los poderosos fundamentos
que ha tenido Venezuela para promover su organización interior: que S.
E. el jefe civil y militar expida un decreto convocando las asambleas
primarias para la elección de diputados por cada una de las provincias
que se hallan unidas en este movimiento y de las que puedan unirse, con
inclusión de las que forman los mismos departamentos divergentes y procurando la celeridad posible en la convocación y elecciones, á fin de que la
reunión del cuerpo constituyente se verifique el día primero del próximo
diciembre sin perjuicio de que si antes se hallasen reunidas las dos terceras partes de los diputados, se proceda á la instalación.

Segunda: Que se invita por esta asamblea á todos los pueblos de la
antigua Venezuela, para que concurran con el número de representantes que les correspondan á formar la corporación que se encargará de
redactar el Reglamento provisional que debe servir para estos pueblos.
Apoyadas estas proposiciones por varios de los concurrentes y tomadas
en consideración por la asamblea, resolvió que para dar al cuerpo constituyente de Venezuela el mayor grado posible de popularidad y legitimidad en su representación, se recomienda á S. E. el jefe civil y militar
libre por sí las órdenes convenientes para la reunión de los colegios electorales existentes, y que deben formarse donde no los haya, de las
provincias que están bajo sus órdenes en el modo y términos que estime
oportunos, á fin de que, arreglándose aquellos á la constitución y leyes
vigentes, en orden á las calidades y número de los representantes que
debían formar el congreso de Colombia, elijan otros tantos para que
concurran en el lugar y día que se les designe por S. E.; que igual
invitación se haga á todas las provincias que están comprendidas en el
territorio de la antigua Venezuela, para que si tuvieren á bien unirse bajo

un mismo pacto á la nueva organización del Estado, envien sus representantes que serán recibidos como hermanos, aun después que se hayan principiado las sesiones. Hizo entonces el síndico su tercera proposición en estos términos. «Venezuela, cualquiera que sea la situación política «y rango que ocupe entre los Estados de América, será siempre fiel á «las obligaciones contraídas con las naciones ó individuos extranjeros «por tratados diplomáticos, ó por contratos pecuniarios, en la parte que «proporcionalmente le quepa con los demás pueblos de Colombia». Apenas fue percibida esta proposición por el numerosísimo concurso, cuando sin necesidad de discusión ni examen fue aprobada por aclamación general : testimonio que da Venezuela al Universo entero de la fidelidad con que cumplirá siempre sus pactos y promesas, del respeto con que se somete á las leyes de los Estados, y de la gratitud con que recuerda la generosidad de las naciones y hombres libres que han prestado auxilio á Colombia en sus conflictos.

Pidió el señor Mendoza en este acto que se explicasen á qué gobierno quedaban sujetos estos pueblos entretanto se reunían los diputados, y se acordó por unanimidad que no se hiciese alteración alguna en cuanto al gobierno que rige, y establecieron los mismos pueblos después del 30 de abril último, quedando en observancia la constitución y leyes de Colombia en lo que no se opongan al objeto de las reformas á que se dirige la marcha actual : se acordó también que el nuevo orden de cosas que se ha propuesto no impida que el Libertador Presidente pueda convocar la Gran Convención de Colombia, á que concurrirá el Estado de Venezuela por medio de sus representantes.

El síndico propuso que todo lo obrado en la materia de que ahora se ocupa esta corporación, forme un expediente, que quedará archivado en la ilustre municipalidad, y fue aprobada la proposición, añadiéndose que para calificar en todo tiempo la autenticidad de aquellas actas, se rubriquen por el secretario de la misma municipalidad que se halla presente, poniendo al fin de éllas la nota que acredite los folios de que se componen y la obligación en que se constituye de custodiarlas en el archivo de su cargo. Por último, se dispuso á petición del señor síndico que esta acta se estampe en un libro que deberá permanecer á cargo del secretario de la ilustre municipalidad para que lo manifieste á las personas que en su presencia quieran expresar su conformidad con lo acordado por medio de sus firmas ; con lo que se concluyeron los trabajos de esta asamblea.

José A. Páez, C. Mendoza, Juan Martínez, Francisco Ignacio Alvarado Serrano, Gerónimo Pompa, José de Iribarren, Pablo Arroyo Pichardo, Mariano de Echezuría, Juan Francisco del Castillo, Carlos Padrón, Eduardo Stophord, Felipe Estévez, J. M Delgado Correa, Cayetano Gabante, José Tomás Maíz, Mariano Salias, José Pérez, José Espinosa, Pedro Machado, M. de la Plaza, capitán Francisco Salias, Antonio Cabrera, Francisco Rivas, Juan A. Latasa, Manuel Echandía, José Julián Ponce, Martín Tovar, Antonio Díaz, J. M. Delgado, E. S. Molowny, José Antonio Díaz, P. P. Díaz, Felipe F. de Paúl, José López, J. J. Hernández, J. Vicente Mercader, T. de Barrutia, J. Rafael Uuceín, Juan José Romero, Bartolomé Manrique, Francisco Díaz, José A. Garcia Castillo, Doctor José A. Anzola, Doctor José de los Reyes Piñal, J. A. Cala, José M. Luga, Miguel Rola, Félix Velásquez, Francisco Arroyo, Antonio Riverón, José Ciriaco de Iriarte, José Juan Arias, José Francisco Machado, Francisco Núñez, José M. de Rojas.

——

DISCURSO DEL JEFE CIVIL Y MILITAR
EN LA APERTURA DE LA ASAMBLEA POPULAR REUNIDA EN EL CONVENTO
DE SAN FRANCISCO (*)

Compatriotas :

Dispuesto siempre á oír el eco de vuestras opiniones, donde quiera que resuene para el bien de la patria, no vacilé ni un momento en acceder á vuestros deseos. Ya estoy entre vosotros, y debéis considerarme íntimamente unido á vuestras sanas y patrióticas intenciones. Lo que taladra mi corazón del más profundo dolor es que hayáis tenido la bondad de convocarme para consultar mis votos en una cuestión que es toda vuestra exclusivamente. Los pueblos, como origen puro de la soberanía en

<hr>

(*) Documentos de la Vida Pública del Libertador, tomo VII, pág. 267.

todo gobierno popular y representativo, son los jueces árbitros y los únicos competentemente autorizados para decidir de sus derechos y] destinos en toda cuestión que tiene por objeto asegurar su existencia política y las condiciones de su asociación.

Yo no soy más que un soldado pronto á todas horas á la defensa de la patria y de sus libertades, que son las de los pueblos y las mías, porque ni me considero con derecho, ni aspiro á otras que á las que debe gozar cualquier ciudadano en toda sociedad bien organizada. S. E. el Libertador Presidente, este ilustre pueblo, la república entera, saben ya cuáles son mis comprometimientos en la causa de las reformas, y si aún conviene y es necesario todavía que reitere mis solemnes protestas, mil y mil veces más haré su pública manifestación.

Estoy con los pueblos y por la causa de los pueblos, que respeto como justa, porque he llegado á convencerme de un modo inequívocable, que hay un vicio radical en nuestras actuales instituciones, que paraliza el movimiento vital del cuerpo político. Toca pues, á los pueblos, en uso de su inalienable soberanía, discurrir y abrazar las medidas de salud, que á la sombra benéfica de una libertad tranquila, derrame en sus alrededores todas las bendiciones de un porvenir dichoso.

Al logro de esta empresa y sólo con miras tan puras, me resolví á postergar todos los objetos de mi corazón; diré más, si me lo permitís, la reputación de un buen nombre, adquirido en medio de los combates, de la sangre y de la muerte. Yo lo disfrutaba sin mancha hasta los acontecimientos de Valencia]; vosotros sabéis que hoy está siendo presa en que el furor y la rabia de la emulación despica su saña venenosa, y sin embargo firme en mi propósito de pro·

teger las garantías y derechos del hombre en sociedad, iré con vosotros á los últimos peligros, si la suerte de la patria exige para su salvación el sacrificio de mi vida, y aún de ese honor que aprecio sobre ella misma. Esto es lo que yo puedo y debo asegurar, y de ningún modo mezclar mi opinión en vuestras deliberaciones. Las circunstancias de los acontecimientos me han reducido al extrecho lance de no tener el uso libre de la voluntad privada, sino someterme á la ley de la mayoría. No así vosotros que os habéis reunido para tratar de vuestra propia suerte. ?Y qué os puede detener estando al cabo de los males que amenazan la sociedad en la presente crisis? En ninguna época de la república se ha presentado la desgracia con semblante más espantoso, y se engaña voluntariamente el que no quiere fijar su atención en la tempestad que amenaza sumergirnos en un océano de calamidades sin término. Yo no afligiré vuestros ánimos con una exagerada descripción; es sin embargo cierto, que la república se halla en la más completa disolución. Venezuela y Apure convidan á la unión federal; Guayaquil abraza la constitución de Bolivia: el istmo pide ser anseático; Cundinamarca se apega tenaz al centralismo. Unos departamentos, reasumiendo su originaria y primitiva soberanía, nombran dictador: otros permanecen adictos al pacto social de Colombia con ciertas modificaciones ó mejoras, y en este caso de confusión, solamente se descubre un punto céntrico que reúne el interés común. No es poca fortuna que los pueblos, por efecto de su cultura y suavidad de costumbres, estén convencidos en abominar la guerra civil, y que dirijan sus esfuerzos á conciliar y transigir este cúmulo de discusiones domésticas sin efusión de sangre.

Bien veo que os habéis reunido á deliberar en medio de una noche tenebrosa; pero no hay que desconsolarse. En la caja de Pandora cuando la mano indiscreta de Epimeteo dió salida al torrente de males que inundó al linaje humano, se quedó pegada la esperanza para su consuelo: así entre nosotros se ha salvado de la avenida el acrisolado patriotismo de los ilustres hijos de Venezuela; aferráos de esta áncora, y del propio modo que por entre escollos, y contra la furia de los vientos enfurecidos llevásteis la independencia y la libertad á los últimos rincones de un mundo esclavo, así repararéis ahora los extravíos inevitables de un gobierno formado á la vista de las huestes enemigas y en el sobresalto de las balas.

Permitidme, no obstante, que os recuerde un deber que estáis en el caso de pagar á la patria, aunque no os creo olvidados de su religioso cumplimiento. Sea el norte de vuestras deliberaciones en esta asamblea, la sinceridad, la franqueza y la buena fe de hombres libres, que no abrigan en su conciencia otras miras que las de gozar de una patria feliz.

Conciudadanos! Nuestra pérdida sería inevitable si no pronunciáseis vuestra opinión con entera libertad en ocasión tan peligrosa, y de la cual depende un fallo de muerte ó vida. Con injuria del nombre inmortal del Libertador Presidente, y con una negra ofensa á la conducta que le hemos visto guardar constantemente, ha pretendido la cábala suponerlo enemigo de las reformas que piden los pueblos, pero una oportunidad la más dichosa nos ha traído el desengaño, si es que vosotros pudiérais necesitarlo para arreglar vuestro comportamiento. El Libertador Presidente, lejos de contrariar el voto de los departamentos, llora las calamidades que sufren por lo inacomodado de nuestro sistema de gobierno, las considera como una explosión natural de combustibles acumulados, y bajo su propia firma marca la época en que se completó la ruina de la república.

No hay duda que él ha dado la constitución Bolivia para la república de este nombre, y que juzgándola capaz de promover la dicha de los pueblos, desearía que la adoptasen con algunas modificaciones, pero de su libre y expontánea voluntad, no por la fuerza ni por otras vías indecorosas. Es su opinión privada, que pudo emitir como cualquier otro ciudadano para que todo el mundo la vea y opine sobre sus ventajas ó desventajas, no para cautivar la libertad de nadie.

Ahora, si en lugar de sentimientos ingenuos, se le trasmiten afecciones privadas, si al bien público se susti-tuye el mezquino interés de pocos, nada extraño debe ser que descargue sobre nuestras cabezas la tempestad que nos proponemos conjurar.

Conciudadanos: Penetraos del único consejo que me he atrevido á proponeros: las luces de un soldado no son las que os deben guiar por el camino del acierto. La vida de la patria está en vuestras manos, y si es verdad que deseáis su salvación, el candor y la franqueza de sentimientos os la prometen. Los pueblos más de una vez se han interesado en saber el fondo de los míos, y siempre *les he dicho que estoy con éllos y por el bien de la patria.*

Ha llegado ya el momento de requerir yo á los pueblos para que con la misma franqueza me abran sin disimulo su corazón. Quiero saber lo que quieren, para contar con éllos, como éllos deben contar conmigo. Estos son mis votos, y los deseos de mi corazón.

CAPITULO XIX

Llegada del libertador á Venezuela.— nuestra cordial entrevista.—decretos y proclamas.—entrada triunfal en caracas. — obsequio al libertador en esta capital.—vuelta del libertador á bogotá.— consejos que me dió antes de separarnos.

1827

El 4 de setiembre salió el Libertador de Lima, y después de detenerse en Guayaquil, llegó el 14 de noviembre á Bogotá, de donde sin hacer variación alguna en los ministros que le presentaron su renuncia, y declarándose revestido de las facultades extraordinarias que exigía el estado del país, amenazado de guerra civil y de invasión extranjera, tomando además otras providencias que requería la economía pública, salió para Maracaibo, á donde llegó el 16 de diciembre.

Allí dió una proclama excitando los partidos á la concordia.

Apenas supe que el Libertador se hallaba en Bogotá, cuando expedí la siguiente proclama :

Venezolanos !

Cesaron nuestros males : el Libertador desde el centro del Perú oyó nuestros clamores, y ha volado á nuestro socorro: su corazón venezolano todo, y todo caraqueño, os trae la grandeza de su nombre, la inmensidad de sus servicios y todo el poder de su influjo por prendas de su ternura, de vuestra seguridad y de vuestra unión : se desprendió de la dictadura con que el reconocimiento exigía sus servicios en un país lejano, desde el instante en que su suelo patrio le llamó para su consuelo como un ciudadano. Nuestro hermano, nuestro amigo se acerca á nosotros abiertos los brazos para extrecharnos en su corazón: el hijo más ilustre de la patria, de la gloria de Venezuela, el primer héroe por sus hazañas en los campos de batalla, vuelve con el amor más puro á ver sus antiguos compañeros de armas y los lugares donde están los monumentos de su gloria: él viene para nuestra dicha, no para destruir la autoridad civil y militar que ha recibido de los pueblos, sino para ayudarnos con sus consejos, con su sabiduría y consumada experiencia á perfeccionar la obra de las reformas.

Preparáos á recibir como la tierra árida el fecundo rocío de tantos bienes: van á exceder á vuestras esperanzas. Bolívar era grande hasta la admiración: Venezuela de hoy en adelante le debe la apoteosis. Entregáos al placer más puro, sin mezcla de temor. Estoy autorizado para haceros esta promesa: si todavía queréis más, mi vida, mi honor y mi propia sangre son vuestras garantías. Sea todo contento, júbilo y placer. Venezolanos, olvidad vuestros males: el gran Bolívar está con nosotros.

Dada en el cuartel general de Valencia, á 15 de diciembre de 1826.

José Antonio Paez.

El último día de este tremendo año de **1826** llegó el Libertador á Puerto Cabello, (*) y en el siguiente decreto, expedido el 1º de enero de **1827**, me confirmó el título y autoridad de jefe civil y militar.

———

REPUBLICA DE COLOMBIA.

———

Simón Bolívar, Libertador Presidente, etc., etc.

Considerando: 1º que la situación de Venezuela es la más calamitosa por los partidos que se combaten mutuamente; 2º que estoy autorizado para salvar la patria por las facultades extraordinarias y los votos nacionales; 3º que la paz doméstica es la salud de todos y la gloria de la república, decreto:

Primero. Nadie podrá ser perseguido ni juzgado por los actos, discursos, ú opiniones que se hayan sostenido con motivo de las reformas.

Segundo. Las personas, bienes y empleos de los comprometidos en la causa de las reformas son garantidas sin excepción alguna.

———

(*) La causa de la detención de Bolívar en Puerto Cabello fue la siguiente: el coronel Fergusson que venía por Occidente en actitud hostil, mandó presos á Trujillo, donde á la sazón se hallaba el general Urdaneta, al Doctor Peña y al coronel José Hilario Cistiaga, que habian sido comisionados por mí para ir al encuentro de Bolívar y anunciarle que yo le esperaba en Valencia. En la villa de Araure pretendió Fergusson que el coronel Cala se le rindiese con una columna de 500 hombres: en San

Tercero. El general en jefe José Antonio Páez queda ejerciendo la autoridad civil y militar, bajo el nombre de jefe superior de Venezuela, con las facultades que han correspondido á este destino, y el general en jefe Santiago Mariño será intendente y comandante general de Maturín.

Cuarto. Inmediatamente después de la notificación de este decreto, se mandará reconocer y obedecer mi autoridad como Presidente de la República.

Quinto. Toda hostilidad cometida después de la notificación de este decreto será juzgada como delito de Estado y castigada según las leyes.

Sexto. La Gran Convención nacional será convocada conforme al decreto de 19 del pasado para que decida de la suerte de la república.

Dado en el cuartel general libertador en Puerto Cabello á 1º de enero de 1827—17 de la independencia.—Firmado de mi mano, sellado con el sello de la república y refrendado por el secretario de Estado y general de mi des-

---

Carlos, quiso exigir lo mismo del comandante Domingo Hernández que tenía 800. Tales pretensiones que encontraron resistencia, nos alarmaron tanto á Bolívar como á mí. En semejantes circunstancias llegó á Valencia en clase de arrestado el general Silva, á quien Cornelio Muñoz me mandaba desde Apure, á donde le había enviado Bolívar desde Cúcuta para arreglar las diferencias de los apureños con los vecinos del cantón de Mantecal, que Echazú había sublevado por orden de Miguel Guerrero. Inmediatamente despaché á Silva para Puerto Cabello con el fin de que asegurase á Bolívar que todos estábamos dispuestos á recibirle con los brazos abiertos; pero que las hostilidades cometidas por Fergusson nos hacían temer que él no trajese las mismas disposiciones de paz.

pacho.—Simon Bolivar.—Por el Libertador Presidente, el secretario de Estado y general de S. E., J. R. Revenga.

Entonces yo dí el siguiente decreto :

REPUBLICA DE COLOMBIA.

—

José Antonio Páez, jefe superior civil y militar de Venezuela, etc.

Habiendo ofrecido á los pueblos de Venezuela en mi proclama de 15 de diciembre último, que garantizaba con mi vida, honor y propia sangre que S. E. el Libertador se acercaba á nosotros con los brazos abiertos para estrecharnos en su corazón : que venía á traernos la paz y restablecer la confianza, serenando con su autoridad, influjo y poder nuestras disensiones domésticas, y dar á la obra de las reformas la perfección más conveniente á nuestra dicha y bienestar futuro : y por cuanto á las doce de la noche del día de ayer he recibido el decreto de 1º del corriente, dado por S. E. en su cuartel general libertador de Puerto Cabello; vengo en decretar y decreto lo siguiente :

1º Publíquese por bando con la debida pompa y solemnidad el expresado decreto que á la letra es como sigue : (copiado dicho decreto).

2º Desde este momento que la reconocida y será obedecida en toda su extensión la autoridad de S. E. el Libertador en calidad de Presidente de la república, y el decreto anterior será cumplido en todas sus partes.

3º Debiendo S. E. el Libertador Presidente, en conformidad de su decreto de 19 del próximo pasado en Maracaibo, convocar en la ciudad de Caracas la Gran Convención nacional que se ocupará de las reformas reclamadas por los pueblos para decidir de la suerte de la república, quedará sin efecto mi decreto expedido en 15 de diciembre último para la reunión de la representación de Venezuela en esta ciudad de Valencia, porque aquélla debe concurrir á la Gran Convención en el tiempo y lugar que fuere convocada.

4° Habiendo decretado el Congreso nacional los honores del triunfo para cuando S. E. el Libertador Presidente regresase del Perú al seno de la patria, y siendo además un deber dulce y sagrado para Venezuela tributar este homenaje al hijo más ilustre de su amor, los pueblos de su tránsito deberán prepararse á recibirlo con la pompa majestuosa, correspondiente á una ceremonia inventada en la antigüedad en demostración de la gratitud nacional, justamente debida á los héroes bienhechores del linaje humano y fundadores de la libertad.

5° Imprímase y circúlese el presente decreto por secretaría á todas las autoridades civiles y militares para que en su puntual observancia y ejecución lo hagan publicar por bando en todos los cantones, pueblos y lugares de sus respectivas provincias.

Dado en el cuartel general de Valencia á 2 de enero de 1827—17.

José Antonio Páez.

José Núñez Cáceres, secretario general.

———

Manifesté entonces á Bolívar el deseo de ver vindicada mi conducta, para lo cual le pedía que se formase un tribunal que conociera de la acusación fulminada contra mí.

Mi solicitud fue la siguiente:

«Cuartel general en Valencia,
á 3 de enero de 1827.

"A S. E. EL LIBERTADOR PRESIDENTE
DE COLOMBIA, ETC.

«*Excmo. Señor :*

«Cuando en 25 de abril del año próximo pasado llegó la orden del supremo Poder Ejecutivo comunicándome mi suspensión del empleo de comandante general de este departamento y designándome en élla misma por sucesor en el mando al general Juan de Escalona, con la más pronta y ciega resignación dí á reconocer en el ejército al sucesor nombrado, y desde aquel instante comencé á prevenir mi marcha para Bogotá á sufrir el juicio del tribunal que debía conocer de mi causa. Este es un hecho que no puede ser revocado á duda : consta de documentos irrefragables y la serie de los sucesos posteriores sella mi autenticidad. Mi marcha á la capital de la república fue la chispa que cayó sobre el reguero de pólvora que hizo la explosión del 30 del propio abril, y de donde han inferido mis calumniadores que la reacción política que data de esta fecha no tiene otro origen, ni fue tramada con otro objeto que el de no responder á la nación de mi conducta pública en el desempeño de la comandancia general. No es este el lugar oportuno para difundirme en convencer imputaciones arbitrarias; yo consultaba mi conciencia y élla me dejaba tranquilo de las intenciones siniestras que la injusticia y la ingratitud me atribuyen, y preví desde el tiempo de las turbulencias que llegaría un tiempo de serenidad en que calmando el grito de las pasiones exaltadas, podría dar cuenta á la nación del exacto desempeño de mi encargo.

Por eso en un manifiesto que dí á la luz sobre la ejecución del decreto del Poder Ejecutivo para el alistamiento de las milicias, dije al mundo entero: *Que no temía el juicio de la nación ni de los hombres imparciales; que por el contrario si algún día libre de los comprometimientos que me ligan con Venezuela, tuviese la gloria de ser juzgado por mis operaciones en la comandancia general, anteriores al 30 de abril último, oiría con resignación la sentencia de los jueces que se nombrasen, y me sometería gustoso á todos sus resultados.*

«Yo pienso Sr. Excmo., que ha llegado esta feliz oportunidad: la autoridad de V. E. como Presidente de la república está reconocida en Venezuela: yo salvé esta misma autoridad de V. E. el mismo día que hice el juramento de no obedecer nunca más al gobierno de Bogotá, y habiendo V. E. tomado sobre sus hombros la dirección de la república, el orden, la tranquilidad y la confianza han renacido. Es, pues, mi deber primero suplicar á V. E. que designe inmediatamente el tribunal ó los jueces que deben ocuparse en conocer y juzgar de mi acusación: ella no está anulada, sino diferida para un tiempo de calma, de que ya felizmente goza toda la república á la sombra del poder de V. E., y á mí no me sería satisfactorio continuar ejerciendo la autoridad superior de Venezuela con que me honra V. E. en su decreto de 1º del corriente, sin dar este público testimonio de mi obediencia y sometimiento á las leyes.

«Dios guarde á V. E., etc.

JOSÉ ANTONIO PÁEZ.»

El secretario general del Libertador desde Puerto Cabello me dirigió el siguiente oficio:

«Cuartel general en Puerto Cabello,
á 5 de enero de 1827.

A S. E. el general en jefe J. A. Páez, jefe superior de Venezuela, etc.

«*Señor* :

«El Libertador acaba de recibir con un júbilo indecible la sumisión de V. E. al gobierno de la república. V. E. por este ilustre testimonio de consagración á Colombia y de respeto á las leyes, ha colmado la medida de su propia gloria y la felicidad nacional. El Libertador me ha dicho: «*Ayer el general Páez ha salvado la república y le ha dado una vida nueva. Reuniendo las reliquias de Colombia, (*) el general Páez conservó la tabla de la patria que había naufragado por los desastres de la guerra, por las convulsiones de la naturaleza y por las divisiones intestinas; y en cien combates ha expuesto su vida valerosamente por libertar el pueblo, que reasumiendo la soberanía, ha dado sus leyes fundamentales. Estas son las leyes ofendidas: este es el pueblo que le debe gratitud y admiración. Hoy nos ha dado la paz doméstica. Vamos como Escipión á dar gracias al cielo por haber destruido los enemigos de la república, en lugar de oir quejas y lamentos. En este día sólo debe hablar la voz de gozo y el sentimiento de la generosidad. El general Páez léjos de ser culpable es el salvador de la patria*».

————

(*) Alude el Libertador á la reunión en la Trinidad de Arichuna de las reliquias de Venezuela y Nueva Granada, que se pusieron bajo mi amparo cuando las tropas de Boves y Monteverde, el terremoto de Caracas, las disenciones en Cartagena y la pérdida de la Nueva Granada parecían haber dado el golpe de muerte á la causa de los patriotas.

«S. E., pues, me ordena decir á V. E. que conforme al decreto de antes de ayer no hay culpables en Venezuela por causa de las reformas, y que todo juicio sobre lo pasado es una violación de una ley sagrada que garantiza la salud de todos.

«Soy de V. E. con perfecto respeto, muy obediente servidor.—El secretario de Estado y general del Libertador:—J. R. REVENGA».

Sabiendo que el Libertador venía de Puerto Cabello á Valencia, donde yo me hallaba, salí á recibirle el **4 de enero**, y al encontrarnos al pie del cerro de Naguanagua, nos abrazamos cordialmente (*) y entramos juntos en Valencia en medio de los vítores del pueblo que se agrupó para recibirnos. Inmediatamente mandé yo que las tropas veteranas y de milicia, tendidas en la carrera, desfilasen por delante del Libertador y se retirasen á sus casas y cuarteles.

Entonces dirigí á los venezolanos la siguiente proclama :

José Antonio Páez, jefe superior civil y militar de Venezuela, etc.

Venezolanos :

Los fastos de Colombia marcarán el dia de ayer por la más afortunada de sus épocas. El Libertador Pre-

_____

(*) Recuerdo un lance que proporcionó á Bolivar la ocasión de mostrar su ingenio siempre fecundo en circunstancias oportunas. Después de abrazarnos, las guarniciones de las espadas que llevábamos ceñidas se entrelazaron de tal modo que necesitamos algún tiempo para desprenderlas. Mientras tanto, Bolívar sonriéndose me decía, como hubiera dicho un general romano en iguales circunstancias : «este es un buen presagio, general, que nos anuncia la suerte que nos ha de caber en lo futuro».

sidente llegó al pie del cerro de Puerto Cabello á las dos
de la tarde, tendiendo sus brazos de amor y comunicando
su corazón lleno de dulzura á sus compañeros de armas,
á Venezuela toda. Este abrazo está consagrado con el óleo
santo de todas las virtudes, y las furias de la venenosa
discordia huyeron á sepultarse despavoridas en los eternos
abismos del olvido. El suelo que fue teatro de escena tan
nueva, como sensible, se ha cambiado en un monumento
que excederá en grandeza y duración á las pirámides y
obeliscos: él recordará á la posteridad no la soberbia de
los conquistadores, sino la obra sublime del patriotismo, de
la civilización y la amistad.

Venezolanos: el Libertador hizo su entrada triunfal
en esta ciudad á las cinco de la tarde, y los destinos de
la república descansan ya sobre sus robustos hombros.
Su estrella lo conduce: es un sol de nueva creación que
vivifica con sus rayos la tierra que lo vió nacer.

Venezolanos: os he cumplido mis promesas. Apareció entre nosotros el genio del bien, y he puesto entre
sus manos vuestra suerte. Os ofrecí que vuestros derechos no serían violados, y la gran convención va á ser
convocada inmediatamente. En ella ejerceréis los grandes
actos de vuestra voluntad soberana: en ella daréis firmes
y seguras garantías á vuestra libertad. Tantos bienes son
la recompensa de vuestra heroica conducta: la gloria os
pertenece, á mí la gratitud.

Cuartel general en Valencia á 5 de enero de 1827.—17

JOSÉ ANTONIO PÁEZ.

El desenlace de estos acontecimientos debo confesar
que no fue del todo bastante para tranquilizar mi alma,

y buscaba solícito la ocasión de dar á mi patria un público testimonio de mi desinteresada conducta. Pedí entonces de palabra, y después por escrito, al Libertador Presidente permiso para ausentarme de Venezuela por el tiempo que estimase conveniente. No se ocultaba á mi corta penetración que el país sería de nuevo conmovido porque sus intereses y el estado de la opinión lo amenazaban, y deseaba alejarme para que no se me atribuyesen los trastornos que preveía. Mas, fueron vanos mis deseos, porque el Libertador se negó á mis ruegos: y yo quedé colocado en una posición incierta y comprometida.

El más corto cálculo político bastaba para conocer que la separación de Venezuela estaba indicada desde el origen de Colombia. Esta no tenía todavía un gobierno fortificado por el tiempo; todo lo contrario, el que existía había sido creado bajo el influjo de las necesidades de la guerra y con la única garantía de las armas, sin que los pueblos hubieran podido aun discutir sus intereses ni poner sus instituciones en equilibrio con su conveniencia real en el trascurso de la paz y de un duradero sosiego. La constitución no ofrecía toda la libertad y las garantías que los ciudadanos deseaban, y por ella podían los magistrados abusar de su poder (artículo 128): en fin, corría el período de los ensayos, y el hombre prominente de la nación, el mismo general Bolívar, no estaba de acuerdo con el régimen establecido. Todo coincidía y nos preparaba un trastorno *general;* y cuando la Convención de Ocaña en 1828, declaró necesaria la reforma de la constitución, y por consiguiente su insubsistencia, fue ya inevitable la catástrofe.

A pesar de esto, se mantenía el orden bajo el régimen de un decreto orgánico que expidió el Libertador y

por el anuncio de la convocatoria de un congreso constituyente en Colombia. Todo mi deseo, todo mi anhelo
se reducía entonces á mantener la tranquilidad en los departamentos que estaban bajo mi autoridad. Las extraordinarias facultades que se me habían dado sólo se emplea-
ban en impedir que la anarquía nos devorase: recuerdo
á mis conciudadanos mi conducta en aquellos tiempos de
divergencia entre los colombianos, y en que para mayor
desgracia sobrevino la guerra con el Perú, y me lisonjeo con
la aprobación de mi comportamiento en la difícil posición
en que estaba colocado. Puedo envanecerme de haber
respetado siempre la libertad y todas las garantías de los
venezolanos.

Bolívar y yo fuimos juntos á Caracas donde se nos
recibió con marcadas muestras de entusiasmo, lo mismo
que habían hecho todos los pueblos del tránsito.

La entrada del Libertador en Caracas fue verdaderamente triunfal: todos aclamaban llenos de júbilo al *Pri-
mogénito de la Fortuna*, al *Creador de tres Repúblicas*, al
*Genio de la Guerra y de la Paz que desde el templo del Sol
venía armado con la oliva á dar otra vez vida á la patria.*

La Municipalidad había diputado individuos de su seno
para que saliesen á encontrarle en La Victoria, y desde
aquella ciudad nos acompañaron á la capital. Entramos
en esta pasando bajo arcos que *aunque no comparables á
los suntuosos de mármol que la fastuosa Roma elevaba á Traja-
no, ni á los que contra el voto de sus sentimientos edificó la
humillación de los vencidos á los afortunados conquistadores,
mil veces eran más demostrativos de afecto y gratitud, porque
los ofrecía el corazón, levantados de amarillas palmas y verdes
sauces, embellecidos con lazos de cinta y gallardetes tricolores
en que estaban inscritos elogios del heroe.*

Todo lo que el entusiasmo de un pueblo puede inventar para dar visibles muestras de júbilo. y amor, se presentaba á la vista del ilustre caudillo. Aquella era verdaderamente una fiesta republicana, como lo acreditaban los pabellones de todas las nuevas repúblicas enlazados, con el pabellón estrellado del Aguila del Norte. Apiñábase la multitud al rededor del coche pulidamente aderezado que se destinó al Libertador, y en el cual, á instancias suyas, tomé yo asiento. Entramos en la catedral donde se cantó un solemne *Te Deum;* y de allí pasamos á la casa que se tenía de antemano preparada para el huesped donde le esperaba una escogida comitiva.

Para que todas aquellas ceremonias recordasen más los tiempos de la republicana Roma, salieron también á recibir al Libertador quince jóvenes ricamente ataviadas que simbolizaban virtudes cívicas y guerreras. Presentáronle dos coronas de inmarcesible laurel, una por el triunfo obtenido sobre los tiranos, y otra por el que había alcanzado impidiendo la guerra civil.

El Libertador al tomarlas dijo: «Señores, dos bellezas me han presentado estas coronas, símbolos de la victoria; yo las aprecio sobre mi corazón; pero me será permitido disponer de ellas como es justo». Y con la generosidad que en él era proverbial, colocó una sobre mis sienes (*) y dedicó la otra al ilustre pueblo de Colombia.

La música entretanto deleitaba los oídos, y las jóvenes caraqueñas en coro cantaban himnos al Libertador de la patria. Presentáronle primero el pabellón de Colombia con estas palabras: *Este pabellón será el monumento*

_____

(*) Larrazábal oculta este hecho.

eterno del heroísmo, de la constancia, valor y denuedo con que lo colocastes en el templo de la gloria. *Colombia unida por el fuerte anillo de tu nombre recibe nuevo sér con tu presencia.*

Presentáronle después el pabellón del Perú con estas palabras: *Rompiste el cetro que labró Pizarro, y despedazaste el León de Castilla aherrojando la hidra de la discordia. Tu modestia te ensalza sobre las cumbres del Chimborazo, y este pabellón tremola en el Perú bajo su sombra.*

Ultimamente la joven que conducía el pabellón de Bolivia, lo puso en las manos del fundador de aquella república diciéndole: *Con el resplandeciente brillo de tus proezas has eclipsado al Padre de las luces que los Incas adoraron; Bolivia blasona tu nombre, y tu pluma le debe su libertad y su dicha.*

Tomando después el Libertador de mano de las jóvenes las banderas en que estaban inscritas las virtudes militares y civiles, dió al general Toro la que llevaba inscrito *Desinterés*, á Don Cristóbal Mendoza la *Probidad*, á la Gran Bretaña la *Política*, á Caracas la *Generosidad*, á mí el *Valor*, y reservó para sí la *Constancia*.

En la casa de la Corte de Justicia preparó la municipalidad un ambigú en que se renovaron los tributos de agradecimiento y admiración al Libertador.

El día siguiente continuaron los obsequios, las fiestas, la misma congregación de ciudadanos donde quiera que se presentaba Bolívar, y por la noche se construyó en la plaza un templo, coronado de estatuas alusivas á la música y canciones que en él se cantaban.

El día 13 la municipalidad dió un espléndido banquete al que acudió lo más granado de la población, en número de doscientas personas. Cuando me tocó mi turno de brindar lo hice con las siguientes palabras:

«Señores: Permítaseme expresar un sentimiento de orgullo: yo no puedo contenerlo en mi corazón, porque es un noble orgullo. Señores: el Libertador ha colmado la medida de sus beneficios, de mi gloria y hasta la de su poder: ya no puede darme más: me ha dado la espada con que ha libertado un mundo. (*) Si la de Federico que no hizo más que defender su herencia y usurpar la agena, pudo ser un presente inestimable para el soberano de la Europa, ¿qué diré yo al ver en mi poder la espada de terror para los tiranos, la espada redentora del género humano? Entre las dádivas de la tierra ¿ha habido una, podrá haber una de igual valor? Bolívar mismo no puede darme más. Y ¿qué uso haré yo de esta espada? ¿Cómo conservarle sus laureles, sus glorias y su honor singular? Ella centuplica mis deberes: me pide fuerzas que sólo Bolívar tiene. Ella me confunde. ¡La espada redentora de los humanos!

«Pero ella en mis manos no será jamás sino la espada de Bolívar: su voluntad la dirige: mi brazo la llevará. Antes pereceré cien veces, y mi sangre toda será perdida que esta espada salga de mi mano, ni atente jamás á derramar la sangre que hasta ahora ha libertado. Conciudadanos, la espada de Bolívar está en mis manos: por vosotros y por él iré con élla hasta la eternidad.

«Brindad conmigo por la inviolabilidad de este juramento.»

(*) A su llegada á Caracas me había regalado Bolívar una espada, una hermosa lanza con grabados de oro, dos magníficos caballos peruanos y un lujoso neceser de campaña.

El síndico de la municipalidad aludiendo al regalo de Bolívar dijo : «Brindo, pues, por la inviolabilidad de este monumento erigido entre el pueblo y su Libertador, y porque *la espada* y *la lanza* donadas por éste al Aquiles venezolano, no se empleen sino en defensa de los derechos del pueblo.»

Una bella niña de diez años de edad, llamada María de la Paz, hija del señor Joaquín Caraballo y de la señora Romualda Rubí, dirigió al Libertador una graciosa alocución, poniendo en sus manos una palma y ciñendo sus sienes con corona de laurel. El Libertador contestó con la oportunidad debida : cedió la palma á los que representaban el ejército y arrojó al pueblo la corona que simbolizaba el triunfo y el poder.

Finalmente, los individuos en particular y el pueblo todo dieron al Libertador las mayores y más expontáneas pruebas de aprecio que jamás recibiera héroe alguno. Pueden verse más pormenores de estos obsequios en el tomo 9, página 27, de los documentos de la Vida Pública del Libertador.

De Caracas salí para el Apure, acompañado del coronel José Félix Blanco, después general, para hacer deponer las armas á mil quinientos hombres de caballería que rehusaban hacerlo mientras no vieran la conducta que Bolívar observaría conmigo ; logré mi objeto con sólo presentarme en aquel punto.

Próximo á partir el Libertador para la Nueva Granada, donde el general Santander comenzaba á mostrársele hostil, en conversación privada me dijo que creyendo ya inevitable la separación de Venezuela de Colombia, y esperando que yo sería nombrado primer Presidente de la nueva república, me aconsejaba una y mil veces que al verificar la separación me opusiera con todo mi influjo á la adopción del sistema federal, que en su opinión era sinónimo de desorden y disolución, recomendándome mucho la constitución boliviana. Encargábame también que al verificarse la separación partiéramos la deuda, la tierra y el ejército; que entonces él vendría á establecerse en Venezuela; pero que si se adoptaba el sistema federal, *no se quedaría ni de mirón.*

Cuando el Libertador salió para la Nueva Granada, dirigí á los venezolanos la siguiente proclama:

Venezolanos:

Tan cierta es vuestra dicha como ahora necesaria vuestra prudencia: el héroe que, por sendas escabrosas, nos ha conducido siempre al través de los peligros hasta la cumbre de la gloria, vino á nuestro suelo por atender á nuestro llamado: ha oído de cerca nuestras quejas contra la administración corrompida del gobierno: ha palpado nuestros males, y se ha condolido vivamente de nuestra situación. Nuevas agitaciones en la parte del sur del territorio de Colombia aceleraron su sensible despedida, y en los últimos momentos de su honrosa visita, nos ha dejado en su proclama un ilustre documento de que su alma sublime está devorada por los más ardientes deseos de la prosperidad del suelo donde vió la luz por la vez primera.

Venezolanos: Casi todos los departamentos han confiado su suerte al hombre grande que, con su genio y valor, nos ha libertado de la opresión: el poder, el influjo y el nombre del general Bolívar se han invocado para reformar las instituciones, serenando la discordia, y su invocación no será en vano : él nos ha ofrecido todos sus esfuerzos para reunir la convención : allí se tratarán vuestros derechos con dignidad y circunspección, y de la sabiduría de este cuerpo soberano saldrán los resultados garantes de vuestra estabilidad, paz y felicidad.

Entretanto, yo he quedado encargado de hacer cumplir y ejecutar las leyes vigentes y decretos expedidos por el Libertador, con facultades extraordinarias : en tan peligroso ministerio me atrevo á recomendaros la unión como la base del orden : la razón, la prudencia y el deber empeñan todo mi celo y autoridad en mantener á Venezuela bajo el mismo pie que se me ha confiado. Sí, venezolanos, vosotros que me habéis visto siempre como vuestro compatriota y vuestro amigo, debéis darme ocasión de congratularme con vosotros mismos cuando lleguen nuestros días de contento y regocijo, de haber desempeñado mis funciones sin amargura, convencidos de que sólo el criminal ha sentido el peso de la ley.

Cuartel general en Mocundo, á 16 de julio de 1827.—17

J. A. Páez.

CAPITULO XX

—

CUBA

Uno de los principales asuntos de que me habló el Libertador en 1827, fue el de la libertad de Cuba y Puerto Rico. Pensaba él, y con razón, que en tanto los españoles

31

poseyesen las mejores Antillas, tendrían á su disposición un arsenal riquísimo con que amenazar á las nuevas repúblicas y especialmente á Colombia, cuyas costas abiertas á todo ataque convidaban á expediciones fáciles de llevar á cabo, reunidas en la isla las reliquias del inmenso poder que España acababa de perder en América.

La posición geográfica de Cuba y la circunstancia de haber sido el punto de reunión de todos los que habían emigrado del continente por no querer avenirse con el nuevo orden de cosas que la revolución había establecido, daban mucho que pensar á Bolívar sobre la estabilidad de los gobiernos republicanos, cuanto y más que la mirada de águila de aquel profundo político veía ya desmoronarse su obra por la saña de un partido y la falta de preparación en los pueblos para sus nuevas instituciones. Si á estos recelos se agregaba el jaque en que España nos tendría mientras poseyese á Cuba, aprovechando cuantas oportunidades se le presentasen para ayudar al descontento y agitar el tumulto de las discordias intestinas, lógicamente se deducía que la libertad de Cuba y Puerto Rico era no sólo el complemento de la obra de la independencia, sino también su más segura y acaso la única garantía que pudiéramos tener de una nación tan tenaz en sus propósitos, tan valerosa y atrevida en sus empresas, y á cuyos caudillos torturaba la idea de haber perdido en buena guerra y aun con el poderoso auxilio de los naturales, en grande parte y por todo el continente fieles aliados suyos, el extenso dominio donde los soberanos de Castilla y Aragón no veían ponerse el sol durante los siglos de una prosperidad que la más ciega fortuna les había dado á manos llenas.

Otra razón, á lo que alcanzo, inspiró á Bolívar la expedición para libertar á Cuba y Puerto Rico del dominio

español: tenía Colombia un ejército aguerrido, compuesto
casi todo de hombres avezados á la vida de los campamen-
tos, hijos del combate, buenos sólo bajo la disciplina militar,
pero incapaces de llevar otra vida que la de las armas—vida
que la costumbre hace dulce y cuyos mismos azares pintan
como halagüeña á la imaginación del hombre que ha perdido el miedo—vida peligrosa para la sociedad cuando después de la victoria cesa la necesidad de la espada y es necesario colgarla para que el ciudadano tranquilo no tenga
el sobresalto de la dominación militar, que después
de la tiranía de las revoluciones es la peor de todas las
tiranías.

Dejar en pie el ejército de Colombia que en la llanura
de Carabobo anonadó el poder de España sobre el Atlántico,
y en Junín y Ayacucho rompió para siempre el cetro de los
vireyes en el Pacífico, punto menos que imposible era para
una nación cuya hacienda estaba por crear, cuyas costumbres se resentían de los males del coloniaje y más que
todo de la reacción producida por el triunfo que rompió,
es verdad, las cadenas de la esclavitud, pero que de ninguna manera había formado las doblemente fuertes de la ley,
que atan al ciudadano bajo su palabra como las otras lo
mantenían inmóvil al peso del hierro. En una palabra, el
ejército era una amenaza para la tranquilidad pública, y
Bolívar bien lo comprendía, mientras tanto que con el adelan-
lanto de las inteligencias y el saber de los pueblos no se
crease el hábito de la vida civil, ardua empresa y no de un
día, mucho menos cuando se sale de la época de las revoluciones y la guerra que son la peor escuela de virtud para las
sociedades.

Por todos conceptos estaba justificada la expedición de
Bolívar: á los ojos del guerrero, para completar su conquis-

ta ; á los del político para librar de peligros á una sociedad que empezaba á constituirse ; y á la consideración del filósofo, por los bienes que reportarían poblaciones afines con la nuestra, y cuya prosperidad no tendría límites, rotas las trabas con que por desgracia siempre fué ley de España gobernar las colonias sofocando el progreso.

Consistía el plan del Libertador en mandarme á mí (con perdón sea dicho de quien ha hecho jefe de la expedición á Sucre cuando éste se hallaba á cuatro mil leguas desempeñando la presidencia de Bolivia) en mandarme á mí, digo, con diez mil hombres de infantería y mil de caballería que se embarcarían en la escuadra de Colombia, capaz de hacer frente á la que los españoles tenían en el seno mejicano, para saltar en uno de tantos magníficos puertos, ocultos al mundo en la Perla de las Antillas por el recelo de los gobernantes españoles, pero que se conocen por todos los que piensan en desembarcos militares en aquella hermosa isla. Que la habíamos de tomar era seguro, y ni el Libertador que ordenaba la empresa, ni yo que había de ponerla por obra, dudamos jamás del buen éxito de la expedición, una vez llegados nuestros barcos al fondeadero que se había escogido. En primer lugar, contábamos con el número y valor de nuestros soldados para quienes los españoles jamás podrían presentarse ya como invencibles, para quienes [lo diré llanamente] vencer á los españoles se había hecho costumbre. La clase de tropa que formaría la expedición daba segura garantía de su buen éxito, por poco que los naturales ayudasen, no ya con hombres que siempre nos darían, pero que no necesitábamos tanto, sino con socorros materiales, con provisiones de boca, con anuncios y de esas otras mil maneras con que un pueblo amigo puede eficazmente par la mano á un ejército invasor.

Contábamos también con los esfuerzos de Méjico que estaba de acuerdo en dárnoslos muy eficaces. El que desee encontrar datos sobre este particular en lo relativo á Méjico, puede consultar la Recopilación de leyes, formada por el licenciado Don Basilio José Arrillaga, donde están los documentos más importantes y especialmente la ley de 12 de mayo de 1828, en la que « se permitía la salida de las tropas nacionales para hacer la guerra á Cuba ú otros puntos dependientes del gobierno español,» cuya ley se circuló el mismo dia por el secretario de Guerra y se publicó por bando el 24. El año 23, el ministro de la Guerra, señor Pedraza, había autorizado á Don Pedro de Rojas para las operaciones de corso y para entenderse con los habitantes de Cuba á fin de fomentar la revolución, que en aquella isla se conoce con el nombre de «Soles de Bolívar» fallida por causas que en parte veremos más adelante.

Tomada, pues, la isla de Cuba, según los planes del Libertador, su corazón de fuego no se contentaba con la conquista solamente. Por fuerza, *todos* los habitantes de la isla, así como los de Puerto Rico, serían libres sin excepción alguna, con lo cual va dicho que en el número entraban los infelices africanos que todavía sufren la suma de las desdichas humanas. Porque pensar que nosotros creyésemos hacedero, ni que en la lógica de los acontecimientos sea posible libertar un país, dejando sumida en la servidumbre á una parte de sus habitantes, es absurdo en que nunca hubiera incurrido el Libertador de Colombia.

Con los negros libertos, me decía éste, formará usted un ejército sin pérdida de tiempo, para trasportarlos á España y auxiliar al partido liberal en muestra de la grandeza de

Colombia y para pedir su reconocimiento oficial por quien quiera que las ideas del siglo coloquen en el trono de Fernando.

Yo no sé, en este momento, si todos los planes de Bolívar eran realizables. Digo, sí, bajo mi palabra de soldado, que entonces tal me parecieron, y que acogí su pensamiento con alegría y con aquel ciego entusiasmo con que me había acostumbrado á vencer siempre. No creo que ninguno de mis compañeros dudase tampoco de la posibilidad de vencer á los españoles, porque hubiese variado el terreno de nuestros comunes combates. Por mi parte ya me figuraba en el recinto del Morro dictando la ley á un capitán general de Castilla, como había tenido la fortuna de dictársela á Calzada, sucesor del valiente y caballeroso Latorre, dentro de los muros de Puerto Cabello.

El Libertador, persistente en su idea como en todas las grandes concepciones que brotaban de su ardiente imaginación, cuando terminó la campaña del Perú, sin dar tregua al pensamiento, lo encaminó en el acto á la independencia de Cuba, y entonces me escribió las *dos* cartas que á continuación voy á copiar, documentos preciosos para mí en más de un concepto, y que muestran que cuando en 1827 me comunicó su plan, hacía ya algún tiempo que se estaba preparando para realizarlo:

La primera dice así:

«La Paz á 30 de agosto de 1825.

«*Mi querido general:*

«Usted que tanto ha hecho por la gloria y la tranquilidad de Venezuela, no dejará de hacer lo último que le falta para que nuestra querida patria sea completamente dichosa. Usted que conoce las cosas de por allá mejor que nadie porque vive viéndolas, sabrá lo importante que es á Colombia el servicio que vamos á hacerle, yo mandando una brillante división de tropas de las que tenemos en el **Perú,** y usted tomando el mayor interés en que se conserve en el estado en que va: que se le coloque en los temperamentos más sanos, y en una palabra que usted los vea como sus hijos más queridos.

«Ahora marcha el batallón Junín que será uno de los mejores cuerpos que marchan, al mando del coronel Ortega, que es muy buen oficial, y un escuadrón de granaderos á caballo al de Escobar que usted conocerá. Junín es magnífico, lleva mil cuatrocientas plazas, y el escuadrón que lleva doscientas en nada le cede en su clase. Me parece excusado volver á recomendar á usted, mi querido general, esta división que nos va á hacer un servicio tan inmenso.

«Soy de usted afectísimo.

BOLIVAR»:

———

En la otra todavía es más explícito, aun cuando no menciona el verdadero objeto á que destinaba las tropas, pues así lo exigía la prudencia con que era necesario proceder en el asunto.

La carta dice así:

«Potosí 16 de octubre de 1852.

«*Mi querido general:*

«He recibido con mucho gusto la apreciable carta de usted del **29** de marzo en Achaguas. Doy á usted, mi querido general, las gracias por las felicitaciones que usted me hace por los buenos sucesos del ejército libertador del Perú.

«Usted habrá visto por mis anteriores cartas, que han marchado para Venezuela mil seiscientos hombres: que dentro de tres meses marcharán otros tantos, y que probablemente en todo el año entrante iré yo llevando seis mil hombres. Aseguro á usted que cada día estoy más y más determinado á ejecutar esta operación, de que resultará un inmenso bién á Colombia.

«He escrito al general Santander, proponiéndole á usted para intendente de Venezuela, y no dudo que él cumplirá con un encargo de que depende en cierto modo la felicidad de nuestra querida patria. Yo, á la verdad, no conozco otra persona que sea más bien calculada para mandarla que usted, usted que es uno de sus libertadores, usted que tiene tantos derechos á su gratitud. Yo espero que usted no se excusará de admitir este empleo.

«Los negocios van muy bien por acá, y nada tenemos que temer. La asamblea de Chuquisaca se ha puesto en receso después de haber nombrado los comisionados que deben negociar el reconocimiento de la república de Bolivia con Buenos Aires el Perú y Colombia.

«Créame siempre, mi querido general, su afectísimo amigo de corazón.

BOLIVAR».

———

Era Bolivar hombre de talla para ejecutar lo que repetidamente me recordaba, y hubiéralo puesto en planta si una complicación de circunstancias conjuradas contra nues-

tro final y grandioso proyecto, no hubiera venido á dar
con él por tierra. Fue la primera desgracia el levantamiento de Bustamante en el Perú, motivo que obligó á
contramarchar las tropas que bajaban de los Andes para la
expedición sobre Cuba. El levantamiento con toda urgencia hacía necesarias las tropas en la frontera colombiana,
ingratamente invadida, si me es lícito la frase. Desde
aquel momento no se volvió á pensar en Cuba, que las
necesidades interiores apenas daban lugar para atenderlas
de momento en momento, entrelazándose y sucediéndose
con una rapidez á que apenas bastaban el genio de Bolívar
y su incansable perseverancia.

Obstáculo muy grave encontró por otra parte, y el más
inesperado para nosotros, un proyecto que parecía llamado á
no ser combatido sino por los españoles solamente. El
gobierno de Washington—lo digo con pena—se opuso de
todas veras á la independencia de Cuba, dando por razón,
entre otras, una que debe servir siempre de enseñamien-
to á los hispano-americanos: que «ninguna potencia, ni
«aun la misma España, tiene en todos sentidos un interés
«de tanta entidad como los Estados Unidos en la suerte
«futura de Cuba......y que por lo que respecta á nosotros
«(los anglo-americanos) no deseamos ningún cambio en la
«posesión ni en la condición política de la Isla, y no vería-
«mos con indiferencia que del poder de España pasase al
«de otra potencia europea. Tampoco querríamos que se
«transfiriese ó agregase á ninguno de los nuevos Estados de
América.»

Estas palabras de muerte para nuestros proyectos
fueron escritas por el mismo Henry Clay, cuyo carácter así
como el de la administración á que servían sus talentos, eran
clara amonestación para que nosotros, por lo menos, diéra-

mos de mano á toda idea que contrariase la conveniencia que derivaban los Estados Unidos en la continuación del poder español en Cuba.

Los Estados Unidos hablaron entonces de una manera tan explícita, que admira ver cómo haya habido quien después se sacrifique en empresas aventuradas para independizar la isla sin contar con el consentimiento y cooperación unánime, ó poco menos, de sus habitantes.

Díjelo así al desventurado general Don Narciso López, á quien hablé con toda la lealtad que me inspiraba el valor de aquel hombre, una de las primeras lanzas en los combates que nos dieron los españoles en los Llanos de Venezuela.

Mas, terminado este incidente doloroso para volver á la cuestión principal de la política de los Estados Unidos con respecto á Cuba, séame lícito remitir al lector á las instrucciones que Mr. Clay daba en 1828 á los comisionados que envió al Congreso de Panamá y que copiaré íntegras en este capítulo.

El gobierno de los Estados Unidos decía:

«Entre los objetos que han de llamar la atención del congreso, escasamente puede presentarse otro tan poderoso y de tanto interés como la suerte de Cuba y Puerto Rico y sobre todo la de la primera. Cuba por su posición, por el número y carácter de su población, por la que puede mantener, por sus grandes, aunque todavía no explorados recursos, es el gran objeto de la atención de Europa y América. *Ninguna potencia, ni aun la misma España, en todos sentidos, tiene un interés de tanta entidad como los Estados Unidos en la suerte futura de esta isla. Nuestra política con respecto á élla está franca y enteramente descifrada en la nota á Mr. Midleton. En élla manifestamos que, por lo que respecta á nosotros, no deseamos ningún cambio en la posesión ni condición política de la isla de Cuba, y no veríamos con indiferencia el que del poder de España pasase al de otra potencia europea. Tampoco querríamos que se transfiriese ó agregase á ninguno de los nuevos Estados de América.*

«Mas en caso que esta guerra continuase por largo tiempo, en una de estas tres alternativas ha de venir á parar, y todas tres merecen una particularísima y muy seria consideración.

«La primera es su independencia á la conclusión de la guerra, conservándola sin asistencia del extranjero. Segunda: su independencia bajo la garantía de otras potencias bien americanas ó bien europeas, ó bien de unas y otras. Tercera y última: su conquista y agregación á los dominios de Colombia ó Méjico. Examinemos ahora cada una de estas condiciones en el orden que hemos establecido.

«Primera: si Cuba pudiese tener un gobierno independiente, capaz de preservarse de los ataques interiores y exteriores, preferiríamos este estado, porque deseamos á los demás la misma felicidad que á nosotros mismos, y creemos que en general ésta se puede asegurar por medio de un gobierno local, emanado del pueblo que ha de ser gobernado, identificado con sus propios intereses. Pero una simple ojeada sobre su limitada extensión, condición moral y discordante carácter de su población debe convencer á todo el mundo de su actual incompetencia para mantener un gobierno propio sin la asistencia de otras potencias. Mas, aun cuando un proyecto tan prematuro pudiese romper los lazos de su unión con España, una parte de su población y su vecina en los Estados Unidos, como en otras direcciones, viviría en continuos temores de las trágicas escenas que se han representado en una isla vecina, cuya población aprovecharía esta oportunidad para emplear todos los medios que la vecindad, semejanza de origen y simpatía habían de suministrarla para estimular y fomentar una insurrección que había de reforzar su causa.

«Segunda : si una independencia garantizada pudiese libertar á Cuba de los peligros que se acaban de indicar, la harían caer en otros no menos formidables, y que *probablemente* casi serían insuperables. ¿Cuáles serían las potencias que habían de garantizarla? ¿Con qué contingente de fuerzas navales y militares, ó de otros medios necesarios para sostener el gobierno, había de contribuir cada una de éllas? ¿Quién había de mandar estas fuerzas? No habrían de estar en continuas alarmas y celos con la potencia que tuviese este mando las demás que garantizasen igualmente, y no tuviesen el mando?

«El hombre ingenuo confesará que estas cuestiones son embarazosas y aun cuando no sea imposible esta independencia modificada, precisamente había de estar expuesta á excesos, que ni se puede preveer ni evitar.

«Tercera : en el caso de su conquista y agregación á Méjico ó Colombia, esta tentativa haría cambiar totalmente el carácter de la actual guerra.

«Hasta ahora que estas repúblicas han combatido por su propia independencia, han tenido de su parte la buena voluntad y simpatía de una gran parte del mundo y en especial de los Estados Unidos; pero si se intentase una empresa militar contra Cuba, sería ya una guerra de conquista, y con ella (cualquiera que fuese el resultado) se comprometerían altamente los intereses de otras potencias, que á

pesar de su actual neutralidad, no podrían desentenderse
de ellos. El suceso de semejante guerra había de afectar
sensiblemente el equilibrio del poder en las colonias, y las
naciones europeas se verían en la necesidad de valerse de
la fuerza para contener el curso de unos acaecimientos
que no podían serles indiferentes. En caso de esta intervención armada para conservar el órden actual de los
Estados Unidos, libres hasta ahora de todo empeño para
oponerse á las potencias europeas, podrían verse arras-
trados contra su inclinación á declararse á su favor, pues que en
primer lugar tendrían que examinar los medios, con los que
Colombia y Méjico pueden contar para semejante empresa, y
en segundo lugar si en caso de un buen resultado podrían
conservar su conquista; más, no tenemos hasta ahora los
datos necesarios para saber, en primeras, las fuerzas militares y navales de aquellas repúblicas; ignoramos, en
segundas, las que la España podría oponer, y finalmente no
podemos juzgar de la opinión de los mismos habitantes.
No obstante esto, sabemos que la España se halla en actual
posesión con una fuerza militar muy considerable; que
está apoderada del inconquistable castillo del Morro y
otras posiciones fuertes de la Isla; que repelida del continente americano, concentrará todos sus medios y esfuerzos
para defender la más preciosa de sus remanentes posesiones
de América; que su atención distraída hasta ahora por
sus varias guerras en ambas Américas, se dirigirá exclusivamente á este interesantísimo punto; que para defen-
derlo podrá recoger de su gran naufragio los restos de
su ejército y marina de Europa y América, tan temibles
en otro tiempo, y que finalmente, aunque no á las claras,
algunas naciones europeas la habrían de ayudar con disimulo y sin comprometerse. Debe pues confesarse que

la conquista de Cuba sería muy difícil, cuando no imposible, sin poderosos medios navales y militares; y ¿tienen estos méritos Colombia y Méjico? Lo dudamos y creemos que ambas repúblicas están por crear una marina. Un navío de línea, dos fragatas con tres ó cuatro buques menores, mal tripulados todos, componen toda la fuerza naval de Méjico; ni es mucho mayor ni mejor tripulada la marina de Colombia, cuando son indispensables los medios de trasportar y defender durante el viaje las fuerzas militares destinadas para la conquista. Pero aún más; sería una imprudencia y temeridad desembarcar un ejército en Cuba á menos que las dos repúblicas pudiesen mantener una superioridad naval siquiera en el golfo de Méjico, para proveer para aquellos accidentes que siempre deben preverse en la guerra. Finalmente es bien sabido, que los habitantes de Cuba en vez de favorecer semejante invasión, temen sus resultados en orden á su suerte futura, y tiemblan al sólo nombre de expedición colombiana por la calidad de parte de las tropas de esta república.

«Pero aun suponiendo que vencidas todas estas dificultades se llegase á hacer la conquista de la isla, viviríamos en continuas alarmas sobre su estabilidad. Para su defensa y conservación se necesitaría la misma fuerza naval que para su conquista, y ni Méjico ni Colombia están destinadas para potencias navales de primer orden. Ambas, y en especial Méjico, carecen de costas, bahías, ensenadas, puertos (que son el plantel de marineros) y en fin de todos los elementos necesarios para formar una marina fuerte. Inglaterra, Francia, Holanda y aun la misma España, apenas convalezca, (y no puede tardar mucho de su actual debilidad, precederán en largos tiempos á Colombia y Méjico en clase de potencias navales. Por consiguiente, en caso de una guerra con cualquiera de estas naciones, correría muchísimo riesgo la suerte de Cuba, si llegase á pertenecer á una de aquellas repúblicas. Ni tampoco pueden los Estados Unidos desentenderse de la consideración de que en caso de un ataque de dichas repúblicas contra Cuba, los buques y los marineros, la artillería y demás medios navales para efectuarlos, habían de sacarse de estos Estados. Bien lejos de propender á la extracción de estos auxilios, el gobierno, resuelto á mantener su neutralidad, ha mandado observar con redoblado celo las leyes prohibitorias; pero á pesar de esto el mismo hecho de que se sacasen de sus puertos, los haría sospechosos de enemistad é insulto. Finalmente, el gobierno vería con la mayor repugnancia aplicados semejantes auxilios á efectuar una empresa *opuesta á su política é intereses.*

«Cuenta, pues, el Presidente que estas consideraciones y las demás, que se os ocurran y las haréis presentes, disuadirán á dichas repúblicas de la invasión de Cuba, ó de que á lo menos la emprendan prematuramente y sin medios suficientes y seguros. Animados de un vehemente deseo de estrecharnos con relaciones francas y amistosas con los nuevos Estados, les declararéis sin reserva, *que los Estados Unidos tienen demasiado interés en la suerte de Cuba* para permitir que semejante invasión se efectúe de un modo destructor, y que se emplee en la empresa una raza de hombres contra otra, pues que ó había de resultar el exterminio de un partido ú otro, ó habían de cometerse los excesos más chocantes. Los sentimientos de humanidad de los Estados Unidos en favor del más débil (que probablemente sería el partido que más había de sufrir en lucha tan terrible), junto con el fundado temor de contagio de un ejemplo tan próximo y peligroso, *los em-peñaría, aun á riesgo de romper con Colombia y Méjico una amistad que tanto aprecian, á valerse de todos los medios nece-sarios para su propia seguridad.*

«Mas, en el caso de que no pudiéseis conseguir el que se abandone el proyecto de atacar y conquistar á Cuba y Puerto Rico, haréis todo esfuerzo para que á lo menos se suspenda su ejecución, hasta tanto que se sepa el re-sultado de la mediación, que á instancias de los Estados Unidos y á solicitud de la república de Colombia está autorizado el emperador de Rusia á interponer para ter-minar la guerra. Es debida á la Rusia esta suspensión, cuya deferencia hacia esta gran potencia la sabrá apreciar de-bidamente el emperador reinante, y aun las mismas nuevas repúblicas reportarán su utilidad, en caso que la España desoiga los consejos que se la habrán dado. Pero es regular que la España se detenga algo antes de rechazarlos, y que se convenza de que su verdadero interés, como lo ve todo el mundo, la debe inclinar á la paz; mucho más después de la caída del castillo de San Juan de Ulúa y en especial la del Callao».

Las instrucciones al ministro americano de que se hace mención en el documento anterior son las siguientes:

«El objeto de esta negociación es inducir al emperador de Rusia á intervenir con el gobierno español á fin de obtener su consentimiento para la inmediata cesación de las hostilidades entre S. M. C. y sus antiguas colonias. El principal argumento de que se vale el ministro es la gran probabilidad que existe de que la España no sólo perdería sus posesiones continentales, sino también las islas de Cuba y Puerto Rico á quienes atacarían las repúblicas libres, si continúa la guerra y conseguirían libertarlas,

atendido el estado predispuesto de la población, por lo
que la intervención de la Rusia sería y es evidente en
favor de la España. Hace ver después que la guerra de
parte de la España, en vez de ser ofensiva, llegará á tomar
el aspecto de defensiva; que por la posición de Colombia
y Méjico un enjambre de corsarios no sólo destrozarían
el comercio español en el golfo de Méjico y mar de las
Antillas, sino también en las costas de la Península, y
después de aducir que la conservación de Cuba y Puerto
Rico merece toda consideración, y debería satisfacer una ambición razonable, añade:

Tal es el punto de vista de la guerra entre España y
las nuevas Repúblicas, que el Presidente desea que usted
ofrezca de un modo firme pero respetuoso á S. M. I. De
él resulta la evidencia de que la paz ha llegado á ser absolutamente necesaria, no tanto para los nuevos Estados
como para la España. La independencia de aquéllos está
fijada irrevocablemente, aunque algunas divisiones intestinas puedan agitarlos, si que éstas llegan á tener lugar; y
la España por una ciega y fatal prolongación de la guerra,
puede aún perder más; ganar es imposible. El abogado
de la paz es el verdadero abogado de la España. Si el
emperador ilustra con su sabiduría los consejos de España,
y la convence de sus verdaderos intereses, no habrá que
temer por el éxito de su poderosa interposición. Usted
está autorizado para desenvolver sin reserva los sentimientos
y deseos de los Estados Unidos con respecto á Cuba y
Puerto Rico, con aquel espíritu de perfecta franqueza, y
amistad que ha caracterizado siempre todas las relaciones
entre la Rusia y los Estados Unidos. *Ellos están satisfechos*

con la presente condición de estas islas, abiertas ahora al comercio y empresas de sus ciudadanos; *por su interés mismo* desean que no haya un cambio político. Si Cuba se declarase independiente por sí, el monto y carácter de su población hacen imposible que pueda mantener su independencia.

«Tal declaración prematura podría renovar las disgustantes escenas que se han presentado en una isla vecina. Solamente la residencia de una gran fuerza de poderes extranjeros puede dar garantías efectivas de que no se repitan estas escenas.

«Los términos de tal garantía y la cuota de fuerza con que cada uno debería contribuir, harían nacer cuestiones de una terminación difícil, aun sin considerar los celos continuos que ésta produciría. Poseyendo la España aquellas islas, todos se acomodarían fácilmente y sólo sentirían inquietudes al menor asomo de un cambio. Los Estados Unidos por su parte no mirarían con indiferencia el que la dominación de las islas se transfiriese á cualquier poder europeo, y si las nuevas repúblicas ó alguna de éllas intentase conquistarlas, la fuerza marítima de los Estados Unidos, tal cual se halla ó pueda hallarse en adelante, estaría constantemente á la mira para salvarlas. Ni es de creerse que los nuevos Estados deseen ó intenten tal adquisición, á menos que sean compelidos á hacerlo por su propia defensa, en el caso de una inútil prolongación de la guerra. Obrando según la política que acaba de desplegarse, el gobierno de los Estados Unidos, aunque podría haber tomado con justicia á Cuba y Puerto Rico, para proteger las vidas y el comercio de sus ciudadanos, que han sido la presa de infames piratas que han encontrado socorro y refugio en el territorio español, han acreditado noblemente

su paciencia y moderación, por un respeto escrupuloso de
la soberanía de España, que á pesar de su obligación no ha
reprimido en lo más mínimo estas enormidades.»

Refiero todo lo que ha pasado sin más deseo que el
de que todo se sepa, sin odio á España, cuyo pueblo aprendí
á amar combatiendo á sus nobles y valientes hijos; sin
rencor, Dios me libre, á los Estados Unidos cuya hospitalidad
he gozado con delicia en los últimos años de mi vida, y sin
más interés por los cubanos que el de presentar los hechos
y las tendencias de los gobiernos en aquella época bajo su
verdadera luz.

Interesado ahora como siempre en lo que concierne
á Cuba, al escribir este capítulo me impuse el trabajo de
recorrer los documentos de la historia de esta isla, para
averiguar por qué causa, mientras todas las colonias españolas alzaron unánimes el grito de emancipación contra la
madre patria, en Cuba y Puerto Rico no halló éco ese grito,
sino que una y otra isla fueron siempre el arsenal de donde
España sacaba todas las armas para someternos á nosotros que luchábamos sin contar más que con la justicia de
nuestra causa.

El 17 de julio de 1808 se supieron en la isla de Cuba
las noticias de España que en los otros puntos de la América Española dieron ocasión á que se formasen juntas como
habían hecho varias ciudades de la Península.

El general marqués de Someruelos, que á la sazón
gobernaba la isla, cuando se vió obligado á permitir la
publicación de dichas noticias, se opuso con firmeza á que
se formasen juntas, y para evitar las complicaciones á que
pudiera conducir la libre discusión del estado de las cosas
en España, reconoció como legítima á la Junta Suprema
de Sevilla.

Por medio de este golpe de estado cortó Someruelos todas las dificultades, y la atención del pueblo se dirigió entonces á perseguir franceses, de los cuales había muchos avecindados en la isla, especialmente colonos de Santo Domingo que con sus capitales habían emigrado á Cuba, huyendo de aquel teatro de horrores revolucionarios. Durante la gobernación del mismo Someruelos, manifestáronse en las cortes españolas planes para emancipar á los esclavos de Cuba y Puerto Rico, y semejante medida mantuvo en gran alarma á los habitantes de estas islas que creyeron comprometido el porvenir de la raza blanca, á más de sus vidas y haciendas. No eran vanos sus temores, pues por aquellos tiempos hubo asonadas en varios ingenios y cafetales, y aun se descubrió una conspiración que dirigía el negro Aponte cuyo nombre aún sirve en la isla para encarecer la perversidad de un individuo. Bien se deja comprender que estos fundados temores de tener que habérselas con una raza terriblemente aleccionada por los hechos verificados en una isla vecina, obrara de tal modo en el ánimo de los cubanos que tuvieran por muy peligroso cualquier movimiento revolucionario, aunque fuese el de su propia independencia, pues estos podrían despertar en los esclavos un espíritu de insurrección, al que ya se ha visto tenían tendencias muy pronunciadas. Sin embargo, la juventud que suele no circunscribirse en los límites de la prudencia, no podía permanecer indiferente, viendo los laureles que en otros puntos recogían los independientes, de cuyo valor daban vivo testimonio las diezmadas tropas que de Costa Firme arribaban á la Habana, después de haber entregado á los llamados insurgentes las fortalezas que defendían. Formáronse por tanto sociedades secretas, sobresaliendo entre ellas la llamada «Soles deBolívar,» cuyo nombre revela que el santo y seña de los conjurados era el del Libertador. La infamia de un hijo de Cuba descubrió al general Don Dionisio Vives la conspiración, y fue sofocado por entonces el espíritu revolucionario.

En 1825 varios cubanos, emigrados de su patria, organizaron en Méjico una junta patriótica, que determinó enviar comisión á Bolivar con objeto de animarle á acometer la empresa de atacar el poder español en las Antillas. Acogió el Libertador el proyecto con el mayor entusiasmo, y ya ha visto el lector que no fue culpa suya si sus planes encontraron obstáculos invencibles.

Los patriotas cubanos habían dirigido al congreso mejicano la siguiente representación, documento inédito que debo á la generosidad de un hijo de Cuba cuyo nombre ha figurado en los últimos planes revolucionarios:

Señores vocales de las Cámaras de Diputados y Senadores:

«Los individuos que suscriben, naturales de la isla de Cuba unos y ciudadanos mejicanos otros, interesados todos en la felicidad de ambos países, se dirigen al congreso general mejicano, llenos del sagrado entusiasmo que inspira el amor á la libertad, con la exposición siguiente:

«Cuando por resultado de los heróicos esfuerzos de los americanos, todo el nuevo continente se ve libre en el día de una dominación extranjera, y cuando especialmente los oprimidos pueblos por el español han sacudido enteramente las cadenas de aquel bárbaro gobierno, la desgraciada isla de Cuba, porción importante y preciosa de la América, se halla en el día encorvada bajo el yugo terrible de ese enemigo feroz de toda *libertad*. En estas circunstancias los hijos de Cuba, unidos siempre en deseos con sus herma-

nos del continente, aislados en todos sentidos, no tienen
otro recurso, que ó esperar de la nación mejicana ó colombiana su libertad, ó entregarse éllos mismos al desesperado partido de la insurrección en medio de una población heterogénea que conduciría á resultados sumamente
dudosos.   En medio de la efervescencia que produce en el
espíritu público de aquella isla el deseo de ser libres, sin haber hasta ahora tomado una resolución ó un partido, *los*
más entusiastas por la *indapendencia* ó los que con más facilidad han podido hacerlo, han salido del suelo patrio á
buscar auxilios de donde han creído que había razones para
esperarlos, cerca de una nación poderosa y cuyos intereses
deben impelerla á dar la mano á un pueblo, que deberá en
todo ser su aliado necesariamente, y que combatirá en la
vanguardia por la seguridad de ambos.   El interés y la conveniencia recíproca exigen que la República mejicana vuele
al socorro de la isla de Cuba y la ayude á salir del estado
de degradación y esclavitud en que la mantiene el enemigo
común de las Américas; más bien por la fuerza del hábito
y otras circunstancias particulares que por su influencia moral; más bien por la inercia natural á todos los pueblos
que gozan de ciertas comodidades que por aquiesciencia
de los habitantes con el [sistema actual que deshonra su
patria; en una palabra, por sólo aquella natural inclinación
de los hombres á mantenerse en el estado de paz, aun haciendo el sacrificio de su libertad y de sus más preciosos
derechos cuando pueden ser funestos los resultados de un
sacudimiento repentino.   Pero este estado de tranquilidad
ha dejado ya de ser natural ó la isla de Cuba.   Sus habitantes penetrados de la santidad de sus derechos, rodeados
por todas partes de brillantes ejemplos de heroísmo, y en-
señados por lecciones prácticas de tantos pueblos libres con

los que están en inmediato contacto : oprimidos por un
contraste muy natural bajo un gobierno cuyo sólo nombre
es una degradación á la vista de los pueblos cultos ; privado cada día más y más de las relaciones comerciales que forman toda su riqueza y fortuna, llenos de aquella desconfianza que inspira el temor de una próxima revolución,
impelidos finalmente por la fuerza de las luces y de la civilización á buscar un sistema más conforme á sus intereses
y á sus nuevas necesidades, están ya en el momento de
hacer estallar una revolución que sin la protección de una
nación amiga puede venir á ser funesta á aquellos desgraciados hermanos nuestros ; cuando por el contrario, apoyada y dirigida por esta República, conduciría al completo
triunfo de la *libertad é independencia* de la isla.

«Estas, señores, no son vanas teorías ni aserciones fundadas únicamente en deseos y votos estériles : son verdaderos axiomas sacados de la naturaleza de la sociedad, y de las
circunstancias en que los sucesos han colocado á la isla de Cuba. Apelamos al juicio de los verdaderos patriotas mejicanos,
al de los señores diputados y senadores que han tenido
la gloria de ver nacer, crecer y triunfar la libertad en
su patria. ¿Qué pecho mejicano dejó de sentirse
arrastrado por un instinto irresistible á la causa de la
independencia? ¿Cuál no deseaba ardientemente la destrucción del gobierno español, y no exhalaba votos sinceros
por el triunfo de las armas nacionales? Sin embargo, el
desorden inevitable de la revolución retraía á los unos :
el temor de un éxito desgraciado acobardaba á otros :
la falta de sistema enagenaba á muchos : ciertos empeños
ó compromisos decorosos detenían á los demás. ¿Y
quién no hubiera deseado que una fuerza organizada hubiera aparecido, dando sistema al nuevo orden de cosas,

apagando la discordia fatal y reuniendo bajo las banderas nacionales á todos los hijos de la patria? Entonces una
voz se habría oído desde Dolores hasta Yucatán y el
año de diez hubiera visto realizado los prodigios del **21**.
¡Cuánta sangre, cuántos desastres se hubieran ahorrado á
la patria! Habría continuado su marcha tranquilamente
hacia su prosperidad en vez de los odios, de las
matanzas, de las ruinas y de los vicios que produce
una guerra civil. ¡A qué grado de riqueza, de abundancia y civilización no estuviera elevado el gran pueblo
mejicano! Aplicad, señores, estas consideraciones á la isla
de Cuba en su actual estado. Todo amenaza en aquel
país una próxima convulsión: todo estimula y precipita á
ella; ¿y la nación mejicana verá con indiferencia anegarse
en sangre una porción del suelo americano con la que
tiene tantos vínculos de amistad y tantas relaciones? ¿Y
el congreso de este pueblo libre verá con frialdad sumergirse á un país amigo y hermano en el golfo de desgracias que le amenazan sin extenderle una mano auxi-
liadora? No hablamos sólo á vuestros corazones, señores,
nos dirigimos á vuestra razón; entramos en raciocinio
con los que se oponen á favorecer á los cubanos.

«Estamos persuadidos que los gobiernos no, se determinan á obrar como los individuos muchas veces: que
sentimientos de compasión, el deseo de favorecer al desgraciado no son los resortes que mueven la política de
las naciones; y esta misma consideración nos estimula
á reclamar del gobierno mejicano el auxilio que pedimos. Si, señores, los intereses de la República están
comprometidos con los de la isla de Cuba y mientras
no sea ésta independiente, la suerte de Méjico no podrá
considerarse absolutamente asegurada. *Recordad*, señores,

cuál fue el primer punto de apoyo de los conquistadores ; re-
flexionad cuál es en el dia el fundamento de las esperanzas del gobierno español: no olvidéis á qué se debe la
conservación del castillo de Ulúa en manos del enemigo:
considerad las posiciones de esta preciosa isla á la boca
del golfo de Méjico, y en contacto con uno de los más
importantes Estados de la federación: que las naciones
comerciales velan sobre los destinos de la moderna
Tiro, que el Londres de la América, esa rica Habana tendrá una influencia poderosa sobre la suerte de los Estados
del nuevo Continente: que una crisis terrible puede poner á esta isla bajo el dominio de una raza de hombres
que por desgracia de la humanidad no pueden entrar en
relaciones sociales con los pueblos civilizados, y que la
dominación de estos en las Antillas influiría de una manera poco ventajosa sobre los destinos de la América toda.
Y estas, señores, ¿no son consideraciones de mucho
peso para inclinaros á decretar una espedición sobre la
isla? ¿Qué reflexiones pueden oponerse á las irresistibles
razones que acabamos de exponer? El Libertador Bolívar
y el congreso de Colombia se determinan por motivos
menos poderosos con menos probabilidad del buen éxito, á hacer marchar un ejército libertador á la otra parte
del Ecuador para redimir á los hermanos del Perú de
la fuerza opresora de otro ejército aguerrido, con influencia en el pais, orgulloso de sus victorias y asegurado
con el prestigio que estas causan. Nada detiene al genio
tutelar de la América austral: vuela á nuevos triunfos;
atraviesa rios, montañas inaccesibles á hombres menos
patriotas, mares; vence obstáculos al parecer insuperables; se empeña el crédito de una nación que aun no se
repone de sus desgracias próximas: soldados, oficiales y

generales que aun tienen los brazos cansados de pelear, que no se han restablecido de las fatigas de la pasada guerra, cuyas heridas todavía no han cicatrizado, se transportan á otro suelo á pelear por la libertad de sus hermanos, á redimirlos de la opresión, á prestarles auxilios en sus angustiadas circunstancias. Y ¿qué diremos de los esfuerzos de los pueblos de Chile y Buenos Aires para el mismo objeto? Ni la distancia, ni la obligación sagrada de atender á su misma defensa, ni la escasez de recursos; nada los detiene para venir á darse la mano sobre los Andes con sus hermanos de Colombia, para hacer libres á los oprimidos peruanos. En la Grecia moderna, los habitantes de la Morea y del Peloponeso con una mano pelean en defensa de su suelo con los bárbaros, y con la otra arman sus buques para enviar auxilios á las islas del Archipiélago: combaten al mismo tiempo con el Continente, ayudan á los cretenses y á los rodios para sacudir el yugo de sus opresores.—Estos no son ejemplos sacados de la historia antigua, cuyos hechos han llegado hasta nosotros desfigurados, y cuya aplicación es las más veces inexacta; son sucesos que acaban de acontecer, y que todavía están aconteciendo á nuestra vista: son sucesos que están en la naturaleza de la sociedad y consecuencia de la simpatía de las principios, igualdad de opiniones y conformidad de sentimientos é intereses. ¿Qué razones pueden justificar la apatía é indiferencia de Méjico con respecto á la isla de Cuba? Una nación guerrera y llena de sentimientos de libertad, que acaba de hacer su independencia con sólo haberse reunido sus valientes hijos, que cuenta con más recursos que cualquiera de los otros Estados, que arde en deseos de propagar las ideas liberales, que disfruta de una paz y una tranquilidad imperturcbables, ¿qué obstáculos puede encontrar para sacar de la abyección en que se halla un pueblo, que del modo que le es posible, ha manifestado sus deseos de ser independiente: que por todas partes anuncia que sólo espera un punto de apoyo para elevar sobre las ruinas del actual gobierno otro nacional y conforme á las luces del siglo? Ya el despotismo español se ceba en innumerables víctimas; ya las prisiones se llenan de patriotas, ya los hijos de *Cubanacan* andan dispersos por agenos pueblos huyendo de la persecución; ya las familias gimen en el silencio por la ausencia, destierro ó prisión del hijo, del hermano, de un esposo, de un padre: ya espionaje engendra la desconfianza y el terror en todas las clases de la sociedad: todo es confusión y desorden, todo temores y sobresaltos. Ese es el estado de este pueblo que reclama vuestra protección y amparo: de ese pueblo que será desgraciado acaso por muchos siglos si no correis á su socorro; y que llegará en poco tiempo á una envidiable prosperidad si decretáis su salvación.

«En vuestras manos están, Padres de la patria, los destinos de dos grandes pueblos: de vosotros pende la suerte de muchas generaciones en un país que tiene medio millón de hombres libres. Para poner á los señores diputados y senadores en estado de poder hablar y votar con conocimiento de hechos sobre esta importante cuestión, acompañamos los documentos que hemos podido haber á las manos relativos á ella. Es muy notable entre otras cosas lo que dice el fiscal sobre la célebre causa de conspiración del año pasado de 1824. Llamamos sobre las palabras siguientes la atención del Congreso. «El «fiscal está convencido de que no son sólo los que aquí «parecen los conspiradores de la asociación de *Soles y*

«*Rayos* (habla de juntas que llevan este nombre y cuyo «objeto es promover la independencia), pues el mal ha «corrido y difundídose por toda la Isla como un rio «caudaloso que se extiende por muchos campos en su «avenida, y este concepto lo comprueba con los inci-«dentes que en estos últimos dias se le han pasado «procedentes de la Habana y sitios circunvecinos.»

«Este periodo del dictámen fiscal y todo su contesto manifiestan que los hijos de la isla de Cuba léjos de desconocer la noble causa de los americanos, se esfuer-zan á ponerse á nivel de sus hermanos del continente. Hay valor, hay patriotismo en aquellos habitantes; pero hay tambien obstáculos que se oponen á la consecución de la empresa, y obstáculos de tal naturaleza, que bien considerados, aparecen casi superiores á ella. En efecto, Señores, una porción considerable de esclavos cuya ten-dencia á la libertad de que están privados por una desgracia, si se quiere, pero inevitable en la actualidad debe ser un elemento, es un freno que contiene los nacientes esfuerzos de los patriotas contrariados por la doble fuerza de un gobierno establecido, y esta masa inerte hasta cierto punto. El estado de tranquilidad que gozan los propietarios con el sistema actual, les hace to-lerable el despotismo á trueque de no verse expuestos á las terribles convulsiones de una isla vecina, cuya his-toria forma un episodio correspondiente á la revolución de Francia su metrópoli. El temor, pues, en los dueños de fincas rústicas de verse arruinados por la sublevación de sus esclavos, y privados de la base de su subsistencia; la consideración de otros de que una revolución de esta naturaleza, lejos de ser ventajosa á los criollos y aún al resto de las Américas, sería por el contrario sumamente perjudicial, y los mantiene en una incertidumbre que por último vendrá á ser más funesta que sus mismos temores. Escuchad las razones.

«El gobierno español pierde cada dia más y más su fuerza moral en la isla de Cuba y se debilitan de consiguiente sus recursos físicos. Esta decadencia del gobierno actual en aquel país es debida á la marcha opuesta que sigue el de Madrid, á los progresos de la civilización, y más particularmente á la tendencia inevitable que tienen las antiguas colonias españolas á su emancipación ; de donde se sigue al paso que la actual Administración pierde su rigor y energía, se establece un equilibrio de poder y de influencia entre élla y la opinión que sostiene el partido de la independencia. Mas como la opinión da impulso á los negocios públicos, ella sola no puede bastar para contener los desórdenes consecuentes á la anarquía; resultará que reducido el gobierno español á nulidad, y no habiendo otro organizado que pueda sustituirle, debilitados todos los resortes de un poder cualquiera, y relajados todos los vínculos sociales, una tercera fuerza que aunque no organizada tiene todos los elementos de íntima unión, será conducida por instinto á apoderarse de la fuerza pública y dar un impulso y una dirección enteramente distinta á la revolución. No olvidemos los sucesos de Santo Domingo, debidos principalmente á las oscilaciones de la Francia, y al estado de inutilidad en que se hallaba el gobierno de esta isla. Los criollos no eran bastante fuertes para sobreponerse á la metrópoli, y la metrópoli había perdido su energía para sugetar á los esclavos. Unos y otros vinieron á ser victimas de las fuerzas unidas de estos que no podían optar por sistema sino únicamente por el instinto que tienen todos los hombres de buscar su libertad.

«Estas son las circunstancias en que se halla coloca-da la mayor isla del archipiélago vecino á Méjico; estos son los riesgos que amenazan á *Cubanacán*. El comercio entre aquel pais y éste, las relaciones políticas que natural-mente deben entablarse con la independencia, la ilustración, la libertad, el culto de nuestros padres, todo está amena-zado, todo peligra si la revolución toma el aspecto horro-roso que hemos anunciado; si la nación mejicana no envía un fuerza capaz de imponer, y que elevando el pa-bellón independiente en un punto de la isla llame á su seno á todos los hijos de élla. Entonces volarán á unirse bajo las alas de la invencible Aguila los patriotas cubanos, qne hoy suspiran esperando sobre sus playas á sus herma-nos del continente: entonces el orgullo español recibirá el último golpe haciéndole retroceder para concentrarse en la Península : entonces los americanos todos podremos jun-tarnos á cantar el completo triunfo de nuestra independen-cia, y entonar himnos á la libertad. La Habana podría servir de centro á los nuevos Anficciones del continen-te de Colón : saldrán de estas asambleas decretos que honren la causa de la humanidad, que es hoy la de todos los americanos; flotarán libres en nuestros mares los buques de las repúblicas, y serán respetados los pabellones de las naciones que entrasen con sus gobiernos en relaciones amistosas: todo será paz, abundancia y pros-peridad. Los barcos que arribasen á los más célebres puertos de esta nación poderosa, dejarán de temer el encuentro de un enemigo que con oprobio de su heroís-mo se atreve á mantenerse enfrente y á la vista de sus playas : la plaga de piratas que infestan el golfo mejicano desaparecerá para siempre. Todo cambiará de aspecto, y los nombres de los héroees mejicanos confundidos con los de los libertadores de la isla suscitarán recuerdos de gratitud hasta las más remotas generaciones.

« Puedan nuestros votos unidos á los de los habitantes de la isla de Cuba mover al congreso mejicano á tomar una determinación que le pondrá al nivel de los libertadores de los pueblos, y de aquel célebre monarca de Sicilia, que por fruto de sus victorias cuando derrotó 150.000 cartagineses, impuso por condición para la paz que los enemigos dejasen de ofrecer á sus dioses los sacrificios de sus hijos primo-génitos. — Antonio Abad Yznaga, Lorenzo Zabala, José Antonio Mozo, Joaquín Casares y Armas, Manuel Gual, José Antonio de Echavarri, José Teurbe Tolón, Antonio Valdez. »

Con tal entusiasmo miraban los pueblos suramerica-nos la causa de la libertad de Cuba, que después de la célebre jornada de Ayacucho, según me escribía el general Sucre desde Chuquisaca, con fecha 27 de abril de 1826, el ejército ofreció al gobierno ocuparse en la libertad de la Habana ; pero sea, dice aquel jefe, que no se tengan los me-dios pecuniarios para sostener una nueva campaña, ó sea que no convenga á los intereses de Colombia entrar en una nueva cuestión que pudiera dar embarazos, el gobierno ha contestado sólo dando las gracias.   (*)

(*) Chuquisaca á 27 de abril de 1826.

Mi querido general :

Después de la batalla de Ayacucho tuve el gusto de escribir á usted, participándole el resultado final de la campaña del Perú en aquella vic-toria, y de darle las gracias en nombre del ejército vencedor por los esfuerzos que usted hizo en Venezuela para auxiliarnos : si estos auxilios

El hecho es que Bolívar temía dar publicidad á una empresa de tal monta que requería hacerse con gran sigilo y mayor prudencia. Verdaderamente hubiera sido grandioso y digno de la revolución americana que el ejército vencedor en Ayacucho, compuesto de las tropas de todos los países de la América del Sur, hubiera terminado la carrera de sus triunfos arrancando á la corona de Castilla la más preciada de sus joyas, después de haberle arrebatado el territorio en que Pizarro había plantado en otros tiempos el orgulloso pendón de los castillos y leones.

---

no llegaron en tiempo, no pierden sin embargo su mérito, porque consideramos la eficacia con que usted los preparó y su buen deseo por el éxito glorioso de sus compañeros en este país, comprometidos en la más noble causa.

No he recibido contestación de usted, y no sé si sea porque no llegó mi carta, ó porque se haya extraviado la suya en la vuelta, como ha sucedido con muchas, ó porque no se haya dado. De cualquiera manera, hago ésta para saludar á usted otra vez y reiterarle mis sentimientos.

Recientemente de Ayacucho, nuestro ejército ofreció al gobierno ocuparse de la libertad de la Habana; pero sea que no se tengan los medios pecuniarios para sostener una nueva campaña, ó sea que no convenga á los intereses de Colombia entrar en una cuestión que pudiera dar embarazos, el gobierno ha contestado sólo dando las gracias. Nuestro ejército está en un pie brillante por disciplina, orden, sistema y sobre todo con un espíritu nacional y militar que le duplica su fuerza. Sería capaz de cualquiera empresa digna de sus armas.

He visto en los papeles públicos que, continuando usted en sus distinguidos servicios á la patria, mantiene á Venezuela en buen orden: debo y rindo á usted mis agradecimientos por este buen servicio á esa tierra que me es tan querida.

Dígnese usted, mi apreciado general, aceptar los sentimientos de afecto y de la consideración con que soy de usted muy atento obediente servidor.

A. DE SUCRE.

Que los cubanos estén bien hallados y contentos con el dominio español, que se encuentren satisfechos con sólo la prosperidad material que les proporcionan las riquezas agrícolas del suelo de su patria exuberante en valiosas y preciadas producciones, sólo podrá creerlo quien no haya tratado muy de cerca á la multitud de hijos de Cuba, que en las épocas de verano vienen á estos Estados para respirar la atmósfera vivificadora de la democracia. Yo he visto en épocas pasadas á hombres opulentos de esa isla ofrecer generosamente sus caudales para expediciones libertadoras ; he visto y estoy viendo á jóvenes de talento y porvenir que comen el amargo pan de la emigración, amasado con el sudor de sus frentes, formar juntas patrióticas sin curarse del ridículo con que los positivistas miran á cuantos acometen empresas que creen no se pueden llevar á buen remate sin la cooperación de los que disponen de recursos pecuniarios. Nada de esto es parte suficiente para que los patriotas cubanos dejen de trabajar con fe y entusiasmo por la libertad de su infortunada patria: como los hijos de la infeliz Polonia forman asociaciones en países extranjeros para repetir á los oidos del mundo liberal los gemidos y lamentos de sus compañeros que viven bajo el yugo colonial : éllos dicen y repiten á cada instante, dirigiéndose á la patria, «*Josti tu men bella almen più forte.*»

No hay duda alguna de que para Cuba ha de llegar la hora de redención, ya sea por los esfuerzos de sus propios hijos ó por el auxilio que le preste cualquiera nación extranjera con la que España se empeñe en una lucha prolongada. Cuba es para España el talón de Aquiles, el punto vulnerable de su cuerpo, y si los gobiernos que rigen en la Península no fuesen tan celosos de lo que dicen *orgullo nacional*, si sacrificasen á este vano sentimiento el interés y gloria de ver perpetuada y sólidamente establecida su raza en el continente americano, España debería dejar á los cubanos en libre posesión del territorio en que nacieron, y circunscrita á sus límites geográficos, reconquistada la posesión del Estrecho con la ocupación de Gibraltar y las opuestas costas de Africa, España, es verdad, no tendría dominios en que nunca se pone el sol, pero en cambio pondría la ley á cuantas naciones surcan con sus naves el valioso brazo de mar que baña las costas de tres continentes del mundo antiguo.

En cuanto á los cubanos, en medio de sus desgracias actuales, tengan un consuelo para la suerte futura que les ha de tocar como nación libre é independiente. Ellos, aleccionados por los inconvenientes y males con que han tenido que luchar los pueblos de la misma raza que les precedieron en la conquista de la independencia, pueden evitar el incurrir en los mismos desaciertos que cometieron los que hoy los están dolorosamente expiando. Procuren los cubanos que el último día de la dominación española no sea el primero del reinado de la anarquía y de las disensiones intestinas. Tengan presentes nuestros primeros desaciertos después que alcanzamos nuestra independencia, no olviden para que puedan evitarlas, las faltas que cometimos, el exceso y defecto porque pecamos, así lograrán plantear con la declaración de su independencia las bases de su futuro bienestar.

Con nosotros tendrán de común los habitantes de Cuba los males consecuentes al sistema colonial español, y para que no nos imiten en los que nosotros mismos nos creamos, no se dejen deslumbrar por teorías que prometen

más de lo que han de dar por resultado. No se apeguen
jamás á la letra que mata, sino al espíritu que vivifica.
Tengan presente que el cuerpo social es como el humano:
á veces sana sus dolencias un simple tópico aplicado á
tiempo; mas otras es necesario curar el mal con cauterios
para que el virus ponzoñoso no se inocule en los canales de la vitalidad. *I no olviden jamás que un pueblo
no puede ser libre si mantiene esclavos en su seno.* (*)

(*) Esta opinión no es nueva para mí.—Además de ser una verdad
axiomática, yo la puse en práctica cuando en Apure mandaba en jefe
el año de 1816. Muchos de los esclavos fueron después valientes oficiales
que se distinguieron en el ejército.—Más tarde traté muchas veces de
estirpar la esclavitud en Venezuela. Los propietarios se me opusieron en
1826, en 1830, en 1847: con un pretexto ú otro jamás aceptaban un
acto de justicia que á todos haría bien.

Véanse los siguientes apuntes que escribí para una representación
al Congreso de 1848.

« Si el nacimiento de Venezuela exigía que se marcase con un acto
de beneficencia, otro de justicia no era menos interesante. Cuando toda
la república respira libertad, cuando ha proclamado los derechos del hombre, y cuando ha declarado que ninguno puede ser propiedad de otro,
permitir la servidumbre es contrariarse en los propios principios; chocar
con sus propios hechos y minar una de las bases sobre que principalmente debe estribar el edificio social. Con estos fundamentos, el Congreso debe solicitar un empréstito de dinero, fuéra del país, para redimir los esclavos é indemnizar á sus dueños, como lo previene la constitución, artículo 208. La ley que el Congreso dictare sobre este importante suceso, no dudo que será recibida, tanto en Venezuela como
en los países extranjeros á quienes tenemos en espectativa, como la más
sabia, la más filantrópica, porque élla dará á la república infinidad de
ciudadanos que ahora no pertenecen á la sociedad, sino que son propiedad de unos pocos.—El hombre como sér libre no puede ser propiedad
de otro, no se le debe poner embarazos en el ejercicio inocente de sus
facultades, ni privársele de la gran prerogativa de su libertad. La es-

Afortunadamente para Cuba ella no tiene ni selvas impenetrables ni terrenos que forman dilatados horizontes, y no es posible por lo tanto que encuentren abrigo esas partidas de facciosos, que en són de patriotismo viven del saqueo de las poblaciones, ni hallen espacio para sus correrías *montoneras* organizadas por caudillos que muestran en todo su horror al europeo vuelto al estado de barbarie en las Pampas del hemisferio austral. Estos accidentes topográficos que yo en mi pais considero como los mejores

---

clavitud de Venezuela debe excluirse del cúmulo de las propiedades. Tengo la fortuna de ser uno de los libertadores de mi patria, y bajaría al sepulcro con dolor si no propendiera y cooperara á sostener la justicia bien distribuida. Pero para que se vea que podemos ejercerla sin perjudicar intereses que son el porvenir de las familias que se mantienen con el trabajo de los esclavos, haremos una comparación entre dos capitales iguales, uno invertido en esclavos y otro puesto á intereses.

§ 15,000. Capital puesto al interés de 12 p∃ anual, que es el que generalmente se paga en este pais, daría la renta. . . . . . § 1,800 "

§ 15,000. Capital invertido en esclavos, según las siguientes demostraciones, solo produciria. . . . . 1,400 "

- - - - - - -

Diferencia en contra del capital invertido en esclavos. . 400 "

DEMOSTRACIONES

Con el capital indicado se comprarian 50 esclavos á § 300.

Estos, arreglándonos á las costumbres ya establecidas en este pais, solamente trabajarian 200 días en el año, pues de los 364 que tiene, deben rebajarse 164, asi :

      Por sábados y domingos. 104
      Por dias festivos. 20
      Por enfermedades, fugas, etc. 40
                           ——
                          164

medios de defensa contra una nación extranjera, presentarían á Cuba emancipada los mismos males de los que nosotros hemos tenido que luchar desde que expulsamos á nuestros opresores extranjeros. Cuba, por su posición geográfica, estará segura contra toda agresión de un enemigo exterior, si consagra una gran parte del tesoro público á tener sus costas en perfecto estado de defensa y á formar una escuadra que algún dia la haga acreedora al dictado de la Tiro del Nuevo Mundo.

Los 200 días de trabajo á 2 reales libres diariamente serian. $ 2,500 «

Deben deducirse por gasto ordinario de vestuario, medicinas, médico, asistencia, etc, á $ 10 uno 500

Valor de dos esclavos que según todas las probabilidades, deben morir ó inutilizarse anualmente, siendo solamente el 4 p⅌ 600   1,100 «

1,400 «

Resulta de esta demostración, que el dinero invertido en esclavos proporciona una notable pérdida, comparativamente con el colocado al interés común; y si tenemos presente que un capital es *perecedero* y el otro *perpetuo*, conoceremos el gran vacío que aun queda en esta comparación.

Los $ 10 de gasto anual, calculados á un esclavo, son:

Por una cobija. . . . . $ 1 «

Por 12 varas coleta, á 2 reales. . . . . 3 «

Por un sombrero. . . . . - . . . . . « 4 $ 4 4

Por asistencia médica á $150 al año un médico, toca á un esclavo. . . . . 3 «

Por alimentos, enfermera. etc. 2 4 5 4

$ 10

¡Ojalá no termine la carrera de mi vida sin ver repetidas en los campos de Cuba las escenas que tuve la gloria de presenciar en las llanuras de mi patria ! (*)

Yo sé que existen en uno de los departamentos de la isla habitantes á quienes para alcanzar la fama de los llaneros venezolanos no les falta más que trocar como aquellos la garrocha del hatero por la lanza del soldado.

El vestuario presupuesto difiere en mucho del prevenido por las leyes.

En Venezuela hay como 20,000 esclavos, que á $ 200 (término medio) serán $ 4.000,000. ¡Qué incalculables ventajas traeria al país la circulación de tal cantidad de dinero !

Téngase en cuenta que los propietarios pueden perder en una epidemia la mayor parte del capital empleado en esclavos, y que no puede repararse fácilmente esa pérdida, no sólo de brazos para el trabajo, sino de crédito en el mercado, de donde el hacendado saca recursos para las necesidades urgentes de sus propiedades.»

Los acontecimientos políticos del 48 no me permitieron presentar al Congreso las ideas que había bosquejado en estos apuntes.

(*) En 1800 en Turmero, dice Humboldt en su viaje á las regiones equinoxiales, vimos una reunión de la milicia del país ; sólo su aspecto anunciaba que habia siglos que no habia sido interrumpida la paz en aquellos valles. El capitán general, creyendo dar un nuevo impulso al espíritu militar, había dispuesto grandes ejercicios : el batallón de Turmero, en un simulacro de batalla, había hecho fuego contra el de la Victoria : nuestro huesped, teniente de milicia, no se cansaba de pintarnos el peligro de esta evolución. «Me he visto, me decía, rodeado de fusiles que á cada momento podian reventar : me han tenido cuatro horas al sol, sin permitir siquiera que mis esclavos tuviesen un quitasol sobre mi cabeza». ¡Cuán rápidamente los pueblos más pacíficos toman lás costumbres de la guerra! Yo me sonreía entonces de una timidez que se manifestaba con tal candor, y doce años después aquellos mismos valles de Aragua, aquellas mismas llanuras apacibles de La Victoria y de Turmero, el desfiladero de La Cabrera y las fértiles orillas del lago de Valencia, han venido á ser el teatro de los combates más sangrientos y encarnizados entre los indigenas y los soldados de la metrópoli.

CAPITULO XXI.

CONSPIRACIONES REALISTAS.—CORONADO Y LOS CASTILLOS.—CONSPIRA-
RACION EN BARINAS.— MOTIN EN ANGOSTURA.—PERSECUCION DE
LAS PARTIDAS REBELDES Y SU EXTERMINIO.—OFICIO AL LIBER-
TADOR.

1827—1828.

El historiador Baralt, después de referir el término de
las cuestiones que se habían agitado en otras secciones de
Colombia, dice, hablando de Venezuela: «Cuando por este
lado (el Ecuador) se calmaban agitaciones y desasosiegos,
presentábanse por otros conmociones, desafueros y guerras
que no parecía sino que, apalabrados los trastornadores, á
un tiempo mismo y con diversas armas, laceraban la patria de propósito para repartirse sus pedazos.» En efecto,
tramaban los realistas conspiraciones, animados con proclamas y excitados por muchos partidarios del rey que se
habían quedado en el país, aparentando someterse al nuevo orden de cosas. Creí yo oportuno tomar medidas de
precaución, y á la vez que me apoderaba de las personas
complicadas en la trama, como eran los frailes Ravelo y
García, mandé mis fuerzas contra varias partidas sueltas
que se habían alzado en algunos puntos. Ofreciendo por
medio de una proclama indulto á los culpados, logré que
depusieran las armas más de cuatrocientos individuos. Tal
vez interpretando mal la indulgencia conque yo había
tratado á los revoltosos en Cumaná, un señor Pedro Coronado, contra quien se había dado sentencia de prisión por
escritos incendiarios, se puso á la cabeza de ciento cincuenta hombres para resistir á las autoridades que habían

pronunciado la sentencia contra él. Envié á su hermano Bonifacio y al coronel Ramón Burgos para que le hiciesen comprender los graves males que seguirían á su temerario intento y para que entrasen con él en transacciones, y así pude conseguir que Coronado, abandonando sus proyectos, viniera á presentárseme.

Con fecha 24 de octubre de este año escribía yo al Libertador: «El país marcha por la senda que dejó trazada S. E. el Libertador; los pueblos se han acostumbrado á la ejecución de sus decretos: el orden preside en todas partes, y tengo fundadas esperanzas para creer que se conservará inalterable hasta que llegue el tiempo suspirado y feliz de las reformas que dicte la Gran Convención.»

En Barinas se descubrió el 19 de octubre una conspiración en que estaban complicados los partidarios de los españoles, entre éllos muchos individuos de color, cuyo plan era promover trastornos para robar y saquear las arcas nacionales y degollar algunos ciudadanos.—El gobernador comandante de armas, José Ignacio Pulido, declaró la provincia en estado de asamblea, y procedió á hacer las investigaciones para castigar á los culpados. La conspiración, sofocada en su origen, fue buen golpe para los ilusos realistas que en un cantón de Coro se proponían sostener el pabellón español, acaudillados por el capitán de milicias Candelario Olivares. Los vecinos del cantón de Coro que en otros tiempos se habían mostrado tan favorables á la causa realista, en estas circunstancias hicieron á la patria el servicio de terminar por sí mismos con los facciosos que pretendían resucitar el ya extinguido espíritu de adhesión á la antigua metrópoli.

El Libertador había comisionado al entonces coronel José Felix Blanco, después general, (*) para que, con el encargo de intendente pasara á la provincia de Guayana á poner coto al escandaloso contrabando que se hacía en ella, y á hacer cumplir algunos decretos del Libertador sobre prohibición de exportar mulas, sobre alcabalas, patentes y aduanas marítimas. Para hacer cumplir cualquier orden en que se necesitare un hombre de carácter y tesón nadie más á propósito que el coronel Blanco, y así desde que llegó á Angostura se propuso corresponder á la confianza que en él había depositado el Libertador. Formaba gran contraste la conducta inflexible de Blanco con la debilidad que mostraba el general José Manuel Olivares, gobernador de la provincia, y no es de estrañar que los habitantes se disgustasen muy pronto del recienllegado intendente, cuya misión era hacer cumplir decretos que debían poner término á ilícitas grangerías.

En la noche del **28** de octubre una partida de hombres allanó la casa del intendente dando mueras y pidiendo su

---

(*) Con placer transcribo aquí lo que sobre este veterano de la independencia dice *El Federalista* de Caracas del 19 de abril de 1866.

«Blanco, alma casi secular á quien recibiera la revolución de 1810, llena ya de los ecos de la tempestad de 1789. Fuerte, honrado, patriota de todas épocas; tan creyente en la libertad y en el porvenir feliz de la América con la nieve de sus ochenta años, como lo fuera con los ardores de su mocedad».

El general Blanco, después de sus grandes servicios al país que lo vió nacer, ha tenido la patriótica idea de publicar una edición reformada de los Documentos de la Vida Pública del Libertador. Quiera Dios que se lleve á término esta empresa que acometieron en otros tiempos varones eminentes, interesados en dar á conocer al mundo la historia de Colombia.

deposición y la del gobernador, cuyo deber era sostener al comisionado del Libertador. Amotinóse una gran parte de la población, y por una acta que redactaron el dia siguiente en asamblea, depusieron de su destino al coronel Blanco, acusándole de haber cometido actos repetidos de despotismo, mostrándose enemigo del general Santander que entonces ejercia el poder ejecutivo.

No menos severos fueron con el gobernador político de la provincia, el general Olivares, á quien depusierón del mando.—Presentóse el intendente á las autoridades revolucionarias, y reducido primero á prisión, fue después enviado á la capital por la vía de Apure y Barinas.

Afortunadamente este motín sólo tuvo el carácter de una animosidad personal contra la persona del intendente Blanco; así que con el nombramiento de gobernador de la provincia, conferido al general José Laurencio Silva se apaciguaron los ánimos.

Separado Coronado de la rebelión que él habia atizado, y abusando sus compañeros los Castillos de las medidas conciliatorias que yo había adoptado para evitar efusión de sangre, continuaron en armas y rompieron hostilidades contra las tropas que mandaban los generales Mariño, Bermúdez y Monagas, resistiéndoles por seis meses y cometiendo todo linaje de excesos. Ni aun por eso se obró con menos clemencia contra aquellos rebeldes, con lo que se logró que algunos se acogieran á indulto, sin que por ello fuera vencida la obstinación de los facciosos; pero poniéndose á las órdenes del comandante Juan de Dios Manzaneque algunas fuerzas, el 8 de febrero de 1828 batieron estas á los perturbadores del orden, apoderándose de todos los elementos con que se habían sostenido hasta entonces en la cordillera.

Los cabecillas Francisco Villarreal y José del Rosario Farías con sus compañeros se acogieron á la clemencia del gobierno que les prometió completo olvido de lo pasado si se retiraban á la vida de tranquilos ciudadanos.

En capítulo aparte me ocuparé de otras partidas realistas que en estos mismos tiempos recorrían los territorios, esparciendo la consternación en sus pacíficos habitantes.

El 16 de mayo pasé el siguiente oficio al secretario general del Libertador:

REPUBLICA DE COLOMBIA

—

José Antonio Páez, jefe superior civil y militar de Venezuela, etc. etc,

—

Cuartel general en Caracas,
á 16 de mayo de 1828.

Al señor secretario de Estado y del Despacho General.

«Encargado por S. E. el Libertador Presidente del gobierno superior de los departamentos de Venezuela, Maturín y Orinoco, con las facultades necesarias para defenderlos de toda insurrección interior ó incursión del enemigo, manteniendo el orden, la tranquilidad pública, la seguridad de sus habitantes, nada ha ocupado tanto mi atención como corresponder puntualmente á tan delicadas y arduas funciones. Muy fácil habría sido llenarlas en tiempos tranquilos y en la calma de las pasiones; pero desgraciadamente han sido los más difíciles y complicados en que no ha bastado la simple previsión de los acontecimientos para su remedio, sino aún más allá de lo que pudiera alcanzarse. Yo no he perdonado medio ni diligencia para obtener, como he obtenido, la seguridad y perfecta tranquilidad del país, que sin duda se hallaría envuelto en los horrores de la guerra ó de una revolución espantosa si no hubiesen sido tan activas y eficaces las providencias que se han acordado y de que tengo dada cuenta al gobierno oportunamente.

«Sin embargo de esto he creído conveniente reiterar esta misma participación, poniendo á la vista de S. E. el Libertador Presidente un detal circunstanciado de las operaciones militares y políticas de que hasta ahora me he ocupado, con expresión de los motivos en que me he fundado para acordarlas, porque no queda satisfecho mi corazón y las sanas intenciones de que estoy poseído, con sólo los ventajosos efectos que se han experimentado, sino con que S. E. el Libertador conozca esto mismo y obtengan el sello de su aprobación. Para entrar en su referencia, es necesario recordar brevemente el estado en que se encontraban estos departamentos después de la marcha de S. E. y la conflagración general que amenazaba á fines del año próximo pasado.

«El gobierno está bien impuesto de la cadena no interrumpida de facciones que han plagado el país, ya más ya menos temibles, según han sido su extensión y origen: pero que todas ellas han presentado un ejemplo pernicioso y de grande trascendencia á la seguridad del territorio. A la faz de S. E. el Libertador Presidente subsistía el faccioso Cisneros, abrigado de los casi impenetrables bosques que circundaban los valles del Túy: durante su permanencia en esta capital tentó sabiamente todos los medios de su reducción, pero lejos de producir su efecto, descararon más á este fascineroso, hasta incrementar su partida al considerable número de más de cien hombres, que adelantó poco después á trescientos, luego que se le incorporó el cabecilla Centeno.

«Siguióse al imponente estado de esta facción, la que abortó en la parroquia de Los Teques y sus inmediatas de acuerdo con Cisneros, y compuesta de más de tres mil hombres diseminados en las extendidas cordilleras que parten desde el Consejo hasta San Casimiro de Guiripa: y como una continuación suya existía mucho tiempo antes la facción de los Güires, abrigada en los bosques de Orituco é inmensos desiertos de Tamanaco y Batatal hacia los valles del Guapo y Rio Chico.

«En este mismo tiempo desapareció del puerto de La Guaira el español José Antonio Arizábalo, que en calidad de prófugo de la Península se había acogido á la protección de la República: se descubre también su dirección hacia los Güires, y que en su tránsito por las parroquias y ciudades de Cura, Parapara, Ortiz y San Sebastián, con el título de capitán general, extendía las ramificaciones de una conspiración general. Por fortuna hizo su erupción la facción de los Teques antes de completarse la obra de la perfidia, y sin perder instante destiné la fuerza suficiente para sofocarla. Yo en persona marché á este punto, y después de la pronta ejecución de los principales actores, cogidos infraganti, un indulto general fue el más oportuno y saludable remedio para disipar hasta las últimas reliquias de la conspiración, en términos que al presente pueden competir estos pueblos con su tranquilidad y entusiasmo con los más dicididos por la causa de la república, aprestándose sus vecinos gustosamente al servicio en el batallón de milicia auxiliar N° **12**, que es uno de los más bien organizados.

«De los procesos formados á algunos de los facciosos de los Teques, se dejaba ver la combinación y el apoyo que esperaban de diversos puntos: de éllos aparecía también que en Río Chico se formaría una partida de quinientos hombres que marchase sobre la capital, á la vez que Cisneros por los valles del Tuy y los conjurados de los Teques por occidente llamasen la atención del ejército. La conspiración no estaba limitada á la provincia de Venezuela sino que era extensiva á las demás. Casi simultáneamente se pronunció la de Barinas en el departamento de Orinoco, y á pocos momentos después la de San Fernando de Apure y Cunaviche, sirviéndoles como de auxiliares las sublevaciones de Angostura y Cumaná, principalmente la de esta última por el crecido número á que llegaron los conjurados, acaudillados por los Coronado y los Castillo.

«Omito recordar las pequeñas partidas que divagaban ya en la sierra de Coro y península de Paraguaná, ya en una de las islas de la laguna de Valencia, ya en las inmediaciones de la ciudad de Calabozo, y ya finalmente en las serranías de San Casimiro de Guiripa, mandada por Luciano Castro, que, como otras tantas guerrillas, obraban de concierto al mismo fin, y era indispensable prestarles atención por los males que causaban en las poblaciones, y asesinatos que impunemente cometían en los vecinos pacíficos y transeuntes. Dividida por esto la atención, no era posible que un ejército por poderoso que fuese, pusiese en seguridad los puntos amenazados, y que al propio tiempo obrase eficazmente en persecución de los malvados. Cuando describo el peligro, no intento realzar el mérito de los resultados: la notoriedad y las comunicaciones oficiales son los más convincentes comprobantes de que la República estuvo en peligro inminente de perder estos departamentos, y con éllos haber quedado arrollada su independencia.

«Se hace más ostensible esta verdad al recordar que en medio de la abyección en que se hallaba la España, se reanimaron sus esfuerzos, y una escuadra apareció al frente de nuestras costas con todas las apariencias de una incursión decidida : con elementos de guerra abundantes para armar los brazos de esos mismos facciosos, y conduciendo á su bordo cuadros de oficiales con que se habrían formado cuerpos en el país, como los que en otros tiempos militaron bajo las órdenes de Boves, Morales y Morrillo. Los papeles públicos del extranjero corroboraban estos temores anunciando que la Península contaba con un apoyo vigoroso en el seno mismo de Colombia.   Tal era la situación del país que debía defender y salvar.

«Sírvase VS. traer á la vista mis comunicaciones anteriores sobre el particular y los documentos que le he dirigido, no menos que las órdenes que se me han comunicado para que pusiese á la antigua Venezuela en el pie más respetable de fuerza, dictando cuantas providencias creyese convenientes á su seguridad.

«Yo debía afrontar á la vez todos los peligros y sin desatender la seguridad de las costas, atacar en todas direciones á los facciosos hasta lograr su total exterminio.   A este fin hice marchar á los valles del Tuy una columna de doscientos hombres del batallón N° 14 de Siquisiqui y quinientos del batallón de Aragua N° 2 que incorporado á las compañías de los batallones Callao y Junín, bajo las órdenes del coronel José Hilario Cistiaga sostuviesen constantemente la persecución de Cisneros, y entretanto, para la seguridad de esta capital, dispuse que las compañías

Cazadores y Granaderos de Valencia, San Cárlos y Barquisimeto, de los batallones Nms. 5°; 6° y 9° al mando del coronel José María Arguíndegui, la guarneciesen.

«La plaza de Puerto Cabello y capital de la provincia de Carabobo, de donde se habían extraido parte de sus guarniciones veteranas para las operaciones, conceptué que debían reponerse y reforzarse, y al efecto ordené que tres compañías de la milicia auxiliar de los batallones más inmediatos de Occidente sirviesen al destacamento de Puerto Cabello, relevándose cada mes, y que se pusiese sobre las armas el resto del batallón de Valencia N°. 5°., como lo estuvo por quince días, hasta que disipados en parte los amagos del enemigo mandé retirarlo, quedando solo una compañía que la reemplazó el escuadrón de caballería del regimiento la Victoria de Apure, que en la actualidad hace allí servicio.

«Dí órden para el aumento de las fuerzas en el Cantón de Rio Chico en proporción que aparecían los pedidos, y dispuse su retiro luego que destiné el batallón Antióquia á guarnecer aquel punto, que era el más amenazado por la escuadra enemiga, prevenido de obrar en combinación con las tropas de Orituco contra los facciosos de Tamanaco y Batatal. Entonces di tambien orden para retirar una compañía del batallón de milicias N°. 1°. estacionado en Guarenas como una de las avenidas á la capital y punto de confluencia de los caminos y cordilleras del Túy, para apoyar las operaciones contra Cisneros.

«De estas disposiciones resultó la absoluta destrucción del faccioso que acompañado de sólo dos hombres no ha sido posible capturarlo, reduciéndose su logro más bien á medidas de policía que á operaciones militares. Han cooperado poderosamente á este fin los indultos que he acordado en 19 de febrero y 31 de marzo, copiados bajo los números 1 y 2, especialmente este último, á que se han acogido algunos de los principales auxiliares de la facción, tales como Remigio Alvarenga y José Félix Díaz, á quienes se ha concedido pasaporte para evacuar el país, fuera de otros muchos vecinos pacíficos, que por temor á la persecución se hallaban ocultos y se han restituido á sus casas.

«Terminada felizmente esta empresa y cesado el motivo que me obligó al aumento de fuerzas en el Tuy, dispuse se retirasen los quinientos hombres del batallón de Aragua número 2 y posteriormente los doscientos de Siquisiqui del batallón número 14 con las compañías de Cazadores y Granaderos de los batallones números 5, 6 y 9. Este mismo retiro han tenido las compañías de milicias que reforzaron la guarnición de Puerto Cabello, luego que desembarcadas las tropas veteranas que habían salido de allí han podido restituirse. Igual medida se ha tomado con otros piquetes que se pusieron en servicio para la guarnición de algunos puntos interesantes, según ha ido desapareciendo el peligro y las amenazas de las facciones.

«La necesidad de colocar en los puntos convenientes, comandantes militares para su seguridad y pronta ejecución de las órdenes que se expidieron, me obligó á llamar al servicio algunos jefes y oficiales, de los cuales han vuelto varios á gozar de sus letras de retiro y otros continúan ocupados en sus destinos por haberlo considerado conveniente. En el número de los primeros se halla el Excmo. señor Juan Bautista Arismendi,

34

á quien nombré segundo Jefe del ejército en el departamento de Venezuela, en consideración á que pudiendo y debiendo yo marchar á otro, si fuere necesario, era indispensable que hubiera un jefe de superior graduación que me subrogara, sin exponer el país al aislamiento de los comandantes de armas de provincias sin autoridad del uno sobre el otro para impetrar auxilios, ni reunir las fuerzas bastantes para defender el país de una invasión violenta ó de una insurrección á mano armada. No obstante esto, limité sus funciones á las de mero ejecutor de las órdenes que se le comunicaron por el conducto del E. M. de Venezuela, como lo verá VS. por la copia número 3 y al momento que el país ha comenzado á respirar tranquilamente por vigor del régimen establecido, dispuse la cesación de su nombramiento.

«Formados los cuerpos de milicia auxiliar con arreglo al decreto de la materia y algunos batallones más del número que se prescribió en razón de las circunstancias, los dividí en cuatro brigadas, compuestas la primera de los batallones número 1 de Caracas, 4 de Barlovento, 11 de la Sabana de Ocumare y el escuadrón de dragones de Caracas, poniéndola al mando del coronel Pedro Celis: la segunda se compone de los batallones número 2 de Aragua, 5 de San Sebastián, 12 de Los Teques y un escuadrón de lanceros de doscientas plazas de Ortiz al mando del señor coronel Juan Padrón: la tercera la forman los batallones número 5 de Valencia, 6 de San Carlos, 7 de Nirgua, 8 de San Felipe, el regimiento de Húsares de Valencia y los escuadrones de San Carlos y el Pao, á las órdenes del señor coronel José María Arguíndegui: y la cuarta brigada bajo la inspección del coronel Ramón Burgos, se compone de los batallones 9 de Barquisimeto, 10 de

Quíbor, 14 de Siquisiqui y los escuadrones de Barquisimeto y el Tocuyo. Cada uno de estos jefes de brigada debe inspeccionar el estado de los cuerpos de que están encargados, atender á su disciplina y buen régimen y responder de éllos cuando se les pidan. Este es el cuadro que presenta la parte militar de mis operaciones, omitiendo las que han tenido lugar en los departamentos de Maturín y Orinoco de que está informado el gobierno, así por las comunicaciones de los respectivos comandantes generales, como por las que yo mismo he dirigido. Mas, como habrían sido casi inútiles todas estas medidas si no se hubiesen auxiliado con los demás que han afianzado el orden y seguridad pública, pasaré á referirlas con la individualidad que me he propuesto.

«A tiempo que me hallaba en la parroquia de Los Teques ocupado de la pacificación de aquellos habitantes y sus comarcas, ocurrió que el señor José del Cotarro, armador de corsarios, me dirigió una representación en que me manifestaba las dificultades que ocurrían para que progresase esta interesante parte de hostilidades sobre el enemigo y que tantas ventajas han conseguido en la ruina del comercio de Cádiz, si por un concepto equivocado se continuaban exigiendo los crecidos derechos que tenían que satisfacer en la aduana, de los efectos apresados, que las más veces excedían al valor con que eran realizados. No consideré que podían reputarse como extranjeros los intereses que venían á los puertos de Colombia nacionalizados por el apresamiento, según el concepto del derecho público marítimo, puesto que la cubierta de un buque colombiano no es más que la extensión del territorio de la república; yo veía por otra parte destruido el corso en momentos en que debía protegerse por los preparativos navales de la España contra la Costa Firme, y estimulado de estas consideraciones, decreté lo que aparece de la copia número 4. No obstante esto, el gobierno no tuvo á bien aprobarlo, y se ha comunicado á las autoridades que corresponde su derogación, y quedar en toda su fuerza la ordenanza de corso que regía.

«A la conjuración general que se había descubierto en varios puntos relacionados entre sí, y sus autores y cómplices, se siguieron las dificultades que presentaban las leyes y disposiciones á que debían arreglarse los juicios contra conspiradores. Existía un decreto, dictado por el Poder Ejecutivo en 17 de marzo del año 15, para juzgar á los conspiradores de Petare, en que se atribuía á los comandantes militares la facultad de conocer y determinar sus causas: existía también la ley de 12 de octubre del año 11 que las cometía á los jueces ordinarios; y finalmente, derogaba ésta la adicional á la orgánica del año 16 dando á estos procesos un curso lento, y por consiguiente perjudicial al pronto castigo que demandaban tan repetidas consideraciones y la obstinada conducta de sus factores. Parecía que ninguna otra disposición era más análoga que la contenida en el mencionado decreto de 17 de marzo: y con consulta de la corte superior de justicia de este departamento de 26 de enero último, no dando el conflicto lugar á espera, usando de las facultades que me concedía el artículo 4 del decreto de S. E. el Libertador Presidente de 26 de junio próximo pasado, en que se me encarga la conservación del orden y tranquilidad interior de los departamentos, impidiendo que sean turbados, libré el de 5 de febrero, copiado bajo el número 5, y comunicado al comandante de armas de la provincia de Barinas, para que por su tenor se arreglase el procedimiento. En él advertirá V. S. que para consultar el acierto y salvar la justicia, dispuse que no habiendo asesor ilustrado expedito en Barinas, marchase inmediatamente á servir de tal el señor Doctor José Manuel de los Ríos, quien por hallarse impedido no pudo encargarse, y subrogué al señor Doctor Juan José Herrera, encargándole tanto la asesoría de la intendencia, como la de la comandancia militar, con el sueldo de mil seiscientos pesos, según se me previno por el gobierno en orden comunicada por la secretaría de estado del despacho de la Hacienda de 16 de febrero último. Finalmente advertirá VS. que de las determinaciones que librara el comandante de armas de Barinas, debía concederse el recurso de apelación á la corte superior del distrito, conciliando de este modo lo dispuesto por la ley adicional á la orgánica, con el memorado decreto de 17 de marzo que sólo concede hallándose aquel tribunal superior á tres dias de distancia.

«Los papeles incendiarios que se introducían de la isla de Puerto Rico y colonias, ya impresos y ya manuscritos en correspondencias particulares: los auxilios que se suministraban á las facciones del seno de las poblaciones; y la falta de conocimientos en el gobierno de las personas que pudieran ser sospechosas y que fomentaban el espíritu de la sedición que por todas partes asomaba, me condujo á consultar á la misma corte superior del distrito, las medidas que debía tomar para precaver la ruina que nos amenazaba, remitiéndole las que me había indicado el Excmo. señor general Arismendi, en que se comprendería un proyecto de reglamento de alta policía y en su consecuencia la Corte en acuerdo de 12 de febrero me manifestó hallarme autorizado en las críticas circuns-

tancias en que estaba el país, y durante éllas, para sal-
varlo por medio de las medidas gubernativas y discrecio-
nales que tuviese á bien tomar: y sobre esta base dicté el
reglamento provisional de policía, impreso bajo el número
6 que acompaño.

«Omito recordar aquí los saludables efectos que ha producido en el corto espacio de tiempo corrido, en que apenas ha podido plantearse en la provincia, por haberlo referido en comunicación de 14 del corriente número 55;
pero siendo una parte muy principal de aquel establecimiento el juicio y la determinación de las causas de
conspiradores que se pusieron al cargo de la policía,
recordaré los decretos que libré á este fin y sus resultados.

«Detenidos en las cárceles más de trescientos hombres,
aumentándose este número diariamente con las remisiones
que hacían los comandantes de operaciones y demás jefes
del interior, muchos sin procesos formados, y los más
por sospechosos de complicidad con las facciones, crecía
en proporción la dificultad de poder dar término á procesos que se complicaban más en la retardación: los temores crecían, y aun la inocencia misma temblaba de ser envuelta con el crimen: los hombres buscaban en los bosques la seguridad por sus faltas y convencidos de que
las revoluciones no terminan hasta que el mismo gobierno no manifiesta quedar terminadas por medio de sus
providencias gubernativas, justas, pero prontas y eficaces,
me resolví á dictar el decreto de 23 de febrero, en que,
sometiendo al juicio de personas de conocida probidad
y patriotismo la calificación de los encausados, diesen un
corte á todos los procesos con el discernimiento y madurez
que demandaba el crédito del gobierno. Sus trabajos fue-

ron cumplidamente satisfactorios con otro decreto adicional que expedí en 1º de marzo y copiados ambos bajo el número 7.

«Quedaron con esto condignamente penados los extravíos de una multitud de hombres para cuya sola custodia era necesario emplear un batallón y que consumían diariamente sumas considerables de los exhaustos fondos de propios. Los reos de la primera clase y reputados principales autores de las conspiraciones, se retuvieron en las cárceles, y continúan sus procesos; los cooperadores y auxiliadores han sido destinados á presidio y á destierros, los vehementemente sospechosos detenidos en ésta capital y la de Valencia; y los inocentes á quienes la maledicencia había complicado, restituidos á sus casas en plena libertad; siendo de notar que los extranjeros comprendidos en las facciones como auxiliadores, se les expulsó del territorio de la república por tiempo indefinido.

«Para evitar nuevas turbulencias de los que retirados á los bosques se preparaban en auxilio de los facciosos, y con el objeto de privar á sus caudillos del resto de sus prosélitos, juzgué era la oportunidad de promulgar una amnistía ó indulto general que se halla comprendido bajo el número 2, de que queda hecha referencia. Con esto se puso el sello á las conspiraciones, renació la confianza y la seguridad, los campos se hicieron habitables, y el agricultor volvió á ocuparse de sus tareas.

«La multitud de esclavos prófugos que vagaban en los campos y poblaciones, y la falta de subordinación de los que se hallaban al servicio de sus dueños sobre que eran, repetidas las quejas, me hizo concebir que del progreso de este mal se seguiría la subversión de esta desgraciada parte de nuestras poblaciones, cuando por otra parte el labrador carecía de los brazos necesarios para el cultivo. Una sola mirada del gobierno ha bastado para corregir este pernicioso mal y hacendados y propietarios de esclavos bendicen la disposición bienhechora de 15 de marzo, impresa bajo el número 8.

Para celar el buen orden en los campos y estirpar hasta las últimas reliquias del espíritu de insubordinación, no podía contar con las fuerzas militares que la necesidad obligó á levantar, éllas debían retirarse, como se retiraron, tan luego como calmaron los temores y amagos : otra fuerza sometida á la autoridad de la policía era la que debía consolidar las adquisiciones hechas por las operaciones militares ; y con este fin dispuse la creación de rondas de policía por el decreto de 26 de marzo impreso bajo el número 9.

«El clamor de los propietarios sobre este punto era universal : S. E. el Libertador se penetró de su necesidad el tiempo que se halló en esta capital y había disposiciones permitiendo su establecimiento : de él deben esperarse los mejores resultados si el gobierno supremo apoya y sostiene esta deliberación.

«Como una parte principal del establecimiento de la policía era el arreglo de sus fondos, y sin los cuales no podría existir, considerando al mismo tiempo que los municipales ó de propios eran de donde debían salir sus erogaciones, y á donde debían entrar los nuevos ingresos que se le daban, pedí al jefe político municipal me informase del estado de las rentas, de sus egresos y de las reformas de que eran susceptibles. En la copia número 10 hallará V. S. literalmente copiada su exposición y el decreto que en su virtud acordé en 26 del propio marzo, del que resulta, por un cálculo aproximativo á beneficio de los fondos municipales, la considerable suma de más de seis mil pesos con que debían cubrirse los gastos de la policía sin gravamen del tesoro público y quedar un sobrante para la reparación y nueva construcción de las obras de utilidad y ornato.

«Dada esta nueva planta á los fondos del común, reducidos antes á la nulidad por una administración descuidada y por la arbitrariedad de su inversión, consideré que nada se adelantaría si continuaba bajo las mismas reglas y sin las precauciones necesarias que evitasen el fraude; consultada la armonía que debía guardar este ramo de interés público con las disposiciones tomadas para el arreglo de los del estado, acordé el decreto de 10 de abril, número 11, con que he procurado llenar aquellos objetos conciliándolas con las leyes particulares que rigen en el caso.

«Al mismo tiempo que mis conatos se han dirigido á establecer el orden y tranquilidad pública bajo bases sólidas, no me he excusado de promover el bien y comodidad urbana. Hace muchos años que se había proyectado en esta capital por el gobierno español la construcción de un puente sobre el paso del río Guaire, en el camino que conducía á los valles del Tuy: es notoria la utilidad y ventajas que va á reportar esta población, facilitando aquel tránsito, que la hermosea, ensancha y proporciona el comercio é introducción de víveres y otros frutos de aquellos valles, y con consulta de los señores intendente departamental, presidente de la corte de justicia y jefe de policía de este cantón, dicté el decreto de 23 de abril, copiado bajo el número 12, y para proporcionar fondos á esta importante obra, el de la misma fecha número 13, permitiendo vendutas particulares con la imposición de un dos por ciento y con las trabas y seguridades que se informará V. S. por su tenor.

«Este es, señor Secretario, el cuadro que presenta al gobierno mis operaciones, y aunque no me lisongeo de haber llenado mis deseos, sí estoy satisfecho de que estos habitantes han conocido el bien, y me hacen justicia en juzgarme interesado en el crédito del gobierno de S. E. el Libertador Presidente que sólo aspira al bien y felicidad común. Ojalá que logre la doble satifacción de que S. E. conozca mis sanas intenciones y que merezca su aprobación. A este fin espero que V. S. se sirva darle cuenta de esta exposición.

«Dios guarde á V. S.

José A. Páez.»

Además pasé al mismo secretario general el siguiente oficio fechado en mi cuartel general en Caracas á 14 de mayo de 1828:

«AL SEÑOR SECRETARIO DE ESTADO Y DEL DESPACHO GENERAL.

«Tengo la satisfacción de elevar al conocimiento del gobierno un detalle circunstanciado de las operaciones de la policía en esta provincia desde su establecimiento hasta el presente, contenido en las copias número 1 y 2 de los oficios dirigidos por el Excmo. señor Juan Bautista Arisméndi en sus fechas.

«No es posible concebir que un establecimiento nuevo, y que necesariamente debía encontrar dificultades insuperables en sólo el espacio de tres meses, haya hecho sentir palpablemente sus saludables efectos. Después que con la fuerza de las armas se logró la destrucción de los facciosos,

á ningún otro principio se debe la conservación de la tranquilidad que á las activas y eficaces medidas de la policia,
y como termómetro de sus beneficios puede consultarse
la opinión de los pueblos. Ha habido muchos, que aun
antes de comunicárseles el reglamento por la vía correspondiente, han abrazado y puesto por obra sus disposiciones con entusiasmo y espontaneidad pocas veces vistas,
observando en ellas los bienes que iban á reportar. Así
lo ha practicado la municipalidad del cantón de Calabozo,
entre otras, fuera de las que han pedido se haga extensivo
á su territorio aquel régimen de fuera de la provincia.

«Podría decirse que estas impresiones han sido una
consecuencia de la novedad á que propenden los pueblos
con el ansia de buscar su mejor suerte, pero tiene V. S.
otras pruebas positivas que no podré omitir en esta comunicación. Como la primera y más urgente presento á la
vista del gobierno la captura y restitución á sus dueños de
trescientos esclavos prófugos fuéra de los que se han presentado á aquellos por temor de una persecución vigorosa.
Vea V. S. aquí con esto destruida una conspiración, una
horda de facinerosos que, acostumbrados á vivir bajo la
impotente autoridad de sus señores, vagaban en las poblaciones y en los campos dispuestos á cometer toda suerte
de crímenes. No es menos feliz el escarmiento que produce en los demás siervos que con descaro se creian autorizados para hacer su voluntad y que los magistrados de la
república patrocinaban su insubordinación. La agricultura
ha recobrado con este auxilio considerables ventajas, y
nada puede acreditar más la justicia del gobierno y sus
paternales desvelos por el bién común, que el que se le
haya dispensado una mano protectora conservando al propietario los brazos que sostienen la labranza.

«Los juegos prohibidos en que sacrificaba el propietario su patrimonio, y el jornalero el mezquino producto de sus sudores, han sido perseguidos con asiduidad y laudable acierto.

«En esta capital existían casas públicas de juegos, sostenidas por extranjeros y por colombianos, en que con descaro se hacía alarde de este vicio destructor. Los dueños de estos tablages extranjeros han sido intimados de expulsión, los del país multados, los intereses aprehendidos en el juego ocupados por la policía y destinados á sus fondos; y los jugadores castigados con arrestos y penas pecuniarias. Dos ejemplares han bastado para conseguir su exterminio, y aun se ha visto á muchos mudar de domicilio á los lugares no sujetos á la policía, más adheridos á sus vicios que al lugar de su vecindad.

«Los vagos, los desertores y criminales prófugos rodeados por todas partes de agentes celosos de policía, á quienes debe darse conocimiento de todas las personas que entran y salen en su jurisdicción é inspeccionan el modo de vivir de cada uno, se ven forzados los primeros á buscar en el trabajo su honesta subsistencia, y los demás no encontrando guarida que los encubra, voluntariamente se presentan á las autoridades respectivas; en una palabra, no se comete un crimen ó un delito sin que al momento no sea aprehendido su autor, y con estas garantías que constituyen la fuerza moral del gobierno y le hacen amar de los hombres justos, reposan tranquilos los pueblos, se precaven las facciones, y se ponen en seguridad las propiedades.

«Dejo ahora al juicio del gobierno y á sus privilegiadas es discernir, si existiendo como existían hasta poco ha en provincia los jefes políticos y alcaldes municipales y parroquiales encargados de la policía se han visto estos efectos, sino por el contrario germinar y propagarse las disensiones políticas, formarse las facciones á mano armada hasta el grado de hacerse temibles: prepararse una revolución espantosa combinada entre lugares distantes, correr impunemente impresos y cartas incendiarias venidas de Puerto Rico y colonias extranjeras, concitando á la sedición: internarse en el país personas desconocidas con el cargo de agentes de la España; en una palabra, ejecutarse libremente cuanto pudieran sugerir los crímenes y la imbecilidad de un gobierno; ¿y podrá esperarse que continuando el cargo de estos mismos magistrados las delicadas funciones de la policía se hubiesen logrado estas ventajas? ¿Son acaso estos funcionarios elegidos con la escrupulosidad que demandan las críticas circunstancias en que se encuentra la república? El gobierno conoce que en sus nombramientos sólo se trata de llenar el vacío sin detenerse en las calidades personales que deben caracterizarles, y le persuade más el que en la conspiración que acaba de extirparse, ha habido muchos de esos mismos magistrados comprendidos como principales autores ó cooperadores á élla. De aquí la necesidad de crear otros dependientes de la policía escogidos con cuidadosa solicitud y que merezcan absolutamente la confianza del gobierno.

«No puedo dejar en silencio el impulso que va á recibir el orden público con la creación de rondas de policía dispuestas por decreto de 26 de marzo último, de que tengo dada cuenta al gobierno, y la seguridad que proporciona á los agricultores y transeuntes. Ellos son una guarnición ambulante de sus partidos respectivos, de donde pueden sacarse, sin riesgo de dejarlos expuestos, todas las fuerzas que antes era necesario mantener en cada uno: éllas son el respeto que conserva la subordinación de los esclavos, impidiendo el que se mezclen en tumultos turbativos de la seguridad pública; éllas por último son las que impiden el hurto y extracción de bestias de labor y silla, observándose el decreto que he dado sobre este particular en 17 de abril próximo pasado. Sin embargo esta obra se halla aún incompleta, porque aquella disposición comprende solamente los lugares agrícolas, quedando sin este auxilio los destinados á la crianza. En todos tiempos se han debido á las rondas del Llano inmensos bienes, y hasta puede decirse la prodigiosa multiplicación de sus crías, impidiendo la clandestina extracción de los animales, la muerte de las vacas, la persecución de los ladrones, el buen orden y la regularidad en los rodeos ó juntas; sobre todo, á estas *rondas* se debió la reducción á poblado de un número considerable de hombres y familias que vivían independientes de la sociedad, ignorados de los magistrados, sirviendo de abrigo á los facinerosos en bohíos ó ranchos construidos en medio de las inmensas llanuras de ambos lados del Apure.

«Importa, pues, sobremanera que el gobierno fije su vista sobre este punto de necesidad urgente y provea el remedio. No es necesario para su sostén que el tesoro público se grave en la más pequeña suma: con la imposición de uno ó dos reales por cada cabeza de ganado que se extraiga del Llano para su venta, y se recaude al tiempo de sacar la guía, es suficiente para cubrir el montamiento de los sueldos que se asignen al cabo y soldados de la ronda. Los criadores reclaman con instancia este establecimiento: gustosos se someten á pagar el impuesto, porque con él se redimen de pérdidas considerables y prácticamente conocieron las ventajas que produjo en tiempos menos calamitosos. Las crías comienzan á fomentarse y el gobierno no puede ser indiferente á la protección que debe prestarles.

«Omito entrar en la exposición de otros pormenores que hallará V. S. en las copias que acompaño; pero no puedo menos que recomendar á la consideración del gobierno los males que se seguirían de la suspensión del reglamento provisional de policía, cambiando el régimen por otro más lento que precipitaría á cometer excesos que no han imaginado siquiera, abriéndose la puerta á una disolución que nace de la misma instabilidad de las resoluciones que comprometerían mi deber, y enervarían la buena opinión que producen providencias justas y oportunas.

«Sírvase V. S. poner esta exposición en conocimiento de S. E. el Libertador Presidente, para que en su vista se sirva disponer lo que tenga por conveniente.

«Dios guarde á V. S., etc.

José A. Páez.»

——

Los documentos que se citan en el anterior oficio se encuentran en los Documentos de la Vida Pública del Libertador, página 135 á la 145 del tomo XV.

En el tomo XVI, página 216, se encontrará también la proclama que copio á continuación:

"CARAQUEÑOS:

«Un compatriota vuestro, el genio singular del siglo XIX, ha oído por fin el grito uniforme del pueblo de Colombia: el que por 18 años ha pasado de sacrificio en sacrificio por vuestra felicidad, ha hecho el mayor que podía exigirse á su corazón: el mando supremo que mil veces ha resignado, pero que en el actual estado de la república es obligado á ejercer.

«Caraqueños: Vosotros fuísteis los primeros que conociendo los males que aquejaban á la patria en los momentos de reformar su pacto social, digísteis: que la integridad de la nación se conserve y que el Libertador se encargue de dirigir los destinos de Colombia. Vuestros votos están cumplidos: la patria renace de sus ruinas: la previsión la ha salvado: esperad la felicidad de la mano bienhechora que os ha dado patria y libertad.

«Cuartel general en Valencia, á 15 de julio de 1828.

José A. Paez.

—

CAPITULO XXII

Persecucion de varias partidas realistas.—Llegada del teniente coronel español Arizábalo para ponerse al frente de ellas—su persecucion por las tropas de mi mando.—Capitulacion de Arizábalo.—Instrucciones que el general Latorre le había dado.

1827—28—29

Las partidas de bandoleros que so color de realismo recorrían el territorio de Venezuela, cometiendo toda clase de excesos, tenían en continuo movimiento á las tropas de la república, sin que fuese posible exterminar aquellas hordas, que refugiadas en las montañas y puntos inaccesibles, desafiaban las fuerzas superiores en número que se mandaban contra éllas. Los vecinos de las poblaciones rurales, temerosos de los daños que á sus haciendas pudieran hacer, y les hacían los bandidos, no sólo no ayudaban al gobierno en la persecución, sino que aún les servían de espías y los tenían al corriente de las medidas que se tomaban para sorprenderlos en sus madrigueras.

Don José Domingo Díaz, desde Puerto Rico, exageraba todos estos hechos al rey de España para probarle cuán fácil sería la reconquista de los países de la Costa Firme si se enviaba un ejército expedicionario ó al menos algunos jefes que se pusieran al frente de las partidas que aún defendían los derechos de S. M. C. en el territorio americano.

No faltó en España quien se propusiera acometer la empresa de hacer un movimiento en Colombia á favor del rey, y fue con tal objeto que desembarcó en La Guaira el teniente coronel Don José Arizábalo.

Este era natural de Vizcaya, pero llevado á Caracas á la edad de siete años, tenía en dicha ciudad familia é intereses. Empezada apenas la revolución contra la Metrópoli, se alistó Arizábalo en las filas realistas, y habiendo ascendido hasta el grado de teniente coronel de infantería y comandante de artillería, se hallaba mandando el castillo de la Barra de Maracaibo cuando por consecuencia de la capitulación de Morales tuvo que abandonar el país, después de haber prometido no volver á tomar las armas contra la república de Colombia.

En enero de 1827 se presentó á Bolívar en Caracas, y teniendo noticia éste de los profundos conocimientos que

Arizábalo tenía en el arma de artillería, le ofreció el grado de coronel y el mando de la artillería de toda la provincia de Caracas. «Oyó con placer, dice Torrente, unas proposiciones que le ofrecían los medios de combinar sin tropiezo sus nobles planes; y contestando á éllas con simulada urbanidad, pidió seis meses de tiempo para resolverse, seguro de que dicho término bastaría para dar el grito de muerte contra los desleales venezolanos.»

Tan generosa acogida y tan imprudentes pruebas de confianza en su mentida buena fe, facilitaron al realista los medios de internarse en el territorio para ponerse en relaciones con los guerrilleros Centeno, Doroteo, Inocencio y Cisneros que mandaban las partidas de que ya he hablado. Todos, á excepción del último, se le mostraron dispuestos á reconocerle como jefe, y entonces Arizábalo envió emisarios al general Latorre, que mandaba en Puerto Rico, para que le expidiese, en nombre de S. M., el nombramiento de jefe de las fuerzas realistas que obraban en Costa Firme y le socorriera además con armas, pues él aseguraba que bien pronto llegaría á reunir un ejército respetable. Latorre le envió el título pedido, acompañándolo con el pliego de instrucciones que se verá al fin de este capítulo; para darle más ánimo le prometía que el 27 de octubre de aquel mismo año llegarían á las costas de Venezuela buques españoles conduciendo los auxilios que demandaba.

Fué inmediatamente Arizábalo á hacerse reconocer por jefe de los precitados guerrilleros, y todos se le semetieron, á excepción de José Dionisio Cisneros que, acostumbrado á obrar con ventajas por su cuenta y riesgo, se mostraba muy celoso de la autoridad que ejercía sobre sus subordinados.

Novecientos hombres puso á sus órdenes Centeno, jefe de las partidas que había en los Güires y con el auxilio de dos sobrinos del capitán Tazón que recogieron la gente descontenta que se hallaba en los alrededores de Camatagua, logró bien pronto reunir á aquel número otro de cuatrocientos hombres. «Hasta los casados, dice descaradamente el infame Torrente, abandonaban á sus mujeres é hijos, los ancianos se olvidaban de la torpeza de sus miembros para participar de la gloria de ser los defensores del *Altar* y del *Trono*.» Con tales falsedades se engañaba al rey de España para probarle *que la América se había perdido contra la voluntad de la misma América!*»

Para armar bien toda aquella gente, exigió Arizábalo al gobernador de Puerto Rico que anticipara el envío de los buques que le había prometido, aconsejándole que éstos hicieran el desembarco de las tropas sobre Rio Chico, á donde á él le sería fácil acercarse para ir á recogerlas.

De poca importancia fueron los primeros encuentros de nuestras fuerzas con esas partidas de foragidos. En Punteral sorprendieron á cuarenta y cinco patriotas el 7 de setiembre, y los hicieron prisioneros. «Este primer hecho de armas, dice Torrente, sostenido por Arizábalo, cuyo resultado era el mejor preludio de la feliz terminación de una empresa que parecía no podía menos de ser protegida por el Dios de los ejércitos, á quien no se ocultaba la pureza de las intenciones de los empeñados en élla.» Vale la pena copiar las palabras de Torrente para darlo á conocer á los que no han leído la obra de este escritor venal, que llama *ominoso* el sistema de la constitución española, y que para defender los derechos de ese rey tan detestado en la misma España, no vacilaba en calumniar á los más eminentes patriotas americanos, á fin de congraciarse con aquel déspota que hollaba bajo sus pies los sagrados derechos del generoso pueblo español que le había dado tantas pruebas de amor y lealtad.

Reunidas al fin todas las partidas, Arizábalo se dedicó á organizarlas y á poner á su frente á los jefes Juan Celestino Centeno, Inocencio Rodríguez y Doroteo Herrera.

Escogió 600 hombres para que fuesen á la montaña de Tamanaco á labrar la tierra y reunir recursos para las partidas que salían por diversos puntos á batir á los llamados insurgentes.

En el pueblo de Lezama, donde arrolló la pequeña fuerza de 170 hombres que lo guarnecían, proclamó Arizábalo el gobierno del rey é hizo bendecir la bandera española que pensaba había de tremolar en las demás poblaciones que fuera recorriendo; pero dos días después tuvo que evacuar á Lezama al saber la aproximación de las tropas que mandamos sobre él. Pasó entonces á Macairita y de allí despachó partidas en distintas direcciones, quedándose él en persona al frente de 360 hombres con los cuales sorprendió la columna del coronel López al pasar por un desfiladero.

Con la intención de aproximarse á Río chico donde debían arribar los buques españoles con los auxilios enviados de Puerto Rico, internóse Arizábalo en la espesísima montaña de Tamanaco. Allí supo que Centeno había sido derrotado en Macairita; pero reuniéndose con Inocencio Rodríguez y después con Doroteo Herrera, determinó aún hacer grandes esfuerzos mientras llegaban los buques con los auxilios prometidos.

Por más empeños que hizo no logró, sin embargo, que Cisneros se le uniera con sus fuerzas, pues el bárbaro hasta se negó á darle el auxilio que le pedían para los heridos, alegando «que él degollaba á sus soldados que tenían la desgracia de hallarse en igual caso para que no revelasen sus madrigueras si caían en poder de sus enemigos.»

Finalmente, como en los documentos que he copiado se han referido los encuentros y escaramuzas de las tropas republicanas con estas bandas realistas, terminaré diciendo que Arizábalo, perseguido y acosado por todas partes, sabiendo que el general Laborde había dejado con sus buques las aguas de Río chico, ya porque nada le indicaba que los realistas obtuviesen ningún triunfo en el interior del territorio, ó ya porque creyese que aquellas partidas que se decían realistas eran sólo una horda de foragidos, se vió obligado á capitular en las montañas de Tamanaco, siguiendo el ejemplo de sus tenientes Centeno y Doroteo Herrera.

De estos hechos informaba yo al Libertador en la siguiente carta:

Caracas: **21 de enero de 1828.**

Á S. E. EL LIBERTADOR PRESIDENTE SIMON BOLIVAR, ETC., ETC.

Mi muy querido general y amigo:

«Tengo á la vista la de usted de 9 de diciembre último, los españoles en la costa, y los facciosos Cisnero y Centeno marchando á reunírseles por Caucagua, según se me informa en este momento. Usted tiene en la imaginación los males á que Venezuela está expuesta con los colores de su genio de fuego, y yo los tengo á mi presencia, y estoy en la necesidad de tomar medidas para remediarlos. Ciertamente usted presintió lo que estaba por suceder, lo que *yo* sospechaba y aún no conocía, y lo que tal vez sucederá : los españoles, ó los franceses, ó la Santa Alianza, ó los godos del país, ó todos estos proyectiles juntos habían formado una conjuración contra la patria bién organizada, y que ha abortado porque Venezuela tiene algun genio tutelar pacífico que preside á sus destinos y que detiene el torrente de calamidades de que se halla constantemente amenazada. En la Guaira existía el centro de la revolución, estaban allí los agentes principales que han trabajado y seducido á nuestras gentes del interior : la revolución de Barinas no fué una revolución aislada, sino parte de la combinación que preparaba el incendio de Venezuela y la explosión más temible contra su gobierno. En consecuencia de la declaración del español Pérez, de que le envié á usted copia como también al intendente y comandante de esta provincia, se comenzó el procedimiento y devanando el ovillo se ha ido sacando el hilo ó averiguando los conspiradores y la naturaleza de la conspiración. Luego que se concluya el expediente, tomaré copia para enviársela, sin perjuicio de dar castigo cierto á *los* que parezcan culpables. Yo no sé cómo vivimos, pues no hay duda que nuestros peligros han sido grandes por lo que conocemos, y más grandes todavía por lo que ignoramos. Con todo, las poblaciones marchan por el orden establecido, los hombres temen unos y aman otros las leyes que existen : nada se nota, porque el disimulo ha llegado á un refinamiento admirable en estos hombres, acostumbrados en el curso de la revolución á no decir lo que sienten, á reir cuando están llorando, y á ocultar todas sus pasiones. Es muy fácil con éllos hacer una revolución sin ser descubiertos : en otros tiempos, como no se conocían bien las opiniones de cada individuo, estaba expuesto el seductor á declararse con alguno que lo denunciase á la autoridad; pero ahora los godos todos se conocen entre sí, saben lo que cada uno vale, para lo que es bueno y lo que puede confiársele: esta es una ventaja inmensa para conspirar, porque sólo tienen el trabajo de comunicar las ideas, pero éllas van por canales ciertos desde el proyecto á las esperanzas, y de éstas hasta el efecto. Penetrado de esto y convencido de que estamos minados, no sólo por lo que se ha descubierto, sino por el hecho de haber venido la expedición española á proteger el partido que haya en su favor, me determiné á nombrar el general Arismendi, segundo jefe del ejército, ya por los fundamentos expresados, ya porque teniendo que salir á campaña debía dejar encargado del gobierno un hombre temible y eficaz, y ya porque me ha parecido duro despreciar ó dejar desairado á un general en jefe que en momentos de peligro me ha ofrecido sus servicios con bastante interés: también he destinado algunos otros jefes que los necesitaba para ocuparlos en las fuerzas que han debido aumentarse y puntos sobre que he establecido más celo y vigilancia.

«Acabo de saber que Cisneros y Centeno han pasado antes de ayer con dirección á Caucagua, sin duda para ponerse en comunicación con la expedición española, recibir sus auxilios y fomentar sus intentos: he tomado, como usted debe suponerse, medidas con el fin de batirlos ó hacer infructuosos sus esfuerzos.

«No quisiera dejar de hablar del estado de Venezuela como que en él tengo fija mi atención, y de él pende mi reputación aunque no mi gloria militar. Estoy resuelto á morir como un soldado de Venezuela, y á no marchitar la gloria que he conseguido en otros combates, y sólo temo que mientras esté en la campaña puedan insurreccionarse los pueblos ó faltarme algunos recursos. Para evitar lo primero, hice el nombramiento de Arismendi, y para lo segundo me he opuesto á que el doctor Mendoza vaya á la convención como representante elegido de la provincia de Mérida. Dejando Mendoza el puesto se abre la puerta á la corrupción y mala fe de los empleados: este hombre les infunde respeto por su saber, probidad y severidad, y tiene también á los godos en continuas sozobras.

«En virtud de la carta de usted he nombrado al coronel Cistiaga para gobernador interino de la provincia de Carabobo: lo quiere mucho á usted, es eficaz, tiene conocimientos y me prometo que desempeñará el encargo á satisfacción del gobierno, y con mucha ventaja para la provincia: desearía que se le diera el encargo en propiedad:

«En consecuencia de la elección que Carabobo hizo en la persona del doctor Peña para uno de sus representantes en la convención, he nombrado interinamente para subrogarle en la secretaría al general Pedro B. Mendez, pareciéndome que debe ser muy del agrado de usted y que desempeñará las funciones, no solo con propiedad, sino á satisfacción de todos los patriotas y hombres sensatos. El doctor Peña va enfermo sólo por complacer á usted; él hace un sacrificio de sus pocos intereses y tal vez de su existencia.

« El intendente ha dado órdenes para pagar á todos los representantes, y están dispuestos á marchar: me parece que no harán falta en la convención: el temor de los buques que hay en el mar influirá para que algunos se retraigan de hacer el viaje por Cartagena : el doctor Peña piensa ir por tierra, porque nada le horroriza más que la idea de que lo puedan llevar á Cadiz á dar cuenta de su conducta.

« De oficio he comunicado á usted que la facción de Cumaná está casi disuelta, las de San Fernando y Cunaviche castigadas, pero esta de Cisneros es inagotable, porque con él están todos los godos conspirando, y es lo peor que sean los godos criollos. Yo deseo que los españoles desembarquen por la misma razón que San Agustín decía, que eran útiles las herejías en la iglesia porque así se descubría la verdad: un desembarco de los españoles nos hace limpiar la tierra, y quedamos solamente los que debemos quedar. Estoy resuelto, mi general, á ser severo mas que nunca en esta vez, porque no es una expedición española la que ha venido á batirnos, sino los intrigantes del pais los que los han llamado en su socorro: estos son los verdaderos expedicionarios, y los voy á tratar como á los únicos enemigos: á todo godo lo hago soldado, y tiene, ó que pasarse al enemigo con el fusil, ó que recibir á balazos á los mismos que ha convidado. Si los godos interiores no mueren de esta vez, quedan escarmentados y persuadidos de que por su tranquilidad y conveniencia deben amar á Colombia.

« Si es cierta la resolución del Sultán en Constantinopla de haber pasado á cuchillo á los agentes de las naciones extranjeras por satisfacer el agravio de que los franceses é ingleses se hubiesen reunido para proteger los griegos y destruir la escuadra, puede contribuir mucho y favorablemente á nuestros destinos. Habrá una Liga Santa tan terrible como las cruzadas contra los mahometanos, en la cual no dejará de entrar nuestro católico monarca y abandonará por algún tiempo los quiméricos proyectos en la América. (*)

«Carabaño y el doctor Peña agradecen mucho las memorias, que le retornan con los mejores deseos por su felicidad. Este va para Valencia dentro de cuatro dias á organizar su viaje, después de haber salido de la secretaría; y yo quedo de usted con los sinceros sentimientos con que siempre ha sido su fiel amigo y obediente servidor,

J. A. PÁEZ.

—

COMUNICACION
De Don José Arizábalo al jefe superior de Venezuela

—

El comandante general de las armas de S. M. C. en las provincias de Venezuela, Don José Arizábalo y Orovio, como encargado de las tropas americanas realistas que desde el año 1821 quedaron en diferentes puntos de éllas, sosteniendo fieles los augustos derechos de su rey Don Fernando VII, que Dios guarde, igualmente que de la salud y prosperidad de los pueblos que se hallan ocupados por las armas reales, con sujeción á las facul-

---

(*) No tengo en los parques el armamento necesario, y es de necesidad que usted me cumpla la oferta que me ha hecho de mandarme 3.000 fusiles por Cartagena, como también que venga el batallón Antioquia: tengo urgencia de fuerza veterana, y aquí es muy difícil hacer reclutas ahora, mayormente en el estado en que están los pueblos, de que le dará á usted idea la última carta que he recibido de Cistiaga que acompaño.

tades é instrucciones que se le han consignado por el legítimo gobierno español en 30 de junio del año próximo pasado, por el conducto de la capitanía general de Puerto Rico; y deseándo evitar la efusión de sangre y otras calamidades que son consiguientes á una guerra obstinada y sangrienta, como es y debe ser la que se mantiene entre las armas de S. M. C. y las de la república de Colombia, que á cada paso ponen á las primeres á adoptar por el derecho de represalia la desastrosa guerra á muerte, tan opuesta á la de las gentes y reprobada por las leyes de la guerra de todas las naciones civilizadas y piadosas intenciones de S. M., y de que un mutuo deseo de los dos partidos beligerantes hagan renacer los sentimientos de humanidad, proponiendo á que terminen á la vez una serie de males que abruman á los pueblos y gravitan precisamente sobre los vecinos pacíficos, que en su protección y las de sus propiedades claman la justicia y la prudencia para que se acuerde un medio conciliatorio que produzca la tranquilidad y seguridad individual, sin que el pundonor militar quede mancillado ni deprimido por humillaciones vergonzosas é inconformes con la razón, y generosa práctica marcada por los autores más clásicos de la milicia, ni que los afectos á ambos partidos queden estorsionados en términos que prefieran una guerra perpetua antes que asentir en proposiciones onerosas; cuya conformidad traen tras sí la ruina de honradas familias, sus fortunas, dignas de las consideraciones que merecen sus virtudes.

Propone al señor comandante general de las armas colombianas en el departamento de Caracas, José Antonio Páez, ó al que en su lugar represente el carácter de jefe superior militar y civil de dicho departamento:

Armisticio ó suspensión de armas de muy cortos dias para tratar y conferenciar sobre los importantes asuntos que contiene la nota oficial que precede; á cuyo efecto se servirá disponer que la contestación de la admisión ó negativa de esa conferencia se ponga en el lugar más público del Batatal en el rio de Aragua, del distrito de Riochico, conducida por solo dos personas que la dejarán con una insignia blanca, que denote algo la fórmula del parlamento, retirándose al instante; pues se recogerá oportunamente por una de las partidas de observación, y si en ella se asintiese á esta proposición, entonces se dirá el lugar á donde puedan venir con seguridad dos personas de acreditada probidad, juicio y luces, que se piden con poderes, y autorizadas suficientemente para conceder ó negar los artículos que se propongan, conforme á los usos establecidos por el derecho de la guerra.

Cuartel general de la Iguana, 21 de mayo de 1828.

José Arizábalo.

——

CONTESTACION

——

Por autorización del Excmo. señor jefe superior de estos departamentos, José Antonio Páez, prevengo al señor Arizábalo y Orovio, cabecilla de los facciosos de los Güires, que S. E. ha recibido la comunicación que le dirigió por el conducto del comandante militar de Rio chico, fechada en la Iguana en 21 de mayo último. S. E. no puede considerar el citado Arizábalo sino como un faccioso, porque habiéndole permitido su entrada en Colombia á consecuencia de multitud de súplicas y ruegos, y habiendo jurado la constitución y leyes de la república, no podía recibir autorización ninguna de nuestros enemigos, y mucho menos para hacer la guerra de bandidos que ha ejecutado hasta el dia, ni de la que tan indebidamente se queja, puesto que es él promovedor y fomentador de ella. Sinembargo, á nombre de S. E., ofrezco al señor Arizábalo que se le daiá un pasaporte para sí, Cisneros y Centeno, para que en el momento evacuen el territorio de la república, poniendo antes á disposición de las autoridades de ella á sus prosélitos y el armamento y municiones que tengan, en el preciso término de veinte dias, contados desde la fecha en que reciba esta intimación; en la inteligencia que las operaciones sobre los facciosos de su mando y Cisneros continuarán en la mayor vigilancia y vigor. S. E., á nombre del gobierno de la república, concede este beneficio con solo el objeto de tranquilizar los pueblos que ellos han movido y hacer terminar las desgracias que les han causado con sus atentados.

Caracas, 17 de junio de 1828.

El general LINO DE CLEMENTE.

———

CONVENIO

Celebrado con el comandante Don José Arizábalo

———

Los señores Don José Arizábalo y Orovio, comandante general de las tropas americanas de S. M. C., que opera contra la república de Colombia en las provincias de Venezuela, y Lorenzo Bustillos, teniente coronel de la citada república, comisionado por S. E. el jefe superior de los departamentos de Venezuela, José Antonio Páez, en virtud de los poderes que se le han consignado en 5 de julio último y 15 del corriente para arreglar y transigir con el enunciado jefe de las armas de S. M. C., unos tratados que produzcan efectos saludables á los dos partidos beligerantes: penetrados los mencionados señores de los más vivos sentimientos de humanidad, y deseosos de propender á que se suspendan los tristes efectos de una guerra desoladora que por el espacio de siete años han mantenido, y veinte y dos meses después sostenido con más vigor y fuerzas desiguales, quedando reducidos al más lamentable estado por la falta de comunicaciones de que han estado privados con su gobierno, exhaustos de todos los elementos precisos para llevar al cabo las miras que se propusieron al organizar cuerpos, y emprender las operaciones que han sostenido con constancia en medio de la horrorosa miseria y desmembración de las fuerzas, por virtud de las repetidas acciones que han sufrido, enfermedades y demás necesidades que parecía imposible que pudiesen soportar, y aspirando los precitados señores, comandante general Don José Arizábalo y teniente coronel Lorenzo Bustillos, á hacer cesar la efusión de sangre y economizar los enormísimos gastos que tiene la república en mantención y equipo de las tropas destinadas á la defensa de la costa y Alto Llano, sin que las armas de S. M. queden de modo alguno deprimidas por humillaciones que son incorformes con los heroicos esfuerzos que han hecho sus defensores, han acordado y convenido en los artículos siguientes:

Primero. Las partidas realistas que desde el año de 1821 se replegaron en las montañas de los Güires, Tamanaco y puntos limítrofes, conocidas antes bajo las denominaciones de los comandantes Ramírez, Centeno, Inocencio y Doroteo, que en setiembre de 1827 formaron en el campo de Macairita, bajo el mando y dirección del señor comandante general Don José Arizábalo el batallón de infantería lijero americano de la Lealtad y el escuadrón de lanceros del Rey Don Fernando VII, desde cuya fecha han hostilizado á la república de Colombia en distintas direcciones sobre el Alto Llano, y términos del circuito de la costa de Ríochico, reunidas con las fuerzas á que actualmente han quedado reducidas, evacuarán todas las posiciones que ocupan entrando en el acantonamiento de las tropas colombianas que existen, situadas en el pueblo del Guapo, con tambor batiente, bala en boca y todos los demás honores que pueden concedérseles y estén establecidos por el derecho de la guerra; en cuyo punto depositarán las armas las tropas realistas en las manos del expresado señor teniente coronel Lorenzo Bustillos, conservando los jefes y oficiales sus espadas ó sables, y guardándoseles durante su accidental permanencia en el territorio de Colombia las honras y exenciones que les pertenecen por sus empleos militares.

Segundo. Respecto á que los jefes y oficiales de las referidas fuerzas de S. M. C. (excepto su comandante general) son naturales de estas provincias de Venezuela, se les explorará la voluntad por el referido señor comisionado teniente coronel Lorenzo Bustillos, si les acomoda á no quedarse en el país juramentados, conservándoseles á los jefes y oficiales las consideraciones que merezcan por las graduaciones que á nombre del Rey de España hayan recibido, ó si prefieren trasladarse á país donde esté establecido el gobierno de S. M. C., y todos aquellos que deseen seguir este último partido serán inmediatamente socorridos, racionados y alojados, según sus clases, con legítimas mujeres, hijos y sirvientes por el gobierno de Colombia, facilitándoles por cuenta del erario de la República los auxilios necesarios para embarcarse con sus familias por el puerto de la Guaira, para lo cual se les proporcionará por el propio gobierno de Colombia un buque que, bajo bandera extranjera los conduzca á la isla de Puerto Rico ó Santomas, siendo de cuenta del indicado gobierno los abonos de fletamento, de piso de buque y raciones de armada.

Tercero. Todos los prisioneros que, pertenecientes á las tropas del mando del señor comandante general Don José Arizábalo, se encuentren en cualquier punto de la república, serán puestos inmediatamente en libertad.

Cuarto. A ningún individuo comprendido en esta capitulación podrá hacérsele cargo ni responsabilidad alguna por anteriores comprometimientos, ni opiniones políticas que hayan tenido contra la república de Colombia, pues sea cual fuese la conducta que éllos hayan seguido en esta parte, se remitirá todo á un perpetuo olvido; y los que quedasen en el país obtendrán todo el favor y protección que les conceden las leyes, sin que sus personas ni propiedades sufran el más mínimo detrimento por las causales indicadas.

Quinto. Si los contenidos en esta capitulación aspirasen reunidos á formar algún pueblo, bien en la montaña del Tamanaco, sierras del río de Aragua donde se han sostenido, se les concederá toda la protección y auxilio compatible con el actual estado de la república de Colombia

para que lleven á efecto sus deseos, y las autoridades y jueces que correspondan al número de la población que se
convoquen serán nombrados entre los individuos de mayor
aptitud y conducta que quedaren en el país, en virtud de
estos tratados, y merezcan la confianza del gobierno, pro-
veyéndoseles de cura párroco que les administre el pasto
espiritual y ejerza las demás funciones anexas á este alto
ministerio.

Sexto. Todas las personas de ambos sexos y de cualquiera estado ó condición (inclusos algunos extranjeros) que
directa ó indirectamente hubiesen tenido inteligencia con
las tropas americanas de S. M. C. para restablecer el gobierno español bajo el antiguo pie en que se encontraba
en el año de 1809, ó las hubiesen auxiliado de cualquiera
manera, conservando la misma inteligencia con el faccioso
José Dionisio Cisneros, en el equivocado concepto de que
éste operaba á favor del Rey de España, regularizando
la guerra y sujetándose á las leyes, según las piadosas intenciones de S. M. C., quedan por estos tratados exentos
de todo cargo y responsabilidad por su conducta y opiniones políticas : y en favor de las cuales declara el gobierno
superior de Colombia de los departamentos de Venezuela,
á nombre del de la república, una amnistía por el término
de dos meses, que comprenderá á todos los que se presen-
taren en este período, que observará y cumplirá religiosamente.

Sétimo. Si después de ratificados y aprobados estos
tratados apareciesen ó se encontrasen en los montes, ó fuéra
de ellos, algunas partidas (excluyendo la del comandante
del escuadrón Don Doroteo Herrera, á quien se aguarda)

no se considerarán como defensores de las armas del rey. de España, y en su persecución y aprenbensión serán tratados como malhechores y perturbadores de la tranquilidad pública.

Octavo. Toda duda que ocurra en la verdadera inteligencia de cualesquiera de los artículos que abrazan estos tratados, se decidirá siempre en favor de los súbditos de S. M. C. que quedan comprendidos en esta capitulación, de los cuales se formarán dos ejemplares originales que, firmados por los señores comandantes general Don José Arizábalo y teniente coronel Lorenzo Bustillos, se pasará á ratificación y aprobación de S. E. el jefe superior José Antonio Páez por parte de la república de Colombia: quedando ya por lo que respecta á las tropas de S. M. C. por el enunciado señor Arizábalo, que en persona ha conferenciado y arreglado con el precitado Bustillos, en virtud de los amplios poderes que para ello ha tenido de la superioridad y le ha puesto de manifiesto, imprimiéndose por cuenta del mismo gobierno de Colombia un número suficiente de ejemplares, para que circulando pueda llegar á noticia de los individuos á quienes toque, entregándose doce con uno de los originales al jefe de las armas de S. M. C. para que los distribuya á los jefes y oficiales que tiene á su mando.

Noveno. Estos tratados tendrán por una y otra parte su puntual cumplimiento, luego que obtengan la ratificación indicada, que deberá verificarse dentro de diez días, no exigiéndose por parte del señor comandante general Don José Arizábalo y las tropas de su mando otros rehenes ni garantías que la buena fe y probidad de S. E. el jefe superior José Antonio Páez sobre que reposan. En el campo de la boca del río de Aragua, á **18** de agosto de **1829**.

Lorenzo Bustillos.

José Arizábalo.

En la parroquia del Guapo, á los diez y ocho días del mes de agosto del año 1829. El señor Lorenzo Bustillos primer comandante de ejército y de armas de este circuito, comisionado por S. E. el jefe superior José Antonio Páez, para transigir y arreglar unos tratados con las tropas de S. M. C. al mando del comandante general Don José Antonio Arizábalo, para proceder á dar cumplimiento á las capitulaciones celebradas en este día en la boca del río de Aragua, á reserva de la ratificación y aprobación ofrecida de S. E. en los poderes que se le consignaron el 5 de julio último y 15 del corriente, después de entradas parte de las tropas bajo la forma acordada por el artículo 1", se procedió á hacer la exploración de las voluntades conforme lo estipulado en el artículo 2º, dejando únicamente en plena libertad para decidir sobre su suerte; tanto por el referido Arizábalo como por el expresado señor Bustillos; salió al frente el señor coronel graduado primer comandante del batallón Juan Celestino Centeno con todos los oficiales, individuos militares y paisanos que servían á S. M. C. unánimente dijeron: que acogidos á los artículos 2º, 4º y 5º de dichos tratados, resolvían quedarse en el país ofreciendo juramento de fidelidad á la república de Colombia, sumisión y obediencia á sus leyes é instituciones, renunciando de derecho y por expontánea voluntad cualquier derecho que hasta entonces les hubiese asistido para llamarse españoles, habiéndose exceptuado únicamente el mencionado señor comandante general Don José Antonio Arizábalo, que expuso : que ni su naturaleza, ni sus sentimientos ni honor le permitían abrazar y seguir otro partido que el de la fidelidad á las banderas del rey de España, sea cual fuese su suerte. Y en esta virtud el señor Lorenzo Bustillo, con asistencia personal del venerable señor cura párroco Francisco Amesquita pasó al templo en donde á todos y cada uno de por sí, menos al señor Arizábalo, se les recibió el juramento prescrito para estos casos; cuyo solemne acto se hizo con general aplauso, á presencia de la mayor parte de los vecinos del pueblo que concurrieron á él, y para que así conste lo firmaron los indicados señores Lorenzo Bustillos, Don José María Arizábalo y presbítero Fernando Amesquita, de que certificamos.—*Lorenzo Bustillos, José María Arizábalo, Fernando Amesquita.*

Cuartel general en Ortiz, á 4 de setiembre de 1829. —19. Apruebo y ratifico el presente convenio contenido en sus nueve artículos, y sólo para evitar dudas declaro, que la amnistía concedida por el artículo 6° no comprende á ninguna persona que hubiese sido expulsada del país por sospecha de inteligencia con las partidas que hostilizaban el territorio en las montañas del Tamanaco y Güires á nombre del gobierno español.

El jefe superior, José Antonio Paez.

INSTRUCCIONES

Para el jefe de las armas de S. M. en Venezuela, sobre la organización,
disciplina y conducta que deberán observar los cuerpos
que se creen, y con los pueblos que ocupen
y vuelvan al dominio real.

Organizar todas las partidas que pueda, y las existentes,
dándoles las denominaciones de batallones y escuadrones
cuando las primeras pasen de 400 hombres y los segun-
dos de 200. Sus comandantes serán efectivos de infantería
y de caballería, y divididas las compañías, nombrará los capitanes, subalternos y demás clases, dándoles los correspondientes títulos en comisión de que dará parte.

Llamará á los oficiales del rey que haya en el país
para que organicen partidas y se coloquen en éllas ú otros
destinos militares.

En cuanto sea posible procurará que los cuerpos
se organicen bajo el método que prescriben las reales
ordenanzas.

Inspirará en los jefes todo el debido arreglo, disciplina
y subordinación, ofreciéndoles que sus servicios serán ventajosamente premiados.

Todo jefe y oficial que se pase con tropa y armamento
del enemigo, se le mantendrá en su empleo y usará de su
servicio sin perjuicio de otros premios, según lo merezca la importancia que ofrezca su unión á las filas de
los leales.

Estando el ejército que forme dividido en batallones y
escuadrones, ofrecerá mucha ventaja, cuando se les ocupe en el servicio, será más fácil su manejo y mucho más útil
en las empresas militares.

Debe penetrárseles que así como en la guerra el soldado ha de ser terrible contra su enemigo, rendido éste, la generosidad debe resplandecer en aquél como atributo propio del valor.

Con los pueblos deben ser humanos, atraer á sus vecinos por la dulzura y buen trato, conducirse con éllos como hermanos, no zaherirles ni echarles en cara su conducta anterior, y procurarles motivos de gratitud por sus servicios y de admiración por sus proezas y fidelidad.

El jefe de las armas ó el comandante que opere en detal, procurará por medio de proclamas manifestar á los pueblos que ocupe, que el objeto de sus tropas es reunir el territorio al suave y paternal gobierno de S. M., destruir el anárquico revolucionario de la república, proteger la vida y propiedades de los vecinos, lanzar los tiranos y hacer que vuelva aquél al feliz estado que gozaban sus moradores en 1809, disfruten del sosiego, de la propiedad y justicia que les han arrebatado una porción de aturdidos, infames, ignorantes y traidores.

Les manifestarán que S. M. ha perdonado todos los extravíos pasados hasta aquel momento, que ninguna acusación que se haga tendrá acogida, si el objeto es la venganza; que á cada cual se tendrá en los goces de sus bienes legítimamente habidos, que los sentimientos no tendrán lugar, y por último que cada palabra dada por el jefe de las armas sobre cada uno de estos puntos será inviolable en su cumplimiento.

Todo delito de traición que se cometa después de la entrada de las tropas realistas, se castigará inmediata y militarmente, guardando las fórmulas de ordenanza en cuanto lo permitan las circunstancias.

Se procurará gravar lo menos posible á los pueblos, llevando cuenta y razón de lo que suministren con las debidas aclaraciones y formalidad.

En todo pueblo en que entren las armas de S. M., se restablecerán las correspondientes autoridades bajo el mismo pie en que se hallaban en 1809, procurando que recaigan en las personas de más notable probidad y conducta, cada uno de los cargos públicos, y los tenientes justicias mayores se establecerán por ahora reunidos á los mandos de armas, por convenir así ínterin se esté procediendo á la pacificación, pues de este modo será más rápido el real servicio.

Los empleados civiles se establecerán de la misma manera en clase de interinos, y en caso de que se presenten los propietarios, servirá á aquéllos de particular mérito el tiempo que lo desempeñaren, destinándolos á otros encargos.

El ramo de real hacienda se establecerá en manos puras, económicas y de confianza, porque en ésta consiste la oportuna y pronta recaudación y el cubrir las atenciones públicas sin gravamen del vecindario.

En todos los pueblos se organizará la milicia urbana con sus oficiales, para cuidar del buen orden y policía interior de seguridad, manteniéndolos armados y con arreglo.

Deben servir de bases para la pacificación: 1º, manifestar que las armas de S. M. no conocen partidos, resentimientos, agravios ni venganzas, siendo su objeto la verdadera pacificación del país: 2º, que ellos garantizan la seguridad de todos los vecinos, la propiedad de cada uno de éstos legalmente adquirida y la tranquilidad del territorio: 3º, que así como no se hará mérito alguno de lo que pasó en los desgraciados tiempos de la revolución en que han estado las provincias, castigarán severa y prontamente los nuevos crímenes de esta clase que puedan perpetrarse y á que se entreguen los ingratos: 4º, que bajo estos principios habrá una amnistía que será cumplida con la mayor religiosidad: 5º, los empleos y cargos se proveerán en personas que mantengan el aprecio de los pueblos, por su moderación, conocimientos, probidad y conducta intachable: 6º, que todo debe ponerse bajo el régimen en que se hallaba en 1809: 7º, la prensa mantendrá por una mano diestra la publicación de las pasadas desgracias y diferencia del tiempo de la revolución y el que ha sucedido á ésta, el estado de ruina á que los facciosos llevaron las provincias de donde hicieron desaparecer la agricultura, el comercio y la industria, gravando los pueblos con enormes contribuciones y peores cadenas que las que los sultanes hacen sufrir á sus esclavos: que del estado próspero en que se hallaba todo el continente en aquella época, lo han ido apresuradamente reduciendo á la nada destruyendo sus capitales, ahuyentando sus vecinos y poniéndolo en la lamentable situación en que se encuentra. Inculcar la multitud de mandones que se han creado, su fausto insultante y su insufrible orgullo, cuando el pueblo gemía en la miseria: que la felicidad que proclamaban tenía por objeto su único y sórdido interés, al que han sacrificado tantas víctimas y destruido masas enormes de riquezas: se les debe comparar este triste estado con el que tenían antes de la revolución: presentarles casos y hechos, y el arreglo que se pone en las rentas quitando las contribuciones onerosas, las capitaciones y demás cargos desconocidos con que querían cubrir sus robos, dilapi-

daciones y empeños con el extranjero: en fin, en la
prensa es donde se ha de batir victoriosamente al enemigo, y donde se ha de aumentar la opinión, porque
por élla se presentaron los males que han causado, la
ignorancia con que han mandado, sus bárbaros procederes,
sus atentados escandalosos, su inicua traición y horror
que debe causar la memoria del gobierno revolucionario.

Al estado eclesiástico se debe respetar, guardando
á sus individuos las justas consideraciones que les corres-
ponden, y éllos serán de un gran peso en la opinión por sus
consejos privados, públicos, y en el púlpito.

Organizadas las partidas bajo estos principios, y arreglando su conducta á éllos, puede asegurarse que las empresas tendrán el éxito más feliz, lográndose la pacificación tan deseada, y por cuyos servicios, ya lo verifiquen
separada ó colectivamente, serán premiados en todos sus
casos como militares, y sus jefes además por el carácter
político que desplieguen en favor del buen orden, y que
sepan conservar.

El comandante general dará parte razonado por ahora
á esta capitanía general de todas las operaciones, la comunicará los detalles, hará patentes los servicios de los subordinados y de la organización que vaya estableciendo, sirvién-
dole esta instrucción en clase de interina hasta la real aprobación, la cual se dá para su observancia usando de las
facultades con que ha revestido S. M. á este gobierno. —
Puerto Rico, 30 de junio de 1827. — *Miguel de la
Torre.*

OFICIO

Del general Latorre al comandante Don José Arizábalo.

RESERVADO

La comunicación que me hace usted con fecha 11 del corriente, la ha puesto en mis manos Mr. A. Lavallé comisionado al efecto. Por ella me he instruido de todas las ventajas conseguidas por los leales sobre esos rebeldes, como lo estaba ya por sus anteriores comunicaciones de abril, de las que tuvieron lugar en las épocas anteriores á que se referían. Lo quedo igualmente de todo lo demás que me manifiesta usted relativo al estado y fuerza de nuestras partidas, buen espíritu público que anima á los pueblos, situación del enemigo y reflexiones sobre las operaciones que deben practicarse, plan para éllas, auxilios con que deba contar é instrucciones que desea para el mejor acierto. Concretándome pues á lo más urgente, diré á usted que al momento que recibí sus partes de abril, lo puse en noticia del Ecxmo señor capitán general de la isla de Cuba, exigiéndole prontos auxilios, particularmente de fuerzas navales; despaché al efecto dos buques, uno á la Habana que llegó, y otro á Cuba que se perdió, echando al agua las comunicaciones; pero que repetí al primer punto, ignorando si ha llegado; y este tercer parte saldrá expresamente con un oficial en comisión para entregarlo y exigir contestaciones terminantes sobre los socorros pedidos. De todo esto tengo elevadas cuentas á S. M. y aguardo por momentos sus soberanas resoluciones. Por este relato observará usted que no he perdido momento en procurar socorros á esos beneméritos fieles vasallos, y que el no haberlos ya dado directamente como deseo, tiene origen en faltarme lo más esencial, los buques de guerra, pues en este

caso ya los habría dirigido con armamento, municiones y **algún** dinero, extendiéndome, según la necesidad, á al- **guna** guarnición para sostener en caso ventajoso á Puerto **Cabello**. Estos mismos auxilios son los que repito á us- **ted** hallarán en mi autoridad los fieles, como se lo tengo **comunicado** por una persona de toda mi confianza que **despaché** cerca de usted competentemente instruida, y hago **hace** dos días en ese territorio. De consiguiente, por mi **parte** todo lo he puesto en movimiento hasta donde he **podido**. Comunicaciones prontas á la Habana y á la corte; **pido** á la primera dé auxilios con eficacia, y hasta diri- **giendo** un comisionado al general de dicha isla; y envío cer- **ca** de usted una persona de toda mi confianza. Debe usted, **pues,** vivir en la seguridad de que estoy decidido en favor de **la** gloriosa empresa que tienen esos valientes entre manos, **que** estoy muy al cabo de sus heroicos esfuerzos, que espero **de** su constancia y amor al Rey nuestro señor, seguirán **en** fines tan laudables unidos y con toda la prudencia que **corresponde** á la digna nación, cuyos derechos defienden **y** deben esperarlo todo de la magnanimidad y bondad ca- **racterística** del soberano, que derramará abundantemente **sus** gracias en favor de sus leales vasallos. Se trata ya **de** un asunto serio, se trata de la destrucción de un go- **bierno** anárquico por las armas; es preciso pues organizar- **las,** mantener el orden y la disciplina, fijar la opinión, dar **la** más alta idea de la diferencia de gobierno, atraer á **los** pueblos con dulzura, buena fe y premio. Perdonar lo **que** pasó, lanzarlo al olvido y crear una nueva éra casti- **gando** severamente al que después de pacificado osare erguir **el** cuello revolucionario. Deben garantizarse las propieda- des y la seguridad individual como bases esenciales para **que** la pacificación sea firme, útil y cierta. Esta falta de principios ha sido la causa de la pérdida de esos pueblos, y de nada serviría el ocuparlos, si no se observara religiosamente, para desterrar hasta los deseos de nuevas reacciones. Desde luego apruebo cuanto se ejecute á nombre de S. M. Los jefes serán sostenidos con el carácter que hoy tienen, y cuya firmeza acudiré con mi autoridad luego que sepa cuál sea aquél. Autorizo á usted para que se ponga al frente de las armas con el carácter de comandante general de éllas, y cuando usted me participe la organización de los cuerpos de que hablo en las intro ducciones, los empleos que tengan en la actualidad en ellos sus jefes, su estado de subordinación á mis disposiciones sobre organizarlos, la unión de principios que en todos reina y el premio á que se hayan hecho dignos, despacharé los correspondientes nombramientos á nombre de S. M. Conviene, por ahora sobre todo, que haya la mayor unión, que la prudencia dirija todos los actos, que los golpes que se den al enemigo sean muy combinados, con ventaja y decisivos, que se les destruya en detal, que no se veje á los vecinos, que se afirme la opinión, se conserven las buenas posiciones que ofrecen las líneas del **Tuy** y **Guárico**, y cuando el número de fuerzas lo permitan, se estrechen los valles y capital, aprovechando todos los casos, cortando las comunicaciones, interceptando los recursos y poniéndolos en el extremo de que su gobierno se haga más odioso por las vejaciones á que se halle obligado para buscarse socorros; debe evitarse mucho que reunan sus fuerzas. A las nuestras se las debe entusiasmar, proclamarles con decisión los principios detallados, cumplirlos y fijar así la buena opinión del ejército. A la distancia á que nos hallamos es muy difícil aconsejar sobre las operaciones. Estas tendrán lugar según las circunstancias que no deben despreciarse. La maestría de la guerra consiste en saber organizar los cuerpos, en saber animarlos, hacerse los jefes ídolos del soldado, captarse el amor de los enemigos, ser firmes, enérgicos y terribles en los combates, no desaprovechar en éstos la menor ventaja; movimientos prontos y oportunos deciden muchas veces las batallas con poca pérdida, y la efusión de la sangre debe evitarse cuanto sea posible. Demarcar las operaciones desde aquí no es fácil, y acaso sería un mal: sólo diré que el jefe en campaña debe conservar las buenas opiniones, la subsistencia de sus tropas, los socorros oportunos para sus marchas, las comunicaciones y sobre todo conocer mucho el terreno, y proporcionarse aviso seguro sobre el enemigo. Si la conducta del ejército que se crea no pierde de vista estos consejos, engrosará con la fuerza enemiga y se hará formidable, y cuando su jefe se penetre de esta superioridad moral que lleva, debe no desperdiciar momento, ni dar descanso al enemigo hasta destruirlo. Una conducta intachable, mucho desinterés y generosidad debe distinguir á todas las clases. La guerra es de opinión, y aquel que despliegue más virtudes recogerá los laureles. A los jefes de las partidas, á los oficiales y tropas les hará usted ver, que son la admiración del Rey y de todos los españoles fieles, por su constancia, valor y lealtad. Que prosigan en sus heroicos hechos de la manera que hasta aquí lo han practicado, que además de las bendiciones de que los colmarán esos pueblos, tendrán la justa recompensa que les corresponde de nuestro adorado monarca, que como siempre llena de beneficios superabundantes á sus valientes tropas. Les dará usted las más expresivas gracias á nombre del Rey, y que en mí hallarán constantemente su apoyo y su defensor, pues no perderé un instante en solicitar sus

adelantos y darles los que se hallen en mis facultades.
Creo que hasta el regreso del oficial que dirijo á la Habana, deben ustedes estar á la defensiva, sin que por esto
se deje de sacar toda la ventaja posible de las circunstancias, y siendo tales que se vea van á decidir la cuestión,
aprovechar sin perder instante. Deseo conocer los servicios
de cada comandante de partida, para acordarles interinamente el premio á que se hayan hecho acredores, y á
Cisneros particularmente por sus repetidas proezas contra
los enemigos del Rey. También puede usted tomar en
Santomas algunos fusiles, pólvora y plomo, aprovechando
seguridad en su envío con toda precaución, no compro-
metiéndose á pagarlo hasta hallarse en su poder, y con
su aviso lo satisfaré entonces aquí, cuidando mucho de
quitar al enemigo todo el armamento que se pueda. Las
posiciones del Pao, San Sebastián, Orituco y Güires; la
montaña de Guapo y los pueblos de las riberas del Tuy proporcionan recursos, proximidad á la capital, y el poder
aprovechar golpes de mano teniendo buenos avisos de la
situación de los enemigos, no dándole lugar á que reunan
fuerzas, pues en cualquier punto donde se sepa que lo
hacen, deben atacarse y destruirse. Si fuese posible sorprender los jefes revolucionarios, la insurrección habría
terminado. Con avisos ciertos y marchas rápidas se consiguen estas empresas. Las imprentas deben cogerse todas
y asegurarlas empaquetadas, no dejando más que una para
el gobierno, la cual no debe cesar en circular boletines,
proclamas, disposiciones sobre organización del gobierno y
destrucción del enemigo. Una pluma maestra debe pintar como
es en sí la revolución, el desorden de los rebeldes, la miseria
á que han reducido el país, y cuanto concierna á formar el
espíritu público, y odio al anárquico sistema de que salen.

Creo con esto y con las instrucciones políticas y militares que acompaño, muy suficiente por ahora para llenar los deberes de usted: lo demás será hijo del tiempo, de que avisaré, no dejando usted de hacerlo, sin necesidad de firmar los oficios, pues ya me es conocida la letra, ínterin dure la posibilidad de que sean interceptadas. Mucha reserva, mucha unión, disciplina, subordinación y prudencia es lo que encargo. Luego que tenga avisos de la Habana, si diere tiempo, procuraré vayan algunos buenos jefes y empleados civiles de los que han correspondido á esas provincias y serán muy útiles por su pericia, conocimientos y demás circunstancias que los adornan, sin perjuicio de las promociones y empleos de esos beneméritos. Al comisionado Mr. Lavallé se le ha atendido escrupulosamente, socorrido con quinientos pesos y será recompensado su interés ante este servicio con oportunidad. En las comunicaciones mucha reserva, y no hacerlas sin toda la debida seguridad. Por último manifieste usted individualmente á cada uno de esos buenos españoles mi gratitud, y que no pierdo medio alguno para que gocen de la paz, seguridad y confianza que han desaparecido de esas provincias. Predique usted mucho, que las pasiones no salgan á luz, que todo lo pasado debe olvidarse, y como hermanos entran en la carrera del honor, de la buena fe y de la generosidad. Las comunicaciones que me anunció usted me había dirigido antes de las de abril, no las he recibido; y será conveniente me las duplicase usted. Si hubiera venido con la primera un comisionado, no se habría extraviado, ni perdídose el tiempo con la

Habana, de donde acaso por la estación, nos veremos privados de los buques.—Dios guarde á usted muchos años.

Puerto Rico, 30 de junio de 1827.

Miguel de Latorre.

P. D.—Acaba de fondear la goleta que despaché á la Habana en mayo. Fue visitada por un corsario y echó los pliegos al agua. También se perdió la correspondencia que dirijí á Cuba, y recelo suceda lo mismo con la que le remití últimamente. Por consiguiente, aun se ignora en la Habana el estado de esos pueblos, y he duplicado todo y sale mañana con el comisionado. Yo no espero auxilios de allí hasta octubre por la estación, pero no dudo los prestarán. He visto la proclama de B. en 19 de junio, y combinado todo eso requiere ya actividad y obrar con denuedo, avisándome por buques extranjeros cuanto se haga, y en caso que los enemigos bloqueen, por los puertos que se pueda. Así se estrechará más á la Habana por los socorros. Tengo varios impresos preparados que circularé luego que haya salido el comisionado de usted. Prontitud, decisión y firmeza es lo que requiere la empresa; y no hay que perder tiempo en llevarla á su cumplimiento. Si usted se ausenta, deje encargada la persona que me escriba.

CAPITULO XXIII.

ESTADO DE COLOMBIA AL CONVOCARSE LA CONVENCIÓN DE OCAÑA.—EL PARTIDO MILITAR.—EL GENERAL PADILLA.—INSTALACIÓN DE LA CONVENCIÓN.—MI COMUNICACIÓN Á LOS REPRESENTANTES DEL PUEBLO DE OCAÑA.—MI OPINIÓN SOBRE LOS PRIMEROS TRABAJOS DE LA CONVENCIÓN.—DISOLUCIÓN DE LA CONVENCIÓN.—BOLIVAR DICTA-

DOR.—RECONOZCO AL LIBERTADOR COMO JEFE SUPREMO.—PRO-
CLAMAS.—CONSPIRACIÓN DEL 25 DE SETIEMBRE.—MI CARTA AL
LIBERTADOR.—MIS MEDIDAS EN VENEZUELA.

1828.

Esperaban con ansia los pueblos las reformas que
necesitaba la constitución que hasta entonces los había
regido, si bien nada lisonjero y favorable podían prome-
terse, vista la animosidad de los partidos en que estaba
dividida la república y las pasiones que dominaban á muchos de los hombres que se habían puesto al frente del bando llamado liberal. Los militares aspiraban á ver premiados con usura sus servicios hechos á la patria, á que
se les conservasen sus fueros y exenciones y á que el
Estado les pagase sus acreencias; para el logro de cuyo
objeto deseaban el establecimiento de un gobierno vigoroso, á cuyo frente estuvieran individuos pertenecientes
á su clase. Los demagogos que admiraban los hechos de
la revolución francesa del 96 y se proponían por modelo
la constitución federal de los Estados Unidos de la América del Norte, predicaban á los pueblos con los pom-
posos nombres de libertad y soberanía nacional las teorías más irrealizables para una nación todavía en su infancia y muy mal dispuesta por sus hábitos y educación á
formas de gobierno creadas para pueblos muy adoctri-
nados, y que puede decirse las tenían por tradición. Finalmente, los hombres que conocían profundamente las
necesidades de la patria y temían males que ya se dejaban presentir, estaban por el establecimiento de un gobierno fundado en bases sólidas, y para darle unidad deseaban que el Libertador, en quien estaban identificados
los bienes de la patria, se pusiera al frente de la repú-

blica hasta que, consolidado el gobierno y libre el país de todo temor de invasión extranjera y de los disturbios que promovieran las facciones intestinas, se procediera á tratar de dar á la nación instituciones acomodadas á su genio, á sus hábitos, á sus antecedentes y á sus verdaderas necesidades y que garantizaran su porvenir sobre todo.

El Libertador, disgustado de ver á Colombia dividida en facciones que parecían esperar sólo un momento oportuno para destrozarse, habiendo ya por una larga experiencia perdido las ilusiones que su genio volcánico y su imaginación poética habían formado en los primeros tiempos de la revolución, ávido también de reposo y ya extenuado por las fatigas y afanes sufridos en las marchas y en los campos de batalla, veía agitarse los partidos y no tenía fe ninguna en el movimiento que iba á iniciarse. El había llegado á persuadirse que «los que trabajaron por la independencia habían arado sobre el mar,» llamaba á la patria «un inmenso desierto poblado de fieras ansiosas de devorarse las unas á las otras,» y decía que «en Colombia se había pretendido una cosa muy difícil, cual era conquistar el país con una constitución liberalísima y hacer de esclavos hombres libres, sabios y prudentes, olvidando que habíamos aprendido muchas miserias de nuestros amos los españoles y de nuestros compañeros los esclavos.» (*) Así, pues, esperaba

---

(*) «Me tiene usted en el Sur muy ocupado con los enemigos del Perú, que son muy fuertes y muy capaces de arrollarlo todo. Hemos mandado seis mil colombianos de Lima, y allí no faltan ocho mil hombres más de los otros Estados de América: con esta fuerza es todavía más difícil, vencer á los enemigos por las muchas dificultades que ofrece el Perú para] hacer la guerra. El gobierno y pueblo de Lima me llaman para que vaya á mandarlos: conozco que hay mucha dificultad (aquí no se entiende el manuscrito), mas iré si el Congreso me lo permite para evitar á

las reformas prometidas con un doloroso excepticismo y solo por amor patrio y por el sentimiento del deber, ó como él mismo decía, por no desertarse, se mantenía aún en la escena política. Yo por mi parte, no quería pertenecer á otro partido político que al del pueblo, ni defender más causa que la que él adoptase. La paz y la tranquilidad doméstica son los más inestimables bienes de la sociedad, y yo me proponía sostenerlas ambas, á menos que la fuerza irresistible de los acontecimientos y la necesidad de defender el bién y el honor de la patria no me exigiesen variar de conducta. Desconfiando de mis propias luces y temeroso de errar en la difícil posición en que me habían colocado la más pródiga fortuna, el voto de los pueblos y la voluntad del Libertador, reuní en torno mío los más hábiles consejeros escogidos entre los hombres que por su patriotismo, amor al orden, talentos y virtudes me parecían entonces y con justicia pasaban por ser los representantes del pueblo inteligente y honrado. El 13 de marzo, por medio de un decreto, el Libertador atendiendo á los peligros que corrían el orden y la tranquilidad de Colombia, se revistió del poder supremo de la república en todos sus departamentos, exceptuando el cantón de Ocaña donde debía celebrarse la gran convención. Cuando empezaron las elecciones de diputados para aquella asamblea, el partido

---

Colombia una nueva guerra por esta parte. Los generales Valdez y Sucre están mandando nuestras tropas: los otros generales aliados son muy buenos jefes, pero no se entienden entre sí por *las rivalidades, celos y demás miserias que hemos aprendido de los españoles y de nuestros compañeros los esclavos.* Los reyes y los generales de Europa se entienden perfectamente, porque han nacido libres en tanto que nosotros siendo iguales en todo, todo, no podemos avenirnos unos con otros».

Carta del Libertador, datada en Guayaquil, mayo 29 de 1823.

Santander desplegó la más grande actividad á fin de que fueran nombrados individuos conocidos por su animosidad contra Bolívar y su oposición al sistema de gobierno unitario. Las corporaciones de Venezuela redactaron actas pidiendo que Bolívar continuase en el mando y que á la convención no se le diera más atribuciones que la de tratar de intereses locales y de poca importancia. Entretanto, las diputados que ya habían llegado á Ocaña comenzaron á calificar las elecciones y se negaron á admitir al Doctor Miguel Peña, á pretexto de que estaba aún pendiente la causa que se le seguía por malversación de los caudales públicos. El consejo municipal de Valencia protestó contra esta ofensa irrogada á su diputado, y al hacerlo dirigía inculpaciones á Santander, acusándole del mismo delito de que se hacía cargo á Peña. El Libertador trató de defender á éste, pero no valiendo nada sus argumentos, pasó á sustituirle en su puesto el Doctor Osío. (*)

Ya desde entonces el partido militar comenzaba á mostrarse sobradamente arrogante en sus pretensiones, y á tal punto que el general Padilla pidió en una exposición á los diputados de Ocaña que se atendiese á las ne-

---

(*) Los historiadores de Colombia parecen haberse conjurado en presentar al doctor Miguel Peña como un intrigante que aparece en la escena política cuando ya Colombia había alcanzado la independencia. Todos los que conocieron á tan ilustre venezolano, no pueden menos de concederle un tacto político que le hacía acreedor á ocupar un puesto distinguido en los consejos de la nación. Durante el gobierno colonial sirvió la relatoría de la audiencia por cerca de tres años, cuyo improbo trabajo debilitó mucho su salud. Casi la mayor parte del año 12 la pasó en los montes, huyéndole á Monteverde y sufriendo temores y trabajos á que no estaba acostumbrado. El año 13 y 14 hizo á su patria importantes servicios. El 14 Bóves lo hizo prisionero en Valencia, y tuvo que sufrir grandes

cesidades de los que se habían distinguido en las campañas militares, que consideraba muy acreedores á recompensas y privilegios especiales. Como hallase Padilla oposición en algunos oficiales que se negaban á firmar dicha exposición, acudió á las vías de hecho, amenazando á los ciudadanos pacíficos y mostrándose dispuesto á sostener sus pretensiones por medio de la fuerza. Sabedor de estos sucesos el general Mariano Montilla marcha desde Turbaco á Cartagena donde Padilla había promovido sus desórdenes; á Montilla se unen los que no aprobaban los planes sediciosos, y al fin Padilla se ve obligado á embarcarse el 8 de marzo para Tolu, por donde se internó á buscarse partidarios en el centro de la república. Desde Mompox escribió al Doctor Francisco Soto, que era entonces el director de los diputados ya reunidos en Ocaña, pintándole con los colores que plugo á su acalorada imaginación los sucesos acaecidos en Cartagena. Soto, en nombre de los diputados, quiso enviarle un tributo de gracias por su *celo en favor del orden público, observancia de las leyes y seguridad de la convención;* pero se conformó al fin

---

penalidades con crueles incertidumbres por la suerte que pudiera tocarle en las garras de aquel feroz caudillo. Escapóse de la prisión con disfraz de clérigo, y debió su salvación á la presencia de ánimo de una señora patriota, Vicenta Rodríguez, en cuya casa se había refugiado. De allí fué al alto llano á reunirse con el general Tadeo Monágas, y militó algún tiempo en sus filas hasta que se retiró á la isla de la Trinidad. De este punto salió para venir al congreso de Cúcuta donde se distinguió por su elocuencia y habilidad. En el año de 1821 trabajó sin descanso, á pesar de lo delicado de su salud durante las sesiones del congreso de Cúcuta. La severidad de su carácter y tal vez la envidia con que miraban sus talentos, hicieron que en más de una ocasión se pusiese en tela de juicio la buena fe de sus procedimientos.

con contestar á Padilla que la diputación había visto con
aprecio los sentimientos de respeto á la gran convención
que él (Padilla) manifestaba en el documento que había
enviado. Con semejante proceder, muy á las claras dada á
entender aquella reunión que su objeto no era asociarse
para tratar imparcialmente del estado de Colombia, sino
para acaudillar una facción que quería apoderarse de la
república y gobernarla según las ideas y planes que habían formado de antemano.

Finalmente, el 9 de abril se instaló la convención
con solo 64 miembros, de los 108 que correspondían á
toda la república, y desde sus primeras sesiones se vieron muestras de gran animosidad contra la persona del
Libertador, á pesar de haber dicho en su discurso de
apertura el presidente provisional, Francisco Soto, que
« en el templo de la patria no deben levantarse altares,
sino abrirse sepulcros á la discordia.»

Sorprendióme mucho la proclama del Libertador, fecha en Bogotá el 5 de marzo, en la que llamaba á la
convención la esperanza de la patria y que á los legisladores, es decir al Congreso, se le elogiase por haber empezado á remediar nuestros quebrantos, cumpliendo con la
pública voluntad después que todo Venezuela había declarado que aquél cuerpo no había podido convocar la
convención entonces, fundándose en la misma letra de la
constitución que la difería para el año treinta y uno, y
en que sólo el Libertador por la aclamación de la mayoría
de los pueblos y para evitar mayores males había podido
convocarla entonces. En la proclama también se decía que
los delegados llenarían la confianza nacional, y todo Venezuela había protestado contra la nulidad de la convención, fundándose, primero, en el modo inconstitucional de

la convocación por parte del congreso, y segundo por lo vicioso del reglamento, tanto en su origen como por las doctrinas que contenía, destructivas de la igualdad de la representación, excluyendo del derecho de sufragio como también de ser electos á una porción de ciudadanos que la constitución no excluye, con otras muchas razones que extensamente se habían puesto en los papeles públicos.

«Si la convención de Ocaña, decía yo al Libertador en carta de 10 de abril, burlando las esperanzas de usted decreta la subdivisión de Colombia, nada nos queda que hacer contra su resolución, porque usted la tiene sanciónada de antemano por el contenido de su proclama, así como por ella misma son facciosos los colombianos que no pertenecen á la Nueva Granada. ¡Qué de peligros veo en estas contradicciones!»

Las recomendaciones del Libertador de que se adoptara un gobierno firme y poderoso, que, según él decía, era el grito de la patria, fueron interpretadas como deseo de ambición y dieron pie á los partidarios de Santander para considerar la república en peligro de ser víctima de una tiranía monárquica. Muy acaloradas fueron las primeras sesiones de la convención: la exaltación de los federales dejó muy atrás la de los jacobinos de la revolución francesa, á quienes parece se habían propuesto por modelo.

Yo, obedeciendo á los deseos de las municipalidades de mi departamento, á los de los cuerpos de milicias, al de la mayor parte de los jefes militares y hombres de letras de Venezuela, expuse que la opinión de todos estos cuerpos y la mía era centralizar el poder y poner en manos del Libertador el mando supremo del Estado, á que los pueblos le llamarían por aclamación unánime, hasta que asegurada la independencia de la nación y tranquilo el gobierno pudiera plantearse la forma de gobierno que fuese de la voluntad general. Ésta, poco más ó menos, era también la opinión de los departamentos del centro y sur de Colombia.

Para mí es de vital importancia la siguiente comunicación que dirijí á los representantes del pueblo en la convención nacional:

«Honorables miembros de la Gran Convención:

«Un deber sagrado me pone en el caso de elevar al conocimiento de la Convención un testimonio legalizado de las representaciones que me han dirigido varias corporaciones civiles y militares con los padres de familia y propietarios respetables de estos departamentos, manifestando los deseos que les animan en la actual crisis en que, amenazada la independencia de la república por facciones interiores é incursiones del enemigo, se la pondría al borde de su ruina si los trabajos de la Convención no se limitan á centralizar su poder y poner en manos del Libertador Presidente el mando supremo del Estado á que los pueblos le llamaron por aclamación unánime, hasta que, asegurada la independencia de la nación y tranquilo el territorio, pueda plantearse la forma de gobierno que sea de la voluntad general.

«Al trasmitir á esta honorable corporación el voto de estos habitantes, yo me siento poseído del noble entusiasmo que inspira la razón en favor de sus peticiones, éllas están sostenidas del clamor general bien pronunciado de unos pueblos que después de los inmensos sacrificios que han hecho por conquistar su independencia de la dominación extranjera, prodigando su sangre en las batallas, temen con razon ver anulada la obra de su heroísmo y los desvelos de su factor: lo están por hechos positivos que convencen que en ningún tiempo, después del establecimiento de la república, se ha visto como ahora expuesta á ser la presa de un poder extranjero ó de una anarquía desoladora, que al favor de instituciones débiles, y para las cuales no están preparados los pueblos, sean conducidos á una disolución política que fomentan partidos insidiosos, y éllas por último tienen la experiencia de diez y ocho años en que sólo han visto por fruto de la constitución de Cúcuta en los siete últimos, la desmoralización, el desorden y el imperio de todos los vicios.

«Difícilmente podría presentar un bosquejo de la situación en que se encuentran estos departamentos. Diseminado en todas partes el espíritu de sedición que con las armas en la mano turba á cada paso la tranquilidad pública y tiene en continua agitación las provincias, puede decirse que no hay una sola que conserva aquella calma que se necesita para recibir reformas que no sean adaptadas á la fuerte represión de los crímenes y firme sostén de la independencia. La España ha observado las disensiones políticas, sus agentes atizan la discordia, y circulan papeles incendiarios deprimiendo la fuerza moral del Libertador como el único medio de reducir el país á su dominación. En estos momentos de angustia aparece en nuestras costas una expedición que interín los pueblos se despedacen en la guerra intestina, logrará ventajas que nada alcanzaría si un gobierno vigoroso dirige los esfuerzos de la nación, y el hombre que la ha dado vida se coloca al frente de los negocios públicos para hacerla respetar, para consolidar su vacilante existencia, regenerar la moral, y salvarla, en una palabra, de su última ruina.

«Toca ahora á esta honorable corporación penetrarse de los verdaderos intereses de la patria y proveer según estos datos el remedio de tantos males. Las formas de gobierno deben adaptarse á los lugares que van á recibirlas y no éstos á aquéllas: esta verdad sublime, y ahora más que nunca comprobada, hará ver á la Convención que brillantes teorías deslumbran momentáneamente; pero que son el escollo funesto en que sepultan las acciones y los hombres. No dudo que los diputados que componen esta honorable corporación consultarán los medios de conservar sus más caros intereses, y yo no responderé á la nación de las consecuencias funestas que se seguirán, si apartándose la vista de este lastimoso cuadro en que se funda la opinión unánime de los pueblos, se aventura la salvación del Estado á los desastres de la anarquía.

«Caracas, marzo 15 de 1828.—18.

«El jefe superior,

JOSÉ A. PÁEZ.»

Los diputados á la convención miraron con máximo desprecio todas estas exposiciones, y se decidieron á llevar adelante los planes que habían de antemano concebido. Todos estuvieron de acuerdo en que debía reformarse la constitución, pero cuando se propuso la adopción del sistema federal, fue rechazada la propuesta por una mayoría de cuarenta y cuatro votos contra treinta y dos. Propúsose entonces que el gobierno de Colombia en sus tres poderes será unitario, y el Doctor Azuero redactó un proyecto de constitución al que se dió su nombre, en el cual sin consultar los intereses locales de las secciones de Colombia, se dividía ésta en veinte departamentos, cada uno con su respectiva asamblea que dispusiera de los intereses locales. El Ejecutivo por dicha constitución perdía toda su fuerza.

Cuando el Libertador, desde Bucaramanga, me informó de estos primeros trabajos de la convención, le contesté (mayo 15): «Yo me figuro á Colombia al borde del precipicio y en un estado tal que no son las teorías á que élla va á deber su salvación, sino á los cálculos combinados de un genio superior; pero combinaciones, no hijas de esas mismas teorías, sino de las circunstancias, semejante á un general en un campo de batalla que mueve sus masas á proporción que el enemigo le acomete por direcciones no previstas en su plan general de campaña: yo veo á Colombia corriendo á ese mismo precipicio, y su destino fatal guiando sus inciertos pasos, y descubro á lo lejos un número considerable de sus hijos sembrando flores en su tumba y preparando los funerales de su muerte: la veo también volver la cara á sus hijos más queridos, y con voz penetrante pedirles apoyo y protección: *veo en fin á Colombia, mi querido general, que fija los ojos en usted, en usted que es su padre, su creador, que le debe su existencia y la gloria de su nombre, y con dolientes clamores le pide que la salve,* la arranque de las manos de sus enemigos y de la de sus hijos más ingratos, y la coloque en el punto que su espada le señaló en las llanuras de Apure y en los campos de Vargas y Boyacá..... Vea usted, pues, á Colombia actualmente fijando su vista lánguida *sobre usted, pidiéndole de rodillas* que le salve á cualquier costa, y que como si nunca hubiera existido, que la coloque en el punto que le había señalado cuando con su espada trazaba su estructura en los frondosos bosques del Orinoco. Los clamores son los gritos de los pueblos que lo llaman su padre y su regulador, de los que usted no puede desentenderse, en mi concepto, sin hacerse responsable de su futuro reposo; el soberano es la mayoría de éllos, y si usted busca la legitimidad en la representación de una asamblea revolucionaria, dividida por las pasiones y agitada por los intereses individuales, no encontrará más que la anarquía que caerá sobre la patria, sobre la libertad, sobre la independencia y sobre usted mismo.«

Con la misma fecha el Libertador escribía al general Lino Clemente: «Ya sabrás que la convención ha decretado un gobierno central y conservar la constitución con pocas alteraciones. Esto quiere decir que después de tantas contiendas por las reformas, nos quedamos como antes, ó quizás peor. Aquéllos esperan muchas cosas; pero yo no tengo la misma esperanza y por consiguiente he resuelto *irme á Venezuela* á contribuir á la felicidad de mi pobre país. Vino Herrera de Ocaña, y la Gran Convención me escribió mandándome las representaciones de Venezuela, añadiendo que lo hacía porque estaba encargado de mantener el orden público: esto quiere decir *que las representaciones lo han turbado*, y yo no sé qué hacer ni decir con ésta providencia. Yo devolví á Herrera á Ocaña con mis últimas ideas; pero acéptenlas ó no, pienso continuar mi marcha para tratar con mis amigos de *salvar nuestro pobre país.*»

Este era el epitafio de Colombia, escrito por su Libertador.

Yo era de opinión que se dividiese la república en tres grandes secciones, dejándole á cada una los elementos de su prosperidad, y concentrando la fuerza que debía dar movimiento y vida al cuerpo político de modo que las extremidades recibieran el calor respectivo que les correspondía. Un gobierno vigoroso en el centro de la república, con facultad de hacer el bien y de reprimir los abusos de los encargados de la administración de justicia, una corte representativa en cada una de las secciones para que promoviera sus leyes municipales y económicas conforme al carácter de cada una de éllas, y un senado también corto, cuyos miembros fuesen señalados por el recto juicio, el saber y el patriotismo sin mancha, para sancionar estas leyes, previo el informe del Ejecutivo, y que sirviese al mismo tiempo como de un consejo de gobierno; era en mi concepto lo que podía calmar los partidos y unirlos en un solo punto. Sobre todo, la formación de los códigos para quitar la complicación de las leyes, y en caso de reunir un congreso, sólo por períodos de cuatro ó cinco años para rehacer las leyes, enmendar, sancionar las que el Ejecutivo juzgase conveniente, etc. Me parecía necesario si queríamos evitar los males causados por las legislaturas pasadas y las deudas en que la república se veía ahogada. La experiencia me había hecho conocer que el gobierno que debíamos adoptar era el más sencillo y el más vigoroso para reprimir la insolencia de los tumultuosos en los pueblos, acostumbrados á obedecer por rigor ó desobedecer por sistema.

Propuso el diputado Doctor José María Castillo, que el Libertador pasará á Ocaña para arreglar las diferencias entre los diputados; pero sin admitirse á discusión se negó á éllo la mayor parte de éstos, y entonces los bolivianos, después de haber visto que sus voces eran ahogadas por una mayoría insultante, según éllos, que hacía alarde de su triunfo, determinaron salir de Ocaña para no autorizar con su presencia lo que creían la ruina de la patria. Verificáronlo el 10 de junio, publicaron un manifiesto en la provincia de Santa Cruz, explicando los motivos que los habían obligado á dar aquel paso. El 13 de junio el intendente de Cundinamarca, general Pedro Antonio Herrán, convocó en Bogotá una junta de padres de familia para que resolvieran sobre el estado de la república, y de allí salió una acta en que se desconoció á la convención, se revocaban los poderes dados á los diputados y se encargaba al Libertador del mando supremo.

El 24 de junio entró el Libertador en Bogotá en medio de los vítores y aclamaciones del pueblo.

Creyéndose la república en gran peligro, acudióse al medio heroico que adoptara la romana siempre que era necesario precaver males é impedir desórdenes. Dióse á Bolívar el poder dictatorial que debía conservar hasta que pudiera reunirse la representación nacional y tratar de dar la constitución que demandaba el estado del país. Esta medida se llevó muy á mal por el partido que se llamaba liberal, y ya desde entonces los Brutos y Casios comenzaron á aguzar los puñales que pensaban hundir en el seno del que les había dado patria, á quien acusaban de abrigar los mismos proyectos que el vencedor de Pompeyo.

El 21 de setiembre, yo juré reconocer á Bolívar como jefe supremo de Colombia en manos del Illmo. arzobispo señor Ramón Ignacio Méndez, verificándolo en la plaza mayor ante el pueblo: prestaron también el mismo juramento todas las corporaciones, tribunales, jefes militares y el ejército que se reunió hasta cerca de seis mil hombres. Entonces dirigí al pueblo la siguiente arenga:

«*Caraqueños:*

«Trasportado de gozo, vengo á afianzar con el vínculo más sagrado de la religión los votos sinceros de mi pecho. Vosotros los primeros, viendo nuestra patria próxima á su ruina, buscásteis el remedio de sus graves males en el héroe americano, ilustre por sus hazañas, más ilustre por su ingenio: vuestra elección afortunada confirió la magistratura suprema al primer soldado de Colombia: familiarizado con la victoria, nos llevará siempre al triunfo: y privilegiado por la naturaleza con una masa de razón que admira, veremos nuestra república unida, estable y dichosa.

«Caraqueños: El Libertador oyó vuestro llamamiento y vino desde el Perú: vuestros ecos se repitieron cuando la Gran Convención quiso extraviar la opinión nacional: si entonces pareció indiferente á vuestros ardientes deseos, era para conocer mejor, en la calma de la prudencia, si en vuestro celo puro por el bien se habían mezclado las pasiones, pronto acudieron de todas partes á su persona, el Sur, el Centro y el Norte, conocieron que sus grandes virtudes debían reanimar las nuestras. Bogotá la capital, hizo la invocación más solemne, encargándolo exclusivamente de los destinos de la patria: el Libertador recibió con indulgencia el peso de tan grave encargo, ofreciendo sus enérgicos servicios para salvar su propia obra.

«Vosotros á tan laudable objeto habéis repetido vuestros clamores en actas suscritas por las municipalidades y padres de familia, que he dirigido á su presencia. El voto de la nación es uniforme: él es proclamado jefe supremo de la república con facultades ilimitades para hacer el bien.

«Tan elevada magistratura exige nuestro respeto y nuestra obediencia: oid atentos la que ofrezco: por mi parte reconozco al general Simón Bolívar por jefe supremo y esclusivo de la república de Colombia, y prometo bajo de juramento obedecer, guardar y ejecutar los decretos que expidiere como leyes de la república. El cielo, testigo de mí juramento, premiará la fidelidad con que cumpla mi promesa.

«Caraqueños: Vivid tranquilos: que la unión sea la garantía de vuestro reposo, y bajo un gobierno respetable la patria olvidará muy pronto sus males.»

Aquella misma tarde, en el campo de Marte, estaban reunidos seis mil soldados, diez mil espectadores de todas clases, edades y condiciones, multitud de señoras primorosamente ataviadas, y entonces dirigí á las tropas la arenga siguiente:

«¡Soldados! Vuestras lanzas sacaron de la nada á Colombia, la gloria promulgó su nombre sobre la tierra y el Todopoderoso lo inscribió en la tabla de la vida.

«¡Soldados! La afrentada España vuelve á invadir el suelo sagrado de la patria: quiere dominar á sus ilustres vencedores. Que venga: el hijo de la gloria nos preside: la vanguardia es mía: esas bayonetas escarmentaron su terquedad; y hasta nuestros cadáveres servirán de valla á su ambición.

«¡Compañeros! ¿Qué traerá la España á nuestra tierra? Jefes y soldados fatigados de implorar vuestra clemencia; y ese pabellón que tantas veces habéis hollado, ¿dominará á Colombia? Antes, el sol dejará de tender su luz sobre la América: antes, la muerte arrebate cuanto viva: cuando nada existiere, tampoco existirán los tiranos!!!»

Determinación era aquella indispensable en los momentos en que, amenazados los departamentos por los espa-

ñoles, era preciso dar á conocer al jefe del Estado después
de disuelta la convención y de haber caido en ridícu'o la
constitución de Cúcuta.

Al recibir la comunicación del Libertador, del 26 de
agosto, y el decreto orgánico que debía servir de constitución provisoria de Colombia, y la proclama á los colombianos en que él procuraba simplificar y compendiar los
principios constitutivos del gobierno, la hice publicar en la
capital con la solemnidad debida, y circulé á las demás
autoridades para que practicaran lo mismo. Muchos sin-
tieron que el Libertador se desentendiera de la facultad que
le habían conferido los pueblos para constituirlos del modo
más análogo y propio á sus hábitos é intereses. Yo veia
en la proximidad con que se anunciaba la convocatoria de la
representación nacional un mal positivo, aunque no se efec-
tuara, porque reposando ya tranquilos los pueblos, ciegamente confiados en la plenitud de autoridad de que habían investido á Bolívar, todos estaban consagrados á sus
empresas particulares, volviendo á reanimarse la confianza
pública. Nadie pensaba ya en formas de gobierno bajo
la salvaguardia del jefe á quien habían confiado su suerte,
y á vista del decreto la riqueza pública y las especulaciones
de todo género deberían necesariamente padecer cuando
no un retroceso, á lo menos una paralización.

En cuanto á encargarme yo de la Prefectura del N,
manifesté al Libertador que pasaría por el dolor de renun-
ciarlo porque yo no podía llenar las minuciosas atenciones que exigen las rentas públicas, y que ningún bién
podría resultar al gobierno ni al país de tomar sobre mis
hombros esa tan pesada carga.

Entretanto, los enemigos del Libertador tramaban conspiraciones para asesinarle alevosamente, siendo sus corifeos Juan Francisco Arganil, Agustín Horment, ambos franceses, y el venezolano Pedro Carujo. El 28 de octubre, día de San Simón debía estallar la conjuración; el Libertador pudo haber sido asesinado en un paseo que hizo al pueblo de Soacha acompañado de unos pocos; pero el general Santander, sabiendo el plan, se opuso á él, pero sin dar parte al Libertador del peligro que le amenazaba. Al fin, el gobierno tuvo noticia de que se urdía una conspiración y se comenzaron á tomar precauciones por las que alarmados los conjurados se decidieron á dar el golpe en la noche del 25 de setiembre. Contando con el cuerpo de artillería, unos cuantos asesinos se dirigen á la casa del Libertador, sorprenden la guardia, fuerzan las puertas y se dirigen á la habitación en que suponían se hallaba en aquellos momentos. No hallándole en élla, pues ya había saltado por una ventana y ocultádose en los barrancos de un arroyo, los asesinos satisfacen su rabia cosiendo á puñaladas la almohada del lecho de Bolívar: su edecán Andrés Ibarra fue herido cuando defendía en la escalera la entrada al cuarto de su jefe y el fiel Ferguson cae muerto de un balazo disparado por el infame Carujo. El general Urdaneta se pone á la cabeza de las tropas que puede reunir, persigue á los facciosos y hace prisioneros á cuantos no fueron muertos por las tropas del gobierno. El Libertador desde el lugar en que estaba escondido oye pasar una de las partidas del valiente y leal batallón Vargas, que publicaba la derrota de los conjurados; se une á éllos y se presenta en la plaza pública siendo recibido con grandes muestras de júbilo por las tropas y por la multitud que estaba allí congregada.

Para castigar á los criminales, se nombró un tribunal bajo la presidencia del general Urdaneta, que muy pronto pronunció pena de muerte contra el general Padilla, quien libertado de la prisión en que estaba por revoltoso había visto asesinar traidoramente al coronel José Bolívar que le custodiaba y salido á ponerse al frente del movimiento : fueron también sentenciados á la misma pena, el Doctor Azuero y otros muchos de los conspiradores : á Carujo se le perdonó en cambio de una delación, y el rigor de la ley se pronunció también en contra el general Santander que estaba enterado de los planes de los conspiradores.

Ahora bien, ¿cuál hubiera sido el resultado si los asesinos hubiesen logrado su perverso intento? Muerto César cuando aún sólo se sospechaba que quería trocar su corona de laurel por la diadema del imperio del mundo, su lugarteniente Marco Antonio recogió la túnica ensangrentada del dictador y presentándola al pueblo clamó venganza contra los asesinos : el crimen fue castigado y Octavio pudo sin ninguna oposición después de la batalla de Accio ceñirse la diadema de de los Césares. No hubiera faltado en Colombia quien hubiera seguido el ejemplo de Marco Antonio en vengar la muerte de su jefe, y la sangre se habría derramado á torrentes, los odios entre venezolanos y granadinos se hubieran llevado al encarnizamiento y si el enemigo común se hubiera aprovechado de tan favorables momentos, quién sabe si se hubiese al fin perdido la obra de tanto heroísmo, de tantas fatigas y de tanta sangre derramada.

La muerte de Bolívar hubiera sido un horrendo parricidio, terrible en sus consecuencias, fatal para todos los partidos, y tal vez la ruina de las mismas intituciones que querían consolidar con su muerte. Esos crímenes del republicanismo exagerado, que tal vez admiró la antigüedad pagana y que reprueba la civilización cristiana, jamás han producido los resultados que se propusieron sus perpetradores.

No ha mucho que un actor de teatro, un fanático admirador de Bruto en medio de un concurso numeroso que se regocijaba de ver vuelta la paz á un país que había asolado una terrible contienda de cuatro años, asesina á uno de los hombres más inocentes que han dirigido los destinos de una nación, blande una arma homicida ante la aterrada multitud exclamando con entonación teatral: «Sic semper tyrannis»: y ¿qué resultados ha logrado? Dar una corona de mártir á la víctima, atraerse la unánime desaprobación de los más encarnizados enemigos de ésta y aumentar el catálogo de los crímenes con un nombre execrable.

Cuando recibí las noticias del horrible atentado del 25 de setiembre, escribí á Bolívar la siguiente carta:

AL EXCMO. SEÑOR LIBERTADOR PRESIDENTE, ETC.

Valencia, octubre 30 de 1828.

Mi muy querido general y amigo:

Era imposible imaginarse que cupiera en el corazón del más perverso colombiano la idea de tan grande crimen como el de la conspiración del 25 de setiembre que estalló en esa ciudad contra la vida de usted y existencia de la república. Los asesinos marcaron con sangre sus primeros pasos y en su furor no buscaron sino víctimas cuyo horror disminuyese la iniquidad de su negra infamia: desde los primeros momentos dejaron conocer el carácter de su maquinación : se propusieron destruirlo á usted para después aniquilar todo su partido, el talento, el valor y el patriotismo. ¡Qué acontecimiento á la vez tan funesto y tan feliz! Los criminales se han descubierto y usted se ha salvado. La patria se conserva en su persona, y los males serán remediados; pero qué castigo bastará para los feroces que concibieron y perpetraron tan enorme atentado? La justicia debía dejar á la indignación que ejerciese su saña por algunos momentos. Usted ha obrado con más acierto, los ha mandado juzgar y debemos esperar que la justicia será severa hasta que la sociedad quede bien satisfecha de tan grave ultraje. Cuántos males no hubiera experimentado Colombia si usted hubiera perecido á manos de sus enemigos!—pues que los sufran éllos en sus cabezas sin ninguna misericordia. La sangre hubiera corrido á torrentes y la reorganización hubiera sido imposible : no debe, pues, la de éilos quedar dentro de sus venas, ni en número que puedan volver á reunirse para conspirar. Si alguno hubiere en este país y fuere descubierto, *pagará con la pena de los enemigos de la patria*».

En mi carta anterior hablé á usted sobre los motivos que me habían obligado á proceder contra el general Gómez por sedicioso: ahora por lo que usted me dice en su apreciable de 30 del mes próximo pasado veo que mi concepto no fue errado: yo estoy resuelto á ejecutar la sentencia que se pronunció, y si no fuese condigna, la suspenderé hasta saber si en la causa que se sigue en esa ciudad contra los conspiradores resulta comprendido este general: como yo he dado cuenta de oficio espero que usted al contestarme me envíe algunos documentos, si existieren, que puedan servir de comprobantes para agregar al proceso.

Me dice usted también en la suya que expulse á todos los representantes que tuvieron parte en la aprobación de la insurrección de Padilla en Cartagena, y de oficio sólo me manda que expulse aquellos que por sus opiniónes acaloradas en Ocaña puedan ser perjudiciales en el país. Yo desearía que no quedara ninguno, y por la fe que le he prometido no me quedará sino el que yo no conozca, ó los que usted quiera que vivan aquí con empleo como Gómez, el comandante del batallón Antioquia y el siempre memorable señor Boguier.

La providencia vela por la conservación de usted; usted es raro hasta en su dicha: escapar de una banda de asesinos armados que le buscan en su propio palacio y que habían vencido ya la fuerza que lo guardaba, debe haber sido para probar que el cielo es su mejor custodia y que nosotros no hemos todavía desmerecido sus bendiciones: los asesinos pretendieron robarnos nuestro más grande tesoro, que es la paz, y la hemos conservado en usted. Tan feliz escape es la admiración de todos sus amigos y de todos los patriotas. Los detalles del acontecimiento contenidos en la gaceta, nos llegaron la víspera de San Simón, y contribuyeron á hacernos pasar con más júbilo y más contento ese día, en que Valencia se presentó con un espíritu marcial, y á la vez entusiasta por la vida de usted: por la mañana fue la bendición de banderas del 5º batallón que tenía 1,200 plazas bien uniformadas, y concluida esta función juraron todas las autoridades y el pueblo el reconocimiento á su autoridad: por la tarde recibí el juramento á todas las tropas entre las cuales había más de mil plazas de caballería: la ciudad toda se movía por las calles: el júbilo y el contento se dejaba ver en todos los semblantes. Usted se hubiera complacido mucho al presenciar esta es cena y considerar que si hay algunos viles asesinos que conspiren contra su vida, los pueblos enteros se interesan en conservarla; por todas partes resonaban las voces de viva el Libertador, y el inminente peligro de que usted escapó sólo servía para aumentar nuestra alegría.

Mi querido general: desde aquí le estrecho entre mis brazos y con las más ardientes congratulaciones le doy á usted la más sincera enhorabuena por la conservación de su vida: si se hubiera perdido, Santander no hubiera recogido el fruto de su obra infame: yo lo hubiera vengado, ó él hubiera multiplicado el número de sus víctimas.

Soy de usted siempre sincero amigo.

JOSÉ A. PÁEZ.

——

Mientras en la Nueva Granada pasaban los sucesos que dejo referidos, continuaba yo en Venezuela luchando con las partidas que acaudillaban Arizábalo y Cisneros, vigilaba las costas amenazadas de un desembarco de tropas españolas en auxilio de éstas, y contenía además á las facciones poco satisfechas con el estado político de la república. Para vigilar á los sediciosos é impedir que los realistas que se habían quedado en el territorio después de la retirada de las tropas españolas alterasen el orden público, formé un reglamento de policía y nombré por jefe de éste al activo general Arismendi. Apesar de todas estas atenciones no dejaba de ocuparme de las necesidades de los pueblos y de poner término á los males que le afligían.

Obedeciendo á la orden que me comunicó el Libertador de que tratará de investigar las causas de la miseria que afligía á Venezuela y proponer los medios de remediarla, reuní con este objeto á los hacendados, empleados de hacienda, abogados y comerciantes. Las principales observaciones que hicieron en la junta fueron respecto á la circulación de los vales, cuyo giro se había suspendido por disposición de Bolívar. Los comerciantes comisionados encontraban en éllos su ganancia y los hacendados un aumento de valor en sus frutos, aunque fuese momentáneo. Cuando ví acalorada la discusión en la junta le presenté mis ideas sobre la materia en una pequeña memoria escrita con bastante rapidez y sin haber tomado bastante tiempo para adelantar mis cálculos: pero fue objetada principalmente por la dificultad de conseguir treinta mil pesos mensuales para llevar á cabo el plan que proponía, aunque algunos comerciantes me dijeron que si los vales se ponían en circulación conforme á mis ideas conseguirían aquella cantidad por parecerles justo que el comercio proteja al gobierno cuando éste manifiesta protección hacia aquél.

Era imposible remediar en un momento la pobreza de que se lamentaban los pueblos: ella era consecuencia de la falta de comercio y del abatido precio de los frutos. ¿Podría el gobierno aumentarlo cuando en los mercados de Europa se hallaban en el mismo abatimiento? El mal era universal: su remedio sería el tiempo y la consolidación del gobierno de modo que renaciera la confianza y con éstas las nuevas empresas agrícolas y comerciales. Yo trabajaba sobre este punto incesantemente y creía muy conveniente y de gran poder en la opinión pública que se acordara una exención de alcabala para el maiz, arroz y demás artículos de primera necesidad que son la subsistencia de los menesterosos, y el producto del trabajo de la mayor parte de nuestros hombres de campo. Estos infelices des-

pués de los grandes gastos que tenían que hacer para trans-
portar sus frutos al mercado, tenían que pagar un impuesto que hacía más triste su condición, cuando por otra parte los ingresos de las rentas interinas por este ramo eran
insignificantes. Con el medio que yo proponía se animaría
el cultivo, se haría más concurrido el estipendio, y se pro-
porcionarían estos renglones de primera necesidad con baratura.—La agricultura iba á sufrir grande atraso con la ge-
neralización del cultivo del café y su abatido precio sin
ninguna ventaja para sus cosecheros. Como nuestro pais
abunda en distintos ramos de agricultura, en el momento
en que se convencieran que era imposible adelantar el precio
del café, se dedicarían á otros ramos como la cochinilla de
que abunda Coro, Carora, Tocuyo y otros lugares y que
nadie cultivaba por falta de estímulo para dedicarse á él.
También lo era la cera que ha dado á otros países inmensas
riquezas. Un extranjero había introducido algunas colme-
nas que progresaron bastante; pero que quedarían en el
mismo abandono si el gobierno no auxiliaba sus esfuerzos.
Con este objeto pensé conceder algunas exenciones bajo la
aprobación del gobierno. El añil y el algodón no podrían
reemplazar al café porque ambos se cultivaban en muchos
lugares donde producían infinitamente más que en el nuestro por la facilidad y baratura de su elaboración.

A representación de los hacendados y padres de familia del pueblo de Ocumare de la Costa, me mandó el Libertador que suprimiese las municipalidades, substituyen-
do una autoridad semejante á la de los antiguos corregido-
res ó tenientes justicias mayores, siempre que esa fuera la
opinión de los hombres respetables, y que formase el reglamento que me pareciese más á propósito, y se lo remi-
tiera para su aprobación. Trabajaba por cumplir la orden

cuando recibí otra comunicación de oficio en que Bolívar me decía que había pedido á los intendentes de Venezuela, Maturín y Orinoco informes sobre la materia y que aquel debía pedirlo también á la corte superior de justicia y remitírselos á él para hacer las reformas convenientes.

Dudé yo algunos momentos si debía suspender la marcha que había emprendido, contentándome con remitir al Libertador los informes que hubiere recogido para que de ahí saliesen las reformas, ó si debía practicarlas. Si mi objeto hubiera sido sólo poner dificultades en las empresas hubiera encontrado en las dos comunicaciones motivos fundados para éllas: pero como mi deseo era ayudar á Bolívar con todos mis esfuerzos y en cuanto me fuese posible, convoqué una reunión de hacendados y vecinos de diferentes cantones de la provincia de mi mando y algunos de Carabobo que se hallaban en Caracas, los cuales junto con algunos abogados dieron su opinión sobre la eliminación de las municipalidades. Todos estaban convencidos de que estas corporaciones eran inútiles porque no tenían medios para llenar sus atribuciones, porque no tenían espíritu público y porque no sabían desempeñarlas.

Difícil fue encontrar hombres que quisieran dar y firmar su opinión: nadie quería comprometerse en lo más leve, temían todo y temían sin discernimiento, porque á veces temían compromerse con el gobierno y otras con sus amigos ó con el pueblo. Cada cual aspiraba á ser un egoista en actitud de aprobar ó censurar cuanto se hacía, á cuyo efecto encontraban su conveniencia en ocultar sus ideas para dar opiniones favorables ó contrarias en diferentes tertulias y según las personas de la reunión. Sin embargo, el acta se firmó y la envié al Libertador.

En lo que yo deseaba que se tomara una resolución pronta y vigorosa era en remediar los males que nos causaba la junta superior de gobierno de hacienda: los acreedores del Estado se habían aumentado prodigiosamente animados con la facultad de evacuar pruebas supletorias, y de encontrar testigos dispuestos á declarar y certificar conforme á sus deseos, mientras que el fiscal por corrupción, según decían algunos, ó por negligencia, ó por falta de medios, ni promovía contra pruebas ni se oponía á las pretensiones: así es que la junta superior estaba decretando semanalmente cantidades inmensas contra el gobierno, tan excesivas que escandalizaban á cuantos tenían noticias de ellas, y el Estado se iba cargando de una deuda que nunca podría pagar, y si eso continuaba inútil era pensar en hacer ningún arreglo de hacienda. Cuanto se economizara por un lado se desaguaría por este ancho canal y al fin la turba de nuevos acreedores, viendo la imposibilidad del pago, trastornarían la paz pública para conseguir la conveniencia privada. Yo consideraba pues, aquel tribunal como origen de disensiones en lo futuro, y por el deseo de la paz estable, deseaba que el Libertador encontrase arbitrios para coartar su autoridad ó para señalar tal género de pruebas, que el gobierno no resultara perjudicado ni obligado á satisfacer sino lo que realmente debía.

Presentóse también en esta época un plan de dividir la república en nuevos departamentos, y yo manifesté entonces mis ideas sobre el proyecto y las que yo creía más convenientes. Dividir la república en seis departamentos con fuerzas equilibradas que sirvieran de respeto á las otras secciones, y cuya fuerza total fuese la del gobierno, contra la que quebrantara las bases de la asociación. Yo creía esta combinación muy justa, aunque en la ejecución podrían algunas provincias sentirse agraviadas por los términos que se le asignaran y agregaciones que se hicieren á capitales á que antes no pertenecieron.

No me parecía muy natural que al nuevo departamento cuya capital debía ser la villa del Rosario de Cúcuta se le agregase la provincia de Barinas, sino una parte de ella que se extendiera hasta Guanare, que corriese desde Coro hasta el Tocuyo, y de este punto á la dicha ciudad de Guanare ó por lo menos á la Portuguesa, pues de otro modo Venezuela se internaría mucho hasta el Tocuyo y su línea se estrecharía demasiado, corriendo desde aquel punto hasta más acá de Araure. Por otra parte, ejerciendo el departamento de Cúcuta su jurisdicción hasta Guanare, se disipaban los celos ó discusiones entre venezolanos y granadinos.

Finalmente sería largo enumerar todos los trabajos y atenciones en que estuve ocupado en el período en que estamos de esta narración; período como ha visto el lector, fecundo en hechos de gran trascendencia, y sobre todo de gran peligro para la República que empezaba entonces á organizarse.

En vista de todos los disturbios de esta época, de los grandes riesgos que corrió la existencia de la república, ¿quién extrañará que muchos hombres eminentes deseasen el establecimiento de un gobierno firme y vigoroso, no como yo le apetecía bajo la presidencia del Libertador, sino bajo el cetro de un monarca, aunque fuese necesario ir á buscarlo entre las viejas dinastías europeas?

CAPITULO XXIV

PROYECTOS PARA ESTABLECER UNA MONARQUÍA CONSTITUCIONAL EN COLOMBIA.—INJUSTOS CARGOS CONTRA MÍ.—DOCUMENTOS INÉDITOS.—MIS OPINIONES SOBRE FORMA DE GOBIERNO.

1829

Desde el principio de la independencia y mucho antes de que la anarquía en los países hispano-americanos diera á comprender la necesidad del establecimiento de un gobierno vigoroso, muchos de sus hombres más ilustrados se pronunciaron en favor del monárquico constitucional. Comenzóse á ver esto en las Provincias Unidas del Rio de la Plata en 1816, cuando el Congreso de Tucumán declaró que « no obstante las ideas ultrademocráticas que se han manifestado en toda la revolución, el Congreso, así como la parte más sana é ilustrada del pueblo, y verdaderamente la generalidad de éste, están dispuestos en favor de un sistema de monarquía moderada constitucional, adaptada al estado y circunstancias del pais. »

El ministro de relaciones extranjeras de Francia en una conferencia que tuvo con Gómez, enviado de las Provincias Unidas, le decía « que reflexionando sobre el verdadero interés de esos paises, estaba convencido de que éste dependia enteramente del establecimiento de un gobierno bajo cuya influencia pudieran gozar de las ventajas de la paz, y que él creía firmemente que dicha forma de gobierno solo podría ser una monarquía constitucional con un príncipe europeo á la cabeza, cuyas relaciones pudieran inspirar y aumentar el respeto al Estado y facilitar el reconocimiento de su independencia nacional. »

Recomendábase al duque de Luca, heredero del reino de Etruria y Borbón por parte de madre, y añadióse que los emperadores de Austria y Rusia le protegían, y que la Inglaterra no hallaría razón ni pretexto para oponerse á su elevación al trono. La Francia proporcionaría las fuerzas navales y terrestres para hacer respetar á dicho príncipe, y éste se casaría con una princesa del Brasil bajo la condición de que el gobierno del imperio cediese á las Provincias Unidas el territorio situado al E. del rio de la Plata. Semejante consejo estaba muy de acuerdo con lo que, por disposición del congreso de Tucumán, el gobierno argentino había encargado á un comisionado que envió al Brasil para que *propusiera la coronación de uno de los infantes brasileros en aquellas provincias, bajo una constitución que el Congreso ha de presentar.*

En sesión secreta del 12 de noviembre, el Congreso aprobó el proyecto de Francia, bajo nueve condiciones, siendo las principales que S. M. Cristianísima obtendría el consentimiento de las cinco grandes potencias europeas, que facilitaría el matrimonio del duque de Luca con la princesa del Brasil, y trataría de que se llevase á efecto la cesión de que hemos hablado arriba; que Francia daría al duque todo el apoyo necesario para defender y consolidar la monarquía, en cuyos límites debía comprenderse toda la parte del E., inclusos Montevideo y Paraguay; que Francia prestaría cuatro millones de pesos con que dar al país medios de defensa contra España y asegurar su independencia.

En 1818, el senado de Chile autorizó al supremo director O'Higgins para que promoviera en Europa el establecimiento de una monarquía en Chile y el Perú, y el mismo Perú envió comisionados á Londres con dicho objeto. En Méjico y en Guatemala se declaró la independencia de la metrópoli, sentándose como consecuencia de la emancipación el establecimiento de una monarquía moderada. Hubo proyectos de colocar en el trono de Méjico ya un príncipe español, ya al duque de Sussex, hijo menor de Jorge III de Inglaterra, que preguntaba si en dicho pais había suficientes fondos para dar un almuerzo á un príncipe europeo. Ni faltaron quienes propusieron traer á América para coronarle al Inca Don Dionisio Yupanqui, que residía en Madrid, y había representado al Perú en las cortes españolas. Después de éste, se presentó en Londres el conde de Moctezuma, grande de España de primera clase y descendiente por línea materna del último emperador de Méjico, quien solicitaba ser declarado emperador de aquel pais. Moctezuma se dirigió al gobierno de Chile solicitando auxilios para llevar á cabo la empresa, y aquel gobierno le contestó dándole el tratamiento de Magestad Imperial, y autorizando al representante de la república en Inglaterra y Francia para que garantizase un empréstito de un millón de pesos, que decía el emperador pretendiente necesitaba para trasladarse á Méjico.

Hubo también muchos extranjeros, aun de las ideas más liberales, que como muchos suramericanos, creían que la monarquía constitucional era el sistema de gobierno que convenía á la América española.

Breckenridge, secretario de la misión del gobierno de los Estados Unidos, enviada en 1817 á la América del Sur á tomar informes sobre el estado de aquellos países, manifestó en la relación de su viaje que «cometían una grande equivocación las personas que se tenían por instruidas, suponiendo que nada más se necesitaba que quererlo para introducir en un pais las formas de un gobierno libre ; que, sin estar el pueblo educado y preparado para el efecto, la empresa era quimérica, que una especie de gobierno como la de los Estados Unidos seria inútil y embarazosa en las colonias españolas.»

Del mismo modo pensaron hombres ilustrados como San Martín (*), Pueyrredon, Monteagudo, Rivadavia, Belgrano, los Balcarce, Sarratea, Gómez, Guido, Moreno, Vieites, Larrea, Posadas, Alvear, y otros muchos en Buenos Aires; O'Higgins, Pérez, Vicuña, Lazo de la Vega, Salas Rosas, Lecaros, Cañas, Lecavarrenes, Errazuris, Echeverría, Cienfuegos, el canónigo Larraín, Rodríguez Aldea, Encalada, Tagle, Alcalde y muchos hombres de importancia en Chile; Torre Tagle, Unanue, Carrión, Pando, Pardo, Rivagüero, Rivadaurre, en el Perú; el general Juan José Flores y el Gran Mariscal A. J. de Sucre en el Ecuador; Pombo, Restrepo,

---

(*) Cuando el general San Martín, en 1811, puso en grande aprieto al virey Laserna en el Perú, le propuso éste un convenio amistoso en los momentos en que llegaba de España Don Manuel Abreu, comisionado por el gobierno constitucional para negociar un avenimiento con los jefes patriotas. Nada lograron los jefes de una y otra parte en las conferencias que tuvieron, y entonces San Martín invitó al virey Laserna á una entrevista en Punchauca. San Matín creyó entonces que el medio de pacificar el Perú era darle un gobierno independiente de la Península. *Pero*, decia la memoria que se redactó entonces, *estando desmostrado por la experiencia de una revolución de once años, que el gobierno más adecuado á las clases, á las costumbres, á los vicios, á las preocupaciones, al carácter de las poblaciones y á la educación del Perú, será una monarquia constitucional que asegurase su independencia, su libertad, su seguridad y su opulencia, era en el concepto de S. E. la obra más digna de los que ejercían la confianza pública, echar los cimientos de esta obra de un modo sólido y que asegurase la paz con España.* El general San Martín se ofrecía á ir á España para solicitar *que un príncipe de la dinastía reinante en España viuiera á ponerse á la cabeza de la monarquía constitucional.*—Véase Restrepo, tomo III, página 121.

García del Rio y algunos más en la Nueva Granada ; los Urdaneta, el arzobispo Méndez, los Montilla, los Ibarra, el general Pedro Briceño Méndez y algunos de los que se llamaban *mantuanos* en Venezuela. (*)

No es de extrañarse, pues, que Bolívar hubiese concebido la idea de que bajo un gobierno monárquico moderado podían los colonos españoles vivir en paz y hacer los progresos que su infancia política les permitía. Bolívar que dijo repetidas veces que la América española presentaba un caos que amenazaba á todas horas con la anarquía más completa, estaba convencido de que aquellos pueblos necesitaban de un gobierno firme, estable y fuerte. Esa tendencia la había manifestado el Libertador en su mensaje al Congreso de Guayana y en su predilección por la constitución boliviana que recomendaba siempre, y á la que llamaba monarquía sin corona. [**]

_____

(*) Cuando en el año 26 me dirijia yo con el Libertador, de Valencia á Caracas, nos detuvimos en la parroquia de San Pedro, y allí llegó de la capital Don Martín Tovar, quien, poco después, se retiró con Bolívar á una habitación, permaneciendo más de una hora en conferencia al parecer interesante. Cuando emprendimos de nuevo nuestra marcha, al empezar á subir el cerro el Libertador me dijo : «¿Creerá usted que en la conferencia que acabo de tener con Tovar me ha dicho este hombre, conocido por sus ideas ultra-democráticas, que debo aprovechar los momentos para ceñirme la corona, pues todo me es propicio y favorable ? Delirio es pensar en monarquías, cuando nosotros mismos hemos ridiculizado tanto las coronas, y si fuera necesario la adopción de semejante sistema, tenemos la constitución de Bolivia que no es otra cosa que una monarquía sin corona.

(**) Varios de sus amigos habían oido decir al Libertador, dice Restrepo, página 207, tomo IV, que Colombia y toda la América española no tenian otro remedio para librarse de la anarquía que devoraba á sus pueblos, sino establecer monarquías constitucionales, y que si los habitantes

Me parece oír ya el grito de anatema que alzan los ultraliberales al leer los renglones que acabo de escribir: me parece verlos acopiar diatribas é invectivas contra mí para defender la memoria del Libertador, que dirán calumniada por uno de sus enemigos.

Sepan los escandalizados que no pretendo en estas Memorias que escribo, cuando el mucho tiempo que he vivido me recuerda el poco que me falta para dar cuenta á Dios de las acciones de mi vida, sepan, repito, que no pretendo halagar á nadie, sino decir la verdad ante el tribunal de la historia como otros ya lo han hecho. Confesaré las faltas en que me hizo incurrir mi inexperiencia, sin que por eso deje de creer que me es lícito defenderme de las calumnias que han fulminado contra mí la mala fe y sobre todo las pasiones mezquinas del espíritu de partido.

Yo venero la memoria del Libertador de Colombia como la de un bienhechor de mi patria, como la de un hom-

---

de Colombia se decidieran por este sistema de gobierno y llamaran á reinar á un príncipe extranjero, él sería el primero que se sometería á su autoridad y le apoyaría con su influjo. Esto mismo repitió en una época posterior.

El historiador César Cantú en su historia de «Cien Años,» dice hablando de Bolívar: «Sus adversarios pretendieron que esta renuncia (la de la presidencia) fuese aparente como las demás, y hecha tan sólo con el objeto de que le devolvieran los poderes; pero, ¡feliz el hombre á quien no se puede calumniar, sino en las intenciones! Los historiadores en su preocupación reconocen como centro de todas las ambiciones el aspirar á un trono; pero los varones ilustres pueden tener otras muchas, cuya nobleza es superior. Un cetro no habría hecho tan grande á Bolívar como su propia espada, á la que debía su libertad un continente entero.»

bre grande y la de un amigo muy predilecto, y estoy persuadido de que no empaño de ningún modo la gloria de su nombre con lo que acabo de escribir sobre sus ideas. «El proyecto de cambiar las instituciones republicanas por las monárquicas, dice Restrepo, podía ser extemporáneo, inadaptable y casi ruinoso á Colombia, mas no era criminal.»

Sepan los que se dicen liberales, que yo creo en la buena fe de los hombres, aunque prediquen lo que otros reconocen como error: que se pudo haber sido partidario de la forma monárquica sin que por eso se dejara de amar la patria y de interesarse en su porvenir. Yo, como voy á probarlo á pesar de estar ya tan probado, no fui partidario del establecimiento de una monarquía, sin que por eso crea que fueron enemigos de la patria los que abogaron por élla. Pertenezco y he pertenecido siempre á la escuela republicana, pero no á aquella para quien la libertad es la diosa á quien se da culto con puñal y tea incendiaria, cuyos altares deben purificarse con sangre humana y cuyos adoradores fuerza es que adopten la misión de purgar la tierra de los que no piensan como ellos sobre los intereses de la patria. No pertenezco á la secta de los que tienen por divisa aquellas horribles palabras de Voltaire:

Du boyau du dernier prétre
Il faut pendre le dernier roi.

Estoy y he estado siempre con los que creen que cada individuo tiene derecho de manifestar lo que piense y le dicte su razón respecto á los intereses de la tierra en que nació.

Calumnia infame, y que nadie puede sostener con visos de verdad, sería el suponer que el general Bolívar alimentó jamás deseos de cambiar sus inmarcesibles laureles de Li-

bertador por la efímera corona de un imperio americano,
y no me detengo en dar razones, porque sobradas las dió él
en todas las ocasiones que se ofreció hablar sobre la materia ;
pero que él creyese que convenía al país un gobierno monárquico, ó cuando menos uno con apariencia de tal, es
hecho que no pueden negar los que le trataron de cerca,
conocieron lo desilusionado que estaba de la democracia, (*)
y el dolor que le causaba la triste situación de Colombia.
Horrible debió ser la lucha que tuvo qué sostener entre sus
convicciones particulares y el temor de contrariar las ideas
de una multitud, que nutrida en las ideas modernas im-
portadas de Francia y los Estados Unidos, no opinaban
como él respecto de las necesidades de Colombia. No
hay un documento del Libertador en que no se advierta
esa lucha.

Si Bolívar no hubiese tenido conciencia de su gloria,
ó hubiese sido un ambicioso vulgar, habría podido sin es-
crúpulo ninguno y con apariencias de la mejor intención

(*)   Las siguientes son palabras del Libertador, que muestran la poca
fe que tenía en el porvenir de los países de la América española (copiadas de
un folleto que se publicó en Cuenca con el título de «Una mirada hacia la
América Española,» en el año de 1828) :

«No hay buena fe en América, ni entre los hombres ni entre las naciones. Los tratados son papeles, las constituciones libros, las elecciones combates, la libertad anarquía y la vida un tormento.

«Esta es, americanos, nuestra deplorable situación ; si no la variamos,
mejor es la muerte : todo es mejor que una lucha indefinible, cuya maligni-
dad hácese acrecer por la violencia del movimiento y la prolongación del
tiempo ; no lo dudemos, el mal se multiplica por momentos, amenazándonos
con una completa destrucción.

«Colombianos ! Mucho habéis sufrido, y mucho sacrificado sin provecho,
por no haber acertado en el camino de la salud. Os enamorásteis de la Libertad, deslumbrados por sus poderosos atractivos ; pero como la Libertad es

coronarse rey de Colombia, pues había muchos en la república que lo deseaban, y aun lord Aberdeen, secretario de Relaciones extranjeras de S. M. B., cuando se le hablaba de un príncipe europeo, aseguraba que el gobierno inglés no pondría objeción alguna si el pueblo colombiano proponía al Libertador para su monarca.

Lo mismo que en los demás estados americanos, en Colombia se hablaba públicamente de cambiar el sistema de gobierno y de establecer una monarquía.

Hubo en Bogotá una junta de personas notables por sus talentos y virtudes y que ocupaban altos destinos, para tratar sobre la adopción del sistema monárquico, y por lo que allí se resolvió, acordaron los ministros en 3 de setiembre de 1829 abrir con los agentes diplomáticos de Francia é Inglaterra, negociaciones en que se preguntaba si' llegado el

------

tan peligrosa como la hermosura en las mujeres, á quienes todos seducen y pretenden por amor ó vanidad, no la habéis conservado inocente y pura como élla descendió del cielo.

«Oigamos el grito de la patria, los magistrados y los ciudadanos, las provincias y los ejércitos, para que formando todos un cuerpo impenetrable á la violencia de los partidos, rodeemos á la representación nacional con la virtud, la fuerza y las luces de Colombia.»

Pronósticos hechos por el mismo Libertador el 9 de noviembre do 1830, treinta y ocho días antes de su muerte :

«La América es ingobernable. Los que han servido á la revolución han arado en el mar. La única cosa que se puede hacer en América es emigrar. Estos países caerán infaliblemente en manos de la multitud desenfrenada, para después pasar á las de tiranuelos casi imperceptibles, de todos colores y razas, devorados por todos los crímenes y extinguidos por la ferocidad. Los europeos, tal vez, no se dignarán conquistarlos. Si fuera posible que una parte del mundo volviera al caos primitivo, este sería el último período de la América.»

caso de que el congreso decretase una monarquía constitucional, sería bien vista tamaña mutación por sus gobiernos respectivos, y que en caso de que los Estados Unidos
y las demás repúblicas se alarmaran y quisieran contrariar
el proyecto, si podían contar con la cooperación de Francia
é Inglaterra.

«Los hábitos de nuestros pueblos, decian los consejeros,
son monárquicos, como que la monarquía fue el gobierno
que tuvieron por siglos : se decidieron por la independencia,
y en la embriaguez de los triunfos obtenidos para destruir
el poder español se persuadieron de que una libertad
ilimitada era lo que les convenía ; pero la experiencia
los ha hecho conocer que élla les era perjudicial, y
hoy se nota una general tendencia á las instituciones monárquicas.»

El Doctor Labastida escribiendo á Mariño en nombre
del Obispo de Trícala Doctor Mariano Talavera á quien aquel
general había pedido informes sobre lo que pasaba en Bogotá, entre otras cosas le contestó : «me refirió (el Obispo)
menudamente lo ocurrido en una reunión amigable que
hubo en Bogotá en el mes de marzo último (1829) en casa
del Doctor Castillo, y en la que propuso secretamente el ministro Restrepo el establecimiento de una monarquía en
Colombia, cuyo proyecto, sin embargo de ser mal recibido
por varios de los concurrentes, no tuvo otros opositores que
el mismo señor Obispo y dos abogados de la ciudad ; y que
aunque los nuestros trabajaban activamente por difundir las opiniones, no habían encontrado casi ningún
partido, sobre todo en la juventud ilustrada del país y
en las mujeres, que profesan un odio implacable ál general
Bolívar.»

Mr. Charles Bresson, comisionado de Francia, envió al duque de Montebello que viajaba por nuestros países, para que participase al Rey Carlos X, que Colombia, á fin de verse libre de la demagogia, pensaba adoptar el sistema monárquico, y estaba pronta á aceptar por rey á un príncipe de la casa de Orleans.

El general Madrid y M. Palacios, ministros colombianos, recibieron instrucciones para entenderse sobre esta materia con los gabinetes de las Tullerías y Saint James.

El consejo de ministros decía que el Libertador no había emitido su opinión sobre el asunto, pero que como era su máxima inviolable sostener lo que hiciera el Congreso, esperaban que aprobaría el plan cuando una mayoría lo adoptase.

Muchas cartas se escribieron á Bolívar para que emitiera francamente su opinión, pero él á ninguna de éllas contestó, lo que prueba que no estaba enteramente opuesto á los planes de los ministros, pues á haberlo estado no hubiera dejado sin respuesta cartas en que se trataba de asunto tan vital para la república. Los Ministros no estaban, pues, autorizados oficialmente más que para buscar la protección, influencia, mediación ó salvaguardia de una nación de Europa que no fuese la España. Esto había de disgustar mucho á los admiradores de los Estados Unidos de la América del Norte, cuyo ministro en Colombia, Mr. Harrison, aconsejaba á Bolívar el establecimiento de un gobierno análogo al de su patria.

En el mes de agosto, Bolívar escribió á Campbell, encargado de negocios de S. M. B. la carta que ningún historiador de Colombia ha publicado, y como el secretario de relaciones extranjeras recibiera una copia de aquélla, supusieron los del consejo que Bolívar aprobaba sus proyectos. La carta es esta :

Al señor coronel Patricio Campbell, encargado de negocios de S. M. B.

Guayaquil, agosto 5 de 1829.

Mi estimado coronel y amigo :

Tengo la honra de acusar á usted el recibo de la apreciable carta de usted de 51 de mayo fechada en Bogotá. No puedo dejar de empezar por dar á usted las gracias por la multitud de bondades que usted derrama en toda su carta hacia Colombia y hacia mí. ¿Cuántos títulos no tiene usted á nuestra gratitud? Yo me confundo al considerar lo que usted ha pensado, lo que usted ha hecho desde que está entre nosotros para sostener el país y la gloria de su jefe.

El ministro inglés residente en los Estados Unidos me honra demasiado cuando dice ; que espera en Colombia sólo porque aquí hay un Bolivar. Pero no sabe que su existencia física y política se halla muy debilitada y pronta á caducar.

Lo que usted se sirve decirme con respecto al nuevo proyecto de nombrar un sucesor de mi autoridad que sea príncipe europeo, no me coge de nuevo, porque algo se me había anunciado con no poco misterio, y algo de timidez, pues conocen mi modo de pensar.

No sé qué decir á usted sobre esta idea que encierra mil inconvenientes. Usted debe conocer que por mi parte no habría ningúno, determinado como estoy á dejar el

mando en este próximo Congreso: mas ¿quién podrá
mitigar la ambición de nuestros jefes y el temor de la desigualdad en el bajo pueblo? No cree usted que Inglaterra
sentiría celos por la elección que se hiciera de un Borbón?
¿Cuánto no se opondrían los nuevos Estados americanos?
¿Y los Estados Unidos que parecen destinados á plagar la
América de miserias á nombre de la libertad? Me parece
que ya veo una conjuración general contra esta pobre Colombia (ya demasiado envidiada) de cuantas repúblicas
tiene la América: todas las prensas se pondrían en movimiento llamenlo á una nueva cruzada contra los cómplices de traición á la Libertad, de adictos á los Borbones y de violadores del sistema americano. Por el Sur en-
cenderían los peruanos la llama de la discordia: por el
istmo los de Guatemala y Méjico; y por las Antillas los americanos y los liberales de todas partes. No se quedaría Santo Domingo en la inacción, y llamaría á sus hermanos para
hacer causa común contra un príncipe de Francia: todos se
convertirían en enemigos, sin que la Europa hiciera nada
para sostenernos, porque no merece el Nuevo Mundo los
gastos de una Santa Alianza: á lo menos tenemos motivos
para juzgar así por la indiferencia con que se nos ha visto
emprender y luchar por la emancipación de la mitad del
mundo, que muy pronto será la fuente más productiva de las
prosperidades europeas.

En fin, estoy muy lejos de oponerme á la reorganización de Colombia conforme á las instituciones experimenta-
das de la sabia Europa. Por el contrario, me alegraría
infinito y reanimaría mis fuerzas para ayudar á una obra
que se podría llamar de salvación, y que se conseguiría no
sin dificultad sostenidos nosotros de la Inglaterra y de la
Francia. Con estos poderosos auxilios seríamos capaces de

todo, sin éllos, no. Por lo mismo yo me reservo para dar mi dictamen definitivo cuando sepamos qué piensan los gobiernos de Inglaterra y de Francia sobre el mencionado cambio de sistema y la elección de dinastía.

Aseguro á usted, mi digno amigo y con la mayor sinceridad, que he dicho á usted todo mi pensamiento y que nada he dejado en mi reserva. Puede usted usar de él como convenga á su deber y al bienestar de Colombia: esta es mi condición, y en tanto reciba usted el corazón afectuoso de su atento obediente servidor.—BOLIVAR.—Es copia privada.

Es copia de la que incluyó el general Urdaneta en su carta dirigida en 16 de setiembre de 1829, al General Páez á cuya solicitud la autorizo.— Caracas, octubre 1° de 1841.

José de Sistiaga.

Es copia de la que incluyó Urdaneta en su carta dirigida en 16 de setiembre de 1829 al general Páez á cuya solicitud autorizo esta copia. — Caracas, noviembre 2 de 1841.

Manuel Cerezo.

Ya fuera porque el Libertador temiera contraer la responsabilidad de adoptar una medida de incierto éxito ó sea porque temiese á la juventud entusiasta por las ideas modernas que podían envolver á la patria en nuevas disensiones, en un oficio datado el 22 de noviembre desaprobó todos los manejos en favor de la monarquía.

Dice Restrepo que los ministros se indignaron al leer esta nota y añade «el Libertador pudo y debió hacerles evitar los riesgos y multitud de sinsabores hablándoles desde el principio con franqueza á fin de que no contaran con su apoyo en aquella difícil empresa. A lo más tarde desde el mes de mayo le habrían comunicado el plan que meditaban sobre monarquía. Cuatro meses corrieron hasta el célebre acuerdo de 5 de setiembre. Sobrado tiempo hubo para que les hubiera dicho expresamente que él no podía apoyar tal intento, paso que debió dar en obsequio por lo menos de la amistad. Callóse sin embargo por tres meses más, al cabo de los cuales envió su áspera improbación oficial. El lenguaje de los hechos es elocuente.»

El 5 de diciembre contestaron los ministros á la nota de Bolívar diciéndole que cumpliendo con las órdenes que él les había dado de buscar el protectorado de una nación europea, habían creido imposible obtenerlo si ésta no veía que se trataba de establecer un gobierno duradero, fijo y permanente: que habían hecho aun menos de lo que se les previno, pues sus instrucciones eran de solicitar para la América entera un protectorado, y que el consejo sólo lo había pedido para Colombia. Finalmente, resentidos los consejeros decían que si debían retractarse de las proposiciones que antes habían hecho, debía variarse el ministerio «para que los que entren, que no han tenido parte en el proyecto, puedan también sin rebozo y sin empacho, manifestar que se ha mudado de pensamiento.»

No hay duda que se necesitaba mucho valor y una fuerte convicción para arrostrar con tamaña responsabilidad como la que los ministros aceptaron al poner en práctica sus proyectos.

El medio más eficaz en la opinión de Bolívar para impedir el aniquilamiento de la obra de sus esfuerzos, era elegir un Presidente vitalicio con un senado hereditaria como el que en 1819 propuso en Guayana. Bien se advierte que de este sistema á una monarquía constitucional hay muy poca distancia, y que si Bolívar no abogaba abiertamente por este último gobierno, era por un exceso de prudencia, pues sabía que tendría que habérselas con partidos exaltados, entre los cuales no faltaban quienes le atribuyesen ideas indignas de su gloria y de su genio.

Tratando yo de saber la opinión del Libertador sobre la materia de gran interés que se discutía en Colombia, envié al comandante José Austria con la siguiente carta:

S. E. el Libertador Presidente general Simón Bolívar.

Maiquetía, julio 22 de 1829.

Mi querido general y amigo:

En todos los correos que han salido después de mi vuelta del Apure he escrito á usted sobre todos los puntos que me han ocurrido dignos de su consideración, y que pueden conducir al acierto en sus deliberaciones: estas que han sido siempre para mí un precepto inviolable y la norma de mis acciones, me conducen ahora con más razón que nunca á recibir de usted las órdenes á que deba ceñirme como el único norte que guía el rumbo de la nave política en medio del conflicto que presenta el sentir de algunas

personas respetables y amigas, y las observaciones que he
hecho así en las comunicaciones de usted como en la opinión de los pueblos; mas como los resultados son de la
mayor trascendencia y gravedad, yo no me separaré un
punto de la resolución de usted y para obtenerla con la
prontitud y seguridad necesarias he creído conveniente,
enviar al comandante José Austria, conductor de ésta, quien
á la voz podrá hacerle todas las explicaciones que
no es fácil sujetar á la pluma limitándome á algunas
indicaciones.

«Yo he recibido carta del general Urdaneta en que
me informa la opinión en que está así él como las personas mas notables del centro sobre las reformas del sistema de gobierno y ha exigido de mí le manifieste mi sentir.
La sinceridad de mi carácter, la verdadera amistad que profeso á usted y el interés que tomo por su gloria me han
hecho meditar seriamente sobre esta ardua cuestión que de
cualquier modo que se considere es vital para Colombia,
porque de ella parten como de su centro todos los demás
ramos de la administración pública que forman, ó un mons-
truo· que por sí mismo se destruya ó un ser moral que marchando en armonía con sus propios elementos haga la felicidad general. Yo he recurrido á las cartas de usted especialmente á la en que me encargó diese á los pueblos un manifiesto enérgico para desmentir las calumnias con que se
lastimaba su nombre, y en la que me habla sobre que se diesen á los diputados las instrucciones que fuesen de la voluntad general. En éllas hallé que usted no está por otra forma
que la de un gobierno liberal, pero firme y vigoroso, capaz
de destruir la anarquía para siempre, rechazando como
agena de la opinión pública la federación y la monarquía.
Con estos datos dije al general Urdaneta francamente lo que

usted verá por la copia que le acompaño, y aunque en su contestación me expresa quedar en todo de acuerdo conmigo, por el general Ibarra entiendo que usted ha escrito así á él como á Urdaneta coincidiendo con las opiniones que antes le habían éllos manifestado, y la perplegidad en cuanto al sentir de usted ha ocupado el lugar de mi certeza. Usted sabe, mi querido general, que mi deseo es acertar, y estoy seguro que usted no puede guiarme por otra senda que la que conduzca al bien general de Colombia. Esta placentera idea hace nacer en mí la sinceridad que forma esencialmente mi carácter para hablar á usted con mi corazón sin poder jamás disfrazar la verdad, y como en estas materias no puede perderse un momento, espero que usted resuelva una cuestión que sólo su voz puede sellar, seguro de mi invariable adhesión á usted, que como lo he protestado estaré siempre á su lado.

«La eficacia de Austria y la puntualidad con que ha desempeñado sus comisiones me dejan tranquilo en cuanto á la prontitud y demás que exige la prudencia.

Adios le dice su más fiel amigo y obediente servidor que lo ama de todo corazón.

José A. Páez.

El Libertador en respuesta á esta carta me envió con Austria las siguientes instrucciones, que pueden verse en el tomo XXII, página 15 de los Documentos de la Vida Pública del Libertador.

«Al despacharme S. E. el Libertador desde Popayán el 15 de diciembre último, después de haber cumplido con la comisión que tuvo á bien confiarme S. E. el jefe superior de Venezuela, contrajo sus instrucciones y especiales encargos á dos puntos principales.

«Primero: manifestar á S. E. el jefe superior, y á sus demás amigos, los insuperables inconvenientes que había para establecer en Colombia una monarquía, y que por consiguiente estaban muy equivocadas las personas que deseaban un cambiamiento en nuestra forma política como la única mejora que exigia la crítica situación de la patria. Que nada había dicho la opinión pública sobre esta transformación, y que se debía estar en la persuación que los pueblos, cuya voluntad sería la guia única, no cambiarían sus formas republicanas por una monarquía, cuya palabra sólo debía alarmarlos, y revivir el entusiasmo patriótico que nació con el primer grito de la libertad, dado el primer dia de nuestra revolución, tras del cual fueron inmensos los sacrificios del pueblo, y heroicos los esfuerzos de los ciudadanos.

«Que si en otras épocas había S. E. indicado sus opiniones en favor de un gobierno más ó menos enérgico y estable, no ha debido aducirse jamàs que estaban en el sentido de esta violenta mudanza, que juzgando de las costumbres, de la moral y de la ilustración del país, ha podido consignar al criterio de sus conciudadanos sus pensamientos, siendo su único norte en todos tiempos las libertades públicas y la mayor suma de garantías individuales que fuese dable.

«Que había llegado el dia en que los pueblos en general, y los hombres en particular, pudieran pronunciarse libre y legalmente sobre las formas que debían establecerse, ó las mejoras que exigia la patria, á consecuencia del decreto de 16 de octubre, cuyo pronunciamiento debía ser la norma de las deliberaciones del congreso constituyente, por lo cual se había abstenido S. E. de dar opinión alguna en la materia á fin de que los diputados no reconozcan otros principios que aquellos que emanen de la fuerza para de la nación.

«Que S. E. ha dicho antes que jamás cambiaría su título de Libertador por el de emperador ni rey, y que éste ha sido y es el voto más sincero de su corazón; y por último que aun cuando Colombia entera, del modo más decidido y resuelto, quisiera un rey, S. E. no sería el monarca.

«Segundo: Persuadir á S. E. el jefe superior las ventajas que reportaría Colombia de la separación del mando supremo de la República por el Libertador: en este punto se detuvo S. E. bastante, demostrando razones incontrastables, y haciendo muy evidentes las ventajas que reportaría la patria por este desprendimiento, tanto más útil y necesario, cuanto que el augusto y formidable tribunal de las opiniones del viejo y nuevo mundo habían abierto sus juicios acerca de la conducta política de S. E., y cuando Colombia y otros pueblos hermanos habían turbado la paz y alterado sus instituciones, influidos en la apariencia por el inmenso poder que una conflagración de males inauditos, y que fortuitas circunstancias obligaron á los pueblos á depositar en las manos de S. E. y á S. E. aceptarlo, y á ejercerlo á través de mil conjuraciones.

«Que las opiniones que se dejaban traslucir en favor de un cambiamiento político y de traer el país á una forma monárquica, hacía más irrevocable su resolución de precipitarse de la presidencia del Estado á confundirse entre sus conciudadanos, y á lanzarse el primero ante el congreso constituyente que iba á reunirse, y ante el nuevo magistrado que eligiese, á jurar su obediencia, y á ofrecer toda su influencia, todos sus recursos para afianzar su autoridad y para conseguir el triunfo y la estabilidad de esta regeneración basada exclusivamente en la más espontánea y libre voluntad del pueblo.

«Que después de sofocadas mil revoluciones interiores que reconocieron principios diferentes y contradictorios, y de celebrada una paz honrosa con el Perú que satisfizo la vindicta del honor colombiano, y de reunida la soberanía nacional en toda su plenitud, era necesario este grande acto de moral por parte de S. E., como el término más espléndido de su vida pública. ¿Quién habría, después de esta elocuente lección que intentase usurpar los derechos del pueblo? No habría jamás tiranos en Colombia.

«Que mediante la universal opinión que había para que no se ausentase del pais, estaría conforme por ahora en que se le aceptase su renuncia del mando supremo, y ofrecia prestar sus servicios como general, si se creían necesarios, redoblando su celo y sus esfuerzos hasta ver planteado el imperio de la constitución y de las leyes, y apartado para siempre la hidra feroz de la anarquía. Mil veces me repitió S. E. que era irrevocable su resolución, que quería erguir un dia su cabeza agobiada con tan atroz é incesante calumnia.

Que el bien ó el mal que hubiese producido su administración en Colombia había refluido exclusivamente en su reputación, cuando habría tal vez partido de otros órganos, pues nunca fue absoluto en la parte administrativa del pais: siempre rodeado de un ministerio, y oyendo la voz de un Consejo nunca pudo titularse autor exclusivo del bien ni origen del mal, aunque su nombre presidía á mil actos, que ni tuvo ni habría deseado tener parte en éllos; y en fin, que rogaba á S. E. el general Páez, y á todos sus conciu-

40

dadanos, que cooperasen con él á salvar su gloria porque esta gloria no era la propiedad exclusiva de su persona, que pertenecía á Colombia, y que siendo de Colombia [debía conservarse inmaculada.»

Con objeto de enagenarme la voluntad de los pueblos y para hallar algún medio de satisfacer su encono, mis enemigos han forjado la calumnia de que yo fui un instrumento para preparar en la América del Sur la caída del sistema republicano y el establecimiento del monárquico.

Ahora de nuevo como ya hice otras veces, les desafío ante el tribunal de los contemporáneos para que presenten el testimonio de un venezolano de valer de los que aún existen y figuraron en la época en que estamos de esta narración, para probar que yo tuve alguna parte en los proyectos de monarquía en Colombia.

No se crea que el esforzarme en probar lo contrario, es porque juzgue que debo sincerarme de un crimen de que se me acusa: no; sólo me propongo confundir una calumnia fraguada por la malquerencia. Si yo hubiera abogado por el gobierno monárquico, hoy lo confesaría sin rubor, como lo han hecho muchos de los hombres eminentes de Colombia que terminaban sus grandes servicios á la causa de la independencia de la patria cuando otros empezaban á vociferar en las plazas y por medio de la prensa su amor á la tierra que aquellos les habían dado á costa de muchos sacrificios.

El único documento que se han atrevido á presentar para probar su acusación, es una carta sobre la cual copiaré lo que puede verse en el número 6 y 7 del *Revisor*, del año 1849, periódico que redactaba en Curazao el señor D. A. J. Irisarri.

«En el *Republicano* número 214 se encuentra otro artículo sobre Florez, Páez é Irisarri, que, no contiene sino el documento más solemne de la superchería con que los enemigos del general Páez tratan de engañar á los pueblos venezolanos: La carta que se copia en el número citado del *Republicano*, como enviada por el general Páez á Bolivar con el general Briceño, no es la carta que envió el general Páez, sino la que ha querido forjar la malevolencia de los enemigos de este general. Y esto se ha probado del modo más solemne el 19 de este presente mes, en presencia de cuarenta y cinco personas reunidas casualmente para ser testigos de la maldad de los falsificadores de cartas que gobiernan hoy á Venezuela.»

Hallábanse reunidos el dia citado en la casa de campo del señor Tomé Naar, en las cercanías de Curazao, con el motivo de celebrar el aniversario del 19 de abril de 1810, el dueño de la casa y los señores Tomé Naar Junior, Jacobo Naar, Jacobo Henriquez, José Dacosta Gómez y Pedro Cranveld, holandeses, con los señores Clemente Barclay, Samuel M. Jarvis y Natatiel Jarvis, norteamericanos, y los señores general Páez, Don Angel Quintero, Doctor Hilarión Nadal, Doctor Pedro José Estoquera, general Domingo Hernández, presbítero José Ayala, coronel José F. Castejón, coronel Dolores Hernández y los señores Mariano Ustáriz, J. A. Serrano, J. A. Izquierdo, J. E. Gallegos, Jaime Harris, José de J. Villasmil, Antonio Tinoco Ayala, Juan R. Marcucci, padre, J. B. Marcucci, hijo, Luis Marcucci, Diego Sutil, Francisco Ustáriz, Teófilo Celis, Eliodoro Montilla, José Manuel Molero, Jaime Poccaterra, Licenciado R. Martínez, Juan C. Las Casas, comandante Joaquín Chasin, Guillermo Leiva, J. A. Montobio, Inocencio Lovera, Antonio Carmona, Antonio Maria Monsanto y el editor del *Revisor*.

Uno de los concurrentes, el señor Pedro Cranveld, presentó en la reunión el número 214 del *Republicano* que acababa de sacar del correo y comenzó á leer la carta que allí se encuentra del general Páez á Bolívar. El general Páez dijo en el acto que él se acordaba de haber escrito algo parecido á aquello, pero que no era lo mismo, y para convencer de la verdad á todos los concurrentes iba á hacer traer de su casa la caja en que tenía la correspondencia con los generales Bolívar y Urdaneta. Vino en efecto la caja, y poniéndose uno á leer el impreso de Bruzual, y yo, el editor del *Revisor*, el borrador de la carta en presencia de todos los concurrentes, hallamos que en el impreso se han suprimido oraciones enteras, se han agregado grandes retazos, y se han alterado pasajes para hacer que se halle en la carta todo lo contrario de lo que escribió el general Paez. Verá también todo el mundo lo que hemos visto los cuarenta y cinco testigos en las cartas del general Uadaneta, esto es, que si no se llevó á efecto el proyecto de la monarquía que trajo el duque de Montebello, fue por la oposición del general Páez. (*)

———

(*) En distintas ocasiones se han valido los malvados de mi firma para autorizar algún documento. En 1835 la falsificaron los reformistas para engañar y comprometer al general Manuel Valdés, comandante de armas de la provincia de Cumaná, á quien hicieron creer por medio de carta apócrifa que yo secundaba el movimiento de reformas.

Posteriormente en 1840, un coronel venezolano con una carta mia finjida estafó al general Santa Anna en diez mil pesos. Poco después el señor Sayers, de La Guaira, sufrió otro engaño pagando tres mil pesos á un tal «Lucas Gómez» por letra girada por mí también finjida. Vive aun la persona á quien el público señaló por el ladrón.

CARTA APOCRIFA.

—

Mi *querido* (1) general y amigo :

La gran distancia á que usted se encuentra de nosotros me proporciona muy de tard : en tarde ver letra suya ; le *aseguro* (2) que este es uno de los muchos males que experimentamos, y un bien para los malvados á quienes conviene semejante posición. Hace mucho tiempo que deseaba *expresarme* (5) con usted con la franqueza de un amigo y compañero de armas; (4) *pero no me atrevía* á fiar semejantes cosas á la pluma por los conductos ordinarios, pues la mala fe nos ha reducido *hasta el caso de* (5 desconfiar de los correos; y por lo tanto veo como un feliz acontecimiento la marcha del general Briceño en dirección hacia usted ; él es el conductor de la presente, y mucho me alegraría que se viesen ustedes porque él, *bien enterado de todo por lo que hemos hablado y ha visto* (6) *puede decirle todo lo que se deja de expresar en este escrito.*

«Querido general: usted no puede figurarse los estragos que la intriga hace en este país (7) *teniendo que confe-*

————

(1) Estimado—(2) á usted —(3) explicarme—(4) porque hace mucho tiempo que, fijas mis miradas sobre la actual administración de la repú_ blica, opino desfavorablemente que ella nos conduzca á la perfección que deseamos. Mucho he deseado, repito, hablar á usted con aquella franqueza deLida é indispensable, pero no me he atrevido—(5) á...—(6) va bien enterado de todo lo que hemos hablado, y ha visto y observado más de cerca la administración, y....—(7) y recuerdo á usted contra mis naturales sentimientos las expresiones que dirigió á usted en Santa Ana el general Morillo, relativas al favor que había hecho á la república en matar á los abogados, porque ni juzgo en usted tales ideas, ni yo he ar ticipado jamás de ellas; pero sí reclamaré siempre contra esa caterva

sar que *Morillo le dijo á usted una verdad en Santa Ana sobre* *«que había hecho un favor á la República en matar á los abo-* *gados.»* Pero nosotros tenemos que acusarnos del pecado de *haber dejado imperfecta la obra de Morillo, no habiendo hecho* *otro tanto con los que cayeron por nuestro lado; por el con-* *trario* les pusimos la República en las manos, *nos* (*) la han puesto á la española, porque el mejor de éllos no sabe otra cosa, y están en guerra abierta con un ejército á quien deben todo su sér, y de cuyo cuartel general han salido los congresos, sin tomar la más mínima parte en ellos como corporación, y obrando con aquella buena fe que *sólo* se conoce en la nueva profesión de los militares.»

La situación de este país es muy semejante en el día á la de Francia cuando Napoleón el *Grande* se encontraba en Ejipto, y fue llamado por aquellos primeros hombres de la revolución, convencidos de que un gobierno que había caído en las manos de la más vil canallla, no era el que podía salvar aquella nación, y usted está en el caso de decir lo que aquel hombre célebre entonces: «los intri-gantes van á perder la patria, vamos á salvarla.»

Este país en lo general *de su* (9) población no tiene más que los restos de una colonia española, *de consiguiente* *falto de todo elemento para montar una república.* (10) Usted y un puñado más de valientes, lo han hecho todo, el día

---

de ingratos que en recompensa de un bien quieren separarnos hasta de la comunidad de los patriotas.

9) escasa — (10) acostumbrados á aquel régimen enteramente opuesto á las instituciones de una república.

(*) Las citas 8, 11 y 12 no aparecen en la edición original.—V. del *E.*

que usted lo deje, deja de ser lo que usted lo ha hecho, de consiguiente la existencia de un orden de cosas aquí que puede llamarse gobierno, es consustancial con usted y en prueba es (11) que sólo su alejamiento ha producido un estado habitual de anarquía, *que no puede atajar la actual administración* (12) *apesar de sus deseos.»*

Usted se admirará en ver las personas que dirigen su país: son de la especie que en cualquiera otra parte en que hubiese moral pública ocuparían el lugar más inferior, y muchos de ellos ocuparían un presidio por sus crímenes, mas por desgracia no es así: ellos manejan á su antojo las elecciones, señalan el primer magistrado de la república, hablan de la reelección de usted, no de buena fe sino por temor, pues aquellos que en papeles titulados Astrónomos y Triquitraques se erigen en sus panegiristas, son sus mayores enemigos, y toman el carácter de sus defensores por indisponer á otros. En fin, el período de las elecciones me ha hecho observar que la gente de este país casi en lo general, ó es tan mala como los bribones que la manejan, ó que el pueblo, (y esto parece lo cierto) es absolutamente indiferente á todo lo que se llama acto de gobierno, y que se dejaría imponer cualesquiera que se le quisiesen dar.

Cuando veo todo esto en lo que se llama pueblo, cuando veo á los que se llaman diputados de ese pueblo hacer su viaje á lo que ellos llaman congreso y que los más vocingleros contra lo que ellos llaman despotismo toman al instante un empleito de éstos que ellos llaman tiranos y otras mil cosas, entonces me parece que se puede asegurar que este país necesita otra cosa distinta de la presente que establezca el orden y le dé la debida consideración á los que la merecen é imponga silencio á los tramoyistas. Para esto puedo asegurar á usted que este es el sentimiento ó el deseo de todos los militares que conozco, todos los que están á mis órdenes y hasta se pueden agregar todos los de la República, y esto es lo que usted debe creer, porque es la voz de un hombre capaz de sostener lo que dice, y no dice aquello de que no está bien convencido.»

Casi tengo motivos para creer que puede haber quien le haya escrito á usted algo en contra de sus compañeros de armas; pero creo que si me extendiese en este particular para combatir esta idea, haría una ofensa á usted mismo porque le supondría una credulidad pueril y me la haría á mi mismo carácter. Usted con los militares ha ido á todas partes, y aun irá quizá más allá, al paso que los actos de aparente adhesión de los leguleyos y demás parecidos á éllos sólo tienen por objeto quitar á usted esa fuerza que le da la unión con el ejército.

«Mi general: esta no es la tierra de Washington; aquí se hacen obsequios al poder por temor é interès, como se le han hecho á Boves y á Morillo, y el fundador de la república sería insultado por los hombres mas viles el dia que volviese al recinto de su casa. (15)

«Tengo no sé que presentimiento de que usted piensa dejar el país y retirarse á Europa: he resistido esta idea porque élla es horrorosa, y por si tiene algunos visos de verdad le diré francamente que mi opinión es de todo contraria á semejante acontecimiento. Vista filosóficamente, no más sería un rasgo heroico de desprendimiento, más

(13) Se vería al fin insultado por la intriga de un ambicioso que se está formando admiradores y obligados—(14) á—(15) sino en asegurar el país contra las tentativas de los enemigos domésticos, y en alejar la discordia que están preparando los ambiciosos—(16) exteriores

por otra parte sería el colmo de la fatalidad, y usted á los muy pocos días tendría que pasar por la pena de ver desmoronar el edificio cuyo único apoyo es usted mismo, y sus compañeros que estaban expuestos á ser el juguete de la intriga, aun más de lo que ya son, estando aun presente. Es preciso, pues, que usted se convenza de estas verdades y que complete su obra, *que no consiste sólo en haber destruido* (14) *los enemigos exteriores, falta hacer lo mismo con los domésticos, cuya guerra es algo mas complicada, cuanto que se hace con armas mas desconocidas,* en nombre de la misma libertad y bien general. (15)

A los valientes que han formado esta misma república se les niega ya lo que las leyes conceden á las últimas clases del Estado. En Caracas se disputó el voto del ejército en las elecciones parroquiales lo mismo que en Puerto Cabello: en Valencia y Maracaibo se eludió por aquellos medios de que sabe usar la superchería. Yo pude haber usado de la fuerza para ello, pero no quise dar este argumento más á la intriga porque todo es parcial y debe curarse con otra cosa que remedie el todo. Los curiales pretenden reducirnos á la condición de esclavos, ó esto no se puede sufrir ni lo permite el honor, y menos la seguridad del país que aún no ha transigido con sus enemigos *exteriores. Nuestro* (16) ejército se acabará pronto si no se atajan las justas causas de su descontento, y estoy bien seguro que en caso de guerra los señores letrados y mercaderes apelarán como siempre á la fuga, ó se compondrán con el enemigo, y los pobres militares irán á recibir nuevos balazos para volver á proporcionar empleos y fortuna á los que actualmente los están vejando. Es preciso, amigo mío, que nos entendamos, y que nuestra incomunicación no nos haga aparecer discordes, seguro de que nuestra voluntad no puede ser sino la misma, sobre lo cual debe usted reposar tranquilo, y se lo firma su invariable amigo y compañero.—José A. Páez.

— .

En años posteriores se ha publicado una carta que dicen me dirigió Bolívar en respuesta de ésta, en la cual se habla de que Colombia no es Francia, ni el Libertador es Napoleón, etc. Dicha carta que no recuerdo haber recibido nunca, y que no se halla entre los documentos de la Vida Pública de Bolivar, tienes más visos de un manifiesto á la nación que respuesta á una comunicación privada.

Hay quien ha escrito que el señor Antonio Leocadio Guzmán fue comisionado por mí para llevar la carta en que se dice que yo proponia al Libertador el establecimiento de una monarquía en Colombia. Afortunadamente vive aún el señor Guzmán, que se jacta de ser mi enemigo, y á cuyo testimonio apelo, sin embargo, para que diga si yo le entregué la susodicha carta, y si de mi propio peculio ó de la tesorería de Venezuela recibió jamás fondos para ir en comisión al Perú, donde se hallaba el Libertador, y si su viaje tuvo por objeto proponer á éste algún plan de monarquía.

Para que la posteridad esté bien informada de la parte que yo tuve en la cuestión de monarquía de Colombia, suplico se lean con atención las siguientes cartas que copio, únicos documentos privados en los cuales me ocupé de dicho asunto.

CARTA DEL GENERAL URDANETA AL GENERAL PAEZ

—

Bogotá, 3 de abril de 1829.

Mi querido amigo: se ha concluido la campaña contra los facciosos y contra el Perú, y aunque por generosidad ó por no sé qué motivo no hemos sacado á mi ver las ventajas que nos brindó la victoria, debemos contar ya decididamente sobre la fuerza que el Libertador ha aumentado, habiendo podido desembarazarse de la tempestad. El tratado de Tarqui, probablemente, quedará en esqueleto en Guayaquil, porque el Libertador no puede menos que reclamar por el tratado definitivo, los descuidos ú olvidos que se tuvieron en el preliminar, y lo creo así tanto más cuanto que me ha dado órdenes para que en nada se alteren las disposiciones militares dictadas antes de la paz.

Partiendo de aquí y consecuente siempre á mis principios de dar á Colombia fuerza, estabilidad y solidez, me dirijo á usted. Creo que ha llegado el momento de salvar el país de las convulsiones á que ha estado expuesto, y de que podamos presentarnos al mundo como nación. Como Austria está en todo y es eficaz para viajar, lo destino cerca de usted para que lo instruya á la voz. Las ideas que él le presentará son muy generales por acá, en toda la gente sensata, en todas las personas de rango por destino ó familia ó por interés, y en el clero y ejército. Si conseguimos que en las próximas elecciones los electores sean de nuestra parte, y que elijan para representantes hombres que estén en las ideas que expresará Austria, no hay duda que el congreso sancionará el acto que deseamos; usted cuente que por acá se está trabajando mucho y con buen suceso. En el año de 27, porque el Libertador quiso, abandonamos las elecciones y todo el campo se dejó á los enemigos: ahora es de otro modo: ya estoy cansado de aguantar el desprendimiento del Libertador, y estoy resuelto á no contar con él en este asunto, porque sé que nos diría que no. Yo parto de este principio. ¿Puede Colombia consolidarse sin cambiar su actual forma de gobierno? Todos, todos responden que no. Pues si esto es así, ¿por qué no hemos de cambiarla? Habría sus pequeños inconvenientes, en hora buena. Ningún bien se consigue sino á costa de algunos sacrificios. Ya hemos hecho algunos, la opinión nos favorece hoy, y unidos nosotros, contando como contamos con lo más respetable de Colombia de nuestra parte, y con el ejército, no hay dificultad que pueda ser invencible. El pueblo en general quiere reposo, y por él recibiría el turbante. Cuatro demagogos y algunos amigos de la administración anterior, nos morderían; nada importa; lo mismo nos muerden ahora. Hagamos el bien de Colombia y riámonos. Este bien está en consolidarla y darle estabilidad, sea como fuere. Nosotros hemos sancionado las reformas; si estas no entran por el gobierno, nada hemos hecho.

Apesar de todo yo no daré pasos decisivos hasta que usted me conteste. No dejaré de trabajar, porque se perdería el tiempo; pero definitivamente no haré nada hasta saber si usted está decidido. Usted crea que desde Cúcuta hasta Cuenca, todo está conmigo para las elecciones. Soy de usted, mi querido compañero, siempre su amigo de corazón.—*Rafael Urdaneta.*

RESPUESTA DEL GENERAL PAEZ AL GENERAL URDANETA

—

Caracas, 5 de mayo de 1829.

Mi querido compañero y amigo:

Antes de ayer me entregó Austria su apreciada carta de 5 abril, y en el momento le oí en particular sobre las ideas que debía presentarme, y que usted me dice son muy generales en esa parte de la república entre toda la gente sensata, en las personas de rango por destino ó familia ó por interés, y en el clero y ejército. Todos efectivamente estamos de acuerdo en que es necesario dar á Colombia, fuerza, estabilidad y solidez, y poner á cubierto el país de nuevas convulsiones, para que podamos presentarnos al mundo como nación: pero no juzgo que para esto se deba ni mucho menos que sea posible, cambiar la forma de gobierno de una manera tan absoluta y tan repentina. Yo no sé si el congreso que se reúna será capaz de decir «la forma de gobierno en Colombia será monárquica» pero sí sé que aunque lo digera, no se establece la monarquía; y además estoy seguro que desde aquel mismo instante entramos en una guerra social que acabará con el exterminio de todos nosotros, que por nuestra situación apareceremos á los ojos del pueblo colombiano, como los autores y promovedores de semejante cambio. Las reformas políticas deben hacerse gradualmente para que la opinión general no las rechace, y si Colombia ha de ser algún día una monarquía, esté usted seguro que será la obra de muchos años, y que no se llegará su término sino por reformas graduales y apoyadas en la opinión pública; y estoy seguro de que si se pretendiera de un golpe pasar de nuestra actual forma de gobierno á la monarquía, sólo se conseguiría establecer la más desenfrenada demagogia en esta desgraciada tierra. Dice usted que cuenta con la parte más fuerte de la nación, y yo le aseguro que es á lo que más temo en este gran cambiamiento, porque hay muchos en esa corporación que desean un acontecimiento semejante para elevarse sobre las ruinas de los libertadores. No confío más de esas gentes sensatas, y me parece que las oigo en sus conversaciones privadas lisongearse ya con el triunfo que van á obtener sobre todos los libertadores desde el momento en que se publique el proyecto. Además de lo dicho, debe usted tener entendido que en estos departamentos, si se exceptúan una ú otra familia de esta ciudad, nadie hay que favorezca la empresa y que por el contrario los que la acometan serán rechazados por todos los jefes militares, y por todas las personas de importancia en el orden civil, y por el pueblo en masa, á quien desde años atrás se ha estado disponiendo contra estas ideas, anunciándole que el Libertador no tenía otra mira que la de entronizarse. Dice usted que no cuenta con el Libertador porque está seguro de su negativa, y yo añado que tengo muy poderosos motivos para afirmar que el Libertador se opondrá muy decididamente. Y sin contar con el Libertador ni con el pueblo de Venezuela ¿qué esperanza de suceso podemos concebir? Yo acabo de dar un manifiesto á estos departamentos asegurándoles que ni el Libertador aspira al poder soberano, ni yo sostendré jamás tales pretensiones. Cuando he contraído este compromiso con mis compatriotas ha sido por una excitación del mismo Libertador, y estoy en la necesidad de no desmentirme, y ponerme al lado de S. E. para resistir al intento, es decir, seguir su conducta para hacer ver que era verdad que él no quería, y que también era verdad que yo no ayudaba. Si la nación representada en el congreso, no obstante todos estos inconvenientes, dictara el cambio de su forma de gobierno, yo me sometería como un colombiano; pero no tomaría sobre mí el sostener la determinación.—A mí me parece que estamos en actitud de mejorar la actual forma de gobierno, sacando todo el partido que sea posible de la ventajosa posición en que nos encontramos, sin necesidad de ocurrir á un cambiamiento tan radical y tan inmaturo, avanzando hasta donde nos acompaña la opinión pública y parándonos donde ella nos haga parar. La constitución que dé el congreso puede ser tan liberal como se quiera, con tal que al gobierno se le dé poder y consistencia. Esto se conseguía con darle la duración de ocho ó diez años al presidente, sin hablar de reelecciones, el veto, el derecho de presentar las leyes, y el mando del ejército, con más la facultad de hacer reformas en la constitución de acuerdo con el congreso y según lo fuesen aconsejando las circunstancias. De este modo establecemos un gobierno adecuado á nuestras necesidades, sin chocar de frente con una gran parte de la nación; y siendo el general Bolívar el presidente en los diez primeros años, podemos adelantar todo lo que sea conveniente hacia la consolidación del país; y si tenemos la dicha de que al cabo de los diez años esté aún vivo, muy poco valdremos nosotros si no conseguimos su reelección, y he aquí que sin promover una guerra que nos devore, habremos conseguido la ventaja de salvar el país de convulsiones y dádole á Colombia fuerza, estabilidad y solidez. Si, como usted me asegura, todos esos departamen-

tos están á su disposición, debemos contar con la certeza
de obtener este resultado que puede ser el tratado de
alianza entre los colombianos, que están ahora divididos
y en espectativa, porque una gran parte ve como seguro
que se va á tratar de erigir un trono en Colombia, y
están afilando los cuchillos. Aquí trabajamos para conseguir buenos diputados, y cuento con que los que se elijan
serán excelentes amigos del Libertador y decidididos á
hacer el bien. Puede usted estar cierto de que cuanto
he dicho no es sólo una opinión mía: es también la de
personas respetables y la de los mejores amigos; y á fin
de no perder momento, y cortar cualquier accidente que
pudiera exponer esta carta, despacho un oficial de Estado
Mayor con sólo el objeto de ponerla en manos de usted;
y le doy á usted las gracias por la confianza con que me
ha tratado en tan importante materia, y la distinción con
que me ha honrado en no dar pasos decisivos hasta obtener mi respuesta. La conclusión de la campaña contra
el Perú tampoco me ha gustado á mí, porque no veo qué
razón hubiera para hacer tratados con el vencido cuando todavía estaba en nuestro territorio, y concederle lo
que se le hubiera concedido si nos hubiera invadido. El convenio de Jirón me parece deshonroso, y
sólo espero como usted que el Libertador lo remedie en
el tratado definitivo. Sin embargo de todo, la paz es
siempre un bien, y si podemos sacar la ventaja de disminuir nuestros gastos se aliviará mucho la nación: por
mi parte le diré que preferiría que no me man lasen ningún cuerpo veterano, porque con las milicias aumento y
disminuyo las guarniciones según conviene, y puedo nive-
lar los gastos á los muy escasos ingresos de estas cajas.

Créame usted, mi querido compañero, siempre su muy obediente servidor y fiel amigo de corazón,

JOSÉ A. PÁEZ. »

—

Excmo. señor general en jefe José A. Páez.

Bogotá, mayo 7 de 1829.

Mi querido compañero y amigo :

Por este correo he recibido dos cartas de usted que tengo el gusto de contestar. La una contraída al asunto de Pelgrón, la pasé original al Libertador, y aunque el consejo pudo haber aprobado la propuesta que se hizo de Venezuela interinamente, yo conseguí que no se hiciese nada, y que se pasase el asunto al Libertador para la resolución definitiva.

Habíamos creído que la retención de Guayaquil dependía sólo de su comandante; pero ahora estamos desengañados de que es por orden de Lamar, á quien nuestra generosidad en Tarqui no ha podido obligar á ser hombre de bien. Este suceso colmará de oprobio al Perú, y á nosotros de justicia; pero al mismo tiempo nos pone en la necesidad de continuar una guerra que queríamos evitar. Usted verá la proclama del Libertador, y en ella está vaciado su corazón. El mundo americano está todo loco, y es preciso ver como cortamos este mal antes que envuelva á todos. Con Austria expliqué á usted mis ideas, y su contestación decidirá del negocio: de todas partes escriben en el mismo sentido; la última carta del gene-

41

ral Sucre es terminante, pero yo sin embargo, no haré nada definitivo hasta tener carta de usted.

Ahora van nuevas órdenes sobre la fragata Colombia porque el Libertador quiere que la expedición vaya reunida. Las circunstancias han hecho variar cada correo acerca de esta expedición; pero ya ahora está fijado que vaya reunida.

Por acá no hay novedad excepto los papeles del tuerto Mérida que nos vienen de Caracas. Ellos sirven para molestar, y para desear á lo menos que usted le suspendiera el sueldo, ya que no se le puede dar otra buena paliza.

Si usted no estuviese de acuerdo conmigo en la comisión de Austria, dígame usted cuáles son sus ideas en el concepto de que, ó yo siga la de usted ó usted las mías, porque en el estado actual de cosas no se puede permanecer. Yo le he ofrecido á usted que iremos de acuerdo, y esté usted cierto que cumpliré mi palabra.

Como el Libertador escribe á usted omito detallarle las noticias del Sur porque él se las dará. Reitero á usted los sentimientos de amistad y distinguida consideración con que soy su afectísimo compañero y amigo de corazón,

Rafael Urdaneta.

——

Excmo. señor general en jefe José A. Páez.

Bogotá, mayo 25 de 1829.

Mi querido compañero y amigo:

Las copias adjuntas es lo único que hemos recibido por el último correo del Sur; ellas contienen cuanto pudiera decir con relación á los peruanos y á Guayaquil. Para mí es cierto que no tomaremos aquella ciudad sin la escuadra, y también es cierto que usted no podrá despacharla ni aun en julio. Puede ser, no obstante, que la victoria de Tarqui haya causado algún trastorno en el Perú, y que por este medio terminen nuestras diferencias sin que llegue la escuadra; pero ella siempre es necesaria allá para conservar la paz.

Estoy desesperado por que llegue el primer correo de esa después de la llegada de Austria. Por acá se adelanta mucho, y las elecciones van muy bien; espero que así será en todas partes; todos los avisos que tengo del Sur del Magdalena, y por el Norte hasta el Zulia, ofrecen buenas diputaciones; pero sin usted no adelantaré un paso; prepararé las cosas, no más.

No puede usted figurarse lo que ha ganado la opinión del cambio de formas; es generalmente acogida la idea, y es el objeto de las discusiones de todos; yo no me había figurado que hubiera tanta disposición; así están los pueblos de espantados de nuestra libertad y de nuestros desórdenes.

La división Córdoba ha pasado á Ibarra; Pasto ha quedado evacuado; allí es preciso no dejar á Obando ni López: ellos están orgullosos de su capitulación, y nos faltarán cualquier día.

De resto todo va bien en en el interior. Dos buques peruanos se han dejado correr sobre las costas del Istmo; pero esto importa muy poco. Ellos están en posesión de hacer lo que quieran en el Pacífico hasta que vaya nuestra escuadra.

Deseo que usted lo pase bien y que mande á su afectísi-mo compañero y amigo,

R. Urdaneta.

—

Excmo señor general en jefe J. A. Páez.

Bogotá, marzo 30 de 1829.

Mi querido compañero y amigo :

Correa me ha entregado su carta de 5 de este mes. Veo cuanto usted me dice con relación al objeto de la mía anterior, y nada tengo que reproducir. Como usted sabe, yo no hice más que una propuesta, que debería ser adelantada si usted convenía en élla : las razones de usted me hacen fuerza y me convencen : es asunto concluido por mi parte. Díje á usted en mi primera carta, y he repetido después, que iríamos siempre de acuerdo ; cumpliré mi palabra y no me separaré un punto. Estoy con usted y estaré siempre. Como ambos estamos animados de un mismo deseo, que es el bien del país, es por lo mismo más fácil el convenio.

No negaré á usted que estos pueblos asombrados de los sucesos pasados, y temerosos de la situacion en que vemos hoy toda la América, están dispuestos á cualquier cosa que les prometa más seguridad que la que han tenido hasta ahora, y que por lo mismo era muy fácil conducirlos á un punto que se conviniese. Mas dejaremos el negocio al congreso exclusivamente y no inclinaremos la opinión á objeto determinado. Después de la llegada de Corréa he escrito á todos los amigos en este sentido porque todos espera-

ban que usted y yo estuviésemos de acuerdo para continuar
ó suspender sus esfuerzos.   Repito que es asunto concluido,
y que no tomaré la menor parte aun cuando la cosa presente
por acá mil facilidades, porque ni es conveniente, ni se desea
hacer nada aisladamente.

El último correo del Sur alcanza hasta el **27** de abril;
permanecía el Libertador en Quito, y Flores obraba parcial-
mente entre Babahoyo y Guayaquil, aguardando que bajasen las aguas para tomar la ciudad.   Lamar con mil ochocientos infantes y un regimiento de caballería, los mismos
capitulados en Tarqui, ha vuelto embarcado á Guayaquil:
es claro que la guerra continúa, y en mi opinión nada haremos con tomar á Guayaquil, que no es muy fácil hoy,
mientras no tengamos la escuadra en el Pacífico; quedará
la plaza bloqueada.   Además, como he dicho, no es muy
fácil hoy tomarla, porque dos mil hombres que ha traido
Lamar y otros tantos ó cerca, de que se componía la guarnición entre peruanos y milicias hacen á Guayaquil muy
fuerte.   El Libertador espera mucho de los desórdenes del
Perú; pero como es natural hace depender absolutamente
la conclusión del asunto de la llegada de la escuadra. La
Cundinamarca debe de estar hoy navegando para Puerto Cabello.   Adios, mi querido compañero, renuevo á usted los
sentimientos de mi sincera amistad y me repito su invariable amigo y apasionado servidor Q. B. S. M.

Rafael Urdaneta.

A S. E. el general en jefe José A. Páez.

Bogotá, setiembre 9 de 1829.

Mi apreciado compañero y amigo:

Llegó Austria, y me ha impuesto de todo cuanto usted me dice y de lo que contiene su carta al Libertador. El general Soublette había dicho á usted por mi encargo que no he sido inconsecuente en mi propósito. Debo hablar á usted con franqueza. Comprendí por la carta de U. que condujo Correa, que ustedes no se habían penetrado del estado de la opinión, ni de los progresos de nuestro asunto; y me propuse no contrariar sus razones, sino dar largas para que la cosa fuese dando de sí. En efecto, cuanto se ha ido adelantando lo he comunicado para que llegase á usted. A mí me parece que estamos ya en un estado de donde no se puede retrogradar sin hacer una gran pérdida. Una opinión, pronunciada por la estabilidad, no admitirá más funcionarios electivos, porque lo que se quiere es quitar las ocasiones de que se trastorne el estado. Relaciones establecidas al objeto, le han dado al negocio un carácter de seriedad que no admite dudas, y un congreso compuesto de hombres que aman á Colombia, que conocen la necesidad de fijar la revolución, so pena de perdernos, todo nos asegura del buen éxito. Algunos de por allá temen que el nombre asuste y que produzca un trastorno. En esto no veo más que fantasmas imaginarios. El ejército en la parte que está en relación conmigo, ha acogido el proyecto: los propietarios, los hombres de influencia y razón lo sostienen: el pueblo quiere reposo, y llámense como quieran las cosas, ¿dónde, pues, están los elementos de esa revolución? ¿Nos darán la ley cuatro demagogos? Veo tan claro en este asunto, compañero, que me parece que la cuestión está reducida á palabras. Con hablar de élla, con que algunos hombres de influencia muestren decisión á sostenerla, y la hagan vulgar está todo hecho. Aquí acabamos de pasar por una horrible conspiración, *este era el foco de los partidos*, estábamos rodeados de elementos discordes, y con todo presentamos la idea; sorprendió, se discutió y generalizó, de modo que *ya no hay quien piense otra cosa*, ni quien crea que el congreso no la sancione como la mejor.

Usted me dirá que el Libertador la rechaza, porque mil veces se lo ha dicho á usted y á todos. Es verdad. Sé que siempre fué opuesto á que se le tratase de esto; pero sé también que esto ha sido porque teniendo el asunto íntima relación con su persona, no era decente ni debía admitir tal idea; pero pregúntesele aparte de su persona si cree necesario este paso, si lo cree el único que puede salvar el pais, y su respuesta sería que sí. Ahora le pregunta usted su opinión, y yo estoy seguro de que le dirá lo que me ha dicho á mí, esto es, que sostendrá lo que haga el Congreso, con tal que este cuerpo no sea faccioso. Es preciso persuadirnos de que este asunto no toca al Libertador, es nacional. Si creemos que conviene á la nación, debemos apoyarlo; pero lo más distante que se pueda del Presidente. *El quiere que el pais se salve, vé que estamos trabajando por el único camino que él ha visto ha mucho tiempo; pero fluctúa entre su reputación y la necesidad. El desea que las cosas se hagan; pero no quiere que se le consulte ni pregunte sobre una materia que le es embarazosa.* Basta la solemne promesa que me ha hecho de que sostendrá lo que haga el congreso para que nosotros hagamos lo demás. El es bien patriota para no resistir á la voluntad nacional; pero cuando su repugnancia fuese tal que ahogare su patriotismo, estoy cierto de que nunca diria que hemos hecho mal en promover un tránsito de las formas, diría que sus compromisos lo hacían desertar del pais; pero que Colombia necesita mudar de sistema para salvarse á sí misma, para salvar á toda la América de la anarquía que la devora. Tan cierto es esto que voy á confiar á usted un secreto en prueba de que quiero que estemos de acuerdo y bajo la más religiosa reserva: (*) *El Libertador se ha mostrado sentido de que usted no acogiese mi propuesta, y á mí sólo me lo ha dicho.* Ha creído que no estando usted conforme con el proyecto habría mil embarazos, y me ha instado para que me vaya de Colombia (porque él cree que yo debo ser una víctima en cualquier trastorno). Yo le contesté que no; que usted y yo iríamos siempre á un objeto que es el bien del país, y que yo esperaba que antes de diciembre estaríamos de acuerdo, porque las cosas se irían presentando más claras; esto prueba que, aunque el Libertador teme por su reputación, el sentimiento de la patria es superior y ahoga todos los demás: prueba además que la cuestión es ajena de él y que debemos tratarla sin su anuencia.

Trataré ahora del estado del asunto en cuanto tiene relación conmigo. El Sur todo está conmigo: el ejército lo manda Florez, que es muy decisivo, muy querido de su gente, y su opinión es la del ejército: está conmigo y será uno de nuestros mayores apoyos. Sucre goza de una alta reputación, relacionado ya allí, y anhela porque nos fijemos y obremos con decisión. El Cáuca está en calma, y los generales sugetos están conmigo. El Istmo y Magdalena están

---

(*) Los secretos que pertenecen á la historia de un país, dejan de serlos desde el momento en que cesó la necesidad que obligaba á guardarlos.

bajo Montilla, Valdez y Sardá, todos conmigo, y la población decidida. En el Zulia baste decir á usted que Baralt está en el proyecto para que usted crea que se acoge allí, además que está acogido por las autoridades, y allí no hay elementos de oposición. En el centro puedo asegurar á usted que domino la opinión, y que hay tal entusiasmo por el Libertador que querrían que él solo diese la ley, y que mandase en absoluto. La mayor parte de la deferencia que se tiene por mí, nace de la confianza y amistad que el Libertador me dispensa. Falta sólo que usted se resuelva á obrar, que usted se pronuncie. La decisión de usted en el asunto enfrena cualquier descontento: ella inspirará confianza á los amigos, y saldrán de la reserva con que han manejado este asunto, ó más bien que les ha impedido manejarlo. Usted me ofrece estar con sus compañeros, y yo acojo la oferta, la exijo en nombre de Colombia. Estamos muy avanzados, compañero; es preciso que completemos la obra; ¿no se quejaría á usted la nación si después de haberle prodigado su valor y su intrepidez para hacerla independiente le escaseara su ayuda para constituirla? El pueblo está bien desengañado de teorías, y quiere estabilidad; pero cuando hubiésemos de encontrar alguna oposición, ¿no tendremos bastante resolución para forzar á recibir el bien á los que en otro tiempo también forzamos á ser independientes? ¿podrán los demagogos disputarnos el derecho é intervenir en la suerte del pais, á los que tanto hemos hecho por sacarlos de la dominación española? Y ¿qué valor puede darse á los esfuerzos interesados de unos hombres que han nacido ayer para la revolución, contra el noble proceder de los que hemos pasado una vida entera en servicio de la patria? Todo nos llama á salvar á Colombia, y á salvar toda la América que seguirá nuestros pasos: la Eu-

ropa nos acoje, yo me atrevo á dar á usted la seguridad de
esto, y cuando el congreso esté reunido, el congreso hallará anticipado este paso promovido por mi zelo. No aguar-
de usted la respuesta del Libertador; promueva usted la
cuestión; existe la opinión, que se vea que usted la acoje,
y todo marchará al objeto sin oposición. Estamos en victoria, hemos triunfado de los facciosos, hemos triunfado de
las teorías, estamos en poder de hacer el bien, y la Nación
nos mira como sus más fieles agentes después de los acontecimientos pasados. Si usted me dice que lo hará así, no
me queda que desear y ¡cuántas bendiciones recibirá usted
de los amigos del orden!

Adiós, mi querido compañero, esta carta está ya bastante larga, y tan de prisa que es preciso que usted disimule sus defectos. Créame usted siempre su amigo de
corazón.

RAFAEL URDANETA.

———

Carta del general Urdaneta al general Páez.

Bogotá, setiembre 16 de 1829.

A S. E. el general en jefe José A. Páez.

Mi querido compañero y amigo:

Acuso el recibo de su carta del 14 del pasado. En mi
última del 9 dije á usted todo lo que podía decirle á consecuencia del estado de las cosas y de la llegada de Austria.
Fuí con el duque de Montebello hasta Guaduas, y recibí de
él nuevas pruebas de su interés por nuestro negocio, y de
que seremos acogidos por la Europa. A mi regreso he hallado
una carta que el Libertador dirijió al señor Campbell, de la

que incluyo á usted copia. Esta carta revela todas las dudas respecto del Libertador, y ha causado tal regocijo á los ministros extrangeros que han enviado en alcance del Duque con nuevas comunicaciones para sus gobiernos, y como ellos, particularmente el de Francia, me habían exigido siempre un sí del Libertador y yo no había podido dárselo ; ahora me aseguran que todo es hecho, y que contamos con la protección que pedimos. De todas las comunicaciones de usted y de otros amigos de Venezuela, he visto que los principales inconvenientes que se encontraban era la falta de aquiescencia del Libertador y el juicio de los gobiernos europeos, principalmente en Inglaterra y Francia. El primero está ya salvado y el segundo además de las seguridades que nos dan los ministros, tiene á su favor el interés de la Europa de que se establezca por acá un sistema análogo al de allá, que dé estabilidad á estos países, que ponga término á la revolución, que fije las relaciones, y que abra las puertas á la prosperidad general interrumpida hoy, por falta de confianza. Vea usted, mi amigo, que las cosas van aclarándose. Yo conté siempre con la cooperación de usted luego que conociese el estado del negocio, y que si usted no se decidió al principio, no fue sin fundamento. La materia es grave, es de importancia vital para Colombia, si se logra, asi como de destrucción si se pierde ; por lo mismo debía meditarse y verse por todas sus faces. Por fortuna nos vamos ya entendiendo, y usted va conociendo mis fundamentos. El tiempo ha llegado de reorganizar á Colombia, no debemos ceder á otros el precioso derecho de salvar nuestra propia creación. Vea usted como el Libertador después que examina las dificultades de la empresa, concluye ofreciendo su cooperación. Este era el punto de la dificultad ; está salvado y no nos resta más que unirnos todos. Yo le respondo á usted del resto de la república, si usted como me ofrece, emplea su eficaz influencia en Venezuela. Repito á usted que por acá es ya muy trivial el asunto, y del Sur me instan fuertemente porque no cese de trabajar en el negocio, ofreciéndome seguridades positivas.

Austria siguió, y su llegada á Guayaquil va á ser muy agradable al Libertador, porque lleva muy buenas nuevas de todas partes. El Libertador nada dice de particular; permanecía en Guayaquil el 5 de agosto. Llegaban buques del Perú todos los días, y las noticias de allí son buenas: había tranquilidad, y Lafuente se conducía bien; parece que el congreso estará allí dividido para la presidencia entre Gamarra y Lafuente. En Bolivia había orden y bastante amistad por Colombia.

Ojalá que ya esté la primera división marítima navegando: en el estado en que están las cosas en el Pacífico no hace falta la *Cundinamarca* por el momento. El chasco de los quince mil pesos es pesado, y esto nos sucederá mientras no tengamos oficiales nacionales de que fiarnos. Yo creo que se debe hacer el reclamo probando que el dinero es del gobierno y no de Clark; hay ejemplares y se nos ha atendido.

Escribiré á usted constantemente y le comunicaré todo. Entre tanto soy siempre su afectísimo amigo de corazón.

Rafael Urdaneta.

———

Carta del general Páez al general Urdaneta.

A S. E. el general en jefe R. Urdaneta.

Caracas, 14 de octubre de 1829.

Mucho deseaba recibir cartas de usted después de la mía que condujo Austria, en la que le manifiesto mi reso-

lución de poner en conocimiento del Libertador las ideas
que usted me trasmitió; y por la que acabo de recibir en el
último correo, quedo instruido de continuar usted en el
propio sentido que al principio, por las razones que indica.

Como usted me significó en su carta de setiembre 9
una absoluta aquiescencia y conformidad por la opinión
que yo tenía formada según las cartas del Libertador, y al
mismo tiempo sometí á este la cuestión para que me pres-
cribiese las reglas que debía observar, como que á su experiencia nada se oculta que sea conveniente al bien y felicidad general, no he dado paso alguno esperando su contestación en que no dudo me exprese los verdaderos sentimientos de su corazón, porque siempre lo ha hecho conmigo, y por que así lo exije la importancia del objeto.

Cierto es que como usted me dice, el Libertador excusará hacer explanaciones que toquen á su persona; pero
no será así, considerando la materia en abstracto, ó como
un problema político que no tiene relación alguna con los
individuos: me confirma este concepto el que habiéndole
escrito á usted en el particular con franqueza, como me
dice en su carta, debo esperar de su amistad que lo haga
también conmigo como merecedor de su confianza; de lo
contrario, con más justicia podía yo formar sentimiento que
él de mi carta dirijida á usted, en que sólo he hablado el
lenguaje de que él ha usado en sus comunicaciones.

Cuente usted, mi querido compañero, *con que yo no me*
separaré un ápice de lo que me prescriba el Libertador, y con
este, que marcharé con los que como usted son sus amigos.

Entre tanto procuraré explorar la opinión de los hombres pensadores y de influjo con toda la circunspección y
delicadeza que exije la materia y la heterogeneidad de estos

departamentos. *Usted como venezolano los conoce muy bien
y sabe que si en esos al principio fue la idea sorprendente,
aquí debe causar una más fuerte sensación.*

Reitero á usted, compañero, mis protestas de unión y
cordial afecto como su más apasionado amigo y compañero.

JOSÉ ANTONIO PÁEZ.

———

Carta del general Pedro Briceño Méndez al general Bermúdez (*)

Caracas: octubre 18 de 1829.

Mi querido general y amigo:

En días pasados escribí á usted informándole de
algunas ocurrencias nuevas, aunque tuve que hacerlo con
algún disfraz porque la ocasión no era segura. Ahora
que se presenta la del comandante Mejías lo haré con
más claridad para que usted forme juicio exacto de todo.
El atentado de 25 de setiembre del año pasado, espantó
como era regular á todos los amigos del orden y de la
paz doméstica, que ven cifrados estos bienes en la vida
del Libertador; y concibieron que para preservarnos de
las calamidades que nos amenazaban, si se hubiese consumado aquel crimen, es necesario establecer un gobierno
más bien severo que lo que *impropiamente* se ha llamado hasta ahora liberal. Ocupados de esta idea, empezaron á escogitar en el interior el proyecto de constitución
que más nos conviniese, y hubo alguno tan atrevido que

———

(*) Tomo 21, página 32 de los Documentos de la Vida Pública
del Libertador.

presentó á la discusión el de una *monarquía*. La novedad y atrevimiento del proyecto fue suficiente para atraer-
le séquito, y desde *entonces no se ha pensado en la Nueva Granada sino en los medios de que se lleve á efecto.*
Llegó casualmente en aquellos momentos á Bogotá el
señor Bresson, ministro francés, y parece que él lo
acogió y favoreció, de acuerdo con el ministro inglés·
Nuestros amigos de Bogotá nos han instruido de todo esto.
instándonos por que les demos nuestra opinión y *cooperemos con sus miras,* para ver si se uniforma la opinión,
de manera que pueda el *congreso constituyente deliberar
sobre ella si lo juzga conveniente.* Yo hasta ahora no
he dado opinión alguna, ni me hallo en disposición de
darla, porque no sé como piensan usted y los demás amigos
y el país en general. Conozco las *ventajas* y los inconvenientes de este proyecto, que por una parte se me
presenta como *el remedio único y la tabla de salvación
no sólo de Colombia sino de la América,* y por otra
como el escollo más inevitable de nuestra ruina. En esta
alternativa no me queda elección, y tengo que referirme
ó á la mayoría, ó *á mis amigos para seguir el impulso
que ellos me den.* No hay duda que si, como se asegura,
los gobiernos europeos piensan que debe constituirse la
América bajo *esta forma,* y la sostienen debidamente, nos
resultará el inmenso bien de consolidarnos y de salir de
el cáos de incertidumbres y temores en que vivimos ;
*pero también es cierto que si nosotros no nos unimos y
trabajamos de acuerdo,* nos envolveremos en disensiones
y guerra, cuyo éxito y resultado solo Dios puede preveer,
*aunque desde luego ocurre que serán los españoles los que
ganarán de ellas.* Aquí se dice que ese departamento es el
más opuesto á semejante plán, y los *enemigos* de usted

aprovechan la ocasión para presentarlo como corifeo de
oposición. Yo que sé lo que son las enemistades entre
nosotros, no creo á nadie, y me dirijo á usted con confianza para saber lo cierto. Es usted, mi amigo, el único á
quien creeré en un negocio tan árduo y tan importante para
Colombia y para cada uno de nosotros Si usted opina en
contra, no puede haber inconveniente para que me lo diga
con la misma franqueza con que yo le estoy hablando, porque no tratándose de ejecutar un proyecto determinado sino
de saber si la opinión lo favorece *para entonces determinar
sobre él*, la amistad y el patriotismo se interesan igualmente
en que nos expliquemos sin rodeos, y no nos engañemos por
falta de confianza. Si yo no fuera *diputado*, no me empe-
ñaría tanto en conocer su opinión y la de su departamento,
porque no tendría que pronunciar, pero siéndolo y estando en víspera de marchar, necesito saber todo lo que mis
conciudadanos *y en especial mis amigos* juzguen conveniente
al bien de la patria. *Quizás yo puedo detener el curso del
proyecto aun cuando esté muy avanzado*, si me presento con
las luces que le pido sobre su opinión. Tengo esta confianza, porque sé que el *Libertador no está instruido del proyecto*,
y que él me ayudará á paralizarlo y destruirlo una vez que
le pruebe que usted y otros amigos suyos no están por
semejantes reformas, *así como también creo que si no está decidido en él, se decidirá luego que sepa las disposiciones favorables de todos sus antiguos compañeros*. Basta por ahora:
el comandante Mejías dirá lo mas que usted desee saber.
Sólo me resta rogarle que me dirija su respuesta á Bogotá,
porque probablemente no podré recibirla aquí. Como
usted me dijo que podía hablar y oir al comandante Mejías
con confianza, lo he hecho sobre todo lo que me ha parecido
conveniente que usted sepa en cuanto á las chispas y enredos

que ha habido últimamente por cuenta de usted. Mi familia presenta á usted, así como á mi señora su esposa, sus respetos y amistad con la misma sinceridad con que yo soy y seré de corazón de usted afectísimo amigo y servidor.

Pedro Briceño Mendez.

A S. E. el general José Francisco Bermudez.

—

A S. E. el general en jefe R. Urdaneta.

Caracas, **21** de octubre de **1829.**

Mi querido compañero y amigo :

Con mucho aprecio he recibido la de usted de 16 de setiembre último á que me adjunta copia de la contestación del Libertador al señor Campbell, en la cual el Libertador conociendo las dificultades de la empresa, reserva su voto para cuando estén allanadas. Usted me añade que se han tomado ya medidas al efecto con esperanzas de buen suceso.

Aquí se ha hecho pública la materia, y se ha recibido con la sorpresa que causan por lo común las grandes novedades ; yo deseoso de conocer la opinión, he dejado á todos hablar con libertad, y en mis ulteriores comunicaciones le iré manifestando los resultados. Usted me dice que para la reunión de la convención tendrá datos que presentar tan concluyentes como exactos, y no dudo que los hombres escogidos por el pueblo, se decidan por hacerle su dicha y afianzar su tranquilidad.

El territorio que mando está pobre, fatigado no sólo de la guerra sino de las discusiones, y según me parece, todos están resueltos á confirmar lo que haga la convención. De ese cuerpo debemos esperarlo todo : nuestros representantes han propuesto excusas para] no ir los más de éllos, y se está tratando de los suplentes que deben reemplazarlos. Cuando estén todos reunidos en]esa capital, será que podrá formarse idea clara de los futuros destinos de nuestra patria: lo que sí es cierto para mí ahora es que nosotros no debemos permitir que se pierda la obra por que tanto hemos trabajado, ni abandonar el puésto por peligros.

Me parece que ustedes han encargado un negocio muy arduo al duque de Montebello : él no hará más que presentar los documentos que le hayan dado,!y sin conocimientos estadísticos de nuestro suelo, y lo que es más sin interés personal por nuestra organización, trabajará poco por lograr algunas ventajas.

Muy ansioso estoy por tener contestación del Libertador á las comunicaciones que le envié con Austria.

La división que usted me dice que habrá en el Perú para la elección de Presidente entre Lafuente y Gamarra prueba que los dos ambicionan el mando, y esa ambición es en un concepto provechosa para el arreglo de nuestros tratados de paz con el Perú, porque todos dos desearían que la haya á fin de poder trabajar con quietud en aumentar su partido, temiendo al mismo tiempo que el ejército nuestro éntre victorioso en el Perú y queden entonces desconcertados sus proyectos.

Adiós, compañero : manténgase bueno y crea que es su afectísimo servidor y amigo,

JOSÉ A. PÁEZ.

A S. E. el general en jefe José A. Páez.

Bogotá, 9 de noviembre de **1829.**

Mi querido compañero y amigo :

He recibido la carta de usted de 7 de octubre con la inclusa para el Libertador, que remití ayer después de haberme impuesto de élla. Todas las reflexiones que usted le hace me han parecido sumamente exactas ; mas debo decir á usted con satisfacción que el Libertador no va al Perú, y que se contraerá á Colombia. Nosotros hace mucho tiempo que pensando como usted le hemos hablado de esto, y él siempre nos satisfizo asegurándonos que su único objeto era hacer una paz honrosa, y dar á Colombia la ocasión de organizarse. Todo cuanto ha resistido hasta hoy, ha sido tomar él una parte directa en la organización, porque ha juzgado decoroso hacerlo así, dejando la nación libre de todo respeto, y que cualquiera cosa que haga el congreso sea extrictamente nacional. De aquí partió el Libertador para aconsejar que los colegios electorales diesen instrucciones á sus diputados, medida á la verdad extraña, y que nosotros hemos procurado evitar, porque vendría á ser el congreso la Torre de Babel. Cada uno pediría diferente cosa, los diputados se encontrarían ligados quizás contra sus propias opiniones, y el desenlace sería una revolución. Satisfechos pues de que el Libertador nos indicaría la forma de gobierno, y convencidos de que sostendrá lo que se haga, hemos tratado de reunir las opiniones hacia el punto que parece convenir á Colombia por tantas razones que es ocioso referir á usted que las conoce lo mismo ó mejor que yo, y de que han nacido mis relaciones con usted á este objeto, porque ni usted podrá quedarse sin parte en el negocio, ni yo debía adelantarlo sin que estuviésemos de acuerdo. Felizmente estamos convenidos usted y yo en obrar conforme á los votos de una juiciosa mayoría, y por mi parte reitero á usted mis ofertas de que iremos juntos, cualquiera que sea el resultado de la representación nacional: la opinión que usted tiene en Venezuela y su influencia unida á mis relaciones por acá, nos pondrán en una posición ventajosa para obrar el bien, ya sea cediendo ó sosteniendo nuestros principios, y aunque parezca en alguna manera algo de lisonja, me atrevo á asegurarle que la suerte de Colombia pende hoy en mucha parte del giro que usted y yo le demos: mis relaciones son extensas y bien cimentadas porque tienen por base al Libertador como usted.

La facción de Córdoba terminó como usted sabe felizmente; unos pocos sacrificios, mucha celeridad y una función de armas acabó con Córdoba y su revolución: ha quedado el gobernador del Chocó medio sublevado, pero él es un imbécil y aquella provincia nada cosecha, y nada cría, es puramente minera, vive de lo que le va de fuéra, y ya está sitiada por el Cauca, la Buenaventura, el Alvato y Antioquia: no hemos querido atacarla de lástima, esperando que la intimación que se le ha hecho, le volverá sobre sus pasos y entregará al gobernador, y si no lo hicieren así, se ocupará por las tropas destinadas ya al efecto.

Una división al mando del general Silva empezó á entrar en Popayán el dia 30 y el Libertador me dice que venía detrás con otros cuerpos; no sé positivamente dónde se halla; pero es probable que si ha seguido de Quito, como yo creo, se venga hasta aquí, porque nada tiene que hacer ya en el Cauca.

Usted habrá recibido quizá una carta que le dirigió Córdoba, invitándole á entrar en su revolución : yo deseaba que él hubiera vivido hasta oir la respuesta de usted : lo gracioso es que en élla se le vendía á usted por amigo, cuando lo odiaba de muerte ; se lo digo á usted porque ya no existe.

No escribo á Soublette porque lo supongo ya en marcha ; pero si acaso no se hubiera venido, hágame usted el favor de decirle la razón por qué no le escribo.

Quedo en cuenta de la advertencia que usted me hace en la esquelita suelta que viene dentro de su carta, y quedo también advertido de la recomendación en favor de Guzmán sobre la cual ya he escrito al Libertador.

Deseo que usted se mantenga bueno y que mande á su afectísimo compañero y amigo de corazón.

Rafael Urdaneta.

———

Carta de Urdaneta al general Páez

—

Excmo. señor general José Antonio Páez.

Bogotá, noviembre 23 de 1829.

Mi querido compañero y amigo :

El correo pasado no escribí á usted porque me encuentro nuevamente atacado de mi mal viejo de reumatismo y no pude salir de la cama el día del correo.

Ahora lo hago incluyéndole una carta que me remitió el Libertador desde Pasto para usted con el oficial que llevó el tratado de paz, y que ha traído la ratificación del Perú. El Libertador habrá llegado el 20 á Popayán y seguirá el 28 para acá: así consta de su itinerario. Muchos cuerpos se encuentran hoy en el Cauca por consecuencia de la insurrección de Córdoba, y ya el Libertador ha dispuesto que sigan algunos para acá, mas no sé á dónde irán á situarse: en el Sur me dice Flores que no necesita tropas. Las cartas del Sur posteriores á las noticias que traen los impresos del Perú, anuncian la invasión que ha hecho Santa Cruz al Perú con el pretexto de incorporar á Bolivia los departamentos de Cuzco, Puno y Arequipa. De Lima han salido tropas, y las que estaban hacia nuestra frontera, se movían para allá también.

Hasta hoy he mantenido con usted una correspondencia sobre un asunto importante. Juzgué que conviniendo los dos en ideas, la cosa era muy fácil, y lo creo todavía; pero puesto que usted halla dificultades, ó que no lo cree conveniente, me aparto de mi proyecto. He ofrecido á usted que iríamos de acuerdo, y para probarle que mi oferta ha sido sincera, cedo desde hoy en mis ideas, y me someto á las de usted. Le empeño á usted mi palabra no sólo de apartarme de esto, sino de inclinar la opinión de mis amigos para que no se trate más de este negocio. Desde hoy puede usted contradecir toda especie que se apoye en mis cartas anteriores. Haga usted cuenta que tal cosa no ha existido. Yo me uniré á la diputación de Venezuela y estaré con élla. Créame usted siempre su apasionado y fino amigo de corazón.

Rafael Urdaneta

Por el contexto de las cartas que me envió el general Urdaneta y que acaba de ver el lector, sabrá el articulista que escribió en el «Orden de Caracas» sobre «Monarquía en Colombia,» que el general Urdaneta fue el principal instigador del establecimiento de esta forma de gobierno, y ni yo ni nadie debe llevárselo á mal, pues él, según se ha visto, creía que sus ideas salvarían al país de la anarquía que amenazaba desolarle. Ningún proyecto bastardo podía animar á aquel general cuando trabajaba con la conciencia de que la realización de su plan pondría fin á todas las dificultades con que luchaba el Libertador. Su esclarecido nombre, adquirido á costa de grandes sacrificios y grandes hechos, no puede sufrir ningún detrimento, porque á los ultra-republicanos del día se les antoje creer que las ideas que él tuvo son el pecado contra el Espíritu Santo. Es para mí muy doloroso que aparezca hoy al modo de ver de algunos que yo quiera oscurecer en lo más mínimo la gloria adquirida por un compañero de armas, general benemérito y esclarecido patriota; pero por estas y otras amargas pruebas ha de pasar el que tiene que defenderse contra los ataques de la malevolencia.

A fe de hombre honrado aseguro de nuevo que no es mi ánimo atacar la memoria del ilustre amigo de Bolívar, y sólo me obliga á esta protesta el espíritu intolerante de los seudo-liberales que creen hoy que no se pudo ser patriota sin ser ultrarepublicano.

Por las cartas que he copiado se verá que en 30 de mayo de **1829**, á consecuencia de las que yo le había escrito anteriormente, desistió Urdaneta de sus trabajos en favor de una idea que había sido generalmente acogida por muchos hombres notables y muy eminentes en Colombia. Sinembar-

go de la promesa de no volver á hablar del asunto, me manda
en setiembre la carta del Libertador á Campbell, y me escribe de nuevo sobre su plan, temiendo que yo no lo hubiese
comprendido bien. Finalmente, en 25 de noviembre promete definitivamente no volverse á ocupar del asunto, y
lo dice de un modo que es la mejor recomendacion de su
carácter y la mejor prueba de la buena fe con que había estado trabajando en el proyecto.

Ahora bien; si yo en épocas anteriores pensé de un
modo distinto al que se advierte en mis cartas á Urdaneta,
¿cómo es que éste no hace referencia á esos tiempos, y no
me echa en cara mi inconstancia y no me recuerda mis compromisos anteriores? La carta que cita el artículo de que me
ocupo, no existe en mi archivo, ni yo recuerdo haberla recibido, y si fue escrita no llegó nunca á mis manos. Basta
para probar todo esto, el comparar esa *sola* carta con todas
las que copiamos en este capítulo, y si éllas no fueran suficientes pondré aquí á continuación fragmentos de otras cartas de Urdaneta, que no copio íntegras porque tratan además de otros asuntos.

Con fecha 25 de abril de 1829 me dice:

«Aguardo con ansia una carta de usted después de la
llegada de Austria. Es preciso que tomemos á nuestro cargo la suerte de Colombia: todas mis medidas
son, como dije á usted, parciales hasta que usted me
conteste.»

Con fecha 9 de febrero de 1850:

«Usted no extrañe que le hable nuevamente de la injusticia con que se ha atacado al Libertador.—Lea usted
de nuevo mi correspondencia, y en toda élla verá usted

que el Libertador ha estado muy distante de tener parte en el proyecto. Siempre le dije á usted que muchos hombres, porsupuesto patriotas y muy patriotas, deseaban un tránsito en la forma de gobierno, y que yo tambión lo juzgaba necesario; que esas ideas habían nacido de los horrores en que se habían distinguido los partidos, y de la ninguna esperanza que nos quedaba de tranquilidad y de orden despuós de los acontecimientos del año 27 hasta la conspiración del 25 de setiembre y posteriores; pero que no pudiendo contar con el Libertador para ello, no podría conseguirse si la nación no lo forzaba á admitir y sacrificar su gloria á la estabilidad de Colombia.—Usted me dijo en una de sus cartas que no haría nada hasta que el Libertador se lo ordenase, porque usted no quería obrar en cosa alguna sin su anuencia, y yo le contesté que el Libertador nada podría decirle sobre una materia que él desaprobaba, y que si se creía conveniente á Colombia, debía hacerse por la nación con absoluta separación del Libertador, que nunca la aprobaría, y que por lo mismo jamás podía aconsejar á usted.— *Que yo le convidaba á entrar en el negocio, porque por acá no había oposición, y si Venezuela se adhería, todo podría hacerse.* Si, pues, de toda mi correspondencia resulta que el Libertador ha sido contrario al proyecto, ¿por qué se le ataca? ¿por qué tanta injuria? Si sólo se hubiera escrito contra mí y contra los que hemos tenido esas opiniones, nunca sería justo, porque yo no he hecho otra cosa que *buscar el apoyo de usted y de unos pocos amigos de allá* en favor de una opinión, que, á mis ojos, podría salvarnos de los horrores que hemos visto en los últimos tiempos y de la anarquía general á que hasta hoy ha estado condenada la América: mas yo no he violentado á nadie.»

A quien ha escrito que el objeto de la comisión que di á Urbaneja cuando le envié al Perú, donde se hallaba el Libertador, fue proponerle una corona cuando volviese á Colombia, contestaré con la siguiente carta que exigí á Urbaneja cuando empezó á propalarse calumnia tan infame: •

———

Señor general José Antonio Páez

Caracas, 9 de setiembre de 1841.

Mi apreciable amigo y señor.

Me exige usted en estimable carta del 6 mi testimonio sobre el objeto de la comisión que me confirió en el año de 26 cerca de S. E. el Libertador, expresándome no omita punto alguno de élla, aunque hubiese sido reservado.

Inmediatamente después de las alteraciones políticas del año de 26, el señor Doctor Cristóbal Mendoza me manifestó que usted deseaba que yo me encargase en unión del señor Diego Ibarra de la misión que pensaba dirigir al Libertador, relativa á las novedades ocurridas en aquellas épocas: aquel señor me hizo alguna indicación de su objeto, y no dudé encargarme de élla. Fue, pues, consiguiente que yo me acercase á usted á recibir sus órdenes é instrucciones. Me dijo entonces usted brevemente, que el objeto de la misión era instruir al Libertador de lo ocurrido y manifestarle la urgente necesidad de que S. E. regresase á Colombia y se encargase de su gobierno, único medio de evitar la guerra civil en que podría ser envuelta la república. Sin embargo, me añadió usted, será conveniente oír sobre el particular la opinión de algunos empleados y personas notables: esta junta se celebró en efecto, y su resultado se redujo á lo mismo que usted me había indicado. A esto reduje yo el cumplimiento de la confianza que usted tuvo á bien depositar en mí, sin que élla contuviese ningún otro punto público ni reservado.

Soy de usted con la mayor consideración su muy atento y obsecuente servidor,

Q. B. S. M.

D. B. URBANEJA.

Continuaré el orden cronológico de las cartas en que me ocupé de la cuestión que forma el asunto de este capítulo:

Carta del general Páez á S. E. el Libertador.

Valencia, 30 de noviembre de 1829.

A S. E. el Libertador Presidente Simón Bolívar.

Mi querido general y amigo:

En mi anterior dí á usted la enhorabuena por la conclusión de la guerra y paz con los peruanos: en lo futuro serán éllos más cautos para no quebrantar los tratados, porque esta experiencia debe haberles sido sensible. No les han costado poco los insultos hechos á Colombia, y en ellos ha ganado usted nuevos títulos de gratitud nacional.

Ojalá que como este se acaben todos los males que amenazan á nuestro territorio: es menester que le hable con entera franqueza, que le hable con mi corazón, y le diga lo que mis ojos ven. Me había detenido un poco porque me parecía mejor no molestar la atención de usted ocupada en grandes negocios, porque creía que las cosas no merecían tanta consideración y porque me parecía que yo podría remediarlas. Me parece que estamos todavía rodeados de peligros, y que comienza otra época en la revolución. Las pasiones, animosidades y resentimientos de la antigua administración, no habían calmado, ni había tiempo para que calmasen y se entendiesen los pueblos desde la fecha de su decreto convocando el congreso constituyente hasta la de su reunión, se prometían al menos tranquilidad durante la administración de usted; pero con su decreto renacieron esperanzas en los que suspiraban por la soberanía de Venezuela, y desde entonces fijaron la época en que debían realizarlas.

Algunos meses antes de la reunión del congreso, vinieron cartas de Bogotá indicando que sería bueno establecer un gobierno monárquico para el régimen futuro de Colombia, recomendándose en éllas que se indagara la opinión pública; procuré hacerlo con bastante reserva, algunos otros con menos, de manera que llegó al conocimiento de muchos, y la novedad causó bastante alarma. Procuré sosegar á todos y no me fue posible: tomé entonces el partido de dejarles decir lo que les pareciese con tal que la materia se viese como pura opinión. Mientras estaba en Caracas supe que en Puerto Cabello y los Valles se había dado mala inteligencia á mi conducta, y temiendo algún mal resultado, me vine á Valencia, dejando encargado á todos los jefes en Caracas que mantuviesen el orden establecido á toda costa, que permitiesen las opiniones y que castigasen con severidad cualquiera vía de hecho: que no disimulasen motines, y

que impusiesen la pena de la ley á cualquiera que para
hacerlos tomase la voz.

Después de hallarme en esta ciudad recibí el decreto
de usted autorizando las reuniones populares y franquean-
do la libertad de imprenta para que cada ciudadano dijera
con libertad y con entera franqueza sus opiniones: lo mandé
publicar y circular como se me previno. En Puerto Cabello y en esta ciudad han hecho las peticiones al congreso;
la más sustancial que contiene es la separación de Venezuela del resto de la república. Esta la desean todos, y
cuando digo todos es á excepción de muy pocos: puedo
asegurarle que la desean con vehemencia, y esta ha sido
la causa porque en algunos otros pueblos han querido que
se proceda de hecho á separarla. Me dicen que en Caracas han tenido dos ó tres días de reunión bajo la presidencia del Prefecto, y que quieren la separación de hecho,
y que desde ahora se decrete la organización de Venezuela.
No sé todavía cuál es el resultado, ni el Prefecto, ni el comandante de armas me han escrito; pero yo procuraré
dar á este negocio la mejor dirección que me sea posible.
Está en mis deberes sostener la organización provisional
que hemos jurado, y me prometo cumplirlo con todas mis
fuerzas. Con todo, debo decirle francamente mi opinión,
no quiero que esté engañado un instante. Yo no creo que
Venezuela deje escapar esta ocasión que se le presenta de
recobrar su soberanía: los hombres de juicio, lo que se llama
pueblo, *todos la desean con ardor, y me parece que des-*
pués del modo con que lo han expresado será muy difícil
persuadirles que den un paso atrás. Quisiera que mi concepto fuese errado, á la vez que usted me dice que si
nos dividimos somos perdidos. Puedo asegurarle que si
el pueblo se pierde, se pierde él mismo, porque ese es su

sentimiento, y ha creído que en eso consiste su bien. Yo digo, como usted me dice, que me contentaré con decir y hacer mi deber; pero si esto no basta tendré paciencia y amén. *Tampoco deseo mandar más, mucho menos en estos momentos*, y quiero ya que llegue la hora en que reunido el congreso salga de todos mis comprometimientos, y vaya á gozar de las delicias de la vida privada, dispuesto siempre á retomar las armas en defensa de la patria, contra los españoles en Panamá, ó en cualquiera parte donde se encuentren, y huyendo de las disensiones intestinas, donde el error será el fruto de nuestras victorias, y los remordimientos el premio de nuestros sacrificios. Adiós, mi querido general: siempre es de usted su amigo de corazón.

José A. Páez.

Carta al coronel Hermenejildo Mujica

—

Valencia, 7 de diciembre de 1829.

Mi querido Mujica:

Hoy he recibido con su propio su apreciada de 30 del pasado, contraída á preguntarme el actual estado de cosas, en consecuencia de las noticias que diariamente llegan á esa Villa de Caracas sobre mutación de gobierno.

Al aproximarse el congreso constituyente, el gobierno ha deseado saber la verdadera opinión de los pueblos sobre el punto más interesante de su constitución, cual es la forma que éste deberá tener, para lo cual ha expedido una circular invitando á todos los ciudadanos para que se reunan pacíficamente con el objeto de que expresen con libertad sus deseos. Para esto hay un partido en Bogotá que trabaja por constituir en Colombia una monarquía y en los pueblos de Venezuela que han comprendido este conato, los ciudadanos han comenzado á reunirse en las respectivas parroquias y cantones para llenar los deseos del gobierno y los suyos propios. En estas circunstancias, temeroso yo de que se me atribuya el pronunciamiento de algún pueblo, ó que mañana quieran imputar á mí ésta ó aquélla opinión, he permanecido callado, dejando á todos que digan francamente su querer, y lo que consideren más conveniente á la dicha futura del país. Usted, pues, meditará la cuestión, y contando siempre con la amistad sincera que le he profesado, y con que mi opinión será la de los pueblos, hará lo que mejor convenga. Usted me conoce muy de cerca, y sabe mis sentimientos: no he dejado de ser el que he sido desde que los pueblos me hicieron empuñar las armas para defender sus derechos: en vista de todo esto puede usted arreglar su conducta, seguro de que la suerte que corra este país y la que corran mis amigos, será la misma mía.

Un consejo sólo se atreve á darle mi amistad. En circunstancias en que se señalan dos caminos, es necesario tomar uno de los dos, y no quedarse en medio expuesto á ser la víctima de los partidos: la esencia de una revolución es no dejar á nadie en su puésto, y el más expuesto es, por lo regular, el egoísta ó el indiferente.

Yo no dejaré de comunicarle lo demás que fuese ocurriendo: haga usted lo mismo, y como yo cuento con su amistad puede usted contar con la que le profeso.

Su afectísimo servidor y amigo,

JOSÉ A. PÁEZ.

Carta á Facundo Mirabal

—

Mi querido señor:

Considero á usted en alguna parte instruido de los motivos que han causado la actual agitación de los pueblos, reducida solamente á ventilar la gran cuestión de la forma de gobierno que Colombia debe adoptar en la próxima reunión del congreso para su futura prosperidad y dicha. Ha llegado la época peligrosa de la cual no saldremos sino para ser condenados á un eterno oprobio, ó para vivir felices bajos los auspicios de la libertad: diremos más: vamos ahora á decretar, ó la existencia de la patria, ó su muerte con la pérdida de los sacrificios y glorias adquiridas.

Había algún tiempo que se sabía en Venezuela la permanencia de un partido en Bogotá que trabajaba y trabaja actualmente para constituir en Colombia una monarquía á pretexto de ser este el gobierno más análogo á las circunstancias, costumbres y moral de estos pueblos. Venezuela oía con sobresalto los golpes que se daban para forjar la cadena que se le preparaba, y en su desesperación volvía sólo sus miradas á los libertadores: al verme á mí encargado de sus destinos, confiaba en los principios que siempre he profesado, y aun llegaba á dudar que se trabajase en tal empresa; pero no ha quedado la menor duda al ver los papeles impresos en el mismo Bogotá recomendando la monarquía como el gobierno eminentemente vigoroso que necesita Colombia.

En este estado un rayo de luz ha aparecido sobre el Oriente y la ahogada opinión pública ha tomado un nuevo vigor con la circular expedida por el gobierno invitando á los ciudadanos á reunirse para que emitan libre y francamente sus opiniones sobre la forma de gobierno. En consecuencia han comenzado los pueblos á pronunciarse y un instinto conservador los ha uniformado en el sentimiento de la separación de Venezuela del resto de la república, porque de otro modo no se cree á cubierto de nuevas convulsiones y de nuevos peligros.

Es pues necesario trabajar por uniformar la opinión del Apure con este sentimiento, porque si se divide, es inevitable la guerra civil y la destrucción del país: una sangre muy preciosa va á anegarlo sin esperanzas de triunfos ni de glorias, y será presa al fin de un déspota extranjero que dará por premio á nuestros hijos, la muerte y la esclavitud.

Este cuadro no debe ocultarse á usted si desgraciadamente Venezuela con Apure no se uniforman en un solo sentimiento y una sola opinión. Tampoco deben ocultarse á usted mis principios, como no se me ocultan á mí los suyos, y por este motivo es que invito á usted á trabajar por ellos y por la conservación de las glorias adquiridas, como verdadero patriota, como verdadero amante del orden y de la dicha y prosperidad futura de Venezuela. Tan confiado yo como siempre en su amistad, no he dudado un momento en hacer á usted estas explicaciones, muy seguro de encontrarlo dispuesto á acompañarme como en todas las épocas de peligros que se han presentado en la carrera de la revolución. Ningunas circunstancias más apuradas, ni nunca la patria se ha visto en más peligros.

La misma confianza que tengo con respecto á usted tengo con respecto al resto de mis compañeros de Apure y estoy muy seguro de que todos ellos se embarcarán conmigo en una misma nave y seguirán mi suerte.

Deseo su perfecta salud, y que crea es su afectísimo servidor y buen amigo.

José Antonio Páez.

——

Ahora bien; si se quiere que haga mi profesión de fe, la haré aquí de nuevo para que así quede consignado en la historia, seguro de que no es posible que varíe de opinión, pues ya he alcanzado la época de la vida en que suele el error ser tenaz é impenitente.

Por mis antecedentes, por mi carácter, por las impresiones de mi juventud, mi amor á los pueblos, y si quieren mis enemigos, por mi propia ambición, yo no podía ser partidario del sistema monárquico. Los desórdenes que habían seguido á la independencia hubieran bastado para hacerme monarquista si no hubiera estado convencido de que esos males provenían, no de los principios que habíamos adoptado, sino *del egoísmo torpe y de la mala ambición*, dos enemigos mortales de la felicidad de las naciones. Los estragos que éllos han causado, falsificando las creencias más santas, poniendo en problema los principios de la moral política, y de la moral privada, halagando con bajeza las malas pasiones, los malos instintos de los pueblos como en otros tiempos los cortesanos de César halagaban los malos instintos y las malas pasiones del tirano para dominarle mejor después de corrompido, no están circunscritos ciertamente á sólo las desgraciadas repúblicas suramericanas.

De tiempo en tiempo aparecen en todos los pueblos de la tierra iguales cataclismos en el orden político más ó menos sangrientos, más ó menos prolongados, según la ilustración y la índole de los pueblos en que estallan; pero al fin lo vemos en todos los países, bajo todas las zonas, bajo todos los sistemas de gobierno, con diversos pretextos más ó menos justos, invocando principios halagüeños exagerados, difícilmente realizables, anunciarse, aparecer, eclipsarse después, dejando en pos de sí el sello de la destrucción, y el recuerdo amargo de una experiencia costosamente adquirida. No hace aún un siglo que en la ilustrada Europa, monárquica y republicana, se sintió el más profundo sacudimiento que puede experimentar pueblo alguno sobre la tierra. La libertad, la moral, la religión, la humanidad huyeron por algún tiempo de ese antiguo mundo, viejo de años, de experiencia en la práctica de la vida social, orgulloso siempre con sus títulos de ilustrado y poderoso, y sin embargo aquella mala época pasó, y los pueblos europeos anudaron la cadena del progreso, y siguieron avanzando en la vía de la civilización. A costa de terribles pruebas la Europa ha adquirido un caudal de costosa experiencia para el porvenir, y la seguridad de que no obstante todos los esfuerzos, las mismas escenas se repetirán más adelante, y los pueblos serán siempre los espectadores y las víctimas, *y el torpe egoísmo y la mala ambición* los dos verdugos infatigables que se harán pagar la infamia, y el oprobio de muchos años de reprobación en la hora sola de triunfo que le conceda la ignorancia de la masa del pueblo alucinado. La simple enunciación de estas verdades históricas, de estos hechos contemporáneos, repetidos en ciertos períodos en todos los países, sea cual fuere la forma de su gobierno, la homogeneidad de su población, me autorizan para concluir en sana lógica que las desgracias de la América, y particularmente las de Venezuela, no provienen de sus instituciones ni de los principios políticos que han adoptado, ni de la heterogeneidad ó diversos colores de la población, sino de aquellos males endémicos de que he hablado, cuyo gérmen existe en todos los corazones, y que llega una época en que estimulado su desarrollo por genios turbulentos, estallan y causan necesariamente desgracias, muchas veces irreparables. Los fenómenos universales deben reconocer también causas universales: el hombre es susceptible de desmoralizarse en todas partes con mayor ó menor facilidad, según su grado de instrucción, su índole, su situación en el mundo y hasta el clima y el aire que respira; y si esto es una verdad, no lo es menos que los pueb'os de la América, más inocentes, más sencillos, menos ilustrados, colocados bajo climas propicios al desarrollo de las pasiones, diseminados en una inmensa extensión de territorio casi desierto, con difíciles vías de comunicación, se presten también con más facilidad á servir de instrumento á los demagogos ambiciosos en cambio de sus halagüeñas promesas uunca realizables, de sus palabras dulces al oído de la inexperiencia. Por esto se repiten con mayor frecuencia entre nosotros esas escenas de sangre y desolación que impiden el progreso y la consolidación de estas jóvenes repúblicas, á pesar de la forma de su gobierno, de la bondad de sus principios políticos, de la recta y sana intención de sus buenos hijos.

Así es que ha habido y hay en la América repúblicas felices con estos elementos que han progresado con asombrosa rapidez en medio de sus hermanas que son víctimas de la más desenfrenada anarquía. En Chile imperan esencialmente los mismos principios adoptados en toda la América española: su población es también heterogénea, y á pesar de todo, el progreso de Chile es envidiable y digno de presentarse como modelo á las demás repúblicas del mismo origen.

Venezuela disfrutó también durante diez y seis años de las mismas ventajas: su crédito en el mercado del mundo era superior al del mismo Chile; su industria se había desarrollado de una manera portentosa: se habían arraigado en el pueblo los hábitos de orden, de moralidad, de trabajo, de sumisión á la ley, de tal manera, que no necesité de bayonetas para gobernar en paz la república las dos veces que me tocó regir sus destinos: apénas conservé insignificantes guarniciones para custodiar los principales presidios, y los parques nacionales, y esta confianza en la opinión y la seguridad de que todos disfrutaban, era el objeto de admiración y de encomio para todos los extranjeros ilustrados que visitaban nuestro pais. Todos los ciudadanos gozaron del más amplio é ilimitado derecho de elegir y de ser elegidos, de manifestar sus pensamientos de palabra y por escrito. Hubo siempre completas garantías individuales: la propiedad, el asilo del venezolano eran sagrados: se proporcionó al pueblo instrucción gratuita en todas las escalas, sin ninguna excepción, consagrando á este importante ramo cantidades muy superiores tal vez á lo que nuestra situación rentística permitiera. La libertad industrial sin trabas, sin privilegios de ningún género se garantizó á todos los asociados: jamás fue excluido de la participación de estos goces ningún venezolano: la igualdad ante la ley era un principio efectivo en la república: la libertad de conciencia era respetada á satisfacción de todos los religionarios: el pueblo eligió libremente á quienes quiso desde **1830** á **1846**. Pocos venezolanos de algún mérito han dejado de desempeñar algún cargo público, y los que no lo obtuvieron fue, ó porque en ningún pais hay destinos suficientes para satisfacer la ambición de todos los que pueden aspirar á éllos, ó porque algunos carecían de la aptitud moral que garantiza el buen desempeño de las funciones, que es lo que puede hacer la felicidad de los pueblos.

Yo no negaré que sea un mal para los pueblos que los demagogos encuentren en ellos pasiones que puedan fácilmente seducir, halagar, convertir en daño de la sociedad, y por esto colocaré siempre entre los amigos de la humanidad á los que procuran con toda su influencia destruir estas preocupaciones vulgares, dejar toda idea de división, *homogenizar* todos los intereses. Para el hombre de talento, sea cual fuere su origen, el color no da ni quita títulos al mérito; el color será siempre un accidente, como lo es la mayor ó menor perfección de la configuración del cuerpo humano. Dios ha establecido una desigualdad más noble que es conveniente conocer, porque es una justicia individual, y un estímulo social. Apréciese al hombre por su alma, por su capacidad, por su corazón, por sus virtudes, y el más capaz, el más virtuoso, ese será el ciudadano más distinguido en un Estado, sea blanco, moreno ó atezado. Estos han sido los principios de toda mi vida, y los he profesado con sinceridad en lo público como en lo privado.

Por último debo declararlo: ninguna tendencia antirepublicana en la América del Sur ha merecido nunca mi apoyo ni mi aprobación: lo he dicho, lo he comprobado repetidas veces en el curso de mi larga vida pública. Mis enemigos se han propuesto de mala fe atribuirme tendencias contrarias á la forma republicana, y yo los he retado, y los reto de nuevo á que presenten un documento auténtico y un hecho siquiera que justifique su calumnia; vanas declamaciones, suposiciones gratuitas no bastan para manchar la vida pública de un ciudadano; se necesitan pruebas admisibles en sana crítica.

Por moderación, por respeto á memorias que son sagradas para mí, no había querido publicar los documentos que ha visto el lector; pero mis enemigos han hecho necesario dar este paso. Entre tanto son estos los que deben comprobar la imputación de que se han hecho responsables si les importa no ser calificados ante el tribunal imparcial de la opinión, con el merecido título de calumniadores en cuya posesión les dejo. Siempre he creído, he sostenido con profunda convicción que los Estados de la América española no deben, no pueden admitir otra forma de gobierno que la republicana; pensar lo contrario sería un delirio en mi concepto. Sí, la república honrada tarde ó temprano hará la felicidad de estas naciones : antes de conseguirlo habrán de pasar por dolorosas pruebas, hijas de la inexperiencia, inherentes á todos los períodos de la infancia, á todos los sistemas que se ensayan, especialmente si no los ha precedido la época de la preparación; pero al fin triunfará en América la verdadera libertad; serán igualmente execradas todas las tiranías, ya sea uno solo, ya sean muchos los tiranos, y el mundo de Colón alcanzará los altos destinos que con tanta predilección le ha asignado la naturaleza. Estas han sido las creencias de toda mi vida : estas son hoy mis legítimas esperanzas, y mientras la Providencia me conserve un resto de existencia, yo lo consagraré sin reserva al triunfo de los mismos principios que he sostenido desde 1810. La edad, la ingratitud de los hombres no han entibiado el ardor, la pureza con que siempre los he servido, como lo tienen bien probado los hechos de mi vida.

El general Posada en las Memorias que acaba de publicar, y otros antes que este benemérito soldado de la independencia, afirman que á mí se debió principalmente que en Colombia no se llevaran á cabo los proyectos de monarquía : de modo que es difícil conciliar las opiniones de los unos con las calumnias de los otros. Por mi parte estoy tranquilo.

—

CAPITULO XXV.

SITUACIÓN INTERIOR DE COLOMBIA.—MANIFIESTO Á LOS COLOMBIANOS DEL NORTE.

1829

Grave era la situación de Colombia en el año en que estamos de nuestra narración y cuestiones muy complicadas se presentaban, cuyo estudio debe servir al historiador para explicar los hechos que van á verificarse en los años posteriores hasta nuestros dias. Entre los males que afligieron á la república, no fue de menor trascendencia la guerra con el Perú. Prescindiendo del escándalo que se daba al mundo con una guerra fratricida entre pueblos que aún no habían llegado á organizarse, el envío de tropas y buques al territorio y costas del Perú traía consigo más gastos de lo que consentía la penuria del tesoro colombiano. Nuestras costas y territorio quedaban aun todavía expuestos á las amenazas de los españoles que no desistían de sus proyectos de reconquista y que, según decían los rumores públicos, preparaban un nuevo ejército expedicionario contra Costa Firme.

Los laureles que recogían algunos militares en la guerra con el Perú y el lujo con que volvían de aquel país, excitaban los celos y animosidades de los veteranos que se habían quedado en Colombia y á quienes aún no se habían pagado sus servicios, pero que eran sobrado pretensiosos en sus exigencias.

Los heroes del Perú formaban con los militares colombianos el mismo contraste exterior que los compañeros de Benalcázar y los soldados de Frederman cuando ambos conquistadores se encontraron con Quesada en la planicie de Bogotá.

La ausencia del Libertador cuando en Colombia empezaba á sentirse esa sorda agitación, barruntos de próxima tempestad, me ponía á mí en gran conflicto, pues me privaba de sus consejos en los momentos en que más necesarios me eran.

El 7 de febrero di el siguiente manifiesto á los colombianos del Norte:

«Antes que la Convención, reunida en Ocaña se declarase á sí misma incapaz de hacer el bien y la felicidad de la república, ya el voto general y uniforme de todos los pueblos había llamado al Libertador Presidente para organizar la nación y conducirla al goce de las esperanzas que hasta entonces habían sido ficticias. El decreto orgánico de 27 de agosto del año próximo pasado, fue el primer paso que dió el Libertador para asegurar las garantías públicas, poniéndolas á cubierto del omnímodo poder que se depositaba en sus manos. Acogieron los pueblos este acto constitutivo con júbilo y admiración, mucho más al ver que el propio decreto anunciaba la convocación de la representación nacional para el año de

1830. Meditando el Libertador otras medidas de no menor importancia para arreglar todos los ramos de la administración pública, los buenos colombianos y los elementos del bien parecían reunirse para llevar á cabo la grande obra de nuestra regeneración política.

«En momentos tan críticos, el más horrible y escandaloso atentado de cuantos puede hacer mención la historia de los siglos, puso la república al borde de su ruina: un puñado de alevosos iba á anular para siempre los sacrificios sin límites que el heroico pueblo de Colombia ha hecho por obtener su independencia y libertad, manchando su nombre con el crimen más horrendo y su memoria con la execración de la posteridad. La Providencia salvó los preciosos dias del Libertador, arrancándole de las impías manos que intentaron dar muerte á la patria la noche del 15 de setiembre del año anterior. Desde luego se conoció que esta insurrección, fraguada en Ocaña, había extendido su mortífero veneno á otros puntos del territorio, y que la vigilancia de los jefes sofocaría sus estragos y disiparía el contagio.

«Venezuela no se libró de las tentativas de los enemigos de la libertad, y algunos hombres infatuados por la exageración de los principios, ó vendidos á los autores de tantos males, procuraron hacerse prosélitos: sus proyectos fueron vanos, encontrando en los pechos venezolanos inextinguible el fuego santo del patriotismo, é incontrastable su voluntaria decisión á esperar el bien de las manos benéficas á las que debían su existencia y el goce de los inefables derechos del hombre: amalgamados sus sentimientos por un principio poderoso de ilustración, supieron oponer fuertes diques á los intentos ambiciosos: amaestrados en la larga carrera de la revolución y convencidos del verdadero objeto de tales empresas, hicieron frente á la perfidia y se previnieron con noble celo á resistir la seducción. El gobierno superior descubrió las maquinaciones, y el 17 de enero último han sido sentenciados sus autores, aunque con no mejor indulgencia que los revoltosos de Bogotá.

«Terminada de este modo la insurrección, y afianzados perfectamente el orden y la tranquilidad pública, parece oportuno que yo os hable del objeto ostensible de los facciosos, de la causa que proclamaban y del falso y calumnioso principio en que han querido, engañando á los incautos, fundar el trastorno general que intentaban; y al haceros patentes los lazos que os tendían para atraeros á sus intereses, manifestaré á la faz del mundo la ingratitud é injusticia con que han pretendido mancillar la fama inmarcesible del Libertador Presidente. Los hechos hablarán, y vosotros que los habéis visto y tocado, juzgaréis si los enemigos del general Bolívar lo son de la patria y de causa la América del Sur.

«Desde que en 1826 nueve departamentos de la república levantaron á ejemplo de Venezuela el grito de las reformas contra el abusivo poder del vicepresidente de ella: desde que todos los afectos á la administración de Santander vieron que los pueblos no querían ser por más tiempo la víctima de su insaciable avaricia, se levantó al rededor del dosel del vicepresidente el ronco susurro de la desaprobación y de la venganza, que reventó por fin con gran estrépito, declarando rebeldes y fuéra de la ley á los que pedían las reformas. Se intentó ganar á los pueblos y al ejército bajo la brillante y seductorora apariencia de defender las leyes y la constitución de Cúcuta: Santander se tituló el atleta de los principios y el amigo del pueblo: se pusieron en juego todos los resortes de la seducción y de la perfidia para provocar la guerra civil: se olvidaron las heroicas hazañas de los ilustres libertadores de Venezuela, y se les proscribió como una horda de bandidos: se levantaron tropas para emprender una lid antisocial y fratricida: se premió con descaro á los más calificados traidores; pero sobre todo cuando los nueve departamentos disidentes de la administración de Bogotá clamaban por el Libertador como el árbitro supremo de sus diferencias políticas, se quiso hacer creer por diversos medios que ellos detestaban al general Bolívar y que la revolución se dirigía á desconocer su suprema autoridad.

«Afortunadamente desde la capital del Perú voló el padre de la patria á salvar á la república, su primogénita, de la completa anarquía á que se intentaba precipitarla. El apareció en Colombia como el sol radiante que disipa las nubes tormentosas: fue el iris de paz que se dejó ver en nuestro horizonte, y que inspiraba á los colombianos seguridad y consuelo. Su decreto de 1º de enero de 1827 en Puerto Cabello hizo conocer al mundo que una sola expresión del Heroe de la América era más poderosa que los ejércitos de Jerges y Napoleón. Este acto sublime del genio privilegiado del Libertador ha ratificado el augusto-dogma político, que á la filosofía y al saber rendirán perenne homenaje aun las pasiones más furiosas, por exaltadas que aparezcan. Así es que la pacificación general debe datarse al rayar la aurora del año veintisiete; y el general Bolívar entrando triunfante en Caracas, su patrio suelo, en medio de todos los raptos de una emoción nacional, de que hay pocos ejemplos, recibió el digno galardón á que era acreedor por su célebre y magnánimo comportamiento.

«El año de 1826 quedó sepultado en los abismos del olvido, y todos fijaron su suerte futura en el único colombiano que era el centro común del interés general. Pero esta misma conducta del Libertador que ha merecido los aplausos del Viejo y Nuevo Mundo, fue la que irritó hasta el extremo al partido de Santander, y á todos los que creyeron neciamente que el general Bolívar perseguiría y descargaría un castigo ruidoso sobre los principales actores de la causa de las reformas: le vieron que desviándose de la senda de la anterior administración, iba por otra opuesta á consultar la voluntad soberana de los pueblos que clamaban por un cambiamiento útil y saludable: le vieron, en fin, ponerse á la cabeza de las reformas, derrocar á golpes maestros las cábalas de los dilapidadores de las rentas públicas, y anunciar que la constitución de Cúcuta había caducado, porque no pudiendo ella hacer el bien de los colombianos, estos tenían el derecho imprescriptible de reorganización y constituirse del modo más conveniente á su dicha y prosperidad.

«Desde este momento variaron de rumbo los anarquistas, y reconcentrando en un sólo punto todo el odio é indignación que tenían á los postulantes de reformas, dirigieron su sacrílega voz y sus impíos ataques contra la persona del Libertador. Dueños de las prensas, que la magnanimidad del Héroe sólo había circunscrito á no hablar del año veintiseis, levantaron el grito de las calumnias más atroces, y desconociendo la ínclita mano que los había salvado del yugo hispano, y conquistándoles la libertad de que gozaban, le atribuyeron ideas de ambición, y publicaron por todas partes que el Libertador era el opresor de los derechos del pueblo, y que marchaba á poner sobre sus sienes una corona real para despotizar las naciones que él mismo, decían, había fundado con tan abominable objeto. Uniéronse y formaron liga con estos infames detractores todos los que profesaban hasta la exageración los principios liberales: los que sin exámen ni criterio alguno olvidaban catorce años de hechos que comprobaban el desprendimiento público de Bolívar, para adunarse á los que le calumniaban : aquellos que por las nuevas medidas del Libertador, no vivían ni podían vivir más tiempo de la sangre de los pueblos: los que no hallarían ya en el gobierno sino justicia y probidad; y finalmente cuantos en el orden de las reformas tenían que cambiar de giro, de interés y aun de inclinaciones. Diseminados estos hombres por todos los ángulos de la república, clamaban contra el Libertador y contra todos los que disentían de sus opiniones, invocando el antiguo régimen de la constitución de Cúcuta y del gobierno de Santander, provocaron en el Sur el desbandamiento de una división militar, y levantaron por último sus manos parricidas para asesinar al Presidente del Estado, al gran Bolívar.

«Antes que estos malvados sufriesen el castigo de sus horrendos crímenes, habría parecido oficioso el rebatir sus negras imposturas; mas ahora que el brazo de la ley se ha descargado sobre sus cabezas, desplegando á la vez el gobierno una clemencia inaudita, y cuando este ha manifestado su incontrastable poder contra los facciosos que aún infestan el Sur, creo de mi deber como ciudadano de Colombia, como general en jefe de sus ejércitos, como jefe superior de Venezuela, y como defensor de sus libertades, hacer frente á las imputaciones malignas de de los que han osado profanar el heroico nombre del Padre de Colombia. Sea la vida ilustre de este hombre de los pueblos la fuente de donde yo tome los argumentos irresistibles que le presentaban á la vista de los humanos como un sér superior á todos los halagos de la ambición y á las ilusas glorias del cetro y de la corona.

Al empezar el general Bolívar su brillante carrera, dirige desde Trujillo á los venezolanos, en 15 de junio de 1813, siendo brigadier de la Unión, una elocuente proclama en que les dice :

«Nuestra misión sólo se dirige á romper las cadenas «de la servidumbre que agobian todavía algunos de nuestros «pueblos, sin pretender dar leyes ni ejercer actos de do-«minio, á que el derecho de la guerra podía autori-«zarnos».

Estos principios encadenan la victoria á la espada del Libertador : llega triunfante á Caracas, y la ilustre municipalidad en la asamblea popular que celebró en el convento de San Francisco en 14 de octubre del mismo año confiere al general Bolívar el título de Libertador de Venezuela, y al contestar la comunicación que al efecto se le dirigió, se explica en estas memorables palabras :

«V. S. S. me aclaman capitán general de los ejércitos «y Libertador de Venezuela, título más glorioso y satisfac-«torio para mí que el cetro de todos los imperios de la «tierra».

En otra asamblea popular en el mismo punto, celebrada el 2 de enero de 1814, dando cuenta el general Bolívar de su conducta militar y política hasta aquella fecha, arengó al pueblo, y entre otros rasgos sublimes de su discurso dijo :

«Ciudadanos: Yo no soy el soberano: vuestros repre-
«sentantes deben hacer vuestras leyes....'. Anhelo por e'
«momento de trasmitir este poder á los representantes que
«debeis nombrar.

«Compatriotas: Yo no he venido á oprimiros con mis
«armas vencedoras: he venido á traeros el imperio de las
«leyes: he venido con el designio de conservaros vuestros
«sagrados derechos. No es el despotismo militar el que
«puede hacer la felicidad del pueblo, ni el mando que
«obtengo puede convenir jamás sino temporariamente á la
«república. Un soldado feliz no adquiere ningún derecho
«para mandar á su patria. No es el árbitro de las leyes
«y del gobierno: es el defensor de su libertad. Sus glorias
«deben confundirse con las de la república: y su ambición
«debe quedar satisfecha al hacer la felicidad de su país...
«Yo os suplico me eximais de una carga superior á mis
«fuerzas. Elegid vuestros representantes, vuestros magis-
«trados, un gobierno justo, y contad con que las armas
«que han salvado la república protegerán siempre la liber-
«tad y la gloria nacional de Venezuela.»

«Cuatro años trascurrieron entre los desastres de la
libertad venezolana y los esfuerzos del Libertador para re-
cuperarla. De en medio de la sangre y los cadáveres de sus
hermanos, se salva el salvador de todos, reune las tristes
reliquias de sus compatriotas, y al abrigo del ilustre Petión,
emprende la redención de la patria. Triunfa su valor hasta
Angostura, y apenas le fue posible, llama la representación
nacional; y al convocar el segundo congreso proclama á los
venezolanos en **22** de octubre de **1818**:

«Y yo, á nombre del ejército libertador, os pongo en
posesión de vuestros imprescriptibles derechos. Nuestros
soldados han combatido para salvar á sus hermanos, es-

«posas, padres é hijos, mas no han combatido para sujetar-
«los. El ejército de Venezuela sólo os impone la condición
«de que conservéis intacto el depósito sagrado de la libertad;
«y yo os impongo otra no menos justa y necesaria al cum-
«plimiento de esta preciosa condición: elegid por magis-
«trados á los más virtuosos de vuestros conciudadanos, y
«olvidad, si podéis, en vuestras elecciones á los que os han
«libertado. Por mi parte, yo renuncio para siempre la
«autoridad que me habéis conferido, y no admitiré jamás
«ninguna que no sea la simple militar, mientras dure la
«injusta guerra de Venezuela. El primer día de paz será el
«último de mi mando.»

«Logró por fin el Libertador el objeto de sus paternales ansias, y en el gran discurso que dirigió al congreso, reunido en 1819 en la ciudad de Angostura, exclama:

«Dichoso el ciudadano que bajo el escudo de las armas
«de su mando, ha convocado la soberanía nacional para que
«ejerza su voluntad absoluta. Yo me cuento entre los seres
«más favorecido de la divina Providencia, ya que he tenido
«el honor de reunir á los representantes del pueblo de
«Venezuela en este augusto congreso, fuente de la autori-
«dad legítima, depósito de la voluntad soberana, y árbitro
«del destino de la nación.

«. . . . . Solamente una necesidad forzosa, unida á la
«voluntad imperiosa del pueblo, me habría sometido al te-
«rrible y peligroso encargo de dictador, jefe supremo de
«la república. ¡Pero ya respiro devolviéndoos esta autori-
«dad, que con tanto riesgo, dificultad y pena he logrado
«mantener en medio de las tribulaciones más horrorosas
«que pueden afligir á un cuerpo social!

«....En este momento el jefe supremo de la república «no es es más que un simple ciudadano, y tal quiere que-«dar hasta la muerte.....La continuación de la autoridad «en un mismo individuo, frecuentemente ha sido el término «de los gobiernos democráticos.....Nada es tan peligroso «como dejar permanecer largo tiempo en un mismo ciuda-«dano el poder. El pueblo se acostumbra á obedecerle, «y él se acostumbra á mandarlo; de donde se origina la «usurpación y la tiranía......

«......Y nuestros ciudadanos deben temer con sobra-«da justicia que el mismo magistrado que los ha mandado «mucho tiempo, los mande perpetuamente. Dignáos, legis-«ladores, conceder á Venezuela un gobierno que encadene «la opresión, la anarquía y la culpa. Un gobierno que haga «reinar la inocencia, la humanidad y la paz. Un gobierno «que haga triunfar bajo el imperio de las leyes inexorables «la igualdad y la libertad.»

«Dudoso era por cierto el éxito de la guerra cuando el Libertador y yo en los vastos campos del Apure nos vimos al frente del ejército de Morillo, compuesto de siete mil hombres aguerridos, y la flor de sus tropas. El general Bolívar forma, sin embargo, el atrevido proyecto de invadir la Nueva Granada: marcha, vence en Vargas y Boyacá, entra victorioso en Santafé, y dueño de esta capital proclama á los granadinos asegurándoles:

«Mi ambición no ha sido sino la de libraros de los «horribles tormentos que os hacen sufrir vuestros enemigos, «y restituiros al goce de vuestros derechos para que insti-«tuyáis un gobierno de vuestra expontánea elección.»

«Cubierto de laureles el Libertador, después de la céle-bre jornada de Boyacá, la anarquía le llamó imperiosamente á Angostura. A su aparición rápida é inesperada, huye azorada la discordia, el orden se restablece, el congreso reasume sus augustas funciones, y de acuerdo con el ilustre Zea emprende la realización de la grandiosa idea de fundar la república de Colombia. Lo logra, y en el éxtasis de su amor nacional prorrumpe en 8 de marzo de 1820:

«¡Colombianos! Yo os lo prometo á nombre del con-«greso: seréis regenerados: vuestras instituciones alcanza-«rán la perfección social, vuestros tributos abolidos, rotas «vuestras trabas: vuestras virtudes serán vuestro patrimo-«nio, y sólo el talento, el valor y la virtud serán corona-«dos . . . . La intención de mi vida ha sido una: la for-«mación de la república libre é independiente de Colombia «entre dos pueblos hermanos. Lo he alcanzado, ¡viva el «Dios de Colombia! . . . . .»

«Estas mismas ideas, esta propia energía manifestó el Libertador al aceptar provisoriamente la presidencia del Estado en Cúcuta á 1º de octubre de 1821.

«Yo no soy (dice al presidente del congreso) el magis-«trado que la república necesita para su dicha. El bufete «es para mí un lugar de suplicio: mis inclinaciones natura-«les me alejan de él, tanto más cuanto he alimentado y «fortificado estas mismas inclinaciones por todos los medios «que he tenido á mi alcance, con el fin de impedirme á mí «mismo la aceptación de un mando, que es contrario al bien «dé la causa pública y á mi propio honor.»

«En carta de la misma fecha se expresa el Libertador al congreso colombiano de una manera decisiva en es-tas frases:

«Mi oficio de soldado es incompatible con el de ma-«gistrado: estoy cansado de oirme llamar tirano por mis

«enemigos ; y mi carácter y sentimientos me oponen una
«repugnancia insuperable.»

«Jura el Libertador Presidente ante el congreso constituyente de Colombia la constitución de la república y
solemniza este importante acto con un discurso en
que se lee:

«Yo soy el hijo de la guerra : el hombre que los com-
«bates han elevado á la magistratura : la fortuna me ha sos-
«tenido en este rango, y la victoria lo ha confirmado.   Pero
«no son estos los títulos consagrados por la justicia, por la
«dicha y por la voluntad nacional.   La espada que ha go-
«bernado á Colombia, no es la balanza de Astrea, es un
«azote del genio del mal que algunas veces el cielo deja caer
«en la tierra para castigo de los tiranos y escarmiento de los
«pueblos.   Esta espada no puede servir de nada el día de la
«paz, y este debe ser el último de mi poder, porque así lo
«he jurado para mí, porque lo he prometido á Colombia, y
«porque no puede haber república donde el pueblo no está
«seguro del ejercicio de sus propias facultades.   Un hombre
«como yo es un ciudadano peligroso en un gobierno popu-
«lar : es una amenaza inmediata á la soberanía nacional.   Yo
«quiero ser ciudadano para ser libre, y para que todos lo
«sean.   Prefiero el título de ciudadano al de Libertador,
«porque éste emana de la guerra: aquél emana de las leyes.
«Cambiadme, señor, todos mis dictados por el de buen
«ciudadano.»

«Triunfante el Libertador en Bomboná y Pichincha, dirige á los colombianos una proclama, y anunciándoles el fin
de la guerra y que Colombia quedaba libre de sus fieros enemigos, les dice :

«¡Colombianos del Sur!   La sangre de vuestros herma-
«nos os ha redimido do los horrores de la guerra.   Ella os

«ha abierto la puerta al goce de los santos derechos de li-
«bertad y de igualdad. Las leyes colombianas consagran la
«alianza de las prerrogativas sociales con los fueros de la na-
«turaleza.»

«Apenas el Libertador acababa de recoger los laureles
en los campos del Sur de Colombia, cuando con permiso
expreso del congreso, acepta la invitación del Perú para re-
dimirle, marcha rápidamente á la tierra de los Incas, llega á
Trujillo, y al recibir la suprema dictadura que se le confiere por el congreso constituyente, proclama á los peruanos en 11 de marzo de 1824 :

«Los desastres del ejército y el conflicto de los partidos
«han reducido al Perú al lamentable estado de ocurrir al
«poder tiránico de un dictador para salvarse. El congreso
«constituyente me ha confiado esta odiosa autoridad, que no
«he podido rehusar por no hacer traición á Colombia y al
«Perú, íntimamente ligados por los lazos de la justicia, de la
«libertad y del interés nacional. Yo hubiera preferido
«no haber jamás venido al Perú, y prefiriera también
«vuestra pérdida misma al espantoso título de Dicta-
«dor.»

«Las armas colombianas, victoriosas en los campos de
Junín y de Ayacucho, terminaron la guerra en el Sur de
América, y al anunciarlo el Libertador á los peruanos les
promete :

«Peruanos: El dia en que se reúna vuestro congreso
«será el dia de mi gloria, el dia en que se colmarán
«los más vehementes deseos de mi ambición. ¡No man-
«dar más.»

«No limita el Libertador solamente á esta exposición su
asombroso desprendimiento : él lo ratifica desde la capital

de Lima al senado de Colombia, renunciando por tercera vez la presidencia del Estado con fecha **22** de diciembre de **1824**:

«Todo el mundo ve y dice que mi permanencia en Co-«lombia ya no es necesaria, y nadie lo conoce más que «yo. Digo más, creo que mi gloria ha llegado á su colmo, «viendo mi patria libre, constituida y tranquila al separarme «yo de sus gloriosas riberas. Este ensayo se ha logrado con «mi venida al Perú. Lo diré de una vez, yo quiero que la «Europa y la América se convenzan de mi horror al poder «supremo, bajo cualquier aspecto ó nombre que se le dé. «Mi conciencia sufre bajo el peso de las atroces calumnias «que me prodigan ya los liberales de América, ya los serviles «de Europa. Noche y dia me atormenta la idea en que es-«tán mis enemigos de que mis servicios á la patria son diri-«gidos por la ambición. Por fin me atreveré á decir con una «excesiva franqueza, que espero me será perdonada, que yo «creo que la gloria de Colombia sufre con mi permanen-«cia en su suelo, porque siempre se le supone ame-«nazada de un tirano, y que el ultraje que á mí se «me hace, mancha una parte del brillo de sus virtu-«des, puesto que yo compongo una parte aunque mínima «de esta república.»

«Precisaménte el mismo dia en que se completaba el tér-mino que el Libertador se habia prefijado para abdicar la suprema dictadura del Perú, reúne el congreso constitu-yente, y en el momento de instalarse hace al pueblo esta felicitación:

«¡Legisladores! Al restituir al Congreso el poder su-«premo que depositó en mis manos, séame permitido felici-«citar al pueblo porque se ha librado de cuanto hay

«más terrible en el mundo : de la guerra con la victoria de
«Ayacucho, y de mi despotismo con mi resignación. Pros-
«cribid para siempre, os ruego, tan tremenda autoridad,
«¡ esta autoridad que fue el sepulcro de Roma ! Fue laudable,
«sin duda, que el congreso para franquear abismos y arros-
«trar furiosas tempestades, clavase las leyes en las bayonetas
«del ejército libertador ; pero ya que la nación ha obtenido
«la paz doméstica y la libertad política, no debe permitir
«que manden sino las leyes.»

«No contento el Libertador con haber formado en Colombia y el Perú dos naciones independientes, se resuelve á
fundar una nueva república que tomó su nombre. Bolivia
apareció en el catálogo de los pueblos libres ; la erige sobre
las bases representativas de las luces del siglo y en el seno
de su congreso constituyente le presenta el proyecto de
constitución : hace con este motivo un elocuente discurso, y entre los muchos rasgos de que abunda y que
dan á esta pieza un mérito y realce extraordinarios, se
expresa :

«¡Legisladores! La libertad de hoy más será indes-
«tructible en América. Véase la naturaleza salvaje de este
«continente que expele por sí sola el orden monárquico :
«los desiertos convidan á la independencia. Aquí no hay
«grandes nobles, grandes eclesiásticos. Nuestras riquezas
«eran casi nulas, y en el día lo son todavía más. Aunque la
«Iglesia goza de influencias, está lejos de aspirar al dominio,
«satisfecha con su conservación. Sin estos apoyos los tiranos
«no son permanentes, y si algunos ambiciosos se empe-
«ñan en levantar imperios, Dessalines, Cristóbal, Iturbi-
«de les dicen lo que deben esperar. No hay poder más
«difícil de mantener que el de un príncipe nuevo. Bona-
«parte vencedor de todos los ejércitos no logró triun-

«far de esta regla, más fuerte que los imperios. Y si
«el gran Napoleón no consiguió mantenerse contra la
«liga de los republicanos y de los aristócratas, ¿quién
«alcanzará en América á fundar monarquías en un suelo
«encendido con las brillantes llamas de la libertad, y que de-
«vora las tablas que se le ponen para elevar esos cadalsos
«regios? No, legisladores, no temáis á los pretendien-
«tes á coronas: éllas serán para sus cabezas la espada
«pendiente sobre Dionisio. Los príncipes flamantes que
«se obcequen hasta construir tronos encima de los escom-
«bros de la libertad, erigirán túmulos á sus cénizas, que
«digan á los siglos futuros cómo prefirieron su fatua ambición
«á la libertad y á la gloria.»

«Justa y reconocida Colombia al padre de su existencia y libertad, unánimemente le reelige para ocupar la
silla de la presidencia del Estado: el vicepresidente Santander se lo participa, y en 24 de junio de 1826 el Libertador le contesta desde Magdalena en el Perú:

«Yo he sido seis años jefe supremo y ocho presidente:
«mi reelección por tanto es una manifiesta ruptura de las
«leyes fundamentales. Por otra parte, yo no quiero
«mandar más, y ha llegado el momento de decirlo con
«libertad sin ofensa de nadie. Yo no he nacido para
«magistrado: no sé, ni puedo serlo. Aunque un solda-
«do salve á su patria, rara vez es buen magistrado.—
«Acostumbrado al rigor y á las pasiones crueles de la guerra,
«su administración participa de las asperezas y de la violen-
«cia de un oficio de muerte.»

«Esta firme resolución tantas veces pronunciada, y
otras tantas eludida por el imperio de las circunstancias,
lo fue también al oir al Libertador el clamor general
de sus hermanos de Colombia, que le invocaban como

el árbitro y supremo mediador de sus diferencias, y al pisar la capital de la república en **1826** habla á los pueblos :

«El voto nacional me ha obligado á encargarme del «mando supremo : yo le aborrezco mortalmente, pues por «él me acusan de ambición y de atentar á la monarquía. «¡Qué! ¿me creen tan insensato que aspire á descender? «¿No saben que el destino de Libertador es más sublime que «el trono?

«¡Colombianos! Vuelvo á someterme al insoportable «peso de la magistratura, porque en los momentos de «peligro era cobardía, no moderación, mi desprendimien- «to; pero no contéis conmigo, sino en tanto que la ley «ó el pueblo recuperen la soberanía. Permitidme enton- «ces que os sirva como simple soldado y verdadero re- «publicano, de ciudadano armado en defensa de los her- «mosos trofeos de vuestras victorias, vuestros derechos.»

«Siguiendo su rápida marcha el Libertador hacia estos departamentos, llega á Maracaibo, y el **16** de diciembre del próximo año de **1826** dirige en una proclama á los venezo- lanos estas palabras :

«Tan sólo el pueblo conoce su bien, y es dueño «de su suerte; pero no un poderoso, ni un partido, ni «una facción. Nadie sino la mayoría es soberana. Es «un tirano el que se pone en lugar del pueblo; y su potes- «tad, usurpación.»

«Ya en esta capital el Libertador dirigió en 6 de febrero de **1827** al presidente de la cámara del senado una respetuosa carta renunciando por cuarta vez la presidencia del Estado, y hablando de su persona, se explica :

«En cuanto á mí, las sospechas de una usurpación «tiránica rodean mi cabeza, y turban los corazones co- «lombianos. Los republicanos celosos no saben conside- «rarme sino con un secreto espanto, porque la historia «les dice que todos mis semejantes han sido ambiciosos. «En vano el ejemplo de Washington quiere defenderme; «y, en verdad, una ó muchas excepciones no pueden «nada contra toda la vida del mundo, oprimido siempre por «los poderosos.

"Yo gimo entre las agonías de mis conciudadanos, «y los fallos que me esperan en la posteridad. Yo mismo «no me siento inocente de ambición, y por lo mismo me «quiero arrancar de las garras de esta furia, para li- «brar á mis conciudadanos de inquietudes, y para ase- «gurar después de mi muerte una memoria que merezca de «la libertad.»

«El espíritu de insubordinación y de anarquía se apode- ró de la tercera división auxiliar del Perú, trastornando en el Sur de Colombia la paz y el reposo común. Con este motivo proclama el Libertador á los colombianos en 19 de junio del mismo año 27, y les ratifica sus sentimientos, diciéndoles:

«En todos los períodos de gloria y prosperidad para «la república he renunciado el mando supremo con la más «pura sinceridad: nada he deseado tanto como despren- «derme de la fuerza pública, instrumento de la tiranía que «aborrezco más que á la misma ignominia.»

"Y concluye: "Yo no burlaré las esperanzas de la «patria, Libertad, gloria y leyes habíais obtenido contra «nuestros antiguos enemigos: libertad, gloria y leyes conser- «varemos á despecho de la monstruosa anarquía.»

«Al separarse el Libertador de esta ciudad el 5 de julio del propio año para la capital de la república, dirige su tierna voz á sus paisanos :

«Caraqueños, les dice, nacido ciudadano de Caracas, mi «mayor ambición será conservar este precioso título : una «vida privada entre vosotros será mi delicia, mi gloria y la «venganza que espero tomar de mis enemigos.»

«Pero, ¿para qué me empeño en presentaros estos actos constantes y decisivos del general Bolívar por la libertad y que convencen su odio al mando supremo, de que ha dado en todos los momentos de su vida tan irrefragables testimonios, cuando tenemos el rasgo más brillante de su desprendimiento público y de su franca sumisión á la soberanía de los pueblos? Oigámosle, pues, ante la gran convención en el elocuente mensaje que le dirigió á Ocaña con fecha 29 de febrero del año próximo pasado :

«Conciudadanos : Os congratulo por la honra que ha-«béis merecido á la nación confiándoos sus altos destinos. «Al representar la legitimidad de Colombia, os hayáis reves-«tidos de los poderes más sublimes. También participo yo «de la mayor ventura, devolviéndoos la autoridad que se «había depositado en mis cansadas manos : tocan á los que-«ridos del pueblo las atribuciones soberanas, los derechos «supremos, como delegados del Omnipotente augusto, de «quien soy súbdito y soldado. ¿En qué potestad más «eminente depondría yo el bastón de Presidente y la espa-«da de general?

«Y yo que sentado sobre el hogar de un simple ciuda-«dano y mezclado entre la multitud recobro mi voz y «mi derecho, yo que soy el último que reclamo el fin «de la sociedad, yo que he consagrado un culto religioso á

«la patria y á la libertad, no debo callarme en momento tan
«solemne. Dadnos un gobierno en que la ley sea obedeci-
«da, el magistrado respetado y el pueblo libre : un gobier-
«no que impida la trasgresión de la voluntad general y los
«mandamientos del pueblo.»

«He seguido los pasos del Libertador desde el momento
que apareció en la brillante escena de la salvación de la patria:
habéis corrido conmigo la revista de los más importantes
hechos de su vida política ; y ya como soldado, ya como magistrado, su lenguaje y sus obras han sido uniformes y consecuentes : su espíritu, el de la libertad que inflama su corazón : su anhelo, la felicidad de Colombia, de la América
toda : su ambición, ocupar el eminente rango de ciudadano :
él ha manifestado siempre un amor entrañable á las instituciones liberales, una ciega idolatría á la soberanía nacional,
y un rencor eterno, la rabia más atroz á la dictadura, al mando supremo, al despotismo y á la ignominia del cetro y de
la corona. Bolívar ha excedido en desprendimiento y en adhesión á la libertad á todos los hombres que han preexistido:
ha cubierto de lodo, de fealdad y de execración á los ambiciosos y á los liberticidas, á los que no ven en el poder que
ejercen sobre los pueblos más que un medio de en señorear-
se de la fuerza pública, y elevarse un trono sobre los tétricos
fragmentos de las leyes, sobre la extinción de todos los derechos y garantías sociales, y sobre los ensangrentados cadáveres de sus semejantes. Los sublimes ejemplos que el Libertador ha dado de su adoración á la santa causa de la América
del Sur, su inaudita moderación en el mando, y cuanto tiene
de grande y de heroico el dilatado curso de su existencia
política, le han adquirido una gloria, tanto más excelsa,
cuanto que en muchos períodos ha visto debajo de sus pies
abierto el camino del imperio, y á que más de una vez se le

ha excitado por comunicaciones de la Europa, indicándosele
hasta las medidas que debía tomar para hacerse proclamar
rey constitucional, halagándosele con la lisonjera esperanza
de que de esta manera los potentados europeos se allanarían
á reconocer á Colombia. Esta insidiosa invitación la denunció él mismo al congreso, como se lee en la *Gaceta* de Colombia número 174.

« Abramos el gran libro de la historia universal, veamos los jefes de las naciones libres en el apojeo de su poder,
y comparémosles con nuestro compatriota Bolívar. ¡Oh, cuán
pequeños aparecen los unos, cuán perversos y malvados los
otros! Coloquémonos en el Pireos y observemos esos caudillos de la célebre Atenas. ¿Qué fueron Milcíades, Temís-
tocles, Arístides, Cimón, Calicrátidas y algún otro, sino jefes
ó magistrados de un momento, que regían un pueblo tan
pequeño como uno de nuestros cantones, cuyos habitantes
estaban ligados por los vínculos de un ardiente amor á la
patria, de un eminente espíritu público, sabios, ilustrados,
laboriosos y unidos por usos, costumbres, educación é inclinaciones? ¿Se vieron ellos por ventura chocando con un
enemigo tan fiero y obstinado como el español en una guerra de doce años, la más sangrienta? ¿Los persas pueden
jamás compararse á los godos, ni Filipo Macedonio á Fernando de Borbón? ¿Acaso esos afamados capitanes rompieron los grillos de su patria, la formaron y constituyeron á
la vez? ¿Solón y Licurgo habrían derrocado el despotismo
peninsular con sus espadas? ¿Qué vienen á ser, pues, ante
el gran Bolívar todos esos séres privilegiados á los que la
historia ha consagrado los honores de la inmortalidad?
Ellos son como fósforos cuya débil y vacilante luz se eclipsa
y oscurece á un solo rayo del sol en el Oriente. ¿Y qué
fueron Pisistrato, Hipias, Hiparco, Pausanias, Pericles, Al-

cibiades, Lisandro y muchos otros jefes atenienses? Insignes malvados, que abusando del tesoro ó de la fuerza común que comandaban, hicieron las desgracias de su tierra, y fueron el oprobio de la Grecia.

«Remontémonos al Capitolio, y veremos en Roma, es verdad, las heróicas virtudes de los Camilos, de los Fabios, de los Cincinatos, de los Régulos, de los Scipiones y de los Brutos; mas ¿cómo podrían obrar en sentido opuesto hombres criados en la escuela de las virtudes republicanas, en el entusiasmo del amor patrio, en el énfasis del heroísmo, y en el innato orgullo de romanos? ¿Y Bolívar formado, nacido y educado en el seno del despotismo colonial, al sacudir los envejecidos hábitos de la servidumbre, al resolverse á plantear la audaz y noble idea de libertar su país, y la América toda, al llevar á cabo esta empresa, la más grandiosa y heróica de cuantas hasta ahora nos refieren los anales del universo, puede admitir paralelo con aquellos célebres romanos? No: éllos aparecen al lado del Libertador de Colombia, como granos de arena á los pies del gran coloso de Rodas, son como puntos invisibles en la vasta superficie de la América del Sur. Mas, cuando volvemos la vista á los Marios, á los Silas, á los Catilinas, y á los Césares, entonces, gran Dios! todo es horror, crímenes, sangre, desolación y muerte. César mismo en su infancia política anunciaba ya las tormentas con que amenazaba á la señora del mundo. Desde Edil Curul dejaba divisar la ambición que le devoraba, señalando con el dedo de su valor y de su audacia el paso del Rubicón y la escala por donde debia ascender al poder tiránico.

«Pero cerremos el gran libro de la historia de los siglos pasados, y recorramos las páginas de las épocas modernas. Veamos la Francia arrebatada de la anarquía por la mano vigorosa, por el talento superior de Napoleón. Observemos á este insigne republicano en la memorable campaña de Italia destruyendo tronos, y creando repúblicas, llevar hasta la apoteosis los raptos del liberalismo más perfecto y consumado; pero por entre estas ráfagas de esplendor y de luz descubriremos un interés sórdido y secreto de elevarse sobre los demás mortales: complacerse en la humillación de los reyes, no por un sentimiento puro de libertad, sino por un principio pecaminoso de orgullo y de amor propio: un conato en formarse devotos y prosélitos, y todos los subterfugios, todas las pasiones de una alma devorada por el orgullo, y vendida á sí misma. Su expedición á Ejipto, su regreso á París, y sus maniobras sucesivas formaban un plan que perfeccionó en el solio imperial. ¿Y la conducta de este astuto hipócrita, de este famoso tirano puede ponerse en parangón con los hechos claros y luminosos de la vida del general Bolívar? ¿No le hemos visto precisamente en los momentos de más gloria y esplendor para su nombre, abdicar el mando supremo, invocar la soberanía del pueblo, rendirle un vasallaje sin límites, reunir la representación nacional, y maldecir la dictadura y el tremendo poder que á su pesar ejercía? ¿No le hemos visto delatarse á sí mismo ante la Nación temeroso de su ambición, y engendrar de este modo hasta sospechas contra sí propio, para excitar el celo republicano de los colombianos?

« ¿Y vos, ilustre Washington, podréis adunar vuestra fama á la del Libertador de Colombia? No es posible; vuestro país estaba formado para la libertad. La América del Norte fue libre porque no podía ser otra cosa. Dado no era á ningún mortal esclavizar aquella comarca. Franklin, Adams, Jefferson y demás varones fuertes, vuestros colegas, no hubieran tolerado vuestra deserción, ni vuestras aspiraciones. Una necesidad imperiosa, unida á la honradez y bondad de vuestro carácter, os ha dado un distinguido lugar en el gran panteón de los bienhechores del género humano. Bolívar por el contrario ha pugnado con la ruda y tenaz España : con los hábitos de trescientos años de servidumbre y abyección, en un continente casi tan grande como una tercera parte del globo, con intereses aislados y mezquinos, con la superstición y fanatismo, con viles y depravados traidores, con todas las oscilaciones militares y políticas, en una dislocación general del orden, de la justicia y de la moral ; en fin, ha tenido que lidiar con los cielos y con la tierra, con los hombres y con las fieras ; lo diré de una vez, con españoles y anarquistas. Al través de tales y tamaños obstáculos el Libertador ha salvado cien veces su patria, y siempre grande, siempre señor absoluto de la suerte de todo, jamás ha obrado sino con relación al bien, llevando por norte la libertad, por consuelo su amor á la patria, por galardón la felicidad común, y por sus glorias las del pueblo colombiano.

« Los fastos del género humano, el bronce y el mármol, perpetuarán la fama inmortal del Libertador. El nuevo mundo será un eterno monumento de los ilustres hechos de este varón singular, que pasarán á la posteridad más remota con todos los atributos de una veneración celestial : homenaje que á tan esclarecidas virtudes cívicas rinde ya la culta Europa en los palacios de los reyes, en los salones de los grandes, en los museos é institutos, sirviendo sus hazañas y su efigie de objeto fecundo al esplendor de las artes, de la industria y del comercio universal. Bolívar, pues, colmará los destinos á que ha sido llamado : su misión de paz y de libertad será el modelo de los futuros caudillos de las naciones; y su nombre será en todos tiempos el terror de los déspotas y el pasmo de los tiranos. ¿Cómo, pues, existen hombres ¡y colombianos! que intenten mancillar la fama del Libertador, en la que ya los mortales no tienen imperio alguno? ¿No son patentes al mundo entero sus hechos y los sentimientos de su alma justa, noble y desprendida de todo interés personal? Y vosotros, colombianos del Norte á quienes hablo, ¿me creeriais tan infame que pudiese jamás inclinar la rodilla ante un déspota coronado? ¿Y lo harían también esos valientes generales y jefes, ese ejército conquistador de la libertad colombiana, y tantos ciudadanos beneméritos que poseídos de los mismos sentimientos liberales que el general Bolívar, han sacrificado su sangre, su reposo, sus riquezas y aun los prestigios del saber y del amor propio á la adquisición de las prerogativas sociales? Vosotros, sí, vosotros me habéis visto elevarme de la triste esfera de soldado al eminente rango que ocupo : desde las inmensas llanuras del Apure, yo me lancé sobre el despotismo como el rabioso león sobre su presa : en mil combates he arrostrado la muerte, la he tocado con mis manos, la he rechazado con mi sangre, y armado con la lanza de la libertad, he ganado mis derechos, los vuestros y los de Colombia. Soy, pues, incapaz de permitir vuestra opresión, ni ayudar á imponeros las mismas cadenas que he despedazado. ¡Yo querer un monarca! Primero me arrancaría el corazón antes que intentar perjurarme, antes que yo sucumbiese á tan vil degradación. Estad seguro de esto, colombianos del Norte; nunca, nunca el general Bolívar, vuestro Libertador y vuestro padre, será rey, ni soberano en Colombia, ni en la América, ni José Antonio Páez cooperará á tan nefario parricidio.

«Cuanto hasta aquí os he manifestado, nada es hiperbólico ni gratuito : todo es la consecuencia clara y] precisa de las obras del general Bolívar y de su constante marcha por la senda de la libertad, y de la dicha común. Investido nuevamente, como lo ha sido del poder supremo por el voto expontáneo de los pueblos, para dirigir sus destinos y reunir con lazos perpetuos las diversas partes de la República, en que el espíritu de facción había dislocado los ánimos y arrancado lágrimas amargas á los buenos colombianos, el Libertador siempre grande y moderado, expidió el decreto orgánico de 27 de agosto del año pasado, de que he hecho mención al principio. Este es un nuevo y reciente testimonio del desprendimiento admirable de Bolívar, pues aun contra las ideas é intenciones de su mismo constituyente, el pueblo, y burlando también las sospechas de las propias personas que le denigran, se desnuda del poder supremo, le distribuye en otras manos, liga las suyas, cede todo lo que no tiene relación con el poder ejecutivo, y fija los derechos de los colombianos, y las prerogativas sociales para ponerlos al abrigo de las tentativas de la arbitrariedad y de toda opresión. La igualdad ante la ley, y la libertad individual son garantidas en esta pieza fundamental. La propiedad es inviolable, libres el uso de la imprenta y todo género de industria, y expedita la facultad de hacer peticiones. En el orden judicial anuncia el establecimiento de jurados ó jueces de hecho, y este solo paso será el baluarte más seguro de la libertad, y el triunfo más brillante de la causa de las reformas.

«El Libertador con todo, no satisfecho de esta perentoria prueba de sus ideas liberales, descontento al parecer de sí mismo, y siempre consecuente á los principios que ha profesado desde los primeros momentos de su mando, presentando á los colombianos el mismo decreto orgánico les proclama.» «Yo, en fin, no retendré la autoridad suprema, «sino hasta el día en que me mandéis devolverla, y si antes «no disponéis otra cosa, convocaré dentro de un año la «representación nacional.» Y arrebatado por el sublime sentimiento de una alma grande, concluye en estos términos: «¡Colombianos! no os diré nada de libertad, porque si «cumplo mis promesas seréis más que libres: seréis respe- «tados: además bajo la dictadura ¿quién puede hablar de «libertad? ¡Compadezcámonos mutuamente del pueblo que «obedece y del hombre que *manda solo!*»

«Es de esta manera tan inesperada y satisfactoria á vosotros mismos, que dentro del corto término de once meses, verá Colombia reunida la augusta representación de sus pueblos y en cuya asamblea nacional se fijarán para siempre los principios de nuestra felicidad y de la gloria de la República. En este soberano Areópago veréis otra vez presentarse el Libertador cómo simple ciudadano á rendir su homenaje al único monarca colombiano, al *pueblo congregado* legítimamente. Entonces los crueles remordimientos, la vergüeza y un oprobio eterno cubrirán de terror y espan_ to á sus impíos detractores, al paso que los justos colombianos veremos con venerable respeto al Padre de la República confundirse entre nosotros más glorioso y triunfante que en Boyacá, Carabobo y Junín.

«Preparémonos, pues, desde ahora á gozar de un período tan inefable y delicioso. Desaparezca de entre nosotros hasta el menor vestigio de discordia; y ya que el distrito de mi mando ha sido expulgado de aquellos hijos extraviados que intentaron alterar su reposo, estrechémonos todos con los lazos de completa y sincera reconciliación nacional. Perezca por nuestro amor patrio el perturbador del orden público: sometámonos con un civismo puro á las autoridades constituidas: alejemos de nuestros hogares á los malvados que se atrevan á desobedecerlas, y reconocidos al grande hombre á quien debemos la independencia y la libertad, veamos como un enemigo de la patria al que siquiera imagine que el Libertador de Colombia dejará nunca de serlo.

«Es tiempo ya de que concluya esta exposición, y al terminarla, yo os protesto de nuevo que mi vida, mi sangre y todo yo son el holocausto que tributo á vuestra felicidad y á vuestras glorias: por tan nobles intereses ¿no es dulce perecer, Colombianos del Norte? Os repito, pues, los mismos conceptos que en otra ocasión me oísteis, y con los que sellaré mis labios.

«¡¡¡La espada redentora de los humanos!!! élla en mis manos no será sino la espada de Bolívar: su voluntad la dirija, mi brazo la llevará. Antes pereceré cien veces, y mi sangre será perdida que esta espada salga de mi mano, ni atente jamás á derramar la sangre que hasta ahora ha libertado. Conciudadanos: la espada de Bolívar está en mis manos: por vosotros y por él, iré con élla á la eternidad.

«Caracas, 7 de febrero de 1829—19°.

JOSÉ A. PÁEZ.»

CAPITULO XXVI.

DIFICULTADES DE MI POSICION EN VENEZUELA.—INSURRECCION DEL GENERAL CÓRDOBA.—CARTA QUE ME ESCRIBIÓ INVITÁNDOME A TOMAR PARTE EN ELLA.—LLEGADA A VENEZUELA DEL GENERAL SANTANDER EN CALIDAD DE PRESO.—MI CORRESPONDENCIA CON ÉL EN

AQUELLAS CIRCUNSTANCIAS.—JUICIO SOBRE EL GENERAL SANTANDER.
—DIFICULTADES CON QUE YO HABIA DE LUCHAR SI EL LIBERTADOR
ABANDONABA A COLOMBIA.—SU CIRCULAR DE 14 DE OCTUBRE A LOS
DEPARTAMENTOS DE COLOMBIA.—SUS CONSECUENCIAS.—JUNTA DE
CIUDADANOS EN EL CONVENTO DE SAN FRANCISCO EN CARACAS.—
MI COMUNICACION AL MINISTRO DEL INTERIOR.—MI DEFENSA DEL LI-
BERTADOR.—CARTA AL LIBERTADOR.—CONVOCO UNA JUNTA EN EL
COLISEO DE CARACAS.—EXPOSICION DEL PUEBLO DE CARACAS AL LI-
BERTADOR.—CARTA DEL GENERAL SOUBLETTE AL GENERAL URDANETA.
—RESPUESTA A ALGUNOS CARGOS QUE ME HACE RESTREPO.

1829.

Todos los acontecimientos de estos últimos años me habían hecho comprender la gran responsabilid del mando en Venezuela, y mis mayores deseos eran retirarme á la vida privada para atender á mis negocios; y como por las cartas del Libertador advertía yo que él también estaba animado de los mismos deseos, le ofrecí mis bienes y le invité á que viniese á su patria á vivir conmigo en el retiro de mi hogar, lejos de las turbulencias y disgustos que amargaban su existencia. (*)

Yo no había aprendido en los campos de batalla las intrigas de la corte ni conocía el poder de la ambición y del maquiavelismo : suponía que el valor y la virtud eran los

___

(*) En la respuesta (13 de setiembre—Guayaquil) á mi carta en la que yo le hacía la invitación, me decía Bolívar: «Quedo de usted, mi amado general, su agradecido amigo : digo agradecido, pues esta carta que contesto está muy noble y generosa para conmigo. Me ha enternecido la idea que usted me ha dado, y ojalá que pueda gozar con usted de la vida privada y compañía íntima.» (Tomo XXI, página 74, Documentos de la Vida Pública del Libertador.)

únicos medios de fortuna, y durante seis años los consideré todavía como los polos sobre que giraba el mundo, y en este movimiento me parecía que iba con todos los demás. Pero el gobierno mismo á cuya obediencia estaba consagrado, y á quien tenía por mi único apoyo, había desde el principio de mi elevación al poder meditado y concertado planes para mi destrucción. Se me tendieron mil lazos de los que me sacó mi buena fe ó mi fortuna; pero debía colmarse la medida de la perfidia y se libró el decreto de 30 de agosto. Se me puso, pues, en una cruel alternativa; ó lo cumplía ó nó. Si lo primero, se me había de juzgar; si lo segundo, también. Hice lo que me aconsejaba mi deber, y lo cumplí: se me acusó por consiguiente, se me suspendió y llamó á Bogotá. Sabíase muy bien que Venezuela no consentiría en mi obediencia y que yo no faltaría á lo que le debía; pero estos mismos datos influyeron en mis mortales enemigos para enviar una revolución en un pliego de papel. Sin embargo fui fiel, aún á despecho de muchos y con agravio de mis más caros intereses, á los de Venezuela y á los del Libertador. Este supo salvarnos, y entonces fue el momento en que yo debí abandonar el campo de la política. Como soldado ingénuo y fiel ya había pasado mi época: debía retirarme: lo quise, lo pedí con instancias al Libertador, pero él se opuso tenazmente y recargando aún más mi gratitud y mis deberes dejó á Venezuela confiada á mi experiencia. Obedecí, como hice siempre, en la seguridad de que tenía al Libertador en Bogotá al frente de la República garantizándome con su autoridad y dirijiéndome con sus consejos: contaba con una fe recíproca en el gobierno y marchaba con trabajo, pero con toda confianza. En estos momentos el Libertador se ausentaba y yo me quedaba sin guía, porque el *Consejo no era*

Bolívar, y yo no estaba seguro de la buena fe, del acierto, de la protección y del buen acuerdo del gobierno.

Desde el mes de abril de este año el general José María Córdoba tramaba una conspiración para oponerse á lo que él llamaba deseos ambiciosos de Bolívar, y para conseguirlo se proponía excitar los celos y animosidades entre venezolanos y granadinos. Cuando ya creía tener muy adelantados sus planes, me escribió la siguiente carta:

Excmo.'señor general en jefe José A. Páez.

Medellín, setiembre 18, 1829.

Señor:

Los juramentos reiterados con que el general Bolívar ha prometido tantas veces sostener y respetar la libertad de Colombia; las opiniones liberales que manifestaba en sus escritos: la veneración que en otro tiempo parecía tener por los derechos del pueblo, y el estar yo persuadido de que el título glorioso de Libertador de su patria es más estimable que todas las coronas del universo, y de que no habría un hombre tan insensato que quisiera renunciar á él por dominar á sus hermanos, me habían persuadido que no era posible que el general Bolívar despreciando el honor y la gloria, aspirase á tiranizar su patria. Yo veía la alarma de los hombres libres, que ocupados en examinar su conducta habían penetrado sus miras ambiciosas, como los delirios de un excesivo celo, y creía hallar en los escritos públicos que ponían en claro sus proyectos criminales, ó los desahogos de la envidia, ó la expresión del temor de genios asustadizos que se formaban fantasmas para espantarse éllos propios. Al ver sus hechos contrarios á la constitución y las leyes, me figuraba que él obraba arrastrado de la fuerza

de las circunstancias, ó que su razón se desviaba momentáneamente, sin que su corazón tuviese parte alguna en estos
descarríos; y esperaba que hechos posteriores borrarían estas manchas que eclipsaban su reputación; que sensible al
honor, él volvería sobre sus pasos, y avergonzado de haber
abandonado la senda de su deber correjiría sus estravios, y
con su arrepentimiento ganaría de nuevo la estimación y
el afecto de los pueblos; mas, en vano he esperado largo
tiempo. Y cuando al fin, meditando detenidamente sobre
sus procedimientos, y comparando los hechos, he penetrado sus miras, mi razón se indigna al aspecto de los escandalosos atentados que forman la serie de su conducta en
estos últimos años. Y viendo ya claramente, Excmo. señor,
que lejos de buscar el camino de la enmienda, se quitan sin
pudor la máscara para dejar ver sus nefandas pretensiones,
mi patriotismo se inflama contra este general, que con vanos
juramentos, ha tenido engañada su patria, y que tiene el
descaro de ofrecerle, en premio de sus sacrificios, un yugo
ignominioso.

Yo examino y comparo las promesas y los hechos del
general Bolívar, y sólo hallo inconsecuencias y contradicciones. Si V. E. duda de esta verdad, recorra la serie de sus
acciones y quedará enteramente convencido. V. E. le ha
visto en el Perú proclamar la libertad, hablar de garantías y
derechos; mientras, por medios siniestros, disuelve el congreso que legalmente se iba á reunir, y valiéndose de las
intrigas, del temor y las amenazas, los obliga á recibir esa
constitución odiosa que el pueblo detestaba; y con sus per-
fidias, él provoca el enojo y el odio de la nación peruana,
que saliendo de la abyección en que la había dejado, ani-
mada de venganza, nos proporciona una guerra fratricida,
más perniciosa por sus consecuencias en el porvenir, que

por los males que nos ha causado, que no son de poca consideración. A su vuelta del Perú, cuando las instituciones
fundamentales regían en toda la república, él obra en todas
partes con el más completo absolutismo, sin respetar leyes,
ni constitución. En vano claman entonces los escritores
públicos para contenerlo, él sigue la marcha comenzada, y
resuelto á dominar la patria, sólo oye su ambición. Se con-
voca una convención que constituya la república, y V. E.
sabe cuál ha sido su proceder con respecto á esta corporación: contando con tropas en Cartajena, Mompox, y Bogotá, y estableciendo su cuartel general en Bucaramanga,
le pone un sitio disimulado; le hace insultar por atrevidas
y amenazantes representaciones: dirije allí sus agentes, y
mueve todos los resortes de la intriga; mas, como á pesar
de esto, los representantes, fieles á sus juramentos, obran
conforme á los intereses del pueblo, y desoían las sugestio-
nes de la ambición, él hace disolver esta asamblea por
medio de cuatro hombres vendidos á su poder. Después
de este acto nada respeta, ni su propio honor. Se hace
declarar árbitro de la república; y no se avergüenza de
ofrecer á Colombia un decreto que él llama constitución,
en que para insultar los principios se declara legislador,
poder ejecutivo, y juez en último recurso. Pero ¿quién creyera que este decreto, que habría dejado satisfecho al déspota más descarado, no contentase la ambición del general
Bolívar? Y por una inconsecuencia de las que tantas
veces han empañado su reputación, él lo deroga, pare-
ciéndole que restringía demasiado su poder. Es necesario, señor Excmo., haber olvidado que hemos jurado ser
libres, que hemos prodigado nuestra sangre en el campo
del honor por libertar al pueblo de la arbitrariedad, para
poder mirar con impavidez la patria reducida al triste estado

de no tener otra ley que la voluntad y el capricho de un nombre solo.

No quiero molestar á V. E. con la relación de es'a cadena de atentados que forman la conducta po ítica del general Bolívar. Yo he tenido la desgracia de presenciar una gran parte de éilos, y V. E. no ignora los más escandalosos.

Estimulado por los sentimientos liberales, que jamás se han apartado de mi corazón, cansado de esperar á que el general Bolívar, movido por el clamor unánime de los pueblos, y sensible á la gloria de que su ambición lo ha privado, renunciara sus proyectos criminales y restituyera á Colombia la libertad que le ha usurpado; y desengañado al fin por sus últimas acciones, que en nada piensa menos que en restablecer la libertad, y que todas sus miras se encaminan á cimentar la tiranía, yo he cedido á los gritos de mis compatriotas y á las instigaciones de mi corazón; he levantado en esta provincia el estandarte de la libertad, y todo el pueblo se decide con entusiasmo por tan justa causa, de todas partes corren los hombres libres á incorporarse con nosotros, y todos protestamos morir mil veces antes que sufrir la tiranía. Sí, Excmo. señor, tal es nuestra resolución, y no hay cosa que pueda hacernos desistir de élla. La decisión y ardor que en todas partes se manifiesta por la libertad, me persuaden que de un extremo al otro de la república se valdrán los pueblos de esta ocasión para dejar ver su odio contra la tiranía y sacudir el yugo que les oprime.

Yo estimo á V. E. sobre mi corazón para hacerle la injusticia de creer, por un solo instante, que preste su apoyo ó su adquiesencia para que el general Bolívar tiranice la república. Sí, señor, todos estamos per-

suadidos que la espada que fue y es el terror y el exterminio de los enemigos de la independencia y libertad de Colombia, lo será también de cualquier tirano
doméstico que intente esclavizarla. Pues, ¿qué tiene V.
E. que temer ni qué esperar del general Bolivar? ¿De
qué le es V. E. deudor? ¿Acaso será de su heroísmo,
de sus hazañas ó de sus sacrificios? V. E. se sostuvo en
los Llanos, sin necesidad de este general, á despecho
del poder español entonces formidable; y nadie duda
de que V. E. solo, sin ayuda de este general, habría
reconquistado la libertad de Venezuela, como tan glo-
riosamente después la ha sostenido: y, ¿podremos creer
que el general Bolívar, sin la espada del general Páez, hubiera exterminado el ejército español? De ninguna manera. ¿Y porque el general Bolívar haya sido electo
presidente de la república, y porque, abusando de la confianza de los pueblos, haya destrozado las instituciones
de su patria, vendría uno de los más ilustres héroes de
la América á doblar humildemente su cerviz á las plan-
tas de este orgulloso general que se pretende entronizar?
No, señor Excmo.: no hay quien tenga la insensatez de
creerlo. Por la persuación íntima en que estoy de que
V. E. será siempre uno de los más firmes y seguros
apoyos de la libertad de Colombia, me dirijo á V. E.
para invitarle á que en esta ocasión que la Nueva Granada proclama la libertad bajo la constitución de Cúcuta, llame V. E. también los pueblos de Venezuela. Yo
aseguro que de un extremo á otro de la república todos los pueblos responderán á esta voz. Pues, ¿quién
temería al pretendido monarca, viendo la Nueva Granada con las armas en la mano para defender su libertad,

y al general Páez á la cabeza de los bravos de Venezuela ofrecerle un apoyo?

No es posible que V. E. dude de las intenciones del general Bolívar. Acaban de venir á mis manos las bases á que el futuro congreso constituyente debía sujetarse para redactar la constitución, y que se van á publicar. Según éllas tendrían un presidente vitalicio, con facultad de nombrar sucesor, mandar el ejército y nombrar todos los empleados civiles y militares, incluso el vicepresidente y los secretarios del despacho, que le serían responsables, y cuyas atribuciones les señalaría él mismo: gozaría también del veto absoluto y tendría un senado vitalicio hereditario, cuyos miembros nombraría. La representación nacional estaría reducida á uno por cada cincuenta mil almas, y debería recibir del presidente los proyectos de ley que había de discutir. Las atribuciones y modo de proceder de todos los tribunales tocaría igualmente al presidente el designárselas. V. E. conocerá claramente que este presidente es más que un monarca, cuyo nombre se cambia cautelosamente, pensando alucinar á los pueblos con formas republicanas, aunque en vano, pues aun los más imbéciles deben conocer que no queda al ciudadano alguna garantía, cuando hay un magistrado que dispone de la legislatura, de la administración de justicia y de la fuerza armada.

Y no siendo posible que V. E. quiera tener por recompensa de su heroísmo, de sus sacrificios, de sus triunfos, el título degradante de *vasallo de un monarca*, todos confiamos que V. E., desconociendo al gobierno arbitrario del general Bolívar, se ponga á la cabeza de los hombres libres de estos departamentos; que establezca conmigo relaciones, y poniéndonos de acuerdo, destruyamos para siempre el despotismo. *Unámonos y la libertad triunfará sin remedio.*

No es tiempo ya, señor Excmo., de dudar de la esclavitud de Colombia: es criminal ya la demora en resistir á las pretensiones tiránicas del general Bolívar. El se apresura á deshacerse de cuantos se oponen á sus miras. Unos perecen en los cadalsos y bañan con su sangre la tierra que habían libertado;—otros proscritos son arrojados de su patria, á quien habían prodigado su sangre y sus servicios. El patriotismo y el mérito son ya delitos. Y no espere V. E. que él deje en la república hombre capaz de levantar el grito contra su tiranía.

El no tiene aún bastante fuerza para sacrificarlos de un golpe; pero divididos, él se vale de los unos para deshacerse de los otros.

Yo acabo mi carta, suplicando á V. E. que oiga el clamor de los pueblos que imploran nuestra protección, y que poniéndose de acuerdo conmigo, les prestemos nuestro brazo para sacudir las cadenas de la esclavitud: que V. E. deseche de su lado esos hombres que el general Bolívar ha comprado para tenerlo siempre rodeado; porque, conociendo el corazón de V. E. teme á cada instante que, puesto á la cabeza de los republicanos de Venezuela, dé en tierra con su tiranía. Profundice V. E. en el pecho de todos los ciudadanos honrados, y verá que todos abrigan en su corazón los sentimientos que he manifestado á V. E.

Dígnese V. E. aceptar los sentimientos de estimación y afecto con que tengo el honor de ser de V. E. muy atento y obediente servidor.

José María Córdoba.

Si yo hubiera tenido, como ha supuesto algún malévolo escritor, preconcertado algún plan contra la autoridad de Bolívar é integridad de Colombia, no hubiera dejado pasar la coyuntura que me ofrecía la insurrección de Córdoba, jefe que había alcanzado bastante nombradía en el Perú y á quien perdió la precipitación con que quiso llevar á efecto sus planes.

En el mes de agosto de este año entró en Puerto Cabello la fragata de guerra *Cundinamarca* conduciendo á su bordo el general Santander á quien el gobierno había tenido preso en el castillo de Bocachica y enviaba entonces á mis órdenes.

Desde esta fortaleza me había escrito el general Santander hablándome del infortunio que sufría y de las esperanzas que tenía de encontrar en mí buen tratamiento que fuese compatible con la seguridad. Reclamaba este derecho como un *hombre que se había desvelado por secundar los proyectos benéficos y magníficos del general Bolívar cuya vida había salvado cuando de su voluntad dependía su existencia.* A dicha carta contesté con la siguiente:

Al señor general Francisco de P. Santander.

Caracas, 22 de abril de 1829.

Señor general:

Cuando ha llegado á mis manos la carta de usted escrita en Bocachica el 19 del último febrero, ya tenía anticipada la noticia de su venida á Venezuela por disposición del gobierno, y sabido los infortunios que le han preparado una serie de sucesos y de acontecimientos desgraciados: en oportunidad supe también el atentado del 25 de setiembre en Bogotá, y posteriormente todo lo publicado con respecto á sus cómplices.

No es de este lugar el análisis de las razones que haya tenido el gobierno para suspender la benéfica providencia del Libertador que según usted me dice, ha reclamado para que se lleve á efecto su extrañamiento del país: pero sí me es muy satisfactorio asegurarle, que desde que supe su confinación á Venezuela, me preparé para corresponder á la confianza de aquél y á las esperanzas de usted.

Descanse usted, señor general, en la seguridad de mis mejores disposiciones para favorecer á usted conciliando siempre los deberes de mi destino con mis principios naturales: venga usted á Venezuela confiado en que encontrará la mejor hospitalidad y la consideración con que es de usted, señor general, obediente servidor.

José A. Páez.

—

Llegado á Puerto Cabello me dirigió Santander un memorial en que trataba de vindicarse de los crímenes de que era acusado y me suplicaba que le librase de privaciones y sufrimientos concediéndole pasaporte para un país extranjero. Dicho documento abunda en citas históricas, y se conoce que había sido escrito bajo la impresión de una profunda tristeza. Termina con estas palabras: «Si la espada de V. E. ha dado vida y fortuna á muchos colombianos, un sentimiento de humanidad y aun de justicia de su parte, dará en esta vez una existencia menos amarga á un viejo colombiano, salud á un enfermo y consuelo á una familia anegada en lágrimas.

«En 1816 V. E. me dió protección contra los opresores de mi tierra natal: haga V. E. lo mismo en 1829, contra la adversidad y saña de mis innobles enemigos.»

A este memorial acompañó Santander la siguiente carta:

A S. E. el general en jefe José Antonio Páez.

Bahía de Puerto Cabello,
agosto 19 de 1829.

Señor general:

En Bocachica recibí oportunamente la muy atenta carta de usted en que se sirvió contestar la que le dirigí desde aquellas fortalezas. Esta contestación ha correspondido enteramente á mis esperanzas y llenádome de consuelo; así tanto por lo que élla me promete para lo futuro, como por habérmela enviado, le doy las más sinceras y expresivas gracias.

Mi situación no me permite desechar ningún favor que contribuya á mejorarla, y como usted tiene la generosidad de ofrecerme todos sus servicios en mi infortunio, he creído conveniente presentarle el memorial que con esta carta dirige el comandante de este buque. Yo sé que un magistrado tiene siempre que cubrirse ya para ante su superior y ya para ante la sana opinión pública. No dudo conseguir de usted, ó por su mediación, lo que solicito en dicho papel. Conozco mucho el corazón y carácter de usted, y sé bien cuál es su influencia en el gobierno. Después de que la voz pública no se ocupa hoy sino de alabar y bendecir las bondades que usted ha usado con los desterrados ó confinados al territorio de su mando, ¿cómo no he de esperar alivio, consuelo, y mi libertad de la poderosa mano de usted? Con esta confianza he llegado á este puerto y en medio de los trabajos, de las penalidades de sesenta días de navegación, y de mis crueles enfermedades,

la consideración de estar bajo la custodia de usted me con-
suela y vivifica.

Disimule usted mis impertinencias. Un hombre enfermo, ausente de su familia, perseguido y confinado tiene
muchas necesidades que reparar, y mil motivos de ser
impertinente. Puede usted no obstante estar seguro de que
no exigiré cosa alguna, que comprometa su honor ni tampoco el mío: esta es la única prenda que me ha quedado
de mis mayores, y de mi larga carrera pública en servicio
de mi patria, y tengo de conservarla á todo trance y en
medio de las desgracias y de las amarguras. El adjunto
certificado que me ha dado el general Montilla, mostrará
á usted que me he portado con honrosidad en las prisiones
como me portaré siempre en cualquiera circunstancia.
Suplico á usted se sirva devolverme dicho documento dejando copia, ó una copia auténtica quedándose con el
original.

Queda de usted, señor general, muy reconocido, obediente, humilde servidor,

Q. B. S. M.

F. de P. Santander.

Cuando recibí la carta anterior contesté con la siguiente:

Al señor Francisco de Paula Santander

Puerto Cabello, 20 de agosto, 1829.

Mi estimado señor:

He leído la carta de usted fecha de ayer á bordo de la
fragata de guerra *Cundinamarca,* en la cual se sirve hon-

rarme con las esperanzas de alivio en su presente infortunio, y hace justicia á mis sentimientos, siempre inclinados á hacer menos amarga la suerte de un desgraciado. Doy á usted las gracias más expresivas por este concepto, que si bien me lisonjeo merecer, siempre me honrará su convencimiento.

Afortunadamente ha arribado usted á las playas de Venezuela á tiempo en que estoy competentemente autorizado por el gobierno para hacer menos desgraciada su situación: los deseos que me manifestó usted en la primera carta desde el castillo de Bocachica en Cartagena, serán satisfechos, y yo tendré el gusto de cumplir á un mismo tiempo con mis deberes respecto al gobierno y con respecto á usted.

Por un efecto de casualidad he llegado á este puerto hace tres días, y si mi cercanía puede serle útil en cualquiera otra cosa conducente al alivio de sus males, y hacerle menos penosa su mansión y el viaje que va á emprender, confío en que usted me lo dirá, seguro de que haré todo lo que me sea posible.

Queda de usted obediente servidor,

JOSÉ A. PÁEZ.

———

Recorriendo hoy las cartas que me escribió el general Santander en varias épocas, no puedo comprender cómo este hombre tiene que aparecer en la historia de Colombia como uno de mis mayores enemigos. En todas esas cartas y en las que yo le dirigí en respuesta á éllas, no se advierte la menor animosidad, y si en alguna uno y otro manifestamos algún resentimiento, puede advertirse por las

fechas que bien pronto quedamos satisfechos con las satis-
facciones que nos dimos.

Desde Nueva York y Hamburgo continuó manteniendo
correspondencia conmigo y el que la lea no puede creer
que sea el mismo Santander que escribió á Bolívar la carta
confidencial de que he hecho mención anteriormente.

El general Santander es un personaje histórico que
se ha juzgado de dos modos diametralmente opuestos, y
á quien indudablemente es muy difícil todavía hacer justicia para colocarle en el lugar que le conviene. Como
patriota en los primeros años de la revolución es sin
disputa uno de los héroes de Colombia; como administrador
de sus intereses no podrá negársele gran talento y habilidad
si se lleva cuenta de los graves inconvenientes con que
tenía que luchar. Moderado á veces en su conducta y
exagerado otras en sus principios, su administración hubo
de resentirse de falta de consonancia entre sus hechos y
las ideas. Así es que aparentando defender la integridad
de Colombia, Santander fue quizás el instrumento más
poderoso que preparó la necesaria separación de sus tres
secciones. Muy al contrario de lo que ha sucedido siempre
en las repúblicas á los hombres sospechosos, Santander
volvió á su patria, dirigió de nuevo sus destinos y murió
en la tierra que le había visto nacer. Al declararse enemigo de Bolívar la posteridad se ha creído con derecho
á acusarle de miras ambiciosas y desmesurada presunción.
Toca al futuro historiador de Colombia que escriba cuando
pueda hacerlo sin las impresiones del momento, colocar
á ese prócer de la indepencia americana en el lugar que
le señalan sus virtudes cívicas y sus errores.

Mientras el Libertador veía terminada satisfactoriamente la guerra del Perú, y se disponía á pasar á este punto,

yo le manifestaba de nuevo mis deseos de retirarme á la vida privada que era mi elemento, y de la que me prometía los inestimables goces de que me veia privado. Si el Libertador se separaba de Colombia y dejaba las riendas del gobierno, mi compromiso caducaba y creía inútil y tal vez peligroso para mí ocupar un puesto tan arriesgado. Temía yo que el consejo de gobierno que me hacía frecuentemente las demostraciones más satisfactorias no tendría el mismo espíritu en la ausencia de Bolívar. Desconfiaba de mis fuerzas si me faltaba el apoyo de un amigo que conocía las necesidades de su país natal, el carácter de sus habitantes y la fuerza moral y prestigio de que gozaba. Muchas y repetidas veces se presentarían ocasiones que el gobierno no veía y que era preciso lograr á favor del bien público: otras en que una medida escogitada por el gobierno para proveer á las necesidades que tocaba de cerca, sería funesta para Venezuela distante de su vista: otras en que sería indispensable la modificación de determinaciones cuya extensión tropezaría, bien con los decretos dados por el Libertador en los departamentos, ó bien con otros estatutos acordados y aprobados por el mismo gobierno que no se tendrían en consideración. De todos modos, se vería á cada paso comprometida la responsabilidad de los que mandaban, porque retardaría su ejecución para evitar el perjuicio ó dejaría que éste sobreviniera sin poderlo remediar. En un país en que las calumnias contra el gobierno y los gobernantes se fomentaban por ciertos hombres desorganizadores, enemigos de Colombia, no habría resolución que no estuviera expuesta á sus detracciones, llegándose hasta el caso de una acusación. En un país sujeto á semejante calamidad era indispensable el sostén del gobierno, y más que todo el del Libertador.

No se podia recurrir á que el congreso constituyente proveería sobre estos males y que para entónces la estructura que se diese á la gran máquina política resolvería las dificultades; porque sin el inmediato informe del Libertador á los diputados, sin las luces que podrían suministrar el tiempo y la experiencia de aquél, nada se haría, ó lo que se hiciera dejaría vacíos que no debe tener una constitución estable en la que debia fijarse para siempre la suerte de los colombianos. Al Libertador, pues, tocaba resolver los dificiles problemas políticos que se llevarían á la Representación nacional: ésta, aunque escogida y de lo mejor que pudieran ofrecer nuestros países, se encontraría en mil perplegidades, sin la guia segura del Libertador que dirigiese el rumbo y auxiliase sus esfuerzos.

Finalmente, yo creia que la presencia de Bolívar en Colombia era vital para su organización y creía que mi duración en el mando de Venezuela estaba marcada por la del Libertador en la presidencia y su mansión en el territorio. Todo esto se lo comunicaba yo en mis cartas. Bolívar era el alma de Colombia; su génio le daba vida; sin él no quedaría más que un cadáver.

El 14 de octubre de este año, el Libertador dirigió á los departamentos de Colombia una circular autorizándolos para que expresasen francamente sus opiniones sobre el régimen político que más les conviniera. Si yo no publicaba la circular, se me consideraría como un tirano que oprimía la libertad de los pueblos á quienes el Libertador había mandado expresar francamente su querer, y si la publicaba, iba á ponerme en lucha abierta con el partido que no creía oportuno su publicación. Decidíme al fin á arrostrar con las consecuencias y di libre curso á la circular. Los pueblos entonces hicieron conocer sus deseos, tan inconciliables entre si que no era posible tomar ningún partido definitivo. Los de Manavi y otros puntos deseaban una monarquía moderada bajo el cetro de Bolívar. En Maracaibo pidieron algunos se nombrase á éste jefe vitalicio de una república con autorización de elegir sucesor entre los tres que le designarían los pueblos. En la villa de Perijá se varió un poco este programa pidiéndose que en caso de fallecimiento del jefe supre no de la república viniera á sucederle el vicepresidente hasta que la nación nombrara un sucesor.

La ciudad de Valencia, por unanimidad de sus hombres más notables, se pronunció contra la forma monárquica, y en favor de la disolución de los tres estados que formaban á Colombia y pidió se elevase al congreso esta petición.

El 26 de noviembre se reunió en Caracas una junta de lo más granado de sus habitantes en el convento de San Francisco, quienes determinaron:—1° la separación del gobierno de Bogotá y desconocimiento de la autoridad del general Bolívar, aunque conservando siempre paz, amistad y concordia con sus hermanos de los departamentos del centro y sur de Colombia, para entrar á pactar y establecer lo que conviniera á sus intereses comunes, lo cual fue aplaudido y acordado con un entusiasmo extraordinario.—2° que se dirigiera el acta justificativa del proceder, con inserción de sus resoluciones, al general jefe superior, pidiéndole que consultara la voluntad de los departamentos que formaban la antigua Venezuela, y se sirviera convocar con toda la brevedad posible las asambleas

primarias en todo el territorio de su mando, para que
según las reglas conocidas se hiciera el nombramiento de
electores y sucesivamente el de los representantes que debían componer una convención venezolana, para que tomando
en consideración estas bases, procediera inmediatamente al
establecimiento de un gobierno republicano, representativo,
alternativo y responsable. —3º que la misma convención extendiera el manifiesto que se dirigía á sus hermanos de Colombia, y á todo el Orbe, expresando las razones que imperiosamente ocasionaban su resolución —4º que el benemérito
general José Antonio Páez, fuera jefe de estos departamentos, y que reuniendo como reunía la confianza de los
pueblos mantuviera el orden público y todos los ramos de
la administración bajo las formas existentes, mientras se
instalaba la convención.—5º que Venezuela, aunque im-
pelida por las circunstancias, había adoptado medidas relativas á su seguridad separándose del gobierno que la
había regido hasta entonces, protestaba que no descono-
cería sus compromisos con las naciones extranjeras, ni
con los individuos que le habían hecho suplementos para
consolidar la existencia política y esperaba que la convención arreglaría estos deberes de justicia del modo más
conveniente.

Recibiendo en Valencia el acta de esta junta dirigí al
ministro del Interior la siguiente comunicación :

REPUBLICA DE COLOMBIA

—

José Antonio Páez, jefe superior, civil y militar de Venezuela. etc, etc.

Cuartel general en Valencia,
á 8 de diciembre de 1829.—N° 98.

Al señor Ministro de estado en el departamento del interior.

Habiéndose recibido el oficio de V. S. de 16 de octubre último, que contiene la resolución del consejo de gobierno expedida en conformidad del decreto de S. E. el Libertador Presidente, para que los pueblos expresasen libremente sus deseos en cuanto á la forma de gobierno, código que deba · sancionarse, y nombramiento del jefe de la nación, comunicado directamente á los prefectos departamentales, se hizo publicar por bando, y los vecinos de cada pueblo se han reunido y manifestado sus votos, pero nó de un mismo modo. En algunas ciudades, villas y parroquias, han tomado la forma de petición dirigidas al congreso constituyente, y en otras lo han hecho por resoluciones. Todas piden ó desean la separación de Venezuela del resto de la república y que se constituya como un estado soberano, dejando á la consideración de su gobierno, las relaciones que deban establecerse con los demás estados del que ha sido territorio de Colombia. El pueblo que más ha excedido los términos del decreto, ha sido el de Caracas; allí se tuvieron reuniones populares en los días 25 y 26 del mes próximo pasado, y en éllas resolvieron la separación de hecho de Venezuela y desconocimiento de la autoridad de S. E. el Libertador. previniendo que se procediese sin dilación á formar un con-

greso constituyente por medio de representantes elegidos al
efecto, y que yo me encargase del nuevo arreglo y dirección del movimiento. Yo me había venido de Caracas á
esta ciudad por mantener en sosiego y quietud el contorno
de los valles y pueblos de Occidente, alarmados con las noticias que habían difundido de que pensaban organizar la
república bajo un sistema monárquico. En esta ciudad recibí la acta de Caracas, que se me entregó por tres secretarios y dos vecinos más, que vinieron subrogando al Doctor
Andrés Narvarte, que era otro secretario comisionado, y se
había quedado por enfermo. Los comisionados exigían de
mí que marchase inmediatamente á Caracas á encargárme
de la nueva administración, y á dar los decretos consecuentes para la ejecución de sus proyectos; pero yo les hice
presente, que la naturaleza de mis comprometimientos, y la
obediencia que había jurado á la organización provisional,
no me lo permitía en manera alguna. Instado sin embargo
vivamente, y considerando por otra parte, que el estado
de desesperación en que se hallaba aquel pueblo podía
inducirle á tomar otras medidas de hecho, capaces de
causar la confución, y tal vez de conducirnos á la anarquía,
les he ofrecido que no serán molestados por sus opiniones,
y que sus deseos tendrán efecto por las resoluciones del
congreso constituyente, á cuya fuente legal deben dirigir
su acta, para la determinación; y que entre tanto se me permita gobernar, como es mi deber, en nombre y bajo la autoridad de S. E. el Libertador Presidente. De esta manera
he podido conservar el orden, y sosegar la agitación y alarma de los pueblos, que han estado y aún están verdaderamente inquietos.

Como el día 1º del presente mes en que pasó el correo
para esta capital, estuve ocupado toda la mañana y parte de

la tarde en el recibimiento de los comisionados que trajeron la acta de Caracas, apenas tuve tiempo para participar este acontecimiento por cartas particulares á S. E. el Libertador Presidente, y al Excmo. señor ministro de la guerra, y ahora aprovecho esta primera oportunidad para hacerlo á V. S. á fin de que se sirva ponerlo en conocimiento del consejo de gobierno, añadiéndole que si la separación de Venezuela es un mal, ya parece inevitable, porque todos los hombres la desean con vehemencia, y creo no dejan pasar esta ocasión sino á costa de sacrificios sangrientos, horrorosos y desgraciados. La opinión es general, superior al influjo de todo hombre, que es en realidad la opinión del pueblo. Yo no me he querido mezclar en nada, porque S. E. el Libertador me ha prevenido que deje á los pueblos obrar y decir lo que quieran con entera franqueza y libertad. Así lo han hecho, y yo por mi parte creeré que he llenado mis deberes, si sosteniendo el régimen jurado puedo mantener el orden, la tranquilidad y la administración, hasta que el congreso constituyente resuelva en la materia. Así lo he encargado á todas las autoridades que están bajo de mi mando en estas provincias, dándoles órdenes al mismo tiempo para que se conserve el respeto, veneración y obediencia á S. E. el Libertador Presidente.

Dios guarde á V. E.

José Antonio Páez.

En aquellos días aparecieron pasquines en Caracas injuriosos á la persona del Libertador y con violentas alusiones á su gobierno, y yo entonces expedí órdenes desde Valencia á las autoridades para que castigasen estos excesos, y dije á los habitantes "que la libertad en que los decretos del gobierno los habían dejado para que pidieran lo que más conviniera á su dicha y prosperidad, no había podido autorizarlos para escribir ultrajes y amenazas contra el primer magistrado, que era al mismo tiempo el héroe más insigne de esta parte del Nuevo Mundo, y á quien debían inmensos servicios; que tales demasías sólo podían ser obra de algunos exaltados que en un momento de delirio habían escrito lo que ni sus corazones ni los del resto de los venezolanos deseaban; que de cualquier modo siempre era sensible y deshonroso para el país una conducta semejante; y que en fin estando libre el uso de la prensa y en ejercicio el derecho de petición, ninguna razón había para ocurrir á medios de aquella clase.»

Los pueblos todos de Venezuela manifestaron los mismos deseos que la capital de separarse pacíficamente de Bogotá y formar un estado independiente.

Difícil posición era la mía luchando entre mis consideraciones por el Libertador y la voluntad unánime de los pueblos.

Con fecha 1º de diciembre escribí desde Valencia la siguiente carta al Libertador:

Valencia, 1º de diciembre de 1829.

A. S. E. el Libertador presidente Simón Bolívar, etc, etc.

Mi querido general y amigo:

Hoy han llegado los comisionados de Caracas para entregarme el acta que han extendido, pidiendo la separación de Venezuela de hecho, y que se constituya bajo de formas republicanas. Si se hubieran limitado á esto, no lo hubiera extrañado, porque me eran conocidas las opiniones de estos pueblos; pero la parte en que se dirigen á usted personalmente me ha sido sensible. Los comisionados han venido resueltos á exigirme que pase á Caracas á encargarme de la dirección de este movimiento, pero yo me he excusado por mis compromisos. Les he ofrecido con todo, que este amor que han manifestado por la libertad no tendrá ninguna consecuencia dolorosa. En el acta yo no he visto sino la realización de los temores que le expresé en mi carta de ayer; sabía que los venezolanos repugnaban de corazón la unión con Bogotá y que estaban resueltos á hacer cualquier sacrificio por conseguir la separación; pero he creído que la causa porque lo han hecho me obliga á disimulárselo. Los comisionados han quedado contentos con la oferta que les he hecho, y que no podía menos de hacerles, porque no podía dejar á aquel pueblo en la desesperación, expuesto á que tomase otras medidas ruinosas y desorganizadoras. De este modo, he conseguido continuar en el mando bajo el mismo pie que lo tenia, hasta saber la resolución del congreso constituyente. Si la separación es un mal, ya es inevitable, y quisiera que usted lejos de contrariarla se la recomendara al congreso, asi contribuirá usted eficazmente á la dicha y al contento de sus paisanos y compatriotas. De otro modo, si usted ó el consejo de gobierno intentan sofocarlo, no respondo de nada, porque no veo diariamente sino violencias que contener; esta es una opinión superior al influjo de todo hombre. Mas le diré, que no estoy seguro de que me baste la moderación con que me estoy conduciendo, para mantener las cosas en el orden que aún tienen, porque se habla ya, casi con descaro, de buscar otro jefe que se encargue de la dirección de Venezuela en este movimiento. Recomiendo esta causa á la prudencia de usted, véala con calma; los interesados son sus amigos, sus hermanos, y si se compromete el lance, va á derramarse una sangre muy preciosa, y á empeñarse una guerra, cuyo término no veremos. Ponga usted á los venezolanos en posesión de su tranquilidad, y añada éste á los muchos beneficios que ya les ha hecho.

Yo trabajo por sostener la gloria y reputación de usted como mi jefe y como mi amigo, y este trabajo es el que hago con gusto en estas circunstancias, porque estoy muy aburrido del mando y no tengo un momento de quietud; los sinsabores me han quitado el sueño y hasta el apetito.

Sensible me es decir á usted lo que contiene esta carta, pero más sensible me sería que usted lo ignorase ó que se lo dijera otro antes que yo. No sé cual será el curso de estas cosas, pero cualquiera que sea, y aunque el destino me lleve á la degracia, yo probaré siempre que soy su amigo de corazón.

José A. Paez.

El 21 de diciembre, desde Caracas, volví á escribir al Libertador en los términos siguientes:

Caracas, diciembre 21 de 1829.

Mi querido general y amigo:

Después que recibí el pronunciamiento de esta ciudad, me quedé en Valencia hasta que la agitación en que observaba este pueblo, me hizo venir y llegué el 12. Caracas estaba en un estado verdaderamente lamentable, porque desconfiando de todo y de todos sólo meditaba en revoluciones extremas para ponerse á cubierto de cualquier tentativa que pudiera emprender contra sus pronunciamientos. Yo procuré ver á todos y he logrado inspirar confianza, pero no están quietos. Las providencias que tomo con toda meditación para calmar los resentimientos y las pasiones, los conmueven de tal manera que á cada paso me veo chocado porque no me vuelvo un loco. Ya estoy sofocado y siento la incapacidad de poderlos conservar tranquilos: la prudencia parece timidez: toda elección para destinos excita celos, y todo lo que no sea inflamar es contrariar su movimiento. Yo no me he propuesto más idea que moderarlos, sin oponerme á la voluntad que han expresado generalmente. Esto sería imposible, y y lo que es más, sería perjudicial y contrario á mis propias ideas, porque deseando tanto como el que más, la dicha y prosperidad de Venezuela, estoy determinado á sostener sus votos y procurar por todos medios que la guerra civil y las divisiones y persecuciones intestinas no la devoren. Estoy determinado á esto, porque veo muy claro, que no nos queda otro camino de salida; ni usted ni yo ni nadie puede contener este movimiento; el que lo intente no logrará más que arruinarse y y destruir el país; una función de armas, el primer fusilazo, sería la señal de un incendio general, y si las tropas de Venezuela fueran derrotadas, el incendio sería más devorador; en cada cantón, en cada pueblo se levantaría un jefe, y el país todo se dividia cuando menos en guerrillas que no habría medios para ponerlas nunca de acuerdo: moriríamos como salvajes, sin esperanza de ver alguna organización social; tal vez este suelo vendrá á ser español, porque los comprometidos se echarán á los brazos de cualquiera que les ofreciera protección. (*)

_____

(*) El señor Restrepo que, sin duda no vió esta carta, dice en su tomo IV, página 269: «Escribió (Páez) al mismo tiempo una carta particular á Bolívar, manifestándole su resolución, y excitándole á que no se

Hemos llegado al peor estado imaginable, pues yo nunca me he visto en situación más difícil y peligrosa; mi suerte y mi reputación están comprometidas, y yo creo no sólo necesaria, sino indispensable la reunión de un congreso venezolano, para que delibere y organice el país. Si esta reunión se hace sin contradicción por parte de usted, sin insidias, ni instigaciones de parte de nadie para introducir la discordia, y fomentar la desconfianza, todavía podremos esperar días de paz y de tranquilidad. Convénzase usted de esto, mi querido general, créame, créame que hablo la verdad, y la verdad pura, sin otro interés que el bien del país, ninguna mira personal, y mucho menos, sin ninguna intención contraria á usted. Créamelo por el bien de la patria, y créamelo por nuestra amistad.

Adiós, mi querido general: deseo á usted tino para desatar este nudo, que no se equivoque en sus resoluciones ni en los hechos, y que me crea animado de los santimientos de consideración y amistad con que es de usted afectísimo servidor y amigo.

José A. Páez.

El 24 de diciembre con el objeto de explorar por mí mismo la opinión de los ciudadanos de Caracas, convoqué una junta de lo más escogido de su sociedad en el coliseo

---

empeñara á contrariar la voluntad decidida de los venezolanos; que si los atacaba, el país entero se cubriría de guerrillas que lo destruirían; y que por último recurso más bien se entregarían á los españoles. No creemos que Páez y sus partidarios hubieran pensado jamás en cumplir esta amenaza criminal.» Suplico al lector compare estas expresiones con el contenido de mi carta, y evíteme hacer comentarios sobre la acusación del historiador granadino.

ó teatro público para que los habitantes de la ciudad en que había nacido el Libertador expresaran nuevamente su opinión. Más de dos mil personas acudieron á dicha junta que estuvo en sesión desde las once de la mañana hasta las cuatro de la madrugada del día siguiente. Entre los oradores hubo algunos que principiaron á zaherir la conducta del Libertador y entre éllos el señor Julián García exaltándose hasta el extremo de tratarle de injusto y tirano. Yo que presidía la asamblea, me levanté, interrumpí al orador y le apostrofé del modo siguiente: «Señor García, está usted fuéra de la cuestión. Aquí no hemos venido á discutir lo que ha sido ni lo que es el Libertador. El Libertador ha dirigido á todos los departamentos de Colombia una autorización para que expresen su voluntad sobre el régimen político que más convenga á la República. Declaro pues que no permitiré que se diga una sola palabra en contra del Libertador.» Un silencio profundo siguió á este corto discurso y la discusión concluyó con la lectura de la siguiente nota redactada por la asamblea y que se encuentra en el tomo 21, página 91 de los «Documentos de la Vida Pública del Libertador»:

Exposición del pueblo de Caracas á S. E. el Libertador Presidente

Excelentísimo señor:

Nosotros los sacerdotes, padres de familias y ciudadanos notables de la ciudad de Caracas que suscribimos, congregados á la presencia de S. E. el jefe superior, con la cordura y moderación que inspiran el deseo de la paz y la justicia de nuestra causa, hemos determinado manifestar á V. E. que este pueblo en los días 25 y 26 de noviembre último y los demás en otros diferentes, han expresado sus deseos unánimes de que la antigua Venezuela se separare de la unión con el resto del territorio que ha formado la república de Colombia, recobrando en consecuencia su soberanía y facultad para darse un gobierno republicano, popular, representativo, alternativo, responsable y electivo, que consideran el más adaptable á sus costumbres, clima y circunstancias. Quieren proceder en esta obra de su reposo y bienestar futuro sin otro impulso que el de su mediación y propia conciencia: temen que la sombra de la elevación á que V. E ha llegado impida el libre curso de sus reflexiones ó que en los consejos de Bogotá pueda hallar obstáculos la ejecución de sus ardientes votos. Venezuela se desprendió de su soberanía no sin agitación ni dolor y trabaja por su dicha sin haber puesto límites ni precio al amor de la libertad.

A V. E. que tanto se ha interesado por la independencia y gloria de este suelo donde vió la luz primera, donde están sus parientes, sus amigos y las cenizas respetables de sus padres, encarecemos con la más sincera efusión de nuestros corazones ejerza su poderosa influencia para que nuestra separación y organización se haga en paz, para que nadie altere nuestra unión ni pretenda oponerse a nuestra cára y laudable empresa. Ningún motivo justificable á presencia del género humano puede armar el brazo de V. E. ni del gobierno de Bogotá para invadir nuestros derechos mientras que V. E. conocerá que nos es permitido defendernos y resistirnos. El mundo investigará la causa de las desgracias, muertes y horrores que sobrevengan y no los pretextos que se busquen para impugnárnoslos: dejaríamos abiertos los sepulcros de las víctimas para

47

que los descendientes viesen la sangre derramada de sus padres y las heridas que recibieron por las manos de los que quisieran inútilmente sofocar su heroico patriotismo.

Caracas, 24 de diciembre de 1829—19.—José A. Páez, Rafael Ortega, Pro. Br. Luis Acosta, Pro. Joaquín Rada, Pro. Ramón Calzadilla, Pro. Doctor Juan Hilario Bocett, Diácono Ramón Bermúdez, Pro. Doctor Francisco Javier Narvarte, Pro. Listo Freites, Pro. José María Hurtado, Pro. Br. Juan Francisco Atencio, Diácono Pedro Osío, Doctor Tomás Francisco Borges, Juan de la Madriz, José María Lovera, Juan Toro, Francisco Vicente Parejo, Diego B. Urbaneja, Carlos Soublette, Rafael Revenga, Mariano Herrera, Alejo Fortique, Angel Quintero, Ramón Ayala, Pedro Machado, Claudio Viana, José Félix Salas, Tomás Antero, Raimundo R. Sarmiento.—Siguen mil quinientas firmas.

No cerraré este capítulo sin contestar á algunos cargos injustos y maliciosos que se han dirigido contra mí y los venezolanos por los acontecimientos de este año.

A los que acusen á Venezuela de haber sido el centro de donde salieron los proyectos de monarquía, á los que crean que en el territorio que yo mandaba se tramaban de antemano planes para dividir la república, contestamos con la siguiente carta del benemérito general Soublette á Urdaneta cuando éste trabajaba por la realización de los planes monárquicos. Nadie recusará la autorizada palabra del general Soublette, de ese veterano patriota y tan republicano, de quien un periódico de Caracas, el 19 de abril de este año 1866, acaba de decir con tanta justicia las siguientes palabras: «Soublette, ayudante de campo de Miranda y de Rivas, general de espada, brillante inspirador y no pocas veces verdadero jefe en la famosa retirada de Ocumare, defensor de Cartagena, amigo leal de Bolívar, testigo y autor de todas nuestras glorias, administrador con Santander y hoy dueño del respeto y de las simpatías de todos los partidos en Sur América.»

Carta del general Soublette al general Urdaneta

Caracas, octubre 13, 1819.

Mi querido general y amigo:

Su carta de 9 de setiembre y la copia que me incluye de la que escribió al general Páez el mismo día, me han enfermado y reducido á un estado miserable. Desde que usted tuvo la bondad de hablarme la primera vez del gran negocio que los ocupa, le manifesté francamente mi opinión; usted ha dudado de sus fundamentos, ha creído que nosotros vemos fantasmas, ha seguido trabajando, y se empeña en que cooperemos á la realización del proyecto. ¿Qué esperanza, pues, me queda? Ninguna, y esta es la consideración que destruye mi espíritu.

Cada día tengo más motivos para conocer que estos departamentos resisten la monarquía, que de la adopción de esta forma de gobierno tendremos la guerra civil, y que la guerra civil nos volverá á la dominación española después de mil horrores y desastres. No tengo capacidad para persuadir á usted esto, mis palabras le llegan sin eficacia, no se me cree, se atribuye mi oposición á varios temores, y todo esto ma causa una agonía mortal. Soy amigo de usted y de todos los que están en la empresa, conozco la pureza de sus intenciones, y por lo mismo se aumentan mis tormentos, porque veo que con los mejores deseos del mundo, han adoptado ustedes el único arbitrio que puede perdernos sin remedio. Perdóneme usted, amigo, esta franqueza; pero me parece un deber decirle las cosas como yo las comprendo.

Después que se recibieron las cartas de 9 de setiembre, se ha dado publicidad al proyecto, y ya todos lo saben en esta ciudad y muy pronto lo sabrán en todo Venezuela; no ha sorprendido sino á los amigos nuestros, al resto lo ha confirmado en sus eternas sospechas y ven ya su triunfo, se saborean con la suspirada separación de Venezuela y con la caída del Libertador y de todos sus amigos, y los que tiene aquí están todos tan tristes como yo; nos juntamos á suspirar y á deplorar la suerte que nos espera; nos preguntamos cómo sea posible que usted, Castillo y los demás sugetos de importancia que están en la idea, tengan tan poca noticia del verdadero estado é índole de Venezuela para haber dado esta dirección á las cosas, y ninguno se responde. Vemos al general Páez, y lo encontramos en cama, pálido, desvelado, y que no puede ocuparse de nada desde la llegada del correo de 9 de setiembre, y con todo esto á la vista ¿puede esperarse que ninguno de estos diputados vaya á sostener la monarquía en el congreso?

Si, como yo lo conozco, ustedes no llevan en este asunto ningunas miras personales, sino que están animados del deseo de dar estabilidad y órden á la nación, ¿por qué no han modificado la cosa desde que supieron que había oposición en Venezuela? Porque no nos han creído y por esto van á causar una revolución en la tierra, cuyas consecuencias ni ustedes ni nosotros podemos calcular, porque si hasta ahora ha sido fácil probar que el Libertador se oponía á la monarquía, no lo será ya tanto en lo sucesivo, y aunque se juzgue que Venezuela no vale gran cosa y que será oprimida por el peso de las otras partes de la república, permítame que le diga que es un juicio inexacto. Venezuela tiene elementos para la guerra, más que ningún otro pueblo en Colombia, y su estado de pobreza la habilita para la revolución, y después que haya estallado aquí, habrá reacciones por todo ese territorio con que usted cuenta con tanta seguridad y en ese ejército en que se apoya. Ah! si ustedes quisieran rebajar un poco, todavía podría esperar ventura para la patria.

Quizás los amigos se van á indisponer conmigo por mi constante oposición á este proyecto, y será una de tantas desgracias que espero y que soportaré en silencio: pero esté usted cierto que nunca seré faccioso.

Soy, etc.,

C. Soublette.

Dice el señor Restrepo que los venezolanos estaban descontentos con mi administración en esta época y olvida que justamente en los tiempos en que lo dice, me dieron la mayor prueba de confianza y la más grande muestra de afecto que puede recibir un ciudadano. Por su libre y expontánea voluntad, los venezolanos me sostuvieron al frente del partido nacional y al constituirse en un estado nuevo de existencia política, me encargaron de la dirección de sus intereses y de toda la autoridad que necesitaba para defenderlos.

En cuanto á las ordenanzas que expedí para la policía del país, los resultados que dieron responden á las acusaciones del historiador granadino. Lo que él llama «introducirse hasta la choza más recóndita del labrador prescribiéndole reglas para la cría de sus ganados y animales domésticos», no fueron más que providencias acertadísimas para la conservación de unos elementos de la riqueza de mi patria, cuyo valor yo comprendía como pastor que había sido en mis primeros años, y como jefe de operaciones militares en esos territorios en que la posesión de dichos elementos era de gran interés para la república.

Respecto al comercio de carnes en que me regala un interés personal para vender los novillos de mis hatos, comete Restrepo un error al suponerme dueño, en la época á que se refiere, de un número de cabezas de ganado suficiente para establecer un monopolio. Recuerdo que entonces incurrió en el mismo error un comerciante de Puerto Cabello, haciéndome proposiciones que yo no podía admitir, porque mis riquezas pecuarias no podían satisfacer sus pretensiones.

Terminaré este capítulo transcribiendo integro el pronunciamiento de la ciudad de Caracas, de que ya he hablado anteriormente.

PRONUNCIAMIENTO DE LA CIUDAD DE CARACAS [*]

En 23 del mes actual llegó á esta ciudad la comunicación siguiente del Excelentísimo señor Libertador, á S. E. el jefe superior fecha el 15 de setiembre último en Guayaquil:

«He mandado publicar una circular convidando á todos los ciudadanos y corporaciones para que expresen formal y solemnemente sus opiniones. Ahora puede usted instar legalmente para que el público diga lo que quiera.

---

[*] Documentos de la Vida Pública del Libertador, tomo XXI, página 73.

Ha llegado el caso en que Venezuela se pronuncie sin atender á consideración ninguna, más que al bien general. Si se adoptan medidas radicales para decir lo que verdaderamente ustedes desean, las reformas serán perfectas y el espíritu público se cumplirá. El comercio abrirá sus fuentes, y la agricultura será atendida sobre toda cosa. En fin, todo se hará como ustedes lo quieran. Yo no me atrevo á indicar nada, porque no quiero salir responsable, estando resuelto á no continuar en el mando supremo. Como este congreso es *admirable*, no hay peligro en pedir lo que se quiera, y él sabrá cumplir con su deber decidiendo de los negocios con sabiduría y calma: nunca se ha necesitado de tanta como en esta ocasión, pues se trata nada menos que de constituir de nuevo la sociedad ó por decirlo así, darle una existencia diferente. Bueno será que estas circunstancias haya mucho cuidado con los revoltosos, pues á pretexto de opinión pública pueden intentar algún crimen que no debemos tolerar. Que digan con moderación al congreso lo que sea justo ó se quiera, pero nada de acción y menos aún de asonadas. Yo no quiero el mando: mas si quieren arrebatármelo por fuerza ó intrigas, combatiré hasta el último caso. Yo saldré gustosamente por el camino real y conforme se debe á mi honor: Dígalo usted así á todos de mi parte. En fin: he dicho porque se teme que con mi circular haya alborotos, y hay gentes á quienes no les gusta el pronunciamiento del colegio de Carácas. Para mí todo es bueno con moderación y conforme á lo mandado. Quedo de usted, mi amado general, su agradecido amigo: digo agradecido, pues esta carta que contesto está muy noble y generosa para conmigo. Me ha enternecido la idea que usted me ha dado, y ojalá pueda gozar con usted de la vida privada y compañía íntima.

«De usted de corazón,

BOLIVAR.»

La anterior nota vino acompañada con otra de S. E. el jefe superior, del 17 último que dice á la letra:

«Valencia, 17 de noviembre de 1829.—A S. E. general en jefe Juan Bautista Arismendi.—Mi estimado compañero y amigo: Desde la Victoria escribí á usted y todavía no he tenido contestación. Yo llegué bueno á esta ciudad, y tuve la satisfacción de encontrarla en perfecta calma y tranquilidad. En el correo de hoy he recibido una carta del Libertador que alcanza hasta el 15 de setiembre desde Guayaquil: tiene cosas muy buenas, y sobre todo dos párrafos interesantes, que son los que en copia le acompaño. La circular de que habla en uno de éllos, ya se ha comunicado á esa prefectura, mas serían ilusorios los deseos de S. E. y esta disposición quedaría sin efecto si los magistrados y las personas de influjo no ponen su parte para cimentar la confianza pública y animar á los ciudadanos á que emitan libre y francamente sus opiniones, porque nadie está dispensado de discurrir en esta materia cuando se trata de fijar los destinos de la patria, tan íntimamente ligados con los intereses individuales. Si se deja á otros este cuidado, á pesar de las invitaciones y garantías del gobierno, mostraría de parte de los ciudadanos más que indolencia, y lo que es peor, no tendrán después á quien quejarse. Anime usted, pues, á todos, inspire la mayor confianza y diga á todos que estos son los deseos del Libertador, pues ya ve usted que me lo recomienda con encarecimiento. El quiere que lo que se pida sea con moderación y sin alborotos, porque desea penetrar la opinión pública en la calma de las pasiones: en este estado estamos nosotros, y así deben estar todos los ciudadanos. Anime, pues, usted á que pidan lo que quieran, pues lo contrario es engañar y engañarnos nosotros mismos. No deje usted de escribirme, que yo haré lo mismo durante el tiempo que falte de esa ciudad. Deseo su salud y que crea es su afectísmo servidor, compañero y amigo,

JOSÉ A. PÁEZ.»

Difundido su conocimiento conforme á la intención y expreso mandato de aquellos jefes, todos los patriotas, hombres sensatos, convinieron en la necesidad de reunirse en un punto para tomar en consideración aquellos datos y las grandes é importantes materias conexionadas con éllos. S. E. el jefe general de policía fue invitado universalmente para que poniéndose á la cabeza de este proceder, mantuviera como guardián de la tranquilidad pública el orden y armonía indispeesables. Uniforme y solemnemente expresada esta voluntad, dirigió S. E. en el día siguiente una invitación á todos los ciudadanos que por la autoridad que ejercen á sus talentos ó su influjo, virtudes, propiedades, ú otras circunstancias, distingue este pueblo patriótico con una honrosa notabilidad. Dicha invitación fue del tenor siguiente:

«Caracas, noviembre 24 de 1829.—Mi estimado: Varios amigos de usted y míos piensan reunirse esta tarde á las seis en esta su casa para tratar un asunto de donde pende nada menos que la felicidad de la república y la nuestra; por lo que quisiéramos que usted tuviese la bondad de acompañarnos. Tendremos el mayor placer en oír sus opiniones. Tengo el honor de ser de usted con la mayor consideración su afectísimo Q. B. S. M.,

Juan Bautista Arismendi.»

Recibida con júbilo y satisfacción, concurrieron en efecto á la morada de S. E. todas las personas invitadas hasta el número aproximado de cuatrocientas. Leyó el Excmo. señor jefe general Presidente de la reunión las comunicaciones preinsertas, y sometiendo al libre examen de la asamblea la materia, excitó á su esclarecimiento, y á que con la franqueza y moderación de ciudadanos libres y virtuosos expresasen sus opiniones. El contento, la satisfacción más pura brillaron en todos los semblantes, y la más luminosa y espléndida discusión ocupó el espacio de cuatro horas. Resaltó en todos los discursos el más puro patriotismo, el interés más sublime por la dicha pública, una moderación ejemplar y las luces y experiencia que forman nuestro patrimonio. Concluyóse, pues, resolviendo con una absoluta conformidad que se congregara al pueblo al día siguiente, á fin de que enterado de los antecedentes, expresara cada uno su voluntad. Tomáronse en consideración todas las precauciones y pasos que debieran ser previos conforme se ejecutó después y se leerá más adelante, y todos unidos, hermanos, amigos se dieron un ósculo de paz y se retiraron satisfechos.

En cumplimiento de lo acordado, al amanecer del 25 dirigió el señor jefe general de policía al señor prefecto, benemérito general Lino de Clemente, el oficio que sigue:

«Noviembre 25.—Señor prefecto departamental.—En la noche de ayer se ha reunido cordial y amistosamente en la casa de mi habitación según lo anuncié á V. S. verbal y anticipadamente con presencia de documentos un número considerable de personas entre las cuales se hallaban sobre cuatrocientas de los ciudadanos más notables de esta capital y casi todas las autoridades. Su objeto laudable y patriótico sin duda, no fue otro que el de informarse de los sentimientos benéficos del Excmo. señor Libertador y de S. E. el jefe superior, que se me habían comunicado recientemente, á fin de extender su conocimiento en este vecindario. Enterados que fueron y después de una madura y luminosa discusión, en que se disputaron la preferencia, el patriotismo y la moderación, resolvieron por una absoluta conformidad que al amanecer de hoy me dirigiese á V. S. á nombre de todos éllos y como encargado del orden y la tranquilidad pública pidiéndole se sirviese publicar un bando antes de las nueve de la mañana convocando á todos los ciudadanos á que concurrieran á las once de este día al convento de San Francisco. No es otro el fin que satisfacer los deseos del Libertador y del jefe superior: el de que todos los ciudadanos expresen con quietud y calma sus opiniones y el de que el resultado de ello sea elevado á la consideración del magistrado que tiene á su cargo la conservación de Venezuela. Previamente acordaron que V. S. como primera autoridad civil presidiese el acto, y que á este intento invitase yo á V. S. añadiendo que si al principiar la reunión no se encontraba en élla, pasara una comisión selecta á suplicar á V. S. en nombre de todo el pueblo que concurriera á presidirlos. Previendo que éste pudiera tener algún obstáculo, exigía de mí que si á las nueve de la mañana no hubiese tenido efecto el bando, lo mandase yo publicar; y en cumplimiento de mis deberes como guardián de la tranquilidad pública, no puedo menos que poner en conocimiento de V. S. que ofrecí cumplirlo así y que lo haré efectivamente. Yo no dudo del amor patrio de V. S. y fío en su ilustrada previsión que se sirva proceder en consecuencia y contestarme sin pérdida de instantes esta comunicación.

En el acto se dirigió S. E. al señor Coronel Juan Padrón comandante de armas de la provincia, en los términos siguientes:

Noviembre 25.—Señor Coronel comandante de armas. En la reunión particular de amigos y patriotas que convoqué anoche á mi casa y tuvo lugar en élla, y que V. S presenció, fue decidido por la unánime y expontánea opinión de todos, que para hacer pública y general la convocación de todos los ciudadanos con el objeto de que emitan su voluntad libremente y por las vías del orden y de la civilización conforme lo encargan SS. EE. el Libertador Presidente y el jefe superior civil y militar, se invite por mí, como lo hago en este momento, al señor general prefecto departamental para que á las nueve de esta mañana indefectiblemente se publique un bando con la mayor solemnidad excitando á todo el pueblo á que á las once de esta propia mañana se reúna por las vías expresadas en el convento de San Francisco y que si á las mismas horas de las nueve no se hubiese dispuesto por dicho señor prefecto la publicación del bando, proceda yo á mandarlo sin más dilación. Todo lo cual pongo en conocimiento de V. S. para que se sirva ordenar se preparen en las puertas de la prefectura la escolta de tropa y música necesaria, y que den á este acto todo el carácter de dignidad que merece: sirviéndose V. S. igualmente dar las órdenes consiguientes á esta comunicación.

Al mismo tiempo invitó S. E al Illmo. señor Arzobispo y venerable clero, á los señores Presidente y vocales de la corte de apelaciones del distrito, y á los jefes principales de la milicia residentes en la ciudad, con los oficios siguientes:

Noviembre 25.—Ál Illmo. señor Arzobispo.—Ayer noche se han reunido en la casa de mi habitación la parte más selecta de los ciudadanos, de esta capital, casi todas las autoridades, casi todos los padres de familia y propietarios para enterarse de los sentimientos del Excmo. señor Libertador Presidente que S. E. el jefe superior me había trasmitido con los suyos. Yo tuve el honor de invitar á V. S. I. verbal y anticipadamente luego que me persuadí que la reunión tendría efecto, deseando que V. S. I. y el clero respetable y patriota de Caracas solemnizase el acto y concurriese á su mayor esclarecimiento y más prudente moderación. Aquel concurso numeroso y escojido supo lo que deseaba saber, ilustró con sabiduría graves y delicadas materias y resolvió que á las once de este día se reuniese en el convento de San Francisco el pueblo con el mismo fin y con el ulterior de uniformar sus ideas, aclarar sus dudas y elevar el fruto precioso de las opiniones de la mayoría al ilustre magistrado que tiene sobre sí la carga sagrada de la tranquilidad de Venezuela. A fin tan patriótico é ilustrado se presentará sin duda V. S. I. á quien son tan caros los objetos cuya existencia quiere afianzar este heroico pueblo. Y yo cumpliendo con encargo tan querido y con el deber que mi carácter y mi destino me prescriben como conservador del orden público, suplico á V. S. I. se sirva allanar dicho convento y prestar al acto su concurrencia, que estimo altamente provechosa; añadiendo que en la persona de V. S. I. convido al distinguido y venerable cuerpo que preside inmediatamente.

Noviembre 25.—Señor Presidente de la Corte Superior. —A las once de la mañana de este día se reunirán en el convento de San Francisco todos los ciudadanos para emitir libre y ordenadamente sus opiniones sobre el sagrado objeto de su existéncia política, y para lo cual va á publicarse un bando en este mismo momento, que contienen las cartas de SS. EE. el Libertador Presidente y el jefe superior civil y militar pues ordenan esta convocación. En consecuencia espero que V. S. se servirá disponer que los SS. miembros de la corte superior que V. S. preside, sus secretarios y subalternos, asistan á esta asamblea general, en el concepto que S. E. el jefe superior en la carta anunciada me dice: «nadie está dispensado de discurrir en esta materia. Dios, etc.»

Noviembre 25.—Señor comandante de armas: por mi comunicación de hoy N....he instruido á V. S. de la reunión popular que debe celebrarse á las once de este día, en el convento de San Francisco, y á élla deben concurrir todos los ciudadanos, cuyo carácter gozan en grado eminente los señores jefes militares. Creo, pues, éstos que se hallan en la obligación de asistir á una asamblea que toca á todos y espero que V. S. se sirva así anunciarlo á dichos jefes militares, no dudando que tanto V. S. como éllos estarán convencidos de que cuando un pueblo entero trata de emitir su libre opinión sobre el sagrado objeto de su existencia política, debe al mismo tiempo alejarse hasta la más remota idea de que en la manifestación de su voluntad ha influido la fuerza armada. Dios, etc.

Contestó el señor prefecto prestando una completa aquiescencia, y ofreciéndose en todo cuanto se creyera dependiente de su influjo ó autoridad: y á las nueve de la mañana se promulgó de la manera más solemne, y en todos los lugares principales de la ciudad, el bando comprensivo de las comunicaciones del Excelentísimo señor Libertador, de S. E. el jefe superior y de S. E. el jefe general de policía que quedan insertas, y de la alocución siguiente del señor prefecto:

«He aquí conciudadanos, los sentimientos íntimos, los deseos vehementes de Bolívar y Páez «que *todas las corporaciones, que todos los ciudadanos expresen formal y solemnemente su querer.*» *Al constituir de nuevo la sociedad, al darle una existencia diferente,* ¿qué luz enseñará el camino sino la luz de la opinión? Que se levante ella como un fanal sostenido por la sabiduría y por la fuerza y se disipen las tinieblas y se esclarezca el cielo y la tierra de nuestra patria. Sólo así volverán los males á la nada y la dicha tomará su asiento en medio de nosotros. Ni el bien, ni el honor nuestro permiten *que queden ilusorios los deseos laudables de aquellos magistrados. Según éllos, debe cimentarse la confianza pública y animar á los ciudadanos á que emitan franca y libremente sus opiniones; más que indolentes sería callar y nadie sino nosotros labraría con el silencio* nuestra ruina. Toca á Caracas, la madre heroica del 19, toca á vosotros dar ejemplo, porque sin duda lo acompañarán vuestro saber, la calma, precioso fruto de una experiencia dilatada, y la moderación que imprime el poder. Una reunión ilustre por la notabilidad de sus miembros, y en que habéis visto cuatrocíentos de vuestros próceres, al leer los documentos insertos, y teniendo presente la circular del gobierno del 16 de octubre último, han pedido con absoluta uniformidad, y con una empeñada moderación, que en el día de hoy se congregue todo el pueblo caraqueño. Ellos quieren expresar sus opiniones, desean oírlas de sus conciudadanos, y que la masa respetable que produzca la mayoría sea elevada á S. E. el jefe superior. Bolívar y Páez lo ordenan y el pueblo á quien éllos han autorizado. Que se congregue, pues, «*nadie está dispensado de discurrir esta materia.»* Que todos los ciudadanos concurran al convento de San Francisco á las once de esta mañana, armados con la verdad, la confianza y el patriotismo; y que por éllos y la moderación añada Caracas una página en los anales de su gloria.

«Caracas, noviembre 23 de 1829—19.

L. de Clemente.»

A las once en punto del día después de obtenidas las contestaciones satisfactorias á las notas antecedentes, se hallaron en efecto en el local de San Francisco todas las personas, que asistieron á la reunión preparatoria, y puede decirse que el pueblo entero de Caracas. Brillaban en este momento más que nunca las virtudes de un pueblo culto en aquella compatriótica congregación: fueron ocupados centenares de asientos, y el resto de la concurrencia se mantuvo de pie llenando las naves laterales de aquel vasto local.

Como un paso previo é indispensable, eligió S. E. el jefe general cuatro personas del concurso que sirviendo de secretarios llenasen los deberes de tales, llevando el registro de cuanto se obrara, tomando los votos, redactando lo que allí se acordara, y llenando en fin la confianza de la asamblea. Fueron elegidos los que suscriben, Andrés Narvarte, Alejo Fortique, Félix M. Alfonso y Antonio Leocadio Guzmán, que ocuparon sus asientos respectivos. En seguida se nombró la comisión que debía pasar á la morada del señor prefecto para conducirlo.

Llegó su señoría, é instalada la junta con un discurso análogo y bien concebido, que mereció el aplauso de los concurrentes. Hízose la moción de que si debía ó no elegirse por la misma asamblea su presidente, puesto que el señor prefecto como primer magistrado civil había cumplido ya con la instalación: se citó la práctica de los colegios electorales, de los jurados y de todas las reuniones de este género que son instaladas por el magistrado civil, y luego eligen el presidente de su seno. El mismo señor prefecto apoyó esta moción, y todos demostraron, á no dejar duda, que era necesario aglomerar esta prueba más de orden y de confianza. Resuelta afirmativamente la moción, procedióse á elegir y quedó nombrado por unanimidad el mismo señor general Lino de Clemente. Previéronse las dificultades que se presentarían para obtener votaciones legítimas en un concurso tan numeroso, y después de algún debate en que se sucedieron de unas á otras diversas proposiciones, propúsose una que, evitando los inconvenientes, fue admitida y resuelta por unanimidad.

Nombrado el señor presidente, y los secretarios, y adoptado el método de debates y votación, entró la asamblea á ocuparse del objeto que la motiva, y dando principio por la lectura de las comunicaciones insertas y citadas ya, se abrió la discusión: tomaron diversos oradores alternativamente la palabra: trataron con franqueza por dos días consecutivos las materias más importantes de nuestra política y legislación: se hiciero n revistas exactas y luminosas de nuestra historia: se trajeron a colocación numerosos documentos de todas clases, y se establecieron los fundamentos del acuerdo, que en resumen son los siguientes:

Bien pudiera prescindirse del mensaje que dirigió el general Simón Bolívar al congreso de Angostura de **1819**

48

en que propuso bases contrarias al sistema proclamado en Venezuela desde el momento de su transformación política: de su inconformidad con la constitución de Cúcuta á pesar del juramento que prestó de someterse á élla, y que eludió ausentándose á remotas regiones por no gobernar con trabas: de la profesión de los principios de su política en la constitución que presentó á la república boliviana, y que recomendó con encarecimiento para las del Perú y Colombia: de los medios de que se valió para disolver el congreso del Perú y la gran convención reunida en Ocaña: de la acogida favorable y apoyo que prestó á los que por un movimiento revolucionario destruyeron en Bogotá las bases populares para erigirlo jefe supremo y árbitro de la suerte de los colombianos. Bien podría prescindirse también de los rumores con que en diversas épocas se ha anunciado el trastorno de la república para refundirla en monarquía; pero no es posible ver ya con indiferencia los ataques repetidos y directos que bajo la administración dictatorial se han dirigido y dirigen contra los principios inalterables y sagrados que la filosofía y la política establecieron, y que la libertad ha arrancado á sus enemigos, á costa de tanta sangre y tan estupendos sacrificios. Contra esos principios que la América proclamó há veinte años en la aurora de la revolución, por los cuales han muerto nuestros padres y hermanos, hemos perdido la quietud y el bienestar y hemos reducido á escombros nuestras nacientes poblaciones y deliciosas campiñas. Desde que la voluntad de un hombre es la única ley de los colombianos no sólo han dejado de oirse los vivas entusiastas á la libertad, sino que la prensa, que desde su cuna había ilustrado nuestras opiniones y acreditado nuestro proceder con una multitud de periódicos ó escritos sueltos, se vió obligada á renunciar á su grandioso instituto y no se la ha oido más que elogios al absolutismo y maldiciones á la libertad. Se nos ha llegado á decir por la Gaceta ministerial de Colombia, y por las oficiales de distritos (que el gobierno hacía redactar) que los principios eran la gangrena de las sociedades y la ruina de la América, mientras se nos aseguraba que el gobierno de uno era el mejor y que sólo la quietud servil y la obediencia ciega podrían hacernos dichosos. ¡Atroz injuria que el pueblo heroico lloró con sangre! Los papeles que de la capital se enviaban por los agentes del gobierno á las provincias, participando todos del mismo espíritu, y comunes en su orígen, han recomendado constantemente el silencio en lugar de la verdad, la ciega obediencia por el sano criterio, la abyecta inacción por el honesto ejercicio de nuestros derechos y la servidumbre por la libertad. Toda Colombia ha visto con asombro el *Eco del Tequendama* y sus semejantes.

Se han propagado escandalosamente los apóstoles de la servidumbre, y perseguídose por todas partes á los patriotas veteranos y hombres libres: para los primeros se ha dilapidado el tesoro, y las familias de los otros lloran huérfanas y miserables.

La agricultura toca ya á su ruina, y perecen de hambre sus honrados sostenedores, mientras que el comercio alejado por reglamentos caprichosos y precipitados, deja desiertos los puertos, cerrados los almacenes y medio pueblo en inacción.

El mismo general Bolívar ha dicho en una carta que sus amigos imprimieron, que el gobierno no tenia unidad, estabilidad, ni continuación, que anda á grandes saltos y deja vacíos inmensos por detrás: él ha dicho que está desesperado y que estamos á punto de perdernos todos: él ha dicho que no puede ya con la carga de la administración, que su deber y su honor le mandan retirarse. El pueblo sufría todo y tanto más, como podría decirse, porque á lo menos había la esperanza de que vigente como lo estaba el sistema republicano, llegaría un día en que por este bien precioso variasen las cosas, y tomando un curso regular se aliviaran nuestros males; pero interpretáronse las ideas, se tomaron las apariencias por realidades, y creyendo que el silencio era aquiescencia, la moderación temor, y el patriotismo abyección, se tuvo por llegado el momento, y parten excitaciones maquiavélicas y profundamente mal intencionadas á todos los hombres de crédito y de poder. Estos mismos se asombran de tamaña temeridad, y muy pronto el pueblo entero queda persuadido del ataque horrible que se daba á su libertad. Saben todos que el jefe superior del centro, miembro del consejo de gobierno y ministro de la guerra, es el autor de la seducción. Sábese que, según el tenor de aquellas comunicaciones, se contaba con poderosos apoyos, que mediaba el influjo interesado de gabinetes extranjeros, y como á la letra dicen *las relaciones exteriores estaban comprometidas, y no podía ya darse un paso retrógrado.* Tal atentado parecía un sueño; pero muy luego hubo que convenir en la verdad de los hechos y en la existencia de la proyectada monarquía. Caracas, firme en los principios que proclamó al romper sus vínculos con la España, después de una madura y reflexiva deliberación, sanciona:

Primero: Separación del gobierno de Bogotá y desconocimiento de la autoridad del general Bolívar, aunque conservando siempre paz, amistad y concordia con sus hermanos de los departamentos del Centro y del Sur de Colombia, para entrar á pactar y establecer lo que convenga á sus intereses comunes : lo cual acordado fue aplaudido con un entusiasmo extraordinario.

Segundo : Que se dirija el acta justificativa del proceder y que contenga estas resoluciones al Excmo. señor general jefe superior, pidiéndole que consulte la voluntad de los departamentos que forman la antigua Venezuela y se sirva convocar con toda la brevedad posible las asambleas primarias en todo el territorio de su mando para que. según las reglas conocidas, se haga el nombramiento de electores y sucesivamente el de los representantes que deben componer una convención venezolana, para que, tomando en consideración estas bases, proceda inmediatamente al establecimiento de un gobierno republicano, representativo, alternativo y responsable.

Tercero : Que esta convención extienda el manifiesto que se dirigirá á nuestros hermanos de Colombia y á todo el orbe, expresando las razones que imperiosamente han ocasionado esta revolución.

Cuarto : Que S. E. el benemérito general José Antonio Páez sea jefe de estos departamentos, y que reuniendo como reúne la confianza de los pueblos, mantenga el orden público y todos los ramos de la administración, bajo las formas existentes, mientras se instala la convención.

Quinto: Que Venezuela, aunque impedida por las circunstancias, ha adoptado medidas relativas á su seguridad, separándose del gobierno que la ha regido hasta ahora, protesta que no desconoce sus compromisos con las naciones extranjeras, ni con los individuos que le han hecho suplementos para consolidar su existencia política, y espera que la convención arregle estos deberes de justicia del modo conveniente.

Caracas, 26 de noviembre de 1829.—19 de la independencia.

Hay cuatrocientas ochenta y seis firmas, y continuaban concurriendo á firmar el acta antecedente.

———

A fines de este año recibí yo la siguiente carta del Libertador (tomo XXII, pág. 11, de los Documentos de la Vida Pública del Libertador):

Popayán, 15 de diciembre de 1829.

Mi querido general:

Hoy mismo parto para el valle del Cauca con ánimo de seguir mi marcha hacia el Norte, y aunque Austria se ha retardado demasiado, no se ha perdido el tiempo, porque he podido meditar con detención el objeto de la consulta que ha venido á hacerme de parte de usted, manifestándome al mismo tiempo los sentimientos patrióticos y generosos de que está usted animado en la presente crisis de la república. El parte, y dirá á usted verbalmente lo que hemos hablado sobre esta materia. Mientras tanto repetiré lo que antes he dicho con respecto á la política que se debe adoptar para salvar la república, que hemos creado á costa del heroísmo de los bravos y del sacrificio de los pueblos.

Todos han querido saber qué es lo que yo pienso que debe hacer este congreso: mi contestación ha sido constante, que habiéndolo convocado yo, señaládole al mismo tiempo las atribuciones que el consejo de Estado ha querido darle, y habiéndosele conferido la atribución de componer una constitución y nombrar un magistrado supremo, yo debía abstenerme de influir con mis opiniones en sus próximas deliberaciones. He dicho más: que yo no debía concurrir al lugar de las sesiones para que no se pensase nunca que yo podía tener la menor parte en la conducta legislativa de los diputados; y ni aun siquiera manifestar en mi mensaje mi dictamen sobre la forma de gobierno y las mejoras que en esta parte necesita la patria. También me he resuelto á no admitir el nombramiento que esta corporación haga en mí de presidente de la república, para que tampoco se pueda decir que yo he dado estas facultades á esos señores para que me elijan á mí mismo. Por todas estas consideraciones, y otras muchas de que no hago mención, es mi determinación irrevocable, renunciar la presidencia del Estado, y no admitirla más nunca, aun cuando se me elija de nuevo, y se me inste con el mayor empeño para que la vuelva á ejercer; pero estoy también determinado á continuar mis servicios á la república en mi empleo de general en jefe del ejército, y prestarle toda mi obediencia al nuevo magistrado, apoyándolo con toda mi autoridad, influencia y recursos de que pueda disponer: en la inteligencia de que mi celo por el servicio público será más eficaz y activo que lo que ha sido hasta el día para suplir en esta crisis mi separación del gobierno, y evitar si me es posible la disolución del Estado por medio de la guerra civil, ó por otras causas más ó menos lamentables. Yo he contado para tomar esta deliberación con la ayuda muy importante de la amistad de usted hacia mí, para que juntos salvemos la patria en conflicto tan extraordinario, bien sea usted elevado á la presidencia, ó bien si su desprendimiento no la admite, ó no la desea, como camaradas y compañeros de armas que somos, pues sin esta cooperación de parte de usted yo no me lisonjearía de contribuir á obra tan saludable. Así, pues, mi querido general, usted debe decidirse desde luego á salvar la patria, mandando ó sirviendo; mas, también no debe usted perder tiempo en hacer conocer á los amigos que tenemos en el congreso, si usted aceptará ó no la presidencia si ese cuerpo se la confiere, porque una vez hecha la elección es absolutamente necesario que el escogido éntre á desempeñar inmediatamente su destino para impedir vaivenes políticos y militares, que no faltarán en esta oportunidad. Digo á usted, bajo mi palabra de honor, que serviré con el mayor gusto á sus órdenes, si es usted el jefe del Estado; y deseo que usted me haga la misma protesta de su parte, en el caso de que sea otro el que nos mande. Yo no he querido influir en esta parte, porque no quiero que graviten sobre mí nuevas responsabilidades políticas: toca, sin embargo, á los candidatos hacer conocer sus sentimientos y deseos para que los legisladores no se equivoquen por no conocer las disposiciones de los que pueden sucederme en el mando. El coronel Austria explicará á usted extensamente la utilidad que resultará á la república de mi separación, y las consideraciones que he tenido presentes para adoptar esta medida. Va igualmente encargado de decir á usted cuál será mi marcha en estas circunstancias, y de recoger de paso en Bogotá todas las nociones que puedan ilustrar á usted del estado actual de las cosas, para que usted pueda juzgar con más acierto y determinarse en consecuencia. Por mi parte sólo ruego á usted una cosa: que me comunique con toda franqueza todo lo que usted piense, ó quiera ejecutar en estas circunstancias, para lo cual me acercaré á Cúcuta tan pronto como pueda. Ninguno ama á Venezuela más que yo, ninguno conoce más sus verdaderos intereses, y como el de usted y los míos están íntimamente ligados con el suelo que nos dió la vida, y nos dió gloria, debemos formar una liga la más sincera y cordial entre Venezuela, usted y yo; pero tenga usted entendido para siempre, que la suerte de Colombia está pendiente de la Venezuela, y la de Venezuela de Colombia. Mucho y mucho más podría añadir á usted en esta carta que sería nunca acabar. Por lo mismo me refiero en todo á lo que diga á usted Austria que va bien empapado de mis ideas que se reducen á dos palabras: sostener al congreso.

Quedo de usted, mi querido general, su mejor amigo de corazón,

BOLIVAR.

A S. E. el general José Antonio Páez.

———

En los momentos de terminar este capítulo recibo el acta del cabildo de la ciudad de Caracas en noviembre de 1821, documento inédito que copio íntegro á continuación y que cumple al objeto que me propongo desenvolver con mayor extensión en el segundo tomo de esta obra, si Dios con su ayuda y mis circunstancias pecuniarias me conceden darlo á la estampa dentro de algunos meses.

«Extraordinario.—En la ciudad de Caracas, á 25 de diciembre, 1821, el señor gobernador político don Andrés Narvarte y los señores municipales José Antonio Diaz, Doctor Valentín Osío, Juan Nepomuceno Chaves, Pedro González, Bernardo Herrera, Vicente del Castillo, Pedro de Herrera, Tomás Landez, Vicente Carrillo, Luis Lovera, Juan Crisóstomo Tovar y José Austria, reunidos en esta sala consistorial en cabildo extraordinario, en virtud de previa y expresa citación para tratar acerca del juramento que debe prestarse á la constitución el día 2 del entrante, se trató y acordó lo siguiente:—Se leyó por el secretario la constitución, de cuyos artículos se dedujeron varias observaciones que tuvieron por objeto demostrar que algunos de éllos debían sujetarse á un nuevo examen y sufrir alguna alteración ó reforma en los términos que se creyeren más convenientes á los pueblos de la república; pero reflexionando por otra parte que se acercaba el día asignado para el juramento, y que este acto podría considerarse como un testimonio de aquiescencia y conformidad con todas y cada una de las disposiciones que aquel código contiene, acordaron: que para no dar á los enemigos de la república ni la más ligera idea de división entre pueblos que se han unido por unanidad de sentimientos, intereses y recíproco afecto, jurará el cuerpo municipal obedecer, guardar y sostener y contribuir á que se obedezca, guarde y sostenga la constitución política de Colombia, formada por su primer congreso en la Villa del Rosario de Cúcuta; pero convencidos al mismo tiempo del imprescriptible derecho que tiene el de esta provincia para concurrir por medio de sus representantes á establecer las bases sobre que ha de levantarse el edificio político de su estructura y organización, declararon: que no es su ánimo ligar por el juramento á los futuros representantes de la provincia de Caracas y han de reunirse en congreso, para que dejen de promover cuantas reformas y alteraciones crean conducentes á la prosperidad de la república, libertad y seguridad de sus ciudadanos, sino que por el contrario quedan expeditos para que usando de sus facultades y atribuciones revean y discutan la constitución, que en el concepto del cuerpo municipal no puede considerarse sancionada por los mismos representantes que lá formaron, ni imponer á los pueblos de esta provincia y del departamento de Quito el deber de su extrecha é inalterable observancia cuando no han tenido parte en su formación, ni creen adoptables á este territorio algunas disposiciones de aquel código y de las leyes que emanen de él. Y teniendo por norte los artículos 7° y 156 de la constitución, se determinó que este acuerdo se inserte en la *Gaceta* de esta capital y se dé en testimonio á los representantes de esta provincia en el próximo congreso con las instrucciones relativas. Con lo que se concluyó y firman : — *Narvarte, Díaz, Doctor Osío, Chaves, González, Castillo, Herrera, D. Herrera, Landez, Carrillo, Lovera, Austria, Raimundo Rendón Sarmiento,* secretario.»

FIN DEL TOMO PRIMERO.

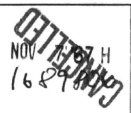

Lightning Source UK Ltd.
Milton Keynes UK
UKOW06f1809270115

245213UK00012B/567/P